Éthique et esthétique du retour à la campagne au XVIIIe siècle

Eighteenth Century French Intellectual History

Marc Goldstein & Roland Bonnel
General Editors

Vol. 4

PETER LANG
New York • Washington, D.C./Baltimore • San Francisco
Bern • Frankfurt am Main • Berlin • Vienna • Paris

Roland Guy Bonnel

Éthique et esthétique du retour à la campagne au XVIIIe siècle

L'œuvre littéraire et utopique de Lezay-Marnésia, 1735–1800

PETER LANG
New York • Washington, D.C./Baltimore • San Francisco
Bern • Frankfurt am Main • Berlin • Vienna • Paris

Library of Congress Cataloging-in-Publication Data

Bonnel, Roland G.
Éthique et esthétique du retour à campagne au XVIIIe siècle: l'œuvre
  littéraire et utopique de Lezay-Marnésia, 1735–1800/Roland Guy Bonnel.
      p.   cm. — (Eighteenth century French intellectual history; vol. 4)
  Includes bibliographical references.
      1. Lezay-Marnézia, Claude-François-Adrien, marquis de,
  1735–1800—Criticism and interpretation.   2. Pastoral literature, French—
  History and criticism.   I. Title.   II. Series.
  PQ1999.L35Z6   944'.034'092—dc20   94-21929
  ISBN 0-8204-2628-8
  ISSN 1073-8657

Die Deutsche Bibliothek-CIP-Einheitsaufnahme

Bonnel, Roland:
Éthique et esthétique du retour à la campagne au XVIIIe siècle: l'oeuvre
littéraire et utopique de Lezay-Marnésia, 1735–1800/Roland Guy Bonnel.
- New York; Washington, D.C./Baltimore; San Francisco; Bern; Frankfurt am
Main; Berlin; Vienna; Paris: Lang.
  (Eighteenth century French intellectual history; Vol. 4)
  ISBN 0-8204-2628-8
NE: GT

Cover design by Nona Reuter.

The paper in this book meets the guidelines for permanence and durability of
the Committee on Production Guidelines for Book Longevity of the
Council on Library Resources.

© 1995 Peter Lang Publishing, Inc., New York

Printed in the United States of America.

À MES PARENTS

HENRI ET JEANNE

REMERCIEMENTS

Je tiens à remercier tout d'abord le personnel des bibliothèques et des archives où j'ai effectué mes recherches, Bibliothèque nationale, Archives nationales, Bibliothèque de l'Arsenal, British Library, et tout particulièrement pour leur patience et leur si précieuse assistance les bibliothécaires de la Bibliothèque municipale de Besançon, des Archives départementales du Jura, de la Bibliothèque cantonale jurassienne de Porrentruy, des Archives de l'Académie française, de l'Académie des Sciences, Belles-Lettres et Arts de Lyon. Des remerciements sont dus également à mes collègues chargés du prêt inter-bibliothèque à Dalhousie University et à la famille d'Eprémesnil qui a accepté de me communiquer ses archives privées.

Que tous ceux qui m'ont aidé dans les différentes étapes de mes recherches et dans la préparation du manuscrit trouvent ici aussi ma reconnaissance. En particulier Jeanne Bonnel et Marc Goldstein qui ont relu le manuscrit, Catherine Rubinger qui m'a aidé dans les dernières étapes, sans oublier mes collègues qui ont eu la patience de m'écouter ressasser les aventures d'un seigneur éclairé du dix-huitième siècle et qui m'ont toujours encouragé.

Enfin, je voudrais remercier Dalhousie University pour le soutien financier qui m'a été offert pour continuer ces recherches, ainsi que mes parents, Henri et Jeanne Bonnel, et Père Vladimir Tobin pour m'avoir offert des havres de paix qui m'ont permis de mener à bien ce travail.

TABLE DES MATIERES

TABLE DES ILLUSTRATIONS

CLAUDE FR. ADRIEN · DE LEZAY MARNESIA
Citoyen de Besançon, Bourg.ᵉ de · St Claude et de Lons le Saunier.
Député du · *Baill. d'Aval.*
Né à Metz · le 24 Août 1735.

Claude-François-Adrien de Lezay-Marnésia, 1735–1800.
Archives départementales du Jura, Lons-le-Saunier

INTRODUCTION

Cette étude se propose un double but. D'une part, il s'agit de montrer que le sentiment de la nature dans la seconde partie du dix-huitième siècle ne correspond pas seulement à une mode littéraire ou à un regain d'intérêt pour l'agriculture, mais qu'il existe une école de pensée autonome qu'on appellera «l'école du retour à la campagne». D'autre part, on analysera comment cette école de pensée prend, dans les milieux aristocratiques ou proches de l'aristocratie, une connotation politique, voire idéologique, dans la mesure où elle offre à une noblesse en pleine crise d'identité les moyens de se donner une nouvelle définition et de là une nouvelle légitimité.

Notre approche sera résolument pluridisciplinaire. Il est parfaitement légitime d'étudier en critique littéraire la poésie descriptive et le renouveau de la pastorale sous Louis XVI, d'analyser en historien les signes de la crise d'identité de la noblesse à la fin de l'Ancien Régime, de définir en historien des mœurs et des idées la vogue de la bienfaisance vers 1780 et le libéralisme aristocratique, de s'interroger en spécialiste des sciences sociales et économiques sur l'ampleur du renouveau de l'agriculture à partir des années 1730, ou même de montrer en philosophe comment l'esthétique s'enracine alors dans la sensibilité. Nous emprunterons à ces différentes approches pour brosser un «portrait intellectuel», celui du seigneur éclairé partagé entre des idées libérales et une mentalité encore «féodale» à bien des égards.

Ce qui caractérise la personnalité intellectuelle du seigneur éclairé est une pensée qui fonde son éthique, celle de la bienfaisance, sur une esthétique, celle de la poésie descriptive et celle de la sensibilité. Alors que la noblesse cherche à redéfinir ses fonctions suite à la disparition de son rôle de caste des guerriers, face à la confusion croissante des rangs et dans le contexte d'une monarchie absolue centralisée, les seigneurs éclairés — du moins ceux des provinces, étrangers à la cour — proposent, sans le formuler consciemment au niveau du discours, une théorie politique pouvant servir à redonner à la noblesse de France une identité. Cette théorie politique s'exprime dans le discours poétique et moral du retour à la campagne. Une telle pensée n'a rien en commun avec la théorie raciale de Boulainvilliers ou la théorie d'une noblesse militaire comme chez le chevalier d'Arc, encore moins avec celle de la noblesse commerçante de l'abbé Coyer. Ce que les seigneurs éclairés élèvent au rang de justification de la noblesse, c'est en quelque sorte le «patronage». Le retour des nobles à la campagne contribue certes à redonner aux seigneurs la possibilité de participer aux décisions politiques et administratives provinciales et locales; répondant aux vœux des agronomes et des physiocrates, ce retour est conçu comme le moyen d'encourager le développement de l'agriculture; favorisé par le rousseauisme diffus dans la société depuis la publication de *La Nouvelle Héloïse*, il s'inscrit dans une mode littéraire où la géographie rurale devient morale. Mais surtout, retourner dans leurs domaines permet aux seigneurs éclairés de régénérer les campagnes par leur bienfaisance, et d'ainsi retrouver leur fonction de protecteurs, non plus en guerriers mais en mentors. Le patronage — et non pas la protection féodale proprement dite — constitue le fondement de la nouvelle légitimité de la noblesse. Le rapport seigneur–sujet devient un rapport instituteur–élève et un rapport père–fils. La seigneurie devient une communauté villageoise et familiale, dans laquelle les rapports sociaux sont gérés par une énergie qui s'enracine dans la sensibilité, donc dans l'amour et dans l'harmonie. Les habitants des campagnes, objets de la bienfaisance des seigneurs, répondront par la reconnaissance. Paradoxalement, la légitimité de la noblesse se donne ainsi une base populaire.

Ce travail s'inscrit dans le cadre des analyses de Jean Biou et de Renato Galliani, qui montrent comment le rousseauisme a pu fournir les éléments de base d'une idéologie nobiliaire renouvelée en remplacement de l'idéologie nobiliaire féodale. Mais le rousseauisme n'explique pas tout. On analysera la formation progressive de cette idéologie de substitution.

Sans l'approche pluridisciplinaire, sans les méthodes de l'histoire intellectuelle, l'étude resterait partielle. On ne peut pas saisir la signification ni mesurer la portée de la poésie de la nature, comme celle d'un Saint-Lambert ou d'un abbé Delille, en employant la seule approche littéraire. Il faut lire cette poésie en tenant compte des analyses d'un Mirabeau dans *L'Ami des hommes*, ou des discours sur le bonheur, comme celui d'Etienne dans *Le Bonheur rural*. Seule la lecture plurielle des œuvres, éclairée par le contexte historique, rendra compte des idées, de leur valeur idéologique, mais aussi de l'imaginaire, des mentalités et des structures mentales de la noblesse éclairée à la fin de l'Ancien Régime. Saisir l'imaginaire et les mentalités est essentiel à notre démarche. Imaginaire et mentalités échappent à l'individu; ce sont des idées, souvent non articulées, des émotions et une imagerie qui apparaissent comme spontanément à une époque donnée, dans une société ou un milieu donné. La dimension socio-historique sera donc fondamentale: on ne peut pas séparer les idées de leur contexte, d'autant plus que les mentalités sont toujours «en retard» sur les idées. Les idées du seigneur libéral en 1788 et 1789 sont des idées modernes; ses mentalités sont encore celles des Lumières et de l'Ancien Régime; son imaginaire remonte à Louis XII et à Henri IV. Pour saisir ces mentalités et cet imaginaire, on fera appel, à côté de l'étude des idées, à des exemples tirés de l'expression artistique, du goût populaire, des mœurs, de l'esthétique, des figures de rhétorique. L'une des difficultés rencontrées vient du fait que la noblesse éclairée qui participe au mouvement du retour à la campagne ne forme pas un groupe défini, ni socialement ni intellectuellement. Plus que les idées, plus qu'une doctrine, ce qui unit les seigneurs éclairés, c'est un comportement, des mentalités et un imaginaire. Eclairés, ils prendront leurs distances, en 1789, par rapport au parti aristocratique; partisans de la régénération des particularismes locaux, pensant que l'intérêt général est issu de la rencontre des intérêts particuliers, ils ne suivront pas la voie des seigneurs démocrates. Ce seront des modérés, des partisans d'un libéralisme aristocratique. Ils se retrouveront dans la mouvance des monarchiens et disparaîtront très vite, prouvant qu'une idéologie fondée sur un paradoxe et un ordre social fondé sur la sensibilité sont impossibles. Etablie d'une part contre le luxe des courtisans et d'autre part contre les principes démocratiques, l'école du retour à la campagne ne pouvait devenir qu'un rêve passéiste ou une utopie. L'imagerie d'une chevalerie de la bienfaisance devait ainsi passer, de 1788 à 1789, de la réforme, parfois hardie, à la réaction.

Pour servir de fil conducteur à cette étude, nous avons choisi de brosser le portrait intellectuel d'un de ces seigneurs éclairés, le marquis Claude-François-Adrien de Lezay-Marnésia. Bien qu'il soit peu connu, son œuvre et sa physionomie morale, sociale et intellectuelle, moyennes sous tous les aspects, offrent peut-être un exemple parfait de la «doctrine» de l'école du retour des nobles à la campagne. Si on a adopté la démarche chronologique afin de respecter l'évolution de sa pensée, on n'a pas eu le seul souci de faire sa biographie. On opèrera un constant va-et-vient entre sa pensée, son œuvre et le contexte intellectuel, afin de mettre en relief sa représentativité, les emprunts qu'il fait à son époque, ses interprétations et sa lecture des Lumières. Lezay-Marnésia est une figure de la seconde partie du siècle, qui touche à tous les milieux et goûte à toutes les idées à la mode. Il se voulait homme de lettres. Comme son ami Saint-Lambert, il devait donner dans trois genres: le poème de la nature, la méditation morale et le conte philosophique. Il fut aussi penseur, moraliste et utopiste. Se voulant présent dans tous les avant-postes de la République des Lettres, il fut encyclopédiste, salonnier, académicien et franc-maçon pour devenir député aux états généraux, à l'Assemblée nationale et à la Constituante. Sa vie, comme son œuvre, révèle qu'il fut l'un des «nouveaux bien pensants» de son temps, l'une de ces «autorités morales», cherchant à se donner bonne conscience, qu'on trouve à toutes les époques, l'un de ces nobles généreux qui allait vite être effrayé du résultat de ses idées.

On dessinera sa physionomie morale et politique. On établira la base sociale de sa personnalité. On s'attachera à appréhender ses structures mentales et son imaginaire à partir de son œuvre littéraire. Au delà de la bienfaisance, dont il se fait l'apôtre, au delà de son esthétique enracinée dans la sensibilité, au delà de ses choix politiques libéraux en 1789, on se demandera si ce seigneur éclairé ne reste pas somme toute un «seigneur féodal» au niveau de l'inconscient.

A la fois poète, moraliste et homme politique, il est un excellent représentant de l'école du retour des nobles à la campagne. L'étude de son œuvre permet de comprendre les raisons de ce retour; raisons historiques, économiques, idéologiques, littéraires et morales. Elle permet aussi de mesurer la portée idéologique du lien établi entre l'éthique et l'esthétique, ainsi que d'expliquer l'ambiguité du plan de régénération proposé par l'école du retour à la campagne.

Comme Lezay-Marnésia ne fit ni ne dit rien d'autre que ce que firent et dirent les seigneurs éclairés, si variée que fût leur pensée, on le présentera en fonction de son contexte, en fonction des grandes modes du temps: le sentiment de la nature, la bienfaisance, la sociabilité, montrant ainsi en quoi il est représentatif d'une école de pensée, en quoi il reflète sa génération et son milieu. Ce qui constitue son originalité — et la spécificité de l'école du retour à la campagne — ce ne sont pas des idées, qu'on retrouve d'ailleurs un peu partout à l'époque, mais la façon dont ces idées convergent vers un imaginaire et des mentalités et jouent avec eux pour former un système. Rares sont ceux qui refusent la mode de la campagne, qui ne suivent pas celle de la bienfaisance et qui ne se complaisent pas dans une esthétique de la sensibilité. C'est la rencontre de ces trois courants au sein d'une imagerie chevaleresque qui constitue une des spécificités de l'école du retour des nobles à la campagne. Bref, la rencontre entre un milieu, les gentilshommes de province riches et éclairés — et non pas les gentilshommes campagnards décrits par Vaissière — et les courants intellectuels de la société des Lumières.

On suivra l'évolution intellectuelle de Lezay-Marnésia en montrant comment elle s'inscrit dans les modes intellectuelles de l'époque et de son milieu. Et tout d'abord comment naquit chez lui l'idée du retour à la campagne au contact du sentiment de la nature et de sa rhétorique. Ce fut au cours de ces «années de formation» qu'il devait écrire ses premières œuvres, qui déjà posaient les idées directrices de sa pensée et de son esthétique. Puis, après la date charnière de 1769, date à laquelle Lezay-Marnésia s'installe à la campagne, s'élabore sa figure de marquis éclairé, un seigneur qui évolue surtout dans les académies provinciales et dans les salons et qui devient dignitaire de la franc-maçonnerie dans les années 1780. Si sa personnalité et son mode d'existence correspondaient à l'idéal de ces petites «sociétés», il n'en fut pas moins influencé et son plan de régénération de la société devait en être «nourri». Son portrait s'inscrit peut-être avant tout dans le cadre de l'agropoétique de la noblesse et de la philanthropie. Il s'agit d'un gentilhomme amateur de jardins, cultivateur et poète, dont l'*Essai sur la nature champêtre* n'est pas sans portée idéologique. Il s'agit aussi d'un seigneur bienfaisant qui retourne dans ses domaines pour construire à partir de toutes les idées généreuses et d'une esthétique de la sensibilité un ordre social qui pourrait servir de charte à l'école du retour à la campagne: *Le Bonheur dans les campagnes*. Enfin, Lezay-Marnésia, c'est aussi le noble libéral du début de la Révolution, le monarchien de la fin de 1789, et l'utopiste de l'Ohio de 1790. Désenchanté de la Révolution, il en donne les raisons et «fuit» dans l'utopie communautaire, offrant peut-être la clef permettant de comprendre la portée idéologique de l'école du retour des nobles à la campagne à la fin de l'Ancien Régime.

Première partie

LES ANNÉES DE FORMATION
&
L'ÉCOLE DE LA NATURE

«Élevé à la campagne, j'en ai respiré l'amour.
Environné de jardins, que l'on commençait
à créer, je devins aussi jardinier.»
Essai sur la nature champêtre

CHAPITRE I

LES ANNÉES DE FORMATION 1735–1769
LE SENTIMENT DE LA NATURE

LE SOUVENIR D'UN HOMME DE BIEN

Ni la personne ni l'œuvre de Claude-François-Adrien troisième marquis de Lezay-Marnésia (1735–1800), n'ont suscité jusqu'à présent la curiosité et l'attention des historiens ou des critiques littéraires[1]. La famille sera plus connue au dix-neuvième siècle grâce à ses deux fils, qui embrasseront la carrière préfectorale[2], et à l'un de ses petits-fils qui, avec son épouse, fera partie de la Maison de l'impératrice sous le Second Empire[3]. Sa petite fille, Stéphanie de Beauharnais, deviendra célèbre: elle sera adoptée par Napoléon Ier et épousera le Grand Duc de Bade[4]. Sur Claude-François-Adrien de Lezay-Marnésia les informations sont rares. Il faut avoir recours aux archives et à quelques souvenirs glânés dans des mémoires. «Ses livres dorment dans la poussière des bibliothèques, mais il a laissé le souvenir d'un homme de bien, profondément désintéressé, qui voulut le progrès pur de tout excès», peut-on lire dans l'éloge de Lezay-Marnésia prononcé devant l'Académie de Besançon en 1878[5].

Il naquit en 1735, dans une famille de la vieille noblesse franc-comtoise. C'est par tradition familiale qu'il embrasse d'abord la carrière militaire. En 1769, il démissionne de l'armée pour se retirer sur ses terres, dans le Jura, et y vivre en bienfaiteur des campagnes, se consacrant à l'amélioration du sort des paysans et au perfectionnement de l'agriculture. Cette vocation de seigneur éclairé et d'agronome moderne se doublait d'une vocation d'homme de lettres. Comme son ami Saint-Lambert, il s'essaiera surtout à trois genres: le poème de la nature, le conte moral ou philosophique et la méditation morale. Alors qu'il était encore dans l'armée, il avait écrit un bref article pour l'*Encyclopédie* et un conte moral, *L'Heureuse famille*. Toutefois, ce ne sera qu'à partir des années 1770 qu'il concrétisera sérieusement sa passion d'écrire. En 1784, il fait paraître *Le Bonheur dans les campagnes*, dans lequel il propose non seulement un train de réformes pour venir en aide aux malheurs des paysans, mais aussi un vaste plan de régénération de la société. En 1787, il publie son *Essai sur la nature champêtre*, en vers, qui était en chantier depuis une vingtaine d'années. Ce long poème sur les jardins, la nature et les saisons s'inscrit dans la tradition de la poésie descriptive. Membre des académies de Besançon, de Nancy et de Lyon, Lezay-Marnésia faisait également partie de plusieurs loges et de plusieurs rites maçonniques. Ce qui frappe dans son existence, même si cela n'a rien d'exceptionnel à cette époque-là, c'est le réseau de relations qu'il réussit à établir, soit par le dévouement dont il fait preuve à l'Académie de Besançon et dans les loges maçonniques, soit par ses amitiés littéraires, ou même encore par ses attaches familiales. Il est partout; on le retrouve dans la plupart des milieux de l'intelligentsia, même s'il n'y occupe souvent qu'une place effacée. Ses prises de position au début de la Révolution devaient à la fois être le fruit de ces amitiés et contribuer à étendre son réseau de relations. En 1789, il est élu représentant de la noblesse du bailliage d'Aval aux Etats Généraux et se fait remarquer en étant l'un des quarante-sept députés du second ordre à rejoindre le tiers état, le 25 juin. Déçu de la tournure prise par les événements et rêvant d'une société fondée sur l'harmonie, il quitte la France en 1790 pour fonder une colonie sur les rives de l'Ohio, Gallipolis. En 1792, après l'échec de sa tentative, il rentre en France, est emprisonné jusqu'à la chute de Robespierre, se réfugie quelques mois chez Necker, en Suisse, et meurt à Besançon en 1800.

Ce portrait d'un aristocrate éclairé, qui voulut mettre en pratique une politique de réveil agraire, n'a apparemment rien d'exceptionnel. Rien ne semble en effet devoir le distinguer des nombreux seigneurs agronomes de la fin de l'Ancien Régime. Rien ne semble devoir le distinguer non plus des nombreux seigneurs philanthropes de l'époque. C'est justement sa position effacée, son réseau de relations et sa place dans la République des Lettres, qui nous autorisent à croire qu'en l'étudiant on pourra brosser un tableau de l'idéologie du seigneur éclairé avec toutes ses ambiguités, ses hardiesses d'un jour et ses hésitations du lendemain. Il ne s'agira cependant pas de faire seulement œuvre de biographe. On dressera un rapport bref mais complet de sa vie afin de replacer les moments importants de son existence dans l'histoire intellectuelle de son époque. Cette démarche obéit à deux motifs. D'une part, la figure de Lezay-Marnésia révèle un lien très étroit entre une façon de vivre et une pensée. Il sera donc fondamental de déceler ce qui dans son existence a pu influencer sa pensée, et inversement comment sa pensée s'est concrétisée dans son existence. D'autre part, on analysera aussi en quoi sa vie et son œuvre reflètent l'évolution des mentalités de la deuxième partie du dix-huitième siècle, et on verra dans quelle mesure il peut être considéré comme une figure archétypale du seigneur éclairé, sorte de nouveau bien pensant, convaincu d'être correct en étant bienfaisant.

Etudier la vie et l'œuvre de Lezay-Marnésia, c'est en quelque sorte faire une promenade dans les dernières décennies de l'Ancien Régime. On est amené à évoquer les modes de l'époque, les idées qu'on retrouve un peu partout dans l'élite éclairée, mais surtout on voit comment ces modes, ces idées, ces mentalités sont liées les unes aux autres et constituent un système de pensée. Lezay-Marnésia se trouve à la convergence de multiples tendances de la deuxième partie du dix-huitième siècle, de la pensée des encyclopédistes à Rousseau, en passant par la franc-maçonnerie spiritualiste et une forme de poésie descriptive, qui annonce le romantisme. Dans son cas, on peut même parler de syncrétisme, car il ne se contente pas de passer d'une mode à une autre; il intègre les différentes écoles de pensée de son siècle dans un système cohérent, qu'il propose comme modèle de régénération de la société dans son livre *Le Bonheur dans les campagnes*. Ce qui domine chez lui, c'est un authentique désir de réaliser des réformes, désir qu'il partage avec de nombreux seigneurs éclairés de son temps. L'étude de son œuvre permet d'expliquer l'origine ambiguë de ce désir, qui a toutes les apparences d'une générosité innée. Quant aux réformes, Lezay-Marnésia les détaille non seulement dans son œuvre théorique, mais aussi dans sa poésie et dans son utopie, rêve qui s'enracine dans le mythe de l'âge d'or et dans une conception patriarcale de la société. Lezay-Marnésia partage avec sa génération la nostalgie d'un âge d'or faisant appel tout aussi bien aux écrits des classiques qu'à l'ancienne constitution monarchique de la France, ou à des monarques bien précis comme Henri IV, Saint Louis et Louis XII. Il partage avec son milieu le rêve d'une société patriarcale où les rapports entre le seigneur et ses vassaux s'enracineraient dans un principe communautaire et les relations de pouvoir seraient de nature familiale. L'attachement à une conception paternaliste de la société voisine, dans sa pensée, avec une conception quasi-contractuelle des rapports sociaux. Toutefois, loin de lui l'idée d'un contrat démocratique, loin de lui l'idée même d'un contrat social à la Rousseau. Ce qu'il envisage, c'est une sorte de «pacte familial» au sein d'un système aristocratique. Dans son œuvre, il semble vouloir réconcilier deux optiques apparemment inconciliables: celle du contrat et celle de la légitimité aristocratique. Il rêve d'une société qui serait à la fois hiérarchique et égalitaire, d'une société où cohabiteraient harmonieusement le paradigme «père–enfants» et le paradigme «frères–égaux–entre–eux». C'est dans la bienfaisance et dans la sensibilité, qu'il situe la dynamique de cette harmonie, le ciment de cette société. Cependant, il ne fait pas que rêver de réformes, de philanthropie et de régénération. Il veut aussi très concrètement incarner ce rêve en essayant de travailler à la revitalisation d'une société qui, à ses yeux, donne tous les signes d'épuisement. Il fut l'un de ces nobles d'Ancien Régime qui se sont rendu compte que le système féodal était devenu oppressif, qu'il avait perdu sa signification originelle et qu'il occasionnait plus de maux que de bienfaits. Ces seigneurs éclairés sont une minorité par rapport à l'ensemble de la noblesse, mais une minorité dont les moyens d'expression seront puissants à la veille de la Révolution. Aux états généraux, quarante-sept représentants de la noblesse s'allieront le 25 juin au tiers état; mais madame de Stael estime que «plus de trente autres n'attendaient que la permission de leurs commettants pour s'y joindre»[6]. On aura l'occasion de revenir sur ce point lorsqu'on étudiera la carrière politique de Lezay-Marnésia. Il suffit de dire ici que, dans ses prises de positions, il ne se distingue pas essentiellement d'un Clermont-Tonnerre ou d'un Lally-Tollendal. Ce qui fait son intérêt, c'est qu'étant plus âgé que la plupart de ses condisciples en politique — en 1789, il a 54 ans alors que la moyenne d'âge des «gentilhommes démocrates» est de 30 ans — il représente une autre génération, pas une génération héritière des Lumières, mais la génération même des Lumières, une génération formée directement à leur école. Les racines de sa pensée et son évolution permettent, au regard de l'évolution des mentalités, de comprendre la solution que les seigneurs éclairés proposent pour résoudre la crise d'identité dont la noblesse fait alors l'expérience; elles éclairent aussi la déception de ces mêmes hommes dès l'automne 1789. Comme pour les seigneurs libéraux de sa génération, une génération élevée à l'école des Lumières, il ne s'agit pas pour lui de faire table rase du passé, mais d'œuvrer à la réforme des abus — à la différence de ces gentilshommes, plus jeunes que lui, qui sont devenus «démocrates» en herbe sur les champs de bataille américains et prépareront la Révolution du 4 août. Tous font le même constat à la veille de la Révolution: la protection féodale a disparu, mais l'inégalité des conditions demeure. Cependant, les solutions qu'ils adoptent sont différentes. Pour Lezay-Marnésia, la solution est à chercher dans le cadre du spiritualisme et de l'empirisme de l'Ancien Régime. A ses yeux, le citoyen n'est pas une abstraction; il ne cesse pas de faire partie de sociétés particulières. Afin de trouver un remède aux maux du pays, il remonte aux principes antérieurs à la dégénérescence du système féodal: il s'agit de faire revivre les institutions primitives du royaume. Cette «révolution» était fonction de l'image, souvent mythique, qu'on se faisait à l'époque de la constitution primitive du royaume. La figure de Lezay-Marnésia introduit ainsi directement à une ambiguïté constitutive de la noblesse éclairée. Les seigneurs éclairés sont des hommes qui remettent en question une organisation sociale dont ils tirent leur raison d'être et qui leur donne une légitimité. Ce sont des hommes qui critiquent un milieu dans lequel ont pris forme leurs goûts et leurs valeurs. C'est pourquoi on trouve dans la figure de Lezay-Marnésia deux aspirations en apparence opposées, dont l'amalgame constitue la caractéristique du seigneur éclairé. D'une part, il insiste sur des principes abstraits qui font de chaque personne un individu avec des droits et des devoirs; d'autre part, il souligne la nécessité du principe communautaire comme principe fondateur de toute société. La pensée de Lezay-Marnésia oscille entre ces deux pôles. Elle révèle pourtant une constante, qui s'exprime au niveau des facteurs d'explication de son choix de société, à travers sa morale et sa politique, et dans les principes d'esthétique auxquels obéit sa poésie. Cette constante, c'est le thème du retour du noble à la campagne. Le cardinal de Richelieu étant alors considéré comme celui qui avait commencé à attirer les nobles à la cour pour développer l'absolutisme royal, Lezay-Marnésia se veut l'Anti-Richelieu. S'il met cette phrase de Voltaire: «c'est la cour qu'on doit fuir; c'est aux champs qu'il faut vivre», en exergue de son livre *Le Bonheur dans les campagnes*, il ne se contente pas de voir la campagne comme un remède contre l'ennui des villes ni comme un lieu idyllique où l'on peut jouir des charmes champêtres. Le retour du noble dans ses terres dépasse la vision pastorale et l'approche virgilienne, bien qu'il soit tributaire de l'une et de l'autre. Ce retour est présenté surtout comme la solution à tous les maux de la société. Le thème est caractéristique de la pensée de la deuxième partie du dix-huitième siècle, avec toutes les variantes qu'elle a pu connaître: des agronomes, qui cultivent et moralisent, aux Physiocrates, dont l'approche est macro-économique; de Saint-Lambert, qui chante les châteaux de la campagne, à l'abbé

Delille, qui la peuple de jardins; d'Hubert Robert, qui sème les jardins de fabriques, à Claude-Nicolas Ledoux, qui transforme les fabriques en architecture fonctionnelle. L'économie agricole rejoint l'esthétique du jardin paysager pour donner naissance à une conception du bonheur, qui équivaut à une thérapeutique de nature paternaliste. A cet égard, la poésie de Lezay-Marnésia semble ne rien dire de plus que celle de l'abbé Delille ou de Saint-Lambert, et ses écrits théoriques n'apparaissent être que des traités s'inscrivant dans la tradition de la critique du luxe. Chez lui, le thème du retour du noble à la campagne est toutefois plus qu'une simple attitude ou une mode, plus qu'un moyen de réforme ou un projet de régénération. S'il constitue la clef de lecture de l'œuvre, c'est qu'il est utilisé pour donner à la noblesse une nouvelle légitimité. C'est en quelque sorte le *credo* fondateur d'une idéologie nobiliaire éclairée, dont l'énergie serait une philanthropie issue de la sensation, de l'émotion, et même de la sensibilité, érigées en système à la fois éthique et esthétique. A cet égard, l'œuvre de Lezay-Marnésia est exemplaire, car elle offre une tentative de théorisation, si timide soit-elle, des rapports de forces qui devraient gouverner la société. Cette théorisation n'est pas née du néant; si elle doit beaucoup aux idées des Lumières, elle est aussi la conséquence d'une pratique, d'un mode d'existence. L'éloge, que le président Tivier prononce à l'Académie de Besançon, souligne que Lezay-Marnésia fut un «Chrétien fervent, (un) esprit libéral avec un peu d'excès, passionné pour la littérature, sympathique à toutes les gloires, acquis d'avance à tout ce qui représentait un bienfait pour le peuple, un progrès pour son pays»[7].

Les trente-quatre premières années de l'existence de Lezay-Marnésia ne sont pas vainement appelées «années de formation». C'est pendant cette période que se mettent en place ses principes de morale, son esthétique et la conception qu'il ne cessera jamais de se faire de la campagne. Les découpages faits par la critique ont souvent une part d'arbitraire, mais faire terminer la période de formation en 1769 correspond à la réalité historique. En 1769, le jeune homme a certes déjà écrit et publié quelques textes, mais il s'agit seulement d'œuvres mineures. Par contre, c'est en 1769 qu'il décide de changer de mode de vie et de s'installer dans ses domaines, à la campagne, comme bien des gentilshommes de son époque.

TRADITION FAMILIALE ET VOCATION MILITAIRE

La famille de Lezay-Marnésia est loin d'être insignifiante[8]. C'est une riche famille franc-comtoise, dont les titres de noblesse remontent au treizième siècle. L'un des ancêtres a même participé à une Croisade. Cette origine place les Lezay-Marnésia non seulement dans les rangs de la noblesse immémoriale, qui représente vers la fin de l'Ancien Régime quelque 20% de l'ensemble de la noblesse franc-comtoise, mais aussi dans une catégorie encore plus restreinte, celle de la noblesse chevaleresque qui ne rassemble que 10% de la noblesse franc-comtoise. Il s'agit d'un petit groupe d'aristocrates, qu'unissent l'idéal de la noblesse d'épée et les intérêts fonciers. C'est ce milieu qui donne le ton dans la société bisontine, qui est alors dominée massivement par les noblesses parlementaire et militaire. Toutefois, comme le fait remarquer Brelot[9], on ne doit pas vraiment considérer les Lezay-Marnésia comme faisant partie de ce qu'on appelle traditionnellement la haute-noblesse. Si depuis le treizième siècle, les Lezay-Marnésia sont prévôts de Grandvaux, et s'ils font partie de la noblesse de Cour, leurs alliances familiales sont moins brillantes que celles du marquis de Choiseul-La Baume, du duc de Chatelet ou des princes de Montbarrey, pour ne citer que quelques familles locales. Leur fortune est importante et leur permet de pratiquer le mécénat, sans cependant les ranger parmi les millionnaires. Le classement des fortunes basé sur le role de 1788 pour la capitation de la noblesse franc-comtoise révèle que la famille du marquis de Lezay-Marnésia, qui payait 240 livres, peut être classée parmi les treize plus riches familles de Franche-Comté, alors que 93% de la noblesse franc-comtoise payait moins de 100 livres de capitation et 76% moins de 50 livres[10]. Dans la région d'Orgelet et de Saint-Claude, c'est la famille la plus riche. Il s'agit donc d'une maison qui, bien qu'elle ne se trouve qu'à la limite de la haute-noblesse, occupe néanmoins les premiers rangs de la société franc-comtoise. D'ailleurs, à la veille de la Révolution, les Lezay-Marnésia peuvent s'enorgueillir d'avoir donné à la France, trois générations de chevaliers de Saint-Louis et cinq générations de chevaliers de Saint-Georges, confrérie instituée dans le comté de Bourgogne en 1390, qui exigeait de ses membres la preuve de seize quartiers de noblesse. La Confrérie de Saint-Georges était alors l'institution nobiliaire franc-comtoise la plus représentative face au Parlement de Besançon. Prêvots de Grandvaux de père en fils, propriétaires de nombreuses seigneuries dans le Jura — Moutonne, Beffia, Rothonay, Présilly, Saint Julien, Courlaoux, Vernantois, et Le Chatelet — les Lezay-Marnésia se distinguent surtout par de brillantes carrières militaires. Citons, à titre d'exemple, la carrière du grand-père et celle du père de Claude-François-Adrien. Le grand-père, Claude-Hubert de Lezay-Marnésia, qui avait été nommé brigadier des armées du roi, avait reçu la charge de l'instruction des cadets de Strasbourg en 1727; il était devenu commandant du port de Brest en 1732, puis commandant de la ville et du port de Toulon en 1733. Le père, François-Gabriel de Lezay-Marnésia, avait atteint, lui aussi, le rang de brigadier des armées du roi. C'est au dix-huitième siècle que les terres de la famille allaient être érigées en marquisat. Le fief de Marnésia, qui avait été acquis au début du dix-septième siècle par Matthieu de Lezay, capitaine de cavalerie au service du roi d'Espagne, était devenu marquisat en 1721, faisant de Claude-Hubert de Lezay le premier marquis de Lezay-Marnésia pour récompenser 27 ans de services personnels «pendant lesquels il s'était trouvé à trois batailles et à douze sièges où il avait reçu deux blessures dont une lui cassa le bras»[11].

Pourtant, lorsque Claude-François-Adrien voit le jour le 24 août 1735, à Metz[12], son héritage moral n'est pas seulement une tradition militaire, nobiliaire et franc-comtoise; c'est aussi, du côté maternel, la tradition du monde des lettres. Il finira par opter pour cette dernière, tout en la liant très étroitement à son héritage nobiliaire. Ce point est d'autant plus important que, dans son esprit, sa fonction d'intellectuel sera toujours inséparable de son rôle de seigneur bienfaisant. Jusqu'en 1769, toutefois, sa production littéraire allait rester secondaire, bien que son intérêt pour les lettres ne cessât de grandir et d'occuper une place de plus en plus importante dans son existence.

Pendant vingt-deux ans, il mène une carrière militaire brillante à l'image de son grand-père et de son père. En 1747 — il a tout juste douze ans — il obtient le grade de lieutenant au régiment du Roi-Infanterie, et en 1755 il passe enseigne. En 1759, pendant la Guerre de Sept Ans, il devient capitaine. Lorsqu'il démissionne de l'armée en 1769, il a le rang de maréchal des camps et armées du roi. L'année même de sa démission, il est fait chevalier de Saint-Louis. Il faut chercher les raisons immédiates de sa démission dans son opposition à certaines réformes de Choiseul, notamment en matière de recrutement, d'encadrement, de réorganisation des corps et de fixation des effectifs militaires et du nombre des officiers. Ce sont ces raisons qu'avance René des Genettes, qui connaissait la marquise de Lezay-Marnésia. «L'improbation que (Lezay-Marnésia) manifesta pour les innovations introduites récemment dans l'armée, l'engagea à se retirer dans sa terre de Saint-Julien, près Lons-le-Saunier, où il se livra tout entier à la culture des lettres et des champs»[13]. On n'a trouvé aucun renseignement sur la position précise de Lezay-Marnésia face aux réformes de Choiseul. Les rejetait-il en bloc? S'opposait-il plus particulièrement à une mesure spécifique? Sa démission n'étant intervenue qu'en 1769, il ne semble pas que les premières réformes, entreprises au lendemain de la Guerre de Sept-Ans, aient été en cause. Bien au contraire, le serment professionnel, que les soldats devaient prêter depuis 1763, et par lequel ils s'engageaient à ne pas quitter les rangs pendant la marche, à ne pas déserter, et surtout à ne pas piller, ne pouvait que plaire à Lezay-Marnésia, qui avait écrit, dans le *Journal encyclopédique* du 15 juillet 1759, un article condamnant la maraude, dans lequel il suggérait des moyens pour empêcher les soldats de se livrer au pillage. Les ordonnances de 1768 furent plutôt à l'origine de sa démission. On pouvait y trouver l'embryon d'un système qui aurait fait de l'armée un véritable corps indépendant et stable. Or, Lezay-Marnésia, si éclairé fût-il, devait toujours considérer la carrière militaire comme l'apanage de la noblesse. La constitution de l'armée en corps professionnel minait les bases de l'identité nobiliaire, qui, à ses yeux, reposait sur le devoir de protection et de défense. Par ailleurs, le recrutement des officiers n'était plus libre, puisque les effectifs étaient désormais fixés, comme l'avait été, en 1762, le nombre des corps. Ces mesures avaient provoqué maints dégagements et bien des mécontentements parmi les officiers[14]. Il ne s'agit donc ni d'un rejet de la carrière militaire ni d'une rebellion contre un milieu.

Au contraire, les valeurs découvertes pendant les années passées dans l'armée font partie de la formation intellectuelle et morale de Lezay-Marnésia, qui n'oppose pas la plume à l'épée. Huit ans plus tard, le 1er mai 1777, à la séance publique de l'Académie de Besançon au cours de laquelle il sera reçu comme académicien associé, la salle sera remplie d'officiers. Le discours qu'il adresse alors aux académiciens permet de mesurer, au-delà des conventions du genre, la dette qu'il reconnaît avoir envers la tradition militaire, et donc l'influence que ce milieu a exercée, à ses yeux, sur sa formation.

> C'est sous les yeux des compagnons, des amis de ma jeunesse (les officiers du régiment du roi) que vous récompensez ce goût pour les arts, cet amour pour les lettres, que leurs talents et leur exemple ont allumé dans moi. Je les ai vu, le souvenir m'en est bien cher, autour d'un chef (M. le comte de Guerchi) qui savait à la fois être leur guide et leur père, qui donnait à l'obéissance la rapidité du zèle parce qu'il semblait ne montrer que le désir de l'amitié, qui gravait dans les cœurs l'amour et le respect du devoir parce qu'il ne faisait jamais parler que l'honneur et son exemple qui servaient à chérir son autorité parce qu'il ne craignait pas de la compromettre en unissant les grâces à la raison et le sentiment à la fermeté. Je les ai vus dans le tumulte des camps, parmi les fatigues de la guerre, trouver leurs délassements dans les Arts de la Paix, faire même suivre aux plus pénibles travaux l'étude des sciences les plus profondes et suivre en même temps les traces des salons et celles de Vauban. (...) Ils ont formé mon âme à la sensibilité et même appris à aimer.

La carrière militaire est idéalisée par l'éloquence. La vocation littéraire du marquis doit plus à l'influence maternelle et aux amitiés qu'aux champs de bataille ou aux garnisons. Ce dont il est redevable à l'armée, tout autant qu'à la tradition nobiliaire, ce sont les valeurs de devoir et d'honneur, qui imprégneront son œuvre. A une époque où la noblesse commence à faire l'expérience d'une crise d'identité et se cherche une nouvelle définition qui tienne compte non seulement de la naissance mais aussi du mérite et des talents, Lezay-Marnésia semble incarner le nouvel idéal du noble éclairé. Il l'exprime clairement dans son discours: il s'agit de «suivre en même temps les traces des salons et celles de Vauban». C'est d'ailleurs sur cet aspect qu'insistent tous les discours prononcés en séance. Dans sa réponse, le président Droz souligne que le récipiendaire aime les honneurs littéraires autant par esprit de famille «que par les goûts philosophiques d'un siècle où les talents marchent à côté des premières dignités de l'église et de l'état». Le secrétaire de séance est encore plus explicite sur ce nouvel idéal nobiliaire illustré par la figure du nouvel académicien, qui allie les talents et le mérite à la naissance: il brosse les grandes lignes de la formation reçue par Lezay-Marnésia dans sa jeunesse et montre comment le jeune marquis correspond à la nouvelle figure du seigneur éclairé.

> Messieurs, cette séance est destinée à la réception de M. le marquis de Marnésia; il préférait l'avantage de vous appartenir d'abord à la célébrité

d'une assemblée solennelle, mais l'attention que vous avez d'exciter l'émulation dans tous les ordres, vous engage à démontrer publiquement par les exemples qu'il est possible d'allier les travaux littéraires avec les exercices militaires, et que les talents donnent un nouveau lustre à la naissance, comme la naissance réfléchit sur les talents.
Des connaissances profondes accumulées dès la jeunesse, ornées par l'usage du monde et de la cour, ne servent-elles pas, comme nous le voyons en ce moment, à maintenir la discipline et à rendre les détails les plus sévères supportables par l'aménité et l'intelligence de celui qui les commande? Ne servent-elles pas à charmer tant de moments d'ennui que les intervalles du service doivent laisser, tandis qu'ils peuvent être destinés à des occupations instructives et amusantes?
Applaudissons donc, Messieurs, aux institutions de cette cohorte (...), où notre jeune noblesse prend non seulement des leçons de tactique (...) mais encore de toutes les connaissances qu'un homme du monde doit avoir. Ainsi nous la verrons cette noblesse passer alternativement du Champ de Mars au Parnasse, et toujours avec succès.

Lorsque Lezay-Marnésia est reçu à l'Académie de Besançon en 1777, il est donc surtout fait référence à ses années de formation, pendant lesquelles, jeune noble descendant d'une très ancienne lignée et membre d'une famille faisant partie de la noblesse de cour, il a fait l'apprentissage des armes aussi bien que des lettres, entre le Champ de Mars et le Parnasse. Ainsi, dans une société bisontine conservatrice, peut-il poser comme modèle de la noblesse éclairée, d'une noblesse qui se définit à la fois par la tradition nobiliaire, celle de la chevalerie, et par la tradition des Lumières, celle du talent. Toutefois ce modèle, auquel Lezay-Marnésia correspond au terme de ses années de formation, était le résultat d'un alliage instable, car c'était justement de la rencontre de la tradition chevaleresque et des idées des Lumières qu'était né l'effritement de la légitimité nobiliaire. Lezay-Marnésia en prendra conscience, tentera de faire évoluer le modèle, et offrira, dans les années 1780, une solution idéologique à l'évanescence de l'identité de la noblesse.
On voit donc que ce n'est pas arbitrairement qu'on fait terminer les années de formation de Lezay-Marnésia à la date de sa démission de l'armée. Cette date représente une coupure nette dans son existence. Elle correspond à un changement radical de style de vie. Il quitte non seulement la carrière militaire mais aussi la ville, pour s'installer à la campagne. Cette décision n'est pas vraiment comparable à celle de son ami Saint-Lambert, qui ne quitte l'armée en 1761 que pour mieux se consacrer aux salons parisiens et à madame d'Houdetot. Dans sa vie privée, Saint-Lambert ne «pratiquera» jamais le retour à la campagne auquel il incite dans son poème *Les Saisons*. Il en est de même du cardinal de Bernis, dont Lezay-Marnésia admire la poésie champêtre. Ce qui distingue le marquis de ces poètes de la nature, c'est que son discours n'a pas seulement un

contenu littéraire. Sa démarche n'est pas purement intellectuelle, mais repose aussi sur une expérience pratique qu'il essaiera de communiquer dans ses œuvres. Sa nouvelle situation familiale n'a pas été sans avoir une influence sur sa décision. Le 3 mars 1766, il avait épousé la marquise Marie-Claudine de Nettancourt-Vaubécourt, de dix ans sa cadette, qui était la nièce du commandant de la ville et de la citadelle de Verdun. De cette union étaient nés deux enfants: Adrienne en 1768 et Adrien en 1769. Albert naîtrait en 1772. Il est évident que la personnalité de sa jeune épouse ne pouvait que renforcer le goût de Lezay-Marnésia pour les arts. Marie-Claudine de Nettancourt avait reçu une éducation raffinée au couvent de Panthemont, à Paris. Elle était particulièrement douée pour la peinture, ce qui d'ailleurs lui permettra de subvenir à ses besoins pendant la Révolution, alors qu'elle émigre en Angleterre[15]. Elle partageait également les nombreux intérêts de son époux. S'intéressant à la vie intellectuelle, elle fréquentera les milieux littéraires qui gravitaient autour de Fanny de Beauharnais; ayant des notions d'histoire naturelle, elle collectionnera les pierres rares[16]. L'Académie de Besançon reconnaîtra officiellement sa participation aux travaux de minéralogie de son mari ainsi que l'étendue de ses connaissances. Le 1er mai 1777, à l'occasion de la réception de son époux à l'Académie de Besançon, le président Droz soulignera les mérites de la marquise: «une compagne aimable, qui réunit aux grâces de son sexe toutes les connaissances du nôtre, formait avec vous, pour l'instruction de vos jeunes enfants, un cabinet d'histoire naturelle».

Il semble que la décision de s'installer à la campagne ait été prise assez tôt, dès l'année du mariage. Lezay-Marnésia avait reçu la seigneurie de Moutonne et le domaine du Chatelet, près de Fort-du-Plasne, dans le Jura, tandis que son épouse apportait en dot le domaine de Nettancourt. Dès 1766, ils font aménager de nouveaux jardins dans le parc du château de Moutonne. Les travaux sont importants, puisqu'ils représentent en coût la valeur de 495 journées d'ouvrier. En 1769, le domaine est prêt pour que le marquis «fasse son retour à la campagne» dans les terres de ses ancêtres. Dès lors, il se consacrera exclusivement aux lettres et à la création de jardins, à la bienfaisance et à l'agriculture, comme il l'exprime au début de son *Essai sur la nature champêtre*:

> Maître enfin de changer mon épée contre une bêche, j'ai oublié Vauban et Turenne; Alcinoüs est devenu mon héros, et les bosquets de Clarens mon modèle. J'ai passé six ans sur une des hauteurs du Jura à former des jardins, n'ayant que la Nature et Rousseau pour maître. Conduit par mon instinct, échauffé par les descriptions des bons poètes, j'ai tracé des tableaux dans un pays où l'on connaissait à peine quelques faibles imitations de Le Nôtre. (...) Je me levais avec l'aurore, j'errais au loin dans les campagnes, j'étudiais les différents sites, je m'étudiais moi-même, et je revenais l'âme remplie d'impressions qui m'aidaient à former de nouveaux paysages. Ainsi passèrent longtemps mes jours entre le plaisir de sentir et le bonheur de créer.[17]

Cet amour de la nature doit sans doute beaucoup à la diffusion du sentiment de la nature et à son esthétisation; il est inséparable, chez le jeune homme, de l'amour des lettres. S'il convient donc de situer l'image que Lezay-Marnésia se fait de la campagne par rapport au sentiment de la nature propre à son milieu et à son époque, il faut aussi cerner les facteurs qui contribuent directement à sa vocation littéraire.

LA COUR DE LUNÉVILLE ET LES MILIEUX LITTÉRAIRES

L'amour des lettres lui vient de sa mère, Charlotte-Antoinette de Bressey, fille du chambellan de Léopold, duc de Lorraine. Toute sa vie, elle conserva des liens amicaux avec la cour de Lorraine, notamment avec les milieux littéraires qui y évoluaient et dans lesquels se recruteront les futurs amis de Claude-François-Adrien. De 1735, date à laquelle le second marquis de Lezay-Marnésia et son épouse s'installent à Nancy, jusqu'à leur départ pour Lons-le-Saunier en 1746, la seconde marquise de Lezay-Marnésia tient un salon littéraire à Nancy. Elle avait rassemblé autour d'elle une société brillante; elle était «peu riche, cependant sa maison (...) réunissait la meilleure compagnie, et les personnes accoutumées aux plus excellentes sociétés de Paris ne croyaient pas avoir changé de place»[18]. Bien des habitués du salon de la marquise de Lezay-Marnésia avaient été des habitués du salon de madame de Graffigny et se retrouvaient également chez madame de Boufflers[19].

Les noms de ceux qui allaient former un groupe d'amis autour de Lezay-Marnésia se retrouvent dans la liste des habitués de ces salons littéraires, notamment les noms de Saint-Lambert et de Boufflers. Saint-Lambert exerça tout particulièrement une forte influence sur Lezay-Marnésia. Dans son discours de réception à la Société royale des belles-lettres de Nancy, le 20 octobre 1767, Lezay-Marnésia avoue s'inspirer du poète des *Saisons*, qui était depuis longtemps, comme nous le dit Grimm, la coqueluche de toutes les sociétés littéraires[20]. L'amitié qui se développera entre Lezay-Marnésia et Palissot naît également dans les milieux lorrains: le père de Palissot était conseiller du duc de Lorraine et fréquentait les Bressey. C'est aussi dans l'entourage de sa mère que Lezay-Marnésia fera la connaissance de Cerutti, avec lequel il entretiendra une amitié littéraire et politique, qui durera jusqu'à son départ pour les Etats-Unis. Dans son *Plan de lecture pour une jeune dame*, Lezay-Marnésia informe le lecteur que c'est chez sa mère qu'il fit la connaissance de Saint-Lambert, Boufflers, Cerutti et Leslie[21]. Il est fort possible que Saint-Lambert ait fréquenté le salon de la marquise de Lezay-Marnésia au début des années 1740, alors qu'il était lieutenant, puis capitaine d'infanterie dans les Gardes lorraines. Son installation à Nancy après 1746 et son élection à l'Académie de Nancy en 1751 devaient faciliter les rencontres avec le jeune Lezay-Marnésia, dont la famille entretenait ses amitiés lorraines par de fréquents séjours. Boufflers, lui, était de trois ans le cadet de Lezay-Marnésia; il est donc vraisemblable que leur amitié ait commencé par être une amitié d'enfance. Quant à la première rencontre avec Cerutti, elle doit être postérieure à l'installation des Lezay-Marnésia à Lons-le-Saunier. La date précise et les conditions de cette première rencontre ne sont pas précisément connues. Cerutti n'était arrivé en France qu'en 1752, à l'âge de 14 ans, pour entrer chez les Jésuites. Il commence à être connu après 1759, alors qu'il est couronné à trois reprises par l'Académie de Montauban et par celle des Jeux floraux. Il faut placer la rencontre avec Lezay-Marnésia au plus tôt en 1762, lorsque le jeune Jésuite est accueilli à la cour de Lorraine pour écrire son *Apologie des Jésuites*. La rencontre a pu avoir lieu aussi après 1763, c'est-à-dire après l'admission de Cerutti à l'Académie de Stanislas, dont Lezay-Marnésia allait devenir membre quatre ans plus tard, mais cette seconde hypothèse est plus improbable, car après mai 1763 Cerutti est plus souvent à Paris, près du Dauphin, qu'à Nancy[22]. Il est cependant certain qu'ils se connaissaient bien en 1767, puisque Cerutti, après avoir demandé à être relevé de ses vœux et être passé en Hollande, se réfugie alors chez les Lezay-Marnésia, à Lons-le-Saunier. Par ailleurs, Lezay-Marnésia mentionne que Cerutti était encore jésuite lors de leur première rencontre[23], ce qui permet de préciser que la première rencontre se serait bien passée entre 1762 et 1764. Il semble qu'il faille aussi, faute d'autres preuves, situer la date et les conditions de la rencontre avec Leslie, jésuite lui aussi et directeur du séminaire de Nancy, à peu près à la même période[24]. Il ne faut donc pas sous-estimer l'influence des milieux lorrains sur Lezay-Marnésia; s'il finira par s'installer dans les domaines familiaux franc-comtois, il restera toujours proche de ses amis nancéens. Son lien avec la cour de Lorraine devait d'ailleurs se trouver renforcé par son mariage avec la fille du marquis de Nettancourt, l'un des chambellans de Stanislas.

La fréquentation de la cour de Lunéville lui rendait aussi familière la politique sociale de Stanislas, une politique aux aspects humanitaires qui s'inscrivait dans la succession de celle de Léopold, qui dès le début du siècle avait annoncé les Lumières. C'est à partir de la figure de Stanislas que Lezay-Marnésia construira l'image du bon roi. Dans *Le Bonheur dans les Campagnes*, il associera à l'image de Stanislas la figure mythique d'Henri IV et celle de Louis XVI, porteur des espoirs de toute une génération, et en fera le stéréotype du roi bienfaisant et du souverain fidèle à sa parole. La communauté, qu'il rêvera de fonder en 1790, aura bien des points communs avec le royaume utopique de Dumocala, que Stanislas imagine en 1752 dans son *Entretien d'un Européen avec un insulaire du royaume de Dumocala*. Lorsque Stanislas meurt en 1766, on croit assister à la mort de l'archétype du souverain de l'âge d'or. Dans l'*Oraison funèbre de Stanislas Ier*, Boisgelin ne se contente pas d'attirer l'attention sur la noblesse, la simplicité, la franchise et les mœurs douces du défunt, qui en avaient fait un monarque rappelant les bons souverains du passé; il souligne aussi sa bienfaisance, en expliquant qu'il «était comme un de ces anges tutélaires» et qu'il «semblait sourire en silence au bonheur public». Cette vertu de bienfaisance, ajoute-t-il, est celle qui «est capable de faire germer le bonheur de tous les points de la terre»[25]. Stanislas meurt en 1766. Une fois mort, son souvenir vient grossir les rangs des «bons souverains», dont la mémoire ne sert pas seulement d'exemple, mais introduit aussi à l'attendrissement qui porte à la bienfaisance. C'était déjà le cas de Léopold, dont Lezay-Marnésia mêle le souvenir à la légende de Saint-Louis:

Sous un chêne civique et couronné de fleurs,
Le Titus des Lorrains vit toujours dans leurs cœurs.
De tendres souvenirs et toujours pleins de charmes
Fixent sur Léopold leurs yeux mouillés de larmes.[26]

Stanislas rejoint Léopold. La baronne d'Oberkirch, qui passera à Nancy en 1782, notera que «le bon roi Stanislas a laissé de touchants souvenirs dans ce pays». Elle médite devant sa tombe: «je pensais que nous devons tous mourir, si aimés et si puissants que nous soyons, et je ressentais vivement la vanité de nous attacher aux choses d'un monde que nous devons quitter si rapidement»[27]. Toutefois, la fonction de «roi bienfaisant» n'était pas restée vacante bien longtemps. Le relais avait été assuré par le nouveau dauphin, le futur Louis XVI. L'année de la mort de Stanislas, en 1766, il fait imprimer les *Maximes morales et politiques tirées de Télémaque*, annonçant ainsi que son règne se placera sous le signe de l'humanité et de la bonté.

En 1768, une génération entichée d'agriculture et de jardins s'enthousiasme à l'idée que le futur monarque s'intéresse au sort de ses sujets, et particulièrement à celui des paysans. Le dauphin, âgé seulement de quatorze ans, n'a-t-il pas tracé lui-même un sillon dans un champ? (Voir Illustration 2) L'événement, rapporté dans le journal de la physiocratie, les *Ephémérides du citoyen*, aura une importance considérable dans la construction de l'imagerie du «bon roi». La rédaction place à la tête du journal de juillet la rubrique des événements publics, normalement publiée en fin de numéro, parce qu'elle paraît «devoir intéresser vivement les bons citoyens et les philosophes bienfaisants qui s'occupent de la félicité du genre humain». L'article est suivi de la lettre d'un courtisan:

Sans doute vous croyez toujours, Monsieur, qu'il faut aller à la Chine, si l'on veut voir des mains augustes manier la charrue? Eh bien! Détrompez-vous: hier, Monseigneur le Dauphin nous donna ce spectacle aussi attendrissant qu'intéressant. Ce prince dirigea sa promenade vers un champ qu'on labourait; il examina quelque temps la manœuvre, et demanda ensuite à conduire lui-même la charrue: ce qu'il exécuta avec autant de force que d'adresse, au point que le laboureur fut étonné, comme les spectateurs, de la profondeur du sillon et de la justesse de sa direction.

Le futur souverain s'intéresse à l'agriculture, mais aussi à la condition paysanne. La lettre mentionne l'exemple d'une chasse que le dauphin suivait en carrosse:

Le chemin pouvait être abrégé en traversant un champ couvert de blé preque mûr. Le cocher entre dans ce champ. Monseigneur le Dauphin s'en aperçoit; il se précipite à la portière et crie d'arrêter, de changer de route. Ce blé, dit-il, ne nous appartient pas, il ne nous est pas permis de le fouler. On obéit; et Monseigneur le comte d'Artois s'écria: Ah! Que la France est heureuse d'avoir un Prince si rempli de justice.[28]

Tout cela peut aujourd'hui faire sourire, et la réflexion du comte d'Artois peut nous sembler ironique. Ce n'était pas le cas alors. Il y avait un symbole pour Henri IV: la poule au pot, «dominicalisée» par Voltaire; il en fallait un aussi pour le futur roi, en qui la nation avait placé ses espérances: ce serait le travail du laboureur. La destruction des récoltes par les chasseurs ou par les militaires en maraude, qui fait l'objet d'un article de Lezay-Marnésia dans l'*Encyclopédie*, était un réel problème. Le geste du futur Louis XVI allait devenir le symbole d'une bienfaisance qui ne serait pas seulement l'aide aux indigents, mais aussi l'amélioration du sort des habitants des campagnes: la bienfaisance devient champêtre dans la seconde partie du dix-huitième siècle, et le roi-bienfaisant est un roi-fermier. Dans l'un des nombreux textes faisant l'éloge du monarque, on peut lire que le roi a un «cœur paternel» et que

Ses bienfaisantes mains sur la France étendues
Couronnent d'oliviers le soc de vos charrues.[29]

Dans le *Bonheur dans les campagnes*, Lezay-Marnésia, se rappelant qu'en 1768 le futur roi avait tracé des sillons avec une charrue, voudra en immortaliser le moment en proposant de frapper une médaille de la bienfaisance, sur laquelle serait gravée l'inscription «Le soc s'est ennobli sous les mains d'un bon roi»[30].

VOCATION LITTÉRAIRE ET SENTIMENT DE LA NATURE
LES LETTRES DE JULIE À OVIDE DE MME DE LEZAY-MARNÉSIA

Lezay-Marnésia baigne donc, dès son enfance, dans une atmosphère où la bienfaisance est à la mode, atmosphère à laquelle personne de son milieu ne pouvait se soustraire. C'est dans ce même climat moral et intellectuel que se développent chez le jeune homme une vocation d'homme de lettres et un sentiment de la nature très vif. Ce double attrait prendra très vite la forme d'une réflexion sur la campagne et sur la condition des habitants des campagnes. On peut même affirmer que sa vocation d'homme de lettres est inséparable de son goût pour la campagne. Ces deux intérêts sont concomitants; ils s'enrichissent l'un l'autre. Lezay-Marnésia ne les dissociera jamais. Les textes qu'il écrit alors qu'il n'a pas encore trente ans annoncent les œuvres plus tardives. Se situant d'emblée dans l'esprit du siècle, il donne à sa fonction d'écrivain une valeur didactique. Il s'agit pour lui de faire œuvre morale et utile en incitant au retour à la campagne, non seulement pour y trouver le bonheur mais aussi pour favoriser l'amélioration des conditions de vie des paysans et le perfectionnement de l'agriculture. Bien que le terme puisse paraître anachronique, on peut dire qu'il conçoit l'écriture comme une écriture «engagée».

Amour des lettres et amour de la campagne s'interpénêtrent donc au cours de ses années d'apprentissage. Mais de quelle campagne s'agit-il? Son milieu et son éducation ne le prédisposent-ils pas à être surtout l'un de ces nombreux «lecteurs» de la campagne, qu'on rencontre dans les salons, l'un de ces aristocrates dont l'expérience de la nature se résume à ce qu'ils en lisent dans les pastorales ou à ce qu'ils en voient derrière les baies de leurs châteaux des champs?

La campagne semble avoir été présente dans la vie de Lezay-Marnésia dès son plus jeune âge, du moins si l'on en juge par ce qu'il en dit lui-même, lignes qui seront reprises dans son Eloge et dans la plupart des notices biographiques:

> Dès ma plus tendre enfance, ce sont les prés, les monts, les champs, les bois, les eaux, qui m'ont eux-mêmes parlé. Elevé à la campagne, j'en ai respiré l'amour. Environné de jardins, que l'on commençait à créer, je devins aussi jardinier; un petit paysan de mon âge fut le compagnon de mes riants travaux.[31]

C'est sans doute sur ce passage du Discours préliminaire à l'*Essai sur la nature champêtre* que se fonde le président Tivier pour dire dans l'Eloge de Lezay-Marnésia que «dans une liberté complète, il put se livrer avec un jeune paysan de son âge aux riants travaux d'une horticulture de fantaisie»[32]. Faut-il ajouter foi à ce qu'écrit le marquis en 1787, sous l'influence d'un rousseauisme qui est alors diffus dans la société et dont il se réclame explicitement? Nous n'avons pas trouvé de preuve qui infirme ou confirme ce qu'il nous dit de son enfance. On est tenté de croire que, dans le Discours préliminaire de l'*Essai sur la nature champêtre*, ce souvenir d'enfance est plutôt une rationalisation *a posteriori*, qui lui permet en fait d'introduire un argument esthétique pour affirmer la supériorité de l'instinct, de la sensation, sur l'esthétique géométrique des générations précédentes. «Tandis qu'ils restaient froidement Géomètres, nous devinmes Peintre, sans nous en douter. Nous réduisîmes en miniatures les grands tableaux dont nous étions environnés»[33]. Ces souvenirs d'enfance, qui se trouvent en tête d'un poème de la nature — en fait un traité des jardins — sont évidemment l'occasion de suggérer la supériorité de l'esthétique du jardin pittoresque, devenu à la mode, sur les théories de Dezallier d'Argenville, qui avait voulu, dans *La Théorie et la pratique du jardinage* (1709), éterniser les principes de Le Nôtre. Ce que Lezay-Marnésia nous dit de son enfance peut toutefois s'appliquer à l'éducation que recevront ses propres enfants. Ses fils seront encouragés, alors qu'ils n'étaient encore que des enfants, à créer leur propre jardin avec l'aide de quelques paysans de leur âge. «Nous devions, écrit Albert, orner, à notre manière enfantine, un petit coin du parc. (...) Nous l'avions nommé du doux nom de Clarens»[34]. Sans donc pouvoir conclure, dans le cas du jeune Claude-François-Adrien, sur la réalité d'un contact intime avec la nature, on peut retenir néanmoins que la campagne n'est pas absente de son environnement, que ce soient les bords de la Moselle, qu'il chante dans sa poésie, ou les paysages de Franche-Comté, qu'il découvre lors de ses séjours dans les terres familiales. Mais la campagne des souvenirs d'enfance est une campagne idéalisée, mythique. Après avoir décrit une scène idyllique de la campagne mosellane, il écrit dans une note: «En plaçant cette scène des jardins aux bords de la Moselle, j'ai voulu rendre hommage au pays où je suis né, où mes plus douces années se sont écoulées, que je regretterai toujours, et auquel je ne cesserai de tenir par un tendre souvenir»[35]. C'est ce mythe qui constitue le cœur de sa pensée et qui permet d'expliquer son œuvre, comme il éclaire aussi le goût pour la campagne à partir duquel une partie de la noblesse éclairée va construire, à la fin de l'Ancien Régime, des plans de régénération.

L'intérêt que Lezay-Marnésia porte à la campagne se développe en même temps que le goût qu'il avoue avoir pour les lettres. Il ne s'agit pas d'un détail mais d'un fait d'une importance capitale, qui éclaire l'évolution de sa pensée. Son éducation avait été confiée à un précepteur originaire de Lons-le-Saunier, Claude-Marie Giraud, qui était homme de lettres. Le futur marquis avait reçu une formation classique comme tous les jeunes gens de son milieu. Giraud contribua également, quoiqu'indirectement, à faire fleurir chez le jeune homme une vocation d'homme de lettres et de penseur. Bien des années plus tard, il devait en effet se lier d'amitié avec Chamfort et mettre son ancien élève en relation avec le moraliste. Cette rencontre, qui aura lieu en 1773, devait être déterminante pour l'avenir littéraire de Lezay-Marnésia. Dans l'Avertissement d'*Apelle et Campaspe, ou l'Empire des Arts, ballet héroïque*, il nous apprend en effet que c'est Chamfort qui l'a incité à cultiver ses talents littéraires[36].

Cette vocation littéraire ne doit cependant pas tout à l'amitié et aux encouragements de Chamfort ni au seul cercle des amis de sa mère. Elle se développe également à l'intérieur du cercle familial. Comme bien des jeunes nobles du milieu du siècle, Lezay-Marnésia fut fortement influencé par une mère, dont le rôle dans les domaines culturel et littéraire était loin d'être négligeable. On sait que les nobles «démocrates» de la génération suivante seront souvent amenés à la politique et à la Révolution par leur famille. Pour ne citer que l'exemple d'une famille qui entretient des relations amicales avec les Lezay-Marnésia, le duc de la Rochefoucauld et le duc de Liancourt doivent beaucoup à leurs mères, la duchesse d'Enville et sa sœur, dont les salons, plus politiques que littéraires, contribuèrent à l'évolution des idées. Le jeune Lezay-Marnésia, lui, ne baigne pas dans un milieu politique mais dans un milieu littéraire. Sa mère devait lui servir de modèle en lui offrant une lecture littéraire de la campagne, qui venait se superposer à l'observation directe de la nature. La deuxième marquise de

Lezay-Marnésia ne fait pas que tenir un salon littéraire; elle écrit et publie en 1753 un roman épistolaire, les *Lettres de Julie à Ovide*. Le livre paraît d'abord sans nom d'auteur; c'est dans l'édition de 1800 de son *Plan de lecture pour une jeune dame*, que Lezay-Marnésia révèle le nom de l'auteur de ce petit roman, qui aurait connu un succès honnête.

> Les *Lettres de Julie à Ovide* ont eu beaucoup d'éditions et se trouvent dans plusieurs recueils; cependant, l'auteur n'a pas de célébrité. La raison en est bien simple: on n'a jamais pu vaincre sa modestie et forcer cette femme si ingénieuse, si aimable et si douce à avouer son ouvrage; son secret n'était connu que de son fils et de deux ou trois amis: ce fils le révèle, bien assuré qu'il rend service à sa mémoire. Que de larmes il a versé sur cet écrit charmant. (...) Ces lettres, écrites avec beaucoup de grâce et la plus grande pureté, comme celles de Pline le Jeune, peuvent servir de modèle. Elles ont tout le piquant de l'esprit, sans jamais en avoir l'abus.[37]

Le caractère touchant des *Lettres de Julie à Ovide* et leur réserve intellectuelle sont les raisons pour lesquelles Lezay-Marnésia en recommande la lecture, au même titre que des livres qui peuvent développer le goût pour la nature, comme les *Etudes de la nature* de Bernardin de Saint-Pierre ou les œuvres de Florian, ou encore au même titre que des livres qu'il considère moralement utiles, comme *Adèle de Sénange* de madame de Flahaut ou *Caroline de Lichtfield* de madame de Montolieu. Le rapprochement entre la nature et la morale, que fait Lezay-Marnésia à propos du livre de sa mère, est révélateur du caractère qu'il attribue à la campagne. A la fin du siècle, la vision qu'il se fait de la vie des champs a évolué, sans toutefois se détacher totalement de celle dont il a hérité. La campagne, que Lezay-Marnésia découvre par l'intermédiaire de sa mère, est à la fois une pastorale littéraire et une géographie morale. La réalité est noyée dans un décor qui n'est pas encore totalement détaché de la veine rococo; la géographie morale est encore encodée dans le langage de l'idylle.

Cousin ne voit dans les *Lettres de Julie à Ovide* qu'une femme qui gémit «sur les tristesses de l'automne de la vie»[38]. On peut ainsi interpréter la maladie de désespoir dont est atteinte Julie et la douleur qu'elle ressent à l'exil d'Ovide, douleur à laquelle seule la mort peut mettre fin. Il faut toutefois considérer ce roman épistolaire dans son environnement littéraire, en fonction de l'évolution du sentiment de la nature. Il révèle un contenu représentatif d'un changement de sensibilité. On y retrouve à peu près toutes les idées du temps sur la nature; on y découvre aussi l'apparition d'une prise de conscience, si timide soit-elle, de l'harmonie qui peut s'établir entre l'environnement et les états d'âme. Les grandes lignes sur lesquelles se construira la pensée de Lezay-Marnésia y sont ainsi présentes. L'atmosphère qui baigne ce livre est un sentiment de la nature qui est en train de se diffuser lentement dans la société et que Rousseau reprendra et développera dix ans plus tard dans *La Nouvelle Héloïse*.

La campagne décrite par la marquise de Lezay-Marnésia n'est pas seulement synonyme du plaisir qu'elle procure; elle se confond aussi avec toutes les émotions qu'elle engendre dans le cœur de l'homme. A ce titre, elle est à la fois une thérapeutique et une confidente pour une Julie que l'amour et l'exil d'Ovide rendent malade; elle est aussi une propédeutique à la rêverie pour une Julie qui recherche l'illusion, afin d'échapper à la dialectique de l'oubli et du souvenir.

> Le bruit des eaux, la fraîcheur de l'air et la solitude du lieu m'ont entraîné dans une rêverie tendre qui sans avoir tous les charmes de la réalité, avait cependant quelque chose de délicieux qui se sent si bien et qu'on ne peut exprimer. (...) Après le plaisir de voir ce qu'on aime, je n'en connais pas de si flatteur que celui d'y penser avec liberté.[39]

Ce que décrit Julie, c'est la mémoire des sens: «en vous rappelant nos plaisirs, vous en jouissez une seconde fois»[40]. Ces rêveries sensuelles annoncent, à bien des égards, les rêveries de Saint-Preux. Cependant, l'âme sensible ne reste qu'à l'état embryonnaire. Elle risque même de passer inaperçue dans une œuvre où la campagne est surtout une mise-en-scène, qui obéit aux canons littéraires de la description de la nature, à l'esthétique rococo des salons de l'époque.

Derrière la représentation conventionnelle de la campagne, on découvre l'évocation d'un lieu conçu comme source de liberté, de pureté et de beauté:

> La liberté qui règne à la campagne, la beauté de la saison, et les façons d'Octavie rendent ce séjour charmant. Le faste en est banni et l'aisance s'y montre toujours; les plaisirs y sont variés sans étude; et si l'Art y entre pour quelque chose, il est si bien caché qu'on ne le reconnaît pas. Les promenades y sont délicieuses, l'air pur, et nous n'avons encore senti que le souffle des zéphirs qui excitent doucement les fleurs à exhaler leur parfum.[41]

On ne peut s'empêcher d'évoquer *La Nouvelle Héloïse*, où l'art de jardiner de Julie, obéissant aux principes de l'imitation de la nature, consiste à faire paraître naturel ce qui est dû au travail de l'homme. Cette simplicité de l'art, plus naturelle que celle de la nature, sera soulignée par Le Tourneur lorsqu'il visitera Ermenonville, où tout est pourtant le fruit du travail de l'homme: «au fond de cette sombre et agréable vallée coule un ruisseau, qui fait de petites cascades, et qui murmure hautement sur les cailloux: c'est là que l'art, sans se montrer nulle part, a parfaitement secondé la nature. Des roches, des racines, des arbres isolés, rencontrés au milieu du sentier, et qu'il faut tourner, vous arrêtent, avec un sentiment de surprise et de plaisir»[42].

L'image de la campagne, que nous propose dès le milieu du siècle la marquise de Lezay-Marnésia, a pour principale caractéristique cette simplicité, une simplicité où l'artifice n'est pas absent. Elle obéit aux règles d'une esthétique classique, qui veut concilier l'élégance et le naturel. C'est cette esthétique dont le marquis exposera les principes dans son discours de Nancy de 1767. Dans son

Plan de lecture, il souligne que les *Lettres de Julie à Ovide* offrent, dans un style naturel, une peinture vraie, mais que ce style naturel ne devient pas familier, que la peinture est vraie parce qu'elle rend compte de toutes les nuances, de toutes les subtilités du cœur humain. Ce roman épistolaire utilise en fait des procédés que Mauvillon codifie en 1751 dans son *Traité général du style*: un style naturel, phrastique et non périodique, qui permet aux sentiments et aux pensées vives et agréables de dominer dans la lettre[43]. Ce naturel apparaît toutefois plus sous les traits d'une nostalgie du naturel. Comme le fait remarquer Philip Stewart, «il y a un passé historique — non seulement un idéal champêtre — qui semble préférable au présent»[44]. Les *Lettres de Julie à Ovide* reflètent cette tension, propre à la littérature de l'époque; tension qu'on retrouve dans les œuvres de Lezay-Marnésia, où le passé historique, plus précisément la nostalgie d'un passé historique, finira par vaincre l'idéal champêtre, ou tout du moins le canalisera. La campagne littéraire, dans laquelle grandit le jeune homme, est un lieu qui veut apaiser cette tension par la représentation d'un réel qui n'existe pas mais qui devrait exister. D'un côté, la campagne de l'idylle: l'environnement virgilien, un environnement nécessaire. De l'autre, la campagne du sentiment, que les *Lettres de Julie à Ovide*, comme la plupart des romans épistolaires, contribuent à créer grâce à un style simple et naturel et à un modèle narratologique où l'acte narratif est diégétisé. La vérité n'est alors plus de l'ordre du réel; elle n'existe que dans un dire qui se veut authentique.

Ainsi la campagne de Julie et d'Ovide n'est-elle pas vraiment la campagne romaine telle qu'elle est, mais telle qu'elle devrait être. En cela, ce petit livre reflète le goût des salons littéraires du milieu du siècle: la campagne n'existe que dans le plaisir qu'elle procure, lorsqu'on la décrit ou la peint; elle est idéalisée, devient «riante» et se transforme en un vaste jardin, qui structure le discours amoureux et celui de la représentation.

> Que ce séjour me plaît! L'on y jouit d'une liberté que l'on ne connaît point à Rome; l'amour brille dans tous les yeux, point de surveillant, point de jaloux. L'on aime, on se le dit; on se cherche avec empressement, on se trouve sans peine, la certitude de plaire n'ôte pas l'envie de plaire davantage.[45]

Il ne faudrait pas exagérer l'influence que ce roman eut sur Lezay-Marnésia; mais il contribua certainement à le rendre sensible à une esthétique qui met en valeur l'expression immédiate du sentiment.

LA MODE DE LA CAMPAGNE: DES SALONS AUX AGRONOMES

Lezay-Marnésia ne reniera jamais totalement de la représentation de la campagne qu'on trouve dans les *Lettres de Julie à Ovide*. Il évoluera, certes, sous l'influence de Rousseau et sous celle des agronomes, mais son écriture restera en tension entre toutes ces approches de la campagne, dont il peut déjà faire l'expérience dans les années 1760: pastorale littéraire, paysage rococo, géographie morale, géographie des émotions, géographie rurale. Son œuvre révèle la présence de toutes ces écoles; elle révèle aussi les nuances du passage de l'une à l'autre. Son plan de régénération et sa vision utopique naîtront de la confrontation de ces différentes esthétiques.

Le paysage des *Lettres de Julie à Ovide*, qui n'existe que par les personnages qui le peuplent et l'ordre dans lequel ces derniers entrent en scène, évoque plus *Le Pélerinage à Cythère* de Watteau que *La Nouvelle Héloïse*. C'est le même esprit de représentation qui anime le cadre du ballet héroïque, *Apelle et Campaspe*, que le marquis écrira vers 1787, dans le plus pur style des bergeries Louis XVI. Le décor de l'acte premier représente la campagne des environs de Babylone, une campagne semée de riches hameaux, de jardins agréables, et entourée d'une vaste forêt derrière laquelle se devine la ville. Toutefois, *Apelle et Campaspe* est la seule œuvre dans laquelle Lezay-Marnésia obéit strictement à des conventions littéraires qui sont celles de l'églogue et de l'idylle. Ecrite à une époque qui connaît le renouveau de la pastorale, cette œuvre peut paraître hors de propos par rapport à la réflexion poursuivie au même moment par le marquis. Sa campagne n'est alors plus rustique; elle est rurale. Il faut considérer *Apelle et Campaspe* comme un divertissement que l'auteur écrit pour son plaisir. Ce ballet appartient intellectuellement à une époque antérieure. Les définitions, que Marmontel donne de l'églogue et de l'idylle, montrent que cette campagne, qui est celle des salons, est surtout une «lecture de la campagne», une campagne soumise à une grille d'interprétation littéraire.

> EGLOGUE — L'*églogue* est l'imitation des mœurs champêtres dans leur plus agréable simplicité (...) L'objet de la poésie pastorale me semble devoir être de présenter aux hommes l'état le plus heureux dont il leur soit permis de jouir, et de les en faire jouir en idée par le charme de l'illusion. IDYLLE — Dans les *idylles* (...) la scène est au village; mais la femme sensible et tendre qui parle aux fleurs, aux ruisseaux, aux moutons, n'est pas une de nos bergères; c'est la maîtresse du château.[46]

La question de l'églogue, si littéraire soit-elle, déborde le domaine de la simple littérature pour éclairer le goût et les mentalités du moment. L'équilibre que présente Marmontel ne fut pas toujours réalisé. L'églogue avait été soumise, avec le rococo, à une nouvelle forme de préciosité, qui nuisait à son caractère de simplicité. Rémond de Saint-Mard, dans ses *Réflexions sur la poésie*, se fait l'écho de l'évolution prise par l'églogue dans les années 1720 à 1735 et montre indirectement les nuances que pouvait prendre la lecture de la campagne, qu'il ne faudrait pas considérer comme un bloc. Il n'est pas question de décrire des bergers rustiques, mais seulement des bergers simples, «non pas tout à fait à la manière de Théocrite et de Virgile; ceux-là sont quelquefois pour nous un peu trop rustiques; et je ne me soucierais pas qu'on me parlât de chataignes et de fromages dans une églogue; je voudrais des bergers presque comme seraient des gens du monde»[47]. La nuance importante est contenue dans le mot «presque»: *presque comme des gens du monde*. Ce que Rémond de Saint-Mard reproche aux églogues modernes, c'est de faire parler les bergers et les bergères comme des gens du monde, de leur faire analyser leurs sentiments. Il y oppose les personnages de l'*Astrée*, qui ne s'occupent que d'aimer, sans inquiétude sinon celle de plaire.

> Car qu'est ce qui nous rend l'églogue touchante! C'est que les bergers qui en sont les acteurs, dépouillés de la grossièreté de la campagne, le sont aussi de la finesse qui brille dans les villes. Placés bien juste dans ce milieu, ils deviennent des personnages tout à fait agréables; mais s'écartent-ils tant soit peu de ce milieu, penchent-ils d'un côté ou d'un autre, les voilà aussitôt devenus trop grossiers, ou, qui pis est, trop polis.[48]

Le juste milieu préconisé par Rémond de Saint-Mard est celui de la vraisemblance, du «vrai beau». La campagne des églogues est une campagne d'illusion, mais une campagne qui fait plaisir. «Je me doute bien que les bergers ne sont pas tels qu'on me les y représente (...), mais je ne veux pas le savoir et je me livre au plaisir qu'ils me font»[49]. Trop de rusticité nuirait aux bienséances mais aussi à la vraisemblance, qui représente ce qui devrait être et non ce qui est. Faire parler les bergers comme des citadins nuirait par ailleurs au charme de l'illusion. Ce qu'on recherche dans la campagne de l'églogue, c'est la simplicité et l'innocence. La campagne n'intéresse que dans la mesure où les gens «qui y parlent sont de bonnes gens, des esprits naturels»; «je ne me mets à leur place que parce qu'ils ont de l'innocence dans les mœurs»[50]. A partir du moment où l'art intervient pour altérer la conduite des bergers et où ils se mettent à avoir de l'esprit, l'églogue échoue. La lecture de la campagne obéit donc à un but précis: le plaisir; elle a aussi un but esthétique et potentiellement moral, porteur de l'évolution ultérieure que connaîtra le sentiment de la nature: «les bergers sont tels précisément que nous voudrions et que nous devrions être»[51]. La bergerie est une représentation qui deviendra normative.

Apelle et Campaspe est un ballet, genre qui se prêtait parfaitement à cette traduction de la nature. On sait le succès que connaissent au dix-huitième siècle les spectacles, ballets, opéra-comiques et vaudevilles. La foule s'y presse, parce qu'elle voit, en représentation, ce qu'elle ressent ou ce qu'elle s'imagine ressentir, et en voyant, elle ressent encore plus. La scène reflète le goût d'un vaste public, qu'elle contribue à renforcer. On pleure aux comédies larmoyantes, on est touché par la campagne des «pièces villageoises». Dans sa lettre du 4 février 1768 à Rousseau, Mirabeau parle du succès des *Moissonneurs*. Les gens ont pleuré, écrit-il. Tout se passe comme si les larmes étaient le critère de la qualité du spectacle[52]. En fait, elles en sont bien le critère, car le public veut être attendri. De beaux sentiments dans un décor champêtre, telle est la recette pour provoquer l'émotion. Cette campagne de la scène, c'est toujours celle de l'églogue et de l'idylle, légèrement retouchée par le pinceau de Greuze. Favart décrit ainsi les décors de son opéra-comique *Les Moissonneurs*:

> Le théâtre représente un paysage; à droite est une chaumière, à côté de laquelle est un banc de pierre; à gauche est un petit tertre couronné par un orme: il sort de cet endroit une source d'eau vive qui forme un bassin; derrière est une chaîne de hautes montagnes qui se perd dans l'éloignement. On voit à quelque distance le château seigneurial; un vaste champ de blé occupe le reste de la campagne.[53]

Tout y est: le château qui protège, la campagne cultivée qui représente l'abondance, la maison paysanne dont l'environnement immédiat indique la pureté et le bonheur, la nature sauvage qui se trouve dans le lointain et limite la vue. Cette représentation et sa symbolique sont acceptées de tous. Elles font partie des mentalités de l'époque. Dans *Les Amours champêtres* de Favart, «le théâtre représente un paysage agréable; d'un côté un côteau chargé d'arbres, de l'autre une prairie entrecoupée de ruisseaux»[54]. Dans *Thémire*, pastorale de Sedaine, «le théâtre représente une campagne, un lieu champêtre et un tertre de gazon, sur lequel on peut s'asseoir»[55]. Dans *Le Déserteur*, drame de Sedaine, «le théâtre représente un lieu champêtre, dont l'horizon est terminé par une montagne, un hameau dans le lointain, un orme sur le devant de la scène, et sur un des côtés; au pied est un tertre de gazon sur lequel peuvent s'asseoir deux ou trois personnes»[56]. Les décors restent invariablement les mêmes: une ferme toute propre et un hameau comme symboles de l'innocence; un orme, un saule et un peuplier (plutôt qu'un cyprès lugubre) comme symboles du repos et de la paix; un gazon pour permettre la conversation, les jeux et la représentation; et la nature sauvage, qui est à la fois un cadre dans lequel se fond insensiblement la nature cultivée et un cadre qui limite et donc protège la pastorale[57]. On en trouverait aussi des exemples dans les maquettes de décors d'opéra, comme celle du village d'Issé, peinte par François Boucher pour l'opéra d'*Issé*, ou les décors peints par Pâris pour *Les Jardins de Cythère*[58]. Dès la fin des années 1760, les décors ne sont plus de simples accessoires. Comme les costumes, qui se font de plus en plus réalistes, ils ont une fonction aussi importante que la pièce et le jeu des acteurs: ils créent chez le spectateur l'émotion nécessaire pour participer au drame[59]. On voudra vivre dans ces paysages de carton-pâte, et on les reproduira en trois — et même quatre — dimensions dans ce qu'on peut bien appeler les «Dysney Lands» du dix-huitième siècle, que sont ces jardins où «poussent» les fermes ornées, les fabriques de toutes sortes et les hameaux. Citons le parc d'Ermenonville, que le marquis de Girardin fait aménager de 1766 à 1779, et le jardin «naturel» de Watelet, ce Moulin-Joli qu'il nous décrit dans son *Essai sur les jardins*. Citons aussi ces vrais «faux-hameaux» qu'on construira vingt ans plus tard: le hameau de Marie-Antoinette à Trianon, celui de Mesdames à Bellevue, celui de madame Elisabeth à Montreuil. Citons les jardins de Méréville, où voisinent un château médiéval, des grottes mystérieuses, un temple grec et un village.

Tous ces exemples, qu'ils soient décrits par l'écriture, fixés par le pinceau ou le fusain, fabriqués en carton-pâte ou même construits avec des pierres, qu'ils datent des années 1760 ou des années 1780, s'inscrivent dans la même tradition de distanciation de la réalité, qui est engendrée par la volonté délibérée de confondre la fiction du décor avec le naturel. L'œuvre poétique de Lezay-Marnésia n'échappe que partiellement à cette esthétique. Les règles du pittoresque lui feront préférer les vrais hameaux aux hameaux des Grands. Il sera plus proche de Fontanes que du cardinal de Bernis, mais il ne se libèrera pas totalement d'une campagne d'opéra, qui reste présente à l'arrière-plan de son œuvre, comme dans la plupart des poèmes descriptifs. Afin de bien saisir sa position au moment où il décide de quitter la ville pour ses domaines, il faut la situer dans l'évolution que subit le sentiment de la nature vers le milieu du siècle. Des études magistrales ayant été faites sur ce sujet, il nous semble préférable d'y renvoyer directement le lecteur[60]. On se contentera ici d'illustrer cette évolution en glânant des exemples dans les *Contes moraux* de Marmontel, qui reflètent, plus que tout autre littérature, le goût en vogue dans les salons parisiens, pour lesquels ils furent écrits[61].

Ce qui ressort des contes que Marmontel écrit avant 1756, c'est que la campagne se confond avec l'univers champêtre des églogues et des idylles. Comme dans les *Lettres de Julie à Ovide*, les champs servent de refuge. Dans *Tout ou rien*, par exemple, Floricourt cherche le repos des passions et l'amour vrai dans la protection offerte par la nature: «Il fit l'éloge de la solitude; il répéta cent fois qu'on ne s'aimait bien que dans les champs, loin de la dissipation et du tumulte, et qu'il ne serait heureux que dans une retraite inaccessible aux importuns et aux jaloux»[62].

Le conte moral de Marmontel, qui illustre le mieux notre propos, est incontestablement *La Bergère des Alpes*. On peut épiloguer sur la sincérité des sentiments des personnages et sur le caractère touchant, voire pathétique, de ce conte moral, dont certains passages rappellent *Manon Lescaut*. Il nous intéresse ici à un autre titre, celui de l'artifice qui est utilisé pour recréer la nature. En cela, *La Bergère des Alpes* est un récit parfait, construit à partir des artifices les plus conventionnels de la poétique pour embellir la vérité, sans toutefois tomber dans une veine pastorale pure. On se trouve à mi-chemin entre le style rococo et le style didactique, un équilibre instable qui sera l'une des caractéristiques de la poésie de Lezay-Marnésia. Il en résulte la création d'un espace sans vérité. Diderot ne s'y est pas trompé, comme le prouve la lettre qu'il écrit à Grimm le 15 septembre 1759:

Nous avons eu ici M. Le Roi, Mme Geoffrin et Marmontel. Après dîner, Marmontel nous a lu un petit roman que vous lirez dans son *Mercure* prochain. Il y a du charme, du style, des grâces, de la couleur, de la vitesse, de la chaleur, du pathétique, beaucoup d'idées et de talent, mais peu de vérité et point de génie.[63]

Madame Geoffrin, de son côté, semble avoir apprécié le conte. Elle s'empresse de commander une toile à Vernet[64], dont Diderot, qui décidément n'aimait ni le conte ni le tableau, fait une critique très négative dans son *Salon* de 1763. Ni le conte ni la toile n'offrent une description pittoresque de la vie champêtre. Celle-ci reste une lecture de la réalité à travers des catégories littéraires. La bergère n'est pas une vraie bergère, mais une demoiselle de la ville, qui choisit la retraite aux champs; le berger n'est pas un vrai berger, mais un jeune homme riche, qui se déguise pour mieux courtiser la fausse bergère. La campagne et la condition paysanne sont traitées sur le mode idyllique: ce n'est qu'un immense jardin imitant la nature sauvage. Dans ce conte, l'humble cabane des paysans «présentait l'image d'une pauvreté riante et des premiers besoins de la nature agréablement satisfaits». On n'y trouve aucun détail trivial: si la table est seulement une planche de bois, c'est du «noyer le plus joli», et si les vases sont en terre, ils sont couverts d'un émail dans lequel on peut se mirer[65]. Rien ne semble pouvoir ternir ce tableau parfait, ni les mauvaises récoltes ni la rigueur du climat.

La campagne de Lezay-Marnésia, en dépit du caractère social radical qu'elle prendra à partir des années 1770 et de l'intérêt agronomique qu'elle révèle chez l'auteur, prend sa source dans ces paysages de l'illusion, du masque et de la rêverie. Sa poésie champêtre conservera toujours ce caractère, ne serait-ce qu'au niveau de l'expression littéraire.

> Au sein des plaisirs purs l'homme n'est point jaloux.
> Ce sont les jours passés dans le luxe des villes,
> Dans le vide de l'âme et dans les soins futiles,
> Qui laissent après eux les longs regrets, l'ennui,
> Et le triste bonheur de condamner autrui;
> Mais le sage habitant des champêtres demeures
> Dans le calme et la paix a vu couler ses heures. (...)
> Ses cheveux ont blanchi dans le sein du bonheur.[66]

Il ne s'agit pas encore d'une géographie morale, mais d'une géographie des émotions qui obéit aux lois esthétiques de l'époque. Cette campagne, naturelle sous les fenêtres des châteaux ou dans les livres des gens du monde, est de l'ordre de la vision et de l'émotion et non de la connaissance. Il ne s'agit pas d'une campagne vraie, mais d'une campagne vue à travers le prisme d'une société élégante qui consacre son temps au divertissement pour tromper l'ennui. La société ne faisant que transporter aux champs le jeu de la représentation, la nature devient un espace mythique. On l'a vu, cette attitude ne disparaîtra pas. C'est elle qui préside à la mode des bergeries et des fermes ornées des années 1780. La campagne est exposée aux yeux des citadins à l'abri, une situation qui n'est pas sans rappeler la lettre de l'abbé Barthélémy à madame du Deffand dans laquelle il parle de vaches suisses qu'on «fera (...) promener devant les salons pour les montrer aux dames»[67]. Bref, il s'agit d'une campagne où la réalité reste cachée par les fenêtres des châteaux. Si les scènes décrites sont réalistes, il s'agit d'un réalisme qui a été embelli. Pour les habitués des salons littéraires, la campagne n'existe pas en dehors de l'émotion et du plaisir que provoque sa description. Le beau n'est autre que l'idée et le sentiment du beau. Il ne s'agit pas d'un public qui regarde, mais d'un public qui «lit la campagne»[68].

Lorsque Lezay-Marnésia prendra la décision de se retirer dans ses terres pour y œuvrer au bonheur de ses sujets, le sentiment de la nature aura subi une transformation. L'image que l'élite du pays se fait de la campagne à la fin des années 1760 est différente de celle qui était à la mode dans les salons du rococo littéraire, bien que le voile pastoral et poétique reste une réalité. Une évolution se fait vers une représentation de la campagne plus sensible à la réalité agraire. Ce fut un mouvement lent, difficile à déceler dans une littérature, où la mode des bergeries le dissimule d'autant mieux qu'on assiste à un renouveau de la pastorale dans les années 1780. Par ailleurs, le style même des ouvrages d'agronomie contribue à voiler la réalité de la campagne. Ces ouvrages, qui prolifèrent après 1750, restent dépendants du modèle des Anciens, de Virgile ou de Pline, auxquels ils empruntent l'expression littéraire. Il y a cependant une évolution. Parmi les facteurs à l'origine de cette mutation, il en est deux qui semblent avoir été déterminants: d'une part l'œuvre des agronomes et les idées des Physiocrates, qui revalorisent l'agriculture, et d'autre part la conviction des Lumières que l'art doit être utile. Les idées réformatrices des Lumières n'ont eu qu'une importance secondaire, l'attitude des Lumières face à la masse paysanne et aux pauvres restant fondamentalement une attitude de méfiance[69].

Cette transformation du sentiment de la nature ne date pas du milieu du siècle; si en 1762 Grimm écrit que «la maladie à la mode, c'est celle de l'agriculture»[70], on peut en trouver des signes dès les années 1720 et 1730. C'est l'époque où se développent des cultures nouvelles, comme celles du sainfoin, de la luzerne et du trèfle. C'est aussi l'époque des premiers grands défrichements, ceux du marquis de Turbigny en Anjou, de Buffon en Bourgogne, de Duhamel du Monceau dans le Gâtinais. On passe peu à peu d'une campagne, qui n'existe que comme la réponse à la lassitude des villes, à une campagne autonome, qui n'est plus seulement l'envers de la ville. Les études des agronomes, avant même 1750, préparent le terrain à une conception de la campagne orientée vers le bien public. Un ouvrage de viulgarisation comme le *Spectacle de la Nature* (1732) de l'abbé Pluche, que Mornet et Bourde placent parmi les ouvrages ayant exercé une influence considérable sur l'évolution des mentalités au dix-huitième siècle[71], a contribué à faire considérer la campagne comme un lieu de production, comme un lieu utile, et pas seulement comme un jardin des délices. L'abbé Pluche consacre deux volumes entiers de sa somme de huit volumes à la seule agriculture. Il veut prouver que non seulement la nature concourt au bonheur de l'homme, mais que, parmi les hommes, l'homme de la nature, le laboureur, est celui qui est le plus apte à être vertueux. Les apologistes de l'agriculture ne se font donc pas vraiment les censeurs du mythe de l'âge d'or ou de la pastorale. Leur campagne reste idéalisée, mais il s'agit d'une idéalisation éthique. Ils n'ont pas attendu Rousseau pour leur montrer le chemin. Dans ses *Eléments d'agriculture* (1762), Duhamel du Monceau, l'un des agronomes les plus connus, ne limite pas la fonction de l'agriculture au seul enrichissement des citoyens. S'il implore les propriétaires de retourner dans leurs terres, ce n'est pas uniquement pour améliorer les conditions de l'agriculture; c'est aussi pour œuvrer au bonheur des paysans. De cette façon, le riche deviendra vertueux à la campagne. L'efficacité agricole se trouve ainsi une justification morale, comme le montrent les lettres que Mirabeau écrit à Rousseau en 1766 et 1767[72]. Bien qu'ayant déjà embrassé fait et cause pour la physiocratie, Mirabeau y parle des larmes douces de la campagne et de la morale des bienfaits. «Je tiens que nous ne sommes ici-bas que pour faire du bien à notre terre et à ceux qui l'habitent»[73]. On retrouve la même attitude chez un ami de Lezay-Marnésia, le marquis Henri de Costa. Dans son *Essai sur l'amélioration de l'agriculture*, il décrit le «délicieux bonheur de devenir riche, en faisant du bien à ceux que la Providence vous a chargé de rendre heureux»; mais il écrit aussi que «le laboureur doit être considéré comme un outil qui, pour bien opérer, doit être en bon état» et qu'on doit regarder son bien-être comme une partie du capital[74]. Bref, la campagne des agronomes, qui est avant tout un lieu de production, comme celle des Physiocrates, introduit aussi à une propédeutique morale et à une école de vertu. Cette rencontre entre l'éthique et l'esthétique, qui au dix-huitième siècle se fait surtout à travers le sentiment de la nature, devient la nouvelle grille de lecture de la campagne, un lieu commun après la publication de *La Nouvelle Héloïse*.

Cette interpénétration de considérations d'ordre moral et d'une esthétique héritée de Virgile prête parfois à confusion. On s'en rendra particulièrement compte dans les œuvres de Lezay-Marnésia, où il est souvent difficile de discerner ce qui relève de la campagne des salons d'une part et de la campagne des laboureurs d'autre part. Le plaisir esthétique devient plaisir moral, sans que le rustique et le pastoral ne cessent de voiler la réalité rurale. L'*Essai sur les jardins* (1764) de Watelet offre un exemple de cette vision de la campagne. Ce petit livre, qui se veut une introduction à l'art des jardins, est aussi, indirectement, représentatif d'une esthétique des Lumières qui unit l'agréable à l'utile. Watelet y fait la distinction entre la campagne et le jardin, une distinction que les habitués des salons oubliaient de faire pour assimiler la campagne au jardin. Mais il montre aussi comment le jardin est une propédeutique de la campagne. A ses yeux, le jardin est le lieu de l'artifice, le lieu de l'agréable; donc le lieu où l'art devra surpasser la nature. La campagne, au contraire, est présentée comme l'espace où l'art doit obéir à la nature, se faire oublier derrière elle; c'est l'espace de l'utile. Alors que le plaisir, dans le cas du jardin, découle de l'artifice agréable; dans le cas de la campagne, le plaisir surgit de l'utile. Autrement dit, l'utile devient agréable.

Dans les jardins destinés à des sensations plus délicates et plus recherchées, l'artifice et la richesse employés à des effets surnaturels et à des prodiges s'efforcent de l'emporter sur la nature. (...) Dans [les établissements] de la campagne, l'utile doit prévaloir absolument sur l'agréable, et former la base du plaisir qu'on s'y prépare.[75]

Les germes de la bienfaisance sont ainsi semés. Améliorer l'agriculture, ce sera être bienfaisant, et être bienfaisant satisfera à son tour la sensibilité. Le plaisir viendra donc de l'utile. «Le public pleure sans cesse aux tableaux et aux peintures de la vie champêtre enluminée de bienfaisance et d'amour reconnaissant», écrit Mirabeau à Rousseau[76]. L'essai de Watelet permet de comprendre pourquoi cette nouvelle conception de la campagne reste toutefois dépendante de l'esthétique. Il ne croit pas que l'esthétique de l'utile soit innée chez l'homme. C'est le plaisir de l'art des jardins, donc de l'artifice, qui peut introduire à la campagne. Sans ce passage par l'art, la campagne restera ennuyeuse. L'utile devient donc agréable sans que l'art intervienne directement pour embellir la nature, sinon au niveau de l'imaginaire. L'imaginaire doit d'abord être formé par l'art. Si on aborde la campagne avec «l'imagination montée sur le mode pastoral», «le désir est formé» et les campagnes «offrent l'idée de leur richesse sans (...) ennuyer par leur vaste uniformité»[77]. L'agriculture, et son corollaire la bienfaisance, ne naissent qu'après une sensibilisation opérée par ce que Watelet appelle les trois caractères servant de base à la décoration: le pittoresque, le poétique, le romanesque. Le pittoresque est la base de la description; le poétique est le respect des règles établies par les Anciens; le romanesque correspond au travail de l'imagination. Après que les désirs auront été excités par ces opérations, qui résument la «lecture» de la campagne, l'utile et l'agréable pourront se combiner harmonieusement. L'image qu'on se faisait alors de la campagne, si utilitaire fût-elle, ne pouvait pas être plus réaliste. Elle ne pouvait pas ne pas dépendre de ce modèle où voisinaient la nostalgie de l'âge d'or et le cadre virgilien. La poésie de Lezay-Marnésia, comme toute la poésie descriptive, et son plan de régénération, comme tous les vœux de réformes issus du mouvement du retour à la campagne, obéissent à cette loi. Le gentilhomme-cultivateur du dix-huitième siècle reste un berger endimanché. Inversement, comme le fait remarquer Kaplan, «dans leurs paniers, les bergères ne pouvaient se garder de porter des traités d'économie agricole»[78].

Reprenons, en guise d'illustration, les *Contes moraux* de Marmontel. C'est dans les contes postérieurs à 1765, date à laquelle se multiplient les signes d'un changement, qu'on saisira le mieux l'évolution que subit le sentiment de la nature. Si la campagne ressemble toujours à des maquettes de décors d'opéra, les éléments rustiques et agraires se mêlent de plus en plus à la pastorale. La bergerie est remplacée par l'exploitation agricole savamment gérée, comme celle du vicomte de Laval dans *Le Misanthrope corrigé* ou celle de Mélidor dans *La Femme comme il y en a peu*. Le vicomte de Laval ne se contente pas de moderniser l'agriculture; il abolit aussi la corvée, allège les impôts, supprime les droits féodaux et crée des ateliers pour donner du travail à ceux qui sont sans emploi. Le modèle du seigneur éclairé et du gentilhomme agronome est facilement reconnaissable dans cet exemple littéraire. Marmontel fait dire à Laval que «la vertu n'est qu'une chimère sans l'amour de l'humanité»[79]. Mélidor s'installe, lui aussi, dans son domaine et entreprend de le mettre en valeur. Il forme un conseil agricole où, sur le modèle des Sociétés d'agriculture, il siège à côté des villageois. Il s'applique ainsi à développer les cultures et fait de ses terres un «riant» tableau d'abondance. Dans un autre conte moral de Marmontel, *Le Scrupule*, le comte de Pruli introduit dans ses domaines des méthodes modernes d'agriculture, basées sur la connaissance de la botanique et celle de la mécanique. Cela ne l'empêche pas de faire appel à l'expertise des vieux paysans car, dit-il, les laboureurs sont souvent plus instruits que les savants, tout du moins en ce qui concerne la pratique de l'agriculture.

Cependant, il ne faudrait pas interpréter cette attitude, qui invite la participation des paysans, comme la disparition totale des préjugés que les gentilshommes ont envers la campagne et sa population. Sous l'influence de la physiocratie et de Bertin, contrôleur général (1759–1763) puis secrétaire d'Etat chargé des affaires de l'agriculture (1763–1780), la valeur de l'agriculture est réaffirmée. Les édits de 1764 et de 1769 officialisent cette reconnaissance: les produits de la terre sont non seulement «la source la plus réelle et la plus sûre des richesses de l'Etat» (édit de 1764) mais aussi «la seule source des vraies richesses du royaume» (édit de 1769). Par ailleurs, la condescendance envers la masse paysanne, que l'esprit de charité avait entretenue jusqu'au milieu du dix-huitième siècle[80], tend à disparaître avec la diffusion des idées des Lumières. Il n'en est pas de même de la méfiance envers le paysan, qu'on décrit souvent comme quelqu'un de grossier, de bas, de paresseux, de voleur. L'œuvre théorique de Lezay-Marnésia sera imprégnée de cette conviction, comme l'est la pensée des Lumières, et même dans la société idéale qu'il rêvera de construire en 1790, les paysans sont tenus à l'écart et sont guidés. Si au dix-huitième siècle l'agriculture est revalorisée, la promotion du paysan ne reste qu'un phénomène littéraire. Si on reconnaît que les paysans peuvent être honnêtes, cela n'en dispense pas moins de la nécessité de les guider. Fresnais de Beaumont l'exprime sans ambiguïté:

> Contents des plaisirs que leur donne si souvent leur profession, lorsqu'elle n'est pas accablée par la misère ou par le dédain des classes supérieures, nous verrons ces honnêtes laboureurs changer la face de nos campagnes, [cependant] il faut leur associer des gens aussi honnêtes, aussi actifs qu'eux mais plus éclairés.[81]

Ce sera cet esprit qui se traduira dans le centralisme architectural des Salines de Chaux et du village de Maupertuis de Claude-Nicolas Ledoux, un centralisme qui facilite la surveillance des habitants du lieu.

Aussi l'attitude d'un Laval, d'un Mélidor ou d'un Pruly peut-elle surprendre. Elle semble ne pas correspondre à la méfiance qu'inspire le paysan. Cette apparente contradiction se retrouve sous la plume d'un Lezay-Marnésia, qui oscille entre l'éloge littéraire du paysan et la réflexion sur les conditions de vie dans les campagnes. Cette contradiction est en fait constitutive du mouvement du retour à la campagne, qu'entraînent le goût pour l'innocence de l'homme des champs et la prise de conscience de la nécessité d'œuvrer à sa régénération morale. L'agriculture n'est plus alors la simple culture des terres; elle prend une dimension éthique. On peut lire dans le *Journal économique*, que «l'agriculture (...) est de toutes les occupations de l'homme, la plus noble et la plus avantageuse», qu'elle éloigne les cultivateurs «d'un grand nombre de vices, leur rend familière la pratique de beaucoup de vertus»[82]. Voici comment le comte de Pruly explique son attitude envers l'habitant des campagnes:

La vie n'est pas un roman: nos principes, comme nos sentiments, doivent être pris dans la nature. (...) Imitons nos villageois: ils n'examinent pas s'ils s'aimeront longtemps; il leur suffit de sentir qu'ils s'aiment. (...) Laissez-vous guider par la nature: elle vous conduira beaucoup mieux qu'un art qui se perd dans le vide, et qui réduit le sentiment à rien à force de l'analyser.[83]

La topique de l'innocence des paysans cohabitera toujours avec le thème de la surveillance nécessaire. Les terres des agronomes du dix-huitième siècle garderont leur caractère champêtre: les fermières porteront toujours des brassées de fleurs et leurs époux iront au travail en chantant. Mélidor s'applique à améliorer les rendements; et sa femme, Acélie, trouve le bonheur dans la vie champêtre.

Depuis que je respire l'air de la campagne, mes goûts sont plus simples et plus naturels; le bonheur me semble plus près de moi, plus accessible à mes désirs; je le vois pur et sans nuages dans l'innocence des mœurs champêtres; et j'ai pour la première fois l'idée de la sérénité d'une vie innocente qui coule en paix jusqu'à sa fin.[84]

Cette idée de la nature, conçue comme une éthique, comme le moyen de retrouver les vertus primitives, est le fondement de l'esthétique de l'époque. Elle est aussi ce qui permet d'en expliquer le dilemme. Les articles que Marmontel écrira dans le *Supplément de l'Encyclopédie*, et qui seront repris dans ses *Eléments de littérature,* aident à comprendre l'ambiguité de l'attitude envers la campagne issue de l'esthétisation de l'environnement. Dans l'article «Bergeries», par exemple, il reconnaît le caractère vain du genre pastoral s'il n'est pas touchant et donc utile.

Les bergeries ou pastorales peuvent être intéressantes, mais par d'autres moyens (que la seule élégance). Ces moyens sont dans la nature; partout où il y a des pères, des mères, des enfants, des époux exposés aux accidents de la vie, aux dangers, aux inquiétudes, aux malheurs attachés à leur condition, leur sensibilité peut être mise aux épreuves de la crainte et de la douleur.[85]

Affirmant que le but de l'art est l'utilité morale, c'est aux champs, parmi les paysans, que Marmontel reconnaît devoir chercher l'innocence. Le rural sera donc la source d'inspiration de l'artiste et le lieu de l'apprentissage des vertus. Telle est la démonstration magistrale qu'il en fait dans l'article «Mœurs».

C'est dans un monde poli, cultivé que l'artiste prendra des idées de noblesse et de décence; mais pour les mouvements du cœur humain, le dirai-je? c'est avec des hommes incultes qu'il doit vivre, s'il veut les voir au naturel. L'éloquence est plus vraie, le sentiment plus naïf, la passion plus énergique, l'âme enfin plus libre et plus franche parmi le peuple qu'à la cour: ce n'est pas que les hommes ne soient partout; mais la politesse est un fard qui efface les couleurs naturelles. Le grand monde est un bal masqué.[86]

Les bases pour l'introduction du rural dans l'œuvre littéraire, pour la «ruralisation» de la pastorale, sont prêtes; la description de la campagne au dix-huitième siècle, prisonnière des limites imparties par l'esthétique de l'abbé Dubos ou celle de Batteux, ne pouvait pas aller plus loin en matière de réalisme. Cette naturalisation de l'art est parallèle à la bienfaisance du seigneur envers ses paysans. Il devient bon et vertueux à remédier à leurs misères. A une époque où la langue scientifique n'est pas encore fixée et où le vocabulaire de l'agriculture est celui de la langue courante, le traité moral et politique sur la campagne, si savant fût-il, ne pouvait pas échapper à la langue littéraire: sa «ruralisation» n'est jamais totale[87]. L'esthétisation et le rêve pastoral y voisinent avec les projets de reconstruction et de régénération, créant un genre bâtard qui, on le verra chez Lezay-Marnésia, devait être un terrain propice à l'évocation nostalgique de l'âge d'or et à l'éclosion de l'utopie. La campagne marnésienne est tributaire de ces traditions: la campagne des salons, celle des opéras-comiques et celle des agronomes. Son œuvre est un bon exemple de l'évolution qui s'opère lorsque la prise de conscience de la condition paysanne et de la réalité de la campagne commencent à faire éclater, sans le détruire, l'écran littéraire qui n'était qu'un trompe-l'œil créé par l'esthétisation de l'existence[88].

LA MODE DE LA CAMPAGNE: GÉOGRAPHIE MORALE

L'esthétisation de la campagne ne sera pas remplacée par l'imitation du réel. Elle se doublera d'une moralisation, qui à son tour créera un nouvel écran, encodant à nouveau la réalité, cette fois-ci en termes éthiques. On ne se contente pas d'observer la nature telle qu'elle est; on lui ajoute un réel supplémentaire, d'ordre moral et sensible, issu du regard du spectateur. Si la campagne n'est plus une lecture, elle n'est pas encore une photographie; c'est une icône. La géographie des émotions se double d'une géographie morale. Lezay-Marnésia en offre l'illustration dans *L'Heureuse famille*, conte moral qu'il publie en 1766. Plus tard, dans le Discours préliminaire de son *Essai sur la nature champêtre*, il en offrira la théorie:

> Les poètes de notre siècle (...) ont chanté les travaux et les plaisirs de la campagne, ils en ont peint les mœurs comme elles pourraient et devraient être; et en apprenant aux riches l'art de l'embellir, ils leur ont découvert le secret d'y trouver le bonheur véritable. (...) Les hommes sensibles s'arracheront des villes (...), ils viendront jouir de la tranquillité, de la liberté, et surtout de leur propre bonté parmi les laboureurs qu'ils rendront plus intelligents et plus heureux.[89]

Cette alliance d'une sensibilité esthétisante et d'une morale avide de pathétique est un phénomène général de l'évolution des mentalités. C'est l'époque où se développe le genre dramatique. Dans les années 1770, on tombe dans une fureur de pathétique, de moralisme et de sensibilité. Le sentiment devient une folie et l'authenticité du dire tombe dans l'excès. Madame Riccoboni, qui reste froide devant cette vague, donne une juste mesure de la nouvelle mode. En 1769, on s'afflige:

> Dans notre brillante capitale, où dominent les airs et la mode, *s'attendrir*, *s'émouvoir*, *s'affliger*; c'est le bon ton du moment. La *bonté*, la *sensibilité*, la *tendre humanité*, sont devenues la fantaisie universelle. On ferait volontiers des malheureux *pour goûter la douceur de les plaindre*. On se croit bon quand on est sombre, *excellent* quand on est triste.[90]

En 1772, on ne fait pas que s'affliger, on pleure:

> Nous sommes actuellement dans une fureur de *sensibilité* qui passe toute imagination, nos dames veulent pleurer, crier, étouffer aux spectacles. Les auteurs cherchent chez vous les pièces les plus tragiques, celles que vous rejettez; ils en font des opéras comiques. (...) Le sentiment est la folie du jour, on se l'est si fort mis en tête qu'il en reste bien peu dans le cœur.[91]

C'est l'époque de la peinture morale de Greuze. «Le sujet est pathétique et l'on se sent gagner d'une émotion douce en le regardant», écrit Diderot, en 1761, à propos de *L'Accordée de village* de Greuze[92]. Dans le même esprit, Freudeberg et Moreau le Jeune produisent des gravures qui illustrent bonheur et bienfaisance.

Revenons à des exemples pris dans le domaine du spectacle, car, outre le fait que les spectacles reflètent les mentalités, c'est peut-être le théâtre et l'opéra-comique qui fournissent au milieu du siècle l'une des meilleures illustrations de la complexité de la représentation de la campagne et de sa moralisation. Le mythe de la pastorale voisine avec ceux de l'innocence et du bonheur, comme dans les *Contes moraux* de Marmontel. Les titres des airs de *L'Amour au village* (1745) de Favart évoquent un paysage plus rustique que rural, ou, pour reprendre un terme de l'époque, un paysage «ruricole»: «La bergère de nos hameaux», «Nous jouissons dans nos hameaux», «Quand la bergère vient des champs», «Nous autres bons villageois», «Au bord d'un ruisseau, je file», «A l'ombre de ce vert bocage», «Le tout par nature», «Je suis un bon jardinier». Cet opéra-comique s'achève sur un vaudeville qui, au-delà de l'opposition ville-village et derrière un style à la Watteau, révèle un début de moralisation de la campagne.

> Le cœur ne ressent, à la cour,
> Qu'une ardeur tranquille et volage;
> On s'aime, on s'oublie en un jour:
> L'amour n'est qu'un badinage;
> Mais au village, c'est un feu
> Qui gagne toujours, qui dévore:
> On s'aime, il faut s'aimer encore;
> L'amour n'est pas un jeu.[93]

On retrouve un peu partout le même antagonisme entre la ville du masque et la campagne du naturel. Favart reprendra ce thème dans sa pastorale de 1751, *Les Amours champêtres*. Toutefois, en 1766, dans *La Fête du château*, cette opposition n'est plus seulement descriptive, elle devient didactique:

> GÉRARD
> Sans cesse, à la ville, à la cour,
> Sans aimer on parle d'amour:
> Sans art, sans fard, sans compliments,
> On aime ici bien davantage.
> Les bons amis, les vrais amants
> Ne sont plus qu'au village.
>
> MADAME JORDONNE
> Pour l'amour faut-il des Palais?
> Un vert bocage sert de dais.
> On a pour table ses genoux,
> Tous deux on boit dans même verre
> On a pour siège un gazon doux,
> Et pour lit la fougère.[94]

Bien des pièces de Sedaine sont écrites dans la même veine. Jenny, dans *Le Roi et le fermier*, illustre ce même bonheur à la campagne lorsqu'elle chante «la foudre frappe les palais, elle respecte les cabanes»[95].

Comme les *Contes moraux* de Marmontel postérieurs à 1765, les spectacles des années 1760 introduisent des seigneurs généreux dans cet environnement idyllique. Si le «mauvais» seigneur est représenté, comme dans *Le Jardinier et son seigneur* de Sedaine ou dans *Les Moissonneurs* de Favart, c'est pour mieux faire ressortir la générosité du «bon» seigneur. Il ne s'agit plus du gentilhomme cultivateur, mais du seigneur bienfaisant. Dans la scène 6 des *Moissonneurs*, alors que Candor, type du gentilhomme campagnard éclairé, se prépare à partager un repas avec ses paysans, Dolival, son neveu de la ville, refuse de participer:

Ah! ces pauvres gens, je les aime;
Je veux manger sans façon avec eux.
Ce repas-là sera joyeux,
Et nous serons entre nous autres.
Si mon neveu se croit trop grand seigneur,
Et se refuse le bonheur
D'être aujourd'hui des nôtres;
Tu le feras servir séparément,
Il s'ennuira seul noblement.[96]

Philanthropes et Physiocrates se reconnaissent dans l'attitude de Candor. Un jeune seigneur envoie une lettre à la rédaction des *Ephémérides du citoyen* pour louer la pièce de Favart. Candor incarne les nouvelles valeurs; il symbolise le gentilhomme cultivateur et bienfaisant:

[Il] vit au milieu de ses paysans comme un père tendre au sein de sa famille, goûte à chaque instant le plaisir pur de faire des heureux et est environné sans cesse des témoignages de reconnaissance et d'amour.[97]

Bref, Candor devient un modèle de conduite en matière de bienfaisance, une bienfaisance dont la caractéristique nouvelle est d'être devenue agreste. Bienfaisance et ruralisme sont les deux éléments d'un nouveau complexe propre à la seconde partie du dix-huitième siècle, un complexe qu'on appellera «agropoétique», car il s'enveloppe d'une rhétorique de la sensibilité et s'exprime surtout dans des œuvres à prétention littéraire. Etre bienfaisant et aimer la nature seront les deux «ingrédients» de la «recette» du retour à la campagne. L'idéologie est nobiliaire; si elle semble diffuse dans toute la société, c'est que l'Ancien Régime vit de valeurs qui sont celles de l'aristocratie foncière. Ainsi, l'auteur de la lettre aux *Ephémérides du citoyen*, organe de la physiocratie, dont les conceptions sont loin d'être similaires à celles de l'école nobiliaire du retour à la campagne, demande-t-il d'une part d'«exciter les uns à la bienfaisance en retraçant à leurs yeux les douces émotions de la sensibilité», et d'autre part d'«échauffer dans les autres ce sentiment de la nature en leur offrant ce tableau de deux cœurs attendris par ses soins»[98]. Exciter à la bienfaisance en donnant Candor comme modèle; faire aimer la nature en peignant des paysans heureux et reconnaissants.

On se trouve à la source de la bienfaisance, une bienfaisance champêtre, bien qu'elle ne soit encore qu'une attitude. Les œuvres plus tardives sur le retour du noble à la campagne, comme celles de Lezay-Marnésia, feront de cette attitude non seulement une didactique mais aussi une théorie, qui sera le fondement d'une nouvelle conception des rapports sociaux. C'est en effet cette conception de la campagne, associée à l'image esthétisante de la vie champêtre, qui sous-tend le mouvement du retour du noble à la campagne et son expression littéraire, la poésie descriptive. On verra, notamment chez Lezay-Marnésia, comment ce collectif esthético-éthique devait se transformer, peu à peu, en idéologie.

En 1769, Lezay-Marnésia n'en est pas encore là. Les œuvres qu'il écrit à cette époque montrent qu'il n'a pas encore atteint sa pleine maturité. Cependant, il est déjà en possession des éléments de base et surtout d'une géographie morale de la campagne. Il fait déjà partie de cette génération d'hommes de bien du dix-huitième siècle, dont l'idéal est, pour reprendre la définition de Louis Trénard, «l'homme spontanément vertueux qui trouve son bonheur dans l'accomplissement de ses devoirs»[99].

CHAPITRE II

LES ANNÉES DE FORMATION 1735–1769
LES ŒUVRES DE JEUNESSE

CONTRIBUTION À L'*ENCYCLOPÉDIE*

La carrière littéraire de Lezay-Marnésia ne commence pas lorsqu'il s'installe à Moutonne. En 1769 il occupe déjà une place modeste dans la République des lettres. En 1759, il avait publié un article, intitulé «Maraudeur», dans le *Journal encyclopédique*, qui sera repris en 1765 dans l'article «Voleur» de l'*Encyclopédie*. En 1766, il avait fait paraître un conte moral, *L'Heureuse famille*. Il portait en outre un nom déjà bien connu dans les milieux littéraires lorrains. Cela devait suffire pour qu'en 1767 il fût reçu membre de la Société royale des sciences et belles-lettres de Nancy, dont son ami Saint-Lambert faisait partie depuis 1751. Il est difficile de savoir si Lezay-Marnésia a publié d'autres travaux, essais ou poésies, avant 1769. Lorsqu'en 1777 le président Droz le reçoit à l'Académie de Besançon, il fait référence dans son discours à des travaux antérieurs à l'élection de Nancy.

> Votre Essai sur l'éloge d'un grand ministre annonça votre goût pour la science du gouvernement; des ouvrages de morale furent ensuite le fruit de vos délassements et vous méritèrent le suffrage des Académies voisines qui semblaient nous reprocher d'avoir tant tardé à vous associer à nos travaux.

Le président Droz fait tout d'abord allusion à l'essai qu'avait écrit Lezay-Marnésia pour l'un des concours du prix d'Eloquence de l'Académie française, dont les sujets étaient, depuis 1758, les éloges de grands hommes. Malheureusement, cet essai n'a pas été retrouvé. On sait toutefois qu'il s'agit de l'éloge de Sully que Lezay-Marnésia avait écrit pour le concours d'éloquence de l'Académie française de 1763. Le mardi 17 janvier 1775, à l'Académie de Lyon, alors qu'on examine la candidature du marquis, Bollioud ajoute «au rapport de MM. les Commissaires qu'il avait lu dans le temps un Eloge de Sully imprimé que M. de Marnésia fit pour concourir au Prix de l'Académie française, et que des affaires particulières ne lui avaient pas permis d'achever pour le terme du concours: que cet écrit était néanmoins très digne d'y être admis par la manière noble et élégante dont le sujet y est traité»[1]. Quant aux ouvrages de morale, Droz fait certainement référence au conte moral, *L'Heureuse famille*, que Lezay-Marnésia avait publié en 1766. L'usage du pluriel tendrait toutefois à faire penser qu'il y en eut plusieurs. S'ils furent publiés, on n'en a trouvé aucune trace[2]. Les pièces fugitives et les poèmes qui sont insérés à la fin des nouvelles éditions de 1800 du *Plan de lecture pour une jeune dame* et de l'*Essai sur la nature champêtre* peuvent tous être datés approximativement et ne concernent pas la période des années de formation. Quant aux poésies parues dans l'*Almanach des Muses*, elles le sont également à une date ultérieure. Force nous est donc de nous en tenir, pour les années antérieures à 1769, à l'article paru en 1759 dans le *Journal encyclopédique*, au conte moral de 1766 et au discours de réception à la Société royale des belles-lettres de Nancy, le 20 octobre 1767. L'éloge de Sully est apparemment perdu et le poème de la nature, s'il est commencé, n'est pas imprimé. D'ailleurs, La Croix et Goy, commissaires chargés de l'examen de la candidature de Lezay-Marnésia à l'Académie de Lyon en 1775, n'ont pour juger que *L'Heureuse famille*. Au procès-verbal de la séance du 17 janvier, le secrétaire écrit qu'ils «ont rapporté que l'auteur n'ayant pu produire actuellement qu'un Conte moral de sa composition, ils jugeaient favorablement des autres productions qu'il a publiées par cet essai où les mœurs et le goût qui y règnent annoncent des talents estimables»[3].

L'article «Maraudeur» fut d'abord écrit pour l'*Encyclopédie*. Dans le *Journal encyclopédique* du 15 juillet 1759, où il paraît, une note de la rédaction informe le lecteur que l'auteur, «croyant que ce fameux Dictionnaire ne sera pas continué, nous prie de vouloir l'insérer dans notre Journal»[4]. Toujours est-il que l'article sortira en 1765, avec quelques différences d'ordre stylistique négligeables, dans l'article «Voleur» de l'*Encyclopédie*[5]. Kafker fait remarquer que les raisons pour lesquelles Lezay-Marnésia fut amené à devenir encyclopédiste restent un mystère. En effet, il ne semble pas avoir connu directement Diderot qui ne le mentionne nulle part[6]. On peut toutefois supposer que Lezay-Marnésia dut sa participation à l'*Encyclopédie* à son amitié avec Saint-Lambert, qui aurait vu en lui un militaire de mérite animé de sentiments humanitaires, pour reprendre des expressions du *Journal encyclopédique*. Ce sont en effet les sentiments humanitaires qui dominent ce bref article, qui n'occupe que deux colonnes de l'*Encyclopédie*. Lezay-Marnésia y fait preuve pour la première fois, du moins au sein d'un discours, de l'intérêt qu'il porte à la condition paysanne. Il disserte sur les malheurs que les guerres et les maraudeurs occasionnent aux paysans et à l'agriculture. On y trouve déjà, en filigrane, l'un des leitmotiv de sa pensée, une pensée qui sera celle de la noblesse éclairée, dont les piliers seront la mise en pratique de la bienfaisance et son corollaire, l'amélioration de la condition paysanne. Le thème du seigneur bienfaisant envers ses paysans n'était pas nouveau. Il occupait une place importante dans l'idéologie nobiliaire traditionnelle et avait été mis à la mode par les seigneurs éclairés, qui commençaient à mettre en pratique les directives des agronomes et qui allaient bientôt se reconnaître dans une forme sentimentale du rousseauisme.

L'article «Maraudeur» est l'œuvre d'un seigneur, d'un soldat et d'un moraliste. En tant que militaire, Lezay-Marnésia condamne la maraude qui porte les soldats à l'indiscipline. Il montre qu'elle nuit à l'efficacité militaire, car l'armée se trouve dans l'obligation de quitter ses positions dans une région où règne le désordre et qui, se trouvant dévastée, ne peut plus subvenir aux besoins légitimes des troupes. En tant que moraliste qui s'intéresse à la science du gouvernement, il met l'accent sur la crise de confiance que la maraude engendre dans les populations paysannes et souligne que «les dégats que font les maraudeurs, épuisent le pays». En guise de solution, il reprend à son compte les propositions du maréchal de Saxe. Au lieu de punir de mort les maraudeurs, une punition qui n'était jamais appliquée en raison de son extrême rigueur, il propose au contraire des peines applicables en toutes circonstances, notamment «que les maraudeurs fussent condamnés au pain et à l'eau pour un, deux ou trois mois» et «qu'on leur fît faire des ouvrages qui se trouvent toujours à faire dans une armée». Cette conception positive de la punition, à la fois raisonnable et utile, se retrouvera au rang des principes de gouvernement de la cité utopique qu'il rêvera de créer sur les rives de l'Ohio, en 1790. Pour conclure, il ajoute qu'une surveillance constante de la part des officiers et l'application de ces peines sans aucune possibilité de grâce sont nécessaires pour mettre fin à la maraude.

Mais c'est aussi en seigneur éclairé et bienfaisant, ouvert aux intérêts des campagnes, que parle Lezay-Marnésia. Il passe en revue les maux que les maraudeurs infligent aux habitants des campagnes. Il évoque la destruction des récoltes et l'anéantissement de toutes les sources de subsistance, aussi bien celles des paysans que celles du bétail. Sa description ne s'arrête pas là, mais s'étend aussi aux désordres que les maraudeurs provoquent chez les paysans. Ceux-ci ne sont pas touchés seulement au travers de leurs cultures; ils subissent aussi des violences physiques. «Leur argent, leurs habits, leurs effets, tout est volé, tout est détruit. Leurs femmes et leurs filles sont violées à leurs yeux. On les frappe, on menace leur vie, enfin ils sont en butte à tous les excès de la brutalité».

Ce qui est particulièrement intéressant dans cette page où Lezay-Marnésia décrit les malheurs des paysans, c'est le style, un style qui fait appel à l'émotion, qui veut attendrir le lecteur pour le rendre plus sensible aux malheurs des campagnes.

Cependant l'humanité demande qu'on leur (les officiers) présente un tableau qui parlant directement à leur cœur, fera sans doute sur lui l'impression la plus vive. Qu'ils se peignent la situation cruelle où se trouvent réduits les infortunés habitants des campagnes ruinées par la guerre; que leur imagination les transporte dans ces maisons dévastées que le chaume couvrait, et que le désespoir habite; ils y verront l'empreinte de la plus affreuse misère, leurs cœurs seront émus par les larmes d'une famille que les contributions ont jetée dans l'état le plus déplorable; ils seront témoins du retour de ces paysans qui, la tristesse sur le front, reviennent exténués par la fatigue que leur ont causé les travaux que, par nécessité, on leur impose; qu'ils se retracent seulement ce qui s'est passé sous leurs yeux. (...) Cette peinture, dont on n'a pas cherché à charger les couleurs, est sans doute capable d'attendrir, si l'on n'est pas dépourvu de sensibilité; mais comment ne gémirait-elle pas cette sensibilité en songeant que des hommes livrés à tant de maux sont encore accablés par les horribles désordres que commettent chez eux des soldats effrenés.

C'est déjà le style de l'auteur de poésies descriptives et de l'auteur du *Bonheur dans les campagnes*. Il ne s'agit pas seulement de décrire, de brosser un tableau; il faut que ce tableau, qui représente une campagne morale, parle au cœur, c'est-à-dire qu'il suscite l'émotion chez celui qui le regarde. Le moraliste ne se représente pas une scène abstraite; il ne procède pas normativement; ce qu'il fait, c'est d'abord «pratiquer» une morale dont la caractéristique principale est le pittoresque, l'expressif. Pour cela, il doit appliquer son imagination avant d'utiliser le raisonnement: c'est le niveau du «romanesque» dont parle Watelet[7]. Sans l'émotion, voire même la sensibilité et l'attendrissement, comme le souligne Lezay-Marnésia lui-même, la connaissance du malheur ne débouchera pas sur l'action et restera seulement un savoir. Cette esthétique restera caractéristique de la plupart des écrits du marquis. Pour lui, il s'agit de faire œuvre didactique; donc de parler à la sensibilité du lecteur, de susciter en lui l'émotion, de l'éveiller aux sensations, qui le porteront à se rendre compte émotionnellement de l'ampleur des problèmes soulevés.

Cet article répond ainsi à un projet pédagogique, qui obéit à l'esthétique morale répandue dans la deuxième partie du dix-huitième siècle, celle de Greuze dans des tableaux comme *Le Fils ingrat* ou *Le mauvais fils puni*. «Le genre me plait; c'est la peinture morale», écrit Diderot dans le *Salon de 1763*. Il ajoute que la peinture concourt «avec la poésie dramatique à nous toucher, à nous instruire, à nous corriger et à nous inviter à la vertu. (...) Greuze fait de la morale en peinture»[8]. Lezay-Marnésia fera de la morale en littérature. Il s'agit d'une esthétique qui allie le pittoresque des objets — on hésite à parler de «réalisme» — à la rhétorique des passions. On sait que le résultat n'est pas vraiment la réplique du réel mais une interprétation du réel. Au réel objectif et extérieur est surajouté le réel des sensations, de la subjectivité, celui-ci étant considéré supérieur à celui-là. L'art n'est donc pas la peinture du réel tangible; il est la représentation de l'émotion vraie suscitée par la rencontre entre ce réel tangible et la subjectivité de l'individu. A propos de *L'Accordée de village* de Greuze, les Goncourt écrivent que le peintre «voulait avec des couleurs et des lignes toucher d'une manière intime et profonde, émouvoir, inspirer l'amour du bien, la haine du vice. D'un art d'imitation, il voulait faire un art moral»[9]. Ce jugement des Goncourt peut s'appliquer à l'œuvre de Lezay-Marnésia qui conçoit son rôle d'écrivain comme celui d'un peintre. Dans *Le Bonheur dans les campagnes*, il restera fidèle à la même technique pédagogique:

Les rois, les ministres, les grands et les riches savent que le peuple est malheureux; ils le savent, mais sans le connaître. Pour pénétrer jusqu'à l'âme, il faut que le spectacle même de la misère frappe les yeux. (...) Le tableau le plus pathétique de la misère excite une émotion passagère.[10]

Autrement dit, sans le pittoresque, sans le pathétique, la connaissance reste un savoir désincarné, abstrait, incapable de générer une action utile. De même, dans l'édition de 1784 de son *Plan de lecture*, il expose, en parlant des romans, ce qu'il devait toujours considérer comme le principe de l'écriture: l'utilité morale. «Pour que la morale charme et touche, il faut qu'elle soit en action»[11]. De cette idée, qui depuis *Manon Lescaut* n'était plus neuve, il en déduit, suivant en cela le chemin tracé par Nicolas Lenglet DuFresnoy dans son traité *De l'usage des romans* (1734), l'utilité supérieure du genre romanesque. «On en tirera des lumières peut-être plus sûres pour apprendre à connaître les hommes et la marche de leurs idées, que celles qu'on pourrait trouver dans l'histoire et même dans les traités de morale»[12]. A proprement parler, il ne s'agit pas chez Lezay-Marnésia, d'une défense du roman, mais plutôt de l'affirmation d'une esthétique qui doit être touchante pour être didactique. La portée de ce choix esthétique évoluera et dépassera les limites du domaine littéraire. La compréhension est incomplète si elle se limite au seul savoir raisonné; elle doit passer par un processus qu'on appellera «l'intelligence du cœur», faute de terme spécifique dans le vocabulaire français contemporain. Massillon, dans son *Sermon sur l'aumône*, avait tracé la fine distinction entre le fait de savoir qu'il existe de la misère dans le monde et le fait de «connaître» cette misère et les défavorisés. Le «connaître» est un processus du «savoir» qui se fait actif et sensible. Il contient déjà une réponse; il suppose une attention constante de l'âme sensible[13]. Lorsqu'en 1785 Lezay-Marnésia fera explicitement la distinction entre «savoir» et «connaître», il ne s'agira plus seulement d'une question de goût mais d'un principe de gouvernement. Les règles esthético-éthiques de la théorie littéraire serviront en quelque sorte d'énergie nécessaire à un gouvernement bienfaisant, qui aura pour fonction de régénérer le pays. Le pathétique littéraire transporté dans la réflexion sur la société ne sera plus seulement didactique; il engendrera une option politique et idéologique. Ce qu'avait écrit Louis XVI, alors qu'il n'était encore que dauphin de France, dans les *Réflexions sur mes entretiens avec le duc de la Vauguyon*: «la vraie science des rois, c'est la connaissance des hommes»[14], deviendra plus qu'un style de gouvernement; ce sera l'expression d'une nouvelle légitimisation du pouvoir fondée sur l'émotion. A la fin des années 1760, Lezay-Marnésia n'y voit encore qu'une portée littéraire et didactique. Ce n'est encore qu'un choix esthétique, celui fait par toute sa génération.

UN CONTE MORAL: *L'HEUREUSE FAMILLE*

Le conte moral qu'il écrit en 1766, *L'Heureuse famille*, connut un certain succès. On en a trouvé quatre éditions du vivant de l'auteur; une autre édition paraîtra en

1809; enfin, il sera traduit en anglais, aux Etats-Unis, en 1840, où on le considère comme un petit livre de morale familiale à l'usage des jeunes gens, ce qui contribue à en prouver le but didactique[15]. Ce ne sont pas les qualités proprement littéraires de ce conte qui doivent intéresser, mais ce qu'il apprend d'une attitude et d'une mentalité en voie de formation. Du point de vue littéraire, on y retrouve le style du Marmontel des *Contes moraux*. Cette verve marmontélienne est relevée par Grimm dans la *Correspondance littéraire* du 15 septembre: «un conte moral fort insipide dans le goût de ceux de M. Marmontel»[16]. La critique est méchante, mais il est vrai que l'atmosphère «à l'eau de rose» qui se dégage à la première lecture de ce conte incite en effet à le trouver «insipide». Voici par exemple ce qu'écrit Lezay-Marnésia à propos de l'âge d'or:

> S'il peut encore exister, c'est pour l'homme bienfaisant et sensible qui coule ses jours sous un toit rustique, parmi des cultivateurs honnêtes, vertueux, reconnaissants et dans l'heureux accord de l'amitié, de l'amour et de l'innocence.[17]

On retrouve là les poncifs de l'époque sous la forme d'une image de première communion de couleur rose bonbon et bleu ciel, bordée de dentelle. Il faut cependant se garder de lire ce texte avec les yeux d'un lecteur moderne. L'image nous paraît mièvre, mais c'est cette image que les foules allaient applaudir aux spectacles de Favart. Grimm a peut-être raison, mais cette peinture de l'âge d'or ne fait qu'obéir aux conventions de l'époque. Elle utilise un lexique et une expression acceptés de tous, comme le montre la description de la vie des champs faite par Marmontel dans ses contes. Il s'agit de faire de la vertu quelque chose de désirable, de la rendre aimable. C'est ainsi qu'au point de vue esthétique on peut assimiler le conte moral à la comédie larmoyante. Tous deux correspondent au goût contemporain[18]. Toutefois, si le conte est lu à la lumière d'une existence qui va être consacrée à réaliser concrètement ce bonheur, il prend une toute autre portée. L'amour de la campagne n'apparaît plus seulement comme un thème. La nature n'est pas vraiment idéalisée; seule l'est son apparence extérieure.

A la façon des contes de Marmontel, *L'Heureuse famille* est construit sur un problème présenté sous une forme dramatique, auquel est apporté, quasi-mathématiquement, une solution. L'intérêt de l'anecdocte repose dans le dénouement. Obéissant aux règles du genre, qui seront codifiées quelque dix ans plus tard par Marmontel lui-même dans l'article «Conte» du *Supplément à l'Encyclopédie*, l'aspect structurel du conte en souligne le contenu. Rien n'est décrit ni rapporté qui ne soit de quelque intérêt pour les mœurs et la leçon de morale finale. *L'Heureuse famille* offre, bien entendu, une solution à laquelle s'attend le lecteur. Cette solution ne procède pas toutefois d'un raisonnement logique, mais du mouvement des émotions engendrées par les acteurs du drame. A la différence des contes de Marmontel, *L'Heureuse famille* n'est pas exclusivement une suite de scènes dialoguées. Lezay-Marnésia n'utilise pas le style indirect libre, qui fait des contes de Marmontel de véritables pièces dramatiques. S'il construit son conte autour de plusieurs actes, il se contente de rapporter quelques discours, véritables instructions morales, et de décrire les réactions qu'ils provoquent chez les protagonistes. *L'Heureuse famille* est ainsi une compilation de tableaux moraux, qui se suivent et s'engendrent l'un l'autre, mus par la seule énergie émotionnelle et morale que les événements suscitent dans le cœur des personnages. Tout dans ce conte, selon la règle du genre, vise à convertir les cœurs à la vertu, non par la contemplation d'une icône du beau mais par le développement intérieur du sentiment du beau. Le beau n'est plus l'apanage de l'art; il est devenu moral.

Le problème posé dans le conte est le suivant: comment être heureux? La solution proposée est simple. Il faut vivre près de la nature, au sein de sa famille et dans un état correspondant à sa condition sociale. La morale de ce conte est celle du *Jardinier et son Seigneur* de Sedaine, telle qu'elle est résumée dans les paroles un peu sottes du vaudeville final chanté par la famille Simon:

> MAÎTRE SIMON
> Laissez la grandeur qui brille,
> Donnez-nous de la famille
> Et les enfants les plus beaux;
> Mais pour avoir du repos,
> Mais pour avoir du repos,
> Ne voyez que vos égaux.

> MADAME SIMON
> Laissons la grandeur qui brille;
> Vivons dans notre famille;
> Elle est douce et gentille;
> Mais pour avoir du repos,
> Mais pour avoir du repos,
> Ne voyons que nos égaux.

> FANCHETTE
> Maman, je suis votre fille;
> Maman, je suis votre fille;
> Je fais un ferme propos
> D'élever bien ma famille,
> Et pour avoir du repos,
> De vivre avec mes égaux.[19]

La simplicité de la vie des champs, la famille et l'égalité au sein de sa condition: telle est la sainte trilogie morale en 1760.

On ne racontera pas en détail l'intrigue dramatique de *L'Heureuse famille*; mais, comme il s'agit d'un texte qu'on ne lit plus, il faut en résumer les grandes lignes, somme toute assez simples, pour comprendre les thèmes qui s'y trouvent traités. Le cadre est celui d'une famille: le père, Allard, est un laboureur aisé; la mère, Amélie, est issue d'une famille noble ruinée. Le couple a un fils, Basile, qui est amoureux de Lucie, fille de paysans pauvres. Tout le monde vit dans le bonheur jusqu'à ce que l'idylle se brise, au moment où Basile déclare vouloir épouser Lucie. Les difficultés apparaissent lorsqu'Amélie, refusant la condition dans laquelle elle se trouve réduite du fait de la pauvreté, s'oppose à ce mariage qu'elle considère comme une mésalliance. L'histoire est celle de la conversion progressive d'Amélie, qui finit par accepter son état et par bénir le mariage de son fils. La conclusion communique un esprit missionnaire. L'image de cette famille qui retrouve le bonheur est finalement ce qui décide le frère d'Amélie, le bon seigneur d'Ormond, à venir s'installer à la campagne pour y faire bénéficier les pauvres de sa bienfaisance.

Traité à la Marmontel, ce conte aurait pu suivre l'esthétique du théâtre. Lezay-Marnésia y préfère le modèle de la peinture morale. Le lecteur n'a pas la liberté de déduction et d'interprétation, qu'il peut avoir en face d'un dialogue. *L'Heureuse famille* est bâti sur le style des conseils d'un père à son fils ou d'une mère à sa fille. L'intention didactique est évidente. La forme choisie permet à l'auteur d'introduire ses commentaires. Le récit est constamment interrompu par le narrateur, qui dégage la portée morale des tableaux qu'il décrit ou raisonne à partir des discours des personnages. La structure de *L'Heureuse famille* évolue autour de cinq conseils dialogués. Il s'agit à proprement parler de cinq monologues, puisqu'on n'entend presque jamais la réponse du personnage auquel s'adresse la leçon. Ces monologues sont semés de descriptions, dont le but est de toucher le lecteur, d'induire en lui des émotions, qui le porteront à mieux accueillir le message moral. La didactique devient ainsi un véritable moyen de propagande. La dynamique de *L'Heureuse famille* offre en cela un bon exemple de l'esthétique mise au service de la morale. Le conte est construit sur l'alternance de deux modes narratifs: la description et le conseil. A chaque mode narratif correspond une fonction didactique bien précise. La description induit des émotions chez le lecteur; ces émotions rendent à leur tour le lecteur plus réceptif au message moral et raisonné des conseils qui suivent chaque description. Le tableau suivant résume la démonstration du conte en fonction de mode narratif, description ou conseil, et du résultat escompté, émotion ou instruction morale.

1. Mode narratif: description
Emotion induite: spectacle touchant du bonheur familial
2. Mode narratif: conseil (dialogué)
Instruction morale: orgueil opposé à la bienfaisance et au bonheur
3. Mode narratif: description
Emotion induite: spectacle touchant de l'amitié et de l'amour

4. Mode narratif: conseil (dialogué)
Instruction morale: orgueil opposé à l'innocence et à la vertu
5. Mode narratif: description
Emotion induite:
    a. ennui et désolation causés par l'intervention d'Amélie
    b. spectacle touchant et larmoyant de la maladie d'Amélie
    c. espoir de bonheur contenu dans la guérison d'Amélie
6. Mode narratif: commentaire de l'auteur
Instruction morale:
    a. la guérison est une conversion
    b. la guérison d'Amélie est causée par la satisfaction de l'âme
Emotion induite: joie et espoir de bonheur
7. Mode narratif: conseil (monologue)
Instruction morale: le bonheur passe par le refus du dédain
8. Mode narratif: description
Emotion induite: satisfaction (amabilité d'Amélie, ses vêtements)
9. Mode narratif: conseil (monologue)
Instruction morale: le bonheur passe par le renoncement à la gloire
10. Mode narratif: description
Emotion induite: joie à cause de l'harmonie champêtre
11. Mode narratif: conseil de l'auteur via Ormond
Instruction morale: le bonheur passe par
    a. la bienfaisance
    b. la campagne
    c. une éducation appropriée

Ce petit conte est très structuré. Il s'agit en réalité d'une méthode de conversion morale. Cette méthode fait appel à «l'intelligence du cœur». Les tableaux présentés deviennent réels par les émotions qu'ils engendrent chez le lecteur. Ces étapes sensibles sont suivies par l'application à l'imagination des facultés de raisonnement. Ce procédé est aussi celui de la poésie descriptive, où chaque paysage reçoit un code émotionnel. Les tableaux moraux et animés de *L'Heureuse famille* sont encodés. Chacun introduit le lecteur à une émotion, qui le prépare à accueillir le conseil. Le spectacle du bonheur tranquille et de l'amitié induit chez le lecteur un attendrissement qui le porte à choisir la bienfaisance et l'innocence sur le goût du luxe et l'orgueil. Le spectacle mélodramatique de la maladie d'Amélie a pour but de convaincre que le goût du luxe et l'orgueil ne peuvent qu'engendrer des valeurs funestes. Le spectacle de la philanthropie en action et de l'harmonie au sein d'une société champêtre crée la joie, qui est nécessaire pour renoncer à la gloire et pour choisir la solution du bonheur à la campagne et de la bienfaisance.

En outre, *L'Heureuse famille* offre un lent cheminement de conversion, qui suit une dialectique linéaire allant d'un pôle négatif à un pôle positif. En cela, ce conte s'apparente à une apologétique. Le centre de ce cheminement, le lieu du choix, de la décision, est la conversion d'Amélie, ou plus précisément le commentaire que Lezay-Marnésia fait de cette conversion: «c'est en ramenant la satisfaction dans l'âme qu'on parvient à rendre au corps la santé»[20]. Avant la conversion, on trouve des conseils sous forme de dialogues, qui opposent l'orgueil et le goût du luxe à la bienfaisance, au bonheur tranquille, à l'innocence vertueuse. A ce niveau, Amélie argumente. Elle sait sans connaître, et le lecteur vit la même expérience. Le choix décisif ne se fait que par une aventure quasi-existentielle, symbolisée par la maladie qui touche Amélie dans son corps et qui lui offre la possibilité de passer du mode du «savoir» à celui du «connaître». La conversion une fois accomplie, les étapes ultérieures ne sont plus qu'un renforcement et une réaffirmation de ce choix. Elles aboutissent au rétablissement du bonheur initial; mais il s'agit d'un bonheur transformé, décuplé, parce qu'il est devenu missionnaire, Ormond ayant été convaincu de s'installer à la campagne pour y faire le bonheur des autres et donc le sien.

On peut donc attribuer à chaque étape de cette dialectique une valeur positive (+), une valeur négative (-) ou une valeur positive réaffirmée et intériorisée suite à la prise de conscience (++).

1	- +	bonheur incomplet	A-	
2	- +	orgueil - bonheur tranquille	B-	
3	- +	orgueil - pauvres vertueux	C-	
4	- +	orgueil - innocence	D-	
5	- -	rupture du bonheur	E-	
6		conversion		
7	+ +	se séparer du dédain	E+	
8	+ +	aller au devant d'autrui	D+	
9	+ +	renoncer à la gloire	C+	
10	+ +	joie du bonheur champêtre	B+	
11	+ +	bonheur parfait, bienfaisance		A+

Cette dynamique de conversion morale met en évidence le fait que, derrière le cheminement linéaire de *L'Heureuse famille*, il existe une structure symétrique, qui évoque la forme d'une ménorah. A chaque étape de la pré-conversion correspond exactement une étape de la post-conversion. On a mis ceci en évidence dans le tableau ci-dessus par l'introduction de lettres, auxquelles on a attribué une valeur négative pour l'étape argumentaire, puis une valeur positive, pour l'étape décisionnelle. A chaque lieu de l'argumentation correspond un principe moral «guérisseur». L'orgueil qui s'opposait à l'innocence (D-) disparaît lorsqu'Amélie va au devant d'autrui (D+); l'orgueil qui lui faisait dédaigner ses voisins et s'opposer au mariage de son fils (C-) disparaît lorsqu'elle accepte de renoncer à la gloire (C+); l'orgueil qui lui faisait refuser le bonheur tranquille pour lui préférer le luxe (B-) s'efface devant la joie qu'elle ressent dans l'harmonie qui règne à la campagne (B+). Ainsi, le bonheur incomplet du début du conte, incomplet du fait de l'orgueil d'Amélie (A-), devient-il un bonheur parfait, toutes traces d'orgueil une fois détruites (A+). Là réside la leçon de ce conte moral. La rupture du bonheur est causée par l'orgueil victorieux (E-); aussi est-ce en détruisant le dédain que l'homme retrouvera le bonheur, du moins les conditions favorables au bonheur (E+). Dans l'*Essai sur la nature champêtre*, on retrouvera cette même condamnation de l'orgueil qui «permet difficilement aux nobles (...) d'effacer les images de la force dont abusaient leurs ancêtres et de les remplacer par des tableaux plus heureux»[21]. La critique de l'orgueil est donc potentiellement la critique des abus, qui sont à l'origine de la la misère des campagnes.

L'Heureuse famille révèle ainsi que le discours du retour à la campagne se fonde sur une éthique universelle, qui prend alors la forme de la bienfaisance. L'illusion champêtre, si littéraire fût-elle, était l'encodage, nécessaire à l'époque, d'une réalité morale et sociale en pleine évolution. En 1766, elle n'a pas encore de portée politique; elle en aura en 1785, au moment du *Bonheur dans les campagnes*.

On voit donc que si on se contente de lire ce texte à la façon de Grimm, sans recul, au seul plan littéraire, son intérêt s'en trouve bien diminué. Par contre, si on le lit en historien des mentalités, il en va tout autrement, car on peut alors discerner les *topoi* que Lezay-Marnésia emprunte à son milieu et à son temps, et sa façon de les traiter. Les mentalités apparaissent souvent au travers de ce qu'on désigne des termes vagues de «mode» et de «tendance». Ce conte exprime non seulement la mode de la campagne, mais aussi, quelques années après la publication de *La Nouvelle Héloïse*, la diffusion d'un rousseauisme sentimental au sein d'une idéologie qui participe à la fois de l'idéologie nobiliaire et de l'idéologie des Lumières. Il révèle en Lezay-Marnésia un idéaliste bien intentionné et généreux. Il fait comprendre que les projets de réformes, dont il rêvera ultérieurement et qu'il tentera de réaliser, s'enracinent dans un mythe, celui d'un âge d'or primitif, qui serait mis à nouveau à la portée des hommes, mais seulement de ceux qui pratiquent la bienfaisance et vivent dans un environnement rustique, entourés de paysans honnêtes, vertueux et reconnaissants. Ce conte fait comprendre aussi que les projets de réformes auront des limites, qui sont non seulement celles d'un milieu, la noblesse, mais aussi celles des Lumières.

L'Heureuse famille, qui allie le style de la pastorale et celui de l'art moral et larmoyant, est un petit cours de morale, qui offre quatre enseignements bien précis, communs à la grande majorité des œuvres de l'époque. On les retrouvera développés dans les œuvres ultérieures du marquis. Tout d'abord il est affirmé que la véritable noblesse n'est pas celle de la naissance mais celle des vertus. Le père de famille, Allard, «qui par ses vertus, par sa sensibilité, par ses mœurs, ennoblissait son état»[22], présente des qualités, qui font de lui un honnête homme et un homme heureux: la modération, la bienfaisance et la probité, autant de traits qui caractérisent, selon Lezay-Marnésia, les âmes qui se laissent instruire par la nature. Lorsqu'Allard s'efforce d'inculquer les mêmes valeurs à son épouse, c'est la nature qu'il choisit comme modèle.

> Il avait voulu pénétrer dans son cœur, en lui faisant goûter ces plaisirs si vrais, si touchants, que la nature offre à tous les hommes, et dont ils jouiraient avec plus de transport s'ils étaient moins éloignés de leur première simplicité.[23]

La leçon de simplicité offerte par la nature est présentée comme la base du bonheur. *L'Heureuse famille* reflète les mentalités de l'époque; le thème se trouve dans toutes les œuvres, de la littérature à la peinture, qui toutes répètent sur des modes différents les paroles de la chanson «Le tout par nature», qu'Hélène interprète dans la scène 9 des *Amours champêtres* de Favart:

> Nos discours n'ont point de fard,
> L'intérêt est à l'écart;
> Notre sentiment ne part
> Que d'une source pure;
> Ici nous aimons sans art,
> Le tout par nature.[24]

Le luxe, ou plutôt la condamnation partielle du luxe, est le second thème de cet enseignement. Avec ses corollaires, l'orgueil et la vanité, il est décrit comme ce qui empêche de trouver le bonheur. Ici, c'est Amélie qui incarne le luxe et ses avatars.

> Au lieu de ne conserver que l'élévation de sentiments qui est de tous les états, (elle) avait gardé dans une condition honnête mais trop peu considérée un orgueil qu'on ne pardonne pas même à la noblesse opulente. Elle se souvenait toujours du nom qu'elle avait porté, et ne se rappelait point assez que la misère l'avait forcée à le perdre.[25]

Le conte dans son entier pourrait être considéré comme une digression sur l'orgueil. On y retrouve très explicitement l'idéologie qui avait présidé à l'établissement des lois somptuaires. Le premier signe visible de la conversion d'Amélie est la transformation de sa garde-robe. Après la scène mélodramatique où elle annonce à son mari qu'elle va essayer de changer d'attitude, Amélie revêt des vêtements plus appropriés à sa condition.

> Elle fut quitter des vêtements, qui, sans la parer davantage, servaient à la faire distinguer des autres femmes du village. Elle prit un simple corset, un tablier blanc, une coiffure sans fontanges, et dans cet habillement plus convenable à l'épouse d'Allard, elle fut trouver sa voisine.[26]

La leçon est claire. Comme l'article «Luxe» de l'*Encyclopédie* le souligne, les distinctions de chaque état doivent être respectées pour éviter la confusion des rangs et maintenir l'ordre général[27]. C'est ce non respect de l'état dans lequel on se trouve qui, parce qu'il nuit à l'harmonie sociale, entraîne l'impossibilité d'accéder au bonheur. Le thème du luxe et de la vanité doit être replacé dans le débat sur les avantages et les inconvénients du luxe, qui n'est pas la propriété de l'aristocratie mais aussi l'une des caractéristiques des Lumières. La leçon de morale qu'offre *L'Heureuse famille* rejoint partiellement les analyses de Saint-Lambert sur le luxe parues en 1765 dans l'*Encyclopédie*. On aura l'occasion de revenir sur ce texte, qui lie la question du luxe et des distinctions extérieures à l'ordre général de la société et au dévouement au bien commun. Il n'y a pas dans ces textes condamnation du luxe à proprement parler, mais condamnation de l'excès de luxe ainsi que du luxe dans des classes sociales où il n'a aucune raison d'être. Lezay-Marnésia, en dépit d'une générosité que révèle déjà ce conte moral, ne dépasse pas les limites de son milieu. Il ne remet en cause ni la hiérarchie ni les distinctions sociales. A vrai dire, même après sa conversion, Amélie n'oublie pas totalement son origine. Elle renonce à l'orgueil, à la vanité; elle accepte de s'intégrer, en égale, à la vie villageoise; mais elle y trouve un plaisir qui n'est propre qu'à ceux qui, issus d'une couche sociale privilégiée, se trouvent vivre au milieu de gens qui autrement leur seraient restés étrangers. Habillée en paysanne aisée, Amélie rend visite à Toinette. Cette dernière marque sa surprise de la voir dans la maison d'un pauvre laboureur. La réponse d'Amélie est ambiguë: elle fait part à Toinette de sa «conversion», mais souligne aussi qu'elle veut être aimée, qu'elle veut «jouir de ces biens qu'Allard assure que l'on goûte mieux au village que partout ailleurs»[28]. L'égalité est présentée comme un sentiment; elle n'implique pas l'égalité réelle. Il est difficile de donner un nom à cette attitude, car notre vocabulaire moderne aurait plutôt tendance à la qualifier négativement, alors qu'à l'époque elle n'était issue que de la conscience de la naissance, conscience qui était considérée comme légitime. C'est la même attitude qui animera la marquise de la Tour du Pin pendant la Révolution. Exilée dans sa ferme d'Albany, elle devra fabriquer et vendre du beurre; mais ses pains de beurre seront moulés à son chiffre[29]. Ce comportement permet de comprendre le mécanisme de la bienfaisance et explique, en partie, les choix politiques d'un Lezay-Marnésia. Dans *L'Heureuse famille*, les nuances des sentiments et de la conduite d'Amélie laissent seulement présager le plaisir de la bienfaisance. Ce que Lezay-Marnésia souligne, c'est que le luxe bien compris — c'est-à-dire modéré — doit rester l'apanage de la noblesse, dont le rôle est pédagogique. Ainsi, Ormond, le frère d'Amélie, met-il ses richesses au service de la communauté. S'il y trouve du plaisir, la bienfaisance n'en est qu'une cause seconde, propre aux gentilshommes éclairés; la cause première reste le retour à la nature, et cela quel que soit l'état social des individus.

Dans cette veine, Lezay-Marnésia évoque les principes sur lesquels on doit baser une éducation considérée comme une propédeutique du bonheur. En disciple de Rousseau, il affirme que le maître de cette éducation est la nature. De ce principe fondateur résultent deux théorèmes. D'une part, il s'agit plus de «connaître» que de «savoir», c'est-à-dire, comme on l'a déjà souligné, d'appliquer ses sensations à la réalité et non seulement son intelligence.

> D'abord il (le père) ne commença pas à le faire raisonner, mais il l'accoutuma (le fils) à sentir. Il l'emmenait avec lui dans la campagne; il choisissait pour ses promenades les paysages les plus riants; il lui faisait entendre les concerts des oiseaux, jouir de la fraîcheur des forêts, du coup d'œil charmant des prairies, et de la richesse des côteaux. Il le rendait témoin des jeux des bergers et de la satisfaction des laboureurs qui trompaient en chantant la fatigue de leurs travaux. En lui présentant les images gracieuses de la vie champêtre, il espérait qu'il la lui ferait aimer.[30]

Il en est de même de l'éducation de Lucie, la jeune épouse de Basile, qui est instruite au contact de la nature, par la lecture de *La Nouvelle Héloïse* et celle de contes moraux, mais «plus encore par son âme sensible»[31]. D'autre part, et c'est le second théorème de cette éducation fondée sur l'exemple de la nature, il s'agit de recevoir une éducation conforme à son état.

> Il employa tous ses soins à lui donner une éducation qui le rendît content de son sort, et lui fît éviter les écueils dans lesquels sa mère était tombée. (...) (il) s'attachait à lui inspirer ces vertus douces qui font le bonheur de tous les hommes dans quelque condition que la nature que les ait placés.[32]

En 1766, et dans le cadre d'une œuvre courte qui insiste surtout sur la nécessité du contact avec la nature, Lezay-Marnésia ne développe pas en détail la question de l'éducation. Il insiste surtout sur la nécessité de lutter contre l'oisiveté. Les jeunes gens sont toujours occupés: Basile aux champs, à étudier les attelages de bœufs et les instruments agricoles, et Lucie à la maison, à apprendre à tenir le ménage. L'oisiveté leur est inconnue. Quand ils ne travaillent pas, ils lisent des «ouvrages simples et sublimes qui, peignant la nature et la vertu d'après elles-mêmes, les font aimer vivement, parce qu'ils en tracent un portrait fidèle»[33]. Enfin, le dernier outil de cette éducation, mais le plus important aux yeux de Lezay-Marnésia: la générosité. Elle est à la fois objet de l'éducation et principe éducatif. Lorsque Basile apprend à gérer ses biens, il apprend à consacrer une partie de ses revenus à la bienfaisance. Ce qui frappe dans cette éducation, c'est l'influence d'une lecture sentimentale de *La Nouvelle Héloïse*. Lezay-Marnésia évoluera sur ce point et optera pour des positions plus hardies. Toutefois, au moment où il écrit *L'Heureuse famille*, il partage l'opinion de la majorité de l'élite éclairée. Les idées des Lumières, qui évolueront elles aussi, étaient alors reflétées dans l'*Essai d'éducation nationale* de La Chalotais (1763), où il était recommandé que l'instruction fût proportionnelle au rang occupé dans la société.

Le bien de la société demande que les connaissances du peuple ne s'étendent pas plus que ses occupations. Tout homme qui voit au-delà de son triste métier, ne s'en acquittera jamais avec courage et patience. Parmi les gens du peuple il n'est presque nécessaire de savoir lire et écrire qu'à ceux qui vivent par ces arts ou à ceux que ces arts aident à vivre.[34]

L'Heureuse famille obéit à ce modèle, qui répète, au niveau de l'éducation, le principe d'origine nobiliaire de la non-confusion des rangs. L'éducation est réservée à Basile et à Lucie qui font partie de la catégorie des laboureurs aisés, dont le rôle est, comme celui des seigneurs, de faire œuvre de bienfaisance envers les pauvres habitants des campagnes.

L'Heureuse famille s'achève sur la description du bonheur complet, qui s'instaure après le retour à la campagne du frère d'Amélie, Ormond, modèle du gentilhomme cultivateur. La référence à Rousseau est explicite. Ormond «forma son établissement d'après les principes de ce philosophe si capable de faire des prosélytes à la nature si nous avions vraiment le courage d'être véritablement heureux»[35]. Le bonheur décrit est un bonheur champêtre, familial, basé sur la pratique des vertus et de la bienfaisance, sur une philanthropie à la mode.

Allard avait cette philosophie simple et vraie qui ne cherche pas le bonheur dans l'opulence et dans les titres et qui le trouve (...) dans la jouissance de ces biens que la nature offre à tous ses enfants, dans l'amour, dans l'amitié et dans la pratique des vertus qui rapprochent les hommes en les rendant les bienfaiteurs les uns des autres. (...) Il lui faisait concevoir la volupté pure que laisse après lui le souvenir d'une bonne action. (...) il voulut que son fils (...) jouît du spectacle le plus beau qui soit dans la nature, celui de la joie et de la reconnaissance peintes dans les yeux de l'homme qu'on secourt dans l'instant où il est accablé.[36]

Telle est la recette du bonheur à la fin des années 1760. Quant à Ormond, il «savourait cette volupté pure qui récompense toujours les actions de l'homme sensible et généreux»[37]. Ce plaisir de la bienfaisance sera celui de Lezay-Marnésia lui-même après avoir fait son «retour à la campagne». Il le formulera ainsi dans son *Essai sur la nature champêtre*:

> Je ne songerai plus qu'à m'entourer d'heureux.
> Titus de mon hameau, son protecteur, son père,
> Je veux autour de moi que tout vive et prospère;
> Je veux que sur ma tombe on puisse écrire un jour:
> Il sema les bienfaits et recueillit l'amour.[38]

Le lexique de ces vers révèle une imagerie féodale, celle de la protection des vassaux par leur seigneur. Cette nostalgie médiévale est alors plus qu'un procédé stylistique; on verra qu'elle est constitutive de la bienfaisance. Ce qui ne veut pas dire toutefois que la bienfaisance pouvait s'accommoder du maintien du système féodal. Ce passage rappelle la figure du marquis de Clancé, dans *Laurette*, conte moral de Marmontel. Clancé se retrouve entouré de ses paysans reconnaissants après avoir soulagé leur sort suite à un orage qui avait détruit les récoltes et le village. Il jouit alors du plaisir d'être aimé de ses sujets. Cependant, la générosité de Clancé est décrite par Marmontel sous les traits de la charité et non sous ceux de la bienfaisance. Il reste condescendant et sa campagne demeure littéraire. Ce dont fait preuve Clancé, c'est de noblesse d'âme et non de sensibilité.

Laclos, dans une lettre à son épouse écrite lors de son incarcération à Picpus, fait une fine distinction entre une bienfaisance faite dans un esprit de justice et une forme de bienfaisance qui tient plus de la charité.

> Il y a quelque chose de plus simple, de plus touchant, dans celui qui vous oblige uniquement parce que vous avez besoin d'être obligé, que dans celui qui vous oblige parce qu'il est beau d'obliger. On croit entendre le bienfaiteur dire: un homme comme moi doit faire tout ce qui est beau, il est beau d'obliger, en conséquence, je vous oblige. Le bienfait peut être alors celui de la noblesse d'âme, mais il n'est pas celui de la sensibilité. Il mérite de la reconnaissance, mais il n'inspire pas d'attachement.[39]

Ainsi une personne est-elle bienfaisante plus à cause du plaisir ressenti qu'à cause du mérite. Le bienfaiteur agit en fonction d'un critère objectif extérieur au bienfaitaire. Son bonheur provient de la noblesse d'âme, pas de la sensibilité ni du soulagement offert aux nécessiteux. Lezay-Marnésia deviendra gentilhomme cultivateur; plus que charitable, il sera bienfaisant, à la différence du marquis de Clancé qui ne l'est pas. Sa campagne ne sera pas qu'une lecture; elle correspondra à une pratique. Il sera sincère et le prouvera. On le voit, la notion de bienfaisance est complexe et ne recouvre pas le simple mouvement généreux ni la charité. L'œuvre ultérieure de Lezay-Marnésia permettra de faire la distinction entre ces formes de bonté. Elle montrera en outre que cette bienfaisance de genre, exprimée en 1766 dans les pages de *L'Heureuse famille*, n'est que la partie visible de l'iceberg. La bienfaisance deviendra le fondement d'un système idéologique, structuré par des nostalgies médiévales, qui aura pour but de redonner à la noblesse une identité, perdue dans les mutations sociales et intellectuelles du dix-huitième siècle, tout en lui permettant d'assimiler la pensée des Lumières.

LA DOCTRINE ESTHÉTIQUE DU DISCOURS DE NANCY

Le dernier texte de cette période de formation est d'un genre différent. Il s'agit du discours que Lezay-Marnésia compose pour sa réception à la Société royale des belles-lettres de Nancy, le 20 octobre 1767[40]. Fréron en fait une critique très élogieuse dans l'*Année littéraire*. Il en cite de larges extraits et souligne que «l'imitation de la nature est l'objet de ce discours bien conçu, bien pensé et bien écrit»[41]. On trouve en effet dans ce texte, sous une forme condensée, un véritable petit traité d'esthétique, une suite de réflexions sur l'imitation de la nature et la création artistique. Lezay-Marnésia y fait une fine analyse de ce que doit être l'imitation de la nature et celle des Anciens, pour en déduire un paradigme des interactions de l'art et de la nature. Il y établit un équilibre entre la tradition de la Belle Nature, qui requiert l'embellissement du réel pour le rendre «vraisemblable» — au sens normatif que le mot avait à l'époque: bienséant, convenable, en accord avec le goût —, et une esthétique des passions, qui codifie l'expression de la sensibilité pour retrouver la spontanéité. Ces principes esthétiques étaient déjà présents, sous une forme appliquée, dans *L'Heureuse famille*. Dans le discours de Nancy, ils sont explicités et prennent l'aspect d'une profession de foi en matière de goût.

La problématique du discours de Nancy n'est pas exactement celle du débat entre les partisans des Anciens et ceux des Modernes, mais plutôt celle du débat entre les partisans de règles strictes et ceux qui préfèrent n'avoir aucune règle et écouter leurs seules émotions. Pour bien comprendre ce point de vue, il faut situer le discours de Nancy non seulement par rapport aux théories esthétiques sur le beau mais aussi par rapport aux discussions sur l'architecture des jardins, qui restent constamment présentes à l'arrière-plan de la pensée de Lezay-Marnésia. La comédie de Watelet, *La maison de campagne à la mode*, offre sur le ton d'un badinage persifleur une caricature des positions critiquées dans le discours de Nancy[42]. D'une part, Watelet s'en prend aux mondains, aux peintres et aux poètes, pour lesquels le séjour à la campagne est prétexte à l'expression folle des émotions. «Quelle volupté, quel délice! (...) Comme tout respire ici le sentiment! (...) C'est un roman, c'est un roman... c'est un enchantement»[43]. Le lexique de ces visiteurs mondains est pauvre: «délicieux», «sensible», «grâce», «charmant»; quant au discours de l'artiste sur sa création, il se résume en peu de mots: «il ne faut que des yeux et un cœur. Avec cela on est peintre et poète, ...on est tout»[44]. D'autre part, Watelet ridiculise deux autres personnages, l'amateur de symétrie et le philosophe, qui s'entendent pour soumettre l'art à des règles strictes. L'amateur de symétrie affirme que «sans compas, sans règles, sans calculs, il n'y a pas de véritable beauté dans les arts»[45]. Il va même jusqu'à mesurer les statues du jardin et remarque que celle d'Apollon a une jambe plus courte que l'autre. Son discours est repris par le philosophe: «Je suis géomètre moral, je ne vois de mesure juste à rien, mais j'en sais mettre à tout»[46]. Il développe sa pensée en faisant constamment référence aux Anciens et en combattant l'imagination. «Vous voulez juger et vous amuser à sentir... calculons, mesurons, voilà le plus certain»[47]. Et le jardinier de conclure qu'on ne sait plus que penser.

Cette position de juste milieu entre l'abus des règles et une imagination échevelée est celle que Lezay-Marnésia défend devant l'Académie de Nancy. Selon lui, l'imitation de la nature, qui est l'objet de l'art, a une double signification. D'une part, l'imitation de la nature est le résultat recherché: la nature reproduite est le contenu de l'œuvre d'art. D'autre part, elle est aussi le souci du naturel, c'est-à-dire une dynamique de l'art, une manière d'imiter. L'homme crée l'art, pris dans son sens le plus général, en empruntant le sujet de son œuvre à la nature. Cette reproduction de la nature, qui depuis Pascal se double de la notion de vérité, est une opération définitoire. Sans imitation de la nature, il n'y a pas d'art. Par ailleurs, l'art est aussi conçu dans son sens réduit de technique artistique. L'artiste doit appliquer le souci du naturel dans le processus même de création. Il l'apprendra à la fois par l'observation de la nature et par l'imitation des Anciens. Si, au delà de l'imitation et des règles, Lezay-Marnésia accorde une place fondamentale à l'invention, à l'enthousiasme, à l'inspiration, sans lesquelles il ne saurait à son avis y avoir d'art, il définit d'abord la création artistique comme un travail. Il s'agit d'un travail d'imitation et d'une technique laborieuse, qui visent à effacer les traces de l'art et à canaliser les débordements de l'enthousiasme créatif. «Les pensées fortes, nombreuses et souvent impatientes de se placer, assujetties par les préceptes, sont comme les ouvrages de Raphaël, où tout est soumis à l'art, quoique rien ne l'y décèle»[48]. On a déjà évoqué cette esthétique à propos des *Lettres de Julie à Ovide*. C'est l'esthétique que Julie d'Etanges applique dans son jardin, où tout est fait par la nature, où tout apparaît naturel, sans que toutefois rien n'y fût voulu et ordonné. «L'art qui se montre détruit l'effet de l'art», avait écrit Watelet à propos de la décoration des jardins[49].

Lezay-Marnésia n'innove pas en matière de théorie esthétique. Dans son discours de Nancy, on ne trouve guère d'idées qui ne soient déjà répandues dans les milieux littéraires et artistiques. Ce discours est cependant important à un double titre. D'une part, Lezay-Marnésia y expose, pour la première fois, une esthétique dont il ne cessera de se réclamer. D'autre part, il offre une réflexion théorique de base sur les principes esthétiques de la poésie descriptive. Soulignons toutefois que ce discours n'a la prétention ni de faire table rase de la doctrine classique ni de la reformuler. Lezay-Marnésia adhère largement à la doctrine classique française, lue à la lumière de Batteux, de l'abbé Dubos, d'Houdar de la Motte et de Saint-Lambert. Ce qu'il veut faire, c'est souligner des interprétations de l'imitation de la nature qui lui semblent être des erreurs; il se propose aussi de rappeler le but de l'art; enfin, il désire attirer l'attention sur les dangers d'une imitation trop stricte des Anciens.

En matière d'imitation des Anciens, Lezay-Marnésia se situe dans la tradition classique qui refusait, du moins théoriquement, qu'on les imitât servilement.

Au lieu de prendre (les Anciens) simplement pour guides, on se traîna servilement sur leurs pas; au lieu d'imiter la Nature, comme ils l'avaient eux-mêmes imitée, on écrivit d'après leurs propres ouvrages; ils avaient offert des tableaux animés et vrais, leurs successeurs présentèrent des copies froides et sans vérité.[50]

L'asservissement à l'œuvre des Anciens est condamné, pas tant pour des raisons de vraisemblance ou d'adaptation que pour des raisons de naturel. La stricte imitation des Anciens vide l'œuvre d'art de son naturel. L'artiste produit seulement la «copie» d'une imitation, et l'œuvre d'art devient une copie au second degré, trop loin du naturel pour être vraie et pour transmettre une émotion.

Cette critique de l'imitation stricte des Anciens s'accompagne toutefois de l'affirmation qu'une imitation raisonnable et raisonnée de leurs œuvres est nécessaire à l'art. Le discours de Nancy apparaît, sous cet aspect, comme une véritable apologie des grands maîtres de l'art, conçus comme les guides de l'artiste moderne. «Le seul moyen de louer dignement ses maîtres, c'est d'apprendre dans leurs écrits à marcher sur leurs traces»[51]. Ce rôle de mentor, dévolu aux Anciens et aux maîtres, n'est pas chez Lezay-Marnésia une vague admiration. Il ne correspond pas non plus à une imitation. Les Anciens remplissent des fonctions bien précises. Ce sont des modèles pour la création, des pères nourriciers pour l'inspiration et des guides pour l'imagination. Ils servent tout d'abord de modèles. C'est leur manière qu'il faut imiter, non leur production. Du maître, l'artiste moderne apprend des principes. Ces principes le renvoient à l'observation directe de la nature. Le peintre — Lezay-Marnésia cite ici les exemples de Greuze et de Vernet — et le poète s'approprient les principes d'un maître par la lecture ou l'enseignement et les richesses de la nature par l'observation.

Ce n'est pas la seule vue des plus magnifiques tableaux, qui forma les Greuzes et les Vernets. L'un est peintre, parce qu'il a vu l'homme dans les situations les plus touchantes; l'autre, parce qu'il a vu les mers soulevés par les vents impétueux ouvrir de larges abîmes (...) Ce n'est pas non plus la lecture des écrivains sublimes qui peut seule former des orateurs et des poètes. Ils élèvent, ils enflamment l'homme de génie, ils lui inspirent le désir de produire à son tour, mais malheur à lui s'il ne fait que les imiter. (...) Qu'il fasse comme eux, s'il veut les égaler. Veut-il décrire les mœurs champêtres? (...) qu'il aille dans les campagnes rassembler les images, qu'il les assortisse, qu'il en fasse un choix heureux.[52]

Rien ne remplace l'observation directe et personnelle de la nature. Sans elle, les leçons du maître conduiront seulement à la production d'une copie et non d'une œuvre d'art. Description de la nature et leçons du maître correspondent aux deux premiers principes de la trilogie esthétique de Watelet: le pittoresque et le poétique[53]. Ce que les Anciens apprennent donc d'abord à l'artiste moderne, c'est un savoir-faire.

La seconde fonction des maîtres, étroitement dépendante de leur fonction de modèle, est de contribuer à maintenir chez l'artiste moderne son aptitude à ressentir les émotions. «Les écrits des grands maîtres sont l'aliment du feu sacré;

ils maintiennent l'âme dans l'habitude de sentir, ils l'animent de cette émulation puissante qui la rend à son tour capable de créer»[54]. Le rôle des Anciens est assimilé, en quelque sorte, à une énergie qui conserve au cœur de l'artiste la sensibilité nécessaire à la création artistique. Par ce biais, il est reconnu aux Anciens une forme d'intervention dans l'imagination de l'artiste, dans son domaine personnel, dans ce que Watelet appelle le romanesque, troisième élément de sa trilogie esthétique. La pratique des Anciens ne nourrit pas l'imagination, à proprement parler; elle facilite son développement et crée des des conditions favorables à son expression. Cela ne veut pas dire que Lezay-Marnésia croit que l'imagination et l'enthousiasme de l'artiste sont soumis à la tradition et n'appartiennent pas en propre à l'artiste, mais tout simplement que pour fleurir ils ont besoin d'un stimulateur. Ce rôle des Anciens dans le domaine de la littérature et des beaux-arts sinscrit dans le cadre plus général des fonctions des maîtres éclairés et des grands hommes. En 1778, dans son *Essai sur la minéralogie du bailliage d'Orgelet*, Lezay-Marnésia reconnaîtra aux «hommes supérieurs» la fonction d'entretenir l'émulation et la connaissance dans les générations.

> L'émulation est la vie de l'âme, sans elle tous les dons de la nature sont comme s'ils n'étaient pas; on voit sans connaître, et même sans savoir regarder; on s'endort dans l'inertie sur les présents de la divinité; et les récompenses qu'elle offrait au travail et à l'industrie restent perdues pour l'humanité. Mais qui peut allumer ce feu de l'émulation, qui féconde les esprits, qui embrase les cœurs du désir d'être utile, qui donne à l'imagination des ailes, et enchaîne la pensée pour la forcer à nous instruire et la contraindre à nous faire jouir? Ce sont les hommes supérieurs qui se sont dévoués à la glorieuse et pénible fonction de nous éclairer.[55]

La richesse de la culture et des connaissances d'une société passe par l'humilité, et non par l'orgueil, qui, faisant refuser les leçons du passé et des Lumières, n'introduit qu'à la décadence. Au-delà de l'esthétique et de la connaissance, c'est une leçon de civilisation que donne Lezay-Marnésia, une leçon à des générations, qui sous le prétexte d'être «créatives» négligeront l'enseignement des grands hommes. L'œuvre des maîtres guide sur les voies de la connaissance et sert de nourriture à un cœur desséché. En cela, l'observation des œuvres des Anciens est à l'artiste ce que la *lectio divina* est au moine. Leur art crée un terrain propice à l'inspiration.

Dans le même mouvement, il sert aussi de guide à l'imagination. Il en est pour ainsi dire le «garde-fou», au même titre que l'observation de la nature. C'est la troisième fonction de l'imitation des Anciens.

> C'est en réunissant l'étude des livres et de la Nature, que celui qui entre dans la carrière brillante mais pénible de l'éloquence et de la poésie peut se

promettre d'éclatants succès. S'il s'abandonne uniquement à son génie, peut-être sublime, comme Shakespeare, il se précipitera comme lui. Bien lire et beaucoup voir, c'est là le premier, c'est là le plus certain de tous les principes, celui dont tous les autres émanent.[56]

Cette troisième fonction de l'imitation des Anciens fait de l'art un travail, non seulement au niveau de la création mais aussi au niveau de l'imagination et des émotions de l'artiste. Lezay-Marnésia expose en détail ce que la lecture apporte à l'artiste:

> Par les impressions vives et variées que nous recevons de la lecture, nous découvrons les moyens de pénétrer dans les âmes et de les mouvoir à notre gré. Ce sont les bons modèles qui nous enseignent à bien employer nos propres richesses. Ils font plus, ils nous encouragent par leur exemple, ils nous donnent la force de braver les puériles délicatesses d'un goût faux et timide qui voudrait nous retenir lorsque nous sommes prêts à tracer ces tableaux effrayants ou pathétiques qui portent l'attendrissement et le trouble dans les cœurs.[57]

La lecture des œuvres des maîtres est présentée comme une propédeutique. Elle forme l'écrivain dans trois domaines. Tout d'abord, dans celui de l'émotion humaine. La lecture permet à l'écrivain de mieux connaître les hommes, leurs sentiments, leurs émotions. Cette connaissance lui donnera ainsi la capacité de créer une œuvre qui sera touchante, c'est-à-dire qui suscitera des émotions chez le destinataire. Le second enseignement offert par la lecture porte sur la manière d'utiliser ses talents et son imagination. Autrement dit, la lecture aidera l'artiste, l'écrivain ou le poète à connaitre les hommes, la nature humaine et ainsi à mieux se connaître lui-même. L'influence du *Discours sur la poésie dramatique* (1758) de Diderot est évidente. Le poète se doit d'être philosophe. «Qu'il soit philosophe, qu'il ait descendu en lui-même, qu'il y ait vu la nature humaine, qu'il soit profondément instruit des états de la société»[58]. On verra toutefois que chez Lezay-Marnésia la lecture ne suffit pas à cette connaissance; l'observation de la nature remplit également cette fonction. Enfin, et c'est la troisième et dernière fonction de la lecture, elle guide le goût, tout en le maintenant, comme on l'a vu, dans «l'habitude de sentir».

Comme la plupart des théoriciens, Lezay-Marnésia opère un choix parmi les Anciens. Tous ne peuvent pas servir de modèles, et il semble que l'artiste moderne doive emprunter seulement ce qui peut s'adapter au goût contemporain. Autrement dit, on retiendra de la lecture seulement ce que le jugement et le goût peuvent y trouver de bon. Lezay-Marnésia ne donne cependant aucun critère, du moins aucun critère objectif. Il parle seulement de «bons modèles». Quels sont ces bons modèles? Il ne le dit pas vraiment. Ce qu'il semble vouloir dire, c'est que ces «bons modèles» sont ceux qui, tout en imposant certaines règles nécessaires à la création artistique pour l'empêcher de se laisser aller à une imagination déréglée, comme le suggère le passage sur Shakespeare cité ci-dessus, laissent suffisamment de liberté à l'artiste pour exprimer des émotions pathétiques, voire même violentes. On reconnaît à nouveau l'influence du *Discours sur la poésie dramatique*, dans lequel Diderot affirme que «la poésie veut quelque chose d'énorme, de barbare et de sauvage»[59].

L'imitation des grands maîtres n'est toutefois qu'un aspect du discours de Nancy. Lezay-Marnésia rappelle aussi ce que doit être l'imitation de la nature. A cet égard, il s'inscrit également dans la tradition qui récuse l'imitation comme copie servile pour y substituer une conception de l'imitation comme transposition. L'imitation de la nature n'est pas la stricte reproduction de ce que voit l'artiste; elle est soumise à certaines conditions restrictives. La première, la plus importante, c'est que l'art doit surpasser la nature, il doit l'embellir, sans toutefois nuire à la vérité. Les hommes «voulurent que, sans jamais s'écarter de la nature, on la leur montrât dans toute sa vérité, et cependant embellie»[60]. La deuxième condition restreint le champ du naturel. Tout n'est pas bon à imiter; il faut choisir ses modèles. Ces conditions restrictives de l'imitation, héritage de la tradition aristotélicienne, font partie, vers le milieu du siècle, des théories esthétiques établies, reconnues de tous. C'est dans *Les Beaux-Arts réduits à un même principe* (1746) de Batteux qu'on en trouve la formulation la plus précise.

> Il faut conclure que si les arts sont imitateurs de la nature, ce doit être une imitation sage et éclairée qui ne la copie pas servilement, mais qui choisissant les objets et les traits, les présente avec toute la perfection dont ils sont susceptibles: en un mot, une imitation où on voit la nature, non telle qu'elle est en elle-même, mais telle qu'elle peut être, et qu'on peut la concevoir par l'esprit.[61]

Cette nature imitée, sélectionnée, embellie, perfectionnée, c'est la Belle Nature. Batteux la définit en fonction du vrai. La Belle Nature, dit-il, «ce n'est pas le vrai qui est; mais le vrai qui peut être, le beau vrai, qui est représenté comme s'il existait réellement, et avec toutes les perfections qu'il peut recevoir»[62]. La beauté intrinsèque de l'objet n'est pas en cause. Il ne s'agit ni de sa qualité ni de sa valeur. Ce qui importe, c'est que l'objet soit représenté dans sa perfection, dans sa plénitude. Lezay-Marnésia adhère entièrement à ce principe de la Belle Nature et place dans les règles le mécanisme régulateur de l'imitation.

Toutefois, il prend soin de relativiser l'importance de ces règles. Il en condamne la trop grande abondance, qui ne fait que museler le génie, l'imagination et l'expression des émotions. Si les règles, dit-il, sont issues originellement de l'observation de la nature, elles sont devenues des «institutions humaines», qu'on trouve dans les livres des maîtres et qui sont porteuses de défauts. «Leur trop de subtilité dégénère en minutie; leur trop d'exactitude borne le talent, leur multiplicité éteint le feu de l'imagination et détruit cette liberté, sans laquelle nul ouvrage ne saurait plaire»[63]. Aussi Lezay-Marnésia recommande-t-il de réduire le nombre de ces règles à quelques principes clairs et peu nombreux.

Ces règles auront quatre fonctions, qui correspondent partiellement aux opérations que Batteux fait intervenir dans le processus d'imitation. Dans *Les Beaux-Arts réduits à un même principe*, qui n'a pas la prétention d'avoir une portée pédagogique comme le *Cours de Belles-Lettres distribué par exercices* (1747–1748), Batteux ramène ces fonctions à deux: choisir et perfectionner. La visée du discours de Nancy est plus pédagogique. Le processus de choix et celui de perfectionnement y sont subdivisés chacun en deux opérations: choisir, c'est placer et sélectionner; perfectionner, c'est proportionner et harmoniser. La première fonction des règles sera de «placer», c'est-à-dire de discipliner l'imagination, de clarifier la variété des idées et des traits. «Les règles n'inspirent ni les idées sublimes, ni les grands traits, mais elles nous apprennent à les placer». La deuxième fonction des règles correspond à proprement parler à l'étape de sélection: il s'agit d'aider l'artiste «à choisir les points de vue les plus frappants». Les troisième et quatrième fonctions visent au perfectionnement. Tout d'abord, les règles apprendront à l'artiste à «proportionner l'expression au sujet», c'est-à-dire à introduire la vraisemblance dans le discours artistique. Puis, elles lui permettront d'harmoniser les éléments de l'œuvre. L'artiste apprendra «à faire refléter une partie sur l'autre, à les lier toutes par un nœud facile à tenir, à former un ensemble noble, simple, achevé»[64].

Batteux ajoutait que la nature devait être représentée telle qu'elle peut être conçue par l'esprit. Chez Lezay-Marnésia, on ne trouve pas l'équivalent, du moins ne le trouve-t-on pas explicité sous forme de règle ni dans un discours raisonné. C'est toutefois l'activité idéalisante de l'artiste et la Belle Nature, considérée comme une idéalité formelle, que Lezay-Marnésia évoque, dans une terminologie différente, lorsqu'il décrit le processus par lequel l'art surpasse la nature, autrement dit la perfectionne.

> Sans altérer (la nature), sans cesser de tenir à elle, c'est en recueillant ce qu'elle a de plus énergique, de plus sublime, de plus touchant, qu'on peut parvenir à la surpasser, en réunissant les traits qu'elle semble avoir négligé de rapprocher; l'éloquence et la poésie nous offriront des tableaux plus parfaits qu'elle-même; elles nous déroberont ce qu'elle a de moins agréable et nous montreront, pour ainsi dire, la collection de ses charmes.[65]

Cette réflexion sur les règles nécessaires au perfectionnement de la nature conduit Lezay-Marnésia à renvoyer l'artiste à l'observation directe de la nature. Il s'agit de la première étape, car c'est là que la sensation naîtra chez l'artiste. Sentir constitue l'essence du génie du poète. Comme le souligne Fréron commentant le discours de Nancy, «on peut dire que les règles sont la raison du goût et ne servent qu'aux gens qui n'en ont pas l'instinct»[66]. Trop abondantes, les règles ne servent qu'aux gens qui ne sentent pas; elles peuvent tuer l'imagination, la capacité d'inventer qui constitue le génie.

Le premier rang appartient à celui qui invente ou qui ajoute de nouvelles perfections et de grandes beautés aux arts qu'il a déjà trouvé formés. Les imitateurs restent dans la foule et sont à peine aperçus. Le véritable talent se fait connaître en nous indiquant la source où il a puisé et dans laquelle nous devons puiser à notre tour; il nous fait sentir l'utilité d'un petit nombre de règles simples, claires, sensées; il nous montre surtout la nécessité d'observer sans cesse la nature.[67]

On en revient donc toujours à l'observation de la nature, leitmotiv du discours de Nancy. C'est à la fois le point de départ et le point d'arrivée de l'art, car le but que se propose le poète est de transmettre l'émotion qu'il a initialement ressentie devant le spectacle de la nature. Ainsi, les lecteurs se trouvent-ils transportés sur la scène même. S'il y a magie, illusion, il y a aussi réalité de l'impression qu'ils ressentent en face de l'œuvre d'art et qu'ils continuent à ressentir dans le souvenir de l'œuvre contemplée. Lezay-Marnésia emprunte directement au passage suivant des *Réflexions critiques sur la poésie et sur la peinture* (1719) de l'abbé Dubos:

Les peintres et les poètes excitent en nous ces passions artificielles, en présentant les imitations des objets capables d'exciter en nous des passions véritables. (...) L'impression que ces imitations font sur nous (...) doit exciter dans notre âme une passion qui ressemble à celle que l'objet imité y aurait pu exciter. La copie de l'objet doit, pour ainsi dire, exciter en nous une copie de la passion que l'objet y aurait excitée.[68]

En quelques lignes, Dubos réussit à utiliser six fois le verbe «exciter», insistant ainsi fortement sur l'idée que l'inspiration du créateur et la réponse du public reposent dans les émotions. Lezay-Marnésia ne fait que reprendre ce que dit l'abbé Dubos, sans le nommer. Des passages entiers du discours sont très visiblement inspirés par la section iii de la première partie des *Réflexions critiques*. Ces idées étaient largement répandues et avaient été assimilées par une société qui ne cesse d'emprunter à Dubos ou de s'en inspirer, sans le citer nommément. L'auteur dont Lezay-Marnésia se réclame explicitement, c'est Saint-Lambert. Il a lu le poème des *Saisons*[69], où il a trouvé une nature «parée de toutes les graces de l'imagination, de tous les charmes du sentiment»[70]. Cette esthétique du sentiment est celle de la poésie descriptive. Le poème n'est pas fait pour penser mais pour sentir. Il introduit au «connaître» et non seulement au «savoir». Si l'œuvre reste dans les limites du vraisemblable et des bienséances, elle fait surtout appel aux sens. Pour Lezay-Marnésia, la Belle Nature est avant tout la nature sublime et pathétique, la nature qui touche le cœur humain. Dans le discours de Nancy, on l'aura relevé dans les passages cités, l'embellissement de la nature passe par la mise en valeur de ce qui dans la nature provoque l'émotion; à cet égard, les règles ne sont pas destinées à ceux qui sentent. Plus que l'intelligence qui intervient dans l'activité idéalisante de l'artiste, c'est le sentiment intérieur qui préside à la création artistique, aussi bien qu'à la réception de l'œuvre. Comme le fait remarquer Jean Ehrard, l'émotion, si violente et si douloureuse soit-elle, est agréable, car elle est l'effet de la réalité et elle n'en est que l'effet; elle contribue à dissiper l'ennui sans troubler le destinataire de l'œuvre d'art[71].

Le discours de Nancy fait de la transmission de l'émotion le but de l'art. En cela, Lezay-Marnésia se sépare de Batteux qui ne faisait pas intervenir les qualités de l'objet dans sa conception de la Belle Nature. La Belle Nature devient le perfectionnement et l'idéalisation formelle de ce qui dans la nature peut engendrer l'émotion dans le cœur de l'homme. On reconnaît ici l'influence de la théorie du dessein qu'Houdar de la Motte avait développé dans ses *Réflexions sur la critique*.

> Entend-on par nature tout ce qui existe (...)? Si l'on entendait ainsi, et que toute poésie fût bonne dès qu'elle imite un objet réel, on serait autorisé par là à peindre les objets les plus froids et les plus bizarres. (...) Il faut donc entendre des caractères dignes d'attention et des objets qui puissent faire des impressions agréables; mais qu'on ne restreigne pas ce mot agréable à quelque chose de riant: il y a des agréments de toute espèce; il y en a de curiosité, de tristesse, d'horreur même. (...) Il faut donc entendre par imitation, une imitation adroite, c'est-à-dire l'art de ne prendre des choses que ce qui en est propre à produire l'effet qu'on se propose: car il ne faut jamais séparer, dans le poète, son imitation de son dessein. C'est ce dessein qui, pour ainsi dire, donne la loi à l'imitation; c'est lui qui lui prescrit ses véritables bornes, et qui la rend bonne ou mauvaise, selon qu'elle le sert ou qu'elle le dément.[72]

Le dessein de susciter des sentiments bien précis chez le destinataire est l'une des règles de la poésie descriptive. La poésie doit induire la passion. L'œuvre entière de Lezay-Marnésia obéit à ce principe. Il faut bien se rendre compte que ce dessein est antérieur à la création. Le choix opéré par l'artiste est orienté; il est fait en fonction de ce but. Pour un Lezay-Marnésia, qui se fait le missionnaire du retour à la campagne, la poésie sera certes un plaisir: «les arts (...) doublent nos plaisirs, (...) nous consolent dans nos peines et (...) répandent du charme sur tous les temps de notre vie»[73]; mais elle sera avant tout utile dans la mesure où elle créera chez le lecteur des émotions qui l'inciteront à quitter la ville pour la campagne. Le discours de Nancy décrit explicitement le processus de création et montre qu'il se situe au niveau de l'émotion. L'œuvre naît dans la méditation, qui suit l'immersion dans la nature, une méditation qui s'apparente au souvenir des émotions ressenties. Ainsi Lezay-Marnésia demande-t-il au poète de faire un retour sur lui-même après avoir observé la nature.

A votre retour, rentrez dans votre cabinet solitaire. Votre âme, remplie des grands, des redoutables objets qui l'auront frappée, se pressera de se répandre. Vous écrirez sans effort, le génie vous maîtrisera; c'est lui qui, d'un trait hardi, rassemblera dans votre ouvrage les sifflements aigus des aquilons, le fracas des arbres de la forêt antique, les sillons des éclairs, le bruit épouvantable du tonnerre, un instant de sombre silence, un nouveau, un dernier, un plus effroyable coup de foudre qui frappe une jeune fille éperdue que son malheureux père venait d'arracher au danger. Lorsque le calme renaîtra dans votre âme, étonné de votre tableau, vous serez votre premier admirateur, vous croirez qu'un Dieu était votre propre génie vivement frappé par les objets mêmes.[74]

Ce passage est une paraphrase du début de l'article «Génie» de l'*Encyclopédie*, qui souligne le rôle de l'enthousiasme, de l'imagination et d'un souvenir du sentiment plus vif que le sentiment lui-même. Comme Saint-Lambert et comme Diderot, Lezay-Marnésia conçoit le génie comme une force irrationnelle. Il reprend aussi à son compte les réflexions de Batteux sur l'enthousiasme: «une vive représentation de l'objet dans l'esprit et une émotion du cœur proportionnée à cet objet»[75]. Cependant, il donne un sens à cet enthousiasme, le rend utile en le soumettant à un projet bien précis, et se fait ainsi le théoricien de l'esthétique de la poésie descriptive. Il ne s'agit pas seulement de décrire; il s'agit de décrire pour émouvoir le lecteur et ainsi l'inciter à agir, puisqu'il fera plus que savoir, il connaîtra. La connaissance est sensible. Sans la sensibilité, on ne «connaît» pas la réalité; on «sait» seulement, intellectuellement. Cette doctrine, issue d'une esthétique qui avait engendré la poésie descriptive, allait être l'un des fondements idéologiques de l'école du retour des nobles à la campagne. Dans son *Discours sur la sensibilité*, Malot reflète bien le climat intellectuel de la deuxième partie du dix-huitième siècle, où la sensibilité devient la mesure de tout:

> O sensibilité dont le charme m'enivre,
> Seule âme des mortels, prête moi ton secours:
> Sans toi, dans un néant qu'on nomme indifférence,
> Sans feu, sans passion, l'homme né pour l'oubli
> Dans l'ombre de la mort vivrait enseveli,
> En proie à tous les maux qu'entraîne l'ignorance.
> Tout homme sensible est fait pour l'avenir;
> S'il n'est pas le plus grand, il va le devenir (...)
> Le voilà pour jamais de la foule arraché,
> Il n'écoute plus rien que l'instant du génie.
> Il veut marquer son nom, illustrer sa patrie.[76]

On est loin du mythe qui fait des Lumières les apologistes de la seule raison. Leur esthétique est une esthétique du sensible; leur conception de la connaissance passe par les sens. Dans une logique de l'utilité, la connaissance sensible est supérieure au savoir intellectuel. Ainsi, enthousiasme et imagination sont-ils ultimement soumis à un dessein moral. Saint-Lambert le souligne également dans le discours préliminaire des *Saisons*. «Ce genre de poésie doit, comme tous les autres, se proposer d'émouvoir et de graver dans le cœur et la mémoire des hommes, des vérités et des sentiments utiles ou agréables»[77]. La poésie descriptive établira un tableau d'équivalence entre les émotions et les paysages susceptibles de les provoquer. A l'époque du discours de Nancy, cette esthétique n'est qu'une esthétique, même si on peut pressentir qu'elle véhiculera une éthique. Vingt ans plus tard, elle servira, même inconsciemment, d'outil de propagande et sera mise au service d'un discours à portée réformatrice et politique. Ce glissement du discours littéraire vers un discours à portée sociale n'est pas étonnant. Le champêtre et le rustique littéraires se prêtaient particulièrement bien au passage vers un ruralisme social. Depuis *La Nouvelle Héloïse* l'amalgame, qui permettait au pastoral de véhiculer des espoirs de régénération, était déjà réalisé. Le passage du champêtre au rural est présent dans le discours de Nancy, qui se termine sur des paroles où voisinent la réflexion d'ordre esthétique et la réflexion morale et sociale, dont l'imbrication règne sur les années de formation de Lezay-Marnésia comme sur toute l'élite intellectuelle du temps.

C'est lorsqu'on est caché derrière le hêtre qui les ombrage, qu'on dérobe les tendres secrets des bergers. (...) C'est dans les cabanes qu'on découvre quel est le caractère primitif, quelles sont les penchants inséparables de notre espèce; enfin, ce que nous sommes, quand nous ne sommes que nous-mêmes. (...) L'étude de l'homme champêtre est pour l'homme de lettres ce que l'étude du nu est pour le peintre. S'il n'acquiert pas l'intelligence parfaite du caractère originaire, jamais il ne mettra de vérité dans ses portraits.[78]

L'homme de lettres ne pouvait pas ne pas devenir aussi moraliste et philosophe. La démarche littéraire devait engendrer la démarche humanitaire.

Deuxième partie

RETOUR À LA CAMPAGNE
&
RÉPUBLIQUE DES LETTRES

«L'amour de la campagne est
rarement séparé de l'humanité.»
Essai sur la nature champêtre

CHAPITRE III

MOUTONNE ET LE RETOUR À LA CAMPAGNE

LE CHATEAU DE MOUTONNE

«Je vois que tous les poètes ont eu raison de faire l'éloge de la vie pastorale, que le bonheur attaché aux soins champêtres n'est point une chimère; et je trouve même plus de plaisir à labourer, à semer, à planter, à recueillir, qu'à faire des tragédies et à les jouer», écrit Voltaire à la marquise Du Deffand le 17 septembre 1759[1]. Remplaçons «tragédies» par «poésie», «plus de plaisir» par «autant de plaisir», et nous aurons une bonne description de l'état d'esprit de Lezay-Marnésia lorsqu'il s'installe à la campagne en 1769. En élisant domicile dans son domaine de Moutonne, il ne choisit pas seulement un nouveau mode de vie; il opte aussi pour une conduite morale spécifique, qui se définira peu à peu au cours des années. Après les années de garnison, il renoue avec les sources ancestrales de sa famille, mais il ne le fait pas à la façon dont auraient pu le faire ses ancêtres. Sa campagne ne sera pas seulement une résidence principale où il ressuscitera les vertus médiévales; il en fera un modèle de société en essayant d'y recréer un âge d'or, mythique certes, mais à la réalité duquel il croit fermement. En 1785, les Lezay-Marnésia quitteront Moutonne pour s'installer au château de Saint-Julien. Il ne faudrait pas considérer ces deux époques, celle de Moutonne et celle de Saint-Julien, comme des moments distincts de l'existence du marquis. Il y a continuité, la bienfaisance du marquis de Saint-Julien s'inscrivant dans l'agropoétique du seigneur de Moutonne. Il y a aussi évolution, Saint-Julien pouvant être considéré comme le couronnement de Moutonne. A Moutonne, Lezay-Marnésia s'intéresse surtout aux lettres et aux jardins. C'est pendant la période de Moutonne, qu'il se montre actif à l'Académie de Besançon et travaille à son poème de la nature. Entre 1780 et 1784, ses activités d'académicien se feront rares et finiront par disparaître pour être remplacées par son engagement dans la franc-maçonnerie. A Saint-Julien, Lezay-Marnésia s'intéressera toujours aux jardins et aux lettres, mais il s'appliquera surtout à mettre en œuvre une politique systématique de bienfaisance. Son œuvre se fait alors plus politique et sociale. Il faut donc étudier séparément ces deux moments. Le passage de l'un à l'autre permet de comprendre comment la bienfaisance finira par être conçue comme un principe de gouvernement.

Le paysage de Moutonne aura une influence sur Lezay-Marnésia, même si ce n'est que par accident. Le village se trouve à quatre kilomètres d'Orgelet et à vingt-trois kilomètres de Lons-le-Saunier. Les Lezay-Marnésia étaient bien connus dans cette ville. C'est là que s'étaient installés les parents du marquis, dans l'hôtel Lezay-Marnésia, l'une des plus belles demeures de Lons-le-Saunier. Elle avait été achetée par Monseigneur de Lezay-Marnésia, évêque d'Evreux, l'oncle de Claude-François-Adrien. A ses frais, il avait fait construire un trottoir et planter des arbres tout autour de la place sur laquelle se trouve l'hôtel[2]. Moutonne est alors un hameau, blotti au pied d'un château d'allure sévère. Le recensement de 1790 indiquera 119 habitants pour la commune; vingt-huit feux selon la liste de mars 1789 des paroisses du bailliage d'Orgelet; le cadastre napoléonien ne montre qu'une vingtaine de maisons. Les sols de la commune sont humides et peu fertiles. L'économie repose sur une agriculture de subsistance et sur l'élevage: blé, avoine, maïs, betteraves, chanvre, lin, ânes, bovins, porcs, chevaux et abeilles. Il n'y a pas de vignes, et le vin doit être importé des localités voisines. Lequinio, qui voyage dans cette région du Jura en 1801, souligne le caractère montueux du paysage, la pauvreté environnante et l'ignorance des habitants en matière d'agriculture. «L'amour des jardins est (...) fort remarquable à Orgelet. (...) Le travail s'y montre beaucoup plus que l'agrément (...) mais on y trouve très peu de preuves des connaissances les plus indispensables du jardinage»[3]. La Franche-Comté de Moutonne et de Saint-Julien, celle de Lezay-Marnésia, était bien différente du Bas-Jura et du Révermont. Cette région, qui porte le nom de Petites Montagnes, était très isolée en raison de l'absence de bonnes voies de communication, bien qu'occupant une position stratégique à la limite de la Bresse, sur la route de Lyon à Besançon. Le paysage est montueux, avec des vallées, des combes et des cluses. Au dix-huitième siècle, bien des forêts avaient été détruites pour subvenir aux besoins des salines voisines. Les paysans vivaient de l'élevage et de la petite culture. Par tradition, ils se transformaient en artisans pendant les longs mois d'hiver, un détail que Lezay-Marnésia reprendra dans son plan de régénération. A cette époque-là on reconstruit bien des châteaux, qui avaient été dévastés par les Français pendant la guerre de Dix Ans. Quant aux villes, il n'y a que quelques bourgs, comme Orgelet, Arinthod et, à la limite, Saint-Julien, plus peuplés alors qu'aujourd'hui; le reste ne sont que hameaux et villages.

Cette campagne n'avait rien en commun avec la campagne des salons. Lorsqu'il était arrivé à Moutonne, en 1769, Lezay-Marnésia s'était installé dans un lieu rude et isolé, comme il y en avait alors beaucoup en Franche-Comté. L'endroit était peut-être même si étranger à toute forme de modernisation que les effets de l'agronomie savante n'y seraient que fort limités. «Nous savions que la nature s'embellissait par vos soins industrieux dans un climat aride», souligne le président de l'Académie de Besançon en s'adressant au nouvel académicien, le 1er mai 1777. La plus grande richesse de la région est constituée par la présence de carrières de pierre de taille. Les Lezay-Marnésia ne se contenteront pas de mettre en valeur l'agriculture locale; ils s'intéresseront aussi aux autres richesses du lieu et mettront en valeur les richesses du sous-sol de Moutonne, le quartz en particulier, qu'ils contribueront à faire connaître par l'intermédiaire de travaux de minéralogie présentés à l'Académie de Besançon. Ils feront également valoir l'intérêt scientifique que présentait la région d'Orgelet du fait de la présence dans le sous-sol de nombreux coquillages fossiles. Enfin, au point de vue social, Moutonne est une seigneurie où la justice haute, moyenne et basse est exercée par le seigneur. Les sujets sont mainmortables, taillables et corvéables à volonté, une situation courante en Franche-Comté[4].

Les Lezay-Marnésia s'installent dans une demeure relativement récente. L'ancien château, qui avait été démantelé en 1637, avait été reconstruit partiellement en 1738, sur le même emplacement, et de nouveaux jardins y avaient été aménagés. L'environnement ne pouvait qu'inspirer de nouveaux seigneurs amoureux de la nature. Les jardins étaient disposés en terrasses et se fondaient dans un grand parc. Une grande allée en pente, bordée de tilleuls, permettait d'accéder de la route d'Orgelet aux terrasses, où s'offrait une vue sur le plateau et sur les monts du Jura. La demeure seigneuriale n'est pas à proprement parler un château; il s'agit d'une grande maison de trois niveaux, sorte de donjon quadrangulaire qui évoque plus une maison forte jurassienne qu'une résidence de plaisance. Cette habitation ne semble être ni en bon état ni suffisamment moderne au goût des nouveaux propriétaires. Ils font faire des travaux importants dès 1766 et, au cours des quinze années qui suivront leur installation, de nombreux autres travaux seront entrepris, certains purement décoratifs, d'autres nécessaires. En 1770, on modernise aussi bien les bâtiments d'habitation et la chapelle que les jardins, qui l'avaient pourtant été quatre ans auparavant. Dans les pièces d'habitation, on place de nouveaux parquets et de nouveaux lambris, on procède à la réfection des plafonds, qui avec les murs sont entièrement recrépis, et on pose de nouvelles moulures. En outre des étagères supplémentaires sont installées dans la bibliothèque pour recevoir les nombreux livres du nouveau propriétaire. En 1780, il faudra à nouveau procéder à d'importantes réparations, qui nécessiteront les services d'un architecte. La facture totale s'élèvera à plus de 10.000 livres. En 1783, monsieur Monnier, le régisseur, devra d'urgence faire réparer les toits. Il semble donc que modernisation et réparations n'aient pas cessé à Moutonne pendant les quelque quinze années que l'habite le marquis, et qu'elles aient fait peser une charge supplémentaire importante sur des finances familiales déjà en difficulté.

Les livres de comptes de Moutonne, comme d'ailleurs ceux de Saint-Julien, révèlent que les domaines n'étaient que médiocrement gérés et que l'intérêt du marquis se portait plus sur les jardins que sur la mise en valeur des terres. Les archives, qui conservent la trace de très nombreuses demandes urgentes de fonds adressées au notaire de la famille et aux régisseurs de Moutonne, de Saint-Julien et de Nettancourt, montrent qu'à chaque réparation correspond une série d'expédients pour régler les factures. Les œuvres de bienfaisance, l'aménagement de jardins au goût du jour, les déplacements, les rentes à verser, les études des enfants et le mécénat coûtaient cher, tandis que les revenus fonciers diminuaient. Lezay-Marnésia et son épouse, comme bien des propriétaires terriens de l'époque, sont obligés d'avoir recours à des moyens inhabituels pour augmenter leurs revenus. En 1770, les terres de Noyer et de Rancourt, dans le duché de Bar, qui faisaient partie du domaine de Nettancourt, propriété de la marquise, sont vendues pour faire face aux frais d'installation à Moutonne. La transaction révèle le manque d'esprit commercial et pratique de Lezay-Marnésia, mais aussi l'urgence de fonds. Les terres sont vendues le 6 février 1770 à un certain Viard pour la somme de 97.200 livres. Le même Viard les revend en 1773 et 1777 pour une somme totale de 193.741 livres, à la suite de quoi, en 1779, la marquise, qui dit alors avoir vendu «avec précipitation et à vil prix à cause de besoins momentanés», met l'affaire entre les mains d'un avocat[5]. A partir de 1780, les besoins financiers sont plus que «momentanés». Suite à de nouvelles réparations, il leur faut entreprendre des démarches auprès de commissaires à terrier pour se faire payer des droits, dont le montant leur permet de régler exactement la facture de l'architecte. En 1782, plus de 7.000 livres proviendront de la vente d'effets et de meubles à Moutonne. La même année, ils revendent la terre et la seigneurie de Montmartin qu'ils avaient acquises en 1779. En octobre 1784, alors que Moutonne est donné en location, semble-t-il pour des raisons financières, à l'évêque de Saint-Claude, le marquis vend les deux-tiers de la dîme de Meusnois, pour 10.400 livres, à Guiraud, médecin à Orgelet, le dernier tiers restant la propriété des chanoines de Gigny[6]. Cette situation financière précaire posera même de sérieux problèmes, lorsque le marquis se lancera, en 1789 et 1790, dans l'achat de terres sur les rives de l'Ohio.

LES JARDINS DE MOUTONNE

Dès 1766, immédiatement après le mariage, on avait commencé à aménager à Moutonne de nouveaux jardins. En juillet 1769, on est obligé de refaire les murs de ces jardins ainsi que ceux de la terrasse, qui s'étaient écroulés. Toutefois, ces aménagements ont un autre but. Il s'agit surtout de répondre aux exigences des nouveaux jardins anglais qui sont à la mode. En 1770, le marquis fait creuser, au centre d'une condamine plantée de peupliers, un grand bassin de 300 pieds de long sur 200 pieds de large. Au milieu de ce bassin est construite une fausse île, surélevée de 3 pieds. Ce plan d'eau est entouré d'un muret de pierres tenues par de la mousse pour en accentuer le caractère rustique. Cinq ans plus tard, en 1775, Lezay-Marnésia fait construire un ermitage, surmonté d'un petit clocher[7]. Cette «cabane» à la Rousseau se compose d'une seule pièce non-décorée, dont les murs sont peints en gris clair. Appliquant les principes de son discours de Nancy, le seigneur-poète s'y isole pour se laisser inspirer par la seule nature et écrire.

C'est à cette époque que Lezay-Marnésia commence la composition de son long poème sur la nature, qui reflète l'équilibre de vie réalisé dès 1769. Le 2 mai 1775, l'année de la construction de l'ermitage, il lit à l'Académie de Lyon des passages du premier chant de son poème de la nature:

Fixé par la raison loin du trouble des villes,
Je chante l'art d'orner les champêtres asiles,
L'art heureux d'attacher l'homme dans tous les lieux,
En parlant à son âme encore plus qu'à ses yeux.
Sois mon guide, ô Nature, inspire ton Elève!
Amant de tes beautés, que mon esprit s'élève!
Variés comme toi, que mes hardis pinceaux
Te suivent sur les monts, dans les bois, vers les eaux.
Riante ou ténébreuse, enchantée ou terrible,
Ton empire est certain sur le mortel sensible. (...)
Nature! Inspire-moi! Prête-moi ton langage,
Et je cours animer la retraite du sage.
De simples ornements, de toi seule empruntés,
Sans charger ta parure, uniront tes beautés.
De toi j'éloignerai toute pompe étrangère:
Le talent de briller n'est pas celui de plaire.[8]

La même inspiration anime le début de l'*Epître à mon curé*, lu à l'Académie de
Lyon le 16 mai 1775 et à l'Académie de Besançon le 29 juin 1779.

Je quitte les pompeux lambris
Pour voler dans mon hermitage.
Loin des méchants et loin des sots,
Je vais dans mon manoir tranquille
Goûter des plaisirs purs, ignorés à la ville,
Jouir de l'amitié, me livrer au repos.

Je vois déjà la Nature sourire.
Son front est couronné de fleurs.
Je sens déjà qu'elle m'inspire
De vers plus doux et de plus douces mœurs.

Ne crois pas que semblable aux riches imbéciles,
Qui traînent dans les champs leur faste et leurs soucis,
J'aille porter dans nos asiles
Le luxe et le ton de Paris.
Suivis de coquêtes futiles,
D'Artistes et de beaux esprits,
Ils changent bien de domiciles;
Mais ils ne changent pas d'ennuis.[9]

Si cette poésie s'apparente par son style et son message aux *Saisons* du cardinal
de Bernis ou aux *Saisons* de Saint-Lambert, poèmes qu'aimait Lezay-Marnésia,

la démarche est bien différente. La campagne de Bernis ou de Saint-Lambert, qui se dispensent d'y vivre, existe seulement dans les vers. Chez Lezay-Marnésia, au contraire, l'amour de la campagne l'emporte sur l'amour de la poésie, ou plutôt sa poésie est le fruit direct du retour à la nature. Ce qu'il quitte, c'est une ville qui est le lieu du trouble, des soucis, du faste; c'est une ville où résident les «méchants», les «sots», les «riches imbéciles», les «coquettes futiles», qui tous succombent à la maladie urbaine, l'ennui. Ce thème de la corruption des villes est un des lieux communs du siècle. La littérature tente alors de se constituer en pathologie urbaine, avec le but de chercher une thérapeutique, voire même de se proposer elle-même comme thérapeutique. Lezay-Marnésia n'est ni moins ni plus original que ses contemporains. Ce qu'il recherche à la campagne, c'est un asile, un lieu de repos et de tranquillité dans son manoir, un lieu de solitude dans son ermitage. Les yeux ouverts sur les excès et le caractère artificiel que peut prendre le retour à la campagne, il explique sans ambiguïté qu'il ne s'agit pas de transporter aux champs ce qu'on trouve à la ville — ce serait la campagne des salons et des mondains — mais de rechercher seulement le contact simple et direct avec la nature. Une fois de plus, on s'aperçoit que le retour à la campagne est indissociable dans son esprit de la création littéraire, même si la littérature prend une portée morale. La nature est présentée à la fois comme guide et comme inspiratrice. Comme guide, elle offre au poète ce dont il a besoin pour la peindre et l'embellir, sans avoir recours à l'artifice. Comme inspiratrice, elle suscite en lui toute la gamme des émotions, du riant au terrible. Quant au poète, son rôle est celui du peintre. Il se laisse toucher par la simplicité et la pureté de la nature; il fait passer dans son art la variété des sentiments que lui inspire le spectacle de la campagne; il orne la nature en l'harmonisant. C'est ainsi que, puisqu'il s'agit de «parler à l'âme plus qu'aux yeux», l'embellissement de la nature ne passera pas par l'art des géomètres. Embellir la nature, c'est utiliser les outils mêmes qu'elle offre. On retrouve dans cette idéalisation du retour à la campagne les principes d'esthétique exposés dans le discours de Nancy. La poésie descriptive de Lezay-Marnésia et sa conception de la campagne s'apparentent plus à la poésie d'un Delille et d'un Fontanes qu'à celle d'un Saint-Lambert ou d'un Bernis. Le retour à la campagne est d'abord une pastorale en action, ou, tout du moins, le désir de réaliser le rêve pastoral est-il le moteur, la cause déterminante, du retour à la campagne.

ENTRE LA CAMPAGNE, PARIS ET BESANÇON

Lezay-Marnésia ne mène pas seulement une vie d'ermite. S'il conçoit la campagne comme le lieu de l'inspiration poétique, il voit aussi en elle un asile qui permet de mieux servir les arts. Dans l'éloge qu'il fera du marquis à l'Académie de Besançon, le 5 décembre 1812, Dom Grappin dira: «Il fut l'ami de tous les hommes (...) particulièrement des savants et des littérateurs peu favorisés de la fortune. Il partageait la sienne avec eux; et sa maison, qui fut leur asile, présentait quelquefois une sorte de lycée d'autant plus intéressant qu'il n'était composé que d'âmes pures et d'hommes à grands talents». Au château de Moutonne, puis à Saint-Julien après 1785, les Lezay-Marnésia reçoivent une société brillante composée des amis de toujours et des nouveaux amis rencontrés à Paris ou à Besançon. On y rencontre aussi bien Saint-Lambert, Boufflers et Palissot que des amis plus récents comme Dolomieu et Chamfort — qui fait un long séjour à Moutonne en 1773, au cours duquel il semble d'ailleurs s'être fort ennuyé — voire même des hôtes de passage comme Martin Sherlock, dont les récits de voyages porteront la trace de la plume marnésienne[10]. Le peintre suisse Jean-Melchior Wyrsch, établi à Besançon depuis 1763 où il fonde une école de peinture, fréquente Moutonne, où il fait les portraits de la famille. La liste des invités ira en s'élargissant avec les amitiés qui naîtront à l'Académie de Besançon à partir de 1777, puis dans la franc-maçonnerie à partir de 1782. C'est le cas de Philipon de la Madelaine qui, à l'Académie de Besançon, défend avec Lezay-Marnésia les idées des Lumières; c'est aussi le cas du président Dupaty, rencontré à la loge des Neuf Sœurs. Aux littérateurs et artistes, il faudrait ajouter les invités de marque, qui se rendent à Orgelet pour des raisons protocolaires: la comtesse de Lauraguais en 1773, l'intendant Lacoré en 1777, l'archevêque de Besançon en 1782, l'intendant Caumartin de Saint-Ange en 1784[11]. Sans pouvoir établir une liste complète des hôtes de Lezay-Marnésia, il est clair que la société qui se retrouve à Moutonne constitue un petit noyau des Lumières et de la République des Lettres dans une Franche-Comté conservatrice.

On y rencontre aussi bien les amis du marquis que ceux de la marquise, mais aussi de nombreux jeunes gens que les Lezay-Marnésia aident, soit financièrement soit par leurs relations, à embrasser une carrière littéraire. Cérutti est un habitué depuis le milieu des années 1760; vers la fin des années 1770 et au début des années 1780, Fontanes et Joubert ajoutent leur nom à la liste des protégés. Lors de ses séjours à Moutonne, puis à Saint-Julien, Fontanes fait même office de précepteur du jeune Albert de Lezay. «Pendant les séjours qu'il [Fontanes] avait faits dans la maison paternelle, il s'était fait mon maître de poésie française et avait encouragé mes essais»[12]. Il est probable que Lezay-Marnésia doit à son épouse la rencontre avec Fontanes et Joubert. Beaunier place la naissance de l'amitié entre Joubert et Fontanes à la fin de 1778 ou au début de 1779, soit quelques mois après l'arrivée de Joubert à Paris et un an après celle de Fontanes[13]. Tous deux évoluent alors dans les milieux de Dorat et fréquentent le salon de Fanny de Beauharnais qui était très liée à la marquise de Lezay-Marnésia. Une lettre de Fontanes à Joubert, datée du 10 novembre 1785, révèle que la marquise de Lezay-Marnésia contribua financièrement, en 1784 et 1785, à leur tentative de créer une correspondance littéraire à Londres[14]. Les relations personnelles que la marquise et sa fille avaient en Angleterre, relations remontant à leur scolarité à l'abbaye de Panthemont, notamment l'amitié avec Miss Pulteney, devaient se révéler utiles à Fontanes. Il arrive à Londres muni de lettres d'introduction du marquis de Bouillé, ami des Lezay-Marnésia, et d'Adrienne de Lezay-Marnésia, fille du marquis[15].

Les relations avec Cérutti se placent sous le même signe du mécénat. On sait qu'en 1767, il s'était réfugié chez les parents de Claude-François, à Lons-le-Saunier. Installé depuis 1770 chez la duchesse de Brancas, à Fléville, près de Nancy, il se rend souvent à Moutonne. Il est loin d'y aller en mendiant car «trois femmes de la cour, engouées de lui, raconte Bachaumont, lui ont fait mille écus de pension; Mme la maréchale d'Estrées est à la tête»[16]. L'amitié, qui liait Cerutti à Lezay-Marnésia, ne cessera jamais. Tous deux partageaient les mêmes idées. Tous deux étaient animés de la même passion des lettres et concevaient leur rôle d'écrivain comme une activité missionnaire. En 1761, Cerutti écrivait déjà que l'homme de lettres est «un homme qui, après avoir écouté longtemps et en silence la nature, vient faire retentir ses leçons au milieu des hommes qui les ont oubliées»[17]. Pendant le grand silence littéraire que Cerutti observe chez la duchesse de Brancas, il ne cesse pas vraiment d'écrire. Lezay-Marnésia se voit confier la garde de ses manuscrits. Il les publiera plus tard chez son éditeur, Prault. La fable de *L'Aigle et le hibou* paraît en 1783. En 1784, Lezay-Marnésia finance la publication d'un *Recueil de quelques pièces de littérature, en prose et en vers* et en écrit la préface. Dans une lettre envoyée en même temps que le recueil à un correspondant inconnu, présenté comme un «compatriote» et un «homme sensible aux véritables beautés», il souligne que c'est l'amitié qui l'a rendu éditeur de ce petit ouvrage[18]. En 1788, il en redonnera des preuves en finançant la publication du *Mémoire au peuple français*, après en avoir peut-être discuté le contenu avec Cerutti au cours du long séjour que celui-ci fait à Saint-Julien cette année-là.

Les signes de la générosité des Lezay-Marnésia envers les jeunes artistes ne manquaient pas. Ce mécénat était devenu chose publique. Dans le discours que le président Droz prononce le 1er mai 1777 pour accueillir le marquis à l'Académie de Besançon, il est fait une allusion directe à sa générosité. «Nous savions que vous offriez une aide à des littérateurs malheureux». En 1777, il ne pouvait pas encore s'agir de Fontanes. Bien qu'il fût déjà en correspondance avec Dorat et que la protection des Beauharnais lui fût déjà acquise[19], il ne devait paraître qu'à partir de 1778 dans le salon de Fanny Beauharnais où il rencontre la marquise de Lezay-Marnésia. Peut-être Droz fait-il allusion à Chamfort ou à Palissot, ou simplement à l'intérêt que le marquis avait montré et ne cessait de montrer pour Cerutti. Par contre, l'allusion à Fontanes est très claire dans une *Epître en vers* que Cérutti adressera en 1787 à Lezay-Marnésia, qui est alors installé à Saint-Julien.

> Au sein d'un repos noble et d'une douceur pure,
> Rival des Saint-Lamberts, rival des Girardins,
> Vous alignez en paix, vos vers et vos jardins.
> Partageant votre goût champêtre,

Des sapins montagnards recherchant les abris,
Un jeune Orphée, à l'ombre, achève ses Ecrits.
Vous êtes son Conseil, La Harpe fut son Maître;
Du Pinde, après Delille, il sera le Grand-Prêtre:
En sons majestueux, savamment cadencés,
Il chante la Campagne et vous l'embellissez.[20]

Le jeune Orphée, c'est Fontanes, dont le *Poème sur la nature et sur l'homme*, paru en 1778 dans l'*Almanach des Muses*, avait été remarqué par La Harpe. En 1786, ruiné et criblé de dettes après son aventure anglaise, il s'installe pour quelques mois au château de Saint-Julien, avant de voyager en Suisse. C'est l'époque où il compose son *Verger*, qui paraîtra deux ans plus tard[21].

Protégés et amis du marquis savent trouver dans le château une riche bibliothèque et chez leur hôte un homme généreux et bon vivant. Les rayons de la bibliothèque de Lezay-Marnésia, qui achète ses livres soit à Genève, chez Cramer, soit à Besançon, chez Charmet, sont bien pourvus. Il n'a malheureusement pas été possible de reconstituer la liste exhaustive des titres[22]. Bien qu'elle fût en partie dispersée pendant la Révolution, cette bibliothèque était encore importante en 1797. L'abbé Lambert, ancien aumônier du duc de Penthièvre, qui séjourne à Saint-Julien en mars 1797, remarque que le marquis «avait une fort belle bibliothèque»[23]. En fait, les factures de menuisier, à Moutonne comme à Saint-Julien, prouvent que Lezay-Marnésia n'a jamais cessé de l'agrandir. On peut estimer le contenu de sa bibliothèque à plus de 5.000 volumes, en 1787, ce qui en faisait l'une des plus importantes bibliothèques privées de Franche-Comté. En l'absence d'inventaire, il faut rechercher dans les œuvres de Lezay-Marnésia tout ce qui peut donner des indications sur les livres qu'il possédait. Dans les *Lettres de l'Ohio*, il décrira la bibliothèque idéale des gens de la campagne, celle de monsieur et madame des Pintreaux: la Bible, des sermons, des écrits sur l'agriculture, les œuvres des moralistes et des historiens, Racine, Corneille, La Fontaine, *Télémaque*, les *Saisons* de Tompson, les *Saisons* de Saint-Lambert, les *Géorgiques* et les *Jardins* de Delille, le *Verger* de Fontanes[24]. On ajoutera à cette liste les ouvrages de grammaire, de rhétorique, de religion, d'histoire, de philosophie, d'esthétique, de poésie et les romans du *Plan de lecture pour une jeune dame*, qu'on analysera ci-dessous[25]. A cela il faut ajouter les ouvrages dont il recommande ici et là la lecture, ou dont on a retrouvé les factures: les œuvres de Voltaire, celles de Pascal, celles de Rousseau, l'*Encyclopédie*, les romanciers anglais (Richardson et Fielding) et français (Le Sage, Duclos, Marmontel, Marivaux, madame de Lafayette). L'étude de Grinevald sur les bibliothèques de Besançon permet de situer Lezay-Marnésia dans la culture des élites comtoises[26]. Bien que d'une noblesse comtoise militaire et titrée, il n'a, culturellement parlant, que peu en commun avec ce milieu qui lit peu, tout au plus des récits de voyage et des romans, et qui se tient seulement au courant de l'actualité littéraire. Le contenu de sa bibliothèque était plus proche de celui des bibliothèques de la noblesse de robe et des «talents». Grinevald évalue à 24.4% du total des titres les livres d'histoire et à 30.4% les œuvres de nature littéraire. Si ces bibliothèques comptent peu d'ouvrages de théologie, on y trouve beaucoup de vies de saints, de sermons, la Bible et l'*Imitation*. Les nouveautés ne pénètrent que lentement, ce qui correspond bien à l'image renvoyée par l'Académie de Besançon[27]: seulement 37% des titres sont des ouvrages du dix-huitième siècle. Sous cet aspect, Lezay-Marnésia se montre plus ouvert à son époque. Par exemple, s'il manifeste des réserves à l'égard de l'*Histoire philosophique* de l'abbé Raynal, il n'en recommande pas moins la lecture. Dans les bibliothèques bisontines, comme sans doute dans celle de Lezay-Marnésia vu les références qu'il cite dans ses œuvres, il y a abondance d'œuvres du dix-septième siècle et de textes des Anciens, ainsi que de travaux contemporains sur les idées de bonheur et de progrès, ces derniers semblant connaître un grand succès dans la région. En fonction de ce qu'on sait de lui, on peut supposer, sans grande marge d'erreur, que ces titres étaient présents dans sa bibliothèque. A ces disciplines, il faudrait ajouter les intérêts particuliers du marquis: poésie champêtre, art des jardins, agriculture et minéralogie.

Avec la bibliothèque, la salle à manger semble avoir été un pôle d'attraction. Dans ses *Pensées littéraires, morales et religieuses*, Lezay-Marnésia dira, sous forme de boutade mais non sans perspicacité, que si vous «fermez votre salle à manger, votre salon sera bientôt désert»[28]. La table du marquis était-elle réputée? Elle attire en tous cas les commentaires, puisque, dans une épître adressée à Philipon de La Madelaine, Lezay-Marnésia se sent obligé de trouver une justification morale à la bonne chère qui était de règle dans son château:

> Plus moraliste que gourmand,
> Ami, si j'aime un peu la table,
> Je n'ai pas tort; la table rend
> L'homme plus doux et plus traitable;
> L'esprit y devient plus liant,
> Et la sagesse plus aimable.[29]

Les invités de Moutonne, puis ceux de Saint-Julien, baignent ainsi dans une atmosphère à la fois élégante, aristocratique et intellectuelle, qui se veut à l'image des salons parisiens. L'hôte entretient le caractère littéraire de ses amitiés en écrivant des poésies de circonstances, souvent sans grand intérêt comme ces *Vers à M. Cérutti en lui envoyant un serre-tête* ou ces *Vers au même sur un échange des Œuvres complètes de Voltaire contre celles de Pascal*. La plupart de ces poèmes sont perdus, mais l'auteur en a rassemblé quelques uns à la fin de l'édition de 1800 de ses *Paysages, ou essais sur la nature champêtre*.

Malheureusement, trop peu d'informations sont disponibles sur les activités du salon des Lezay-Marnésia à Moutonne et à Saint-Julien. Il y a peu de doute que le marquis ait voulu faire de son château le centre d'une petite société littéraire à l'image du salon de sa mère et des salons parisiens. Mais les châteaux de Moutonne et de Saint-Julien furent-ils autre chose que des maisons de campagne où, en dépit des vœux du marquis, on «lisait» plus la campagne qu'on ne la «vivait»? Les efforts faits par Lezay-Marnésia pour se hisser au rang de prince de la République des Lettres, révèlent un caractère forcé et pédant qui a pu entacher sa société littéraire. Sur ce point, on possède deux témoignages. Tout d'abord celui de Chamfort, qui passe cinq mois au château de Moutonne, de juin à la fin de l'automne 1773, après avoir pris les eaux à Contrexeville et avant d'aller rendre visite à Voltaire, à Ferney. La lettre qu'il écrit le 10 juin à la marquise de Créqui laisse peu de doute sur l'ennui qu'il ressent en la compagnie de Lezay-Marnésia:

> Le séjour que j'habite, Madame, ne m'offre aucun détail digne de vous être mandé. Quoique le paysage me semble toujours nouveau, il faut convenir que je ne m'y amuserais pas infiniment, si le plaisir de me voir renaître depuis que le froid a cessé n'était pas le plus agréable passe-temps.[30]

L'autre témoignage est celui de Fontanes. Lors de son long séjour à Saint-Julien en 1786, après être rentré ruiné de Londres, il écrit une lettre à Joubert, qui révèle que Saint-Julien n'est peut-être pas ce paradis harmonieux que rêvait de créer le marquis. «Si j'avais cent écus, mon cher ami, avec quel plaisir je quitterais cet ennuyeux séjour; ce n'est pas que le pays ne soit magnifique; avec un autre qui voudrait ne pas la gâter, la nature me charmerait»[31]. Il est difficile de savoir si Fontanes fait allusion à des faits précis, mais il dit sans ambiguïté que le marquis lui «gâte» la nature. Fait-il allusion à la poésie du marquis? Lezay-Marnésia avait beau être une personne enthousiaste et un homme d'esprit, sa poésie révèle qu'il n'était pas un poète de premier ordre. S'il aimait la campagne, les jardins et la littérature, cet amour en restait souvent au niveau du discours, ne sortait peut-être pas toujours des pages de ses livres ou des murs de ses jardins. Westerholt parle de l'insupportable pédantisme de Lezay-Marnésia. «Die Liebe und Freundschaft Lezays gilt mehr der Menschheit als den Menschen. Er ist im persönlichen Umgang, schwierig, pedantisch, unverträglich»[32]. A trop vouloir semer les bienfaits pour recueillir l'amour, il y avait danger de forcer ses sentiments, de vouloir faire croire à tout prix à sa noblesse d'âme et de tomber dans l'auto-satisfaction. Dans ses *Souvenirs*, Albert de Lezay décrit aussi son père comme un homme autoritaire et peu commode:

> Mon père appartenait à cette école de philosophes dont la philanthropie embrassait le genre humain tout entier, mais dont ils exceptaient trop souvent ceux qui les approchaient le plus immédiatement. Tel était Mirabeau, l'ami des hommes (...), qui, tout en professant les principes du plus tendre amour pour l'ensemble de l'humanité, était le tyran le plus dur, le plus égoïste de la famille. (...) Tel était aussi mon père.[33]

Il n'est pas impossible que Lezay-Marnésia se soit comporté avec ses protégés comme avec sa famille. Animé d'un esprit prosélyte, le mécène avait peut-être trop tendance à vouloir devenir directeur de conscience et redresseur de torts. Cette hypothèse confirmerait la mésentente, qu'on soupçonne exister entre le marquis et son épouse, et qui a pu conduire à un *modus vivendi* leur permettant chacun de mener une vie séparée tout en restant domiciliés sous le même toit.

Il faut mentionner ici une lettre, datée de 1787, dont le contenu reste inexplicable dans l'état présent des données, mais que le caractère de Lezay-Marnésia pourrait expliquer. Il s'agit d'une message signé Nettancourt, marquise de Marnésia, adressé à Maître Gréa, avocat à Lons-le-Saunier[34]. Dans ce courrier, la marquise demande que lui soient versées les sommes dues par son époux, dont elle est séparée depuis sept ans. Or, nulle part ailleurs il n'est question explicitement d'une séparation. Certes, il ne semble pas qu'il y ait toujours régné une grande entente entre les époux. On a vu que dans ses *Souvenirs*, Albert de Lezay-Marnésia fait allusion au caractère autoritaire, voire tyrannique, de son père. Les archives montrent, par ailleurs, que le marquis et la marquise se rendent à Paris assez souvent séparément. Enfin, la marquise refusera d'accompagner son époux aux Etats-Unis et préférera se réfugier en Savoie, puis en Suisse et finalement à Londres. Les raisons de ce refus restent inconnues, bien que la prudence, la peur de l'aventure et aussi des questions financières puissent être avancées comme hypothèses. La correspondance, que Lezay-Marnésia adresse à son épouse de 1788 à 1790, prouve que la marquise était prête à vendre Nettancourt pour financer l'expédition. Les termes de ces lettres donnent en outre la preuve de l'attachement de Lezay-Marnésia pour son épouse. Dans sa lettre du 28 mars 1790, il fait même allusion à la douleur de la séparation. D'autres lettres, de 1792 cette fois-ci, confirment ces sentiments. «Je souhaite bien ardemment le moment qui me rapprochera de vous. Il serait bien hâté s'il pouvait l'être par des vœux», écrit Lezay-Marnésia à sa femme, le 20 août 1792. Toutefois, il manque au dossier les réponses de la marquise à son époux, qui montreraient si cet attachement était réciproque[35]. On peut trouver dans les œuvres de Lezay-Marnésia quelques allusions discrètes à une épreuve qu'il aurait traversée, mais, faute de preuves tangibles, l'interprétation doit en rester prudente. Dans un passage des *Pensées littéraires, morales et religieuses*, il fait une réflexion cynique et amère sur le mariage. «Dans nos mœurs, le mariage est nécessairement un état malheureux. (...) Accoutumées à un empire, qu'on n'a pas d'intérêt à leur disputer, (les femmes) cherchent à devenir tyrans dans leurs familles. Si leurs maris deviennent leurs esclaves, elles les méprisent; s'ils ne se soumettent pas à elles, elles les haïssent, les tourmentent, et la vie intérieure est insupportable. Si l'on est sage, on se sépare; mais c'est pour tomber, chacun de son côté, dans l'abandon, vieillir et mourir dans le délaissement. Voilà le portrait fidèle de presque tous les mariages. Ceux où le défaut de fortune force les époux à rester ensemble, sont encore plus affreux. Ils offrent l'horrible image de deux ennemis attachés à la même chaîne»[36]. Les *Pensées* sont un pot-pourri de réflexions, non datées, sans aucun contexte, qui se veulent être une suite de maximes. Rien n'autorise donc à penser que Lezay-Marnésia écrivît ce passage en ayant à l'esprit son expérience personnelle. Toutefois, si la famille est souvent idéalisée dans son œuvre, notamment dans *Le Bonheur dans les campagnes*, le mariage est souvent décrit comme malheureux, que ce soit le couple Allard-Amélie dans *L'Heureuse famille*, ou le couple Morval et Orphanise dans l'*Essai sur la nature champêtre*. Amélie ruine son ménage par orgueil[37]. Orphanise «au milieu des plaisirs vivait infortunée, étrangère à Morval sous les mêmes lambris»[38]. Comme dans le cas d'Amélie, sa guérison est une conversion. «Tu me rends à moi même en me rendant un cœur»[39]. Faut-il y voir une allusion personnelle? La marquise partageait-elle vraiment le goût de son époux pour la vie simple de la campagne, ou préférait-elle la vie brillante de la cour et la vie légère et les anecdotes du salon de Fanny de Beauharnais? L'hypothèse de la séparation est tentante, car comment alors expliquer la lettre de 1787 à Maître Gréa? Une note du même chant quatrième de l'*Essai sur la nature champêtre*, que la lecture publique du poème à l'Académie de Besançon permet de dater précisément du début des années 1780[40], laisse penser que l'attitude d'Orphanise pourrait être celle de la marquise de Lezay-Marnésia. L'allusion est cette fois-ci clairement personnelle: «Ces vers, échappés à la mélancolie, auraient peut-être besoin d'être éclairés par une note; mais qu'importent les peines que j'ai pu éprouver! J'ai appris dans les champs que, par les soins et le travail, on domine la terre la plus rebelle (...) Je n'ai pas fait encore sur les hommes des expériences aussi heureuses»[41]. Dans le texte même du poème, on trouve une autre allusion à l'existence d'un problème familial: «O ma fille! o mes fils! ne m'abandonnez pas! Je veux vivre pour vous et mourir dans vos bras»[42]. En l'absence de documentation suffisante, il faut laisser la question ouverte.

L'avancement des lettres, auquel Lezay-Marnésia veut se consacrer tout autant qu'à la campagne, avec peut-être l'espoir d'être élu un jour à l'Académie française, l'amène à séjourner régulièrement à Paris. Cette existence laissera peu de place à la vie familiale, que le marquis chantera pourtant dans le *Bonheur à la campagne*. Très jeunes, les enfants sont envoyés en pension. Ils fréquenteront les meilleurs établissements, que seules les familles les plus fortunées pouvaient s'offrir. Les frais d'internat s'élèveront à plus de 3,000 livres par an, environ 2,300 livres pour les garçons, un peu plus de 800 livres pour la fille. Les garçons, Albert et Adrien, sont élèves du collège des Prémontrés de la principauté de Porrentruy, à l'Abbaye de Bellelay, qui est un «désert de toutes connaissances, de tous talents, (...) de toutes pensées»[43]. Ce jugement, porté au milieu du dix-neuvième siècle, est injuste. Le collège de Bellelay était récent lorsqu'y arrivent les jeunes gens, puisqu'il avait été inauguré en 1772. Il se voulait une école d'élite insistant plus particulièrement sur la politesse et la «sociabilité», une école moderne s'inspirant des courants innovateurs de la pédagogie du dix-huitième siècle, notamment du *Traité des études* de Rollin, et une école catholique, où les élèves vivaient au rythme d'une communauté monastique. Les jeunes gens vont y rester sept ans: Adrien de 1776 à 1784 et Albert de 1778 à 1786. Pourquoi Lezay-Marnésia avait-il choisi l'abbaye de Bellelay, à trois jours de voyage de Besançon, plutôt que le célèbre collège de Belley, dans l'Ain, plus proche et plus accessible? D'une part, il faut compter sur la «solidarité» franc-comtoise. Le diocèse de Besançon, dont dépendait la Principauté de Porrentruy, voisine de Bellelay, s'était chargé de la distribution du prospectus du collège dans toute la Franche-Comté. Le poids d'une telle «recommandation» dans une province vivant encore dans un climat de Contre-Réforme et faisant l'objet de missions régulières était énorme. D'autre part, on connaît l'engouement du marquis pour une vie saine à la campagne. Or, le prospectus du collège insistait sur le bon air de la région et l'environnement champêtre de l'abbaye, isolée dans les montagnes. Par ailleurs, l'enseignement et l'éducation offerts correspondaient à un idéal que partageait le marquis. On y proposait une vie équilibrée basée sur les études, l'éducation chrétienne et un style militaire. Au programme des études: belles-lettres latines et françaises, allemand, histoire, géographie, arithmétique, philosophie, architecture, à quoi il faut ajouter les arts d'agrément: danse, musique, escrime, chant, dessin, comédie, ce dernier art étant emprunté au modèle jésuite plutôt qu'à celui de Rollin qui exclut toute expression dramatique. Il est vrai qu'en ce qui concerne les sciences, les élèves en étaient réduits à la portion congrue[44]; mais par ailleurs, pour encourager l'émulation, les élèves de seconde et de première rhétorique avaient formé une petite académie, avec ses concours et ses prix, calquée sur l'Académie française. Les sujets choisis reflétaient tous les problèmes de morale et d'histoire. En matière d'éducation chrétienne, les jeunes gens n'apprenaient pas seulement le catéchisme, mais étaient entraînés à pratiquer la bienfaisance avec les religieux d'une abbaye qui ne connaît à cette époque aucune décadence morale ou religieuse. Surtout se retrouvaient dans ce collège la plupart des héritiers des plus riches familles de l'Est, Comtois et Alsaciens. Sur un total de 463 élèves, de 1772 à 1797, 238 sont Français, dont 64 Comtois et 76 Alsaciens[45]. Tous sont des «gens de condition»: fils de nobles titrés, de magistrats, d'officiers, de diplomates, de riches bourgeois. Il suffit d'examiner la liste des élèves pour se rendre compte que les proches des Lezay-Marnésia y envoient leurs enfants: les trois fils du marquis de Beaurepaire, ami intime de Lezay-Marnésia, dont le domaine était à douze kilomètres de Lons-le-Saunier et qui sert de modèle du seigneur-bienfaisant dans *Le Bonheur dans les campagnes*; les deux fils du marquis d'Andelot, autre ami intime, dont le château est à sept kilomètres de Saint-Julien; le fils de Perreciot, avocat au parlement de Besançon et membre de l'académie de cette ville; les deux fils d'Antoine-Omer Talon, marquis de Boulay. C'est un milieu aristocratique, dévot et bienfaisant, qui envoie ses enfants à Bellelay. La fille, Adrienne, sans doute sous l'influence de la marquise, connaîtra des établissements plus mondains. Elle sera tout d'abord envoyée chez les Ursulines de Dijon, puis à Paris, à l'abbaye de Panthemont, où elle sera accompagnée de sa gouvernante, mademoiselle Morelle. Comme sa mère, elle y côtoie les filles des familles les plus illustres du pays. Là naîtront des amitiés avec de jeunes Anglaises, qui seront utiles à ses parents pendant l'émigration, notamment la fille de Sir William Pultney, l'une des personnes les plus puissantes et les plus riches d'Angleterre[46]. Albert de Lezay-Marnésia décrit une enfance placée sous le signe d'une respectueuse déférence envers les parents et d'une froide protection en retour. Les trois enfants «restaient étrangers aux relations sociales de la famille». A ses yeux, leur éducation, en dépit des discours de leur père sur ce sujet, semble avoir été négligée. Il écrit dans ses *Souvenirs* que «les soins de [son] éducation ne causèrent pas beaucoup d'embarras à [ses] parents»[47]. On a vu qu'en matière d'instruction ce jugement doit être relativisé. Quant aux rapports parents–enfants, ils semblent en effet assez distants. En sept ans de scolarité, Lezay-Marnésia ne rend que deux fois visite à ses garçons, du 10 au 13 juillet 1779 et du 7 au 10 novembre 1782. Alors que les marquis de Beaurepaire et d'Andelot vont voir leurs enfants en compagnie de leur épouse, Lezay-Marnésia est toujours seul, détail qui confirme notre hypothèse que la marquise se trouvait plus souvent à Paris ou à Nettancourt qu'à Moutonne, et qu'à l'exemple de son amie Fanny de Beauharnais, elle vivait séparée de son mari, ne le retrouvant que pour des obligations ou lors de ses séjours dans la capitale[48].

En général, le marquis et son épouse demeurent l'été en Franche-Comté et se rendent à Paris dès le mois d'octobre pour y passer l'hiver. Cet emploi du temps est parfois interrompu par des séjours à Nettancourt[49], dans les domaines de la marquise, mais aussi à Besançon. A Paris, les Lezay-Marnésia ont un appartement rue des Petits-Augustins, aujourd'hui rue Bonaparte, près du couvent des Petits-Augustins et des dépendances de l'hôtel La Rochefoucault-Liancourt. En 1773–1774, ils font rénover et redécorer à grands frais les pièces de réception et les appartements privés: toile verte et grise pour les murs de la salle-à-manger, toile des Indes à fleurs et oiseaux sur fond vert pour les murs du salon. Leur train de vie était semblable à celui de bien des riches aristocrates de province qui passaient quelques mois à Paris. Six domestiques sont à demeure dans l'appartement et semblent avoir été surtout occupés à préparer les réceptions. Les Lezay-Marnésia organisent régulièrement des dîners pour une douzaine d'invités et des réceptions pour une trentaine d'hôtes[50]. En 1784, on les retrouve installés rue Saint Dominique, au faubourg Saint Germain. Qui reçoivent-ils? Qui fréquentent-ils? On entre à nouveau dans le domaine des hypothèses. On connaît des noms isolés: Chamfort, Thomas, Palissot, Dupaty, Fontanes, Roucher, Cerutti, le duc de la Rochefoucault-Liancourt, la duchesse d'Enville et sa sœur. Mais fréquentaient-ils *régulièrement* un cercle particulier? En 1782, Lezay-Marnésia devient membre de la loge des Neuf Sœurs, qu'il avait visitée à plusieurs reprises au cours des trois années précédentes. Après 1788, ses amitiés prendront un caractère politique et il fréquentera les Necker. Au cours de toutes ces années, on le retrouve aussi dans le salon de Fanny de Beauharnais. Les liens avec la comtesse se font encore plus étroits lorsqu'Adrienne, l'aînée des Lezay-Marnésia, épouse le comte Claude de Beauharnais, le fils de Fanny, le 17 juin

1786, dans la chapelle du château de Saint-Julien. Il est possible que l'amitié entre les deux familles soit née dans les années 1730, lorsque le grand-père de Lezay-Marnésia commandait le port de Brest, puis celui de Toulon, et que les Beauharnais faisaient partie des forces navales. On peut aussi faire l'hypothèse que cette amitié entre les deux familles s'était formée au cours des soirées que Fanny de Beauharnais organisait rue Montmartre tous les vendredis soirs. Dans ce cas, comment les Lezay-Marnésia étaient-ils entrés en contact avec elle? Sur ce point aussi on en est réduit aux conjonctures. Dorat était un ami de madame Necker, mais rien ne prouve que l'amitié de Lezay-Marnésia pour les Necker soit antérieure à 1780 et qu'il ait fréquenté leur hôtel parisien ou leur maison de Saint-Ouen. André Beaunier souligne que c'était surtout la marquise de Lezay-Marnésia qui était liée d'amitié avec Fanny de Beauharnais[51]. Il suggère même qu'en 1784 et 1785, lorsque la marquise aide Fontanes à monter sa correspondance à Londres, elle le fait sans que son mari le sache[52]. On trouverait là des arguments qui soutiendraient l'hypothèse de la séparation des époux, la marquise évoluant dans les milieux mondains de Fanny, elle-même séparée de son mari. Faut-il en déduire que seule la marquise fréquentait *régulièrement* le cercle de la comtesse? Ce dont on est certain c'est que Lezay-Marnésia connaissait cette petite société, où se on se tenait au courant des sciences, des arts et des nouvelles. On y lisait des œuvres littéraires et on y racontait des anecdotes. Le comte de Tilly en a laissé une description dans ses *Mémoires*:

> La comtesse de Beauharnais (...) tenait ce qu'on a nommé fort mal à propos un bureau d'esprit; mais il s'y rassemblait bonne compagnie en hommes du monde, et en gens de lettres d'un mérite fort inégal; j'y avais été moi-même deux ou trois fois. Mais autant j'aime l'esprit, autant j'en hais les apprêts; je n'y étais pas retourné.[53]

Là, Lezay-Marnésia, l'un des hommes du monde dont parle Tilly, retrouvait des connaissances, mais entrait aussi en contact avec une société bigarrée et cosmopolite. On pouvait y rencontrer Dorat, Buffon, Ducis, Delille, Mably, Bitaubé, Dusaulx, Cubières-Palmezeaux. La marquise de Lezay-Marnésia y fera la connaissance d'un Anglais, monsieur Robinson, qui lui rendra service lorsqu'elle s'installera à Londres. Elle peindra alors des miniatures pour le livre sur Marie-Antoinette, que madame Robinson publiera en 1791. Plus tard, le salon de celle que Marc Chadourne appelle «la Sapho de l'Illuminisme»[54] sera fréquenté par Mercier, Baculard, Saint-Martin, Cazotte, le baron de Cloots, le comte Potocki. Lezay-Marnésia fréquentait-il toujours ce cercle après juin 1787, c'est-à-dire après que Restif de la Bretonne y eut été introduit par Mercier? Il est fort possible que l'amitié qu'il portait à Fontanes et Joubert l'ait fait fuir, en dépit de l'estime évidente qu'il ressentait pour l'auteur du *Paysan perverti*, homme «d'un véritable génie», auquel il envisageait de demander d'écrire «un théâtre pour le peuple»[55]. Déjà, en 1784, il s'était trouvé indirectement impliqué dans l'affaire de *La Paysanne pervertie*, que Mirosmesnil avait fait rayer de la liste des ouvrages autorisés. Dans *Monsieur Nicolas*, Restif de la Bretonne mentionne le fait que Lenoir, lieutenant de police, avait exprimé ses craintes et formulé des menaces à son égard devant le marquis de Marnésia, sans doute pour que celui-ci les rapporte à Fontanes et à Joubert, qui à leur tour les passeraient au concerné[56]. L'importance que Lezay-Marnésia attache à la religion et à la moralité, le jugement sévère qu'il ne cesse de porter sur les mœurs libertines, le sérieux avec lequel il considère les problèmes de société, sa méfiance envers certains romans «dont la licence a trop abusé, dont la médiocrité s'est emparée trop souvent»[57] sont autant de facteurs qui font douter qu'il se soit totalement senti à l'aise dans le salon de Fanny de Beauharnais. Toutefois, il est fort possible qu'il ait ressenti une réelle estime pour la belle-mère de sa fille, qui était, comme nous l'apprend Dorat, «une âme bienfaisante, délicate et noble» qui aimait Rousseau[58].

A Besançon, Lezay-Marnésia possède une demeure en plein cœur de la ville, rue Mégevand — à l'époque rue Saint Vincent — près du couvent des Clarisses, de l'abbaye bénédictine de Saint Vincent, qui était alors le grand centre d'érudition de la ville, du grand séminaire et du Palais Granvelle où siège l'Académie. Si les séjours de Lezay-Marnésia à Besançon se feront plus fréquents après son élection à l'Académie de cette ville, il semble qu'avant 1777, ils aient été assez rares comme le remarque Droz dans son discours du 1er mai 1777:

La description si agréable que vous venez de nous lire de ces jardins enchantés (...) décèle un goût, peut-être trop décidé pour les amusements de la campagne, et ce goût nous fait craindre de ne pas jouir des agréments de votre société aussi souvent que nous pourrions le désirer pour l'avancement des lettres. Réalisez donc, Monsieur, ce projet de résider quelque partie de l'année dans la capitale, alors nous nous empresserons de reserrer les nœuds qui nous attachent à vous.

Il semble mettre une condition à la réception de Lezay-Marnésia comme membre à part entière: que le nouvel académicien fasse des séjours plus fréquents dans la métropole régionale. 1777 et 1778 marqueront effectivement un changement dans la vie du marquis. Au cours de ces deux années, il se trouvera placé aux premiers rangs de la société franc-comtoise. En 1777, il est reçu membre de la Confrérie de Saint Georges. En 1778, son père venant de mourir, il devient prévôt de Grandvaux; il le restera jusqu'en 1792, date à laquelle la dignité sera supprimée. Pour les mêmes raisons, il est également revêtu de la dignité de Grand Echanson de l'archevêque de Besançon, qui a conservé le rang de prince du Saint Empire[59]. Il s'agit de charges purement honorifiques mais qui l'obligent à se rendre plus fréquemment à Besançon. C'est toutefois sa réception à l'Académie de Besançon qui l'implique plus directement dans les milieux intellectuels bisontins.

CHAPITRE IV

L'ACADÉMIE DE BESANÇON

UN ACADÉMICIEN ASSIDU

Depuis 1767 Lezay-Marnésia est membre titulaire de l'Académie de Nancy et depuis 1775 de l'Académie de Lyon[1]. On a déjà mentionné le brillant discours qu'il fait lors de sa réception à Nancy. Il devient membre associé de l'Académie de Lyon en janvier 1775 et le restera jusqu'à la suppression des académies par la Révolution. Sa candidature semble avoir été soutenue par un petit groupe d'amis de l'Académie de Nancy, membres également de celle de Lyon: Bollioud, l'abbé Millot, le comte de Tressan, le chevalier de Boufflers. Il est présent à la séance du 24 janvier, au cours de laquelle il remercie pour son élection et fait la lecture du second chant de son poème sur les jardins, mais n'assistera à aucune autre séance. Sa seule autre contribution aux activités de l'Académie de Lyon est la lecture publique de l'*Epître à mon curé*, le 16 mai 1775, dont se charge l'abbé Mongez. En réalité, Lezay-Marnésia ne s'intéressait pas vraiment à l'Académie de Lyon, mais visait plutôt l'Académie de Besançon. Il semblerait que des démarches dans ce sens aient eu lieu dès 1774, et qu'elles n'aient pas abouti pour des raisons inconnues. Lyon pouvait servir de «tremplin», peut-être même était-ce une manœuvre politique, et la quasi-certitude d'être reçu à l'Académie de Besançon dès 1776 permet de comprendre son désintérêt pour l'assemblée lyonnaise. A Besançon, le marquis de Marnésia se montrera un académicien assidu et zélé.

Dès 1776, une place d'associé résidant en Franche-Comté étant vacante, il est pressenti par l'Académie de Besançon, ce qui le conduit à écourter son séjour à Paris. Il se rend à Besançon en octobre 1776 et à nouveau en février 1777, alors qu'il se trouve normalement à Paris d'octobre à avril. Les raisons de ces séjours ne sont pas très claires, mais on peut deviner qu'étant déjà membre de plusieurs académies il se montre impatient d'être reçu à celle de Besançon et œuvre dans ce sens. Un certain malaise existe, que reflète le discours d'accueil du président Droz. Quelque peu embarrassé, il paraît vouloir s'excuser du retard mis à reconnaître les mérites du marquis et avance comme «excuse» l'election récente de l'oncle du récipiendaire, l'évêque d'Evreux.

Votre Essai (...), des ouvrages de morale (...) vous méritèrent le suffrage des académies voisines qui semblaient nous reprocher d'avoir tant tardé à vous associer à nos travaux. Mais nous devions, Monsieur, célébrer auparavant les vertus d'un oncle qui vous aime si tendrement; quand nous inscrivimes le

nom de M. l'évêque d'Evreux dans l'Etat de l'Académie, vous dûtes apercevoir les vues que nous avions sur vous.

C'est ce discours qui s'achève sur le vœu de voir Lezay-Marnésia résider plus
souvent dans la capitale franc-comtoise, vœu qui semble plutôt prendre la forme
d'un reproche fait à la préférence montrée par le marquis à se rendre régulièrement
à Paris ou à séjourner à Moutonne plutôt qu'à Besançon. Toujours est-il que le
nom du marquis est proposé dès le 1er mars aux membres de l'académie. Le 12
mars 1777, Lezay-Marnésia est élu, à l'unanimité, membre associé. Il est à
nouveau présent en ville en avril pour contacter les académiciens afin de fixer la
date de la réception officielle, qui aura lieu lors de la séance publique
extraordinaire du 1er mai.

Lezay-Marnésia se montrera un académicien relativement assidu, du moins
aussi assidu, sinon plus, que la plupart des membres. De 1777 à 1785, les
séances de l'Académie de Besançon sont régulières: une trentaine par an, mais la
vie académique repose sur un petit nombre de membres, tout au plus une
douzaine[2]. En 1777, Lezay-Marnésia assiste au tiers des séances, et en 1778 et
1779 à plus de la moitié. Suite à la mort de Calviers, il est élu membre à part
entière en janvier 1778, et devient président de l'Académie pour un an à compter
de janvier 1779. Au cours de ces trois années, il passe l'hiver à Besançon et ne se
rend à Paris que pour de brefs séjours.

Présence de Lezay-Marnésia à l'Académie de Besançon (nbre. de séances)

	1777	1778	1779	1780	1781	1782	1783	1784
Janvier		4**	2***	2			3	
Février		2	2	2			1	
Mars			4					
Avril		1	2				2	
Mai	1*	1						
Juin			2					
Juillet			2	1			3	
Août		2		1				
Sept.	1							1
Oct.	6	2	2		****	4	2	
Nov.								
Déc.								
Total	8	12	16	6	0	4	11	1

* associé; ** membre; *** président; **** honoraire

En 1780 il ne sera présent à l'Académie que pour six séances, en janvier, en février et pendant l'été. S'il assiste à peu de séances, il participe toutefois aux travaux de l'Académie dans les domaines qui l'intéressent, la poésie et les questions agricoles. Il est membre du bureau de l'Académie pour l'examen des ouvrages relatifs à l'agriculture, au commerce et à l'industrie. Il fait également partie d'une sous-commission du bureau des beaux arts, celle consacrée à l'examen des ouvrages d'éloquence et de poésie. Dès l'automne 1780 il repart pour Paris et ne réapparaîtra à l'Académie qu'à l'automne 1782. En octobre 1781 il devient simple membre honoraire, après en avoir fait la demande au printemps de la même année. Le procès-verbal de la séance du 12 octobre 1781 mentionne l'obligation dans laquelle le marquis se trouve de se rendre à Paris et les regrets de l'Académie de le voir dans la classe des académiciens honoraires:

(...) mais c'est que vos affaires vous appellent dans la capitale; elle [l'Académie] se flatte de trouver en vous un correspondant de plus pour étendre sa réputation par la vôtre et lui procurer les moyens d'étendre ses connaissances. Nous espérons aussi, Monsieur, que par vos relations habituelles avec M. Philipon, vous nous dédommagerez du vide que vous laissez parmi nous, en attendant que l'amour de la Patrie vous ramène au centre de vos possessions.

Dans une note des *Paysages*, Lezay-Marnésia signale qu'il fut «forcé de quitter la campagne»[3]. Les documents d'archives n'apprennent rien de précis sur la nature des affaires qui appellent Lézay-Marnésia à Paris. Il semble seulement qu'il doive alors faire face à des problèmes financiers plus sérieux que d'habitude. La présence constante des Lezay-Marnésia à Paris pourrait aussi s'expliquer par les démarches nécessaires à l'évaluation des propriétés de Nettancourt, qui fera l'objet d'un arrêté du Conseil en date du 28 mai 1782[4]. Enfin, dans l'hypothèse d'une séparation des époux, qui d'après la lettre de madame de Lezay-Marnésia à Maître Gréa aurait eu lieu au début des années 1780, l'installation à Paris pourrait avoir été faite pour répondre aux vœux de la marquise, fatiguée de vivre à la campagne, tentative de changement de vie qui se serait soldée par un échec. Quelles que soient les affaires qui attirent Lezay-Marnésia à Paris, que ce soit des problèmes financiers ou des problèmes matrimoniaux, il ne s'agit que d'un aspect des choses. Plus important pour nous est l'évolution intellectuelle du marquis au cours de ces deux années parisiennes. Il termine son *Essai sur la nature champêtre*, commence à travailler au *Bonheur dans les campagnes*, et se fait initier dans la franc-maçonnerie. D'octobre 1782 à octobre 1783, il se montrera à nouveau assidu à l'Académie où il assiste à 15 séances. Ce retour n'est pas vraiment surprenant et s'explique par une «urgence littéraire». En octobre 1782 il lit à l'Académie la fin de son poème champêtre et décide d'en changer le titre, Delille venant de publier son poème sur les jardins. En septembre 1784, il apparaîtra pour la dernière fois au Palais Granvelle.

L'année 1784 est celle du départ de bien des membres, pour la plupart des amis de Lezay-Marnésia, en particulier le vicomte de Toulongeon. Philipon de La Madelaine ne quittera l'Académie qu'au début de 1786. Dans son étude sur les académies de province, Roche note une désaffection générale des membres de l'Académie de Besançon à partir de 1785[5]. Cette désaffection peut s'expliquer par la radicalisation des idées, qui entraîne le glissement des activités intellectuelles des académies, dont l'ouverture intellectuelle se ferme, vers la franc-maçonnerie. C'est d'ailleurs à peu près au même moment qu'évoluent les idées sociales et politiques de Lezay-Marnésia. Cette évolution est révélée non seulement par la manière de plus en plus éclairée et bienfaisante dont il gère ses domaines et traite ses paysans, mais surtout par son livre *Le Bonheur dans les campagnes*. En outre, il commence aussi à participer aux activités de plusieurs loges maçonniques. Bref, Lezay-Marnésia apparaît de plus en plus sous les traits du seigneur libéral au sein d'une académie qui résiste aux idées nouvelles.

BESANÇON: BASTION DU CONSERVATISME

Parmi les académies provinciales, l'Académie de Besançon faisait figure de bastion du conservatisme. Pourtant le recrutement des académiciens montre que la part des personnes de haute naissance reste stable de 1756 à 1788 (17%), que la proportion des hauts magistrats diminue de moitié, passant de 26% en 1756 à 13% en 1788, et qu'en général on observe un accroissement des membres d'extraction modeste choisis à cause de leurs talents. Cette démocratisation est également valable pour les membres du clergé qui sont associés à la vie académique. Sur les 19 ecclésiastiques devenus académiciens de 1756 à 1788, 11 sont d'origine modeste, voire humble, et tous doivent leur élection à leurs talents littéraires et non à leur rang[6]. Si l'idéologie du mérite semble dominer dans les milieux académiciens de Besançon, notamment au niveau du recrutement, il n'en reste pas moins qu'à peine le tiers des membres font partie du troisième ordre et que l'évolution du recrutement reste défavorable aux roturiers[7]. Besançon compte alors environ 30,000 habitants. C'est une ville qui est le siège d'un gouvernement militaire, d'un parlement, d'une université et d'administrations judiciaires et fiscales. Une atmosphère religieuse, qui respire encore l'esprit de la Contre-Réforme, se dégage de cette cité. L'Académie n'aborde aucun sujet qui pourrait conduire à une remise en cause de l'Eglise, de ses institutions ou de ses dogmes. Si on rencontre dans les rues de la ville de nombreux uniformes, on y voit autant d'habits religieux. Besançon compte sept paroisses et douze couvents et le quart du territoire intra-muros appartient à l'archevêché. Quelques années avant la fin de l'Ancien Régime, c'était encore une ville enracinée dans les traditions. Dans un tel cadre, la vie académique ne pouvait que refléter l'hégémonie des élites traditionnelles. L'Académie est dominée par un milieu parlementaire qui recherche l'alliance avec les vieilles familles. Se calquant sur le modèle aristocratique, les académiciens véhiculent une idéologie nobiliaire et élitiste[8]. Les genres traditionnels dominent les sujets de concours et les discussions en séances. On y traite beaucoup d'histoire, de morale et des belles-lettres[9]. Pendant les années de présence de Lezay-Marnésia, les sujets de concours portent plus précisément sur l'éducation des femmes, les droits de mainmorte, le luxe et la fainéantise, sujets que développera le marquis dans ses livres. Par contre, les travaux de caractère savant sont inexistants dans les concours et ne sont présentés qu'au cours des séances. Cette culture académique, construite sur un raisonnement qui exclut la modernité, forme un modèle spécifique que Daniel Roche appelle le «modèle nobiliaire»[10].

Le niveau intellectuel élevé de la région peut donc faire illusion. En 1780, 95% des hommes et 60% des femmes savent lire à Besançon. On y trouve une bibliothèque municipale, un cabinet de lecture, créé en 1765 par le libraire Fantet malgré de nombreuses oppositions administratives[11], et quatre libraires. Depuis 1766 paraît un journal régulier, les *Affiches et Annonces de Franche-Comté*[12]. L'ensemble de la Franche-Comté est une région dont le niveau d'alphabétisation est élevé. Dans son étude sur le livre en Franche-Comté, Michel Vernus évalue que le marché d'un livre y est de 400 à 700 exemplaires[13], l'*Almanach*, par exemple, se vendant régulièrement à 500 exemplaires. Il estime que les bibliothèques privées comptent une moyenne de 1000 volumes chacune et note aussi que le goût des lecteurs reflète de loin une préférence pour les œuvres de Rousseau plutôt que pour celles de Voltaire. Les quatre cinquièmes des livres vendus chez les libraires de la ville concernent les belles-lettres, les arts, et l'histoire[14]. Toutefois, les œuvres d'Holbach, d'Helvétius et de La Mettrie se vendent à Besançon par l'intermédiaire du libraire Charmet, dont Lezay-Marnésia est à la fois un client assidu et un ami. Robert Darnton a montré qu'il existe dans la région une bonne diffusion de l'*Encyclopédie*. Il a recensé 390 souscriptions pour l'année 1779 chez le libraire bisontin Lépagnez. La moitié des souscripteurs sont des Bisontins, et tous appartiennent aux ordres privilégiés, notamment à l'élite traditionnelle[15]. Il faudrait gonfler en fait ce nombre des souscripteurs à l'*Encyclopédie*. Le cas de Lezay-Marnésia, qui passe sa souscription à l'*Encyclopédie* chez Cramer, à Genève, n'est pas isolé. On peut donc conclure que les idées nou-velles commencent à pénétrer dans les milieux traditionnels, même dans les milieux des parlementaires en dépit de la condamnation de l'*Encyclopédie* par les parlements.

Malgré cet arrière-plan apparemment propice à la propagation des idées des lumières, malgré un recrutement placé sous le signe du mérite et des jeunes talents, la vie académique reste dans l'ensemble peu perméable aux idées qui pourraient remettre en question l'ordre établi. Si les livres de philosophie se diffusent en Franche-Comté, même timidement, ce n'est pas dans les bibliothèques des membres de l'Académie, où ils restent fort rares, sauf dans le petit groupe d'académiciens libéraux, dont Lezay-Marnésia, Philipon de la Madelaine et Toulongeon[16]. Fermée à l'univers de la philosophie, l'Académie recule devant toute innovation en matière religieuse, attitude symbolisée par l'élection de l'abbé Nonotte en 1781. En matière sociale, quand les intérêts directs de l'élite sont mis en cause ainsi que les fondements des structures féodales, l'Académie fait preuve d'un conservatisme étroit, comme dans le discours d'ouverture de l'année 1782 prononcé par le président de Vezet.

> Si la liberté de penser et d'écrire, si la presse trop facile égare les esprits exaltés, le véritable objet de l'institution de l'Académie et le but constant des veilles et des soins de ses membres sont d'en arrêter les effets par la douce autorité de la sagesse et de l'éloquence.

Cette attitude ne pouvait conduire qu'à la sclérose d'une institution qui aurait dû se trouver au premier plan de la République des Lettres. Une personnalité aussi connue que Philipon de La Madelaine, correspondant de Voltaire, collaborateur au *Supplément* pour des articles de jurisprudence, est même ouvertement critiquée pour ses prises de position jugées outrancières. Lors de la séance du 27 septembre 1782, au cours de laquelle on prépare la séance publique du 6 octobre suivant, Philipon de La Madelaine présente un discours sur les bienfaits du séjour des nobles dans leurs châteaux, dont il compte faire la lecture en séance publique. Le procès-verbal de séance rapporte qu'il lui fut demandé d'apporter quelques modifications à son argumentation.

> M. Philipon a lu un discours sur l'utilité du séjour de la noblesse dans ses châteaux, qui a été également approuvé pour être lu à la même séance, en prenant quelques adoucissements dans la première partie qui traite des abus du gouvernement féodal et des droits seigneuriaux.

Ce discours est une réflexion sur les avantages que retireraient l'état et les habitants des campagnes du séjour des nobles dans leurs terres. Lezay-Marnésia reprend bien des thèmes du discours de son ami dans son livre *Le Bonheur dans les campagnes*, qui est déjà en chantier en 1782. Le souvenir de Rousseau était présent dans l'esprit de cette minorité d'académiciens libéraux. Il est explicitement évoqué par Philipon de La Madelaine, qui conclut son discours en disant que «la vallée de Montmorency se trouverait partout», si les nobles retournaient dans leurs domaines. C'est justement ce rousseauisme mis au service des réformes qui inquiète l'Académie. Le procés-verbal de la séance publique du 6 octobre, lors de laquelle Philipon de la Madelaine fait la lecture d'un discours «adouci» pour satisfaire aux exigences de ses collègues, révèle une opinion aca-démique soucieuse des intérêts privés de la noblesse.

> Nous ne cèlerons pas qu'au milieu des justes applaudissements qu'il a reçus, on a pensé que la noblesse aurait pu souhaiter qu'il eût montré une connaissance plus exacte de l'origine des droits.

Cette insistance du secrétaire de l'académie à rappeler le bien fondé des droits féodaux face à une théorie du retour à la campagne, qui étendait la bienfaisance à la suppression de certains droits et à une meilleure égalité devant l'impôt, n'est pas étonnante. Depuis la fin des années 1770, la question de la mainmorte dominait les discussions de la société bisontine, où les parlementaires et la majorité des académiciens avaient pris position en faveur de son maintien.

Il n'est donc pas étonnant que des membres comme Lezay-Marnésia, Philipon de la Madelaine, Perreciot, Bergeret, Toulongeon, se soient sentis peu à peu former une minorité libérale au sein d'un groupe conservateur. Le jugement que Cousin porte sur l'Académie de Besançon est par là bien en-deçà de la réalité. Il a raison d'affirmer que les académiciens de Besançon «ont gardé la mesure et n'ont pas été, au sens plein du terme des philosophes». La plupart ont même toujours refusé la philosophie et le progrès et se sont enfermés dans un immobilisme intellectuel. Il a en partie raison de reconnaître que «les académiciens de Besançon (...) se sont laissés aller à l'admiration pour le progrès des sciences et pour les lumières de leur siècle». Dans certains domaines, notamment en sciences, l'Académie de Besançon est tout aussi moderne qu'une autre. Pourtant, Cousin a tort en soutenant que ces hommes «ont accueilli des idées de réforme qui étaient dans l'air» et qu'ils «les ont reprises à leur compte avec une certaine audace de pensée et d'expression»[17]. Cette description d'un académicien mesuré et parfois audacieux peut s'appliquer à un Lezay-Marnésia, dont les projets de réformes, apparemment hardis avant la tourmente révolutionnaire, finiront par se révéler n'être que la restauration déguisée d'un ordre révolu et mythique; elle ne peut s'appliquer en aucun cas à la majorité des académiciens bisontins qui, s'ils s'ouvrent timidement au progrès des sciences, résistent fermement aux idées des lumières quelles qu'elles soient. Le discours que Lezay-Marnésia prononce, en tant que président, à la séance publique du 24 août 1778, est une critique de l'Académie de Besançon. Si cette critique demeure modérée et s'adresse principalement au domaine des arts, elle s'attaque aussi ouvertement au manque d'ouverture aux idées modernes qui caractérise les académiciens bisontins.

> Vous n'avez pas l'art heureux d'unir à l'éloquence soignée mais froide de Socrate, la familiarité piquante, les saillies vives, inattendues, plaisantes du théâtre italien. (...) Assujettis aux préjugés anciens, vous paraissez craindre de rassembler les genres qui ne semblent pas se rapprocher naturellement. (...) Vous n'osez pas, qu'il me soit permis de le dire, vous livrer à cette hardiesse de pensées qui embrasse et domine tous les sujets et subjugue tous les esprits. (...) Cette timidité qui vous retient sur les traces des grands hommes qui vous ont précédé, vous ôte le mérite de frayer des routes nouvelles.

Si Lezay-Marnésia poursuit en faisant l'éloge de la sagesse et de l'esprit d'équité de ses collègues, sa critique n'en est pas moins acerbe. Même l'éloquence académique est prise à partie, car elle se sclérose en refusant le mélange des genres, l'esthétique moderne de la surprise et l'aventure intellectuelle. La voix de Lezay-Marnésia n'est pas isolée pour reprocher à l'Académie son conservatisme et son «académisme»; mais il ne se fait le porte-parole que d'une petite minorité. Les discussions sur la mainmorte, qui envahissent tous azimuts la vie bisontine après 1775, en sont le meilleur exemple.

LE DÉBAT SUR LA MAINMORTE

La question de la mainmorte est d'autant plus importante pour l'étude du cas de Lezay-Marnésia que, sans que le marquis participât activement aux débats sur la question, l'atmosphère générale qui règnait alors à l'Académie et dans l'opinion franc-comtoise eut une influence sur l'administration de ses domaines et sur son plan de régénération de la société. De plus, l'analyse des motifs invoqués en faveur de l'abolition du servage permet de cerner la notion de bienfaisance, qui constitue le fondement des projets de réforme de la noblesse éclairée.

A la fin de l'Ancien Régime, le servage était loin d'avoir disparu de toutes les régions de France. Il se maintenait notamment dans certains domaines de Bourgogne et surtout en Franche-Comté, où les serfs représentaient entre un tiers et la moitié de la population de la province. La forme de servage qui avait le mieux résisté était la mainmorte. Il ne s'agissait plus de la mainmorte personnelle qui avait disparu, sauf dans les terres de l'abbaye de Luxeuil en Bourgogne. La mainmorte la plus répandue au dix-huitième siècle ne touche plus que les biens, mais ce dernier vestige de la féodalité est unanimement détesté des paysans. Dès 1719 le duc de Lorraine l'avait supprimée dans ses domaines personnels; le duc de Savoie avait suivi son exemple en 1771; le roi de France devait le faire en 1779, après la vive campagne menée par Voltaire en faveur des serfs du Jura.

L'affaire des serfs mainmortables éclate en 1770 en Franche-Comté. Le chapitre de Saint-Claude, qui avait pris le relais de l'ancienne abbaye sécularisée en 1742, possédait à lui tout seul quelque douze mille mainmortables. A l'automne 1770, deux serfs, qui avaient été battus, s'enfuient et se réfugient à Ferney. C'est alors que Voltaire, se saisissant du cas, publie une dizaine de pamphlets et de mémoires en faveur de l'abolition du servage en France. Au même moment, six communautés de mainmortables dépendant du chapitre de Saint-Claude intentent un procès contre l'évêque. C'était symboliquement faire un procès contre la noblesse, puisqu'il fallait seize quartiers de noblesse pour être membre du chapitre de Saint-Claude. Le 18 janvier 1772, le Conseil des dépêches se contente de renvoyer l'affaire devant le Parlement de Besançon. Par arrêt du 6 août 1774 celui-ci ordonne une enquête, et par arrêt du 18 août 1775 les communautés sont déboutées de leur demande. Le procès sera à nouveau perdu en 1775 devant le Parlement de Besançon; à nouveau il sera perdu devant le Conseil du Roi en 1777. Pourtant, en 1775, Voltaire n'avait pas hésité à intervenir dans la bataille en publiant son *Mémoire pour l'entière abolition de la servitude en France*:

A qui fera-t-on croire que la France est moins opulente qu'elle ne l'était lorsque la servitude faisait la condition commune des habitants de la campagne? (...) Les moyens par lesquels cette servitude se trouve aujourd'hui établie sont aussi odieux que la servitude elle-même. Ici ce sont des moines qui ont fabriqué de faux diplômes pour se rendre maîtres de toute une contrée et en asservir les habitants; là, d'autres moines n'ont établi l'esclavage qu'en trompant de pauvres cultivateurs par de fausses copies de titres anciens (...) Cette fraude est devenue sacrée au bout d'un certain temps. Les moines ont prétendu qu'une ancienne injustice ne pouvait pas être réformée, et cette prétention a été quelquefois accueillie par les tribunaux dont les membres n'oubliaient pas qu'ils avaient eux-mêmes des serfs dans leurs terres sans avoir de meilleurs titres.[18]

L'allusion au Parlement de Besançon est évidente; c'est lui qui est visé derrière l'appellation de «tribunal». Les parlementaires sont mis en cause, parce que s'ils refusent l'abolition du servage, c'est qu'ils ont intérêt à le conserver dans leurs propres domaines. L'argumentation de Voltaire dans ce passage ne repose guère sur des motifs humanitaires. A la suite des agronomes, il s'en prend à ceux qui disaient que la mainmorte était le garant de la prospérité économique du pays. Mais, ce que veut surtout faire Voltaire, c'est récuser l'authenticité même des titres féodaux. Les «moines» de Saint-Claude sont accusés d'avoir fabriqué, à l'origine, de faux titres féodaux ou de les avoir falsifiés à leur avantage. Il porte le débat non seulement au plan historique mais aussi dans le domaine juridique, et répond ainsi, directement, sur le même plan, aux défenseurs de la mainmorte, qui soutenaient que la charte féodale était originellement un contrat librement consenti et non une usurpation de droits. A une époque où la noblesse traditionaliste adhérait encore aux théories de Boulainvilliers sur la race seigneuriale, le débat sur la mainmorte allait mettre en valeur la question des droits féodaux, laissant dans l'ombre l'aspect humanitaire et économique de la question.

La disparition totale du servage n'aura lieu qu'après la nuit du 4 août 1789. Le 3 août 1789, les habitants de Morbier exprimeront à nouveau leurs plaintes, car Mgr Chabot, évêque de Saint-Claude, qui s'était finalement déclaré, le 6 avril 1789, lors de l'assemblée générale des trois ordres du bailliage d'Aval, partisan de l'abolition de la mainmorte dans les terres de l'évêché, réclamait en échange le rachat des droits ou le dédommagement par la couronne. Cependant, il semble que les événements de 1770 aient suffi pour que la noblesse éclairée prenne conscience de la situation et qu'il se crée un courant d'opinion en faveur de l'abolition de la mainmorte, qui devait amener l'édit royal de 1779. De 1770 à

1779 on note en effet un important mouvement d'affranchissement des mainmortables dans les domaines des seigneurs éclairés de Franche-Comté. Millot en relève treize cas pendant cette période. Le mouvement ne fait que s'amplifier après l'édit royal de 1779[19]. En 1780, le prince de Montbarrey supprime la mainmorte dans tous ses domaines. En 1781, Lezay-Marnésia suit cet exemple et affranchit de la mainmorte un laboureur de Moutonne, Nicolas Cordier, et ses descendants[20]. Toutefois, l'édit royal ne remettait pas en cause l'ordre féodal. Le roi de France n'abolit la mainmorte que dans les domaines de la couronne; il ne rachète pas les droits d'affranchissement dans les seigneuries de ses vassaux et se contente d'inviter la noblesse à suivre son exemple, pour des raisons humanitaires et dans l'intérêt général du royaume. Les arguments avancés par la couronne ne touchent pas aux droits féodaux. La résistance de la noblesse franc-comtoise conservatrice se fit alors très forte, et le Parlement de Besançon refusa d'enregistrer l'édit royal. Il ne le fera qu'en 1788, sous la menace militaire. Dans les domaines privés franc-comtois, l'édit n'eut que des effets limités. Les trois quarts des mainmortables franc-comtois ne vivaient ni dans les domaines royaux ni dans les domaines des seigneurs éclairés; ils dépendaient surtout des grandes abbayes ou des chapitres, comme celui de Saint-Claude, qui étaient les bastions les plus solides du féodalisme. Suite à l'immobilisme de la majorité de l'élite franc-comtoise, les révoltes paysannes de juillet 1789 devaient prendre dans cette région un caractère anti-féodal très accentué. La noblesse franc-comtoise la plus conservatrice, consciente de la colère paysanne, sera d'ailleurs l'une des premières à émigrer. Beaucoup le feront dès février 1789, avant même la Grande Peur de juillet. Arthur Young qui traverse la région à la fin du mois de juillet 1789, décrira de nombreuses scènes de violence: châteaux incendiés et pillés, seigneurs poursuivis comme des bêtes sauvages, châtelaines et leurs filles violées, titres de propriété détruits. La colère sera telle qu'elle frappera sans discrimination aussi bien les nobles éclairés que les nobles conservateurs[21].

C'est dans ce contexte général qu'il faut placer les discussions sur la mainmorte à l'Académie de Besançon et notamment l'intervention de Dom Grappin en 1778, qui se veut une réponse à Voltaire. Le sujet du concours de l'académie était le suivant: «Quelle est l'origine des droits de mainmorte dans les provinces qui ont composé le premier royaume de Bourgogne?» La question n'invitait pas une réponse d'ordre humanitaire ou économique. Elle était posée à un niveau historique et juridique. Il s'agissait de défendre l'authenticité et la légitimité des titres féodaux à une époque où de nombreux nobles appauvris «ressuscitaient» d'anciens titres. Le sujet n'était donc pas neutre dans une académie dominée par une noblesse attachée à la propriété foncière, qui voulait justifier les droits féodaux au nom de l'histoire[22]. La dissertation de Dom Grappin, qui défend la mainmorte avec beaucoup de sophismes, est couronnée. Comme le fait remarquer Cousin, cette dissertation «démontrait mieux que les autres que l'état qui profitait aux seigneurs et détenteurs de droits était le meilleur de tous, et c'était cela seul qui importait»[23].

En 1784 est publié à Lausanne un petit livre qui reprend trois opuscules sur la mainmorte[24]. Ces textes révèlent également que l'aspect humanitaire occupe une place très secondaire dans le débat et que la question fondamentale est celle de l'authenticité des titres. Le débat sur la mainmorte était en fait le procès, déguisé, voilé, de la légitimité nobiliaire. Le premier opuscule est le discours en vers libres de Florian, intitulé *Voltaire et le serf du Mont Jura*, qui avait reçu en 1782 le prix de poésie de l'Académie Française sur le sujet de l'abolition de la mainmorte en France. Le deuxième opuscule est une réponse à Florian: *Examen critique d'un ouvrage sur la servitude qui a remporté le prix de poésie de l'Académie Française en 1782*. L'auteur se dit être un serf du Mont Jura. Son argument est une défense de la mainmorte et se fonde sur une critique du texte de Florian en l'accusant de ne pas respecter la vérité historique, notamment quant à la description de Ferney. Le troisième opuscule, *Essai sur la mainmorte par un citoyen désintéressé*, date de 1784 et a pour auteur «un Franc-Comtois installé à Paris». C'est l'opuscule le plus intéressant des trois, car il reprend fidèlement les arguments avancés à l'Académie et au Parlement en faveur du maintien de la mainmorte. Sa position est toutefois plus modérée puisqu'il respecte l'édit royal, un édit qu'il estime néanmoins avoir été signé par le roi suite à un manque d'information sur la vérité historique. Il brosse d'abord un tableau de la Franche-Comté où les serfs sont heureux. Ensuite il passe à l'argument historique pour affirmer que «la mainmorte ne fut jamais un esclavage», qu'il n'y eut «ni contrainte ni violence dans l'établissement primitif de la mainmorte», que «la convention qui en a formé le lien a été parfaitement libre» et qu'elle est «le résultat d'un consentement mutuel et d'une entière liberté»[25].

Dans ce débat, il est intéressant de relever les motifs qui sont avancés en faveur de l'abolition de la mainmorte, car ce sont des arguments qui interviendront dans la constitution de l'idéologie de la noblesse éclairée. On a vu que les raisons humanitaires ne sont pas présentées comme les principales, bien que l'abolition de la mainmorte soit considérée comme l'œuvre des bienfaiteurs du bien public. La bienfaisance est en fait considérée comme une vertu publique; elle ne vise pas seulement l'intérêt particulier des mainmortables mais l'intérêt général du royaume. Aussi les raisons humanitaires prendront-elles l'aspect de l'utilité publique. Par exemple, c'est au nom de l'utilité publique que l'article «Population» de l'*Encyclopédie* condamne la mainmorte.

Les richesses des gens de mainmorte, & en général de tous les corps dont les acquisitions prennent un caractère sacré et deviennent inaliénables, n'ont pas plus d'utilité pour l'état qu'un coffre-fort n'en a pour un avare qui ne l'ouvre jamais que pour y ajouter.

Voltaire reprendra en partie cette argumentation, qui pose que les titres d'une époque révolue ne devraient pas conserver un caractère sacré. Cette condamnation de la mainmorte est placée dans l'*Encyclopédie* au sein d'une réflexion générale sur la richesse du pays, qui dépend de la répartition de la propriété entre le plus grand nombre de propriétaires. L'auteur de l'article «Population» propose comme exemple les lois contre l'inégalité de fortune, qui ont fait la prospérité de la Grèce et de la Rome antiques. «Tous étaient citoyens, parce que tous étaient propriétaires; car c'est la propriété qui fait les citoyens: c'est le sol qui attache à la patrie». L'idée fera son chemin car l'un des points du programme de régénération de la noblesse éclairée sera la possession par chaque paysan d'un lopin de terre. C'est au nom même de la prospérité du pays que l'auteur de l'article «Population» condamne la réunion des richesses de la nation entre les mains d'un petit nombre.

Quand toutes les richesses de la nation sont réunies et possédées par un petit nombre, il faut que la multitude soit misérable et le fardeau des impositions l'accable. (...) Leurs vastes possessions sont encore plus funestes à la société; elles envahissent toutes les propriétés; les terres produisent peu, et le peu qu'elles produisent elles ne le produisent que pour eux et ne sont plus habitées que par leurs esclaves ou par leurs journaliers qu'ils emploient pour les cultiver. Ces étendues de pays qui appartiennent à un seul seraient le patrimoine d'un nombre infini de familles qui y trouveraient leur subsistance, et ces familles, expulsées de la nation par les acquisitions des riches, peupleraient les provinces d'habitants et de citoyens (...). Les terres en seraient mieux cultivées et plus fertiles car elles produisent toujours en raison de la culture qu'on leur donne; et le propriétaire, n'en possédant que la quantité nécessaire pour fournir à ses besoins et à ceux de sa famille, n'épargnerait rien pour en augmenter les productions autant qu'il serait possible.[26]

La plupart des raisons avancées ici en faveur de l'abolition de la mainmorte se basent sur une réflexion économique, dans laquelle s'enracinent les idées de justice et de liberté. Ces raisons reflètent la pensée des agronomes et des Physiocrates, qui plaçaient la richesse du pays dans l'agriculture, dans l'amélioration de la condition paysanne et dans une meilleure productivité. Les affranchissements eurent donc lieu surtout dans les domaines des seigneurs éclairés, qui étaient tous partisans des méthodes modernes d'agriculture. En 1780, lorsque le prince de Montbarrey procède aux affranchis-sements dans ses terres du Doubs, il souligne que la mainmorte est un facteur d'appauvrissement progressif des terres exploitées[27]. Dans le cinquième chant de son *Essai sur la nature champêtre*, écrit vers 1781, Lezay-Marnésia lie l'abolition de la mainmorte à la bienfaisance.

Ce château, trop longtemps l'effroi du voisinage,
Est enfin devenu la retraite d'un sage. (...)
Par de plus douces lois, la justice répare

La honte et les excès d'un système barbare. (...)
Les seigneurs, maintenant plus instruits, plus humains,
Désirent d'être aimés et non pas d'être craints.[28]

Le style poétique se prêtait à l'évocation de l'abolition de la mainmorte sous la forme de la bienfaisance. Par contre, dans une note, Lezay-Marnésia fait explicitement référence à la mainmorte et explique que sa suppression est un facteur d'enrichissement:

C'est encore de la servitude connue sous le nom barbare de mainmorte qu'il est ici question. Plus flétrie elle-même par les bons écrits et par un édit immortel qu'elle n'est flétrissante pour les malheureux sur qui elle pèse, elle a été abolie dans les terres du Roi et dans celles des seigneurs qui ont ouvert les yeux à la lumière, les oreilles à la raison et leur cœur à l'humanité. S'ils en est encore qui la laissent subsister, si même il est des magistrats qui s'efforcent de la maintenir, c'est parce que leur ignorance et leur cupidité trompent leur intérêt. Plus rapprochés des idées de leur siècle, ils connaîtraient des vérités qui sont presque devenues triviales; ils sauraient que l'esclavage ne produit que la misère, la fraude et le découragement; que leurs vassaux plus libres deviendraient plus laborieux et plus intelligents, que l'agriculture perfectionnée, (mais comment le serait-elle par des esclaves!) appelle le commerce, que le commerce fait naître l'aisance, et que l'aisance des cultivateurs augmente incessamment la richesse des seigneurs. Quand l'argent est moins rare, les terres ont plus de valeur, les mutations sont plus fréquentes et par conséquent les lots sont plus multipliés et plus considérables. S'enrichir par la prospérité de ses vassaux vaut bien l'affreux bonheur de commander à des serfs, d'hériter de leurs tristes chaumières et de leurs misérables lambeaux.[29]

L'argument des économistes est désormais classique[30]. Le débat ne cessera pas jusqu'à la Révolution, et opuscules et pamphlets abondent. Il en est un, celui d'un autre franc-comtois, l'abbé Clerget, qui présente l'avantage de résumer l'argumentation en faveur de l'abolition de la mainmorte. Le *Cri de la raison* est publié à Besançon en 1789; il est dédié aux Etats généraux. Ce livre s'ouvre effectivement sur un cri, sinon de la raison, du moins du cœur. «J'ai vu mes compatriotes dans les fers; j'ai entendu les discours de leurs oppresseurs; j'ai frissonné de leurs blasphèmes»[31]. Ce «cri» revient comme un leitmotiv tout au long de l'œuvre. Il s'agit d'un procédé stylistique qui vise à personnifier la mainmorte, un procédé apprécié à l'époque parce qu'il permet de mieux susciter l'émotion chez le lecteur sans que cela nuise au sérieux du raisonnement. L'argument de Clerget se fonde principalement sur Perreciot qui est cité de nombreuses fois. C'est aussi une réponse directe à l'argument historique avancé par les défenseurs de la mainmorte. Loin de parler de consentement mutuel entre les seigneurs et les paysans, il parle ouvertement d'usurpation des fiefs par une noblesse dont la loi est celle du plus fort. Clerget cite, à l'appui de son raisonnement, de nombreux exemples tirés de l'histoire et en déduit que la mainmorte n'a rien à voir avec l'ancienne servitude rurale, qu'elle ne dérive pas de l'ancien esclavage, argument qu'avait déjà développé Perreciot, qu'elle n'existait pas avant le onzième siècle, et qu'enfin «elle naquit des ruines de la monarchie et de la chute du pouvoir souverain»[32].

> Ouvrons les fastes de l'histoire, et nous verrons que, loin d'être un adoucissement à la servitude rurale, la mainmorte fut une injustice de plus, née de l'abus de la force et des crimes de l'usurpation féodale.[33]

L'argument historique se double donc, en réponse parfaite aux raisons avancées pour légitimer la mainmorte, d'un argument juridique. Clerget cite longuement le cas de la Franche-Comté. La mainmorte, n'ayant jamais reçu la vérification du parlement, serait illégale, ce qui expliquerait pourquoi de nombreux seigneurs avaient refusé de l'appliquer dans leurs domaines. Après avoir étudié la coutume franc-comtoise et celle du duché de Bourgogne, Clerget passe à l'analyse des inconvénients de la mainmorte. Il présente tout d'abord une série d'inconvénients d'ordre humanitaire basés sur le droit naturel et affirme que c'est une «cruelle oppression» et un outrage à la nature et à la raison[34]. Il dresse ensuite une liste des raisons d'ordre économique, qui doivent inciter à l'abolir. La mainmorte est présentée comme étant peu fructueuse pour les seigneurs, car elle n'incite pas au travail et entraîne une chute démographique suivie d'une chute des revenus des propriétaires. Passant d'une analyse au niveau de la propriété individuelle à une analyse macro-économique, il montre qu'elle appauvrit le domaine royal, nuit à la progression démographique et contribue à ruiner l'agriculture, les arts et le commerce. Il en tire la conclusion que «le bien de l'état nécessite la suppression de la mainmorte»[35].

La question de la mainmorte présente donc un double intérêt. D'une part elle sert à faire comprendre comment et sur quels fondements se forme, au sein d'une institution ultra-conservatrice telle que l'Académie de Besançon, le groupe minoritaire de la noblesse libérale. D'autre part elle éclaire la nature de la bienfaisance, clef de voute de l'idéologie de ce groupe. La bienfaisance n'est ni un vague sentimentalisme ni une forme de condescendance. C'est une vertu guidée par le sens de l'utilité publique. Il s'agit de régénérer le pays en réinventant la liberté et la justice, qui ne peuvent naître que de la prospérité de l'agriculture et donc de l'amélioration de la condition paysanne.

Par ailleurs, le débat sur les avantages et les inconvénients de la mainmorte met aussi en lumière un aspect ambigu de l'idéologie du retour à la campagne, celui de la question de la légitimité nobiliaire. En 1788, lors des Etats provinciaux de France-Comté, le prince de Montbarrey semblera vouloir ménager les factions d'une noblesse divisée[36]. Ses arguments rappellent l'opuscule *Essais sur la mainmorte par un citoyen désintéressé* de 1784. D'une part, il invite la noblesse à suivre l'exemple royal et à abolir la mainmorte, comme il l'avait fait lui-même en 1780 dans ses domaines. D'autre part, son argumentation a plutôt l'air d'une défense des principes de la mainmorte que de leur critique. Il ne parle plus des avantages économiques de l'abolition du servage, comme il l'avait fait en 1780, mais disserte surtout sur la vérité historique et l'authenticité des titres. Prenant directement le contrepied de Voltaire, il ressuscite les arguments de l'Académie de Besançon. Il rappelle que la mainmorte était à l'origine, dans le duché de Bourgogne, un contrat librement consenti. Il n'en critique donc pas la légitimité. Peu de différence entre son discours et le texte d'un mémoire du chapitre de Saint Claude de 1776: «un pacte parfaitement volontaire entre le seigneur et le cultivateur; une concession purement gratuite de la part du premier (...); de la part du second, c'est un engagement libre dans son principe»[37]. Si Montbarrey demande à la noblesse et aux abbayes d'abolir la mainmorte, c'est pour des raisons politiques, l'annonce des Etats généraux ayant été faite. L'urgence politique serait donc la raison de cette intervention. Il s'agissait également de manœuvres politiciennes pour rallier une partie de l'opinion aristocratique conservatrice. Toutefois, ce discours a une autre portée. Il montre que renoncer aux droits féodaux ne signifiait pas forcément reconnaître leur illégitimité. Quand Lezay-Marnésia légitimise l'existence de la noblesse par la bienfaisance, il ne peut le faire que par rapport à une identité féodale, détruite par les nouvelles idées mais nullement invalidée. Son plan de régénération substitue à l'idéologie nobiliaire traditionnelle une idéologie où la hiérarchie est fondée sur la bienfaisance, mais ne remet pas en cause un système seigneurial considéré comme le fondement de la classe bienfaisante elle-même. La noblesse en tant que groupe ne change pas dans ce système; ce qui change, c'est seulement sa fonction. Ainsi la nouvelle identité de la noblesse, inventée par les théoriciens du retour à la campagne, apparaît-elle correspondre à une nouvelle légitimité: une légitimité moderne, basée sur le critère de l'utilité, qui se substitue, sans l'annuler, à l'ancienne légitimité féodale.

LA CULTURE ACADÉMIQUE

Il ne faudrait pas isoler un futur représentant de la noblesse libérale comme Lezay-Marnésia du modèle académique, auquel il correspond sur bien des points et dont il est par ailleurs le produit quant à son intellectualisme. En dépit de son conservatisme, l'Académie de Besançon demeure malgré tout une institution des Lumières, c'est-à-dire un centre dévoué à la promotion des talents et du mérite, un service d'études guidé par l'utilité publique et un temple dédié à la mémoire des grands hommes. Ces traits qui font partie intégrante de la culture académique font également partie d'une plus vaste culture, celle des Lumières, et constituent les fondements sur lesquels se construit peu à peu la pensée de ces seigneurs éclairés qui contribueront — consciemment ou non — à la Révolution. Leur culture n'est donc pas spécifique. Il suffira seulement d'une prise de conscience des réalités politiques et sociales, d'une interprétation particulière de la bienfaisance, d'une pensée en tension entre le souvenir et l'attente, pour que les fondements culturels exprimés et reçus à l'académie soient mis au service d'une régénération de la société. «Le phénomène académique est au centre d'une vie intellectuelle et publique qui pour l'essentiel est l'expression d'une classe dominante, à laquelle la monarchie a enlevé la matérialité du pouvoir politique tout en lui confiant les tâches multiples de la gestion locale, et, par la force du pouvoir judiciaire, la conservation de l'ordre des choses»[38]. L'académie n'est pas seulement le lieu d'une idéologie; c'est aussi une école où les académiciens apprennent à étudier. Toutefois, l'étude n'est pas neutre. Au siècle des Lumières elle fait figure de progrès et donc de lutte contre le temps pour une plus grande utilité. Sous une gravure de Charles-Nicolas Cochin, intitulée *L'Age viril*, on peut lire ces vers qui font l'éloge de l'utilité de l'étude:

> Dans l'âge où la Raison domine sur les sens,
> L'Homme est peu satisfait des plaisirs inutiles;
> Et propre à des sujets bien plus intéressants,
> Il préfère des Arts les recherches subtiles.
> Avide de savoir, curieux du nouveau,
> Il travaille, il invente, il calcule, il mesure,
> Et du vaste univers l'admirable structure
> Se grave par l'étude au fond de son cerveau.

Cet intellectualisme, qui fait concevoir l'univers comme un vaste sujet d'étude, est alors inséparable du contact avec la nature et plus précisément du retour à la campagne. On en trouve l'expression dans le discours que Lezay-Marnésia lit à la séance publique du 29 juin 1779 pour la réception du marquis de Ségur et de l'abbé de Clermont-Tonnerre. L'inspiration de ce discours est identique à celle du discours de Nancy (1767), à celle du premier chant de son *Essai sur la nature champêtre* (1775–1777) et à celle de l'*Epître à mon Curé* (1778).

> Il n'est point de vraie sagesse sans lumières, ni d'homme vérita-blement grand sans amour pour les Sciences et pour les Beaux Arts. (...) Les Sciences nous donnent des principes et nous con-duisent à la vérité; les Beaux Arts nous peignent la Belle Nature et (...) les grandes actions. Celui qui mépriserait les unes, qui serait indifférent pour les autres, pourrait s'immortaliser comme le barbare Alaric ou le féroce Attila. (...) Ce n'est pas dans la foule que l'homme s'élève pour éclairer ses semblables, il faut s'en éloigner. C'est dans la solitude, sous les voutes majes-tueuses des sapins antiques, parmi les torrents ou les rochers, au milieu des vastes campagnes qu'on recueille les grandes idées. Là, Dieu se montre, le génie se voit,

l'enthousiasme naît et l'amour du Dieu universel se nourrit; on y acquiert cette chaleur vivifiante qui fait mouvoir à la fois tous les ressorts du cœur et de l'imagination et cette tournure poétique qui colore et embellit tous les objets. De retour dans son cabinet paisible, on a le besoin de produire parce qu'on n'a que des pensées utiles et des sentiments vertueux à manifester. On verse son âme dans ses écrits et de l'asile de la Sagesse s'échappent les chefs d'œuvre de l'éloquence et de la poésie, ces tableaux sublimes que le méchant n'admire qu'avec effroi et sur lesquels l'homme bon et tendre laisse tomber de douces larmes.

En faisant l'éloge de l'éloquence et de la poésie, Lezay-Marnésia rend hommage à deux piliers de l'Académie de Besançon. Toutefois il ne s'agit pas chez lui seulement de création littéraire. Il ne s'agit ni d'une simple mode esthétique ni d'un vague sentimentalisme, et si la nature prend une telle importance dans l'étude, ce n'est pas entièrement dû à l'influence de Rousseau. Une telle attitude existait déjà auparavant. Daniel Roche a montré que la campagne et les jardins sont au centre de l'enseignement des académies et offrent un refuge, une retraite nécessaire qui ne fait pas qu'inviter à une vie idyllique. La campagne et le jardin offrent surtout un modèle de société car ils sont inséparables d'une conduite sociale. L'idéal académicien est identique à l'idéal cicéronien, où fortune et nature conditionnent l'exercice de la liberté[39]. Il est aussi identique à l'idéal nobiliaire qui «est toujours un peu la leçon de physique dans un jardin» et dont «le raffinement moral n'exclut pas toujours à ces moments savants les gammes d'une galanterie précieuse»[40]. *Le Bonheur dans les campagnes* illustre cette conception académicienne de la nature. La campagne devient une charte morale et sociale. C'est ce modèle de société, construit à partir du retour à la campagne où le noble remplit une fonction nécessaire, qui fera naître au sein de la minorité éclairée des seigneurs l'idée qu'il est possible de donner à la noblesse une nouvelle identité.

LA MINÉRALOGIE

Au cours des ces années au service de l'Académie de Besançon, Lezay-Marnésia ne fait pas que lire ses poèmes champêtres. Il étudie la minéralogie, à laquelle l'initie son ami Dolomieu[41]. Avec son épouse, qui fut en vérité le principal artisan de cette entreprise, il crée même dans son château de Moutonne un cabinet d'histoire naturelle pour l'instruction de ses jeunes enfants et fait installer une réplique de ce cabinet dans sa maison de Besançon, où il invite quelques académiciens pour des séances de travail. Ce cabinet d'histoire naturelle est suffisamment important pour être mentionné par Dezallier d'Argenville dans sa *Conchyliologie*: «M. le marquis de Marnésia, à Besançon, possède un cabinet de minéraux, cristallisations, fossiles et pétrifications»[42]. En juin et juillet 1778, il entreprend un voyage d'étude qui l'emmène à Bourg-en-Bresse. Il prend le temps de gravir les montagnes qui séparent la Bresse de la Franche-Comté et d'étudier les terrains. Ces régions «offrent des richesses aux naturalistes. Ils peuvent y trouver des pétrifications de toutes les espèces, des pierres de tous les genres»[43]. L'œuvre de Lezay-Marnésia la plus importante en matière de minéralogie est son *Essai sur la minéralogie du bailliage d'Orgelet en Franche-Comté*, dans lequel il fait part de ses découvertes de gisements de calcaire, marbre, spath, grès, granit, fer, étain, or et argent[44]. Il présente les résultats de son étude à l'Académie de Besançon, au cours de la séance du 5 octobre 1777, ce qui lui vaut des éloges dans le procès-verbal de la séance.

> Il a trouvé l'art de répandre toutes les fleurs de l'éloquence sur un sujet aussi aride en renvoyant aux notes les détails, la nomen-clature et la multitude des substances dont il a parlé; on peut le citer pour modèle à ceux qui traiteront le sujet proposé pour le prix des Arts de 1778.

Lezay-Marnésia reconnaît lui-même, dans l'Avertissement de son mémoire imprimé, avoir volontairement opté pour le style de la description plutôt que pour l'énonciation scientifique. «J'ai craint, écrit-il, que trop de méthode me rendît ennuyeux; et ne pouvant être philosophe profond et lumineux, j'ai mieux aimé quelquefois être un peu peintre que d'être toujours sec nomenclateur»[45]. Il n'en reste pas moins vrai que l'érudition du marquis est présente à chaque page de son travail.

Le mémoire répond au vœu de l'Académie de Besançon, qui avait demandé aux académiciens de mener des études sur la minéralogie des différents bailliages dans le but de constituer une «Histoire naturelle du comté de Bourgogne»[46]. Il s'agit d'un travail d'un peu moins de cent pages, composé de deux parties. La première partie est un compte-rendu des découvertes faites par Lezay-Marnésia et son épouse, ainsi qu'un recensement des richesses du sous-sol. Après la description des argiles, des marnes et des sables, les pierres sont présentées selon la nomenclature de Wallérius: calcaires, vitrescibles, apyres, composées. Chaque élément est décrit, et les emplacements des gisements sont indiqués. En outre sont mentionnées les utilisations qui en sont faites, ou peuvent en être faites pour accroître la richesse de la région. Par exemple, l'utilisation des marnes et des plâtres pour fertiliser les prairies artificielles; les grès et les pierres de taille pour la construction; le spath et les quartz pour l'artisanat. L'abondance de silex justifierait aux yeux de Lezay-Marnésia l'ouverture d'une manufacture de pierres à fusil en Franche-Comté. La première partie du mémoire se veut donc utile, car «l'industrie, le zèle et la protection semblent encore loin d'animer ces contrées»[47]. La deuxième partie de l'étude est une liste des pierres et des fossiles marins découverts dans la région de Moutonne: jaspe, coralloïdes fossiles, vermiculites, belemnites, cochlites, nautilites, ostracites, térébratulites, astéries, étoiles de mer, etc.

Quelques jours après la séance du 10 octobre, le marquis et la marquise offrent à l'Académie des échantillons des différents fossiles dont il est parlé dans le mémoire de minéralogie, et un buste du cardinal d'Amboise sculpté par Rosset dans de l'albâtre de Franche-Comté.

Il a été arrêté que l'on ferait faire une console pour placer ce buste sur la cheminée de la bibliothèque comme un modèle de ceux que l'on pourra faire à la suite pour orner les salles de l'Académie de la représentation des hommes illustres de la province.

Ces remarques portées au procès-verbal peuvent paraître anodines. Elles sont pourtant représentatives de la culture académique de Besançon où poésie et éloquence d'apparat doivent servir de manteau à la science, où il est donné une grande importance au culte des grands hommes qu'on considère comme l'environnement naturel de la vie académique. Ainsi Lezay-Marnésia fait-il sculpter par Rosset, pour son cabinet, des bustes de Fénelon, Montesquieu, Pascal et Voltaire. Une sorte d'amalgame se produit entre la matière de la pierre, symbole de la recherche scientifique, et la vénération envers la personne représentée. Les sculpteurs remplissent une tâche quasi-sacrée.

Sous leurs habiles mains les images de nos grands hommes se sont multipliées; la matière docile s'est animée, et Fénelon, Montesquieu, Pascal et Voltaire semblent respirer à côté de leurs écrits dans les cabinets des amateurs qui les chérissent et les méditent.[48]

TRADUCTIONS

Au cours des années 1770, Lezay-Marnésia se lance aussi dans la traduction. En 1775, il traduit la deuxième édition de *The Naturalist's and Traveller's Companion* de Lettsom, qui paraît la même année, à Amsterdam et Paris, sous le titre *Le Voyageur naturaliste, ou Instructions sur les moyens de ramasser les objets d'histoire naturelle et de les bien conserver*[49]. *L'Année littéraire* du 18 juin 1775 fait l'éloge du volume et juge qu'il a été «traduit par une bonne plume»[50]. Le sujet de l'ouvrage recoupait directement les intérêts du traducteur. On y trouve un chapitre sur les fossiles et les minéraux et un autre sur la minéralogie, qui devaient se montrer particulièrement utiles à Lezay-Marnésia quelques années plus tard. Les différents sujets abordés par l'ouvrage intéressaient Lezay-Marnésia à plus d'un titre, car ils embrassaient bien des activités de la campagnes. *Le Voyageur naturaliste* comporte des chapitres sur la botanique, notamment de longs développements sur les graines et les plantes des pays étrangers, des chapitres de zoologie et d'autres sur la composition de l'air, sur les eaux médicinales, sur les arts mécaniques et sur les beaux-arts. La préface de l'ouvrage présente l'idéal d'un voyageur philosophe avec une culture encyclopédique, qui devient bienfaiteur public. Tout ce qui allait constituer le rêve marnésien se trouvait déjà là.

En 1779, il aide le Révérend Martin Sherlock à rédiger directement en français ses *Lettres d'un voyageur anglais* et ses *Nouvelles lettres*. Lezay-Marnésia n'est ni l'auteur ni le traducteur de ces ouvrages, comme des critiques l'ont affirmé. Après avoir voyagé en Prusse, en Italie, en Suisse et en France, Sherlock, que les Lezay-Marnésia connaissaient par leurs amitiés londoniennes, est invité à Moutonne, où le marquis l'aide à rédiger son journal de voyage[51]. La communauté de pensée entre les deux hommes est frappante, et il se pourrait que Lezay-Marnésia ait également «aidé» Sherlock au niveau des idées. On trouve dans ces pages une apologie de Montesquieu, du système britannique, de Genève et de l'œuvre de Voltaire à Ferney. La convergence des points de vue est aussi très forte dans le domaine de l'esthétique. D'une part, le texte réaffirme l'importance de se chercher des guides chez les Anciens. «Je n'hésite pas à affirmer que la décadence universelle du goût dans les arts provient principalement de ce qu'on a négligé l'études des Grecs»[52]. D'autre part, le travail du poète est systématisé. Il repose à la fois sur l'imagination, qui nécessite un travail régulier de six heures par jour[53], et sur l'étude de la philosophie et de l'histoire, car «il vous faut une connaissance profonde du cœur humain; et c'est dans l'histoire que vous devez la chercher»[54]. Enfin, Sherlock — à moins que ce ne soit Lezay-Marnésia, tant ce passage semble directement inspiré du discours de Nancy — termine sur la clef de voute de cette esthétique, l'étude de la nature.

> L'étude de la nature est la plus essentielle de toutes. (...) La nature est l'original que vous avez à copier; Homère, Virgile et Sophocle l'ont peinte avec hardiesse et avec vérité. Peignez-la donc de vous-même, comme ils l'ont peinte, et puis vous pourrez devenir un Homère ou un Sophocle, mais copiste des copistes vous resterez toujours servile et froid.[55]

Le marquis n'avait pas dit autre chose dans le discours de Nancy. Il semblerait donc que son travail ne fût pas seulement celui d'un rédacteur, mais qu'il servît aussi d'interlocuteur, voire d'inspirateur, à Sherlock.

La liste des activités intellectuelles de Lezay-Marnésia pendant sa période académique n'est pas tout à fait terminée. Outre ses travaux de minéralogie, son travail de traducteur-rédacteur et son poème des jardins, qui ne paraîtra qu'en 1787, il prononce quelques discours importants sur la vocation de l'Académie de Besançon. On a déjà cité des extraits de ces discours, notamment celui du 29 juin 1779 dans lequel il décrit le travail de l'académicien comme une tâche consacrée aux arts et aux sciences. Il y reprend des idées qu'il avait développées dans un discours antérieur, le 24 août 1778, qu'on doit considérer comme une sorte de «discours-programme» définissant le rôle des académies. L'institution académique y est décrite essentiellement comme un lieu d'éducation. A ce titre, elle doit être ouverte à l'étude de la modernité tout autant qu'à celle de l'histoire. On a déjà mentionné que dans ce discours il reprochait aux académiciens de Besançon de ne pas s'ouvrir suffisamment aux Lumières. Pour lui, l'académicien doit «s'enflammer du désir d'être utile». L'étude des nouvelles idées construit l'intellectuel, car «il n'est point de vraie sagesse sans lumières, ni d'homme véritablement grand sans amour pour les sciences et pour les beaux arts». Sans cela, il lui paraît impossible que l'Académie puisse remplir sa fonction d'éduquer le goût et le génie de la jeunesse. En outre, sa fonction éducative la rend responsable de l'enseignement de l'histoire:

> Le champ de l'histoire pour vous déjà défriché par l'érudition sera désormais cultivé par l'élégance. Elle tracera des routes abrégées, droites, faciles, et sagement ornées qui nous conduiront en nous intéressant toujours aux terres où vivaient nos ancêtres. En faisant parler nos pères, en nous les montrant tels qu'ils ont été, elle nous attachera encore davantage à nos foyers. Nous aimerons mieux cette Patrie où l'honneur, le courage, la bonne foi se trouvent dans leur sol naturel.

Cette histoire répond aussi au critère d'utilité. Son but est pratique: inculquer le sens des racines ancestrales. Dans cette conception de l'histoire apparaît déjà l'auteur du *Bonheur dans les campagnes*. C'est ce mélange de traditionalisme et d'une bienfaisance réformatrice qui anime l'idéologie du retour à la campagne. Derrière l'histoire se profile un âge d'or, à la fois souvenir et attente. Est introduit un modèle de société, véhicule du civisme. Honneur, courage et bonne foi, principes issus d'une conception aristocratique de la société, sont offerts comme modèle de conduite. La culture académique transmet donc à la fois un idéal nobiliaire de société et un idéal intellectuel universel, qui réconcilie, comme dans la pastorale de l'abbé de La Baume Desdossat, *L'Arcadie moderne ou les Bergeries savantes*, le Génie, le Goût et l'Emulation[56].

L'ÉDUCATION DES FEMMES

Dans le cadre de l'Académie de Besançon, puis en marge de ses activités, Lezay-Marnésia va se trouver indirectement impliqué dans les débats du siècle sur l'éducation des femmes[57]. En 1777, l'Académie de Besançon choisit comme sujet de son concours d'éloquence la question de l'éducation des femmes: «Comment l'éducation des femmes pourrait contribuer à rendre les hommes meilleurs». La façon d'aborder ce débat, qui avait déjà fait couler beaucoup d'encre, la manière dont était formulé l'intitulé, révèlent le traditionalisme des académiciens de Besançon. Il ne s'agit pas de proposer un plan d'éducation pour les femmes ni de reconnaître leur autonomie, encore moins de remettre en question les idées reçues sur la nature féminine, mais seulement de considérer la femme par rapport aux fonctions masculines, d'analyser comment elles peuvent contribuer à les améliorer. Aucun des neuf concurrents ne répondra vraiment à la question, évitant la théorie pour insister sur la pratique, ou donnant libre cours à des réflexions générales, ou encore répondant à la question «combien» et non «comment»[58]. L'abbé Denis Chevanne, professeur de philosophie au collège de Gray, commence ainsi son mémoire: «*a muliere iniquitas viri*». Un autre concurrent, qui se dit philosophe, fait une critique de l'éducation donnée dans les couvents et propose une instruction fondée exclusivement sur les mathématiques. Une demoiselle traite la question en comparant le mariage à un tombeau, le tombeau de la liberté. Bernardin de Saint-Pierre, qui était correspondant de l'Académie de Besançon, participe au concours, mais ne propose pas de système d'éducation et se contente de rêveries. Une autre concurrente, une jeune fille de 23 ans — il s'agit de Manon Philipon, la future madame Roland — met en épigraphe à son texte: «le sentiment est mon guide; puisse-t-il me tenir lieu d'esprit et de talent». Le prix n'est pas décerné et le sujet est proposé à nouveau au concours d'éloquence de 1778.

Cette fois-là, il y eut onze concurrents et le prix fut remporté par le marquis Henri Costa de Beauregard, connu surtout pour l'amitié qui le liait à Joseph de Maistre. Sa dissertation fut couronnée et imprimée l'année suivante chez Charmet, à Besançon, avec une préface de Lezay-Marnésia[59]. Il s'agit du discours que Dom Grappin attribuera à Lezay-Marnésia dans l'éloge des académiciens décédés, qu'il fait à l'Académie de Besançon en 1812. Comme le remarque Pingaud[60], le contenu de la préface incite à croire à une collaboration active de la part de Lezay-Marnésia, qui ne pouvait pas participer au concours, étant membre de l'Académie[61]. Il est certain que la teinture rousseauiste du texte, la critique des institutions religieuses qu'on peut y lire, et les idées qui y sont exprimées se retrouvent dans l'œuvre de Lezay-Marnésia, mais rien ne prouve que Costa fût simplement un prête-nom[62]. Pingaud souligne en outre qu'on retrouve bien des idées de Costa dans la correspondance de Pétersbourg de Joseph de Maistre. On ne remettra donc pas en cause une attribution qui est généralement reconnue. Cet essai est important, parce qu'on y retrouve incontestablement la pensée de Lezay-Marnésia, et qu'il peut servir de préface au *Plan de lecture pour une jeune dame* que le marquis publiera six ans plus tard, même si sur bien des points il s'y montrera moins conservateur. Il n'y a là rien de surprenant sachant que Lezay-Marnésia était l'un des proches amis de Costa, auquel il rendait souvent visite dans son château de Beauregard sur les bords du lac Léman. Ils partageaient les mêmes goûts et les mêmes idées, et il est probable que Lezay-Marnésia participa, même par de simples conseils, à l'élaboration de l'essai.

Si Costa doit beaucoup à Rousseau, par exemple lorsqu'il détermine la nature de la femme par la maternité, il ne le suit pas sur tous les plans, notamment quand il souligne la nécessité d'une instruction pour les jeunes filles. Son essai s'inscrit plutôt dans la tradition des *Avis d'une mère à sa fille* de madame de

Lambert[63] et dans celle de l'*Essai sur le caractère, les mœurs et l'esprit des femmes dans les différents siècles* de Thomas[64]. L'argument de Costa peut se résumer en quatre mouvements: tout d'abord il constate l'existence d'un esprit de frivolité chez les femmes contemporaines et en fait la critique; puis il affirme qu'il est nécessaire de leur donner une éducation afin de mettre fin à l'ignorance dans laquelle elles sont maintenues; il montre ensuite comment cette éducation est une école de jugement; enfin il rappelle que cette éducation doit être soumise à deux impératifs: le devoir de plaire et le devoir familial. Ces quatre mouvements sont en fait des thèmes que Costa développe sous forme de digressions et sans logique interne. S'il y a un fil conducteur dans cet essai, c'est sans aucun doute le rappel de la fonction maternelle, qui revient régulièrement dans le texte comme un leitmotiv. Il faut bien se rendre compte que l'idéal maternel et domestique n'était pas encore très à la mode dans la société mondaine du dix-huitième siècle. Il ne s'agissait donc pas de renforcer des tendances de la société mais d'essayer de les modifier.

L'essai s'ouvre sur une virulente critique d'une éducation des femmes qui s'intéresse uniquement «à polir leurs manières ou à parer leur naturel des fleurs de quelques demi-talents», alors qu'elles auront des enfants à élever. L'argument est proche de celui de Thomas, qui s'en prend au «romanesque» de son époque, à «cet amusement, ce je-ne-sais-quoi qui ne tient ni à l'imagination, ni à l'esprit, ni à l'âme, et ne consiste peut-être que dans des formes, étant le seul but, tout doit s'y rapporter»[65]. Thomas explique que cet esprit n'est plus celui de la galanterie auquel se mêlait «l'esprit de chevalerie» et «l'honneur antique», et qu'avec leur disparition la galanterie devint «un sentiment vil qui supposa toutes les faiblesses, ou les fit naître»[66]. Costa suit la même logique, mais sa terminologie s'apparente plutôt à celle de madame de Lambert. Le désir de plaire, qu'il considère comme normal, comme une sorte de devoir, s'est trouvé corrompu en «coquetterie» et en «ardeur de briller» qui ont engendré un système construit sur le vide ou l'illusion.

> L'art d'inspirer des désirs qu'on ne veut pas satisfaire a fait naître l'art de feindre des sentiments qu'on n'a pas, et de là s'est formé un système d'attaque et de résistance où la pudeur et l'amour prêtent tout au plus leurs masques au dérèglement du cœur.

Il poursuit son argumentation en développant, d'une part les idées de madame de Lambert selon laquelle les femmes doivent avoir des occupations sérieuses, car elles sont destinées à plaire par leur mérite et non par leur frivolité[67], et d'autre part la pensée de Thomas, pour qui une femme frivole et faussement savante oublie ses devoirs de mère et d'épouse[68]. Sans s'attarder sur les méfaits de la frivolité, qu'il juge inutile de prouver par une longue argumentation tant ils lui paraissent évidents, il insiste plutôt sur le type d'éducation à donner aux femmes et cite deux exemples précis où les connaissances détournent les femmes de leur devoir maternel. Le premier cas, c'est celui des «femmes savantes», qui étudient l'histoire naturelle, la physique et l'astronomie et qui transforment leur boudoir en muséum. La même condamnation touche celles qui s'intéressent aux questions métaphysiques et théologiques. Le second cas, c'est celui des «guerrières» du dix-septième siècle, auxquelles Thomas avait consacré plusieurs pages. Les duchesses de Montbazon, de Longue-ville et de Chevreuse sont nommément critiquées par Costa, qui considère que leur comportement est une trahison de leur fonction dans la société.

Comment en est-on arrivé là? Comment se fait-il, se demande Costa, que les mères laissent si souvent aux domestiques le soin d'éduquer leurs enfants? Pour lui, il ne fait aucun doute que cette trahison provient d'une éducation, qui au lieu de parfaire la spécificité des femmes crée en elles un vide. Toutefois, Costa ne propose pas de théorie de la spécificité de la femme. Une fois de plus il est plus proche de madame de Lambert que de Thomas. Thomas parle de la sensibilité, de la passivité, de l'irrationnel, de l'imagination de la femme. Madame de Lambert reconnaît que la femme est gouvernée par son imagination, mais elle en reste là. Sa définition de la femme est fonctionnelle. Il en est de même chez Costa, qui se contente de faire allusion au désir de plaire et au sentiment qui sont inspirés à la femme par la nature; tout le reste est soumis à des fonctions dans la société. Cela ne signifie pas que l'approche de Costa soit culturaliste. Ces fonctions sont à ses yeux des impératifs, qui transcendent le temps et la géographie; ce sont presque des transcendantaux. Le rôle de la femme est d'être mère et épouse; pour cela, elle doit recevoir une éducation qui développe en elle le sentiment, qui règle son imagination disait madame de Lambert. Or, constate Costa, l'éducation qui leur est offerte est une «éducation meurtrière qui éteint en elles le sentiment au lieu de le développer». C'est le prétexte à une attaque en règle des couvents à cause de leur caractère claustral et à cause de leur austérité. Le couvent est «une espèce de prison» où les jeunes filles passent «des années perdues dans l'ennui». Ce sont des «retraites où tout professe l'oubli du monde (...) et c'est là qu'on veut qu'elles apprennent à s'y conduire». Quant aux règlements de la vie conventuelle, Costa les considère comme des rigueurs inutiles et même nuisibles. «Comment dans l'asile des vertus souffrantes et austères pourraient-elles surtout contracter cette douce humanité qui doit caractériser la mère de famille?» Il conclut en diagnostiquant que ces excès expliquent la dissipation ultérieure, qui atteint la jeune fille après avoir été libérée de cet univers.

A la différence de Rousseau, qui laisserait faire la nature, et plutôt comme Thomas et madame de Lambert, Costa insiste sur la nécessité non seulement d'une éducation mais aussi d'une instruction. Il est important que les jeunes dames ne soient pas laissées dans l'ignorance ou dans la niaiserie. Il ne faut pas qu'«on laisse leur âme inculte et leur raison oisive». S'inscrivant dans la tradition des Lumières, selon laquelle l'éducation est fonction de la condition sociale, il modèle l'éducation des filles sur leur fonction dans la société. Son plan d'éducation se base sur l'enseignement de quatre disciplines, chacune correspondant à un rôle bien précis. Tout d'abord, l'histoire «qui leur montre dans tous les siècles et dans tous les pays l'empire qu'elles ont exercé avec des progrès et des vicissitudes». Puis, la morale, qui tend «à rectifier le jugement et à rendre le cœur plus sensible». Ensuite, la littérature, qui améliore le langage, forme le goût et rend «l'esprit plus agréable». Enfin, «la science de l'administration et de l'économie domestique». Cette dernière discipline ne signifie pas que Costa reconnaît à la femme des qualités administratives. Sans le rendre explicite, Costa s'entend avec Thomas pour refuser aux femmes un esprit universel, qui leur permettrait de s'intéresser aux affaires de l'état. L'administration dont il s'agit ici, c'est celle du foyer. Il y a un «ordre établi par la providence», souligne Costa; l'homme «veille à la sûreté de la république», la femme «au bonheur particulier de la maison».

Il existe un cinquième domaine dans l'éducation des femmes, qu'il est toutefois difficile de qualifier du nom de «discipline» tant il reste vague. Il s'agit de la philosophie. Mais cette philosophie n'a rien à voir avec «cette science téméraire qui, enorgueillie des sytèmes qu'elle a enfantés, y soumet tout sans distinction, et qui, se bornant à détruire, nous laisse le plus souvent découragés au milieu d'un vaste amas de ruines». Le point de vue de Costa n'est pas celui des philosophes; il n'est pas non plus celui des partisans de la religion. L'éducation qu'il conseille de donner aux jeunes filles est une éducation sécularisée. Quelle est donc cette philosophie? C'est une «aimable et douce sagesse qui nous apprend à nous connaître nous-mêmes». Cette définition fonctionnelle n'est pas sans rappeler l'*Avis* de madame de Lambert, pour qui «la plus grande science est de savoir être à soi»[69]. Ce sera cette solitude, ce retour sur soi-même, qui, selon Costa, sera la meilleure science des mœurs.

> Ainsi le sort des femmes est de trouver le bonheur dans une vie obscure, partagée entre des travaux utiles et les jouissances du sentiment; mais il faut que la philosophie épure ces sentiments, ennoblisse ces travaux: il faut qu'elle fortifie leur esprit et les arrache à la tyrannie des préjugés.

Ce plan d'éducation des femmes est donc orienté vers un seul but: faire de la femme une bonne mère et une bonne épouse. Costa l'annonce au début de son essai: «Que vos regards fassent naître des héros et des citoyens, des hommes généreux et intrépides». Il répondait ainsi à la question de l'Académie: comment l'éducation des femmes peut-elle rendre les hommes meilleurs, réponse dont le contenu était déjà formulé dans l'intitulé de la question.

> Toujours renfermée dans les bornes de l'utilité et de la modestie, la femme est faite pour nourrir dans le cœur de l'homme le sentiment d'une gloire légitime: elle est faite pour l'attacher à ses autels et à ses foyers; et c'est au sein de l'amitié, de l'amour et de la retraite qu'elle lui fait trouver le prix des travaux auxquels il se livre pour la sûreté commune.

La dissertation se conclut sur une description idyllique et rousseauiste, celle de la famille idéale qui vit «dans un asyle champêtre, garanti par des rochers de l'influence du luxe et des vices», famille que la femme honnête et sage embellit et purifie tout en ramenant son époux à ses devoirs, lui offrant ainsi des conditions propices au bonheur et à la vertu.

En 1784, Lezay-Marnésia fait paraître son *Plan de lecture pour une jeune dame*. Une seconde édition en sera imprimée en 1800, peu de temps avant sa mort, avec des additions sur quelques romans parus après 1784. Toutefois, ces suppléments relèvent plus de la critique littéraire que de conseils pédagogiques et n'interfèrent nullement avec le programme de lectures proposées. On ignore les raisons pour lesquelles Lezay-Marnésia écrivit ce petit livre, sinon qu'il fut écrit à la demande spécifique d'une jeune personne, comme l'indique la préface de l'édition de 1800, et qu'il fut rapidement épuisé. Comme l'essai de Costa, auquel il s'apparente par bien des points, *Le Plan de lecture* est teinté de rousseauisme et s'inscrit dans la famille de pensée d'une madame de Lambert et d'un Thomas. Lezay-Marnésia, d'ailleurs, avoue ne proposer rien d'original. La critique de Beaunier, qui considère *Le Plan de lecture* comme «une longue niaiserie»[70], est injuste et prouve seulement qu'il n'a pas pris la peine de lire le texte dans le détail. Il ne s'agit pas d'un ouvrage philosophique. Ce qui en fait l'intérêt, c'est justement son aspect pratique: une liste de livres, dont le choix révèle une exigence intellectuelle, un esprit religieux et un souci moral. Si Lezay-Marnésia n'y apparaît pas progressiste, il montre plus de hardiesse que Costa ou Thomas.

Dès la préface, le ton semble être celui de Costa. On n'enseignera aux femmes ni la physique ni l'histoire naturelle. Les sciences nuisent aux femmes; elles sont le partage des hommes. Comme chez Thomas et comme pour la vaste majorité des penseurs du dix-huitième siècle, la spécificité féminine est définie par la sensibilité. D'emblée sont dévolues aux hommes «les connaissances vastes et profondes, les vertus fortes et actives» et aux femmes «les vertus douces et paisibles, les talents enchanteurs, l'esprit, les grâces»[71]. Pour les mêmes raisons sont déclarés inutiles aux femmes les livres de métaphysique.

Toutefois, l'idéal ménager, que Costa voulait inculquer aux mondaines, ne se trouve pas sous la plume de Lezay-Marnésia. Ce qui ne veut pas dire qu'il n'y croyait pas. Comme dans *Le Bonheur dans les campagnes*, l'harmonie familiale est l'un des piliers de la pensée marnésienne, et la femme — du moins la châtelaine — y joue un rôle bien précis. *Le Plan de lecture* est une œuvre de circonstance, écrite visiblement pour une jeune aristocrate, qui fréquente les salons. Le modèle que suit Lezay-Marnésia n'est pas tant celui du bonheur domestique que celui des salons littéraires. L'éducation qu'il propose répond à l'ambition mondaine du siècle. Elle s'inscrit dans un goût qui est celui de l'«esthétique circéenne», définie comme un système où l'art est jugé en fonction de son pouvoir de séduction[72]. Le destin des femmes est fondé sur le même principe: «charmer est leur devoir»[73]. Avait-il présent à l'esprit l'exemple de sa mère? Mais, celui de son épouse, qui avait participé à ses recherches d'histoire naturelle, n'apparaît pas. Le modèle de base reste littéraire, sans être tout à fait le modèle de la première partie du siècle. Les lectures de la jeune femme suivent aussi la mode intellectuelle du moment: elles sont résolument orientées vers des questions morales, vers des problèmes de société, ce qui correspond à la tendance de la seconde partie du dix-huitième siècle. Ces lectures se veulent pratiques: il ne s'agit pas d'accumuler des connaissances mais d'en tirer des leçons utiles. Ainsi ne recommande-t-il pas l'apprentissage des langues anciennes et conseille-t-il de lire les Anciens en traduction. De même, «c'est bien moins en multipliant ses lectures, qu'en les faisant avec ordre et avec choix, qu'on parvient à s'instruire d'une manière agréable et sûre»[74]. Ces lectures ont donc un but intellectuel et mondain et un but éducatif et moral. Elles remplissent aussi deux autres fonctions. D'une part, comme chez Costa et madame de Lambert, elles donnent de la justesse au jugement et introduisent au raisonnement. D'autre part, elles sont l'un des meilleurs remèdes contre l'ennui, car «l'esprit languit, se fâne, s'éteint, s'il n'est pas nourri»[75]. Grâce à ses lectures, la femme «dans la retraite (...) n'éprouvera jamais le plus cruel des maux, l'ennui»[76].

Si Lezay-Marnésia part du principe que la nature féminine se caractérise par la sensibilité et que la femme doit donc se cantonner dans certains domaines seulement, il n'en fait pas ici le résultat d'une soustraction à la nature des hommes. Il établit une véritable concurrence entre la femme et l'homme. Si les femmes n'ont pas besoin de recevoir des notions de métaphysique, ce n'est pas que ce ne soit pas leur rôle, c'est que «la nature elle-même a pris soin de leur donner celles dont elles ont besoin. (...) Dans une conversation facile, dans quelques pages rapidement tracées, elles analysent mieux le cœur humain, suivent mieux la marche des passions que Locke, M. Bonnet, l'abbé de Condillac n'ont pu le faire»[77]. La mode n'était plus aux sciences spéculatives. La métaphysique est conçue comme l'analyse des passions, et dans ce domaine, Lezay-Marnésia reconnaît la supériorité des femmes, à la différence de Thomas qui nie qu'elles aient toute faculté d'analyse. La supériorité des femmes ne se limite pas à la finesse psychologique; elle s'étend aussi à leur pouvoir sur le goût des sociétés. Lezay-Marnésia reprend ici l'argumentation de Nicolas Lenglet Dufresnoy sur le rôle des femmes dans l'histoire. En 1734, ce dernier écrivait que les femmes «gouvernent (...) presque toutes les cours», que «le sexe anime tous les mouvements de l'état». Il affirmait que les romans, mieux que l'histoire, rendent compte du vrai rôle des femmes, de leur importance «en tout ce qu'il y a d'essentiel en matière d'intérêt public et dans les plus grands mystères des affaires»[78]. Lezay-Marnésia, sans le suivre en mettant les romans au-dessus de l'histoire, invite à étudier l'histoire, car elle permet de voir que «ce sont les femmes qui ont dirigé les mœurs dans tous les empires»[79]. Il ne s'agit pas, comme le fait Thomas, de constater un fait pour le critiquer, en disant que la nature des femmes, basée sur le sentiment et l'imagination, ne les porte pas vers les affaires publiques. Il s'agit au contraire d'en faire une apologie. Toutefois, si Lenglet Dufresnoy disserte sur le pouvoir politique réel de certaines femmes et imagine un gouvernement dirigé par des femmes, Lezay-Marnésia ne va pas jusque là. Il n'est pas vraiment question de pouvoir réel mais de pouvoir moral, de pouvoir esthétique, d'influence. Quand la jeune dame lira des livres d'histoire moderne, «à chaque page elle y verra l'influence de son sexe»[80]. Si la femme doit jouer un rôle, c'est dans un domaine bien précis, un domaine réservé, qui correspond à une société littéraire mondaine et pas à la société politique ni à un univers savant. Il ne cite pas l'exemple des Montbazon, Longueville et Chevreuse, critiquées par Costa. Il ne mentionne pas non plus madame Dacier, célèbre pour ses traductions des auteurs grecs et latins, ni madame du Châtelet, dévouée aux sciences. Ses modèles sont madame de La Fayette, madame Deshoullières, madame de Sévigné et madame de Tencin. Leur apologie est basée sur leur talent à charmer et à analyser le cœur humain: les femmes excellent dans les sujets qui «demandent de la finesse dans les pensées»[81].

Il reste maintenant à examiner le plan de lecture proprement dit. La catégorie la plus importante en nombre de volumes est celle des romans. Il faut toutefois la traiter à part, car ils sont présentés dans la conclusion du *Plan de lecture* et, comme on s'en doute, assortis de maintes considérations sur leur utilité. Après les romans, la classe la plus importante est celle des livres d'histoire, car ce sont des ouvrages qui permettent de «connaître l'homme dans ce mélange de crimes et de vertus»[82]. Lezay-Marnésia recommande de suivre l'ordre chronologique et de commencer avec l'histoire ancienne et l'histoire ecclésiastique. Toutefois, ces deux catégories ne correspondent qu'au tiers des titres des livres d'histoire. L'accent est délibérément mis sur l'histoire moderne, pas seulement l'histoire de France mais l'histoire des autres nations européennes, l'Angleterre, l'Italie, la Suède, la Pologne, et celle des pays «exotiques», l'Amérique, le Paraguay, la Nouvelle France. Lezay-Marnésia explique que les ouvrages conseillés n'ont pas été choisis au hasard. Les critères qui ont présidé à leur sélection sont explicités. Considérant que l'histoire est «le cours de morale le plus complet et le plus utile»[83], il recommande tout particulièrement les mémoires et relations de voyages, qui, tout en étant plus agréables à lire, offrent des tableaux des mœurs. Sans compter que ces descriptions nourrissent le rêve rousseauiste de l'état de nature, comme l'*Histoire du Paraguay* de Charlevoix qui propose «le tableau le plus touchant: (...) celui d'une multitude de familles (...), rassemblées par des sages et devenues heureuses sous des lois qui les forcent à trouver l'abondance, en renonçant à toute propriété, qui (...) les soumettent à la discipline des guerriers, en leur laissant la douceur et l'innocence des bergers»[84]. En outre, à la suite de Montesquieu, Lezay-Marnésia opte pour une conception moderne de l'histoire en choisissant surtout des ouvrages qui ne se bornent pas à raconter les faits d'un souverain mais qui mettent en scène des peuples. Ainsi l'abbé Velli, dans son livre sur la période avant Charlemagne, «a le mérite de ne pas se borner à raconter les actions des rois, il sent que la nation n'est pas toute entière dans la personne du prince qui la gouverne»; il peut donc montrer «la marche de l'esprit et les progrès de la raison»[85]. Cette conception de l'histoire était loin d'être partagée par les autres académiciens de Besançon, pour lesquels l'histoire restait le récit des faits et gestes des grands hommes. Lezay-Marnésia insiste certes sur les exemples offerts par les hommes illustres, mais seulement dans la mesure où ils peuvent servir aux mœurs et à la morale. Dans cette liste, deux livres doivent toutefois être lus avec précaution: celui de l'abbé Raynal sur l'*Histoire philosophique et politique des établissements des Européens dans les Deux Indes*, et l'*Essai sur les mœurs* de Voltaire. Si le marquis en conseille une lecture prudente, c'est qu'il juge ces deux ouvrages «trop en opposition avec toutes les idées religieuses»[86]. Quand on sait que le livre de l'abbé Raynal avait été publié clandestinement et que son auteur avait été contraint à l'exil, on doit reconnaître que Lezay-Marnésia fait preuve d'une certaine hardiesse de pensée en en conseillant la lecture, même avec attention, à une jeune dame.

Les livres introduisant à une méditation sur la religion correspondent quantitativement au tiers des volumes historiques. La raison en est simple. Lezay-Marnésia écarte tous les livres de théologie et les catéchismes, sauf celui de Fleury qui traite plus de l'histoire des dogmes que des dogmes eux-mêmes. Ce n'est pas qu'il refuse l'application de l'intelligence aux vérités de la foi, puisqu'il conseille de lire le *Traité de l'existence de Dieu* de Fénelon justement pour son raisonnement. Mais il pense qu'il vaut mieux réfléchir sur la religion primitive commune à tous les peuples et donc n'étudier le christianisme qu'en guise d'introduction à une mystique unitive. Au moment où il composait son *Plan de lecture*, Lezay-Marnésia commençait à être actif dans les hauts-grades de la franc-maçonnerie, dans les milieux de Willermoz, ce qui ne fut pas sans influencer sa sélection. Tous les livres qu'il propose ont un dénominateur commun: leur caractère touchant introduisant à une méditation de nature mystique. Toutefois, les ouvrages qui «portent le doute et le trouble dans l'âme» sont écartés[87]. Il recommande ainsi la lecture de morceaux d'éloquence, notamment les *Sermons* de Massillon, qui a «le don heureux de pénétrer dans l'âme par le sentiment»[88]. Il conseille également la lecture de Pascal, qu'il appelle «le grand athlète du christianisme»[89], et celle de Fénelon. Mais il place au premier rang, d'une part l'*Imitation de Jésus Christ*, «le livre le plus capable de pénétrer le cœur», livre qui figurait en bonne place dans les lectures des francs-maçons spiritualistes, et d'autre part la Bible, dans laquelle on trouve «des beautés bien supérieures à celles que les plus puissants génies ont semées dans les écrits que les hommes de tous les temps et de tous les siècles ont admirés»[90]. On est loin du cadre rigide d'un catholicisme traditionnel et dogmatique auquel on pourrait s'attendre après avoir lu le *Bonheur dans les campagnes*. Ces lectures, et surtout l'esprit dans lequel elles doivent être faites, laissent entrevoir chez Lezay-Marnésia une religion qui débouche sur une mystique unitive.

L'étude de la philosophie est réduite à la lecture de Pope, ce qui est tout de même plus que chez Fénelon, qui excluait tout ouvrage de philosophie. La liste des ouvrages de morale est fort réduite, car «pour que la morale charme et touche, il faut qu'elle soit en action; c'est ainsi qu'on la trouve dans quelques romans parfaits, dans quelques bonnes tragédies et dans quelques comédies excellentes»[91]. Il faut ajouter à cela les livres d'histoire, qui enseignent les mœurs. La liste des œuvres introduisant à la mythologie est courte: les *Métamorphoses* d'Ovide et les *Géorgiques* de Virgile, plus le traité de l'abbé Bannier. Il semble que Lezay-Marnésia ait volontairement écarté, même en traduction, la lecture des Anciens — d'ailleurs il ne recommande pas l'apprentissage du latin, alors que le conseillait madame de Lambert — au profit d'une formation moderne, morale, littéraire et historique.

La catégorie la plus importante est celle des arts et de la littérature: ouvrages du dix-huitième siècle sur l'esthétique de la poésie, de la peinture et de la sculpture, et grammaire de Condillac pour améliorer l'écriture. Il est également conseillé d'apprendre l'italien, car c'est une langue qui permet de nuancer les sentiments, conseil qui fait sourire quand on se souvient que madame de Lambert déconseillait tout particulièrement l'italien qu'elle trouvait dangereux, car c'était la langue de l'amour. En ce qui concerne les œuvres littéraires, Lezay-Marnésia s'écarte des avis de madame de Lambert. Alors qu'elle recommandait une grande prudence en matière de poésie, il insiste tout particulièrement sur ce domaine, qui nourrit l'imagination et attendrit l'âme. Alors qu'elle trouvait les romans dangereux, il en recommande la lecture à condition d'exercer un certain discernement dans ses choix, car il y a certains romans «dont la licence a trop abusé, dont la médiocrité s'est emparée trop souvent» et d'autres «dont le génie s'est quelquefois servi pour peindre, corriger les mœurs et donner de grandes leçons»[92]. En tête du palmarès: *Télémaque* et La *Nouvelle Héloïse*, puis les romans de Richardson et Fielding, enfin ceux de LaFayette, Tencin, Graffigny et Riccoboni. Dans son appréciation des romans, Lezay-Marnésia ne fait pas intervenir le critère littéraire. Tout au plus mentionne-t-il que les romans sont des peintures attachantes et agréables faites dans un langage pur. Il raisonne surtout en moraliste, comme Lenglet Dufresnoy et Mouhy, et en pédagogue, comme Huet. Il souligne aussi que le réalisme psychologique des romans ne peut que servir aux femmes à perfectionner leur principale qualité, la finesse d'une pensée qui leur permet d'analyser le cœur humain[93].

Le *Plan de lecture* se termine sur deux recommandations qui parachèvent une formation orientée vers la culture des salons et modelée sur la République des Lettres. La jeune dame lira régulièrement un journal pour se tenir au courant des nouveautés littéraires. En outre, elle entretiendra une correspondance pour discuter de ses lectures. Ce plan d'éducation est en fait l'application à l'éducation des femmes des principes académiques que Lezay-Marnésia avait exposés dans son discours du 24 août 1778: s'ouvrir aux idées modernes, penser en termes d'utilité morale, ajouter l'éloquence à l'érudition. C'est le modèle d'une culture académique, qui donne préférence aux belles lettres et à l'histoire sur les arts et les sciences, à la pratique sur le savoir et se trouve en tension entre le conformisme social et la pensée des Lumières.

CHAPITRE V

LA FRANC-MAÇONNERIE

LE PROJET PHILANTHROPIQUE
ET LA LOGE DES NEUF SŒURS, 1782–1785

Le tableau du seigneur éclairé et bienfaisant de Moutonne et de Saint-Julien est aussi celui d'un franc-maçon, d'un futur constituant et d'une personnalité en vue, tout en restant celui d'un académicien, d'un créateur de jardins et d'un père de famille. De 1778 à 1789, la vie publique de Lezay-Marnésia suit un cheminement classique: elle glisse de l'académie à la loge, puis de la loge à l'arène politique, pour s'évanouir, après 1790, dans l'utopie *in vivo*. Si on possède la preuve qu'il fut très actif dans la franc-maçonnerie, la reconstitution de sa «carrière» de franc-maçon reste délicate à partir du moment où il est reçu dans la franc-maçonnerie des hauts grades[1]. Les renseignements glanés ici et là dans les archives sont toutefois suffisants pour révéler les idées et les attitudes qui allaient l'influencer, ainsi que pour définir les milieux dans lesquels il évoluait. L'option franc-maçonne devait lui imposer un point de vue qui contribuerait à lui faire embrasser fait et cause pour les positions de la minorité de la noblesse en 1789, bien que le fond de sa pensée restât ancré dans un imaginaire quasi-féodal.

Il n'y a rien d'étonnant à ce que Lezay-Marnésia soit devenu franc-maçon. Bien de ses amis comtois et de ses collègues académiciens étaient membres de loges maçonniques. La plupart des militaires qu'il connaissait faisaient partie de la loge Saint Louis à l'Orient du régiment du roi ou de la loge Henri IV à l'Orient du régiment de Toul, comme le comte d'Hennezel, officier au régiment de Toul, qui est cité en exemple de gentilhomme-cultivateur dans *Le Bonheur dans les campagnes*. Sur les listes de la loge bisontine La Parfaite Egalité, on peut lire les noms du président de Vezet, de Bergeret, du chevalier de Sorans et de Bureaux de Puzy, qui fera partie de la minorité de la noblesse aux états généraux. L'intendant de Franche-Comté, Lacoré, que Lezay-Marnésia reçoit à Moutonne et dont il loue les décisions éclairées[2], est membre de la loge La Sincérité à l'Orient de Besançon. Dans cette loge on retrouve aussi le président Droz et Philipon de la Madelaine[3]. Les femmes ne sont pas absentes non plus: madame Lacoré et madame Philipon de la Madelaine sont parmi les vingt-cinq sœurs de la loge d'adoption de La Sincérité[4].

On connaît l'esprit de philanthropie qui présidait à l'action des loges. Lors de l'installation de la loge La Sincérité, en 1778, le vénérable Tharin, conseiller au parlement de Besançon, prononce un véritable discours-programme à des francs-maçons bisontins peu assidus et peu zélés:

Nous venons en loge travailler à devenir vertueux, (...) développer, seconder dans son cœur le germe précieux de l'honneur et de la vertu, (...) connaître les hommes, les estimer par leurs qualités personnelles, (...) les séparer de ces distinctions frivoles inventées par la vanité et trop souvent substituées au mérite.

Après avoir rappelé aux frères qu'une loge est une école de vertu, de fraternité et d'humanité, il met tout particulièrement en valeur l'idée d'égalité en soulignant que les membres d'une loge ont un devoir d'éducation à remplir auprès de chaque personne demandant à être reçue:

Vous lui formeriez une âme noble, généreuse, compatissante; vous lui montreriez ses devoirs, et vous lui apprendriez à les remplir (...); vous lui diriez que les hommes sont ses égaux par le droit inviolable de la nature, dans quelque état que les besoins de la société les aient placés; qu'il doit les secourir, les protéger, les défendre, réparer (...) le partage trop inégal des biens de la fortune; vous formeriez un homme et vous donneriez un citoyen à l'état.

Et Tharin de terminer son discours en galvanisant l'assemblée:

Que venez-vous faire en loge? Elever des temples à la vertu et creuser des cachots pour les vices. La fin de notre institution est donc la pratique des vertus et l'horreur des vices.[5]

Rien de plus conventionnel que ce discours: c'est la doctrine des Lumières, celle de la bienfaisance éclairée. Lezay-Marnésia aurait pu écrire ces lignes, qui reflètent sa pensée: des idées généreuses et modernes, comme la reconnaissance du mérite, comme la réparation après les abus; un certain idéalisme en matière d'égalité voisinant avec une conception aristocratique de la société basée sur l'honneur et la critique du luxe; le tout fondu dans une rhétorique moralisante. La «recette» est celle de la philanthropie aristocratique: c'est celle qu'adoptent les seigneurs bienfaisants.

Toutefois, ce n'est pas seulement une école de philanthropie que Lezay-Marnésia recherche dans les loges. La bienfaisance, il la pratique dans ses domaines. Comme à bien d'autres seigneurs éclairés, la loge lui sert de caisse de résonnance; c'est un miroir qui lui renvoie une image lui donnant bonne conscience. Ce qu'il recherche dans la franc-maçonnerie, c'est aussi un lieu d'étude des petites communautés idéales et harmonieuses et surtout une gnose. Esprit religieux et passionné des idées modernes, il aura toujours le désir de réconcilier ces deux pôles: religion et philosophie. Aussi son passage dans la franc-maçonnerie rationaliste et philanthropique sera-t-il bref: il ne restera que trois ans à la loge des Neuf Sœurs. Très vite il se tourne vers une franc-maçonnerie plus spéculative et mystique, qui avait adopté le rite écossais, sans pour autant se mettre en rupture de ban avec le Grand Orient de France. La seconde partie du dix-huitième siècle connaît une vague déferlante d'occultisme et de spiritualisme. Les loges de rite écossais, plus mystiques, se multiplient, et bien des loges existantes, comme justement les loges bisontines, se placent sous l'obédience de directoires écossais. A côté de l'écossisme foisonnent de nombreuses «écoles mystiques» autour de véritables personnalités charismatiques: les Amis Réunis autour de Savalette de Lange, les adeptes de la Bienfaisance, initiés à des grades initiatiques élevés, autour de Willermoz. Sans entrer dans les dédales de la franc-maçonnerie spéculative, on s'efforcera d'y suivre le chemin de Lezay-Marnésia, d'en mesurer la portée et d'en saisir la signification.

Lezay-Marnésia ne rejoindra les rangs de la franc-maçonnerie bisontine qu'en 1783. Se trouvant plus souvent à Paris qu'en Franche-Comté, il n'en sera que membre honoraire. C'est dans la capitale qu'il commence sa carrière de franc-maçon. A partir de 1782, il est inscrit à la loge des Neuf Sœurs, dont il reste membre jusqu'en 1785. Il est loin d'être en terre inconnue. Son ami le vicomte de Toulongeon était membre de la loge des Neuf Sœurs depuis 1778. Aux Neuf Sœurs on retrouvait également Chamfort, Delille et Fontanes, pour ne citer que des relations de Lezay-Marnésia. Ce fut dans cette loge que naquit l'amitié avec Dupaty, qui devait en devenir vénérable en 1784. C'est là aussi qu'il fit la connaissance de Duval d'Eprémesnil, avec lequel il se liera d'amitié et montera le projet de colonie sur les bords du Scioto. Quant à la présence de Cerutti dans ce petit cénacle, elle doit être mise en doute en dépit des dires de l'abbé Barruel[6].

Il n'est pas aisé de savoir qui introduisit Lezay-Marnésia à la loge des Neuf Sœurs ni qui eut une influence déterminante sur sa décision. Il est possible qu'il y fût admis comme «visiteur» dès la fin des années 1770. En tous cas, il gravite autour de la loge dès 1778, date à laquelle ses amis Chamfort, Fontanes et Toulongeon en deviennent membres. En 1779, lorsque paraît le poème de Roucher, *Les Mois*, Lezay-Marnésia se compte au nombre des membres du petit groupe de personnes, toutes issues des milieux francs-maçons, qui prennent la défense du poète attaqué. Ce fut cette conjonction de circonstances, plus qu'un individu particulier, qui le fit opter pour les Neuf Sœurs. Néanmoins, l'exemple du vicomte de Toulongeon dut directement lui servir de modèle. Comme Lezay-Marnésia, il faisait partie de la vieille noblesse franc-comtoise; comme lui, il avait embrassé la carrière militaire pour finir par se consacrer aux lettres et aux arts; comme lui, il était membre de l'Académie de Besançon; comme lui, il cesserait d'y paraître en 1784. La similitude de cheminement est frappante. On les retrouvera côte à côte au sein de la minorité libérale de la noblesse franc-comtoise en 1788, et tous deux seront élus aux états généraux, dans le même bailliage. Lezay-Marnésia, toujours à l'affût de la renommée littéraire et d'un tremplin pour l'Académie française, avait une autre raison pour devenir membre des Neuf Sœurs. C'était une loge qui avait un grand rayonnement, tout en restant réservée à des milieux fortunés et fermés. Elle devait sa célébrité aux nombreuses personnalités de la République des Lettres qui en faisaient partie, et Voltaire y avait été initié peu de temps avant sa mort. Il s'agit d'une élite intellectuelle restreinte qui, lorsque le marquis y est reçu, compte cent dix-huit membres, parmi lesquels les personnes les plus en vue de l'époque. La vocation de la loge n'était pas seulement mondaine ou intellectuelle. Les frères de cette loge s'engageaient aussi à faire œuvre de bienfaisance pécuniaire pour secourir l'humanité. La participation aux travaux des Neuf Sœurs allait accentuer chez Lezay-Marnésia, au moment où il écrit *Le Bonheur dans les campagnes*, l'aspect philanthropique de sa pensée.

LA FRANC-MAÇONNERIE SPIRITUALISTE, 1784–1788

Lezay-Marnésia finit toutefois par abandonner la loge des Neuf Sœurs, qui avait résisté à la vogue de l'écossisme, pour rejoindre les rangs de la franc-maçonnerie des hauts grades. On sait que le vide laissé dans la pensée par l'absence de religion devait favoriser une grande diffusion de l'ésotérisme dans les vingt années qui ont précédé la Révolution. Montlosier témoigne de cette véritable résurrection de l'esprit engendrée par le spiritualisme, après le matérialisme philosophique des Lumières: «Ma raison demeura abattue; elle se releva avec la conviction que toute cette philosophie matérielle, que j'avais quelque temps adoptée, était une erreur»[7]. A première vue, il ne semble pas y avoir de lien direct entre cet illuminisme et la régénération ou la nostalgie de l'âge d'or de l'idéologie du retour à la campagne. Toutefois cet ésotérisme révèle une conception du monde basée sur l'harmonie universelle et la sensibilité. Dans les années 1780, l'occultisme est à la mode. Parlant du baquet de Mesmer qui «attirait la cour et la ville», la baronne d'Oberkirch écrit que «le magnétisme devint tout à fait à la mode; ce fut, comme toutes les modes, une rage, une furie». Réfléchissant sur une autre mode, celle du martinisme, elle s'interroge sur son siècle: «une chose très étrange à étudier, mais très vraie, c'est combien ce siècle-ci, le plus immoral qui ait existé, le plus incrédule, le plus philosophiquement fanfaron, tourne, vers sa fin, non pas à la foi, mais à la crédulité, à la superstition, à l'amour du merveilleux»[8]. On se passionne alors pour l'étude des confins de la science et de la religion. On pense que l'univers est composé de couches de fluides et qu'il est donc possible de communiquer à distance avec les esprits, voire avec les autres planètes. Même les expériences scientifiques sur l'électricité ne sont pas exemptes de fantastique. On croit qu'il existe un fluide universel qui sert d'énergie à la nature entière. Mesmer devient la coqueluche de Paris; «son appartement ne désemplissait pas du matin au soir», nous dit encore la baronne d'Oberkirch[9]. C'est sur ce fond que naissent les Sociétés de l'Harmonie, les sociétés mesméristes, et que se propagent les spiritualismes de toutes formes. Il s'agit d'une véritable révolution des esprits qui marque toute une génération. Montlosier reconnaîtra qu'«aucun événement, pas même la révolution, ne [lui] a laissé des lumières aussi précises et des impressions aussi vives que le magnétisme»[10]. Le mesmérisme n'est qu'un courant de ce déferlement d'irrationnel. Un peu partout les expériences d'hypnose et de guérisons se multiplient. C'est à cette époque que le marquis de Puységur se lance dans des expériences de somnambulisme artificiel[11]. Il y a des guérisons; les sujets hypnotisés prédisent l'avenir et entrent en communication avec les morts. C'est aussi à cette époque que Cagliostro évolue dans les milieux de la haute noblesse et dévoile l'avenir avec une carafe pleine d'eau. La franc-maçonnerie elle aussi est dominée par les tendances spiritualistes d'un Willermoz et d'un Saint-Martin. Les adeptes de Swedenborg, les rosicruciens, les alchimistes, les cabalistes sont nombreux dans les loges, notamment chez les Chevaliers bienfaisants de la Cité Sainte dont va faire partie le marquis de Lezay-Marnésia. Tous croient participer à la transmission d'un culte universel. Cet illuminisme ne reste pas enfermé dans des sociétés secrètes; il se propage à l'ensemble de la société. Bref, en ce dernier tiers du dix-huitième siècle le terrain est particulièrement favorable à une forme d'attente messianique. Dans un contexte de crise sociale et économique, cette attente messianique allait donner à la régénération et au rêve de l'âge d'or un caractère sotériologique.

On n'a pas trouvé d'informations précises sur la façon dont Lezay-Marnésia fut introduit à la franc-maçonnerie spéculative. La loge La Sincérité de Besançon, dont il est membre en 1784, avait choisi dès avril 1780 l'obédience de la Stricte Observance de Charles Gotthelf de Hund et s'était ainsi placée sous l'autorité des grands directoires écossais établis en Allemagne, plus précisément sous l'autorité de Strasbourg. Toutefois, si La Sincérité embrasse la réforme des directoires écossais, elle ne se sépare pas du Grand Orient de France, dont elle reconnait les directives, tout du moins après consultation avec Strasbourg[12]. En 1784, Lezay-Marnésia est promu à «tous les grades» et est nommé député de La Sincérité au Grand Orient, à Paris. Dans la lettre du 19 août 1784, qui le présente aux instances parisiennes, on souligne «[sa] bonne conduite, [son] zèle et [ses] valeurs». On peut lire dans le post-scriptum: «il n'est pas possible de trouver un frère plus zélé, plus judicieux, plus éclairé, et qui réunisse plus de qualités personnelles»[13]. Le choix de l'écossisme fait par le marquis de Marnésia n'est pas dû seulement à la franc-maçonnerie bisontine. On sait qu'il évoluait dans des milieux parisiens et lyonnais touchés par la vague de spiritualisme. Son ami François-Henri de Virieu, aux côtés duquel il siègera à la Constituante dans les rangs des Monarchiens, était membre de la Bienfaisance lyonnaise, société d'initiés. C'était un Martiniste de longue date et l'un des plus fervents disciples de Willermoz. Lezay-Marnésia marchera sur ses traces. Par l'intermédiaire de Fanny de Beauharnais, il se trouvait aussi en contact avec un milieu qui respirait au rythme des rêveries théosophiques d'un Sébastien Mercier. Reçu dans le salon parisien des Montbarrey, il eut sans doute l'occasion de rencontrer Cagliostro, qui en était l'un des invités réguliers, et peut-être même Cazotte.

Les milieux mystiques de la franc-maçonnerie avaient également des liens étroits avec les sociétés mesméristes, et dans les loges Lezay-Marnésia côtoyait des Mesméristes. La Concorde de Lyon et la Société lyonnaise de l'Harmonie, accueillaient de nombreux Chevaliers Bienfaisants de la Cité Sainte. Par l'intermédiaire de Bernard de Turckheim, la Sincérité de Besançon se trouvait «unie mystiquement» avec la Société harmonique de Strasbourg. Bien que Lezay-Marnésia ne semble pas avoir été membre d'une société mesmériste, son nom n'apparaissant pas sur les listes, il est certain que par son réseau d'amitié, ne serait-ce que par Duval d'Eprémesnil, il connaissait les salons où l'on pratiquait le magnétisme animal. On a même la preuve que sa position à l'égard du mesmérisme était plus que prudente, en dépit des nombreux thèmes rousseauistes sur la nature véhiculés par le mouvement. En 1784, il publie un ouvrage de Cerutti, *Recueil de quelques pièces de littérature en prose et en vers*, dont il possédait le manuscrit. Dans ce recueil de pièces diverses se trouve un petit poème intitulé *Portrait historique du* charlatanisme, qui dénonce les modes intellectuelles:

> J'ai l'esprit de chaque royaume:
> Changeant selon le siècle et selon les pays,
> Je m'en vais débitant des reliques à Rome,
> Et des nouveautés à Paris,
> Autrefois Moliniste,
> Ensuite Janséniste,
> Puis Encyclopédiste,
> Et puis Économiste,
> A présent Mesmériste,
> Attendant qu'un autre *iste*
> Enfle bientôt ma liste,
> Je reparais sans cesse avec des noms nouveaux,
> Et ne fais que changer de place et de tréteaux.[14]

Ce bref poème, nous apprend Lezay-Marnésia dans la préface, avait circulé sous forme manuscrite et s'était trouvé déformé. Publié dans un recueil qui aujourd'hui dort sous la poussière des bibliothèques, il est passé inaperçu des historiens qui s'interrogent encore sur l'identité de l'auteur[15]. Lezay-Marnésia y ajoute en note des commentaires, où il soutient le jugement de Cerutti. Sans reconnaître avoir été ou être l'un de ces intellectuels «bien pensants» toujours prêts à suivre la mode, il affirme que le mesmérisme est un «charlatanisme», que c'est la «pire sottise», et que cela «est peut-être le fait le plus remarquable dans les quarante mille et millions de volumes qui contiendraient à peine l'histoire de nos sottises»[16]. Si attiré qu'il fût par le mysticisme, il semble avoir résisté à la vogue du magnétisme animal. Son engagement prouve qu'il étanchera sa soif de mysticisme dans un catholicisme maçonnique à la Willermoz.

On trouve l'expression concrète de son intérêt pour une franc-maçonnerie spiritualiste et chrétienne dès 1784. Il fait alors partie de l'Ordre des Chevaliers Bienfaisants de la Cité Sainte, fondé par Willermoz[17]. L'esprit de cet ordre est ouvertement chrétien: les chevaliers s'engagent à enseigner la religion du Christ par leur conduite et par leurs paroles. En 1784, donc, on trouve son nom dans la liste des dix-huit députés présents à un convent provincial des C.B.C.S. pour la province franc-maçonne de Bourgogne, sous le nom de *Frater Adrianus ab alba rubraque Cruce, Commandator Bisontinae*, représentant le chapitre d'Austrasie à Metz[18]. Lezay-Marnésia, qui visiblement est peu initié aux discussions d'écoles, se trouve pris dans les querelles de personnalités et de tendances qui animent alors la franc-maçonnerie spiritualiste. On sait qu'à ce moment-là il est également membre de la loge La Sincérité de Besançon qui, comme toute la franc-maçonnerie bisontine, subit l'influence croissante de Cagliostro et des Philalèthes de Savalette de Lange, hostiles au martinisme lyonnais[19]. Dans une lettre à Willermoz, le 12 août 1785, Virieu fait état de cette situation, qui l'inquiète, et qu'il juge contraire à la Bienfaisance lyonnaise[20]. Le dévouement de Lezay-Marnésia à la tendance spiritualiste de la franc-maçonnerie étant connu et son rayonnement personnel étant suffisamment important, il est recommandé pour répandre à Besançon l'enseignement des Chevaliers Bienfaisants, comme nous l'apprend une lettre de Louis Amet à Bernard de Turckheim[21]. Aussi, lorsqu'en 1785 les Amis Réunis convoquent un convent international, à Paris, auquel tous les rites sont conviés, Willermoz avoue publiquement son étonnement devant le nom de deux des organisateurs, Beyerlé[22] et Lezay-Marnésia, qui étaient tous deux Chevaliers Bienfaisants. La situation étant délicate, Savalette se trouve dans l'obligation de déclarer en plein convent que Lezay-Marnésia n'a pas encore prêté serment aux Amis Réunis. Cet «oubli» est réparé le 17 décembre 1785, lorsque le marquis est officiellement associé aux Amis Réunis, au Rite primitif des Philadelphes de Narbonne de Chefdebien. Lezay-Marnésia se trouvait ainsi membre d'une véritable «académie occultiste»[23]. En plus de leur intérêt pour l'alchimie, les membres de cette loge entreprennent des recherches sur les petites sociétés et communautés, existantes ou ayant existé, qui présentent des caractères maçonniques. Lezay-Marnésia en tirera pleinement partie pour son projet de fondation sur les rives de l'Ohio. Dans les nombreux débats, souvent confus, qui opposent les différentes tendances de la franc-maçonnerie spéculative et mystique, il est difficile de suivre le cheminement du marquis[24]. En 1788, on peut encore lire son nom dans la liste des membres du chapitre des Amis Réunis, mais ensuite on ne le retrouve plus qu'à la loge Sincérité et Parfaite Union Réunies de Besançon[25]. Au sein de ces loges, Lezay-Marnésia représente l'école de pensée de Willermoz. En février 1785 et à nouveau en mars 1787, lors de la seconde assemblée convoquée par les Philalèthes, il prend en effet une position sans équivoque et co-signe un document en faveur de Willermoz, chef des martinistes lyonnais[26]. C'était soutenir ouvertement une tendance qui apparaissait de plus en plus prendre un caractère jugé trop catholique, ce qui avait provoqué bien des départs d'associés depuis 1785.

LA FRANC-MAÇONNERIE BISONTINE, 1785–1788

La réflexion de Lezay-Marnésia sur la religion et sa position dans la franc-maçonnerie donnent une image conservatrice du personnage, alors que bien de ses propositions de réformes auront un caractère éclairé et libéral, qui lui vaudront, comme on le verra, le surnom de «Cygne patriotique du Mont-Jura». Ses options politiques en 1789 seront encore plus hardies. On sait que de 1785 à 1789 le temps s'accélère et que la pensée modérée est souvent dépassée par les idées modernes. Par ailleurs, le personnage n'en est pas à une contradiction près. Le jugement de conservatisme doit donc rester relatif. Sa participation aux activités de la maçonnerie bisontine à partir de 1785 en est la preuve. Lorsque les deux loges La Sincérité et La Parfaite Union fusionnent sous le nom de La Sincérité et La Parfaite Union Réunies et se constituent sous le directoire de Strasbourg, Lezay-Marnésia en devient le député au Grand Orient. Cela au moment même où la noblesse et les officiers disparaissent de la loge et où les parlementaires la quittent également, trouvant qu'elle se fait surtout le véhicule des idées nouvelles. C'est le cas du président de Vezet, qui avait critiqué, à l'Académie de Besançon, le discours rousseauiste de Philipon de la Madelaine sur le retour à la campagne. L'*Historique de la franc-maçonnerie à l'Orient de Besançon* explique ainsi la mutation:

> Depuis quelques années, les Maçons appartenant aux classes élevées de la société semblaient avoir peur de leur propre ouvrage; ils s'étaient habitués à faire entendre ces mots qui commençaient à vibrer chez tous les hommes intelligents: liberté, égalité, fraternité, avenir, progrès; ils se sont vus entraînés par le torrent (...). Effrayés des idées qu'ils avaient répandues, qui étaient bonnes lorsqu'elles étaient concentrées dans un petit cercle d'hommes, (...) ils furent dépassés et ne pouvant revenir sur leurs pas, ils abandonnaient une société qu'ils avaient encensée.[27]

Les parlementaires sont remplacés par des avocats, qui cherchent à s'élever dans l'échelle sociale et apportent des idées neuves. En 1787, la loge Sincérité et Parfaite Union Réunies ne compte plus que deux parlementaires, mais sept avocats et neuf commerçants et artisans[28]. Ainsi, en 1788, Lezay-Marnésia persévère-t-il dans un courant de la franc-maçonnerie jugé par les uns trop catholique et par les autres trop hardi en matière politique.

C'est en 1786 ou 1787 que Lezay-Marnésia crée, au château de Saint-Julien, à l'usage de ses seuls domestiques, une loge maçonnique, dont il sera le vénérable. Il n'était pas le seul seigneur à se lancer dans une telle entreprise. En 1772, un autre gentilhomme franc-comtois, Baillon de Saint-Julien, avait déjà établi, dans son château de Château-Fontaine, une communauté franc-maçonne, dont le nom, loge Henri IV, était porteur de toutes les nostalgies du retour des nobles à la campagne. On n'a toutefois pas trouvé de preuves que la loge constituée par Lezay-Marnésia ait été reconnue par l'Orient de Besançon. Le caractère exclusif de sa composition sociale ne pouvait convenir aux constitutions de la maçonnerie. En 1777, l'Orient de Besançon avait déjà eu des problèmes similaires avec de telles loges, qui devaient finalement être déclarées irrégulières[29]. La loge de Saint-Julien éclaire cependant d'un jour nouveau la pensée de Lezay-Marnésia. René des Genettes nous rapporte une conversation qu'il eut en 1789 avec la marquise de Lezay-Marnésia:

> Messieurs, dit la marquise, il est bon d'observer que cet esprit de vertige et d'égalité est descendu des hautes classes dans les inférieures; et moi aussi, dans l'intérêt seul de la vérité, je ne craindrai pas de dire, même devant mon fils, que son père, M. de Marnésia, reçut un jour tous nos domestiques francs-maçons. [Adrien de Lezay-Marnésia:] Je demande à ma mère la permission de faire observer que depuis ce temps-là mon père n'en fut que mieux servi et que nos gens ne l'appelaient plus entre eux, et en parlant de lui, que leur vénérable maître... — Mon cher fils, c'est un titre cabalistique plutôt qu'une expression d'attachement et de respect.[30]

Quel était le but de Lezay-Marnésia en créant cette loge? S'agissait-il d'un enfantillage issu de l'enthousiasme du néophyte? C'est possible. Le marquis était un passionné, qui s'enthousiasmait facilement et voulait tout aussi rapidement passer à l'action. L'aventure de l'Ohio le prouvera. Cependant, au niveau de la signification, cette loge prend une autre portée. Les domestiques servent mieux leur maître, qu'ils respectent et appellent «vénérable maître». Certes, titre cabalistique que celui de «vénérable maître», comme l'affirme la marquise; mais aussi, bien qu'elle s'en défende, expression de «respect» et d'«attachement» envers un «vénérable» qui est aussi le seigneur du lieu. L'institution même de cette loge peut être considérée comme symbolique d'une légitimisation de la noblesse par la bienfaisance. La loge est créée par le seigneur pour «éclairer» ses domestiques. L'enseignement des vertus, dont parlait le vénérable Tharin en 1778, est destiné non à des maçons authentiques mais aux sujets du seigneur. La loge devient un outil pédagogique au service du peuple des campagnes. Il s'agit d'une communauté, dont l'esprit maçonnique est utilisé, même inconsciemment à cette date, à des fins sociales et politiques, comme dans la communauté utopique que le marquis tentera de réaliser aux Etats-Unis. La remarque de la marquise est révélatrice: la vertu d'égalité, apanage de la noblesse, l'égalité aristocratique d'une société d'ordre, est désormais partagée avec les roturiers. La réflexion est loin d'être anodine. L'égalité, si paradoxal que cela soit, n'est pas conçue comme un rapport; elle n'est pas, à proprement parler, relationnelle. On aura l'occasion de revenir sur ce point à propos de la bienfaisance. Il s'agit de l'égalité des Lumières, c'est-à-dire la reconnaissance de l'égalité naturelle, mais à l'intérieur d'une société hiérarchique dont la hiérarchie n'est pas conçue comme source d'inégalité, simplement comme harmonie sociale nécessaire. L'auteur de l'article «Société» de l'*Encyclopédie* est sans ambiguité sur ce point:

> L'égalité de nature entre les hommes est un principe que nous ne devons jamais perdre de vue. Dans la société, c'est un principe établi par la philosophie et par la religion; quelqu'inégalité que semble mettre entre eux la différence des conditions, elle n'a été introduite que pour les mieux faire arriver, selon leur état présent, tous à leur fin commune, qui est d'être heureux autant que le comporte cette vie mortelle.[31]

Cette conception de l'égalité est la source de la bienfaisance, du rapport entre les rangs:

> Tous les hommes, en supposant ce principe de l'égalité qui est entre eux, doivent y conformer leur conduite pour se prêter mutuellement les secours dont ils sont capables; ceux qui sont les plus puissants, les plus riches, les plus accrédités, doivent être disposés à employer leur puissance, leurs richesses et leur autorité en faveur de ceux qui en manquent, et cela à proportion du besoin qui est dans les uns, et du pouvoir d'y subvenir qui est dans les autres.[32]

Il s'agit donc de l'égalité nobiliaire, vertu principielle et concept transcendental. Elle n'implique pas l'égalité hiérarchique, mais entraîne plutôt une nouvelle forme de respect, qui relève plus d'un attachement, d'un contrat affectif, que d'un contrat social. Les paysans «admettaient entre eux, écrit le comte de Montlosier, une sorte de noblesse, laquelle se tirait, comme partout, de l'ancienneté de la famille dans le même lieu et sur la même propriété»[33]. Interprêtée à la lumière de l'idéologie nobiliaire, cette conception de l'égalité revitalisera l'ancien pacte «féodal». La mystique franc-maçonne, tout comme l'agropoétique, sera ainsi mise au service d'une effusion sentimentale semblable à celle qui sert de mode de gouvernement à Julie et à M. de Wolmar dans leur communauté de Clarens.

Dès 1788, l'action de Lezay-Marnésia va suivre le mouvement général de la fin de l'Ancien Régime: elle devient politique à l'annonce de la convocation des états généraux. Mais au cours de ces années dans la franc-maçonnerie, le marquis avait été à l'école d'un rituel basé sur un esprit communautaire, un conformisme religieux et social et une politique de la bienfaisance. Il avait été aussi à l'école d'une théosophie qui, comme l'exprime Daniel Roche, traduisait «les inquiétudes spirituelles et le rêve de consolider la nouvelle élite»[34]. En 1790, Lezay-Marnésia parlera en effet d'une nouvelle élite, celle des propriétaires. En 1788 et 1789, il ne cherchait pas encore à la consolider; il mettait ces leçons au service d'une nouvelle définition de la noblesse. L'édition de 1788 du *Bonheur dans les campagnes* révèle que Lezay-Marnésia se montrait déjà un peu effrayé des idées qu'il avait contribué à répandre. Paradoxalement, alors même que son discours relativise les idées modernes de liberté et d'égalité, il poursuit une œuvre publique, dans la franc-maçonnerie bisontine puis dans l'arène politique, qui se veut réformatrice. Il s'agit d'une œuvre qui prenait la bienfaisance comme fondement. Si éclairée fût-elle, elle n'en allait pas moins se révéler être une nostalgie politique plutôt qu'un plan de régénération.

RELIGION ET RÉGÉNÉRATION

Le portrait du franc-maçon spiritualiste introduit à la religion de Lezay-Marnésia, cette religion qui commence à prendre une importance croissante dans sa pensée à la veille de la Révolution. On doit considérer la religion de Lezay-Marnésia sous trois aspects. Tout d'abord, il s'agit d'une religion personnelle, comme le suggère Dom Grappin dans l'éloge du marquis: à la fin de sa vie, il vivait avec «les consolations de la religion qu'il aimait». La religion est aussi une morale, la morale des habitants des campagnes, comme on le verra dans *le Bonheur dans les campagnes*. A cet égard, il faut faire la part, dans la pensée de Lezay-Marnésia, entre la religion proprement dite et la politique religieuse. Les deux sont intimement liées et on passe insensiblement de l'une à l'autre. Celle-ci fait l'objet d'une série de propositions précises dans *Le Bonheur dans les campagnes*; c'est dans le cadre du plan de régénération qu'on l'analysera. La religion de Lezay-Marnésia, par contre, est diffuse dans toute sa pensée, à laquelle elle sert souvent de fondement. Enfin, le troisième aspect de la religion de Lezay-Marnésia est celui d'une mystique qui doit accompagner la philosophie, et inversement de fonder la religion en philosophie et pas seulement en théologie. En 1778, dans l'*Essai sur la minéralogie*, cette pensée commence à prendre forme: «ce serait un grand et bel ouvrage que celui qui montrerait combien les philosophes, peut-être sans en avoir le dessein, ont offert à la religion des preuves indépendantes de la théologie»[35]. Chez lui, la religion ne recouvre pas quelque vague déisme; elle signifie catholicisme. Ce rêve de réunir la religion et la philosophie — car c'est ce qui se cache derrière la mystique franc-maçonne et willermozienne de Lezay-Marnésia — sera tenace. A la veille de sa mort, il voudra encore écrire un ouvrage dont le titre est à lui seul significatif de ce désir: *L'Action des principes de la religion et de la véritable philosophie*. Dom Grappin nous dit que dans cet ouvrage il «voulait réconcilier la philosophie avec le christianisme, et se servir des armes de l'une pour faire triompher l'autre».

L'enjeu n'était pas seulement religieux ou philosophique; il portait aussi sur les fondements à donner à une société régénérée. Chez Lezay-Marnésia, le plan réformateur conçu à partir de la bienfaisance était inséparable d'une renaissance religieuse. Sur ce point, il se montre directement redevable à la franc-maçonnerie et plus particulièrement à la pensée de Willermoz. Auguste Viatte parle du «catholicisme ombrageux» de Willermoz. Ce dernier préconisait l'union des églises sous la houlette de la franc-maçonnerie, qu'il «envisage volontiers sous les espèces d'un retour à la discipline romaine»[36]. On trouvait alors chez Willermoz la conviction croissante qu'il existe des vérités de la religion. A partir du début des années 1780, sous son influence et sous celle du martinisme en général, la tendance rationaliste, déjà passée de mode avec la multiplication des rites de la franc-maçonnerie écossaise, avait laissé place à une nouvelle mode, celle d'un renouveau mystique. Il ne s'agissait plus de poser la question de la divinité en terme de preuves de son existence, mais d'unir les croyances, au-delà de leurs différences institutionnelles et théologiques, en une même mystique unitive pour lutter contre la vague d'incrédulité. La franc-maçonnerie fournirait le personnel «sacerdotal» d'un christianisme qui aurait retrouvé son caractère primitif de société initiatique. Ainsi trouve-t-on chez Lezay-Marnésia tout ce qui constitue les fondements du catholicisme de Willermoz. Tout d'abord, l'affirmation de l'intégrité du christianisme comme loi primitive. Est affirmée, dans la même veine, que la loi de Jésus est la loi naturelle: «la loi de Jésus, qui n'est que la loi naturelle, écrite et fixée»[37]. Le *Plan de lecture pour une jeune dame*, on s'en souvient, recommande la lecture d'ouvrages religieux qui font les délices des «spiritualistes» des années 1780: la Bible, dans le texte, l'*Imitation de Jésus-Christ*, qu'on trouve dans tous les cabinets de francs-maçons mystiques, les *Lettres spirituelles* de Fénelon et les *Pensées* de Pascal, louées par Saint-Martin.

Chez Lezay-Marnésia cette mode ne prendra pas que des aspects métaphysiques. Il reste très discret sur l'aspect personnel de la religion. Tout au plus fait-il occasionnellement allusion à la «douleur», à la «tristesse». On ne trouve guère non plus de mention du merveilleux dans son œuvre. Par contre, ce qui domine, c'est une conception sociale, voire politique de la religion. Lezay-Marnésia aimait les sociétés morales, les sociétés de bienfaisance; il aimait les distinctions et la chevalerie; sa religion prendra la forme d'un goût, le goût de faire le bien. Aussi son œuvre montre-t-elle surtout comment la mystique religieuse fut mise au service d'un courant de l'idéologie nobiliaire, qui emprunte aux Lumières leur utilitarisme tous azimuts. La religion ayant une utilité sociale, elle aura un rôle à jouer dans la régénération du pays. Dans l'*Essai sur la nature champêtre*, on trouve cet éloge de l'évêque de Belley, ami de Lezay-Marnésia, son consolateur dans les jours de tristesse, l'un de ses guides dans l'étude de la nature: «Pontife révéré, mais encor plus chéri». Une note explique:

> C'est à M. l'Évêque de Belley que cet hommage est adressé. Jamais Il n'en fut mieux mérité. Avec les vertus, la bonté de Fénelon, on en reconnaîtrait en lui les talents, si sa modestie lui permettait de publier un ouvrage dans le genre du Télémaque, où la raison et la vraie philosophie sont parées de toutes les richesses d'une heureuse imagination. J'ai vu ce prélat dans son diocèse, comme est dans sa famille un père adoré. Que le Grand Homme, qui

après avoir voulu régénérer la France, lui présenta encore, de sa retraite, les plus sûrs moyens de prospérité, a raison quand il dit: «C'est un touchant spectacle que celui d'un Évêque au milieu d'un nombreux diocèse, s'occupant sans cesse d'y entretenir l'ordre et l'union, excitant aux vertus chrétiennes, et, par ses exhortations et par ses exemples, calmant les consciences agitées, répandant avec douceur tout ce que la Religion a d'aimable et de consolant, enfin cherchant partout le malheureux pour venir à son secours et pour exercer tous les devoirs d'un religieux Dépositaire du patrimoine des pauvres».[38]

L'analyse du *Bonheur dans les campagnes* montrera que la religion fait partie intégrante de ce qui va constituer le ciment unificateur du nouveau système basé sur la bienfaisance[39]. Quand il sera question de la religion chez Lezay-Marnésia, il ne s'agira pas des différentes confessions mais d'une mystique syncrétiste, issue directement du spiritualisme de Willermoz, mystique dont Lezay-Marnésia n'aura de cesse de tirer des résultats au plan de l'organisation de la communauté.

La réflexion marnésienne sur la religion prendra vite l'allure d'un retour à un catholicisme traditionnel épuré, mis au service de la régénération. Comme Willermoz, Lezay-Marnésia fait de nombreuses références à l'église primitive, pas seulement pour critiquer l'institution religieuse moderne, mais pour donner un exemple de foi vive, utile à la morale. On en trouve occasionnellement l'expression dans *Le Bonheur dans les campagnes* et dans *Les Lettres écrites des rives de l'Ohio*; mais surtout dans ses *Pensées littéraires, morales et religieuses*[40]. Se voulant utile, la religion de Lezay-Marnésia reste fille des Lumières. Elle est aussi visiblement influencée par la lecture de *La Profession de foi du Vicaire Savoyard*. Il se dégage des écrits du marquis l'expression d'une religiosité vive, d'autant plus vive qu'elle est présentée comme un des éléments de la régénération. Elle prépare l'alliance du trône et de l'autel, mais pas de n'importe quel trône ni de n'importe quel autel. Le trône est à l'image de celui d'Henri IV. L'autel est celui des prêtres de la bienfaisance. L'idée était répandue dans la franc-maçonnerie; elle l'était particulièrement à Besançon. Un événement, qui pourra paraître secondaire, en témoigne. En janvier 1779, la franc-maçonnerie de Besançon avait fait une collecte de 842 livres afin d'acheter du pain et du blé pour les pauvres de la ville. Lezay-Marnésia, qui gravitait alors dans les milieux de la franc-maçonnerie bisontine et en ce mois de janvier 1779 séjournait dans la métropole régionale, assiste à l'incident. Le curé de l'église Sainte-Madeleine, arguant que la franc-maçonnerie n'était pas reconnue par l'église, avait refusé le don. C'est donc vers la mairie qu'allait se tourner la loge. Le 18 janvier 1779, le maire de Besançon, Devaux, franc-maçon lui aussi, prononce le discours suivant:

On offrait avec pompe les sacrifices au Seigneur, et l'on n'exerçait point la miséricorde, le pur encens de la charité ne s'élevait point vers lui; il vous était réservé, Vénérables Frères, de remplir les vœux du trône et de l'autel.

En vain le préjugé cruel est venu se placer entre vous et le pauvre et a voulu repousser vos bienfaits, le pauvre a été soulagé et il a dit: voilà les vrais ministres de l'être créateur, puisqu'ils imitent sa bonté. (...) Le véritable adorateur est celui qui fait le bien.[41]

Alliance du trône et de l'autel, donc, mais d'un autel sur lequel brûle non l'encens d'une institution aveuglée par les préjugés mais celui de la bonté. Les vrais ministres de la religion, d'un catholicisme fondé en bienfaisance, ce sont les philanthropes. Et les «bons» prêtres seront ceux qui, comme l'évêque de Belley, feront œuvre de bienfaisance, i.e. témoigneront de qualités maçonniques. C'est cette intuition que Lezay-Marnésia développera dans son œuvre, bien qu'il ne le fasse pas d'une manière systématique. Sa religion, quoiqu'elle s'inscrive dans la tradition catholique, est conçue comme facteur d'harmonie sociale. Dans son utopie, elle servira à donner un caractère sacré à une bienfaisance séculière, et ainsi à sacraliser la nouvelle légitimité de l'aristocratie, contribuant à en faire une légitimité à la fois de nature populaire et de nature divine, de la même façon que la noblesse libérale inventera ce qu'on appellera «la monarchie démocratique».

Cette conviction est présente dans les *Pensées littéraires, morales et religieuses*. Lezay-Marnésia y affirme la nécessité de la religion et la supériorité du christianisme, principalement en fonction du critère d'utilité, mais aussi, quoique secondairement, à un plan philosophique. A ses yeux, le christianisme est une foi qui remonte aux véritables causes, justifie la Providence et résoud le problème du mal. «Même en ne considérant la religion que comme un système philosophique, c'est celui qu'on devrait préférer»[42]. Au stoïcisme, qui, à ses yeux, n'est fait que pour les êtres forts, au jansénisme, qui, pour lui, entraîne le désespoir, il oppose le système raisonné et sage d'un Saint François de Sales.

S'il souligne la supériorité du christianisme, c'est en tant que religion et non en tant qu'institution, dont il critique par ailleurs les abus[43]. Pour lui, les grands ennemis de la religion chrétienne ne sont pas les philosophes, pas même les philosophes athées, mais «les prêtres qui la trahissent par leur luxe, par l'oubli de leurs devoirs, par le relâchement de leurs mœurs et par le scandale de leur conduite»[44]. Sa critique devient très sévère, et rappelle certains passages du *Bonheur dans les campagnes*, lorsqu'il ajoute que l'histoire «nous montre des pasteurs sans justice et sans capacité, des chiens qui dévorent et des troupeaux hébétés»[45]. Ce constat de l'indignité du clergé institutionnel est dans la pure tradition voltairienne. Faisant écho au discours de Devaux, il décrit le peuple le plus heureux de la terre comme «un peuple dont les suprêmes magistrats seraient éclairés et chrétiens, et dont les prêtres seraient à la fois modérés, instruits et religieux»[46]. C'est ainsi qu'il préconise les maximes de l'Évangile comme règles de conduite morale:

Si j'étais très riche propriétaire [...] je salarierais des ministres chrétiens. Les maximes de l'Évangile préserveraient mieux mes richesses, assureraient mieux mes possessions et mon repos que les triples serrures, les plus fortes clôtures et une foule de gardiens stipendiés.[47]

Cet évangélisme ne doit pas cacher qu'un glissement insensible a eu lieu. De morale publique, la religion est devenue idéologie officielle.

C'est à ce niveau que la religion apparaît être l'un des moyens de la régénération. Son utilité n'est pas seulement d'ordre moral, mais aussi d'ordre politique. Alors que le constat de départ faisait de l'irréligion la source de l'avilissement et de la décadence, que les abus du clergé étaient vus comme la cause du détournement des valeurs religieuses, autant de maux auxquels pouvait remédier une religion de la bienfaisance, ces conclusions font de la religion un moyen de gouvernement. Elle est le ciment, l'énergie, qui permet à la société de vivre dans l'harmonie et dans l'ordre, chacun à sa place. Si cette idée reste encore timide dans *Le Bonheur dans les campagnes*, on la retrouvera dans *Les Lettres écrites des rives de l'Ohio*. On ignore la date exacte à laquelle les *Pensées* furent écrites, sinon qu'elles le furent pour la plupart avant la Révolution, ou en 1789 et 1790. Il est possible que cette intuition d'une utilisation politique de la religion se soit développée à la suite des premières attaques révolutionnaires contre l'église auxquelles s'opposera le marquis. Toutefois, on serait plutôt tenté de croire que les événements ne firent que le renforcer dans ses convictions. Ce thème revient trop souvent dans les *Pensées* pour être un pur hasard.

De la religion comme morale, *topos* propre à la philanthropie, d'une religion sensible comme moyen de gouvernement, caractéristique de l'idéologie nobiliaire du retour à la campagne, il n'y avait qu'un pas à franchir pour utiliser la religion comme base de la légitimité de l'autorité, aussi bien familiale que politique. «Dieu a dit aux pères comme aux chefs de gouvernement: je vous donne une part de mon autorité. Laisser avilir la puissance qu'on a reçue de Dieu, c'est être coupable envers la divinité»[48]. Cet aphorisme reste toutefois isolé. On chercherait en vain chez Lezay-Marnésia une réflexion théorique sur la nature de l'autorité. Si l'étude de son plan de régénération révèle une pensée à la fois éclairée et paternaliste, il n'en reste pas moins qu'il est difficile de trouver chez lui l'idée raisonnée d'une origine divine de l'autorité. La raison en est simple: il ne remet jamais en question la forme monarchique et la structure familiale de l'autorité. Lezay-Marnésia n'est pas un penseur théorique, qui interroge les principes. Même sous sa forme la plus hardie, sa pensée s'inscrit toujours dans une société d'ordres. Sa réflexion est pragmatique au sein du système aristocratique.

Les hommes sont nés pour la dépendance; la preuve en est certaine dans l'extrême inégalité des esprits. Les uns, comme Newton, semblent participer à la Nature des intelligences célestes; les autres, en nombre incalculable, paraissent à peine s'élever au-dessus de l'instinct des brutes. Ils ont moins besoin de pain qu'ils n'ont besoin d'être conduits; & le plus mauvais gouvernement d'un seul ou d'un petit nombre vaut mieux pour eux que l'indépendance. Cette vérité démontre que l'idée de la pure Démocratie n'est qu'une abstraction chimérique, impossible à réaliser.[49]

A la veille de la Révolution, ce discours semble conservateur et dépassé. Après la lecture de l'édition de 1788 du *Bonheur dans les campagnes*, Fréron écrit qu'on trouvera «que dans certaines occasions il est bien éloigné des idées nouvelles; mais d'abord peut-on lui faire un crime de n'avoir pas deviné que nous vivrions trois cents ans en trois mois»[50]. La pensée de Lezay-Marnésia n'est pas vraiment différente de celle des Lumières. Le peuple a besoin d'être guidé, et la religion, qui inspire le respect de l'autorité, est le fondement sur lequel repose l'édifice social. (A bien des égards, on retrouve ici les idées de Necker sur la religion[51].) Elle est nécessaire au peuple pour le rendre moral: «le christianisme seul peut détruire les vices d'une nation entière, lui donner des vertus; et pour rendre heureux un empire, il ne faut que le faire régner, avec sa pureté originaire, dans tous les ordres de l'état»[52]. Elle est nécessaire aussi aux privilégiés, atteints d'incrédulité par conviction ou par snobisme, pour les inciter à la bienfaisance:

> L'esprit du christianisme est une charité vive, agissante et tendre. Il veut que les hommes soient les uns pour les autres des frères, et que les pontifes aient non seulement le zèle apostolique, mais il veut encore plus qu'ils aient la sensibilité paternelle. Cet esprit, le plus parfait de tous, puisqu'il tend à l'union et au bonheur général, est surtout favorable au peuple, à qui il assure de la protection, et aux gouvernements, à qui il donne la certitude que le peuple, jamais abandonné, ne tombera jamais dans l'excès de la misère, et que par conséquent ils peuvent, sans crainte de l'accabler, en exiger les secours nécessaires.[53]

Il s'agit donc de montrer que la religion a surtout une utilité morale et sociale, lieu commun à la fin de l'Ancien Régime, mais sans le mépris d'un Voltaire pour le peuple. C'est à la lumière de ce principe qu'il faut comprendre le rêve de mystique unitive dont Lezay-Marnésia s'était nourri dans la franc-maçonnerie.

L'ESPRIT DE SOCIABILITÉ

Lezay-Marnésia, homme de lettres, homme de salon, académicien et franc-maçon, incarne l'esprit de société du dix-huitième siècle. Le retour à la campagne qu'il préconise, bien qu'il soit imprégné de rousseauisme et d'une sensibilité déjà romantique valorisant la solitude, reste soumis à des valeurs communautaires. Il est indéniable, on le verra à la lecture de l'*Essai sur la nature champêtre*, que Lezay-Marnésia était un lecteur enthousiaste de Rousseau. Mais c'était un lecteur raisonnable, empruntant à Rousseau ce qui pouvait nourrir sa philanthropie, c'est-à-dire une leçon de sensibilité permettant d'accéder à la connaissance, à l'intelligence du cœur, et par conséquent à l'action.

> Je suis loin de vouloir justifier les exagérations, les erreurs, les écarts et les délires de Rousseau, et plus loin encore d'applaudir au mal extrême que ses paradoxes ont fait; mais je cède aux mouvements de mon âme, et rends hommage aux pages célestes que son génie et sa sensibilité ont tracées, et je lui paie un faible tribut de reconnaissance pour les heures délicieuses qu'il m'a fait passer, et pour les impressions fortes, douces et profondes qu'il m'a laissées.[54]

Lezay-Marnésia se complaisait à la lecture de *La Nouvelle Héloïse*, dans laquelle se reflétait sa propre émotion face à la nature; mais il ne serait pas un disciple de l'auteur du *Contrat social*, ni de l'auteur des *Discours*. La figure du poète amoureux de la nature, celle du gentilhomme cultivateur et celle du seigneur bienfaisant, qui font l'objet des chapitres suivants, doivent être interprêtées à la lumière de sa passion pour la société. L'amour de la nature et de la solitude y resteront toujours soumis. Ce qui l'anime avant tout, c'est la «sociabilité», dans le sens où elle est alors définie dans l'*Encyclopédie*, comme par exemple dans l'article «Société»:

> Toute l'économie de la société humaine est appuyée sur ce principe général et simple: je veux être heureux; mais je vis avec des hommes qui, comme moi, veulent être heureux également chacun de leur côté: cherchons le moyen de procurer notre bonheur en procurant le leur, ou du moins sans jamais y nuire. (...) Aussi les cœurs bien faits et généreux trouvent-ils la satisfaction la plus pure à faire du bien aux autres hommes, parce qu'ils ne font en cela que suivre une pente que la nature leur a donnée. Les moralistes ont donné à ce germe de bienveillance qui se développe dans les hommes, le nom de sociabilité. Du principe de sociabilité découlent, comme de leur source, toutes les lois de la société et tous nos devoirs envers les autres hommes, tant généraux que particuliers. Tel est le fondement de toute la sagesse humaine, la source de toutes les vertus purement naturelles, et le principe général de toute la morale et de toute la société civile.[55]

La sociabilité, écrit encore Jaucourt dans l'article «Sociabilité», «est cette disposition qui nous porte à faire aux hommes tout le bien qui peut dépendre de nous, à concilier notre bonheur avec celui des autres»[56]. Cette sociabilité, dont Lezay-Marnésia fait l'apprentissage dans ses domaines en étant bienfaisant et dans les loges franc-maçonnes en recherchant l'harmonie, révèle en lui le souci du bien public, dans une société où la hiérarchie, qu'elle soit de naissance ou de mérite, n'existe que pour servir le bonheur des autres. La solitude du poète de Moutonne et de Saint-Julien ne provient pas du désir de se retirer de la société, mais de la nécessité du retrait pour mieux méditer sur les hommes, leurs besoins et la société. Le marquis de Pezay a bien analysé cette «solitude» du seigneur à la campagne, qui est loin de l'effusion rousseauiste, même si elle s'en nourrit. Dans la solitude, les «sentiments eux-mêmes seront produits par des souvenirs ou des espérances, par quelques douces réalités et beaucoup de chimères caressantes; mais ces souvenirs, ces espérances, ces chimères et ces réalités seront toutes relatives à la société. Le plaisir d'être seul sera donc essentiellement fondé sur le commerce même des hommes»[57]. La personne de Lezay-Marnésia offre donc un équilibre entre sociabilité et solitude. Somme toute, sa «spiritualité» est semblable à une spiritualité monastique qui aurait été sécularisée. La campagne du riche philanthrope révèle les limites de la campagne des habitués des salons qui croient y trouver le bonheur. Sans devenir géographie morale et espace de bienfaisance, elle ne restera qu'illusion de bonheur. Dès 1735, Marquet avait défini la sociabilité du seigneur bienfaisant:

> Une opulence oisive, une vie commode, un mérite réel, des talents acquis flattent tous les hommes; mais quelque brillants que ces avantages puissent paraître, ils ne sont que des dispositions au bonheur et non pas le bonheur lui-même. (...) Ce riche indolent ne peut être l'heureux que nous cherchons; les richesses ne satisfont point le solitaire qui en jouit seul, mais l'homme généreux qui sait en faire un légitime usage.[58]

Cet esprit de société déjà présent dans les œuvres de jeunesse de Lezay-Marnésia se perfectionne à l'école de la franc-maçonnerie.

Le philanthrope était également académicien et mécène. La protection des arts constitue l'autre aspect de la sociabilité de l'honnête homme. Dans son *Discours* de 1735, Marquet attribue autant d'importance à l'étude et à protection des arts et des lettres qu'à la générosité envers les pauvres. L'idéal académicien transparaît dans son essai: le philosophe veille à faire connaître la vérité, l'homme de lettres à la faire aimer en l'embellissant, et le mécène «à tirer des hommes distingués de la poussière à laquelle il semble que la nature les condamne»[59]. Aussi, l'homme qui vit de l'esprit de société s'entourera-t-il de «compagnies choisies où règne le savoir sans pédanterie, l'érudition sans faste, l'amour du vrai sans opiniâtreté»[60]. Le modèle que tente de suivre le mécène académicien est, pour reprendre les propos de Marquet, celui d'Horace et non celui d'Épictète, car le premier est un «homme aimable dont un commerce charmant a cultivé le naturel heureux, embelli l'imagination, adouci l'humeur», tandis que «l'éloignement de la société a augmenté l'austérité naturelle du second et métamorphosé en pédant (...) le philosophe qui prétendait (...) instruire»[61]. A la lumière de l'ennui que Fontanes et Chamfort disent avoir ressenti à Moutonne et à Saint-Julien, on peut se demander si Lezay-Marnésia n'avait pas parfois tendance à tomber dans le pédantisme, dans la présomption, voire dans une forme de vanité. La documentation manque pour se prononcer. Mais son idéal est indiscutablement un idéal de sociabilité. Son amour de la nature, des études, de la poésie, de la philosophie y est soumis, même l'esthétique de ses jardins, comme on le remarquera en étudiant son agropoétique. L'une des meilleures preuves de l'esprit de sociabilité de Lezay-Marnésia se trouve dans une pièce fugitive, l'*Epître à M. Philipon de la Madelaine*. On en a cité les premiers vers, où il se défend d'aimer les plaisirs de la table; on transcrira ici l'ensemble de ce poème qui donne au portrait de l'idéaliste un aspect sage et humain, et l'orne de bon sens:

> Plus moraliste que gourmand,
> Ami, si j'aime un peu la table,
> Je n'ai pas tort; la table rend
> L'homme plus doux et plus traitable;
> L'esprit y devient plus liant
> Et la sagesse plus aimable.
> Faut-il préférer ce Zénon,
> Moins philosophe que farouche,
> Qui n'a jamais ouvert la bouche
> Que pour effrayer la raison,
> Au tendre, à l'indulgent Platon,
> Qui nous instruit, mais qui nous touche?
> A son banquet voluptueux
> Le sentiment suivait ses traces;
> La vertu s'unissait aux graces;
> Il raisonnait parmi les jeux.
>
> Je tiens à la philosophie,
> Qui doucement parle à mon cœur,
> Dans mon guide m'offre une amie
> Et non un rigide censeur;
> Qui plaint et pardonne l'erreur,
> Et dans la coupe de la vie
> Verse une goutte d'ambroisie.
> Hélas, d'une amère liqueur
> Cette coupe est souvent remplie!
> En parfumer un peu le bord,
> C'est tout ce que nous pouvons faire,
> Et l'homme n'adoucit son sort
> Qu'en songeant moins à sa misère.
>
> Recourons donc au bon Comus.
> C'est le sage par excellence.
> Sur tous les écrits ses menus
> Doivent avoir la préférence[62].

La convivialité sera toujours un élément constitutif de la sociabilité de l'aimable marquis, mais rares sont les passages de son œuvre où il utilise l'humour pour prendre une distance par rapport à la réflexion, à la philosophie. Dans cette poésie fugitive, d'un caractère léger propre à un genre qui fait appel aux sensations, la table est le lieu des menus de Comus, cette divinité grecque qui organisait les plaisirs des repas. Dans les *Lettres écrites de l'Ohio*, la table sera le moyen de réaliser l'harmonie entre les seigneurs-propriétaires et leurs sujets-employés.

On ne conclura pas vraiment ici sur l'esprit de société de Lezay-Marnésia. La figure de l'académicien et du mécène, celle du franc-maçon et celle de l'homme de lettres permettent de comprendre son amour de la nature et de la solitude, et d'en mesurer la portée. Le portrait du gentilhomme-cultivateur et celui du seigneur-bienfaisant montreront que cette sociabilité était une sociabilité du devenir. Aux yeux de Lezay-Marnésia, la société réelle n'est pas celle dans laquelle il vit, mais la société telle qu'elle devrait être, celle qu'il faut réaliser. Sans avoir adhéré au mesmérisme, le marquis aurait pu faire siennes ces paroles de Bergasse, qui pourraient d'ailleurs servir de définition de la société à tous les philanthropes de la fin de l'Ancien Régime et aux idéalistes de tous les temps: «par le mot «société», il ne faut pas entendre la société telle qu'elle existe maintenant (...) mais la société telle qu'elle doit être, la société naturelle, celle qui résulte des rapports que notre organisation bien ordonnée doit produire. (...) La règle de la société est l'harmonie»[63].

Troisième partie

GENTILHOMME CULTIVATEUR
&
SEIGNEUR BIENFAISANT

«L'âge d'or était l'âge où l'or ne régnait pas,
Mais dans notre demeure agreste,
Où l'on ne voit ni riches ni seigneurs,
Le crépuscule nous en reste
Et son feu réchauffe nos cœurs.»
Épître à mon curé

CHAPITRE VI

LA PASSION DE L'AGRICULTURE ET LA POÉSIE DES JARDINS

LES JARDINS DE SAINT-JULIEN

La figure du gentilhomme bienfaisant est inséparable de celle du gentilhomme cultivateur et jardinier. La bienfaisance nobiliaire ne peut pas être dissociée de son corollaire, l'agropoétique. On en trouvera l'illustration théorique dans *Le Bonheur dans les campagnes* et dans l'*Essai sur la nature champêtre*. Toutefois, il ne s'agit pas de n'importe quel paysage agricole. L'environnement paysager de la bienfaisance nobiliaire, si paradoxal que cela soit, n'est pas l'agriculture en tant que telle mais le jardin qui embellit la nature, puisqu'améliorer l'agriculture, aux yeux d'un Lezay-Marnésia et de toute une génération de poètes descriptifs, revient à recréer un univers champêtre idyllique où le paysan sera heureux. Dans l'esprit du marquis, l'amélioration de l'agriculture passe par la création de «tableaux heureux», et la création de «tableaux heureux» par l'art des jardins, qu'il considère à la fois comme la plus belle branche de l'agriculture et comme le plus parfait des beaux arts. Cet art des jardins, qui relève de l'esthétique, est le véhicule de la transformation de la communauté. Il s'agit d'un art social et moral.

> L'art des jardins appelle tous les autres arts; par conséquent il ne laisse aucun talent, aucun métier inutiles. Il introduit des cultures ignorées et souvent avantageuses, perfectionne l'agriculture connue, lui indique des méthodes plus profitables ou plus faciles; il rapproche les hommes, étend les sentiments de bienveillance générale, donne plus d'attrait à la vie domestique en lui donnant plus d'intérêt; et non seulement il multiplie les jouissances, mais il ramène l'homme aux goûts purs, et en le rendant meilleur, il le rend plus heureux.[1]

L'art des jardins est présenté d'une part comme remède contre le luxe, car il lutte contre l'oisiveté et purifie les goûts et les mœurs de l'homme, d'autre part comme véhicule de la bienfaisance dans les campagnes, mais aussi comme condition favorable au développement de cette bienfaisance: «il rapproche les hommes, étend les sentiments de bienveillance générale». Du point de vue agricole, l'art des jardins est décrit comme la technique de pointe de l'agriculture. Du point de vue artistique, il prend les dimensions d'un art universel. Bref, le jardin de Lezay-Marnésia est celui d'un poète et d'un moraliste, tout autant, sinon plus, que celui d'un agronome. On trouve des jardins modernes à Saint-Julien, on y trouve aussi des jardins utiles, mais le perfectionnement de l'agriculture y reste plus discret.

La pauvreté des sols de la commune de Saint-Julien rendait difficile la modernisation de l'agriculture. En réalité, si Lezay-Marnésia n'y fait que référence d'une manière indirecte, c'est que celle-ci l'intéresse seulement dans la mesure où elle reflète la régénération morale. Il avait lu l'*Essai sur l'amélioration de l'agriculture dans les pays montueux* de son ami Joseph-Henri de Costa et aurait pu s'inspirer de la partie technique de l'ouvrage. On retrouve chez Costa la même inspiration initiale que chez Lezay-Marnésia. C'est en devenant des «bienfaiteurs de la patrie, (des) réformateurs de la culture, (des) sages restaurateurs des mœurs antiques et simples» que les propriétaires trouveront le bonheur[2]. Quels moyens faudrait-il mettre en œuvre pour arriver à cela? Selon Costa, il suffirait de cultiver les champs en suivant les principes de l'art des jardins, qui sert à ennoblir l'agriculture, à l'embellir. Tel est le but de l'essai: il s'agit de «pouvoir rendre l'agriculture (...) moins grossière qu'elle ne l'est, de l'ennoblir, de la rendre, pour ainsi dire, de bonne compagnie»[3]. Si Lezay-Marnésia partage ce point de vue, qu'il considère comme constitutif de l'esprit de bienfaisance, il ne s'occupe pas du détail des techniques agricoles. Alors que Costa passe en revue tous les aspects de la culture des terres en pays montueux: terrains, charrues, assolements, engrais, clôtures, animaux, vigne, prés, bois, plantations, semences, moissons, Lezay-Marnésia reste silencieux sur tous ces points, alors qu'il avait l'occasion de les développer dans le *Bonheur dans les campagnes*. On verra que Saint-Julien était un modèle du genre et pouvait rivaliser avec les plus belles propriétés[4]. Les discours de l'Académie de Besançon et la nomination du marquis au comité de lecture des ouvrages d'agriculture prouvent aussi qu'il s'intéressait à la question. Mais, par ailleurs, rien dans les documents ni dans les témoignages n'indique qu'il ait systématiquement introduit dans ses domaines des méthodes de culture non-traditionnelles. Son voisin, le seigneur du village de Valfin, où la configuration des terrains est identique à celle de Saint-Julien, se fit remarquer en couvrant la montagne de cultures. En 1801, Lequinio visite Valfin et Saint-Julien et compare les deux communes. A Valfin, l'ancien seigneur, devenu maire du village, est un homme ennemi du luxe, avec «des goûts simples, des passions douces, et surtout avec la passion beaucoup trop rare de la bienfaisance»[5]. Partout, il s'est occupé de chasser la misère. Ce pourrait être le portrait de Lezay-Marnésia. Le seigneur de Valfin, poursuit Lequinio, «se mit (...) à miner, saper, creuser le rocher de sa propre habitation: de belles terrasses, un potager fertile, de la vigne, des prairies artificielles, des vergers très fructueux»[6]. Potagers et vergers existent aussi à Saint-Julien. Mais, selon Lequinio, ils ne semblent pas avoir réellement profité à la population, puisque les paysans y sont mal habillés et qu'il est impossible d'y trouver quoi que ce soit d'élégant ou de champêtre. Lequinio, qui avait été un ardent révolutionnaire, préfère-t-il faire l'éloge du seigneur de Valfin, qui s'était rallié à la Révolution, plutôt que celui de Lezay-Marnésia qui, après son aventure américaine, s'était réfugié dans le silence? Par ailleurs, il passe dans la région en 1801, un an après le décès du marquis, alors que la propriété est un peu laissée à l'abandon. Il est probable que les dix années de révolution avaient fait régresser l'économie de Saint-Julien et que, les institutions de bienfaisance créées par Lezay-Marnésia ayant été supprimées, les conditions de vie des paysans les plus pauvres s'étaient détériorées.

Il ne faudrait toutefois pas noircir ce tableau. Avant la Révolution, Saint-Julien était un village prospère et ne ressemblait pas à ces hameaux du Jura décrits par Thomas Blaikie en 1775, qui ne vivaient que de l'élevage et où l'agriculture était absente du fait de la configuration des sols[7]. A Saint-Julien, les cultures donnent plus que ce dont les villageois ont besoin. En dépit des mauvaises récoltes de 1789, l'excédent laissé pour 1790 est important: 20,000 mesures de froment, soit plus qu'à Orgelet[8]. En outre, le marquis de Pezay, qui avait voyagé en Franche-Comté en 1770, avait jugé que c'était une région qui pouvait «se passer de tout le monde et être fort utile à ses voisins»[9]. Il avait noté qu'on commençait à y planter des pommes de terre, alors que cette culture était presque ignorée dans le reste du royaume, que la nourriture était supérieure aux besoins de la population, qu'il y avait une grande quantité de bestiaux pour les laitages et que les rivières étaient poissonneuses. Dans *Le Bonheur dans les campagnes*, Lezay-Marnésia s'intéresse surtout à l'organisation économique et sociale de la bienfaisance. Les seuls détails de modernisation agricole qu'il mentionne ont trait à l'élevage, qui constituait la grande richesse de Saint-Julien comme celle de Moutonne. Il recommande — et applique dans ses domaines — trois méthodes pour améliorer les rendements: la création de prairies artificielles, celle d'herbages dans les lieux humides et le pacage des bestiaux dans les bois vieux d'au moins huit ans[10]. La plupart du temps, il aborde la question agricole plutôt en poète et en moraliste qu'en propriétaire ou qu'en agronome. Lorsqu'il mentionne tel ou tel domaine réputé pour son agriculture, c'est souvent pour y relever le trait pittoresque ou la curiosité. Dans l'*Essai sur la nature champêtre*, il cite l'un de ses voisins, le comte d'Henezel qui, dans sa terre de Beaujeu, a une collection d'arbres et d'arbustes d'autres continents. «Il ne nous reste qu'à fixer leurs oiseaux dans nos bocages», conclut-il[11]. On sait, toutefois, qu'il est capable de mener une réflexion sur la campagne en agronome. Dans sa lettre du 3 juillet 1778 à son ami Villaine, dans laquelle il décrit la Bresse, il insiste sur la diversité et l'abondance des productions. Pour vaincre la grande humidité des sols et les brouillards, il suggère la construction d'un canal de la Saône au Rhône, qui rassemblerait toutes les eaux et rendrait les plaines plus fertiles[12]. Mais de telles considérations sont toujours fugitives sous sa plume et s'effacent bien vite derrière l'expression des émotions ressenties face au paysage.

Cela ne veut pas dire qu'il n'y eut pas un minimum de modernisation de l'agriculture à Saint-Julien ou à Moutonne. Le marquis recommande notamment d'utiliser les marnes et les plâtres pour fertiliser les prairies artificielles[13]. Quant au développement de l'artisanat et de la petite industrie, qui existait dans certaines régions de Franche-Comté, il en parle peu. Dans l'*Essai sur la minéralogie*, il mentionne son intention de rouvrir, à Moutonne, la tuilerie qui existait dans les années 1730. Il fait part également de différents projets qui lui tiennent à cœur: l'ouverture de manufactures d'étoffes sur les bords du Dain, près d'Orgelet, pour utiliser la laine des moutons et les marnes, qui serviraient à dégraisser les fibres; le développement des carrières de pierres de taille de Moutonne pour répondre non seulement à la demande locale mais aussi à la demande provinciale, voire nationale; l'ouverture d'une manufacture de pierres à fusil; la création d'un fourneau sur le Suran, à Saint-Julien, qui vivifierait le commerce avec Lyon. Toutes ces idées semblent en être restées au niveau de projet, sauf peut-être l'encouragement à la taille des pierres. Il faut signaler aussi le développement d'un artisanat local, à Moutonne et à Saint-Julien: la production intensive de vases d'argile. Dans *Le Bonheur dans les campagnes*, l'idée d'activités industrielles n'est pas sérieusement considérée pour le village. A côté des travaux agricoles, Lezay-Marnésia recommande, pour éviter l'oisiveté, des travaux qui concernent l'intérêt général de la communauté villageoise, comme l'entretien des chemins et des fontaines par les journaliers désœuvrés, ou des tâches légères par les vieillards et les malades. Les manufactures de vêtements et de draps seront situées dans les bourgs[14].

D'un côté, Lezay-Marnésia reconnaît avec les agronomes et les Physiocrates que la richesse repose uniquement sur la terre. D'un autre côté, il raisonne en moraliste, à la suite de Rousseau, et moule sa conception de l'agriculture sur l'état moral de la population. A bien des égards, sa position paraît assez proche de celle de Ramond de Carbonnières, qui refuse l'introduction dans les Alpes de toute forme d'industrie. «Tous les produits de l'industrie peuvent manquer aux habitants des Alpes; leurs montagnes seules ne les tromperont point; elles sont les garants éternels de leur richesse et de leur liberté»[15]. S'il est donc difficile de comparer l'œuvre d'un Lezay-Marnésia à Saint-Julien à l'œuvre d'un Mirabeau en Provence, d'un Buffon à Montbard, d'un Voltaire à Ferney, d'un La Rochefoucauld à Liancourt, ou d'un Tschoudy à Colombe, l'esprit présidant à ces entreprises est néanmoins le même. Lezay-Marnésia admirait ces hommes; il les cite souvent en exemple dans ses textes.

Toutefois, l'expression de l'amélioration de l'agriculture reste inséparable chez lui d'un vocabulaire virgilien, dont il trouve la meilleure manifestation dans l'architecture et dans la poésie des jardins. Il semble incapable d'en faire abstraction, même pour s'occuper de questions bien concrètes. En cela, Lezay-Marnésia est bien représentatif de l'intellectualisme des milieux académiques. Le jardin est pour lui un refuge, qui renvoie à une vie idyllique rappelant les temps lointains de l'âge d'or; il offre le spectacle d'un monde heureux et se veut être la propédeutique d'une nouvelle conduite morale fondée sur une harmonie calquée sur le modèle familial. C'est dans les années 1780 que Lezay-Marnésia idéalise les jours de son enfance, lorsqu'il travaillait la terre avec des enfants de paysans;

c'est aussi à cette époque que ses enfants s'emploient, à leur tour, avec des paysans de leur âge à orner un coin du parc du château, qu'ils nomment «du doux nom de Clarens»[16].

> Le jeune enfant, suivi de sa folâtre sœur,
> S'échappe du salon où l'or s'unit au marbre,
> Et court, pour être heureux, sous la voûte d'un arbre. (...)
> Et bientôt sous leurs mains se colore un parterre.
> Pour l'animer encore, ils rassemblent des eaux,
> Et font autour des fleurs serpenter des ruisseaux. (...)
> Déjà semble la rose éclore pour le jour
> Où leur père, sensible au soin de leur amour,
> Dans les transports heureux de la plus douce ivresse,
> Recevra leurs bouquets en pleurant de tendresse.[17]

Poésie et message moral se mêlent. En fait, tout dans l'existence du marquis nous porte à voir un lui un idéaliste et un rêveur. Son fils Albert souligne son ardeur et son enthousiasme, mais le décrit aussi comme quelqu'un de naïf et de crédule, qui n'aurait aucun sens des réalités, et comme un très mauvais administrateur[18]. Beaunier le caractérise de quatre mots: «poète, philanthrope, voyageur et toqué»[19]. On aura l'occasion de peindre le voyageur en partance pour des pays imaginaires. Le portrait du philanthrope et du poète est déjà esquissé. Quant à la figure du «toqué», elle transparaît bien souvent, notamment à partir de 1790 à travers les tribulations dans l'Ohio.

Observons maintenant les jardins de Saint-Julien, créés avec tant d'amour par le marquis. S'ils ne peuvent pas se comparer aux folies d'un Carmontelle ou d'un Laborde-Méréville, ils n'en répondent pas moins au souci du pittoresque et au goût pour le sublime des reproductions rustiques. Toutefois, ils ne le font que d'une manière très modérée. D'une certaine façon, Saint-Julien ressemblait aux jardins de Voltaire à Ferney, tels que ce dernier les décrit à William Chambers:

> Je m'aperçois que j'ai suivi vos préceptes autant que mon ignorance et ma fortune me l'ont permis. J'ai de tout dans mes jardins, parterres, petite pièce d'eau, promenades régulières, bois très irréguliers, vallons, prés, vignes, potagers avec des murs de partage couverts d'arbres fruitiers, du peigné et du sauvage; le tout est petit, et fort éloigné de votre magnificence. Un prince d'Allemagne se ruinerait en voulant être votre écolier.[20]

Les jardins de Saint-Julien, à l'image de ceux de Ferney, restent sobres, et les fabriques y sont rares. On n'y trouve pas ces «vases de terre cuite, magots chinois, bambochades et autres pareils ouvrages de sculpture d'une exécution médiocre» que critique l'auteur de l'article «Jardin» de l'*Encyclopédie*[21] et que Lezay-Marnésia associe au mauvais goût dans son *Essai sur la nature champêtre*.

Si les jardins littéraires du marquis annoncent déjà le goût romantique, les jardins qu'il dessine à Saint-Julien sont surtout inspirés par l'utilitarisme des Lumières et des agronomes. Le cadre reste pittoresque, naturel, à l'image des jardins de son *Essai sur la nature champêtre*, mais les jardins proprement dits reflètent plus le goût de Fontanes et de Rivarol que celui de l'abbé Delille. Pour Fontanes, l'abbé Delille n'a décrit que des jardins de fantaisies; il a oublié la «partie utile des jardins», «la retraite de l'heureuse médiocrité»[22]:

> J'applaudis à Delille, à ce maître nouveau
> Dont le rythme savant nous rappelle Boileau.
> Des jardins qu'il chanta j'admire l'élégance;
> Mais il me prône en vain leur simple négligence,
> Cette simplicité n'est qu'un luxe de plus.[23]

Dans son poème *Le Chou et le Navet*, Rivarol critique aussi la coquetterie de l'abbé Delille. Voici ce que le navet dit au chou:

> Je vois que c'est pour plaire à ce Paris frivole
> Qu'un poète orgueilleux veut nous exiler tous
> Des jardins où Virgile habitait avec nous. (...)
> Son style citadin peint en beau les campagnes:
> Sur un papier chinois il a vu les montagnes,
> La mer à l'opéra, les forêts à Longchamps.

Et le chou de reprocher à l'abbé Delille de ne pas avoir parlé des jardins potagers, des jardins utiles:

> Vois tous les choux d'Auvergne élevés contre toi! (...)
> Réponds donc maintenant aux cris des chicorées,
> Aux clameurs des oignons, aux plaintes des poirées,
> Ou crains de voir bientôt, pour venger notre affront,
> Les chardons aux pavots s'enlacer sur ton front.[24]

A Saint-Julien, plus de choux et de navets que de jardins paysagers. On sent chez Lezay-Marnésia une préférence pour les paysages naturels du Jura suisse, pour les vrais hameaux et pour les cultures utiles.

Les jardins de Saint-Julien rappellent les jardins de Monsieur de Fenil, à Bourg, que Lezay-Marnésia avait visités en juin 1778 et qu'il avait décrits dans une lettre à son ami Villaine. On y trouvait une partie consacrée à l'agrément, qui «montre ce que peut l'intelligence de l'homme sur un terrain qui n'est pas rebelle». Là poussaient les fleurs, les fruits et les arbres exotiques. Gazons et bosquets y alternaient comme dans un décor d'opéra comique ou de pièce villageoise. Quant à la partie inférieure du jardin, il note qu'elle «charme par la richesse de ses productions»: carrés de légumes et espaliers chargés de fruits. Les marais ont été asséchés; des prairies les ont remplacés; des pépinières ont été construites. «Tout le bien qu'un particulier peut faire à son pays, (Fenil) l'a fait au sien», conclut Lezay-Marnésia. Il «a composé des ouvrages nombreux et très utiles et a laissé une mémoire qui sera toujours vénérée»[25].

Cette description pourrait s'appliquer à Saint-Julien. Les jardins du marquis appliquent les principes de l'un des succès de librairie du siècle: *La Nouvelle maison rustique* de Liger. Le jardin est «la plus noble, la plus riante et la plus utile partie de l'agriculture»; il demande des soins et permet aussi de découvrir les richesses de la nature. Dans ce jardin, «le jardin fruitier (est) le champ le plus riant et le plus fécond de toute la nature. En outre, une infinité d'aliments et d'autres secours que l'on en tire, les plaisirs de la vue, les délices de l'esprit et les doux amusements de la vie y entrent et charment également le philosophe et le paysan»[26]. Lezay-Marnésia aura toujours une prédilection pour les vergers, comme le reflète son jardin de Saint-Julien. Et on sait que le *Verger* de Fontanes s'en inspire.

> Heureux qui tour à tour jardinier et poète,
> Décore en la chantant une simple retraite!
> Il rejette à la fois Le Nôtre et Wathely;
> Il sait que loin du parc avec pompe embelli,
> La muse pastorale, en cherchant la nature,
> Dans le verger rustique assortit sa parure.[27]

Les promenades de ces jardins sont aussi soumises au critère d'utilité: elles permettent d'admirer les travaux des champs. L'art des jardins est alors une réelle activité économique et potagers et vergers, qui abondent à Saint-Julien, étaient au dix-huitième siècle une des marques de richesse et de rang social élevé, au même titre que les jardins d'agrément.

Il est possible de reconstituer le plan des jardins de Saint-Julien à partir du procès-verbal du sequestre apposé sur le domaine de Saint-Julien en mai 1799[28]. (On se reportera au cadastre napoléonien reproduit dans l'illustration 3 pour localiser les différentes parties du jardin. Toutefois, certains bâtiments, comme la pépinière, semblent avoir disparu.) Lorsque les agents municipaux se rendent au château, celui-ci est vide à la suite d'une vente publique, qui avait eu lieu six mois auparavant, mais les dépendances contiennent encore une basse-cour et onze têtes de bétail. Le jardin «utilitaire» est conçu selon les conseils des livres d'agronomie. On y trouve un vaste potager de 3,500 mètres carrés, divisé en dix grands carrés coupés d'allées. Le verger, de plus de 7,500 mètres carrés, est entouré de murs. On y a planté des arbres fruitiers en espaliers. Comme le potager, le verger est entrecoupé d'allées mais aussi de promenades. Au nord du verger il y a une pépinière de 500 mètres carrés; au nord du potager, une serre chauffée par le bas, précédée d'un jardinet de 350 mètres carrés planté de légumes.

A côté des zones de production se trouvent les jardins d'agrément, dont une partie est à la française et une autre à l'anglaise. Cependant, il n'existe pas vraiment de séparation entre la partie utilitaire du jardin et les zones paysagères. Le grand parterre triangulaire dessiné devant le château se compose d'une pelouse de 1,200 mètres carrés représentant des dessins d'architecture d'ordre. Elle est entourée d'une plate-bande de fleurs et d'arbres fruitiers. La terrasse, sur laquelle donne la façade ouest du château, est plantée de buis et de fleurs représentant des dessins géométriques; elle est aussi bordée d'arbres fruitiers. Ces jardins symétriques voisinent un jardin anglo-chinois, auquel on aboutit par le grand potager. Il s'agit d'un espace triangulaire de quelque 1,700 mètres carrés entouré par la serre et son jardinet au nord et à l'est, par le verger à l'ouest, et par la pépinière au nord-ouest. Ce jardin anglo-chinois, auquel on n'aboutit qu'en traversant des jardins utilitaires, est appelé «place de la pyramide», en raison de la présence d'une «pyramide formant un obélisque en marbre», qui se dresse face à une grotte artificielle — et «pittoresque», peut-on lire dans le procès-verbal — aménagée sous la double rampe en pente douce qui descend du potager. La pyramide était inévitable dans un jardin au goût du jour, et l'obélisque n'en était qu'une variante. Elle réapparaîtra dans l'utopie marnésienne d'Asilum, où elle servira de colonne commémorative. Ici, c'est un monument funéraire que Lezay-Marnésia fait dresser en souvenir de sa mère décédée en 1785:

> Ce simple monument, dans un lieu solitaire,
> Consacré par l'amour en nourrit les douleurs;
> Un fils, un tendre fils l'éleva pour sa mère,
> Le visita souvent et l'arrosa de pleurs.[29]

Dans la zone de la pyramide, on a aménagé des promenades bordées d'arbrisseaux et d'arbustes exotiques. Ces jardins sont limités à l'est par un chemin public. A l'ouest et au nord, ils se fondent dans un petit bois de quatre hectares, en partie taillé, découpé par des promenades, bordées elles aussi d'arbrisseaux et d'arbres exotiques. Tel est le «Clarens» du marquis de Lezay-Marnésia. Les fabriques n'y sont pas nombreuses; on y insiste visiblement sur l'utilité sans abandonner l'embellissement, et d'une manière raisonnable s'y mêlent le modèle français géométrique et le principe anglais de la sinuosité.

Ainsi ces jardins, dans leur sobriété même, expriment-ils deux esthétiques qui ne cesseront de cohabiter dans la pensée de Lezay-Marnésia. D'une part, on y trouve une conception encyclopédique du beau appliquée aux jardins, telle que l'a formulée le duc d'Harcourt. «un Français met des figures de géométrie dans son jardin, un Anglais pose sa maison dans un pré, un Chinois fait devant sa fenêtre des cataractes épouvantables: voilà trois genres d'abus. Tous trois corrigés ramènent au vrai beau»[30]. D'autre part, il s'agit d'un beau nourri de la pensée des agronomes, d'un beau utile et productif. Somme toute, ce qui est représenté, c'est une plénitude idyllique. Elle s'établit en fuyant la ville pour une campagne qui ne sera pas seulement la nature sauvage et boisée, mais une campagne cultivée et ornée, preuve d'occupation utile, de modernisation agricole et de philanthropie. On en trouve la théorie dans l'*Essai sur la nature champêtre*. Elle peut se résumer en quatre modèles: le modèle naturel, le modèle simple, le modèle embelli et le modèle productif. Le modèle naturel, c'est la Suisse, «spectacle enchanteur d'un Jardin immense composé de mille jardins différents», et plus particulièrement le Jura suisse, où se trouvent «les plus belles vaches de l'univers». Il s'agira d'adopter ce modèle aux contraintes locales: «en rejetant l'idée chimérique d'imiter les tableaux sublimes de la Suisse, on peut en adopter la culture et transporter partout les beautés qu'elle doit à l'industrie»[31]. Le modèle simple interdit toute forme de luxe. On ne créera pas de faux hameaux; on leur préférera les vrais.

Mes enfants, mes amis, loin du luxe et des larmes,
De la simplicité sachons goûter les charmes;
Mais au bord des ruisseaux, près des ombrages frais,
N'affligeons point les yeux par de pompeux palais.[32]

La simplicité n'exclut pas l'embellissement de la nature. La campagne doit être rendue attrayante.

On peut tout embellir. Aux stériles campagnes,
Au plaines sans fraîcheur, aux arides montagnes,
Aux bocages flétris, aux vaporeux marais,
L'heureuse invention donnera des attraits.[33]

Ces vers du troisième chant, qui datent de la fin des années 1770, rappellent à nouveau la description de la Bresse, faite par Lezay-Marnésia dans sa lettre du 3 juillet 1778 à Villaine. La modernisation agricole est vue comme l'instrument de l'embellissement. Inversement, l'agriculteur sera peintre et poète.

Amateurs de jardins, pourquoi dans vos retraites
N'imiteriez-vous pas les peintres, les poètes?
Ah! pourquoi de votre art restreindre le pouvoir?
Sachez, sachez aussi toucher, plaire, émouvoir.
Formez d'heureux tableaux, donnez-leur de la vie,
Sentir est le besoin de l'homme de génie.[34]

Ainsi, le modèle productif finit-il par se confondre, dans la pensée de Lezay-Marnésia, avec le modèle embelli. Le cadre est virgilien; il est aussi moral. Lezay-Marnésia est à la fois poète et paysan, un poète de la campagne et un paysan au regard de poète. Les jardins de Lezay-Marnésia sont en cela représentatifs de l'agropoétique de la noblesse.

AGROPOÉTIQUE DE LA NOBLESSE

On sait qu'on ne peut pas vraiment parler de révolution agricole au dix-huitième siècle mais seulement de modernisation. Pourtant cette révolution agricole existe: elle existe dans les livres. Il suffit de comparer le nombre d'ouvrages à caractère agronomique publiés au dix-huitième siècle avec celui des siècles antérieurs: 48 au quinzième siècle, 108 au seizième, 130 au dix-septième et 1,214 pour le seul dix-huitième siècle, la grande majorité de ces ouvrages étant postérieurs à 1750[35]. Au milieu du siècle, alors que l'agriculture est devenue une mode, tous les amateurs de culture des terres mettent par écrit le fruit de leurs expériences et leurs idées. Mais on ne se contente pas d'écrire sur les techniques, pas toujours applicables, qui permettraient de perfectionner l'agriculture. L'art et la littérature sont aussi au goût champêtre et essayent de transformer le traité agronomique en genre noble. Nous avons déjà évoqué cet esprit du temps[36]. C'est l'époque où l'on se lance dans la création de jardins à l'anglaise; c'est l'époque de la poésie descriptive; c'est aussi l'époque de la peinture de paysages et de scènes de la vie villageoise comme chez Greuze; il n'est pas jusqu'au théâtre qui ne soit envahi par cette mode: opéras-comiques de Favart, pièces villageoises de Sedaine. L'agriculture est la folie du jour. Le 11 juin 1775, Madame Riccoboni écrit à Robert Liston qu'«on n'écrit que sur les grains, sur l'administration»[37]. Il y en a certains, bien qu'ils soient peu nombreux, qui tentent de réagir. L'abbé Delaunay, par exemple, dédie son poème *Les plaisirs de la ville* à l'abbé Delille pour lui expliquer que la campagne et l'agriculture constituent une fuite des réalités. On peut aimer la nature, explique-t-il, sans pour autant en faire le cadre exclusif de son existence.

> Je suis plein de respect pour les agriculteurs.
> Sans mériter le nom d'agrifuge profane,
> Je puis être agronome et non pas agromane.
> Je veux aller aux champs et non les habiter,
> Résider dans la ville et souvent la quitter.

Après ce jeu de néologismes, il en vient à jeter le soupçon, avec un certain réalisme, sur les raisons du retour à la campagne de bien des gentilshommes.

> Pour braver l'injustice, on devient agricole; (...)
> Voltaire s'est par choix confiné dans ses champs
> Moins pour suivre son goût que pour fuir les méchants.
> Catinat et Sully ne furent casaniers
> Qu'après s'être couverts de gloire et de lauriers.[38]

De tels jugements sont rares. Pour l'immense majorité des contemporains, la campagne est le lieu de toutes les vertus, alors que la ville est synonyme de corruption. Un modèle du genre en est l'*Epître à M. de S***, chevalier de Saint Louis, par M. l'abbé de S***, son frère*. L'abbé écrit à son frère qui, retiré à la campagne, regrette Paris et la fréquentation des Grands du royaume. Le procédé est courant dans les œuvres didactiques sur la campagne, on le retrouvera dans *Le Bonheur rural* de Pierre Etienne. Il s'agit d'imaginer une vague forme d'ennui dans un univers rural, auquel le nouveau venu n'est pas encore totalement adapté, pour trouver prétexte à souligner les vices urbains. L'abbé de S*** décrit donc la ville comme le lieu de la fainéantise, celui du «loisir fatigant» et de l'infamie. La ville, dit-il, n'offre qu'«un vernis d'agrément sur un fond d'ignorance» et des «jours tissés d'ennuis et de débauches» à «des sens flétris (et) des cœurs blasés». A ce portrait de la ville, difficilement plus violent, il oppose «la simple et innocente félicité de l'habitant de la campagne»[39].

Toutefois, ce discours n'est pas vraiment typique de l'agropoétique, qui insiste moins, en général, sur la peinture morale des villes, car elle considère toujours la ville comme l'espace des arts, pour décrire plutôt des images de bonheur champêtre. Prenons justement l'exemple des concours de poésie de l'Académie française de 1772, 1774 et 1775. La voix de l'abbé Delaunay y reste isolée. Si les poèmes proposés n'expriment pas exactement l'agropoétique de la noblesse, ils reflètent bien la mode agropoétique dans son ensemble. Les sujets de ces trois concours étant *ad libitum*, les choix des participants sont révélateurs des intérêts du moment. Le dépouillement des 328 essais poétiques — dont l'intérêt littéraire, il va sans dire, est inégal — montre trois types de discours: 88 discours sur la poétique, 70 sur un personnage historique ou sur un point juridique, 170 sur une question morale. Plus du cinquième des discours de type «moral» portent sur le retour à la campagne d'une manière explicite, pour en chanter les louanges et non pour le critiquer. Mais si on relève la simple présence du thème de la campagne, lieu de l'innocence et de la vertu, ce sont les quatre cinquièmes de ces discours qui sont concernés. Le leitmotiv est celui de la critique du luxe. On verra que la critique du luxe est souvent faite au nom de la bienfaisance[40]; ici elle est faite au nom de la vertu et véhicule sans originalité, souvent dans des vers de mirliton, tous les lieux communs de l'époque. Le luxe est un «séducteur», un «maître affamé de domination»; sous son influence, l'homme

> (...) devint insensible au charme pastoral
> Et plia la nature au joug de son rival.
> Ainsi l'homme, jouet de ce maître frivole
> Fit de la vanité sa respectable idôle.[41]

Le luxe, c'est ce qui détourne de la vie utile, de la vie aux champs:

> Tu coulais une vie active autant qu'utile,
> Quand un monstre odieux t'entraînant à la ville
> Te rendit de l'état et l'opprobre et l'effroi. (...)

Mère d'enfants ingrats, fille de la nature,
A quel mépris le luxe ose te condamner.
A peine dans ton champ t'admet-il à glaner.
Tes sujets malheureux désertent leurs asiles,
Et viennent à grands flots s'entasser dans nos villes.[42]

Citons en un autre exemple fort explicite:

Ton souffle dévorant a flétri la nature.
C'est par toi que languit la triste agriculture.
Arrachés par tes mains à leurs nobles travaux
D'utiles citoyens désertent les hameaux.[43]

On voit comment la réflexion économique sur l'agriculture et celle sur la bienfaisance reprendront la critique du luxe. Cette critique ne pouvait pas ne pas être l'un des piliers de la pensée nobiliaire.

Dans ces poèmes, comme un peu partout dans la littérature contemporaine, la campagne, celle des amateurs de jardins, celle des «agromanes», ou simplement celle des amoureux de la solitude, est l'envers du luxe et donc du vice.

Fuyons loin de la ville; allons revoir les champs.
Que leur aspect me rit! Que leur scène est touchante!
J'y retrouve des pleurs avec des sentiments:
Oui, vous me les rendez, solitudes heureuses,
Bocages embaumés, campagnes amoureuses,
Parmi vos laboureurs j'oublierai les méchants.[44]

A une condition: celle de ne pas transférer aux champs les plaisirs de la ville:

Mais le plus beau séjour devient triste et stérile
Pour ceux qui de Plutus habitent les lambris.
Ennuyés à la cour, ennuyeux à Paris,
Ils traînent avec eux les ennuis au village.[45]

Ces lieux communs — qui n'ont d'ailleurs rien de spécifique au dix-huitième siècle — ont déjà été évoqués à propos du sentiment de la nature, à propos de la campagne des salons, de celle des agronomes et de celle des «géographes de la morale»[46]. C'est une mode qu'il ne faut pas sous estimer sous prétexte qu'elle engendre souvent des poncifs à l'eau de rose. C'est la toile de fond, sur laquelle se greffent l'agromanie et l'agropoétique de la noblesse. Elles s'expriment au travers du retour à la campagne et suscitent une esthétique spécifique, qui apparaît indissociable de la pensée des seigneurs éclairés. A partir de 1750, sensibilité, vertu et agriculture forment un tout, une sorte de code du bonheur. L'homme qui passe son existence à perfectionner l'agriculture fait preuve de bienfaisance et satisfait ainsi sa sensibilité.

Pour les nombreux gentilshommes qui retournent dans leurs domaines, il s'agissait de satisfaire un intérêt particulier, la mise en valeur de leurs propres terres, afin d'accroître leurs revenus; mais ils voulaient aussi œuvrer à l'intérêt général, car on était convaincu que n'importe quelle expérience pouvait contribuer à l'amélioration de l'agriculture du royaume. C'est le cas de Buffon qui, dans sa propriété de Montbard, consacre quelque quarante hectares de terres à des expériences très coûteuses en matière d'exploitation forestière et établit une pépinière modèle pour cultiver des essences forestières rares. C'est aussi le cas de Voltaire qui s'installe à Ferney pour «cultiver son jardin». «Je n'ai pas un moment de libre, écrit-il à la marquise du Deffand le 25 avril 1760. Les bœufs, les vaches, les moutons, les prairies, les bâtiments, les jardins m'occupent le matin; toute l'après-dinée est pour l'étude; et après souper on répète les pièces de théâtre qu'on joue dans ma petite salle de comédie»[47]. L'un des gentilshommes agronomes éclairés les plus célèbres est certainement le duc de La Rochefoucauld-Liancourt qu'on retrouvera dans les rangs de la minorité de la noblesse[48]. En 1768, après avoir visité l'Angleterre, il avait transformé son domaine de Liancourt, au nord-est de Paris, en ferme modèle. Arthur Young a laissé une description de ce domaine[49]. On y trouve bien sûr un jardin anglais et quelques fabriques, comme une ménagerie et une laiterie, mais aussi des plantations et installations pilotes, comme une ferme anglaise et des prairies artificielles pour fournir de la nourriture aux bestiaux en hiver. Ce qui est particulièrement intéressant, c'est que le domaine de Liancourt annonce déjà l'architecture utopique et morale, rurale et industrielle, d'un Claude Nicolas Ledoux. La Rochefoucauld-Liancourt fait construire en plein milieu des champs une manufacture pour le travail du coton et de la laine. Il ouvre aussi deux écoles. La première est une école pour les filles des familles pauvres, où on apprend la religion mais aussi à lire et à écrire. On leur donne également un métier en leur enseignant le tissage du coton. Sur ce point, Lezay-Marnésia s'inspire de ce modèle, car les métiers du textile sont les seuls qu'il admette dans le cadre d'une communauté villageoise. Les jeunes filles sont gardées à l'école jusqu'au mariage, et une partie de leur salaire est retenue pour constituer leur dot. L'autre école est réservée aux garçons, où à côté du métier des armes ils apprennent les métiers de l'agriculture. Lezay-Marnésia, dont la famille entretenait des relations amicales avec le duc de La Rochefoucauld et son cousin le duc de Liancourt, visite le domaine et y trouve un «exemple d'humanité et d'intérêt public réfléchi». Il mentionne en particulier la pratique qu'avait le duc de ne garder ses domestiques que dix ans et de ne leur verser qu'une partie de leur salaire. «Au bout de ce terme, il ne permettait plus au domestique de rester à son service, mais il l'engageait à prendre un commerce ou une profession, dont les gages accumulés faisaient les fonds»[50]. Cet exemple illustre bien la bienfaisance, car c'est de bienfaisance dont il s'agit ici. Ce n'est pas une assistance ponctuelle accordée aux plus pauvres, qui ne conduirait qu'à les soulager momentanément de leurs maux. C'est une pratique qui vise à donner aux plus pauvres les moyens de devenir directement productifs, donc d'être autonomes et conscients de leur valeur, et ainsi de pouvoir contribuer à l'intérêt public. La bienfaisance favorise le bonheur des sujets en leur donnant une conscience sociale. Telle est la tâche qui est dévolue au noble: guider ses sujets, et pas seulement les assister.

On pourrait multiplier les exemples de telles entreprises; ils ne sont pas rares, surtout à la périphérie de Paris. On en a vu l'expression littéraire dans les *Contes moraux* de Marmontel. Toutes ces expériences de bienfaisance se passent en milieu agricole; elles donnent lieu non seulement à des ouvrages agronomiques qui en rendent compte, mais aussi à une correspondance entre gentilshommes agronomes d'où sont issues les sociétés d'agriculture. Cependant, il ne faudrait pas croire que ces domaines soient tous des fermes savantes. La figure de Lezay-Marnésia révèle les limites de la technicité agricole du retour à la campagne. Arthur Young ne s'y est pas trompé et n'hésite pas à parler de «physiocratical rubbish»[51] à propos du mouvement de retour à la campagne. A ses yeux, il s'agit seulement d'amateurisme.

> The nobility in France have no more idea of practising agriculture, and making it an object of conversation, except on the mere theory, as they would speak of a loom or a bowsprit, than of any other object the most remote from their habits and pursuits. I do not so much blame them for this neglect, as I do that herd of visionary and absurd writers on agriculture, who, from their chambers in cities, have with an impertinence almost incredible, deluged France with nonsense and theory, enough to disgust and ruin the whole nobility of the kingdom.[52]

Après avoir assisté à la réunion d'une société d'agriculture, Young estime qu'on y fait beaucoup trop de théorie. Il se demande même si tous ces «agromaniaques» ne font pas plus de mal que de bien en attirant l'attention sur des futilités ou en dissimulant les problèmes réels derrière l'écran pittoresque de l'agropoétique[53]. Dans ces sociétés, on trouvait aussi des agronomes sérieux qui discutaient les nouvelles idées et les nouveaux livres, tout particulièrement les ouvrages des trois grands théoriciens de l'agriculture: Duhamel du Monceau sur les nouvelles cultures et les outils agricoles, La Salle de l'Etang sur les prairies artificielles et Henry Pattullo sur les fourrages[54]. Arthur Young compare la situation française à celle de l'Angleterre, où les agronomes étaient plus efficaces, en oubliant que la France n'en est pas encore là. On discutait surtout des conditions d'application des nouvelles idées; on faisait peut-être de la théorie, mais c'était une étape nécessaire. Cependant, quelle était la proportion des spécialistes de l'agriculture par rapport à la foule de ceux qui se contentaient de suivre la mode? Si Arthur Young généralise, son jugement n'en reflète pas moins une réalité. Il apparaît, et pas seulement dans les livres, que le retour du noble à la campagne, est plus poétique qu'agraire, qu'il s'agit surtout d'un phénomène esthétique et moral véhiculant de beaux et vertueux sentiments. Comme phénomène esthétique, il renvoie à une représentation idyllique de la campagne satisfaisant la nostalgie de l'âge d'or. Les accents en rappellent Hésiode, Virgile ou Ovide. Comme phénomène moral, il introduit des projets de réformes inspirés par l'esprit de bienfaisance. L'ambiguïté de ce goût pour le retour à la terre vient justement de la conception qu'on se fait de l'agriculture: une conception à la fois éthique et esthétique. Cela n'empêche pas la recherche scientifique, mais elle se fait dans un climat sentimental que la magie du rousseauisme ne fera qu'accroître. L'agriculture apparaît au seigneur éclairé comme une école de vertu, qui fait naître de beaux sentiments dans un cadre pittoresque. Le cadre est virgilien, le but est scientifique. On appelle agropoétique la rencontre entre un discours de nature poétique et une réflexion sur l'agriculture.

L'agropoétique constitue la nature de l'environnement à partir duquel se développe l'école du retour du seigneur à la campagne. Pour bien en saisir toutes les nuances, on choisira à titre d'illustration plusieurs types de discours agropoétiques. Citons tout d'abord l'exemple d'un projet architectural de Claude Nicolas Ledoux, celui de la bergerie commandée en 1780 par Louis-Bruno de Boisgelin pour son domaine de La Roche-Bernard. L'architecture rurale de Ledoux, s'inspire directement de la réforme de la ferme préconisée par les agronomes et s'inscrit dans le débat sur les mérites respectifs de la bergerie fermée et du parc à moutons. Mais elle est fille aussi d'une visée utopique, d'une idéalisation de la vie à la campagne, qui redevient la vie champêtre de la poésie didactique. La bergerie obéit à des principes scientifiques, mais elle se trouve sous des arcades constituées de colonnes doriques rappelant la simplicité de la vie rurale de l'âge d'or.

Le *Praedium Rusticum* du Père Vanière est un autre exemple d'agro-poétique. Le poème original était paru en 1710 et avait été réédité et augmenté à deux reprises, en 1730 et en 1742. On lira ces quelque 12,000 vers latins dans la traduction qu'en donne Berland d'Halouvry, en 1756, sous le titre *Œconomie rurale*. Il s'agit d'une traduction en prose, qui ne reflète pas la poésie du texte latin, et à bien des égards on croit plutôt lire un traité sur la vie rurale. Toutefois, tel avait été le but de Vanière. Son intention était pratique. Il n'avait pas voulu disserter sur les avantages de la campagne, mais offrir des conseils sur la façon dont on devait y vivre et sur les travaux des champs.

Dieu puissant! je vais sous vos auspices examiner la nature des différents terrains. Je donnerai des Laboureurs expérimentés pour cultiver le fond qu'on aura acheté; j'enseignerai à soigner les troupeaux, à former le bœuf aux travaux rustiques qu'il partage avec le Laboureur, & à couvrir une campagne d'arbres sauvages et cultivés. Ensuite, après avoir traité des moissons, des prairies & des différents travaux de l'Agriculture que ramène chaque année, les légumes, la vigne & son aimable jus succèderont naturellement. Quand les champs auront reçu les hommages que je leur dois, je présenterai sur la scène les oiseaux domestiques & les tendres colombes. Les abeilles, leurs cellules & leur gouvernement trouveront aussi place dans mes vers; après quoi je parlerai des étangs & des hôtes qu'ils renferment, sans oublier les parcs qui servent de retraite au chevreuil & au cerf timide.[55]

Cet extrait est en quelque sorte le sommaire du poème. C'est un poème qui s'adresse à ceux qui sont déjà installés à la campagne et ressemble plus à un manuel ou à un catéchisme à l'usage des jardiniers qu'à un poème descriptif à l'usage des seigneurs cultivateurs. Berland d'Halouvry en fait le reproche à Vanière. Au moment où il le traduit, la problématique a changé. Il ne s'agit plus de s'adresser à des convaincus, mais d'inciter les propriétaires à retourner dans leurs domaines. L'agropoétique avait alors une autre portée.

Tout poème en général doit avoir pour objet ou de corriger nos mœurs ou de multiplier nos connaissances en nous amusant; mais comme les règles d'art exigent une grande contention d'esprit & que les principes de morale mortifient nos sens, on y trouve toujours quelque chose d'austère, de sec & et de rebutant. Le bon poète a donc l'adresse de coudre sa morale et ses préceptes à une fiction agréable afin de les faire goûter.[56]

Ce que Berland d'Halouvry dit dans la préface qu'il écrit au poème de Vanière, c'est que sans la fiction agréable, la didactique du retour à la campagne ne connaîtra pas le succès. C'était appliquer au poème la méthode de la «morale en action» qui faisait alors du roman un petit traité de morale. Mais il fallait aussi toucher un public qui ne connaissait les plaisirs de la campagne qu'à travers les tableaux idylliques et fantaisistes de la littérature, où les bergers ont des manières de châtelain alors que «les riches sont élevés dans le mépris de tous les gens qui sont obligés de travailler pour vivre»[57]. Tâche d'autant plus difficile que c'était «faire goûter des leçons sur l'économie rurale à une nation, dont une partie croyait il n'y a pas si longtemps, que la terre devait servir nos besoins sans culture»[58]. C'est pourquoi la campagne doit être embellie et annoblie par le poème. Ce raisonnement est celui de tous les poètes descriptifs. On va éduquer par le plaisir. L'agropoétique apparaît ainsi comme une propagande — au sens que le terme avait au dix-huitième siècle de mise en œuvre de techniques de diffusion d'une doctrine — au service de l'école du retour à la campagne.

Troisième illustration de l'agropoétique: le baron Tschoudi, que son ami Lezay-Marnésia décrit comme un «amant enthousiaste de la campagne» ayant «une connaissance profonde de la nature végétale, l'amour et le talent de la poésie»[59]. Ce choix n'est un hasard car la notice biographique est un excellent exemple de l'impossibilité qu'il y avait alors à concevoir le discours scientifique sur la campagne en dehors des catégories littéraires et esthétiques[60].

Nous devons aussi un travail considérable sur les arbres et les arbustes indigènes et exotiques à M. le baron de Tschoudi (...). Nous n'en exposerons point ici le plan, parce que cet illustre botaniste l'a tracé lui-même à l'article Botanique. Nous nous contenterons de dire que M. le baron de Tschoudi y a réuni tout ce que comprend la science des arbres, la nomenclature, l'histoire naturelle, la culture et les usages des plantes. Cultivateur lui-même, c'est presque toujours d'après ses propres expériences qu'il parle. Voyez les articles (...) Arbre, Bosquet, Bouton, Bouture, Elaguer, Forêt, Fruit, Greffe, (...) Pépinière, Plantation, Semis, Transplantation, et un très grand nombre d'articles particuliers auxquels il applique les préceptes établis dans les articles didactiques. Ses méthodes ont beaucoup perfectionné la culture des arbres fruitiers dans (la région de Metz); et c'est dans ses jardins de Colombe, près de Metz, que sa main savante, dirigeant adroitement la force productrice de la nature, a augmenté les richesses du règne végétal et puisé les connaissances qu'il a déposées dans cet ouvrage. M. le baron de Tschoudi joint à son goût pour la botanique, celui de la belle littérature, et surtout de la poésie qu'il cultive avec succès.[61]

Le mélange d'une terminologie définitoire qui se veut scientifique et de la terminologie connotative du lexique de la sensation, mélange caractéristique de l'agropoétique, est une constante de l'école du retour à la campagne. Tschoudi était ami de Saint-Lambert et d'Helvétius. Il connaissait également Lezay-Marnésia[62], qui était de la même génération que lui et faisait partie du même milieu. C'était un aristocrate éclairé, qui s'occupait d'agriculture et de poésie. Son poème de 1778, *La Nature sauvage et la nature cultivée*, révèle le même désir d'améliorer les conditions de vie des paysans en mettant les terres en valeur:

La forêt gémit et recule,
Le cep monte sur les côteaux,
L'herbe s'étend, le bled pullule,
Le marais fuit sous ses roseaux;
Le crêpe des cieux se déchire,
Le poison meurt, l'ours se retire
Dans les rochers inhabités,
Et vers les cavernes profondes
On voit les reptiles immondes
S'enfuir à nœuds précipités. (...)
O Terre nouvelle et chérie,
Tendre verdure! Utile émail!
Nouvel Eden que l'industrie
A reconquis par le travail! (...)
Aux soins si doux de la culture,
Quel plus doux charme s'unissait,

L'homme alors chantait la nature,
Lorsque sa main l'embellissait.[63]

Ces vers prouveraient à eux seuls que le retour à la campagne est à la fois poétique et agronomique. Le travail de l'agriculteur est une industrie productive. Dans une langue poétique, on apprend que les défrichements permettent l'extension des vignes et des prairies, que l'assèchement des marécages écarte les bêtes sauvages tout en créant des conditions climatiques plus favorables. Mais ce travail est aussi conçu comme un embellissement de la nature. Il est ce qui rétablit l'âge d'or, un «Nouvel Eden», après des temps barbares symbolisés par une nature sauvage, les temps d'argent, de bronze et de fer décrits par Hésiode et Ovide. La peinture de la campagne régénérée par le travail, que brosse Tschoudi, est inspirée directement des *Travaux et Jours* d'Hésiode. Il s'agit de la campagne béotienne, rendue prospère par l'activité de tous.

Le paradigme de l'agropoétique n'est pas contenu dans la seule agriculture. Le retour du noble à la campagne dépasse le cadre de l'agronomie. On a vu qu'il induit une conduite morale et qu'il peut être ainsi assimilé à une éthique. Il offre une troisième caractéristique, difficile à saisir parce que diffuse dans les textes et souvent en filigrane, qui fait de ce retour un discours mystique. Le retour du gentilhomme dans ses terres prend à la fin de l'Ancien Régime une valeur sotériologique. Ce sont les nobles des campagnes qui sauveront la nation. Sous Louis XVI, la vie de château est faite de dévouement et de bienfaisance. Elle offre une nouvelle forme de protection aux habitants des campagnes, qui en échange font jouir le seigneur d'une considération qu'il ne trouve plus à la cour. Cette dialectique du bonheur fait partie intégrante du système de la bienfaisance. «Votre bonheur est le mien. J'en suis le dépositaire; et c'est veiller sur mon bien», chante le seigneur Candor dans *Les Moissonneurs* de Favart[64]. Cette passerelle, qui unit le château à la chaumière, sert de fondement à la nouvelle légitimité de la noblesse. Le noble devient le berger de ses paysans... et il arrivera, comme le fait remarquer d'une manière imagée Alexandre de Laborde, que les paysans finiront par manger leur berger[65].

Ce que nous entendons par «agropoétique» n'est donc pas seulement une école littéraire, celle de la poésie descriptive. L'agropoétique réunit toutes les formes d'expression, artistiques ou non, y compris l'architecture des jardins et les options morales des individus. En quelque sorte, elle est l'expression tangible d'une mentalité, celle du retour des seigneurs à la campagne. Le dénominateur commun à tout ce qui relève de l'agropoétique, et donc son caractère définitoire, est la traduction esthétique du discours éthique et sotériologique de la noblesse éclairée de la fin de l'Ancien Régime. Ainsi l'agropoétique apparaît-elle être à la fois l'expression ou le reflet d'une attitude gouvernée par la sensibilité et l'outil de propagande d'une idéologie de la noblesse. Dans leur étude sur l'art du dix-huitième siècle, les Goncourt ont su peindre l'atmosphère agropoétique de la fin de l'Ancien Régime. Bien qu'ils n'en aient pas vu la portée idéologique, le tableau qu'ils en font fait ressortir le climat sentimental et attendrissant, qui est le décor d'une nouvelle idéologie nobiliaire. Sur fond d'union affective, les larmes «préromantiques» vont devenir un moyen de gouverner, comme les larmes — et le sourire — de Julie dans le domaine de Clarens.

> Humanité, bienfaisance, ces mots (...) apparaissent tout à coup comme une révélation. Les malheureux intéressent, la misère touche, Montyon fonde ses prix, la philanthropie naît. La charité devient le roman des imaginations. La famille semble renaître. (...) Une douce et chaude émotion flotte dans l'air de ces années palpitantes et troublées où se lèvent l'aube et l'orage d'une révolution. Rousseau passionne et Florian enchante. Il y a de l'idylle dans la brise et de l'utopie dans le vent. Toute la société caresse l'image d'une vertu qu'elle pare comme une poupée... La morale se met au petit-lait. Les financiers dessinent des Moulin-Joli. Trianon élève auprès de Versailles ce petit village d'opéra-comique, un village bâti pour être le fond du théâtre de Sedaine. L'illusion est universelle, l'ivresse est nationale; l'histoire même paraît sourire à ce rêve enfantin en mettant au haut de ce temps un ménage royal qui rappelle les types d'une comédie de Goldoni: le roi est d'une bonhomie rustique; c'est le seigneur bienfaisant que les contes du temps font arriver à pied chez les fermiers.[66]

PATHOLOGIE URBAINE ET THÉRAPEUTIQUE SEIGNEURIALE DE L'AGROPOÉTIQUE
LE BONHEUR RURAL DE PIERRE ETIENNE

L'agropoétique est un bloc. Il n'est pas possible de dissocier, à l'intérieur du mouvement du retour à la campagne, l'agriculture savante, le projet de régénération morale et l'esthétique virgilienne. L'un des meilleurs exemples du genre, très proche à bien des égards du *Bonheur dans les campagnes* de Lezay-Marnésia, est un livre publié en 1788 par Pierre Etienne, dont le titre est à lui seul caractéristique: *Le Bonheur rural*. Il y a un sous-titre à valeur programmatique: *Le Bonheur rural, ou Lettres de M. de *** à M. le marquis de ***, qui déterminé à quitter Paris et la cour pour vivre habituellement dans ses terres, lui demande des conseils pour trouver le bonheur dans ce nouveau séjour.*

L'ouvrage se compose d'une préface et de cinq longues lettres. La préface contient l'histoire du goût pour la campagne. Cette analyse historique se retrouve dans la plupart des œuvres agro-morales de l'époque, qui l'utilisent pour montrer que l'agriculture est la condition du bonheur. L'éducation classique, qu'on recevait à l'époque, rendait chacun familier avec la description des âges de la société, de l'âge d'or à l'âge de fer, qu'on trouvait chez Homère, Ovide et Hésiode. Etienne place l'âge d'or de la campagne dans une antiquité mythique, qu'il décrit comme une période où la tradition était de vivre dans le domaine familial et de labourer des champs qui se trouvaient dans la famille depuis des générations. Les débuts de la dévalorisation de la campagne sont datés de la fin de l'empire romain, lorsque les conquêtes impériales avaient fait du métier des armes le seul critère de citoyenneté, tandis que les terres étaient cultivées par les barbares réduits en esclavage. D'emblée, Etienne condamne ces mœurs pour affirmer que le bonheur repose sur l'agriculture et la vie à la campagne, car, explique-t-il, c'est la beauté de la nature qui pousse l'homme à la bienfaisance:

> Aux yeux des Grands le séjour à la campagne est un exil; aux yeux du Sage, c'est le Temple du bonheur. Bienfaisant comme la nature, en contemplant ses beautés, il apprend l'usage de ses dons.[67]

Ayant constaté que la campagne est dévalorisée aux yeux de l'opinion et de l'histoire et posé comme principe que la bienfaisance est consubstantielle à la vie champêtre, il passe en revue l'histoire de l'Europe, qu'il interprète comme la lutte des bons princes contre les préjugés envers la campagne.

> Pendant quinze siècles l'Europe a lutté contre cet injuste préjugé (...) Tous les bons Princes ont aperçu que le bonheur du genre humain dépendait de l'agriculture (...) C'étaient des germes du génie bienfaisant de l'humanité qui planaient en vain sur les nations, mais qui étaient étouffés dès le berceau.[68]

Ce genre d'analyse était courant. On redécouvre la valeur du travail du laboureur au niveau de la réflexion théorique et aussi dans l'opinion publique. Favart, dans les *Moissonneurs*, met dans la bouche de Candor une apologie du cultivateur:

> Nous devons notre vie aux efforts de leurs bras.
> Cette espèce que tu méprises,
> Est victime des gens qui ne servent à rien.
> Quand vous avez au jeu perdu tout votre bien,
> Vous les pressurez tous pour payer vos sottises.
> Les excès où vous vous plongez
> Ferment vos cœurs, les endurcissent.
> Les oisifs sont heureux, les travailleurs gémissent.
> Ils font valoir vos biens, et vous les engagez.
> Vous les ruinez tous quand vous vous dérangez.
> Vos dépenses les appauvrissent:
> Ils cultivent la terre, et vous la surchargez.[69]

Le thème de la dévalorisation du métier d'agriculteur apparaît inséparable de la critique du luxe. La plupart des œuvres des agronomes constataient le mépris, dans lequel étaient tenus l'agriculture et les laboureurs, et affirmaient la nécessité de lutter contre cette tendance. Deux arguments, qu'il est parfois difficile de distinguer l'un de l'autre, se mêlaient au niveau du raisonnement. D'une part, l'argument des Physiocrates, selon lequel la richesse repose sur l'agriculture et seulement sur l'agriculture; d'autre part, celui de l'idéologie nobiliaire, pour qui le luxe et le négoce sont la cause des préjugés envers la campagne. Henri Goyon de la Plombanie, journaliste au *Journal économique*, est l'un des économistes du milieu du siècle à remarquer que la profession de laboureur est déconsidérée, qu'elle «est censée la plus vile» et qu'«il n'est point extraordinaire que personne ne s'empresse de l'embrasser». De là vient, affirme-t-il, que «le nombre des agriculteurs diminue sensiblement chaque jour (et) que la plupart de nos terres restent en friche ou sont mal cultivées et que tout le système économique tombe en décadence»[70]. Sur cette analyse économique se greffe une interprétation de l'histoire, qui suit une grille de lecture nobiliaire mettant en cause le luxe.

> N'allons point chercher ailleurs que dans l'excès d'un luxe ruineux la source empoisonnée de ces désordres bizarres. Puisque rien ne flatte maintenant que ce qui brille (...) doit-il paraître extraordinaire qu'on envisage avec mépris & que l'on mette au rang des métiers vils & ignobles toutes professions qui ne s'occupent que d'un bien réel & qui, comme l'Agriculture & la plupart des arts utiles, sont moins profitables à ceux qui les exercent qu'avantageuses au public qui en recueillent les douceurs? (...) Les choses en sont venues à un tel point que la profession des armes, si on osait, serait bientôt regardée du même œil si l'ancienne Noblesse, soutenue par les propres forces de son sang, ne se raidissait contre le torrent qui la menace.[71]

On verra que Dupont de Nemours partageait dans ses *Réflexions* le même souci pour la noblesse[72]. L'analyse de la crise des campagnes apparaît indissociable de la réflexion sur la situation de la noblesse menacée de perdre son identité.

On trouve une analyse analogue dans l'article «Agriculture» du *Supplément à l'Encyclopédie*, où on considère que la prospérité d'un pays, sa croissance démographique et le bonheur de ses sujets dépendent de la place accordée à l'agriculture dans la société. Beguillet, l'auteur de l'article, constate que ces préjugés sont si forts que le lexique courant en garde la trace:

> Le roturier, *ruptuarius glebae*, & le vilain, *villanus*, sont encore parmi nous des mots de reproches qui annoncent l'infamie dont étaient alors couverts ces hommes si utiles (...) [73]

Beguillet fait remonter le début de la décadence aux invasions barbares. L'époque féodale n'aurait fait que renforcer cette tendance. Les valeurs de la société étant alors celles de la carrière militaire et de la chevalerie, les laboureurs se trouvaient remplir une fonction dévalorisée, étaient marginalisés et laissés dans l'ignorance. C'était déjà affirmer que l'amélioration de l'agriculture devait suivre deux voies. D'une part, qu'il fallait répandre la connaissance des lois physiques de la nature dans toute la population, notamment par l'éducation; on éviterait ainsi l'ignorance. D'autre part, qu'on se devait de favoriser une association entre les classes, ce qu'on tenterait de faire au sein des Sociétés d'agriculture, évitant ainsi la marginalisation. Beguillet dresse ensuite une liste des mesures que les bons princes ont passées pour favoriser le développement de l'agriculture. Les critères retenus sont la bienfaisance et l'utilité. A titre d'exemple, il mentionne le début des affranchissements sous Saint Louis et les ordonnances des monarques du seizième siècle, qui avaient accru les libertés paysannes. Comme dans toute la littérature de l'époque, l'archétype du roi bienfaisant est Henri IV «qui voulait voir un jour ses paysans en état de mettre une poule au pot les jours de fête»[74]. Cette imagerie deviendra très populaire à la veille et au début de la Révolution. Le roi Louis XVI, porteur des espoirs de la nation, sera souvent associé aux «bons rois», Louis XII et Henri IV[75]. Richelieu, par contre, est présenté comme un homme dur, qui désirait l'accablement du peuple au nom de l'obéissance au roi. Au contraire des Physiocrates qui soutenaient plutôt le despotisme éclairé, les agronomes du milieu du dix-huitième siècle font passer nécessairement l'amélioration de l'agriculture par le développement des libertés et la revalorisation de la condition paysanne. On retrouve la même analyse dans presque tous les ouvrages des agronomes de l'époque. A Henri IV et Louis XII on oppose, comme bouc émissaire, le cardinal de Richelieu, qui devient le symbole de l'oppression. Dans *Le Bonheur dans les campagnes*, Lezay-Marnésia insiste sur cette opposition et sur le fait que c'est Richelieu qui a attiré les nobles à la cour, faisant de la ville et du luxe la mesure de toutes choses, au détriment de la campagne. L'attrait des villes et du luxe est inévitablement assimilé à une épidémie, qui serait à l'origine de la misère des campagnes. Voici comment Etienne conclut la préface du *Bonheur rural*:

> En Europe, le luxe et les arts, en fixant dans les villes ceux qui dans les campagnes pourraient encourager l'agriculture par leur présence, opposent, par leur séjour dans les cités, les plus grands obstacles à cette révolution (agricole). (Leurs) richesses trouvent bientôt d'autres canaux bien moins utiles à la patrie, et (leur) or qui ne servait qu'à féconder la terre n'est plus employé qu'à favoriser le luxe et les arts. (...) Mais que les grands propriétaires se fixent au milieu de leurs domaines. Le touchant spectacle de la nature disposera au moins leur cœur à la pitié pour leurs malheureux vassaux.(...) Ils fixeront malgré eux leurs regards sur le tableau des travaux champêtres. (...) Témoins assidus des travaux pénibles du malheureux cultivateur, ils verront ce qu'il en coûte à ces êtres laborieux pour leur procurer l'abondance. (...) Ce spectacle, nouveau pour eux, ouvrira leur cœur à la bienfaisance; ils chercheront naturellement les moyens de soulager les malheurs de l'indigence.[76]

Cette réflexion s'inscrit dans la critique traditionnelle du luxe, qui est présente à l'arrière-plan de l'agropoétique. Le diagnostic d'Etienne dévoile le cercle vicieux du luxe et de la pauvreté des campagnes, l'un étant présenté comme le négatif de l'autre. C'est le luxe qui a attiré les riches à la ville; c'est le luxe qui les y maintient, car à la ville le luxe s'enrichit lui même, devient de plus en plus «luxueux». Le luxe de la ville est présenté comme inutile, puisqu'il est détourné des campagnes où il serait utile en y encourageant l'agriculture. Il est décrit aussi comme un facteur nuisible, puisqu'il maintient dans la misère ceux-là mêmes qui sont à la source de la production. Alors qu'il est issu originellement de l'abondance, le luxe dévie le système de production en séparant les propriétaires de leurs laboureurs. Il fonctionne désormais en système clos, séparé de la réalité, et donc séparé de l'intérêt public. Ainsi le retour des grands propriétaires à la campagne n'aura-t-il pas seulement une portée sociale et morale mais aussi une portée économique. Toutefois, ni Etienne ni Lezay-Marnésia n'en auront vraiment conscience. L'une des raisons de l'échec des plans de régénération proposés par la noblesse éclairée sera justement leur caractère agropoétique et moral, qui étouffe l'analyse économique, présente par ailleurs chez les Physiocrates, et qui réduit la vision politique à une nostalgie. Si on réussit à faire de la bienfaisance le fondement doctrinal de la légimité de la noblesse, on échoue à en faire une politique.

La pathologie urbaine de l'agropoétique ne se limite pas seulement à la critique du luxe. Elle porte aussi sur l'un des avatars du luxe, l'ennui. Le mot revient souvent à l'époque; il est aussi fréquent que celui de bienfaisance ou de luxe, mais ne fait pas l'objet d'une analyse. On en parle, on en fait l'expérience, on l'assimile à un mode de vie, mais rares sont ceux qui en donnent une définition. L'ennui, tel qu'on le conçoit alors, n'a rien de commun avec le spleen. Ce n'est pas un état d'âme, mais une valeur morale négative engendrée par l'excès de plaisirs et de divertissement. L'ennui apparaît comme un produit du luxe. C'est seulement l'activité bienfaisante, donc utile, qui met fin à l'ennui. L'une des rares analyses de l'ennui se trouve sous la plume de Lezay-Marnésia:

Des fléaux qui frappent la race humaine, le plus funeste c'est l'ennui. La méchanceté même ne fait pas autant de mal. (...) L'ennui est une des nombreuses et des plus puissantes causes par lesquelles les nations se démoralisent. Il tire les femmes de leurs ménages, distrait les négociants de leur commerce, arrache les artisans de leurs ateliers. (...) Il porte le désordre dans toutes les classes. Il peuple les cafés, les cabarets, les maisons de jeu, et ces assemblées frivoles qui ne tardent pas à devenir vicieuses. Par lui, tout languit, tout s'éteint; les états dépérissent. C'est lui que les législateurs doivent reconnaître comme le plus destructeur de tous les principes, et combattre de toute la puissance de leur génie. Est-ce en multipliant, en variant les amusements pour le peuple qu'ils en triompheront? Non, mais en donnant de l'attrait aux devoirs, du charme aux occupations, et de l'intérêt pour la chose publique. (...) La ville où l'on a le plus d'ennui est nécessairement celle où on ne cherche que l'amusement. Nos aïeules ne s'ennuyaient pas dans leurs châteaux, dans leurs campagnes, dans leurs ménages. Pourquoi nos femmes et nos filles s'ennuient-elles avec les ressources des bals, des spectacles, des amusements de tout genre? Les vrais intérêts leur manquent. L'esprit de famille n'existe plus. Excepté la vengeance et l'amour, c'est de l'inquiétude et de l'ennui que toutes les passions naissent. Quel remède? Un seul mais certain; une forte occupation, non seulement du corps, mais de l'âme.[77]

Dans un style qui n'est pas sans rappeler Pascal et La Bruyère, Lezay-Marnésia analyse l'ennui en trois points: son origine, ses effets, les remèdes à y apporter. L'ennui est lié au luxe; il est engendré par la multiplication des divertissements, alors qu'on pense communément qu'on en viendra à bout par l'amusement. Il est la cause directe du dépérissement des valeurs et de la décadence des états, car il engendre désordre et confusion à tous les niveaux de la société. La façon d'y remédier est de lutter contre l'oisiveté en rendant agréables les devoirs, le travail et l'intérêt public. Autrement dit, les remèdes contre l'ennui sont ceux recommandés par ailleurs pour lutter contre le luxe. Lezay-Marnésia ne développe pas ici l'ennui dans sa dimension psychologique, ni dans la signification existentialiste qu'il commençait à prendre à l'époque[78]. Chez lui, l'ennui a surtout une connotation sociale. L'imagerie du château, des ancêtres et de la famille lui est opposée. Tout au plus, l'ennui prend-il le sens de «maladie de l'âme», dans la mesure où il engendre les passions. A l'hédonisme urbain fait face la vertu rurale. Cette analyse de l'ennui constitue l'un des fondements de l'idéologie du retour à la campagne. Elle sera aussi l'une des sources du plan de régénération proposé par Lezay-Marnésia dans *Le Bonheur dans les campagnes*.

Les cinq longues lettres (environ quatre cents pages) qui composent le *Bonheur rural* de Pierre Etienne sont également une digression sur le thème du bonheur à la campagne présenté comme remède à l'ennui. Il y a cependant une différence entre *Le Bonheur dans les campagnes* de Lezay-Marnésia et *Le Bonheur rural* d'Etienne. Celui-là détaille un programme de réformes, alors que celui-ci n'est qu'un chant, un long poème en prose, pour servir à encourager le retour à la campagne. Etienne est une introduction à Lezay-Marnésia. Ses lettres suivent le rythme des saisons, à la manière de la plupart des œuvres didactiques sur la campagne, notamment des poèmes de l'école descriptive.

La première lettre a pour but de convaincre le marquis de retourner dans ses terres. Etienne y lutte contre les préjugés qui nuisent à la vie à la campagne. Il disserte sur le bonheur champêtre, qu'il oppose à l'ennui urbain. Ses termes font partie du même registre que ceux de Lezay-Marnésia dans son analyse de l'ennui. La ville est présentée comme le lieu de l'illusion et du vide. «C'est l'état d'un malade sur un lit de douleur»[79]. La campagne est décrite au contraire comme le lieu de la vertu; on peut y apprendre à être utile à sa patrie et concourir au bien public. La campagne est peinte aussi comme l'endroit où l'homme trouve l'espace de solitude nécessaire au bonheur, car il apprend à y vivre avec soi-même. Ainsi est-il poussé à prendre conscience que la bienfaisance n'est ni la charité ni la simple générosité, mais «un devoir de justice»:

> C'est à la campagne que toutes les facultés de l'homme éclairé peuvent être en exercice et tendre au bonheur. (...) Le désir d'être utile à ses semblables enflamme son cœur; ce n'est plus pour lui un simple acte de surérogation, c'est un devoir de justice. Faire du bien est un serment qu'il fait au pied du trône de l'Eternel.[80]

Bref, la vie à la campagne est présentée comme la redécouverte de l'âge d'or. C'est une régénération: on y devient meilleur, puisqu'on est proche de la nature. Comme la poésie descriptive, la didactique d'Etienne s'adresse seulement aux propriétaires terriens. La profession de cultivateur n'en est pas moins revalorisée. Elle est présentée comme une profession nécessaire, comme l'élément de base de la pyramide sociale dans une conception organique de la société. «La profession du cultivateur est à un état ce que la respiration est à la vie. (...) Le cultivateur est à l'état ce que sont au chêne vigoureux ses racines nourricières»[81]. Etienne réaffirmait ainsi la légitimité de la hiérarchie, tout en reconnaissant que l'agriculture était la source de l'économie nationale. Cette première lettre se termine sur des conseils pour constituer une bibliothèque à la campagne. Les livres recommandés sont les œuvres des grands auteurs de tous les siècles, les traités d'agriculture et la poésie champêtre. Le point commun est bien sûr la nature, mais une nature embellie et idéalisée, une nature à perfectionner.

La seconde lettre nous apprend que le marquis et sa famille ont décidé de quitter la ville. Elle est écrite au printemps, symbole du renouveau. Etienne y propose une sorte de plan de vie pour passer le printemps à la campagne. Il décrit surtout les sensations qu'on y éprouve et avoue n'avoir eu «d'autre intention que de montrer aux hommes le bonheur sur les pas de la bienfaisance et de la vertu»[82]. Cette description lui offre l'occasion d'évoquer des images de renaissance et de s'extasier sur la perfection du mécanisme de la nature, ce qui introduit à la régénération morale. «Tout ce qui frappe nos regards dans l'ordre physique conduit naturellement à la moralité. Tout ce qui s'offre à nos yeux dans la nature est capable de nous suggérer les plus sublimes idées quand nous savons méditer sur ces objets»[83]. C'est pourquoi Etienne suggère des tableaux à méditer, comme celui du laboureur et de sa famille désherbant les sillons. Il conseille même d'observer chaque jour une fleur différente, car la contemplation engendre le sentiment, qui engendre à son tour l'amour de la vertu. L'observation de la nature est donc assimilée à une leçon de morale.

La troisième lettre est une réponse au marquis qui s'est installé à la campagne. Dans sa lettre, le marquis disait commencer à comprendre comment on pouvait être heureux aux champs et loin des villes; mais il avouait aussi éprouver quelques regrets et des peurs. Il croyait sentir des attaques d'ennui suite à l'inactivité. Ce vague sentiment d'ennui est le prétexte pour écarter la solution du divertissement et introduire la bienfaisance. Etienne répond à la lettre du marquis par la description de l'été, de la bienfaisance du soleil et de l'abondance des fruits de la nature. La nature sert d'exemple à l'homme; elle lui inspire sa conduite morale. Puisque la nature est bienfaisante, le meilleur outil du bonheur sera la bienfaisance. «L'acte qui rapproche le plus l'homme de la divinité, c'est le bienfait. C'est donc par cette voie que je dois chercher le bonheur»[84]. La description de l'été insiste sur le travail de l'homme, qui seul peut donner du plaisir au bonheur. Inversement, l'oisiveté et la paresse sont présentées comme incompatibles avec la vertu et sont donc condamnées.

La quatrième lettre se situe au début de l'automne. Le marquis fait le bilan des deux saisons passées sans ennui à la campagne et demande des encouragements pour l'étude de la nature, qui lui semble devoir être la règle pour des saisons au climat plus difficile. L'automne, répond Etienne, est aussi une saison d'abondance. C'est l'époque des moissons et des vendanges, dont le tableau idyllique rappelle celui des vendanges de *La Nouvelle Héloïse*. L'automne est présenté comme une période de joie, puisqu'on y récolte les fruits de la nature; mais aussi comme le début d'une période de réflexion, qui va se poursuivre pendant l'hiver, alors que la terre fatiguée engendre chez l'homme une mélancolie qui porte à la méditation. Etienne conseille également de profiter de l'hiver pour entreprendre les réparations à faire au château. Les réflexions qu'il fait à ce sujet laissent prévoir la portée idéologique que prendra le mouvement de retour du noble à la campagne. Etienne commence par critiquer les seigneurs orgueilleux du dix-huitième siècle, qui se conduisent en despotes. «L'or est mieux employé à soulager (la misère) qu'à l'éblouir»[85]. C'est pourquoi il dit regretter «les tours et les créneaux»[86] des châteaux du passé, car ils signifiaient la sécurité pour les sujets du seigneur. Le gentilhomme qui retourne dans ses terres est décrit comme un «père», un «protecteur» de ses sujets. On retrouvera dans l'œuvre de Lezay-Marnésia cette ambiguïté du programme de régénération des campagnes. Le critère de justification de la noblesse n'est plus la carrière des armes, mais l'utilité sociale et la justice par le biais de la bienfaisance. Toutefois, la bienfaisance ne prendra pas toujours la forme qu'elle avait dans les domaines du duc de La Rochefoucauld-Liancourt. Elle relèvera plus souvent de la simple protection. C'était ainsi toujours faire de la fonction de protection un fondement de l'identité nobiliaire; une protection sociale et non plus une protection armée, mais une protection tout de même. Un tel programme ne pouvait donc être que conservateur, bien qu'il s'accompagnât, selon l'esprit du temps, du retour aux libertés paysannes. Ce sera la distance qui séparera le 25 juin, ralliement de la minorité de la noblesse au tiers état, du 4 août, abolition des privilèges.

La cinquième et dernière lettre introduit fort à propos une réflexion sur l'ordre social à partir du modèle familial et de la communauté villageoise. La famille est présentée comme le lieu social du bonheur, aussi bien pour les paysans que pour les nobles. Les bases de l'idéal familial du dix-neuvième siècle sont déjà en place. «Vous avez vous-même indiqué la vraie source du bonheur. Ce n'est que dans le sein de sa famille que l'homme peut le trouver. Rien n'est au-dessus de la félicité domestique»[87]. L'autre lieu du bonheur est la communauté paysanne. Etienne recommande au seigneur éclairé de profiter de l'hiver pour faire défricher de nouvelles terres. Elles seront distribuées aux paysans pauvres pour leur apporter plus d'aisance. Ainsi seront-ils incités à travailler et, n'étant plus oisifs, pourront-ils être heureux. En outre, c'est en hiver que le seigneur rendra visite à ses laboureurs dans les hameaux. «Vous y verrez le tableau de la simplicité, de la bonne foi et de l'innocence. Vous sentirez à son aspect se rallumer au fond de votre cœur l'amour de la vertu et les douceurs de l'égalité»[88]. L'absence d'oisiveté et la bienfaisance apparaissent donc comme les deux secrets du bonheur.

La devise de ce système pourrait être «travail, famille, château». Il est important de se rendre compte que cette pensée n'est pas isolée, qu'elle n'est pas celle d'un homme mais celle d'un milieu. L'agropoétique de Lezay-Marnésia apparaît plus hardie et plus politisée que celle d'Etienne, mais au niveau des principes et du style rien ne la distingue vraiment. Globalement, elle reflète une attitude et des mentalités collectives, celles des seigneurs éclairés face aux transformations de la fin de l'Ancien Régime. La spécificité de l'agropoétique est d'être le lieu de rencontre de la pastorale littéraire et de la pensée des agronomes. Elle ne s'inscrit pas seulement dans un discours moral mais aussi dans un discours scientifique sur l'agriculture, même si ce discours scientifique se termine en discours moral. La définition de l'agriculture la plus caractéristique de l'époque, reprise par l'agropoétique, est celle offerte par l'un des plus célèbres agronomes français du dix-huitième siècle, Duhamel du Monceau:

> Qu'est-ce que l'agriculture? C'est une science qui nous apprend à bien cultiver les terres pour en tirer tout le produit possible; et comme les productions de la terre sont le bien le plus réel, le fondement le plus solide des états et la vraie base du commerce, il s'ensuit que la terre bien ou mal employée, les opérations d'agriculture bien ou mal dirigées, décident de la richesse ou de l'indigence des citoyens.[89]

L'agriculture n'est pas seulement la culture des terres; elle se définit aussi comme la science du bien public. Elle n'est pas une fin en soi mais un moyen, et son aspect technique et scientifique est inséparable du discours moral et social. Le bien public n'est pas conçu seulement comme la richesse, mais aussi comme le bonheur des peuples. La bienfaisance aura donc pour objet le perfectionnement des méthodes agricoles et l'amélioration de la condition paysanne. C'est dans cette tradition des agronomes et non dans celle des physiocrates que s'inscrit l'agropoétique, la pensée d'un Lezay-Marnésia, l'idéologie des seigneurs éclairés.

Lieu d'une agriculture savante, de l'évasion et du repos dans un environnement idyllique, la campagne est en même temps une géographie morale. Elle a une dimension éthique et l'agriculture est une école de vertu. La nature conserve les caractères des *Géorgiques* de Virgile, mais les personnages sont désormais des contemporains, qui évoluent dans un paysage productif où se profilent les donjons des seigneurs. L'agropoétique de Lezay-Marnésia se développe dans ses deux ouvrages: son *Essai sur la nature champêtre* et *Le Bonheur dans les campagnes*. Ils forment un tout, *Le Bonheur* étant la conséquence logique, en termes de régénération, de l'*Essai*. Comme l'écrit le marquis lui-même: «l'amour de la campagne est rarement séparé de l'amour de l'humanité»[90].

L'ESTHÉTIQUE DE L'AGROPOÉTIQUE ET LA POÉSIE DES JARDINS DE LEZAY-MARNÉSIA

L'*Essai sur la nature champêtre* s'inscrit dans une école de poésie, celle de la poésie descriptive, baptisée ainsi en 1769 par Saint-Lambert dans *Les Saisons*; n'est à notre avis rien d'autre que l'expression littéraire de l'école du retour des seigneurs à la campagne. Le genre se développe dès 1760 en parallèle du développement de la recherche du bonheur dans la nature. Le poète descriptif se veut en quelque sorte le Virgile du dix-huitième siècle; il se sépare de Théocrite et du genre pastoral pour créer une poésie utile, une didactique du retour à la campagne. On ne s'intéressera pas ici aux qualités littéraires de cette poésie, mais à ses principes esthétiques et à son but, qui révèlent une conception de l'univers moral, économique et social annonçant l'idéologie de la bienfaisance et les plans de régénération de la veille de la Révolution[91]. S'il ne s'agit pas à proprement parler d'une poésie de la noblesse puisqu'elle aura aussi ses poètes roturiers, toujours est-il qu'on peut y voir une des expressions de l'idéologie nobiliaire. Comme *Les plaisirs de la vie rustique* du sieur de Pybrac (1575) et *Les plaisirs du gentilhomme champêtre* du Père Rapin (1583), bien représentatifs de la poésie de la noblesse, la didactique poétique du retour à la campagne sera une poésie morale qui va inviter à un univers innocent, pur et frugal, rappelant l'âge d'or.

En 1787 Lezay-Marnésia fait paraître les cinq chants de son *Essai sur la nature champêtre*, précédés d'un long discours préliminaire dans lequel il rappelle les principes esthétiques de la poésie descriptive tels que Saint-Lambert les a posés et explique la naissance de sa vocation de poète au contact des hauteurs du Jura, de Rousseau et des livres. On sait qu'il travaille à son *Poème des jardins* depuis 1767 et que le manuscrit circule parmi ses amis et dans les salons, comme celui des *Saisons* de Saint-Lambert. Son objet est simple:

> décrire les jardins tels qu'ils ont été chez les grands peuples de l'Antiquité et chez les plus fameux peuples modernes; enseigner à éviter leurs fautes, comme à profiter de leurs beautés, et apprendre à former des tableaux plus vastes, plus simples, plus touchants, et surtout plus naturels que ceux qu'on a communément tracés dans les campagnes.[92]

Il ne s'agit donc pas de décrire les expériences jurassiennes mais de se faire juge de l'art des jardins à travers les siècles et le monde pour le perfectionner. L'*Essai* révèle que l'art des jardins n'est pas pour Lezay-Marnésia un simple passe-temps mais une tâche civilisatrice; il considère cet art comme l'aboutissement de la civilisation, la preuve de son extrême raffinement. L'art des jardins «ne peut exister, avec quelques perfections, que chez les peuples qui ont une longue possession des autres arts»; il présuppose l'agriculture dont il est «la plus belle branche», la botanique «qui donne la connaissance de toutes les plantes», la peinture «qui retrace les plus grands effets», et surtout «cette habitude de penser, d'analyser et de sentir qui ne se trouve que parmi les nations anciennement civilisées». «Une raison exercée est nécessaire à l'art des jardins», conclut-il[93].

Il fait la lecture publique du second chant de son *Poème des jardins* le 24 janvier 1775 à l'Académie de Lyon; à l'Académie de Besançon il lit le premier chant le 1er mai 1777, à nouveau le second chant le 6 octobre 1779; les autres chants sont lus rapidement le 6 octobre 1782 car l'abbé Delille fait alors sortir son poème *Les Jardins, ou l'Art d'embellir les paysages*, ce qui oblige le marquis à modifier son titre. En 1800, la seconde édition aura pour titre: *Les Paysages*. L'ouvrage est loin de faire l'unanimité de la critique sur ses qualités littéraires. La *Correspondance littéraire* de Grimm reconnaît la sincérité des sentiments mais éreinte l'œuvre au plan littéraire: «il y a dans ses leçons plus de raison que de méthode, plus de goût et de sensibilité que d'imagination et de poésie. Ce qu'il recommande surtout, c'est de ne jamais forcer les effets, d'embellir la terre en la fécondant, de diriger toujours les ornements vers un but d'utilité, etc». Au point de vue du style: «quelques détails heureux, de la douceur, de la facilité, mais en général peu de couleur, un style faible et lâche qui manque souvent de verve et de correction»[94]. Globalement, le poème est jugé inférieur à celui de l'abbé Delille. C'est sur le même jugement que s'ouvre la *Correspondance littéraire* de La Harpe. L'auteur «a plus d'amour pour la campagne que de talent pour la versification» mais «son style a du moins, en général, le naturel que donne un sentiment vrai». Pas de mauvais goût, de la douceur, de l'élégance, constate le critique, mais beaucoup trop de «faiblesse», de «prosaïsme» et de «lieux communs usés». En outre, l'ouvrage «va au hasard et ne mène à rien». «M. de Marnésia, qui écrit assez naturellement en vers, est plus d'une fois recherché et boursouflé dans ses notes. On voit que le mauvais exemple l'a séduit et qu'il tombe dans le galimathias en cherchant la force»[95]. Critique en partie justifiée, car le marquis lui-même, la pressentant, annonçait dans son Discours préliminaire avoir rencontré des difficultés pour «entrer dans (son) sujet et d'en suivre le fil sans (se) détourner» et demandait en outre l'indulgence du public pour l'usage abusif qu'il avait fait des notes[96]. Fontanes porte un jugement plus doux sur l'œuvre de son mécène: «c'est non seulement la poésie aimable, l'abandon touchant du style et du goût de la campagne qu'on doit louer dans l'auteur de l'*Essai* (...) mais la réserve avec laquelle il emploie les idées du système moderne»[97]. Insistant plus sur l'argument que sur le style, il cite des extraits de l'*Essai* qui renforcent la critique faite dans le *Verger* contre les jardins modernes (aussi bien jardins à la française que jardins anglo-chinois) qui ne sont pas utiles. L'*Année littéraire* et le *Journal encyclopédique* publient tous les deux une lettre de Marron, chapelain de l'Ambassade de Hollande à la cour de France, qui se plaint que le marquis juge «risibles» les jardins bataves à cause de leurs «colifichets»[98], mais qui dit avoir aimé dans l'auteur «le philosophe sensible, l'amant de la nature et de ses beautés (...), le vrai citoyen, l'ami des hommes, le poète et le sage»[99]. Le *Journal encyclopédique* offre aussi une présentation de l'*Essai* qui tient de l'éloge. Au point de vue littéraire, le critique retient surtout que l'ouvrage de Lezay-Marnésia apporte une preuve supplémentaire au fait que la langue française est capable d'exprimer la partie technique de l'agriculture, mais souligne comme les autres critiques que «le plan est peut-être un peu vague». Quant au but didactique de l'ouvrage, il est encensé:

> (La philosophie de l'auteur) évite en tout les excès et cet enthousiasme qui confond quelquefois le faux avec le vrai, et qui se plaît à embellir de poétiques chimères. C'est principalement dans les notes dont chaque chant de ce poème est accompagné que brillent l'érudition, les vues sages, la raison supérieure et la vertueuse humanité de l'auteur. La lecture n'en peut être que fort attachante et très utile par la variété, le goût des préceptes qui ne sont quelquefois qu'indiqués dans l'ouvrage, et que ces notes expliquent et étendent avec plus de détail.[100]

Cette réponse involontaire à La Harpe, qui n'avait pas aimé les notes qu'il trouvait pédantes, révèle le fossé entre la critique philosophique et la critique littéraire, celle-ci se limitant à l'expression, celle-là touchant à la signification de l'œuvre. Le critique du *Journal encyclopédique* est l'un des rares à mentionner l'aspect didactique de la poésie de Lezay-Marnésia. Florian, dans son *Essai sur la pastorale*, n'y voit qu'une tentative de l'auteur d'écrire une pastorale, et commet ainsi un contre-sens sur l'objectif du marquis.

> M. le marquis de Marnésia s'est rapproché (de la pastorale) davantage dans son poème sur la nature champêtre. Cet ouvrage, où règnent partout un amour si vrai de la nature, une peinture si fidèle de ses beautés, et qui n'a pu être composé qu'à l'ombre des forêts, au bord des ruisseaux, sur le sommet des montagnes, fait regretter que l'auteur n'y ait pas mêlé plus d'épisodes champêtres où son naturel aimable et sa vive sensibilité auraient pu si bien se déployer.[101]

L'*Essai* sera traduit en allemand en 1792 après avoir été discuté dans les cercles académiques et cultivés de Göttingen, sans doute grâce à Adrien de Lezay-Marnésia qui fait ses études dans cette ville. Dans sa préface, le traducteur met l'emphase sur le caractère didactique du poème («Lehrgedicht») et explique qu'il s'agit d'une poésie liée à l'amour de la vertu et de l'humanité («Liebe zur Tugend» et «Verädlung der Menschheit»), d'une poésie qui recrée l'univers de l'âge d'or, lorsque régnait l'aristocratie des vertus. S'il reconnaît que le style de l'*Essai* est inégal, parfois lyrique, parfois trop prosaïque, il n'en juge pas moins que la versification est toujours belle et élève les âmes à cause de la sensibilité de l'auteur et de sa sincérité[102]. Le rédacteur de la nécrologie de Lezay-Marnésia dans le *Mercure de France* a lu les critiques et s'en inspire pour finalement rendre un jugement modéré et honnête, plutôt élogieux, sur l'œuvre[103]:

> On ne trouve dans son ouvrage ni l'abondance de Thomson, ni les couleurs brillantes de Delille, ni ce talent particulier à Saint-Lambert de peindre à la fois la nature en poète et en philosophe, mais il aima la campagne et sut la faire aimer. Si son style est un peu faible, il est du moins naturel, quelquefois élégant, jamais barbare. D'ailleurs ce poème offre, d'intervalle en intervalle, des vers et des sentiments qui n'ont pu sortir que de l'âme d'un poète.

Laissons à Albert le mot de la fin sur la poésie de son père: un «homme d'esprit» et un «bon poète de second ordre»[104]. Tous s'accordent pour reconnaître sincérité et naturel à la poésie du marquis, même les plus durs. Sans entrer dans la polémique, disons que le jugement de Margaret Cameron est dépourvu de fondement lorsqu'elle refuse la sincérité à Lezay-Marnésia: «les descriptions du poème ont toutes cette même allure factice et le lecteur n'éprouve aucun plaisir à suivre l'auteur dans ces paysages où l'air ne circule pas»[105]. Bien au contraire on trouve dans l'*Essai* un élargissement de la notion de sensibilité. Si Lezay-Marnésia est «moins bon poète que Delille», il est «meilleur penseur» et surtout il est plus sincère. Chez Delille, le jardin reste extérieur et l'auteur y passe en citadin égaré, tandis que Lezay-Marnésia s'enracine dans son jardin qui devient, pour reprendre l'expression de Guitton, «une thérapeutique de l'âme»[106]. La forme de l'*Essai* ne doit pas faire oublier l'esprit dans lequel écrit l'auteur. Il s'agit d'un long poème qui passe en revue les jardins de l'histoire et du monde (les deux premiers chants) pour finir sur des conseils pratiques d'utilisation du terrain en fonction des sensations (troisième et quatrième chants) et sur la description d'un jardin imaginaire où noble et paysan cohabiteront (chant cinquième); en dépit de cela c'est vraiment «une thérapeutique de l'âme» qui propose l'auteur de l'*Essai* qui est aussi celui de l'*Epître à mon curé*, où, comme l'écrit le critique du *Journal des savants*, «il (...) peint la satisfaction que l'on goûte en revenant à son village pour y faire du bien et y jouir des plaisirs tranquilles et simples»[107]. L'*Essai* se veut l'un des moyens devant favoriser le réveil agreste. Le poème est une didactique: «un agent social et moralisateur»[108]. La poésie descriptive — et c'est ce qui fait son intérêt — est une esthétique au service d'une pensée à portée morale, sociale et politique.

L'esthétique de la poésie descriptive se trouve à la frontière de l'esthétique du pittoresque[109]: tout ce que le poète peint ou décrit dans la nature est poétisé, c'est-à-dire prend le caractère des divers sentiments qui ont agité l'auteur ou le peintre au moment de la rencontre réelle. Le but de l'art est la transmission de l'émotion: on reconnaît l'esthétique du Discours de Nancy[110]. A l'origine de l'art se place l'observation directe de la nature, de la Belle Nature, celle qui émeut, et poète et peintre transmettront l'émotion initialement ressentie communiquant les sentiments et les états d'âme que le spectacle de la nature a provoqué en eux. Il s'agit plus de peindre les passions de l'âme inspirées par la nature que la nature elle-même. Le langage de la description sera donc moral pour transmettre la sensation. Dans *Le Bonheur rural*, Etienne écrit que «tout ce qui frappe nos regards dans l'ordre physique conduit naturellement à la moralité»[111]. La nature doit éveiller la sensation chez celui qui lit le texte ou regarde la peinture. Dans son *Voyage à Ermenonville*, Pierre Le Tourneur parle des sensations ressenties à la traversée de paysages. La forêt de Fontainebleau:

> Qui peut traverser sans une religieuse horreur ce magique espace, ce vallon solitaire qu'entourent ces masses de rochers (...) Rien de plus mélancolique que cette solitude silencieuse sur le midi du jour: rien de plus imposant, de plus pittoresque au coucher de l'astre (...) On se sent pénétré d'une émotion involontaire; l'âme s'ouvre au souvenir des temps passés (...).

Le vallon de Lusarches:

> Nous éprouvâmes une sensation muette d'une espèce singulière, que mon docteur compara à celle de deux liqueurs qui se mêlent et se confondent ensemble sur l'organe du palais, sans permettre au goût de bien distinguer la saveur de l'une de la saveur de l'autre.[112]

L'image et le texte essayent de restituer la majesté de la nature et l'émoi qu'elle procure. C'est dans la forêt ou à la montagne qu'on ressent les émotions les plus puissantes explique Etienne à l'ex-citadin:

> Vous éprouverez qu'il n'est point d'endroit plus propre à la méditation... l'agréable obscurité, le silence profond qui y règnent portent à une douce mélancolie, impriment un saint effroi; l'âme y rentre naturellement en elle-même et y puise les plus sublimes pensées. Les jardins majestueux plantés par la nature sont le véritable temple de la méditation.[113]

Toutefois, en l'absence de ces jardins engendrés par la nature, l'homme sensible et riche peut se composer un décor favorable à son bonheur: c'est le jardin planté par la main de l'homme, dessiné et pensé par des architectes qui sont de véritables spécialistes en science des sensations.

L'esthétique des jardins est celle du bonheur et obéira à deux principes de base: la continuité et la surprise. D'une part, la continuité entre le jardin et son environnement, produisant une tension entre le retour sur soi et l'ouverture à une nature qui renvoie à la vertu[114]. C'est le jardin de Julie. D'autre part, pour que l'état de bonheur surgisse, il faut que le promeneur ait aussi la sensation de durée, qui se construit sur le renouvellement incessant. C'est pourquoi les architectes du jardin refusent la formule du jardin à la française qui nie la dimension temporelle, ennuie par sa symétrie et emprisonne la nature. Lezay-Marnésia va condamner Le Nôtre et les jardins de Versailles pour ne pas offrir de tableau:

> Un goût pur et craintif guida toujours Le Notre.
> N'abandonnant jamais sa règle et son niveau,

Il sut tracer un plan, et non pas un tableau. (...)
Le Notre aligna tout dans le parc de Versailles,
Et Le Notre enferma l'ennui dans ces murailles:
Digne artiste des rois, sa verve sans élans
Contraignit la Nature à gémir sous ses plans.[115]

On trouve la même critique chez tous les amateurs de jardin de l'époque. Le cardinal de Bernis par exemple:

Pourquoi contraindre la nature?
Laissons respirer le printemps.
Quelle étonnante barbarie,
D'asservir la variété
Au cordeau de la symétrie! (...)
Le plaisir qui change et varie,
Adore la diversité.[116]

L'esthétique du jardin est un équilibre. En effet, le jardin étant un arrangement du naturel, il peut facilement devenir une terre d'illusion. L'architecte, le peintre ou le poète des jardins peut transformer la campagne retrouvée en un pays d'illusion, où on ne s'éloigne pourtant jamais de la nature. Cette esthétique est à l'origine de la «ferme ornée», où l'art doit rester subordonné à la nature, l'artiste devant aider la nature afin d'augmenter l'agrément.

On aboutira alors aux folies d'un Carmontelle à Monceau ou à celles du Désert de Retz, à ces extravagances peintes par Hubert Robert. Au nom des règles du pittoresque, les poètes descriptifs s'opposent à cette perversion. Lezay-Marnésia ridiculise ces jardins des environs de Paris «où l'on trouve des palais, des temples, des ruines, des cirques, des pagodes, des pyramides, des forteresses, des moulins, des statues, tout enfin, excepté une belle verdure, des eaux limpides et de la place»[117]. La leçon du poète descriptif est simple: créer des tableaux. Le tableau de base, c'est le jardin, le cadre qu'on remplira en fonction des sensations recherchées, explique Lezay-Marnésia:

Par le mot jardin, on n'entend pas seulement comme autrefois les lieux destinés à la culture des plantes nourricières, mais tout l'ensemble d'un terrain qui dépend des châteaux ou des maisons de campagne considérables et qui rend leur habitation agréable, intéressante et même délicieuse, lorsque le génie et le goût en ont lié toutes les parties pour produire de grands tableaux.[118]

Il faudrait se pencher sur les relations ambiguës entre la peinture et les jardins au dix-huitième siècle. Il est parfois difficile de distinguer les plans des jardins réels des vues purement imaginaires. Dans les deux cas il s'agit d'un décor qui reste artificiel même s'il imite la nature. Ce décor devient cependant une réalité par rapport à la sensation qu'il procure. On parle d'art des jardins, on devrait parler aussi de science des jardins. En effet, puisque le jardin est conçu comme un espace qui mène au bonheur, il ne peut pas être créé n'importe comment. Il faut un site qui parle à l'âme. Pour cela, l'architecte doit interroger les terrains, y méditer, se laisser envahir par l'inspiration des lieux, bref prendre conscience de l'énergie du site et sentir les émotions qu'elle peut provoquer: c'est l'objet des troisième et quatrième chants de l'*Essai sur la nature champêtre*. Il y a de la musique, de la peinture et de la poésie dans l'art des jardins car, explique Lezay-Marnésia, il s'agit de «rendre la terre capable d'émouvoir, d'inspirer, d'exciter ou de calmer les passions»[119].

Pour un Watelet (*Essai sur les jardins*, 1774) et un Morel (*Théorie des jardins*, 1776) l'art du jardin est issu directement de la recherche du bonheur; Watelet ajoute même que cet art est né du désir de l'homme «d'accroître son existence»[120]. Ce but étant établi, l'architecte doit s'appliquer à créer un environnement qui contribuera au bonheur, c'est-à-dire un cadre qui permettra la relation entre les objets extérieurs, les sens et les états de l'âme. Comme l'âme subit l'influence des sensations, il suffira de créer des situations et des décors favorables à l'émergence des sensations; le bonheur suivra. L'art des jardins du bonheur n'est donc pas l'imitation d'une nature particulière, mais l'imitation des principes généraux de la nature. Cet extrait de la *Théorie des jardins* de Morel pose les fondations d'une psychologie de l'aménagement du jardin:

La fraîcheur éternelle de ces voûtes sombres saisit et glace les sens. La vétusté des arbres, aux troncs chargés de mousse, en rappelant des temps reculés, nous conduit, sans nous en apercevoir, à méditer sur l'instabilité des choses humaines. Un jour sombre et mystérieux, une solitude profonde, un silence d'autant plus morne qu'il n'est interrompu que par les lugubres accents des oiseaux qui fuient la lumière, tout cet ensemble porte l'âme au recueillement et lui fait éprouver une sorte de terreur religieuse... Telle est la magie des grands effets que nous présente le spectacle de la nature: eux seuls, revêtus d'un caractère véritablement imposant, remuent puissamment l'âme par le secours des sens. Les objets dont ils se composent, quoique insensibles et inanimés, en agissant sur la faculté intellectuelle, parviennent à élever notre esprit jusqu'aux plus sublimes méditations.[121]

Ainsi chaque élément du paysage reçoit une valeur en fonction des sensations qu'il procure au spectateur. Le créateur de jardins agira comme le peintre et le poète, il composera des tableaux selon le «credo» de Saint-Lambert:

[le poète] fera moins des descriptions que des tableaux, et il faut que ces tableaux n'aient qu'un seul caractère. Dans le moment où le poète veut peindre, il doit se pénétrer d'un seul sentiment et composer de manière que toutes les parties et la couleur de son tableau concourent à exprimer le sentiment.[122]

Lezay-Marnésia explique que le même principe s'applique à la création des jardins lorsqu'il compare l'art paysager de Morel à la peinture du Lorrain:

[Morel] a voulu que ses jardins fissent de vives impressions sur les sens et parlassent à l'imagination. Ce que Le Lorrain a si heureusement exécuté dans l'espace de quelques pieds, Monsieur Morel apprend à le tenter avec le même succès sur un vaste terrain. Comme le Peintre, choisir et unir, voilà son moyen.[123]

L'esthétique pittoresque, basée sur l'observation, conduit donc à un renversement esthétique. La description ne fait pas que décrire; sans farder la réalité elle compose un tableau.

Si généralement les poètes descriptifs considèrent leur poésie comme une catégorie de la poésie champêtre, à la différence de celle-ci, elle introduit dans les paysages deux catégories de personnages: le noble et le paysan. C'est encore Saint-Lambert qui en pose le principe:

Il y a un ordre d'hommes dont les poètes champêtres n'ont jamais parlé: ce sont les nobles, dont les uns vivent dans les châteaux et régissent une terre, et dont les autres habitent de petites maisons commodes et cultivent quelques champs. Je suis étonné qu'on ne les ait point mis à la place de ces bergers d'Arcadie, de Sicile, des bords du Lignon. (...) On peut aujourd'hui donner des vertus et des lumières aux nobles de la campagne; ils s'éclairent de jour en jour et n'en sont que plus heureux; le tableau du bonheur dont jouissent ceux d'entre eux qui ont l'esprit sage pourrait charmer les âmes honnêtes que blesse dans les villes le spectacle des succès du vice.[124]

Si le noble devient un acteur poétique, c'est grâce aux Lumières. Lezay-Marnésia, comme Saint-Lambert, insiste sur ce point: «l'orgueil permet difficilement aux nobles, et seulement quand il est forcé par les mœurs qu'amène la philosophie, d'effacer les images de la force dont abusaient leurs ancêtres, et de les remplacer par des tableaux plus heureux»[125]. L'autre acteur: le paysan, mais là aussi un paysan corrigé par les Lumières, explique Saint-Lambert:

Il n'y faut pas placer de malheureux paysans; ils n'intéressent que par leurs malheurs; ils n'ont pas plus de sentiments que d'idées; leurs mœurs ne sont pas pures; la nécessité les force à tromper: ils ont cette fourberie, cette finesse outrée, que la nature donne aux animaux faibles. (...) Parlez d'eux, mais ne les mettez que rarement en action, et surtout parlez pour eux.[126]

L'un comme l'autre fera figure d'homme champêtre — idéal, comme on voudrait qu'il fût — avec ses travaux, ses mœurs et ses plaisirs, une esthétique qui n'est pas sans rappeler celle d'Hubert Robert qui peuple ses tableaux de silhouettes. Ce que la poésie descriptive se propose de faire, c'est de peindre la nature, surtout la campagne et les mœurs des habitants de la campagne; il s'agit d'en faire une description vraie, mais embellie et intéressante. Embellir la campagne ne veut pas dire déguiser les personnages en bergers et bergères comme le fait la pastorale; cela ne veut pas dire non plus les parer d'ornements et en faire des princes; embellir signifie choisir ce qui peut charmer, présenter les choses de telle sorte que le tableau qu'on décrit plaira. C'est rendre intéressant au lecteur le calme et la simplicité de la campagne pour lui donner l'envie d'aller y passer quelques mois de l'année. Saint-Lambert, souligne Lezay-Marnésia, «a senti que les poètes qui l'adoptent doivent plus s'attacher à peindre la campagne de manière à la faire aimer qu'à donner des préceptes qui enseignent à la rendre féconde»[127]. Cette poésie est donc didactique en tant qu'elle enseigne en émouvant le lecteur et non en tant que dispensatrice de préceptes: alors que «le ton didactique est celui d'un maître», le marquis insiste sur le fait qu'«on ne touche que lorsqu'on se laisse aisément toucher»[128]:

> J'ai moins voulu enseigner comment on doit diriger la nature que montrer comment les hommes éclairés par le besoin, par l'observation, par l'expérience et par le sentiment, sont parvenus à la rendre plus féconde, plus animée et plus belle. Autant que je l'ai pu, j'ai mis les préceptes en actions. (...) Au lieu des leçons qui fatiguent, (cette manière) permet de tracer des tableaux qui touchent; elle fait agir l'homme au lieu de dire comment il doit agir; au lieu de commander, elle persuade.[129]

Le poète descriptif ne décrit donc pas la nature et le laboureur tel qu'ils sont mais tels qu'ils devraient être, tels qu'ils sont là où la nature a déjà été embellie, là où est déjà passé le noble. L'affirmation est suffisamment fondamentale pour que Lezay-Marnésia la place à l'ouverture de son Discours préliminaire:

> Les poètes de notre siècle semblent préférer la douceur des peintures champêtres à la force, au fracas des tableaux guerriers; ils ont chanté les travaux et les plaisirs de la campagne, ils en ont peint les mœurs comme elles pourraient et devraient être; et en apprenant aux riches l'art de l'embellir, ils leur ont découvert le secret d'y trouver le bonheur véritable, et les ont au moins forcés à aimer la Nature en leur faisant lire de beaux vers.[130]

C'est la même esthétique que celle des architectes de jardins anglais et des peintres du paysage pittoresque. En fait, cette poésie aurait pu s'appeler «poésie pittoresque» si Saint-Lambert n'avait préféré emprunter le mot «descriptif» à la poésie britannique. Il ne faut pas faire de contre-sens sur le mot «pittoresque». On ne doit pas le comprendre à la lumière du romantisme du dix-neuvième siècle qui lui donnera un autre sens. Ce serait faire un anachronisme. Le pittoresque de cette poésie est celui de la peinture de la même époque: une description est pittoresque à partir du moment où elle communique au lecteur les sentiments que la nature a éveillé chez le poète.

Dans le discours préliminaire des *Saisons*, Saint-Lambert dresse une liste des différentes émotions et des tableaux de la nature qui les engendrent. Comme l'architecte des jardins ou le peintre, le poète veut provoquer des sensations afin de créer les conditions du bonheur. A chaque paysage correspond une émotion. La nature des déserts, des immensités et des éléments engendre l'étonnement et la crainte. Les plaines riches, les montagnes, les grands espaces limités et les régions qui promettent la sécurité et le bonheur engendrent l'admiration et l'amour. La nature aimable et riante des espaces fertiles, des vallons frais et fleuris et des jardins engendre le plaisir et des sensations agréables. Toutes ces émotions sont positives et conduisent au bonheur; sauf — car il y a une exception — la solitude ennuyeuse qui engendre la tristesse et la mélancolie. Pour Saint-Lambert, la mélancolie est une émotion négative. Ce sera donc au poète d'embellir cette nature pour qu'elle suscite une émotion positive. Lezay-Marnésia décrit ainsi le travail de l'artiste:

> On peut tout embellir. Aux stériles campagnes,
> Aux plaines sans fraîcheur, aux arides montagnes,
> Aux bocages flétris, aux vaporeux marais,
> L'heureuse invention donnera des attraits. (...)
> Chaque objet, par le goût disposé sagement,
> Se montre avec éclat, brille séparément.
> Et leur ensemble, où l'art n'a point osé paraître
> Offre la vérité d'une scène champêtre.
> Enchanté, non surpris, rien n'y semble nouveau,
> On voit ce qu'on a vu, mais plus touchant, plus beau.
> Les efforts du travail, cachés sous l'apparence
> De la nature libre, et de la négligence,
> Y plaisent d'autant plus qu'on les soupçonne moins:
> Les laisser ignorer, c'est embellir ses soins.
> Mais avant de créer, interrogez la terre;
> Observez, méditez, suivez son caractère;
> Guide certain, par lui laissez-vous inspirer;
> Vous devez l'embellir et non pas l'altérer.
> La terre sait parler; l'homme qui sait l'entendre
> Rend son langage encor plus sensible et plus tendre.[131]

Les aspects sont donc le fruit de la création de l'artiste:

> Ainsi peu de terrains, avec charme ou vigueur,
> Portent un sentiment au fond de notre cœur:
> Mais l'artiste inspiré, mais l'amateur sensible
> Fait sortir un tableau d'un trait imperceptible.[132]

Une note explicite cette tâche: «le grand, le vrai moyen de faire des jardins pittoresques, des jardins qui parlent à l'âme, c'est d'interroger, de méditer son terrain, de lui demander des pensées, des sentiments, et d'y attendre l'inspiration. (...) Il est peu de sites absolument sans énergie. Presque partout l'homme de génie sait trouver des scènes, ou fortes ou gracieuses, ou mélancoliques ou sublimes»[133]. A lire ces textes on conviendra ne plus savoir s'il s'agit de poésie, de composition de jardins ou de peinture. Peu importe en réalité, car l'esthétique demeure la même. En fait, la poésie descriptive obéissait non seulement à l'évolution de l'esthétique du bonheur, mais aussi à la tradition esthétique du dix-huitième siècle qui depuis les *Réflexions critiques sur la Poésie et la Peinture* de l'abbé Dubos, publiées en 1719, établissait un parallèle entre la poésie et la peinture. La mode de la poésie descriptive correspond à la mode de la peinture de paysages qui se développe à la même époque. Les deux genres ont ceci de commun qu'ils veulent décrire une nature soumise à l'homme sans que soit altéré l'aspect naturel du paysage. Cela explique que lorsqu'on lit les œuvres de ces poètes on se croit transporté dans une galerie de tableaux. Le mouvement de création continue est absent de cette poésie; il s'agit seulement de la juxtaposition de scènes.

Il est impossible de ne pas remarquer l'impersonnalité de cette démarche. Comme s'ils pressentaient cette critique, Saint-Lambert et Lezay-Marnésia ouvrent leurs poèmes en rappelant qu'ils furent élevés à la campagne et qu'ils en gardent un souvenir attendrissant. Ils parlent du plaisir de sentir et du bonheur de créer. Lezay-Marnésia nous dit même qu'il n'a rien peint qu'il n'ait vu ni senti. La démarche introduit aux détails pittoresques:

> Un moyen sûr de donner plus d'intérêt et de vérité aux tableaux des poèmes descriptifs, c'est de s'attacher à peindre les productions particulières aux pays que l'on décrit. Ce sont les couleurs distinctives et locales qui donnent du caractère au dessin. (...) Cette manière de peindre chaque site avec les couleurs qui lui sont exclusivement propres a débarrassé la poésie de son éternelle répétition des mêmes images, lui a donné plus de force, de caractère et de vie.[134]

Pourtant, pour notre esprit moderne, cette création littéraire semble obéir à un académisme froid. On a du mal à croire que le poète éveille le lecteur aux sentiments qu'il a pu ressentir devant le tableau; il l'éveille plutôt au sentiment qu'on devrait éprouver et qu'il croit être le bon. La critique littéraire pourrait aisément montrer que cette poésie est construite sur les artifices de la rhétorique. Le plaisir qu'on peut éprouver devant ces tableaux ne provient pas d'une émotion réelle mais de procédés de style; l'émotion reste littéraire. Les tableaux qu'on nous décrit ne ressemblent pas vraiment à des miniatures de la campagne, mais à des décors d'opéra. Sous certains aspects, on pourrait appliquer à la poésie descriptive la critique faite au goût de la nature dans les années 1740: le public lit la campagne, il ne la vit pas. Les poètes se contentent de rapporter des sensations visuelles, souvent superficielles, et ne semblent pas être intéressés par l'analyse psychologique, encore moins par l'analyse spirituelle. Ils construisent leurs poèmes en fonction des saisons, et associent à chaque saison une description particulière et des sensations spécifiques.

Ce qui constitue l'importance de la poésie descriptive pour notre sujet, c'est qu'elle a un but moral. Partant du principe que le bonheur ne se trouve que dans la vie champêtre, elle veut inspirer aux nobles et aux riches l'amour pour la campagne et le respect de la vie champêtre. Son but est d'instruire en touchant; c'est une poésie didactique qui a rang de pédagogie du bonheur. Le Discours préliminaire des *Saisons* de Saint-Lambert est une vaste digression sur ce thème:

> Si la poésie descriptive doit émouvoir, elle doit instruire. Il ne suffit pas de répandre dans un poème des sentiments honnêtes et des maximes vertueuses. Il faut lui donner un but moral; c'est lui donner, à la fois, un mérite et une beauté.[135]

Toutefois, cette poésie n'instruit pas n'importe qui. Elle est destinée à un public spécifique. Ainsi que les nobles sont les principaux acteurs à l'intérieur du poème, ainsi cette poésie est-elle une poésie à l'usage de la noblesse, tout au plus à celui des gens riches; elle s'adresse exclusivement aux propriétaires fonciers en leur rappelant leur rôle de protecteur de leurs sujets. «J'ai fait des Géorgiques pour les hommes chargés de protéger les campagnes et non pour ceux qui les cultivent», professe Saint-Lambert[136]. Il s'agit ainsi de peindre les mœurs, les travaux et les plaisirs de la campagne comme ils devraient être pour enseigner à ceux qui iront s'y installer comment l'embellir. Pour le noble qui retourne dans ses terres, embellir la campagne veut dire non seulement y créer des jardins ou améliorer l'agriculture, mais aussi faire preuve de bonté en essayant de rendre les laboureurs plus heureux. S'il est en effet un principe que la poésie descriptive veut enseigner, c'est que l'amour de la campagne est inséparable de l'amour de l'humanité. Le leitmotiv de cette poésie est que la vie champêtre ramène l'homme aux goûts purs, qu'en le rendant pur elle le rend meilleur, et qu'en le rendant meilleur elle le rend plus heureux. Le bonheur du noble est ainsi lié au bonheur de ses vassaux et de ses sujets, et la vie champêtre devient une propédeutique du bonheur. Mais c'est un bonheur qui naît de la réactualisation d'un passé et non de la réalisation d'un avenir. L'idéalisation morale de la campagne prend la forme d'un retour imaginaire à un âge d'or innocent, et non d'une utopie éclairée tournée vers l'avenir. Cette poésie contient la clef de lecture des œuvres plus politiques de la noblesse éclairée, comme *Le Bonheur dans les campagnes*, et de ses plans de régénération, comme l'utopie marnésienne.

En apparence, le retour du noble à la campagne prend la forme de la quête du bonheur telle qu'on la conçoit au siècle des lumières, c'est-à-dire de la lutte contre l'ennui et la corruption des villes. Saint-Lambert établit tout un art de vivre du noble aux champs; le devoir l'appelle au hameau et du devoir émergera le bonheur:

> Les agréables soins d'un seigneur de château,
> Les plaisirs d'une vie occupée et tranquille,
> Me donnaient un bonheur plus pur et plus facile.
> C'est aux champs que le cœur cultive ses vertus;
> C'est aux champs, mon ami, qu'on peut, loin des abus,
> De l'usage insensé, du fard, de l'imposture,
> Etre ami de soi-même, amant de la nature.[137]

Mais le retour du noble sur ses terres n'est pas seulement une solution à la recherche du bonheur. S'il correspond à l'esthétique d'une vie plus simple, c'est à une vie calquée sur le modèle des ancêtres familiaux qui n'avaient pas connu le luxe des villes. L'âge d'or était cette époque où la course aux honneurs n'avait pas encore remplacé l'honneur. Le retour à la terre correspond aussi à un intérêt accru pour l'agriculture; par patriotisme tout d'abord car, sous l'influence des physiocrates, l'agriculture était alors considérée comme le principal moyen d'enrichir le pays; mais aussi par intérêt personnel en vue d'un profit à long terme puisque une meilleure mise en valeur des terres signifiait un accroissement des rendements et donc de la fortune. Le retour à la campagne correspond enfin à une ouverture sociale: il s'agit de soulager les maux des campagnes. Cette bienfaisance, on le verra, est la pierre d'angle du bonheur du noble, une vertu dont la portée est à la fois morale et politique. La philanthropie, comme le bonheur, est une monnaie d'échange, une sorte de prêt: la bonne action porte bénéfice. Pour le noble, le bénéfice sera l'amour de ses sujets. Lezay-Marnésia l'exprime ainsi dans des vers qui semblent revenir comme un leitmotiv tout au long de sa vie de seigneur bienfaisant:

> Tout dans ce lieu charmant invite à la gaieté.
> J'y sens mon cœur en paix s'ouvrir à la tendresse,
> J'y cède au sentiment qui m'anime et me presse. (...)
> Je ne songerai plus qu'à m'entourer d'heureux.
> Titus de mon hameau, son protecteur, son père,
> Je veux autour de moi que tout vive et prospère;
> Je veux que sur ma tombe on puisse écrire un jour:
> Il sema les bienfaits et recueillit l'amour.[138]

L'identité de la noblesse était en jeu; pour le noble la quête du bonheur se résumait à retrouver son identité. Cette idée était loin d'être isolée. Saint-Lambert, par exemple, ne dit rien de plus quand il imagine cette réponse que lui fait un noble retiré dans ses domaines:

> L'étude et les plaisirs, la guerre et les amours,
> Ont rempli, me dit-il, l'instant de mes beaux jours,
> Mais dans ce temps d'erreurs, de folie et d'ivresse,
> J'ai cherché mes devoirs. J'ai vu que la noblesse
> Invitée aux emplois, appelée aux honneurs,
> Doit aux peuples son temps et l'exemple des mœurs.[139]

L'image du seigneur bienfaisant pour qui le bienfait n'est plus de l'ordre de la charité mais du devoir est donc indissociable de celle du gentilhomme cultivateur.

Le modèle marnésien du jardin est celui du jardin de la simplicité: ni espaces symétriques à la française — symétrie seulement pour le potager qui «peut être comparé à une bibliothèque où l'ordre doit présider à l'arrangement»[140] — ni folies anglo-chinoises ou palais des champs. On ne fait pas la campagne; si elle est dirigée, elle n'est ni mutilée ni pervertie. Lezay-Marnésia oppose ici son Jura et «les plus belles vaches de l'univers»[141] au luxe ostentatoire:

> Mes enfants, mes amis, loin du luxe et des larmes,
> De la simplicité sachons goûter les charmes;

Mais au bord des ruisseaux, près des ombrages frais,
N'affligeons point les yeux par de pompeux palais.[142]

Le jardin de la simplicité, ou jardin champêtre, est celui du pauvre et du paysan. Les hameaux sont de vrais hameaux, où le seigneur veillera sur ses sujets, et non pas ces hameaux «reconstitués» que fustige Etienne: «une vieille masure de l'année dernière, un moulin inutile (...) au bord d'un ruisseau où il n'y a pas un demi-pied d'eau, une charrette brisée qui n'a jamais servi à d'autre usage qu'à faire partie de ce costume rustique (...), un parc d'un arpent d'étendue où errent une vache et quelques moutons, une laiterie où on fait à peine deux livres de beurre dans une semaine, une butte de terre qu'on décore du beau nom de montagne»[143]. Les vergers sont de vrais vergers et non pas ces vergers «embellis» où on conseille de «transporter un étang bourbeux habité par des grenouilles» dont le «cri mélodieux» invite à la rêverie[144]. Les rivières sont de vrais cours d'eau naturellement formés, et non pas cette rivière créée au sommet d'une colline dans les jardins du Raincy pour le duc de Chartres[145].

Le jardin marnésien, au contraire, c'est celui chanté par son protégé, Fontanes:

Le terrain est choisi; vous l'ornerez sans art.
Dans les hameaux voisins s'offriront au hasard
Mille décorateurs de votre enclos rustique.
Des artistes fameux dédaignez la critique.
Que vous fait leur talent qu'on a tant célébré?
Cet heureux villageois sous la ferme ignoré,
Qui de fleurs et de fruits orne un jardin fertile,
Remplit, sans le savoir, les leçons de Virgile.
C'en est assez pour vous, car l'aimable verger
Ne veut point s'embellir d'un éclat étranger.[146]

Ainsi la pastorale a-t-elle rejoint la réalité et la poésie champêtre est-elle devenue utile. Mais le jardin marnésien ne s'arrête pas au plaisir des yeux. Comme l'écrit le prince de Ligne, «tout cela n'est que parler aux yeux. Cherchons à parler à l'âme. Il n'y a que deux moyens. C'est l'amour et l'honneur»[147]. Le jardin marnésien sera effectivement le lieu de l'amour, non l'amour entre deux individus mais l'amour fraternel unissant les habitants de la communauté villageoise, et le lieu de l'honneur. L'honneur consiste dans la vénération des «images des hommes qui ont honoré leur patrie»: «je voudrais, écrit Lezay-Marnésia, que dans toutes les provinces, les jardins des riches eussent un bosquet consacré aux guerriers, aux magistrats, aux écrivains et aux artistes qui les ont illustrées. Sous les arbres qui ombrageraient leurs statues, le génie s'agrandirait, les pensées deviendraient plus nombreuses et les sentiments plus profonds»[148]. Pour la Bourgogne: Bossuet, Vauban, madame de Sévigné, Crébillon, Rameau, Piron, Buffon. Pour la Lorraine: Jeanne d'Arc, le maréchal de Beauveau, Pilatre de Rozier, madame de Graffigny, Callot, Le Lorrain.

On s'élève en marchant sur la terre que les grands hommes ont foulée, et l'on s'enflamme du noble désir de leur ressembler. Quelques hommes se montrent si fort au dessus des autres qu'ils semblent appartenir à une création supérieure. En indiquant leurs traces, on parviendrait peut-être à faire l'éducation de l'humanité, qui n'est pas encore commencée. Je voudrais que dans chaque lieu, même dans le plus petit village, où un homme digne de l'estime publique est né, un monument fût érigé à sa gloire. En bien, en mal, le plus puissant empire est celui de l'exemple.[149]

Le culte des grands hommes n'est pas nouveau et se retrouve dans toute civilisation qui conserve le sens du respect. Lezay-Marnésia avait deviné cette vérité éternelle quand il écrivait en moraliste qu'«apprendre à une nation à rire quand elle doit admirer ou honorer, c'est lui enseigner à se jouer de tous les principes»[150]. Ce qui est nouveau au dix-huitième siècle, c'est que la vénération s'étend aux hommes de tous les temps et pas seulement aux héros de l'Antiquité. En outre — il est aisé de le remarquer dans les exemples cités par le marquis — le grand homme montre plus de qualités intérieures comme le talent que de qualités extérieures comme la puissance.

> Qu'importe le sang dont ils sont descendus!
> On est du sang des dieux quand on a leurs vertus.
> Chamousset, enflammé du désir d'être utile,
> Est plus noble à mes yeux que cette troupe vile
> De seigneurs amollis, honte de leurs aïeux (...) [151]

Le prince de Ligne peuplera aussi son jardin de bustes d'hommes célèbres: Voltaire, la Fontaine, Molière, Montesquieu, Rousseau, Helvétius, Delille, Virgile[152]. Les initiatives du *Mercure* en 1743 et en 1744 de constituer un Temple de la Mémoire avec des médailles et en 1768 d'ouvrir une nouvelle rubrique pour les noms célèbres, les éloges de l'Académie française, la mode des statues ont fait leur chemin dans les esprits. Le jardin marnésien se constitue en lieu de la mémoire et de l'exemple. Cerutti dédicace à son ami et protecteur sa «Dissertation épistolaire sur les monuments antiques et les monuments funèbres, sur les langues et sur le style»: tout les monuments deviennent «des témoins placés de distance en distance sur le chemin de la vie, pour attester au monde que l'homme a passé par là». Et devant les bustes des grands hommes: «nous nous regardons comme leurs successeurs et leurs élèves, nous considérons avec une tendresse filiale leurs idées»[153]. Le dernier chant de l'*Essai sur la nature champêtre* conclut sur cette image des héros des peuples:

> Consacrer les héros et les hommes fameux,
> C'est du moins par l'amour se rendre digne d'eux.
> Ils ne sont pas muets les marbres des grands hommes!
> Ils nous rendent meilleurs, plus forts que nous ne sommes.[154]

Didactique de l'honneur, le jardin marnésien est aussi didactique de l'union fraternelle.

> L'appareil imposant de la magnificence
> Etonne quelquefois, et plus souvent offense:
> Il nous rappelle trop quelle inégalité
> Sépare l'opulence et l'humble pauvreté.
> Cultivons les lilas, multiplions les roses (...) [155]

Au nom de l'harmonie entre les hommes, la poésie descriptive offre ainsi une politique sociale cohérente. Ce qui va régir les relations humaines ne sera ni l'orgueil nobiliaire ni l'impersonnelle et abstraite égalité, mais la sensibilité, l'amour.

> Le bonheur a germé sur la terre enrichie. (...)
> Ce château, trop longtemps l'effroi du voisinage,
> Est enfin devenu la retraite d'un sage. (...)
> Par de plus douces lois la justice répare
> La honte et les excès d'un système barbare.
> Les seigneurs maintenant plus instruits, plus humains,
> Désirent d'être aimés et non pas d'être craints.[156]

La campagne du poète descriptif est peuplée de paysans, au milieu desquels siège le noble qui a quitté son logis urbain pour retourner dans les terres ancestrales; là se profilent les tours du donjon, comme dans la campagne de Saint-Lambert où le seigneur éclairé,

> Aimé dans son domaine, inconnu de ses maîtres,
> Habite le donjon qu'habitaient ses ancêtres.
> De l'amour des honneurs il n'est point dévoré. (...)
> Pour juge il a son cœur, pour amis ses égaux,
> La gloire ou l'intérêt n'en font pas ses rivaux. (...) [157]

La terre des aïeux revient comme un leitmotiv dans la plupart des poèmes. Lezay-Marnésia, sans aucun doute le plus aristocratique de ces poètes, retrace dans le troisième chant de l'*Essai* l'histoire de ces seigneurs:

> Les seigneurs, appelés à des honneurs serviles,
> Rampèrent à la cour et dans le sein des villes;
> Blessèrent de leurs noms l'antique dignité,
> Et perdirent leurs mœurs en perdant leur fierté:
> Et les champs délaissés, qu'animait leur présence,
> Languissent appauvris par leur funeste absence.

Puis, sous l'impulsion du roi Louis XVI, le noble apprend à retourner dans ses terres et à remplir ses véritables fonctions:

> Du grand, du bon Henri, fidèle imitateur,
> Louis aux laboureurs rend des amis, des pères,
> Et redonne aux hameaux leurs anges tutélaires.

Nobles, riches, nos champs implorent vos bienfaits!
Vous offrent les vrais biens, l'innocence et la paix;
Comme on respectera votre ancienne noblesse!
Ah! comme on bénira l'emploi de la richesse,
Si, brisant vos liens par un choix vertueux,
Vous savez loin des cours être bons, être heureux! (...)
Le peuple agriculteur, reconnaissant et doux,
Pour prix de vos bienfaits travaillera pour vous. (...)
Comment abandonner les cendres de ses pères?
Auprès de leurs tombeaux, par l'amour retenus,
Nous recueillons encor les fruits de leurs vertus.
Ils se firent aimer, et pour eux on nous aime,
Et nos enfants pour nous seront aimés de même.
Fixons notre séjour, attachons-nous aux lieux
Où tout parle à notre âme, où vivaient nos aïeux.[158]

Ainsi, la poésie descriptive est-elle un appel aux châtelains à rentrer chez eux, à remplir leurs fonctions d'amis, de pères, d'anges tutélaires, de guides des âmes des campagnes. L'émotion ressentie devant les tableaux de la nature et l'art des jardins, en poésie, en peinture ou sur le terrain, apparaît être pour finir la propédeutique de la bienfaisance qui va caractériser les nouveaux rapports entre le seigneur et ses paysans. Les bienfaits engendreront la reconnaissance et donc l'amour. Le retour à la campagne est présenté à la fois comme une thérapeutique contre l'ennui et la corruption des riches dans les villes et une thérapeutique contre la misère et les vices des pauvres dans les campagnes. Pour Lezay-Marnésia, il n'y a qu'un seul remède: «c'est de ramener les mœurs du temps où l'homme était plus simple et plus heureux»[159]. Les fondements de l'idéologie de la bienfaisance sont posés; Lezay-Marnésia les développera dans son œuvre politique. L'exaltation de la vertu et du sentiment servira à justifier l'existence de la noblesse au sein d'une communauté villageoise dont le mode d'autorité passera par la sensibilité. En 1800, dans la réédition de l'*Essai*, Lezay-Marnésia ne modifiera guère son texte. Il rajoutera seulement cette note à propos des vers décrivant le rôle du noble: «ces vers, comme un grand nombre de ceux de cet ouvrage, sont presque devenus vides de sens, ou du moins ont perdu leur principal intérêt: lorsqu'ils ont été écrits, il y en avait un très grand à rappeler dans leurs propriétés les riches et puissants propriétaires, *à unir fortement les différentes classes de la société, par les bienfaits et la reconnaissance*»[160].

Mgr le Dauphin labourant. Cabinet des Estampes, Bibliothèque Nationale, Paris.

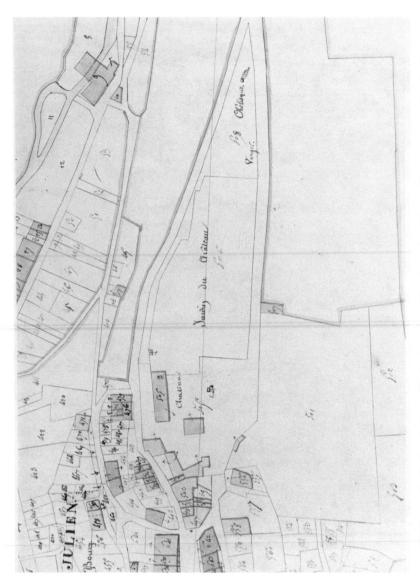

Château de Saint-Julien. Cadastre napoléonien. Archives départementales du Jura.

Anonyme (Dubois?). L'espoir du bonheur dédié à la Nation.
Musée Carnavalet, Paris.

Anonyme (Dubois?). Glorification de Louis XVI, Père des Français
et Roi d'un Peuple libre. Musée Carnavalet, Paris.

Estampe allégorique à l'occasion de l'avènement de Louis XVI.
Cabinet des Estampes, Bibliothèque Nationale, Paris.

Projet d'un monument à ériger pour le Roi (De Varenne, 1789).
Cabinet des Estampes, Bibliothèque Nationale, Paris.

CHAPITRE VII

LA PASSION DE LA BIENFAISANCE

LE CYGNE PATRIOTIQUE DU MONT-JURA

En 1785, Lezay-Marnésia s'installe à Saint-Julien, où, jusqu'à la Révolution, il se dévoue à l'amélioration des conditions de vie de ses paysans. Dom Grappin reconnaîtra cette œuvre de bienfaisance dans l'éloge qu'il fera du marquis devant l'Académie de Besançon, le 5 décembre 1812: «Il fut surtout l'ami du peuple qu'il chercha toujours à éclairer et à rendre heureux. On sait que ses vassaux étaient comme sa propre famille, qu'il les soulageait dans leurs besoins, qu'il veillait sur eux pour les rendre moraux, et que, pour les délasser de leurs travaux champêtres, il leur procurait des plaisirs décents». S'il laisse dans son village le souvenir d'un seigneur bienfaisant, il n'en continue pas moins à être le créateur de jardins et le poète de la nature, qu'il avait été à Moutonne. Ces deux pôles de la pensée de Lezay-Marnésia, bienfaisance et agro-poétique, s'interpénètrent et se ressourcent l'un à l'autre. C'est à la fois de la pratique de l'architecture des jardins et de celle de la bienfaisance que Lezay-Marnésia en déduit une politique de régénération, à la différence de la nouvelle génération d'aristocrates libéraux, qui s'enthou-siasment pour le modèle américain. Cette jeunesse dorée avait une conception strictement politique de la société. Elle voudra soumettre les rapports sociaux à des principes abstraits. Au contraire, la vision d'un Lezay-Marnésia, même au cœur des projets de réformes les plus hardis, reste esthétique et morale. Si ces hommes se retrouvent en 1789 au sein de la minorité de la noblesse, ce sera pour peu de temps. En 1790, il n'y aura plus de place pour des seigneurs qui avaient fondé leurs options politiques sur le système de la bienfaisance, car, comme le remarque Tilly dans ses *Mémoires* en parlant de madame de Tessé, «lorsqu'on s'abaisse à faire de la *sentimentalité* philanthropique, on est toujours puni»[1].

Bien qu'il y ait continuité de pensée et de mode de vie de la période de Moutonne à celle de Saint-Julien, les années 1784 et 1785 représentent un tournant dans l'existence de Lezay-Marnésia. En 1784, il n'assiste qu'à une seule séance de l'Académie de Besançon, le 17 septembre; c'est la dernière fois qu'on le rencontre au Palais Granvelle. Désormais, lorsqu'il s'absente des terres familiales, il se rend à Paris ou à Lyon, plus rarement à Besançon, comme avant son élection à l'Académie de Besançon. Au cours de cette période, s'étant libéré de toutes obligations académiques, il se montre actif dans la franc-maçonnerie, aux Neuf Sœurs à Paris, dans les milieux de Willermoz et aux Amis Réunis. La dernière décennie de l'Ancien Régime se révèle être pour Lezay-Marnésia une période d'approfondissement intellectuel et spirituel. A l'esthétisme du poète des jardins et à l'intellectualisme de l'académicien, il ajoute une vision quasi-mystique de la société. Sous l'influence de la franc-maçonnerie des hauts grades, il prêtera une dimension spirituelle à la seigneurie, mêlant mystique franc-maçonne et idéologie nobiliaire, et fera de l'esprit communautaire le fondement de la cité idéale. C'est aussi la période où il achève des œuvres, qui étaient en chantier depuis plusieurs années. Dès la fin de 1782, l'essentiel de son long poème sur les jardins est terminé. 1782 et 1783 sont consacrés à la rédaction de son livre *Le Bonheur dans les campagnes*. Enfin, en 1785, il quitte sa demeure de Moutonne pour se fixer non loin de là, au château de Saint-Julien. Il ne s'agit pas d'un simple déménagement. Les années passées à Saint-Julien doivent être considérées comme la concrétisation des idées réformatrices du marquis. Fontanes, qui en 1786 réside plusieurs mois au château de Saint-Julien, a laissé dans sa poésie un témoignage de la bienfaisance de Lezay-Marnésia. Le jeune poète commençait alors à écrire son poème, *Verger*, dans lequel il critique l'inutilité de l'art des parcs à la française et des jardins à l'anglaise pour mieux faire ressortir le potentiel de vertu et de bienfaisance de la partie utile des jardins. Il avait sous les yeux les jardins de Saint-Julien, où l'utile s'était souvent introduit jusque dans la décoration des jardins d'agrément. Ce long poème s'achève sur la description d'une fête champêtre, à laquelle participent ses amis: Florian, Parny, Langeac, La Harpe, Ducis et Marnésia, dont il fait l'éloge et, en dépit du caractère conventionnel du genre, donne un aperçu de l'œuvre:

> Et vous, Marnésia, daignez orner ma fête:
> Votre lyre a chanté de semblables plaisirs.
> Vos jardins étendus dans vos heureux loisirs,
> En ornant le château, nourrissent l'indigence.
> Dans ces conseils nouveaux, seul espoir de la France,
> Montrez-vous, défendez les droits du laboureur;
> Vous chantiez ses travaux, méditez son bonheur.
> Bientôt, grâce à vos soins, à votre aimable muse,
> Le modeste Suran égalera Vaucluse.
> De l'art d'orner les champs étendez les leçons;
> Répétez-moi vos vers; j'ai fini mes chansons.[2]

Si Lezay-Marnésia est toujours présenté comme poète de la nature et amateur de jardins, il est aussi décrit comme un seigneur bienfaisant qui ne se contente plus de décrire en vers la vie champêtre, mais qui œuvre concrètement, dans ses domaines, à l'amélioration des conditions de vie de ses sujets. Les jardins du château ne sont pas seulement des jardins créés pour les délices des poètes; ce sont des jardins utiles, parce qu'ils sont productifs et offrent du travail aux habitants des alentours. «Le modeste Suran égalera Vaucluse». La chartreuse de Vaucluse passait alors pour l'une des merveilles du Jura. Les bâtiments s'élevaient en amphithéâtre sur les bords de l'Ain, qu'ils dominaient de trois terrasses, véritables jardins suspendus supportés par des voutes en pierre de taille. Non seulement les moines y entretenaient-ils de bonnes relations avec les villages voisins, mais encore y avaient-ils développé l'agriculture et l'artisanat. On trouvait alors à Vaucluse des serres et des vergers, un moulin avec une scierie, et depuis 1766 une tuilerie. Modernisation et site permettaient de faire le rapprochement entre Saint-Julien et Vaucluse[3]. Saint-Julien évoquait aussi la propriété provençale du marquis de Mirabeau, l'auteur de l'*Ami des hommes*, marquis cultivateur, devenu physiocrate, et propriétaire d'un domaine réputé pour sa gestion moderne mais aussi pour son cadre «préromantique». Le 27 octobre 1776, dans une lettre à Rousseau, Mirabeau décrivait ainsi son domaine:

> Les domaines immenses, je les ai doublés de revenus. Je bâtis sans cesse, je plante, je remplis les maisons de fourrage et de bestiaux, j'établis des familles, et mon argent au bout de quelques années me rend près du dix pour cent. Là, tout est en branle, tout est en mouvement (...). Au reste, l'aspect est sauvage, les promenoirs arides, des rochers, des oiseaux de proie, des rivières dévorantes, des torrents ou nuls ou débordés, pas un arbre qui ne soit de rapport, pas un habitant qui ne travaille, des hommes, faits, forts, durs, francs et inquiets.[4]

Cette description donne une idée de ce que Lezay-Marnésia rêvait de faire à Saint-Julien et de ce qu'il rêvera plus tard de réaliser à Gallipolis, sur les rives de l'Ohio. Lecteur de Fénelon, il voudra toujours reconstituer les paysages d'une Crête décrite par Télémaque comme une île qui «se montrait fertile et ornée de tous les fruits par le travail de ses habitants»[5], ou suivre, comme Idoménée à Salente, les conseils de Mentor et augmenter l'abondance par l'agriculture[6]. Les propriétés des seigneurs éclairés du dix-huitième siècle ressembleront toutes à la nouvelle Salente. Chez Mirabeau, la nature est utile: toutes les plantations sont des cultures de rapport, les hommes ne connaissent pas l'oisiveté, on bâtit, «tout est en branle, tout est en mouvement», les revenus du domaine se trouvent accrus, l'abondance règne, on remplit «la maison de fourrage et de bestiaux», la population croît et de nouvelles familles s'établissent, tout cela dans un paysage pittoresque, en partie encore sauvage. Certes, au paysage aride de Provence, Lezay-Marnésia préférera par goût personnel les verdoyants paysages suisses et jurassiens où paissent les vaches, mais il s'agira toujours de fondre le paysage cultivé dans un environnement naturel.

A cette évocation d'un Suran lieu de l'efficacité et de l'abondance, Fontanes ajoute l'image d'un propriétaire militant pour les droits de ses laboureurs. En incitant Lezay-Marnésia à être actif dans les «conseils nouveaux», il fait explicitement référence à la nomination du marquis à la présidence du district du Mont-Jura, en 1787, dans le cadre de la réforme administrative de Loménie de Brienne. Ces conseils portaient alors tous les espoirs de réformes et redonnaient à une noblesse provinciale, proche de la population locale, un rôle d'intermédiaire important dans l'administration. Cerutti, qui en 1787 dédie son *Epître en vers* à Lezay-Marnésia, mentionne aussi le rôle de ces conseils:

> Au milieu de chaque province
> S'élève un conseil citoyen:
> Entre le sujet et le prince
> Il sera l'éternel lien.[7]

Ce que laissent entendre les amis du marquis, c'est que celui-ci ne conçoit plus l'embellissement de la nature seulement comme un exercice esthétique, mais aussi comme un devoir, qui passe par la défense des droits du laboureur. Les allusions que Chamfort fait à l'administration de Moutonne ne sont pas entièrement positives. S'il reconnaît que les seigneurs — à l'exemple de Lezay-Marnésia — n'usent pas de tous leurs droits et se montrent souvent généreux, il ne trouve pas la condition des paysans de Moutonne meilleure qu'ailleurs:

> Ce qui me frappe le plus dans ce pays, Madame, c'est la bonté naturelle non seulement aux personnes d'un état distingué mais même aux gens du peuple et aux paysans. J'en suis d'autant plus surpris à l'égard de ces derniers qu'ils ne sont pas plus heureux qu'ailleurs et vous vous en rapportez bien là-dessus à Messieurs les subdélégués. On est effrayé de tous les droits que les seigneurs ont (.. ? ..) mais la plupart n'en usent point. L'humanité en adoucit la rigueur. C'est que les hommes valent encore mieux que leurs lois.[8]

On est en 1773 à Moutonne. Quinze ans plus tard, Lezay-Marnésia recevra le titre de «bourgeois et protecteur» d'Orgelet. Le marquis devenant de plus en plus populaire, le 25 janvier 1789 le Conseil municipal d'Orgelet l'appellera «protecteur du tiers état»[9]. L'œuvre du marquis entre désormais dans le domaine public. Dans ses terres, Lezay-Marnésia continue à créer des jardins et des bosquets, mais il abolit aussi la corvée et la mainmorte[10]. Très rapidement il fera figure de bienfaiteur de ses vassaux et portera les espoirs des paysans du Jura. En effet, ce sera à partir de Saint-Julien que, dès 1787, le marquis mènera une action politique réformatrice, qui lui vaudra d'être appelé dans la région, comme nous l'apprend Cerutti, «l'Aigle ou le Cygne patriotique du Mont-Jura»[11]. L'Aigle, c'est Bossuet, l'Aigle de Meaux, nom qui renvoie à la passion de Lezay-Marnésia pour l'éloquence; le Cygne, c'est Fénelon, le Cygne de Cambrai, l'âme sensible et dévouée au bien public, qui n'est pas sans rappeler l'influence de l'auteur de *Télémaque* sur le marquis, mais c'est aussi le Cygne de Mantoue, Virgile, auquel Fénelon était souvent associé[12]; le cygne se disait aussi, par métaphore, d'un poète et orateur remarquable; patriotique, enfin, c'est le mot à la mode, celui de l'esprit nouveau, qui indique ici le sens du dévouement et du devoir du notable envers ses administrés. Bref, le bon marquis fait figure de bienveillant défenseur du peuple.

LE SEIGNEUR DE SAINT-JULIEN ET LA BIENFAISANCE

En 1785, donc, Lezay-Marnésia quitte Moutonne, qu'il loue à Mgr de Rohan-Chabot, évêque de Saint-Claude, pour s'installer à Saint-Julien. Le château était récent: il avait été construit par Louis-Albert de Lezay-Marnésia, ancien évêque d'Évreux, en 1774[13]. Comme à Moutonne, il ne s'agit pas à proprement parler d'un château, mais d'une grande maison d'aspect sévère, se mariant parfaitement avec l'environnement rural et villageois. La grande demeure se trouve au sommet du village; elle est entourée d'habitations où vivent quelques familles nobles vassales. Sur les pentes du mont s'étagent les maisons des villageois. Le château est séparé du village par les dépendances; de l'autre côté, avec vue sur la vallée du Suran, ce ne sont que jardins, bosquets et un petit bois[14]. Le lieu offrait des conditions idéales pour le poète de la nature, mais il correspondait aussi à un poste d'observation parfait pour le naturaliste et le minéralogiste, auquel Saussure recommandait de «quitter les routes battues et de gravir les sommités d'où l'œil puisse embrasser à la fois une multitude d'objets»[15]. Ces conditions idéales d'observation, qu'il avait découvertes au cours de son voyage en Bresse en 1778, lorsqu'il avait escaladé les montagnes, Lezay-Marnésia les retrouvait à Saint-Julien, même s'il n'allait pas mener d'étude suivie des terrains, bien plus occupé après 1780 par la géographie humaine et morale que par la minéralogie.

Saint-Julien se trouve sur le Suran, à 35 kilomètres de Lons-le-Saunier, et fait partie du bailliage d'Orgelet. Le village proprement dit rassemble 120 habitants en 1790, mais l'ensemble de l'agglomération, dont l'habitat est fort dispersé, compte 748 habitants selon les données du même recensement[16]. La région est montagneuse et se montre peu propice à l'agriculture. Dans une note de son *Essai sur la nature champêtre*, Lezay-Marnésia oppose la montagne du Jura aux plaines de la Bresse, du pays de Gex et du canton de Vaud, régions où l'on trouve des «plaines abondantes, des arbres chargés de fruits, de vastes et riches prairies et des villages considérables et nombreux»[17], description qui n'est pas sans rappeler, une fois de plus, la Crète de Fénelon[18]. Dans ces plaines vivent des personnages d'opéra comique, d'églogue ou de conte moral: les habitants y sont doux et tranquilles, «chaque troupeau est conduit au son du chalumeau, chaque berger répète des chansons (...) composées dans l'idiome du pays, (...) et dans chaque hameau un joueur de musette fait danser, les jours de fêtes, les jeunes garçons et les filles». Au contraire, à Saint-Julien, comme dans tout le Jura, «les montagnards plus grossiers, quoique plus rusés et plus industrieux, n'ont pas les mêmes richesses, et moins encore les mêmes mœurs. Ils sont durs, sérieux, avides et surtout envieux»[19]. En pays montueux, on cultive seulement un peu de blé, d'avoine et de maïs. L'économie repose principalement sur l'élevage: mulets, chevaux, bovins, porcs et abeilles. Par contre, le sous-sol est une source de richesse supplémentaire; il fournit du minerai de fer et permet le développement de la taille des pierres. Toutefois, ce dont Saint-Julien souffre le plus, c'est de la difficulté des communications. Les doléances du bourg de Saint-Julien en 1789 soulignent que le village se trouve dans une vallée féconde, riche en terres fertiles et en prairies, et où le rétablissement des bois, détruits par les salines, serait facile, mais qu'on n'y trouve que langueur et misère à cause de l'absence de routes[20]. Marius Veyre mentionne que le marquis de Marnésia avait fait construire, à ses frais, des routes pour améliorer les communications vers le nord, mais cela n'a pu être vérifié. Dans tous les cas, il s'agit d'un projet dont l'utilité avait été reconnue par les intendants, car le village vendait ses pierres de taille dans toute la région. Dans le domaine des institutions, on trouvait encore à Saint-Julien, en 1735, des sujets mainmortables, corvéables et taillables, syndrome féodal dont Lezay-Marnésia généralisera l'abolition en avril 1789. Toutefois, tous les habitants avaient droit d'usage et de pâturage dans les forêts du seigneur, en plus des communaux. Les terres avaient été acquises en 1733, en indivis, par le père et l'oncle de Lezay-Marnésia qui avaient entrepris d'administrer le domaine d'une manière éclairée et bienfaisante.

En tant que propriétaire terrien, Lezay-Marnésia ne semble avoir géré ses domaines ni mieux ni plus mal que ses pairs. Comme à Moutonne, les comptes des régisseurs sont là pour le prouver. En dépit de la richesse familiale, Lezay-Marnésia a toujours des besoins d'argent pressants et importants. Pressé par des besoins financiers, il participe à ce qu'on appelle traditionnellement la «réaction nobiliaire». S'il ne tente pas vraiment de faire revivre des droits féodaux tombés en désuétude, du moins se voit-il dans l'obligation de réaffirmer la légitimité de certains droits qui lui sont contestés. Un procès l'oppose, dès le début de 1786, aux habitants des communes de Saint-Julien, Villechantria et Lionnaz, qui veulent se soustraire au recouvrement de certains droits, jusqu'alors constamment perçus, en se basant sur un titre appelé «franchises de Saint-Julien», qui daterait de 1284. Les documents relatifs au procès indiquent que Lezay-Marnésia doit justifier par titres des droits, qui lui sont contestés par «un parti fomenté par quelques gens inquiets (...) qui dans tous les temps ont ameuté les sujets contre le seigneur (et qui) ont fait entendre à de pauvres paysans, simples et peu au fait des affaires, qu'ils tireraient le plus grand avantage de ce titre». On retrouvera des traces de ce procès en 1791, où il est établi, à la demande de Lezay-Marnésia, un état des titres et des terriers des archives du château de Saint-Julien. Cet état sera destiné au greffe du tribunal de district d'Orgelet, suite à une assignation donnée par huissier, à l'automne 1790, à la requête des habitants de la commune. Cet épisode, qui prouve le mécontentement d'une partie des habitants de Saint-Julien, ne doit cependant pas nous faire modifier l'image qu'on peut avoir d'un Lezay-Marnésia philanthrope voulant œuvrer au bien public. Les idées du marquis sont celles d'une idéaliste qui se voudrait désintéressé, mais aussi celles d'un aristocrate qui n'envisage pas de renoncer aux privilèges que lui confèrent ses titres, et celles d'un propriétaire terrien face à la chute des revenus fonciers.

Dans son rôle de seigneur éclairé et bienfaisant, il suit la tradition familiale, celle de son père et celle de son oncle, mais en lui donnant plus d'ampleur. A Saint-Julien, il essaie de concrétiser son rêve d'idéaliste de devenir le protecteur et le père de son village et d'être aimé de ses sujets en échange de sa bienveillance. Si on peut avoir des doutes sur son succès en tant que gentilhomme cultivateur, il semble avoir réussi dans son rôle de Titus, de gentilhomme bienfaisant. Le procès qui l'oppose à quelques habitants de Saint-Julien ne doit pas faire illusion: l'opinion n'est pas révolutionnaire dans le village. L'un des meilleurs signes en sera la tiédeur dont fera preuve la plus grande partie de la population locale face à la tournure que prendra la Révolution après 1790. Rousset souligne que «les habitants passaient pour des aristocrates et des fédéralistes»[21]. Les administrateurs Lémare et Génisset, qui s'installent à Saint-Julien en 1793 pour y créer un comité de surveillance et y imposer l'œuvre de la Révolution, haranguent et menacent les villageois pour leur reprocher leur manque d'ardeur révolutionnaire:

> Nous savons que nous sommes dans un repaire de brigands, que prétendez-vous faire? Savez-vous qui vous êtes? Un quart d'heure suffirait pour raser votre village. Vous croyez à la contre-révolution, détrompez-vous. Croyez à la République ou votre ruine est décidée. Vous mériteriez peut-être tous d'être conduits en captivité. On n'y mènera que vos chefs; après cela, tremblez! Si vous n'aimez pas la République, vous serez frappés dans vos biens, dans vos bestiaux, dans vos personnes.[22]

Ces menaces n'eurent que des effets limités. A son retour des Etats-Unis, Lezay-Marnésia ne recevra pas de mauvais accueil des habitants de Saint-Julien et, en octobre 1794, le Conseil général de la commune prendra sa défense et lui décernera un «certificat de civisme». L'œuvre de bienfaisance du marquis ne devait pas laisser seulement des souvenirs. Comme cela convenait au plus riche propriétaire du bailliage d'Orgelet, elle ne s'était pas cantonnée à des aumônes et à des actions isolées, mais s'était inscrite aussi dans des réformes de structures. Elle se marque par l'aide apportée à la création d'hôpitaux et d'institutions de bienfaisance, ainsi que par le versement de rentes importantes pour leur entretien. L'hôpital royal d'Orgelet avait été créé en 1716 grâce à un legs important de M. de Grammont Châtillon; il avait pu être terminé en 1743 grâce aux dons des Lezay-Marnésia. Le troisième marquis de Lezay-Marnésia continua la tradition familiale en faisant verser des rentes considérables pour son entretien. Il fait de même pour l'hôpital de Saint-Amour, pour les sœurs Bernardines d'Orgelet et pour les Filles de la Charité de Saint-Julien. Des rentes sont aussi versées au chapitre de Gigny et à l'église de Légna. De nombreuses pensions sont accordées à des particuliers nécessiteux. Pour la seule année 1776, avant donc l'installation à Saint-Julien où ces dépenses deviennent considérables, l'état des rentes de Lezay-Marnésia s'élève pour la somme totale en principal à 192,381 livres, dont 132,381 livres pour les rentes aux institutions de bienfaisance[23].

Un des meilleurs exemples de la bienfaisance du marquis est la création à Saint-Julien d'une maison de charité, institution où seront soignés les malades indigents et où les jeunes filles pauvres seront élevées gratuitement. Lutte contre la mendicité, instruction des pauvres et soins à donner aux malades font partie du même effort. Dans le domaine de la médecine surtout, la Franche-Comté était une province défavorisée, notamment dans les zones rurales. On ne trouvait des hôpitaux que dans les villes, et lorsqu'il en avait eu par hasard dans les campagnes, ils avaient été transférés. L'hôpital de Saint-Julien, fondé au début du quatorzième siècle par le seigneur du lieu, s'était vu privé de son numéraire en 1708 au profit de l'hôpital du Saint-Esprit de Besançon. En 1789, le souvenir en est encore vivace, comme le prouvent les doléances du bourg de Saint-Julien:

> De quel droit trompe-t-on les intentions d'un donateur? De quel droit frustre-t-on les donataires de leurs bienfaits? Le prétexte du bien public, ce prétexte avec lequel on fait tant de mal, a dépouillé le bourg de Saint-Julien d'une dotation qui n'était que pour lui seul, d'une dotation que ses seigneurs généreux et sensibles avaient jugé lui être nécessaire, (...) sans consentement, ni de la part des habitants du lieu, ni de celle des successeurs des fondateurs; par la voie de l'autorité surprise et en vertu d'un arrêt du conseil.[24]

Dans la seconde partie du dix-huitième siècle, les initiatives privées, les fondations, les dons et les legs se multiplient dans toute la province pour remédier à une situation très grave: bureau de charité de Saint-Claude, dames de Dole, dames de Poligny, «bouillon des pauvres malades» en Arbois. Il en est de même en ce qui concerne la lutte contre la mendicité et l'éducation des pauvres. Les curés sont en première ligne: en 1782, le curé de Fougerolles lègue 8,000 livres à sa paroisse pour l'entretien de quatre maîtresses d'école; en 1781, le curé de Champagnole donne 20,000 livres pour la création d'une maison de charité[25]. C'est dans ce cadre que s'inscrit l'action bienfaisante de Lezay-Marnésia[26].

Tout se décide dans les années 1773–1776, lorsque l'abbé François Champagne, aumônier de Mgr de Lezay-Marnésia, lègue par testament un capital de 8,600 livres, portant intérêts annuels de 370 livres, pour l'entretien de deux religieuses, à charge pour elles de s'occuper des malades et d'enseigner gratuitement, aux pauvres filles du lieu, la religion, mais aussi de leur apprendre à lire et à écrire, ce qui, on le verra, était une idée hardie, même pour les Lumières[27]. Mgr de Lezay-Marnésia et son neveu s'occupent dès 1775 d'obtenir le consentement des villageois, de trouver un emplacement pour construire l'hospice-école et de recruter des religieuses. Le leg de l'abbé Champagne, l'engagement financier de Mgr de Lezay-Marnésia, un don de 12,000 livres du marquis de Marnésia et un autre de 6,000 livres de mademoiselle Martinet de Saint-Julien permettent de se lancer dans la construction de l'établissement. La bâtisse, une grande maison de cinq fenêtres de façade et de deux niveaux, comportera deux parties: l'école, avec des préaux, et un dispensaire. En mars 1778, Lezay-Marnésia se rend à Paris pour rencontrer les supérieurs de la Charité, à Saint-Lazare. Un accord est conclu, selon lequel trois religieuses s'installeront à Saint-Julien, deux pour s'occuper des pauvres et des malades et une pour faire l'école. L'école-dispensaire ouvre ses portes en 1783. En 1784, Lezay-Marnésia obtient des lettres patentes du roi, qui constituent l'acte officiel de la fondation. En 1787, il fait un nouveau don de 12,000 livres à l'établissement de charité. La même année, il rend visite aux supérieurs de la congrégation du Mont Valérien pour étudier les conditions dans lesquelles ces religieux pourraient contribuer à la bienfaisance à Saint-Julien, notamment en s'occupant d'une école pour les garçons.

La liste de ses interventions ne s'arrête pas là. En émule des architectes des Lumières, il fait procéder à l'«embellissement» des habitations, tâche qui était censée favoriser l'amélioration des conditions de vie et contribuer à la disparition de l'oisiveté en donnant un travail constant aux ouvriers. Il fait notamment remplacer la paille des toits par des tuiles, placer des dalles à l'intérieur des habitats pour éviter l'humidité et recouvrir les maisons avec du tuf pour les protéger du feu. Il faut enfin citer l'histoire de la source de Saint-Julien. Sous la montagne, dans les domaines dépendant du château, se trouvait une source d'eau férugineuse et médicamenteuse, qui avait été découverte par Guiraud, médecin à Saint-Claude, alors que le château était encore la résidence de l'évêque d'Évreux. Après que Coladon, apothicaire genevois, eut analysé cette eau et y eut découvert du souffre volatil, de l'air fixe, du vitriol et du fer[28], l'évêque d'Évreux, puis Lezay-Marnésia en firent profiter tous les gens de la région atteints de maladies bilieuses ou de maladies de peau.

Cette œuvre sociale n'est ni originale ni révolutionnaire. Patronage, assistance et bienfaisance étaient alors à la mode, aussi bien à la ville qu'à la campagne. Louis XVI lui-même donnait le ton, et il n'était pas jusqu'aux académies de province qui ne se fussent ouvertes aux problèmes de la misère. Dès 1777, l'Académie de Châlons-sur-Marne avait proposé comme sujet de concours la mendicité et les moyens pour la détruire, L'exemple avait été suivi deux ans plus tard par l'Académie de Soissons. Même l'Académie de Besançon, qui se montrait conservatrice quant à ses intérêts, était généreuse en idées. La bienfaisance était alors synonyme de vertu. «Qu'est-ce que la vertu? Bienfaisance envers le prochain», souligne Voltaire[29]. Ce n'était pas seulement une vertu d'ordre privée, comme la charité; elle faisait partie du domaine public et présidait à la création de nouvelles institutions[30]. Encore fallait-il s'entendre sur la structure des institutions et sur la nature de l'assistance. Souvent, l'assistance était encore pratiquée sur le modèle de l'aumône. Au nom de l'efficacité, son organisation était toujours conçue sous la forme de vastes institutions centrales, comme l'Hôtel Dieu à Paris. Cette centralisation de l'assistance et cette officialisation de l'aumône sont loin de faire l'unanimité. Afin de faire disparaître une charité institutionnelle, qui ne faisait qu'entretenir des poches de pauvreté, une large section de l'élite, sous l'influence des Physiocrates, opte pour des solutions différentes. On propose notamment de réhabiliter les nécessiteux par le travail et de décentraliser les institutions d'assistance, deux idées nouvelles auxquelles Lezay-Marnésia se montre particulièrement ouvert, non seulement dans les pages de ses livres mais dans ses domaines.

LA BIENFAISANCE: AMES SENSIBLES ET BONS SENTIMENTS

Dans les années 1770 et 1780, la bienfaisance est la folie du jour et devient même une forme de snobisme de l'élite éclairée, au même titre que les bergeries de style Louis XVI[31]. A partir de 1783, l'Académie française décerne un prix de vertu pour récompenser la bienfaisance. En 1783, il est attribué à une garde-malade; en 1785, à un huissier-priseur; en 1786, à une femme de chambre; en 1787, à une «fille bienfaisante». Les journaux se mettent à citer dans leurs colonnes des exemples de bienfaisance. Alors que le sentiment fait fureur et qu'il est de bon ton de s'attendrir et de s'émouvoir, comme le remarque madame Riccoboni[32], la bienfaisance devient le pot-pourri de tous les bons et beaux sentiments. Elle prend les caractères de l'humanité: elle est sensible.

HUMANITÉ: c'est un sentiment de bienveillance pour tous les hommes, qui ne s'enflamme guère que dans une âme grande et sensible. Ce noble et sublime enthousiasme se tourmente des peines des autres & du besoin de les soulager; il voudrait parcourir l'univers pour abolir l'esclavage, la superstition, le vice et le malheur.[33]

L'*Encyclopédie* décrit l'humanité comme une vertu sensible, comme l'enthousiasme à faire le bien. Ce qui définit l'humanité n'est donc pas seulement le bien en tant que tel, mais aussi la nature de l'énergie à faire le bien. L'auteur de l'article avoue avoir vu «cette vertu, source de tant d'autres, dans beaucoup de têtes & dans fort peu de cœurs». Aussi, l'humanité n'est-elle pas la vertu de l'homme de bien mais de l'homme qui fait le bien avec sensibilité. On peut faire le bien par devoir: ce n'est que la justice; le faire par bienveillance, par sensibilité, c'est avoir de l'humanité. L'humanité étant une disposition de l'âme, elle utilise d'autres vertus, plus opératoires, pour s'exprimer; elle «se plaît à s'épancher par la bienfaisance sur les êtres que la nature a placés près de nous». Le Briquer de Breville a bien exprimé, dans un poème écrit pour le concours de poésie de 1775 de l'Académie française, le caractère «sensible» de la bienfaisance:

La véritable grandeur d'âme
Git dans la sensibilité.
Le cœur dur est pour l'homme infâme
Et fait rougir l'humanité.

Qui voit d'un œil sec la misère
Est indigne du nom de frère;
Son nom doit être détesté.
Qu'il craigne encore après sa chute,
Qu'il tremble d'être un jour en butte
Aux traits de la postérité.[34]

Cette effusion sentimentale ne doit cependant pas cacher le fait que la bienfaisance est aussi un concept bien précis, qu'elle fait l'objet d'une réflexion théorique dans le cadre des discussions sur la mendicité et qu'elle a une portée politique, comme chez Lezay-Marnésia où elle sert à légitimiser la noblesse. De quoi s'agit-il donc? La définition qu'on trouve dans les éditions de 1762 et de 1798 du *Dictionnaire de l'Académie française* n'est guère satisfaisante. La «bienfaisance» y est définie comme «l'inclination à faire du bien aux autres» et l'adjectif «bienfaisant» comme «qui prend plaisir à faire du bien aux autres». On a là une simple description du «bon sentiment» qui anime alors les élites, mais rien de vraiment spécifique à l'Ancien Régime finissant. Tout au plus, pourrait-on en conclure que la bienfaisance est une charité sécularisée. (C'est d'ailleurs entre 1755 et 1765 que Catherine Duprat situe la sécularisation de la charité: non plus «un effet de la grâce divine mais une inclination de la nature»[35].) Il existe pourtant des définitions précises et techniques de la bienfaisance, qui dépassent le sens général de pratique des bienfaits qu'on trouve dans les dictionnaires. Plusieurs définitions et non pas une, car la bienfaisance est alors un mouvement de pensée, qui varie avec les milieux. La conception que l'école du retour à la campagne se fait de la bienfaisance a une connotation différente de celle qu'en ont les milieux urbains. La bienfaisance en milieu rural n'est pas l'affaire des fonctionnaires ou des riches mais des seigneurs. C'est une vertu qui repose à la fois sur l'idéal nobiliaire de la protection et sur l'idéal humanitaire des Lumières. Les débats de la seconde partie du dix-huitième siècle sur la forme et l'ampleur de l'assistance institutionnelle ne permettent pas à eux seuls de comprendre cette différence. Il faut prendre en considérations deux autres facteurs: l'idée de bonheur et la question du luxe, sans lesquels il n'y a pas de définition possible de la bienfaisance à la veille de la Révolution. On sait qu'il n'y a pas *une* idée du bonheur au dix-huitième siècle; de même il n'y a pas *une* opinion sur le luxe. Toutefois bonheur et critique du luxe prennent une connotation particulière lorsqu'ils apparaissent en relation avec la bienfaisance. La réflexion passe aisément de l'un à l'autre et établit entre eux un réseau dialectique, qui constitue un système. C'est ce système qu'il faut appréhender, car c'est lui qui forme le fondement idéologique du plan de régénération morale de la noblesse éclairée.

L'une des difficultés de l'analyse de l'idéologie des seigneurs éclairés vient du fait qu'il s'agit d'une pensée qui emprunte aux divers courants de l'époque et qui ne devient idéologie que par l'utilisation qui en est faite. Cette *Weltanschauung* se trouve au confluent de deux systèmes hétérogènes: une structure sociale d'une part: la noblesse; un système de pensée d'autre part: les Lumières. D'où les ambiguïtés, les contradictions internes et les hésitations, qu'on ne manque pas de relever. L'idéologie de la noblesse libérale est un système de pensée qui fonctionne à deux niveaux. Il s'agit d'une part de conserver et de restaurer les vertus consacrées par la tradition historique, ce qui correspond à une vision statique de la société. D'autre part, il s'agit aussi de réaliser des objectifs des Lumières, comme le bonheur et le progrès, qui engendrent une vision dynamique de la société. La spécificité du courant éclairé de la noblesse est d'être en tension entre ces deux conceptions antagonistes de la société.

Le retour du seigneur sur ses terres, qui est au centre du programme de régénération, doit s'appréhender à la fois en termes moraux et en fonction de facteurs sociaux. Bonheur et bienfaisance, qui sont les deux piliers de ce mouvement, participent de la même hétérogénéité. Le bonheur fait partie du registre de la morale finaliste: on le cherche et on le réalise; mais il fait aussi partie du registre de la morale statique des vertus, car la réalisation du bonheur est aussi la restauration d'un ordre révolu et mythique. La même dichotomie est valable pour la bienfaisance. Elle est le moyen qui permet d'améliorer la condition paysanne et d'établir l'égalité et la liberté; mais elle dépend aussi du système de pensée nobiliaire, selon lequel la fonction du noble est la protection des sujets. Bonheur et bienfaisance font partie d'un programme de régénération, mais correspondent aussi à la nostalgie de l'âge d'or. C'est pourquoi la noblesse libérale proposera une utopie à la fois socialisante et féodale.

LE BONHEUR ET LA BIENFAISANCE

On sait que le bonheur fut l'une des préoccupations principales du dix-huitième siècle. «Le nom de bonheur retentit partout, on en disserte dans tous les cercles et dans tous les livres»[36]. En fait, plutôt que le bonheur lui-même, c'est la recherche du bonheur qui passionne l'honnête homme de l'époque. Le bonheur n'intéresse que dans la mesure où on peut le chercher, le penser ou le rêver. Comme l'exprime avec beaucoup de finesse madame de Puisieux, «le bonheur est une boule après laquelle nous courons tant qu'elle roule et que nous poussons du pied quand elle s'arrête»[37]. Les Lumières, avec une conception de l'existence basée sur la sensation, avaient tout le potentiel nécessaire pour remplacer une morale du devoir, issue principalement du nominalisme de Guillaume d'Occam, par une morale de la satisfaction des désirs. Les références de cette morale seraient endogènes et s'inscriraient dans une perspective finaliste, et le bonheur ne serait plus considéré comme une réalité ontique indépendante du sujet.

Parmi les différentes conceptions du bonheur au dix-huitième siècle[38], il faut isoler celle qui est présente dans l'école du retour du noble à la campagne. Entre 1750 et 1770, la société éclairée avait définitivement rompu avec la société galante et libertine, dont les mondanités avaient fini par engendrer l'ennui. La réflexion débouche sur une morale naturelle, indépendante de la religion, qui définit le bonheur en fonction de deux critères: la satisfaction modérée des passions et la bienfaisance. Autrement dit, le bonheur est défini par rapport au plaisir individuel et par rapport à la collectivité. L'article "Bonheur" de l'*Encyclopédie*, rédigé par le marquis de Chastellux, utilise ces deux dimensions, individuelle et collective, comme principes normatifs devant orienter la recherche du bonheur. A un niveau général et définitoire, cet article peut être considéré comme la charte de la pensée éclairée sur la question du bonheur. On y retrouve l'arrière-plan intellectuel commun à toutes les philosophies du bonheur s'inscrivant dans une morale sécularisée. A un niveau spécifique, l'article de Chastellux est représentatif de la pensée de la noblesse éclairée[39]. D'une part, on y trouve la plate-forme commune des philosophes sur la question du bonheur, en-deçà de leurs orientations personnelles. D'autre part, y sont énoncées les conditions du bonheur qui président au retour à la campagne.

Tout d'abord, Chastellux se place au niveau individuel et distingue le bonheur du plaisir: le bonheur est un état tandis que le plaisir est du domaine de l'instant.

> BONHEUR se prend ici pour un état, une situation telle qu'on en désirerait la durée sans changement; & en cela le bonheur est différent du plaisir, qui n'est qu'un sentiment agréable, mais court et passager, & qui ne peut jamais être un état.

Distinct du plaisir non seulement par sa durée mais par sa nature, un état et non seulement un sentiment, le bonheur n'en est pas moins défini par rapport à la sensation et non par rapport à une promesse. Il se fonde sur une morale naturelle, sans référence à la loi divine. Chastellux ne parle pas d'âme mais de cœur. Le bonheur devient un principe endogène et, en conséquence, une loi naturelle. En quelque sorte, l'homme est condamné à être heureux, à rechercher son bonheur.

> Tous les hommes se réunissent dans le désir d'être heureux. La nature nous a fait à tous une loi de notre propre bonheur. Tout ce qui n'est point bonheur nous est étranger: lui seul à un pouvoir marqué sur notre cœur; nous y sommes tous entraînés par une pente rapide, par un charme puissant, par un attrait vainqueur; c'est une impression ineffaçable de la nature qui l'a gravé dans nos cœurs, il en est le charme & la perfection.

Chastellux poursuit son analyse en mettant en valeur les deux aspects de la sensation: le plaisir et l'énergie. Reprenant la distinction entre bonheur et plaisir, il souligne qu'il n'y a pas de bonheur sans plaisir, mais qu'étant donné l'impossibilité de faire du plaisir un état, le bonheur ne peut être, par définition, que modéré. En outre, présupposant que l'énergie est nécessaire à la sensation, il explique que le bonheur ne peut naître que dans l'activité, mais une activité utile, exclusive d'un mode de vie mondain qui ne conduit qu'à la paresse.

Les hommes se réunissent encore sur la nature du bonheur. Ils conviennent tous qu'il est le même que le plaisir, ou du moins qu'il doit au plaisir ce qu'il a de plus piquant et de plus délicieux. Un bonheur que le plaisir n'anime point par intervalles, & sur lequel il ne verse pas ses faveurs, est moins un vrai bonheur qu'un état & une situation tranquille: c'est un triste bonheur que celui-là. Si l'on nous laisse dans une indolence paresseuse, où notre activité n'ait rien à saisir, nous ne pouvons être heureux. Pour remplir nos désirs il faut nous tirer de cet assoupissement où nous languissons; il faut faire couler la joie jusqu'au plus intime de notre cœur (...) Mais la condition humaine ne comporte point un tel état: tous les moments de notre vie ne peuvent être filés par les plaisirs. (...) Notre bonheur le plus parfait dans cette vie, n'est donc, comme nous l'avons dit au commencement de cet article, qu'un état tranquille, semé çà et là de quelques plaisirs qui en égayent le fond.

L'énergie de la sensation sera donc le lien expliquant comment la bienfaisance est inductrice du plaisir individuel. Dans la seconde partie de l'article, Chastellux tente de définir le bonheur en disant ce qu'il n'est pas. Il explique que la possession des biens, qui est le fondement du bonheur, n'est pas le bonheur même. Il ne faut pas confondre le bonheur avec les moyens du bonheur, l'effet avec la cause. Le bonheur se manifeste par la satisfaction intérieure, par la sensation qui résume l'essentiel de la vie physique et morale. Il s'agit donc d'un bonheur individuel qui résulte d'une prise de conscience.

Ainsi la diversité des sentiments des philosophes sur le bonheur regarde non sa nature, mais la cause efficiente. Leur opinion se réduit à celle d'Epicure, qui faisait consister essentiellement la félicité dans le plaisir. La possession des biens est le fondement de notre bonheur, mais ce n'est pas le bonheur même; car que serait-ce si les ayant en notre puissance, nous n'en avions pas le sentiment?

Le bonheur apparaît donc comme une prise de conscience de l'état de bonheur. La réalité est inséparable de la sensation qu'on en a. Cette seconde partie se termine d'une part sur un résumé de l'argument et d'autre part sur la double affirmation que le bonheur est une loi naturelle et que chaque individu a droit au bonheur, conséquences directes de la définition du bonheur en fonction de la sensation. Chastellux fait suivre ce passage d'une discussion de l'enseignement de la religion sur le bonheur. Il oppose la religion chrétienne, telle que l'avait conçue son fondateur, à la religion des moralistes chrétiens. La religion primitive qu'il décrit ne condamne pas le plaisir. Toutefois, même en reconnaissant l'existence d'une morale chrétienne fondée sur le plaisir, il ne rejoint pas les moralistes chrétiens pré-nominalistes, car il affirme que si le Chrétien a accès au plaisir, c'est au nom de la morale naturelle et non au nom de la religion, qui ne peut contredire la morale naturelle. Le plaisir, comme le bonheur, est indépendant de la divinité; il est naturellement légitime.

Il ne faut point opposer à cette maxime qui est certaine, la morale & la religion de J.C. notre Législateur & en même temps notre Dieu, lequel n'est point venu pour anéantir la nature, mais pour la perfectionner. Il ne nous fait point renoncer à l'amour du plaisir, & ne condamne point la vertu à être malheureuse ici-bas. Sa loi est pleine de charmes et d'attraits; elle est toute comprise dans l'amour de Dieu & du prochain. La source des plaisirs légitimes ne coule pas moins pour le Chrétien que pour l'homme profane: mais dans l'ordre de la grâce il est infiniment plus heureux par ce qu'il espère, que par ce qu'il possède. Le bonheur qu'il goûte ici-bas devient pour lui le germe d'un bonheur éternel.

Il faut retenir deux leçons de ce texte. La première, c'est qu'il existe un droit au bonheur; la seconde, que le bonheur se mesure à la sensation qu'en a le sujet. Reconnaître la légitimité du droit au bonheur a une portée bien plus révolutionnaire qu'on ne s'y attendrait. Pour les seigneurs éclairés formés à l'école des encyclopédistes, cette conception du bonheur était porteuse, qu'ils en fussent conscients ou non, d'un message social. Prenons pour seul exemple madame de Puisieux, qui rejette toute perspective religieuse, du moins sous la forme dévotionnelle. Pour elle, Dieu n'est utile qu'aux femmes laides et sottes. Se plaçant d'emblée dans la tradition philosophique, elle affirme que le bonheur n'a aucun rapport avec la divinité, qu'il dépend de l'individu seul, et que «l'un des plus grands bonheurs, c'est de savoir se suffire à soi-même»[40]. C'est par l'étude et par les passions que l'homme construit son bonheur. Madame de Puisieux présente la passion comme un engagement total de l'être dans ses activités, de telle sorte que bonne conduite et mérite apparaissent comme les moyens les plus sûrs de gagner le bonheur. Le bonheur s'inscrit ainsi dans une philosophie du mérite. Le mérite est quelque chose qu'on peut acquérir; il est indépendant de la classe sociale et de la fortune. La véritable aristocratie devient donc une aristocratie du mérite. C'était le développement logique du droit au bonheur. Le cardinal de Bernis, pourtant ardent défenseur de la hiérarchie aristocratique, reconnaît dans ses *Mémoires* qu'«aux yeux de la raison, il n'y a point d'autre noblesse que celle des sentiments et des vertus»[41].

Le second enseignement à retenir de l'article de Chastellux, c'est que le bonheur se mesure à la sensation qu'on en a. Le bonheur, même lorsqu'il est tourné vers la collectivité, est avant tout individuel et son unité de mesure reste endogène. Il ne faudrait pas opposer un bonheur fondé sur les sensations à un bonheur fondé sur la raison. Le premier invite au repos, au plaisir et à la passion; le second à la vertu. L'idéologie de la noblesse éclairée réalise une synthèse entre ces deux courants: le bonheur est à la campagne parce qu'on peut s'y régénérer dans la solitude, mais aussi parce qu'on a l'occasion d'y exercer la bienfaisance. Cette vision du bonheur explique pourquoi la philanthropie est à la fois une esthétique et une éthique. Elle explique aussi la nature de la poésie descriptive et didactique de la noblesse éclairée, où l'observation engendre à la fois un plaisir esthétique et un plaisir moral. Ainsi la condition du bonheur est-elle la vertu, dans la mesure où la vertu devient une action à valeur sociale.

> Mais quoi! n'admettra-t-on de vertus que celles qui sont utiles au prochain? Eh! comment puis-je en admettre d'autres? Nous vivons en société; il n'y a donc de véritablement bon pour nous que ce qui fait le bien de la société. (...) La vertu entre les hommes est un commerce de bienfaits; celui qui n'a nulle part à ce commerce ne doit point être compté.[42]

Le raisonnement de Voltaire ne comporte aucune ambiguïté. La vraie vertu est par définition socialement utile. Les vertus théologales, au contraire, ne servent qu'à la personne qui les possède; ce ne sont pas des vertus mais des qualités innées ou acquises qui n'apportent rien à la société. Le critère de la vraie vertu étant l'utilité publique, l'utilité publique deviendra le critère du bonheur, qui, s'il demeure une valeur individuelle, n'existe cependant que dans sa dimension sociale. A la fin du règne de Louis XVI, lorsque la bienfaisance sera utilisée comme énergie de régénération, cet idéal sera hyperbolé. L'homme sera vu comme un être spontanément vertueux dont le bonheur naît du devoir accompli. Le mot bonheur prendra alors une connotation sociale.

CRITIQUE DU LUXE ET BIENFAISANCE

Le second élément du système de la bienfaisance repose sur la critique du luxe. Loin de dater du dix-huitième siècle, la critique du luxe était une constante de l'idéologie nobiliaire depuis la Renaissance. Elle avait pour but de protéger la propriété foncière contre le négoce, la société d'ordres contre la société mercantile. On a vu comment elle était traitée dans le cadre de la mode champêtre[43]. Si elle devient aussi un argument de la bienfaisance et du système d'assistance, c'est à cause de la situation économique et financière des années 1770 et 1780, de la revalorisation de l'agriculture et de la moralisation de l'idée de bonheur.

Face au marasme, on s'attendrait à ce que l'élite éclairée pense la question du luxe en termes économiques et sociaux. Or, les Lumières n'interprètent pas la conjoncture en termes d'économie politique mais en termes moraux. «Je comprends par le mot de luxe, écrit l'abbé Gros de Besplas, l'usage des productions de l'art et de la terre porté à ce degré qui allume trop les passions»[44]. La plupart des réflexions sur le luxe manquent de rigueur; elles confondent souvent le luxe avec ses effets et l'identifient soit à la perversion des vertus, mollesse, paresse et corruption, soit à la ruine morale et sociale des campagnes.

En amont de la réflexion, on ne trouve pas non plus d'analyse proprement économique des causes du luxe. Le luxe est interprêté comme un phénomène moral, qui a pour origine la vanité des hommes. Autrement dit, le luxe est issu de la dégradation morale, qui entraîne *nécessairement* la dégradation sociale. Comme le note Galliani, «le fait de ramener l'origine du luxe à un défaut du caractère humain marque la volonté de considérer le luxe comme un fait moral dont la comdamnation va de soi»[45]. Rares sont ceux qui feront passer le débat sur le luxe du plan de la morale à celui de l'économie-politique.

A l'époque, l'analyse du luxe la plus raisonnée restait toujours celle qu'en avait fait Fénelon dans les *Aventures de Télémaque*. Cette analyse influence fortement la pensée de tous ceux qui critiquent le luxe au dix-huitième siècle, sans que leur réflexion la renouvelle vraiment. Si Fénelon apparaît comme le porte parole de l'idéologie nobiliaire, sa pensée dépasse toutefois le cadre étroit de l'apologie d'une société d'ordres. Son roman, qui a l'ambition d'instruire le prince, utilise une approche économique et sociale, dont les résultats ne sont pas remis en question par la critique du luxe au dix-huitième siècle[46]. La démonstration de Fénelon prend le contre-pied, comme le fera celle des Physiocrates, de l'argument qui faisait du luxe la source de la prospérité et du travail. Il s'agit de montrer que l'utilité sociale du luxe n'est qu'une illusion. «On dit que le luxe sert à nourrir les pauvres aux dépens des riches, comme si les pauvres ne pouvaient gagner leur vie plus utilement, en multipliant les fruits de la terre, sans amollir les riches par des raffinements de volupté»[47]. Sont associées au luxe la mollesse et la paresse; y sont opposés le travail, l'harmonie sociale et le nécessaire.

> Pour le faste et la mollesse, on n'a jamais besoin de les réprimer, car ils sont inconnus en Crète. Tout le monde y travaille, et personne ne songe à s'y enrichir; chacun se croit assez payé de son travail par une vie douce et réglée, où l'on jouit en paix et avec abondance de tout ce qui est véritablement nécessaire à la vie.[48]

D'une manière aussi didactique que le permet le genre romanesque, Fénelon fait la distinction entre les éléments du luxe, leur origine et leurs effets. Les éléments du luxe sont définis en termes économiques, en fonction des besoins.

> Toute une nation s'accoutume à regarder comme les nécessités de la vie les choses superflues: ce sont tous les jours de nouvelles nécessités qu'on invente, et on ne peut plus se passer des choses qu'on ne connaissait pas trente ans auparavant.[49]

L'analyse n'est pas seulement valable pour les particuliers; elle l'est aussi à l'échelle d'une nation. Mentor critique Idoménée de ne songer qu'à «faire des ouvrages magnifiques» au lieu de «regarder ces deux choses comme les deux fondements essentiels de [la] puissance: avoir beaucoup de bons hommes et de terres bien cultivées pour les nourrir»[50]. Lorsque Télémaque visite Salente, après les réformes, et s'étonne des changements, Mentor lui explique en quoi consiste la vraie richesse et lui montre que misère et corruption sont deux corollaires du luxe. D'économique, l'analyse devient morale: le luxe n'est pas seulement un phénomène économique, c'est aussi un facteur moral:

> Lequel vaut mieux, ajouta Mentor, ou une ville superbe en marbre, en or et en argent avec une campagne négligée et stérile, ou une campagne cultivée et fertile, avec une ville médiocre et modeste dans ses mœurs? Une grande ville fort peuplée d'artisans occupés à amollir les mœurs par les délices de la vie, quand elle est entourée d'un royaume pauvre et mal cultivé, ressemble à un monstre dont la tête est d'une grosseur énorme, et dont tout le corps, exténué et privé de nourriture, n'a aucune proportion avec sa tête. C'est le nombre du peuple et l'abondance des aliments qui font la vraie richesse d'un royaume.[51]

L'approche par les mœurs est celle qui préside à l'analyse des origines du luxe. La source du luxe est strictement morale, c'est la vanité, l'orgueil, le désir de plaire. Aussi le luxe forme-t-il un cercle vicieux; il s'auto-nourrit en quelque sorte, la vanité entraînant une plus grande vanité. «Une vaine ambition vous a poussé jusqu'au bord du précipice. A force de vouloir paraître grand, vous avez pensé ruiner votre véritable grandeur», reproche Mentor à Idoménée[52]. Pour rompre ce cercle, c'est sur les effets du luxe qu'il faudra agir et non sur la nature humaine. Mentor recommande à Idoménée d'arrêter sa politique de grands ouvrages et de conquêtes et de favoriser l'accroissement d'une population laborieuse et la bonification des terres. Autrement dit, l'action économique et sociale modifiera les mœurs. Le premier effet du luxe est d'engendrer la mollesse et la paresse, car il incite à l'oisiveté. C'est ainsi qu'il finit par nuire à la productivité. Il menace aussi l'harmonie de la société, car il provoque la confusion des rangs. Enfin, il provoque une baisse de l'épargne et donc des investissements dans l'agriculture, car il est une invitation à la consommation de produits superflus. Les conseils de Mentor ne comportent aucune ambiguïté: il s'agit d'extirper le luxe de la société et non de l'aménager, sous prétexte qu'il pourrait avoir une utilité sociale.

La critique du luxe au dix-huitième siècle ne dira rien de plus. Tout au plus sera-t-elle formulée dans une terminologie différente. Même la critique des économistes reste fénelonienne. Prenons le cas de la Physiocratie, où on trouve l'analyse économique du luxe la plus rigoureuse. Elle offre une définition du luxe en le situant dans le fonctionnement du système macro-économique de la nation. La terminologie est nouvelle et se veut scientifique, mais en dépit de nouveaux concepts et de nouvelles formulations heuristiques l'enseignement n'est pas vraiment différent de celui de Fénelon. On en prendra comme illustration l'analyse économique de l'abbé Nicolas Baudeau dans sa *Première introduction à la philosophie* économique (1767)[53]. Le caractère volontairement didactique de l'ouvrage favorise la nature définitoire de l'étude et l'exposé rapide de conceptions qui, loin d'être propres aux Physiocrates, sont largement diffuses, quoique dans des terminologies différentes, dans la pensée et les mentalités de l'époque. Le traité de Baudeau s'ouvre sur l'affirmation que l'agriculture est la seule source de la richesse de la nation. L'idée est au cœur des théories physiocratiques, mais elle est aussi un des lieux communs des écrits et des mentalités de la seconde partie du dix-huitième siècle. «Les deux sources uniques de l'abondance générale roulent sur deux points fondamentaux (...): l'agriculture & toutes ses branches d'une part, & de l'autre, la nourriture des bestiaux», peut-on lire dans le *Supplément* à l'article «Abondance»[54]. Ce principe établi, l'abbé Baudeau divise les activités humaines en trois secteurs, qui correspondent à peu près à la division moderne de l'économie en secteurs primaire, secondaire et tertiaire. Le secteur fondamental est celui de l'«art fécond ou productif», qui comprend la chasse, la pêche, l'élevage, l'agriculture et l'extraction des richesses du sous-sol. Le secteur de l'«art stérile ou non productif» correspond aux activités de façonnage et de transformation. Les termes «stérile» et «non productif» ne constituent pas un jugement de valeur. Ils ont une signification technique et désignent des opérations qui, au lieu de viser à accroître la source des richesses et de la prospérité, sont orientées vers la consommation. Il ne sont pas inutiles, mais leur utilité est différente de celle de l'agriculture. «Les arts non productifs, bien loin d'être inutiles, font dans les états policés le charme et le soutien de la vie, la conservation et le bien être de l'espèce humaine»[55]. Cette définition a beau être économique et sociale, elle est potentiellement porteuse d'un jugement moral. En effet, alors que l'utilité de l'agriculture est fondée sur le nécessaire, celle des «arts stériles» est fondée sur le superflu. Ce secteur des activités humaines sera donc, naturellement, le terrain d'élection du luxe, c'est-à-dire de l'excès de superflu. Le troisième secteur est celui de l'«art social»: instruction, protection et administration. La prospérité de l'art productif entraîne la prospérité de l'art stérile et, en conséquence, une plus grande distribution des jouissances dans la population. La prospérité cumulée de ces deux secteurs entraîne à son tour celle de l'art social. Tel est le fonctionnement normal d'une économie nationale saine. Toutefois, il existe une situation dans laquelle la prospérité de l'art stérile n'est qu'une illusion, qui cache la ruine des deux autres secteurs d'activité. Baudeau y voit l'effet du luxe public ou privé. La fausse prospérité de l'art stérile apparaît lorsque les particuliers commencent à dépenser plus que leurs revenus ne le leur permettent. Autrement dit, au lieu d'utiliser leurs revenus disponibles, ils utilisent des fonds qui devraient être réinvestis dans le secteur productif pour améliorer l'agriculture et ainsi servir à l'augmentation de la prospérité générale. Cet accroissement de la dépense en biens de consommation au-delà des possibilités financières réelles des particuliers prive le secteur agricole non seulement d'investissements nécessaires, mais aussi d'une main d'œuvre qui doit produire plus de biens de consommation pour satisfaire une demande accrue. Le secteur tertiaire se trouve également privé de main d'œuvre et d'investissement. «Cette multiplication *excessive* des travaux ou dépenses *purement stériles*, qui se fait *aux dépens* des travaux utiles et nécessaires à l'entretien de la *production*, est précisément ce qu'on doit appeler *luxe* dans les gouvernements ou dans les personnes privées. Car *luxe* veut dire *excès de dépenses stériles*»[56]. Autrement dit, le luxe est un détournement du revenu disponible. Ses effets sont la dégradation de la production et, ultimement, la ruine de la nation. Cette présentation du luxe est surtout fréquente sous la plumes des Physiocrates. Par exemple, les *Ephémérides du citoyen* de février 1768 publient la lettre d'un propriétaire à son fermier, dans laquelle le luxe est considéré comme le principal obstacle au réinvestissement dans les activités productrices[57].

Le raisonnement en terme de capital et de revenu du capital reste généralement étranger au débat des Lumières sur le luxe. L'argumentation est plus souvent basée sur le facteur démographique, qu'on pouvait déjà trouver chez Fénelon. L'article «Population» de l'*Encyclopédie*, dans lequel Amilaville critique la mainmorte et l'armée au nom d'une théorie de la richesse fondée sur l'agriculture et le nombre des habitants, condamne le luxe à partir des mêmes critères. Le luxe a trois effets, qui à leur tour entraînent une série de conséquences en chaine. Le premier effet du luxe est social. Il engendre de grandes inégalités de fortune, un très petit nombre de personnes cumulant les richesses. A cela, trois conséquences: tout d'abord, le superflu n'existe qu'en enlevant aux plus pauvres le nécessaire, ce qui accroît d'autant plus l'indigence. A l'opposé, l'opulence ne cesse de se développer, et avec elle se répand la débauche. Indigence et opulence sont considérées comme étant inséparables, celle-ci engendrant nécessairement celle-là. La troisième conséquence des inégalités de fortune est politique: elle met fin à l'harmonie sociale. «Un des plus grands inconvénients de cette humiliation est d'éteindre (chez les hommes) tous les sentiments naturels et réciproques d'affection qu'ils se doivent»[58]. Le second effet du luxe est moral: il provoque l'oisiveté, la paresse et dépeuple les campagnes. La disparition de l'oisiveté est une constante de la pensée des Lumières et imprègne la conception qu'on se fait alors de la bienfaisance. L'oisiveté est vue comme le négatif du principe d'utilité. La littérature de l'époque la présente comme l'origine de la perversion des vertus, au même titre que le luxe. *Le Bonheur rural*, en souligne l'aspect corrupteur:

> Les effets de l'oisiveté sont aussi puissants que pernicieux. La rivière qui roule lentement ses eaux, mais qui n'en mine pas moins sourdement les rivages qui lui servent de barrières, est son emblême. La vie oisive frappe le fondement de toutes les vertus: trop heureux si elle n'ouvre pas la porte à tous les maux, car les vices marchent presque toujours à sa suite.[59]

L'oisiveté n'est pas seulement considérée du point de vue moral. Ses conséquences économiques sont pesées: elle provoque la ruine des campagnes, qui se dépeuplent d'agriculteurs pour se peupler de mendiants. L'aspect économique et social de la dépopulation des campagnes est loin d'être ignoré; toutefois c'est une constante des critiques du luxe, qui sont imprégnées de la vision pastorale baignant les mentalités, d'associer la campagne aux vertus innocentes et de l'opposer à une vie urbaine considérée comme le symbole de la débauche et du vice. Ainsi, du luxe naît «la dangereuse séduction d'offrir aux hommes plus de bénéfice & moins de fatigues, qu'ils n'en trouvent dans les travaux de la campagne»[60]. Le troisième effet du luxe est d'ordre économique. «Toute richesse qui n'est point fondée sur l'industrie de la nation, sur le nombre de ses habitants, & sur la culture des terres, est illusoire, préjudiciable, & jamais avantageuse»[61]. Amilaville cite en exemple la politique économique de Sully, qui en améliorant l'agriculture avait accru la population, enrichi le peuple et rendu le royaume prospère. Le luxe est le négatif de cette image. Il est décrit comme «une abondance meurtrière»[62], autrement dit non seulement comme une illusion d'abondance, mais aussi comme un facteur «destructeur du bien public & de l'espèce humaine»[63]. Il engendre la ruine et finit par s'auto-détruire.

> Le luxe (...) se détruit de lui-même; il se consume de sa propre substance; l'épuisement des richesses qu'il produit, devenu général, tous les travaux qu'il entretenait, cessent. Ceux qui vivaient de ces travaux, restent sans subsistance & sans moyens de s'en procurer.[64]

Le luxe est donc la cause directe de l'indigence, c'est à lui «qu'il faut attribuer cette multitude de mendiants dont l'Europe est inondée depuis quelques siècles, & dont la vie dissolue & vagabonde est si opposée à la population»[65]. Par le biais de l'indigence, le luxe sera l'arrière-plan des discussions sur la bienfaisance. L'argument selon lequel il engendre la misère se trouvait renforcé par l'enseignement chrétien. Pour Massillon, la cause principale de la misère, c'est le luxe, qui entraîne dureté de cœur, cupidité et vanité. Le superflu, base du luxe, existe pour être distribué aux malheureux: «C'est une vérité incontestable que ce qu'il y a de superflu dans vos biens ne vous appartient pas, que c'est la portion des pauvres, et que vous ne devez compter à vous de vos revenus que ce qui est nécessaire pour soutenir l'état où la Providence vous a fait naître»[66].

La moralisation du débat ne fait que renforcer une description du luxe, dont on veut montrer le caractère destructif. Ne s'opposent pas seulement partisans et critiques du luxe. Chez ceux-là mêmes qui le critiquent, il existe plusieurs attitudes. Certains se contentent de jeter l'anathème après avoir constaté ses effets destructeurs: ce sont ceux qui insistent le plus sur la corruption des valeurs morales. Cependant, la plupart constatent l'existence du luxe, le condamnent, mais recherchent des solutions permettant d'en réduire les effets. C'est dans la rencontre des remèdes contre le luxe et du constat de la corruption morale qu'il engendre, qu'émerge l'idée de la lutte contre la pauvreté par une bienfaisance visant à développer le travail plus qu'à assister les nécessiteux.

L'un des remèdes proposés contre le luxe naît de la discussion sur l'impôt. Il s'agit de rendre le luxe utile en annulant l'effet du détournement des fonds. L'article «Impôt» de l'*Encyclopédie* envisage deux types d'imposition[67]:

> Tant que les impôts dans un royaume de luxe ne seront pas assis de manière qu'on perçoive des particuliers en raison de leur aisance, la condition de ce royaume ne saurait s'améliorer; une partie des sujets vivra dans l'opulence et mangera dans un repas la nourriture de cent familles, tandis que l'autre n'aura que du pain et dépérira journellement.

Après l'impôt progressif, un impôt sur les signes extérieurs de richesse:

> On croit qu'en France une taxe imposée dans les villes seulement, sur les glaces, l'argenterie, les cochers, les laquais, les carosses, les chaises à porteur, les toiles peintes des Indes, et autres semblables objets, rendrait annuellement quinze ou vingt millions; elle ne serait pas moins nécessaire pour mettre un frein à la dépopulation des campagnes que pour achever de répartir les impôts face à la justice distributive; cette façon consiste à les étendre sur le luxe le plus grand.

Cette analyse est à la fois économique et sociale. Il n'est pas question de supprimer le luxe, mais, en le taxant, de le rendre utile à la richesse générale du pays. Le luxe est considéré ici en terme de justice distributive et donc en fonction de l'aide qu'il peut fournir aux plus pauvres. En 1736, Cartaud de la Villate, dans son *Essai historique et philosophique sur le goût*, avait avancé le même argument positif qui condamne le luxe lorsqu'il est une fin en soi, mais en reconnaît l'utilité lorsqu'il est mis au service de la bienfaisance[68]. L'argumentation morale de la corruption par le luxe n'apparaît pas ici.

L'idée d'un luxe qui deviendrait utile en finançant la bienfaisance, soit directement en investissant dans l'assistance soit indirectement par la répartition des impôts, est plus souvent ignorée qu'envisagée. La critique du luxe aboutit surtout à sa condamnation au nom de la morale et du principe d'utilité, pas seulement dans les travaux des moralistes ou en littérature mais aussi par l'opinion publique, comme le montre cette ariette des *Moissonneurs* de Favart:

> Argent, argent, maître du monde,
> Tu règnes sur tous les états;
> Tous les jours, en faisant ta ronde,
> Tu fais faire bien des faux pas.
> A nos devoirs tu mets un terme;
> La vertu, loin de tes attraits,
> Qui sur ses jambes se tient ferme,
> S'y tient bien mal quand tu paraîs.[69]

L'opinion générale est que la crise que connaît le pays est causée par la corruption, notamment au sein des instances dirigeantes et dans les villes. Pour l'élite éclairée, la source de cette corruption des mœurs est l'excès de luxe. On croit que le luxe corrompt les individus, car il flatte la vanité. On croit aussi qu'il est incompatible avec une prospérité fondée sur l'agriculture, car il ne peut pas nourrir les pauvres. On pense que le luxe, qui introduit une hiérarchie basée sur l'argent, est inégalitaire. Il tue l'«égalité» des ordres d'un univers aristocratique, celui de l'âge d'or. Dans une société française dont l'économie reposait surtout sur la propriété foncière, cette valeur nobiliaire était celle de l'ensemble de la société. En voici l'expression dans un poème écrit pour le concours de 1775 de l'Académie française:

A la sagesse réunie,
Viens, consolante égalité,
Rétablir l'antique harmonie
Au sein de la société;
Viens rendre à la terre éplorée
Les jours de Saturne et de Rhée,
Leurs plaisirs purs et vertueux:
Beaux jours où régna l'innocence,
Quand les hommes à leur enfance,
Egaux encore, étaient heureux.[70]

La référence à l'âge d'or des Anciens et aux âges de la civilisation est explicite. Elle renvoyait à une imagerie qui ne pouvait que profiter à l'école du retour à la terre: «l'âge d'or était l'âge où l'or ne régnait pas», écrit Lezay-Marnésia dans l'*Epître à mon curé*. Enfin, on juge que le luxe est source d'oisiveté et engendre une mentalité d'assisté dans toutes les classes de la société, argument qui est repris par les Lumières pour proposer des solutions à la mendicité. La critique du luxe n'apparaît donc être qu'une paraphrase de l'analyse fénelonienne. Le bien public, qui repose sur la prospérité, est garanti par la production agricole et la croissance démographique. Dans ce contexte, le luxe est inutile; il est même nuisible car il ne fait qu'amollir les mœurs. L'analyse économique qui fait du luxe le fruit d'une croissance excessive des arts stériles est traduite en termes moraux dans l'opposition ville-campagne. Que ce soit dans le cadre de l'idéologie nobiliaire ou dans le cadre de revendications en faveur du petit peuple, le luxe est considéré comme une soustraction à ce qui revient de droit au peuple des campagnes. Peu de temps avant la Révolution, la critique du luxe faite par un Restif de la Bretonne a des accents féneloniens et ne se distingue pas, au niveau de l'argument, de celle faite par les seigneurs éclairés:

Interdisez aux riches l'excessive consommation, qui, outre qu'elle épuise tout pour le pauvre, est de mauvais exemple pour le demi-riche (...). Surtout ne protégez pas le luxe! c'est un monstre qui, sous l'apparence de faire du bien à quelques travailleurs, dévore l'Etat! C'est une plante parasite, qui profite aux dépens de l'arbre qu'elle paraît orner, mais qu'elle épuise du suc nourricier. (...) (Les économistes) ont un excellent principe; c'est que la culture, la campagne, et la pâture des bestiaux sont le seul fond réel, et que tout le reste n'est que luxe. Or qu'est-ce que le luxe? C'est l'acquit d'une chose inutile et de pure ostentation, qui emploie des bras que des choses utiles pourraient occuper.[71]

On retrouve partout ce thème du luxe et de l'amollissement par le luxe. Il a une répercussion directe sur la conception de la bienfaisance, qu'on ne conçoit plus comme une assistance, qui relève du modèle de la mollesse et donc du luxe, mais comme une didactique du travail. Dans ses *Réflexions sur l'écrit intitulé «Richesse de l'état»*, Dupont de Nemours fait le lien entre la critique du luxe et la bienfaisance.

Il y a encore une espèce de rentiers qui sont les créanciers de l'état; c'est-à-dire qui ont acheté (...) le droit de vivre, dans une indolente oisiveté, de la sueur et du sang de leurs concitoyens. Cette espèce de riches ont une opulence destructive; et lorsqu'ils deviennent communs chez un peuple, rien n'est plus propre à hater sa ruine. (...) Chacun trouve qu'il est plus doux et plus commode d'être le pensionnaire de la nation que celui de la nature, qui ne donne ses bienfaits qu'au travail. (...) Le luxe insensé prend naissance.[72]

La critique morale et sociale du luxe sous-tend l'idée de bienfaisance; il en existe aussi une critique politique, qui caractérise l'école du retour du noble à la campagne. L'idéologie nobiliaire reprend les mêmes arguments moraux contre le luxe, mais les double aussi d'un argument politique, qu'on retrouve en filigrane dans l'œuvre de Lezay-Marnésia, comme par exemple dans *L'Heureuse famille*.

Dans son étude sur le luxe, Galliani analyse les documents des états généraux du seizième siècle, qui prouvent que la critique du luxe et de l'opulence est un leitmotiv des revendications de la noblesse[73]. On peut l'interpréter, comme il le fait, en termes sociaux. Toutes ces revendications insistent sur la nécessité de protéger le paysan et le pauvre, mais font aussi une critique acerbe des techniques employées par les financiers. Il est possible d'interpréter ce discours comme l'expression de l'intérêt particulier du groupe. La défense des habitants des campagnes et de l'agriculture apparaît alors comme une justification de la lutte contre le luxe, c'est-à-dire de la lutte contre les valeurs bourgeoises basées sur l'argent. La pastorale et le retour du noble dans ses terres ne sont plus alors que l'expression d'une lutte de classes, celle de la propriété foncière contre la propriété mobilière. Aux quatorzième et quinzième siècles, la noblesse fait l'expérience de la dévaluation des rentes foncières, l'agriculture est en pleine crise et il y a une chute démographique. De nombreuses terres sont laissées à l'abandon et le capital immobilier s'en trouve touché. A la fin du quatorzième siècle, la terre tombe au cinquième de la valeur qu'elle avait avant la guerre de Cent Ans. Les prix agricoles ne se relèvent pas, alors qu'au seizième siècle le coût de la vie augmente suite à l'afflux des métaux précieux. Seuls les négociants s'enrichissent. Cette conjoncture expliquerait pourquoi la noblesse condamne l'importation d'articles de luxe, qui favorise les négociants, et pourquoi elle soutient au contraire la production agricole française, qui favorise la prospérité des campagnes dont elle tire l'essentiel de ses revenus. La même idéologie se profile derrière les lois somptuaires, qui limitent les dépenses afin d'éviter la confusion des rangs. La bourgeoisie négociante, par la richesse de son vêtement et des marchandises exotiques qu'elle importait, contrevenait au code des bienséances d'une société d'ordres. A Salente, Mentor interdit la vente des produits étrangers, qui peuvent introduire le luxe, et toute manifestation extérieure de richesse, comme l'or, l'argent et les pierreries. En outre, il recommande la promulgation d'une série de règles en matière de vêtements, de décoration, de nourriture, etc. A chaque rang correspondra un habit spécifique, afin de distinguer chacun selon sa condition[74]. François Beliard, dans ses *lettres critiques sur le luxe*, dresse un réquisitoire haut en couleur contre les «nouveaux riches», qui veulent se faire passer pour des ducs et des duchesses:

Les dehors de la boutique de chaque commerçant sont décorés plus pompeusement que n'étaient autrefois les plus beaux appartements des seigneurs, et la parure de la divinité qui préside au comptoir aussi riche et recherchée que celle de la duchesse qui vient se fournir dans son magasin.[75]

Si le luxe est condamné, c'est qu'il provoque un nivellement social entre les ordres. L'école du retour à la campagne reprend cette analyse et en fait la base de sa conception de l'égalité. Détruire le luxe revient à lutter contre l'inégalité qu'il engendre en fondant les rapports sociaux sur l'argent.

Cette approche est renouvelée au dix-huitième siècle par Saint-Lambert dans son *Essai sur le luxe*. Bien qu'il ne faille pas y voir exclusivement le *credo* de la noblesse éclairée, on y retrouve tous les éléments de la critique du luxe présents dans l'école du retour à la campagne. Saint-Lambert souligne le danger que l'excessive cupidité et l'inégalité des fortunes peuvent provoquer dans une société. Il fait à la fois une analyse historique et une analyse sociologique de la situation. Il montre que la seule source de richesse était à l'origine la propriété foncière détenue par les seigneurs et qu'avec le développement du commerce est apparue une nouvelle forme de richesse, celle des négociants. Il explique ensuite que la transformation du luxe en corruption (car le luxe peut ne pas être destructeur) est la conséquence du conflit entre noblesse et négociants enrichis:

(Les roturiers enrichis) crurent s'égaler aux grands en imitant leur faste; les grands crurent voir tomber la hiérarchie qui les élevait au-dessus du peuple;

ils augmentèrent leur dépense pour conserver leurs distinctions, c'est alors que le luxe de bienséance devint onéreux pour tous les états et dangereux pour les mœurs.

Saint-Lambert dit très clairement que la confusion des rangs est un des effets de l'inégale répartition des richesses et de l'usage excessif qu'on peut en faire.

Un des effets du crédit des hommes riches quand les richesses sont inégalement partagées, un effet de l'usage fastueux des richesses (...) c'est la confusion des rangs (...); alors se perdent le ton, la décence, les distinctions de chaque état, qui servent plus qu'on ne pense à conserver l'esprit de chaque état; quand on ne tient plus aux marques de son rang, on n'est plus attaché à l'ordre général. (...) D'ailleurs on ne conduit le peuple ni par des raisonnements, ni par des définitions; il faut imposer à ses sens et lui annoncer par des marques distinctives son souverain, les grands, les magistrats, les ministres de la religion; il faut que leur extérieur annonce la puissance, la bonté, la gravité, la sainteté, ce qu'est ou ce que doit être un homme d'une certaine classe, le citoyen revêtu d'une certaine dignité. Par conséquent l'emploi des richesses qui donnerait au magistrat l'équipage d'un jeune seigneur (ou) le cortège de la grandeur au simple citoyen, affaiblirait nécessairement dans le peuple l'impression que doit faire sur lui la présence des hommes destinés à le conduire, et avec les bienséances de chaque état, on verrait s'effacer jusqu'à la moindre trace de l'ordre général, rien ne pourrait rappeler les riches à des devoirs et tout les avertirait de jouir.[76]

Ce passage est fondamental. On peut le considérer comme la charte fondatrice de l'idéologie nobiliaire de la bienfaisance. D'une part est attribuée au noble la bonté; c'est-à-dire la bienfaisance. Dans l'esprit des seigneurs éclairés, la bienfaisance était la fonction même de la noblesse. D'autre part est exposée ici la pédagogie par l'exemple, qui semble être la spécificité de la didactique du retour à la campagne. Le noble doit être un modèle pour le peuple. C'est pourquoi la distinction extérieure est considérée comme importante; elle a un but pédagogique car sans étiquette plus rien n'aurait de signification. Enfin, se trouve aussi dans ce texte l'expression de la résistance au changement social. C'est à partir de cette résistance que s'est constituée au cours des siècles une idéologie nobiliaire qui associe à la noblesse l'idée de vertu et de dévouement à la communauté. S'il y a une crise d'identité de la noblesse au dix-huitième siècle, c'est parce que les lois somptuaires ont été abandonnées, que le luxe a gagné la haute noblesse et qu'il est désormais difficile de distinguer extérieurement entre le noble riche et le riche bourgeois. Dans ses *Réflexions*, Dupont de Nemours va même plus loin. Il affirme que le luxe conduit même à la corruption de l'honneur nobiliaire, car «le noble lui-même, indigné de se voir éclipsé par un homme au dessous de lui, apprend à ne faire cas des places que lorsqu'elles donnent des appointements capables de lui rendre au moins l'égalité», ce qui aboutit à transformer la noblesse en une profession[77]. Il rejoint en cela l'analyse historique de Boulainvilliers dans *Essais sur la noblesse de France*, où la décadence de la noblesse, et donc sa perte d'identité, est liée à son déracinement, à son transfert à la cour et au luxe.

> C'est (la) nécessité d'argent qui a conduit la noblesse à un tel oubli de soi-même, qu'elle n'a pas honte de mêler son sang avec celui des plus vils roturiers, ni de le faire passer dans ses veines. On recherche avidement les filles des riches partisans parce que c'est l'unique moyen d'acheter de grosses charges, ou de payer des dettes, que le service ou le luxe à la cour a fait contracter aux anciennes familles.[78]

La terminologie raciale disparaît des textes de la seconde partie du dix-huitième siècle. Elle est absente de l'œuvre d'un Lezay-Marnésia comme de l'œuvre des apologistes du retour des nobles à la campagne. La problématique change sous l'influence des Lumières et avec le thème de la bienfaisance comme devoir de la noblesse. Mais la structure mentale n'évolue pas vraiment: elle reste nobiliaire.

L'analyse de Saint-Lambert reflète par ailleurs une opinion modérée. Se refusant à exploiter à fond l'argument moral de la corruption par le luxe, il analyse les éloges et les critiques du luxe pour montrer que ni les unes ni les autres ne sont totalement valables, étant infirmées par des exemples tirés de l'histoire. Ce sur quoi il insiste particulièrement, c'est sur l'absence de rapport de cause à effet entre le luxe et la corruption. Remplaçant l'approche morale par une approche politique, il affirme que la corruption est indépendante de l'excès de luxe et fait du luxe une notion relative à la conjoncture. Selon lui, c'est l'état de la société qui transforme le luxe en facteur positif ou en facteur négatif. L'harmonie sociale, mesure de l'état de la société à un moment donné, dépend de trois facteurs: premièrement de l'action des administrateurs; deuxièmement, de l'esprit de communauté; troisièmement, du travail, qui empêche l'oisiveté et l'ennui. Comme la majorité des nobles privés de leur pouvoir politique, il affirme que les administrateurs sont ceux qui sont à l'origine des abus. A ses yeux, c'est à cause de leurs abus que le luxe est devenu un facteur qui accroît la corruption. Pour illustrer sa démonstration, Saint-Lambert oppose un pays où il y a des abus à un pays où règne le sens du bien général, c'est-à-dire l'esprit de communauté, et le travail. Il démontre que dans un tel pays, le luxe est un facteur positif:

> Les passions qui mènent au luxe ne sont pas les seules nécessaires dans les citoyens; elles doivent s'allier à d'autres, à l'ambition, à l'amour de la gloire, à l'honneur. Il faut que toutes ces passions soient subordonnées à l'esprit de communauté; lui seul les maintient dans l'ordre; sans lui elles porteraient à de fréquentes injustices et feraient des ravages. (...) Partout où

je verrai le luxe vicieux, partout où je verrai le désir des richesses et leur usage contraire aux mœurs et au bien de l'état, je dirai que l'esprit de communauté, cette base nécessaire sur laquelle doivent agir tous les ressorts de la société s'est anéanti par les fautes du gouvernement.[79]

Cette analyse soumet donc l'intérêt particulier à l'intérêt général. Le dévouement à la communauté est présenté comme une contrainte nécessaire, pour que le luxe puisse contribuer à la prospérité générale. L'état de crise dans lequel se trouve la France à cause de la montée de nouveaux groupes sociaux prend ainsi l'aspect d'une lutte. C'est la lutte entre l'esprit de communauté et l'individualisme. D'un côté, l'esprit de communauté est le garant de l'ordre, de la vertu et de la prospérité; d'un autre côté, l'individualisme entraîne la recherche de l'intérêt particulier, qui à son tour engendre l'égoïsme et le vice. Dans son essai, Saint-Lambert fait la description d'un pays où tout serait orienté vers le bien général et où il y aurait du luxe. Ce sera le but du programme de régénération d'un Lezay-Marnésia. Les habitants des campagnes vivent dans l'aisance, travaillent, et deviennent propriétaires; ils aiment la patrie et sont attachés à l'harmonie de la société. Les habitants des villes ne connaissent plus l'oisiveté et l'ennui, et leur luxe devient utile parce qu'il sert le bien public. Les nobles remplissent leurs devoirs dans l'armée ou dans la fonction publique; ils ont un véritable mérite; ils servent de modèle de vertu et d'honneur, ils pratiquent la bienfaisance et surtout ils ne vivent plus dans un luxe excessif, car ils ont retrouvé leurs prérogatives politiques.

Pour l'école du retour à la campagne, le discours sur le luxe est donc à la fois un discours moral et un discours politique. La condamnation du luxe est liée directement au thème du retour à la campagne, comme dans l'idéologie nobiliaire traditionnelle, qui touche aussi bien les conservateurs comme Boulainvilliers que les libéraux comme le marquis d'Argenson ou Mirabeau[80]. Mais ce retour à la campagne n'est plus seulement politique, il est aussi moral. Il s'agit certes d'introduire des réformes qui redonneront à la noblesse une préséance basée sur des pouvoirs réels. Mais dans ce schéma de régénération, dont l'éradication du luxe constitue l'arrière-plan, l'individu est contraint par une morale civique qui lui fait embrasser, comme dans la cité antique, la cause du dévouement à la communauté. C'est la bienfaisance.

UNE NOUVELLE CONCEPTION DE L'ASSISTANCE: LA «BIENFAISANCE ÉCLAIRÉE»

L'assistance est le troisième facteur qui donne forme à la notion de bienfaisance; elle en est également l'expression et le véhicule. A la fin de l'Ancien Régime, alors que la bienfaisance a fini par remplacer la charité dans les esprits, naît un débat sur la structure de l'assistance. La réponse à la question «Quelles sont les solutions proposées pour résoudre la mendicité?» se place au niveau des structures à donner à l'assistance et non à celui des moyens[81]. Le principe de base, sur lequel se greffe l'assistance à la fin de l'Ancien Régime, est celui des encyclopédistes, selon lequel est bon ce qui est socialement utile, c'est-à-dire ce qui contribue à la richesse de la nation, et ce qui est moralement utile, c'est-à-dire ce qui empêche l'oisiveté. On a vu que l'argumentation en faveur de l'abolition de la mainmorte se fondait sur ces mêmes principes[82]. La bienfaisance aura pour but de rendre les «bienfaiteurs» utiles à la nation tout en tenant compte de leur droit au bonheur. Elle s'adressera en priorité à ceux qui se trouvent dans l'indigence et non aux pauvres en général. Enfin, elle ne remet pas en question l'ordre social. Ce qui est remis en question, c'est l'état de ceux qui manquent du nécessaire.

Il n'y a pas de définition proprement économique de l'indigence dans l'*Encyclopédie*. Les articles «Indigent», «Misère» et «Misérable» offrent une analyse morale par rapport au luxe. Tout au plus mettent-ils en cause l'action des souverains et des administrateurs. L"article «Besoin» est celui qui fournit les définitions les plus précises de la nécessité et de l'indigence. Nécessité et indigence sont synonymes. Est indigent celui qui manque du nécessaire, c'est-à-dire qui est privé des commodités de la vie. Paradoxalement, c'est dans l'article «Pauvreté» qu'est suggéré, même indirectement, le genre de remède à y apporter. Paradoxalement, parce que cet article est présenté comme relevant du domaine de la «critique sacrée» et non de l'économie politique ou de la morale.

> PAUVRE, Pauvreté (*critique sacrée*). Ces mots se prennent ordinairement dans l'Ecriture pour un état d'indigence qui a besoin de l'assistance d'autrui, faute de pouvoir gagner sa vie par le travail.[83]

Les mots «assistance» et «travail» seront les mots clefs de la lutte contre l'indigence. Ce que fait toute l'intelligentsia éclairée, c'est reprendre à son compte et développer la déclaration royale du 18 juillet 1724, qui avait établi une distinction entre le «véritable pauvre» et «celui qui se couvre faussement de son nom pour lui voler la subsistance». L'aumône ponctuelle traditionnelle, qui ne distingue pas entre ceux qui ne sont pas capables de travailler et ceux qui le pourraient, a tendance à engendrer la paresse chez ces derniers. Amilaville, dans l'article «Population» de l'*Encyclopédie*, considère l'hospice comme une institution née des effets du luxe. Une fois que le luxe a détruit l'économie nationale et a contribué au chômage, le nombre des mendiants s'accroît, «l'inoccupation les conduit à la fainéantise, à la mendicité, & à tous les vices qui accompagnent une telle existence». Ils s'installent alors dans les hospices.

> L'établissement des hôpitaux, que l'on peut regarder comme une suite (des effets du luxe), peut avoir favorisé le penchant qu'ont les âmes basses à embrasser ce genre de vie qui les fait subsister dans la licence, sans autre

peine que celle de mendier. (...) Si les revenus assignés pour ces établissements, au lieu de nourrir dans l'oisiveté une foule de misérables, étaient employés à des travaux publics, auxquels chacun d'eux serait occupé selon sa force & les facultés qui lui restent, il y aurait certainement moins de pauvres. Les hôpitaux les invitent à la paresse, en leur assurant une ressource, lorsque celle de l'aumône viendra à manquer, & contribuent beaucoup par cette raison à en augmenter le nombre.[84]

Le point de vue exposé dans ce passage reflète le débat de l'époque. Il s'agira d'aider les nécessiteux en les rendant autonomes par un travail, en leur donnant la possibilité de subvenir à leurs besoins et d'ainsi retrouver leur dignité. Ces nouvelles idées trouvent un champ d'application dans deux domaines: au niveau des soins hospitaliers et au niveau des dépots de mendicité.

La problématique est posée dans l'article «Hôpital» de l'*Encyclopédie*, qui s'ouvre sur un triple constat. Premièrement, il est expliqué que les hôpitaux sont devenus des poches de pauvreté, que «ce sont aujourd'hui des lieux où des pauvres de toute espèce se réfugient, et où ils sont bien ou mal pourvus des choses nécessaires aux besoins urgents de la vie»[85]. Deuxièmement, il est souligné que la misère et la mortalité croissent surtout dans les grands centres hospitaliers comme l'Hôtel Dieu. Ces statistiques feront l'objet de l'attention gouvernementale après l'incendie de l'Hôtel Dieu en 1772 et conduiront à l'établissement d'une commission, dans les années 1780, pour étudier le bien-fondé d'une reconstruction. Troisièmement, il est noté que l'institution hospitalière encourage la prolifération des faux pauvres. Cet argument, bien que fort proche du premier, est différent. C'est l'hypothèse d'Amilaville. Il s'agit ici des «mendiants de profession», de «ces paresseux jeunes et vigoureux, qui (trouvent) dans notre charité mal-entendue des secours plus faciles et plus considérables que ceux qu'ils se procuraient par le travail». Plusieurs remèdes sont proposés pour mettre fin à cette situation. Tout d'abord, l'auteur de l'article encourage gouvernement et particuliers à mettre en œuvre une politique de prévention de l'indigence: «il serait beaucoup plus important de travailler à prévenir la misère qu'à multiplier des asiles aux misérables». Ensuite, il recommande de donner du travail aux faux pauvres au lieu de les interner dans des asiles: «rendre la condition des mendiants de profession et des vrais pauvres égale en les confondant dans les mêmes maisons, c'est oublier qu'on a des terres incultes à défricher, des colonies à peupler, des manufactures à soutenir, des travaux publics à continuer». Pour finir, il est recommandé que les malades soient placés dans des institutions à taille humaine, décentralisées, qui correspondraient entre elles. Elles recevraient leurs fonds d'un «réservoir général», qui centraliserait l'aumône. En voulant ainsi lutter contre le vice et la paresse, l'*Encyclopédie* se fait le porte-parole des Physiocrates et annonce les principes qui présideront aux réformes de Turgot. On retrouve d'ailleurs le même argument dans l'article «Fondation»:

Faire vivre gratuitement un grand nombre d'hommes, c'est soudoyer l'oisiveté et tous les désordres qui en sont la suite; c'est rendre la condition du fainéant préférable à celle de l'homme qui travaille; c'est par conséquent diminuer pour l'état la somme du travail et des productions de la terre, dont une partie devient nécessairement inculte. (...) La race des citoyens industrieux est remplacée par une populace vile, composée de mendiants vagabonds et livrés à toutes sortes de crimes.[86]

L'auteur de l'article critique avec véhémence les établissements de charité privés. Certains n'existent que par la vanité de leurs fondateurs. D'autres sont créés dans des intentions pures, mais «combien n'est-il pas aisé de faire le mal en voulant le bien?» L'accomplissement du devoir de charité, sans contempler la situation de l'état, ne fait que contribuer à augmenter le nombre de «bouches inutiles». Aux principes de l'aumône et de la charité, l'auteur oppose la bienfaisance qui donnerait du travail aux nécessiteux. «Tout homme sain doit se procurer sa subsistance par son travail, parce que s'il était nourri sans travailler, il le serait aux dépens de ceux qui travaillent»[87]. L'article se termine en jugeant les fondations privées inutiles et parfois nuisibles et en limitant l'action de l'administration à la réduction des obstacles qui empêchent l'exercice de ce qu'on peut déjà appeler le droit au travail et le devoir de travailler. L'école du retour à la campagne se fait l'écho de ces principes, mais en attribuant à la noblesse, dans un cadre rural, la tâche d'organiser cette bienfaisance, d'une manière décentralisée, dans chacun des domaines. Le principe reste le même: donner du travail au lieu de faire l'aumône. Dès 1778, Lezay-Marnésia avait formulé cette nouvelle idée de l'assistance, qu'il appelle «bienfaisance éclairée»: «la bienfaisance éclairée ne cherchera-t-elle pas à donner aux pauvres plus de ressources, en leur offrant plus de moyens d'occupations?»[88].

Les deux grandes réalisations modernes dans le domaine de l'assistance sont à cette époque l'Hospice de Charité de madame Necker et les Maisons de travail de l'abbé de Montlinot. En ce qui concerne les hôpitaux, l'abbé Baudeau avait lancé, dès 1765, dans son essai *Idées d'un citoyen sur les besoins, les droits et les devoirs des vraix pauvres*, l'idée des soins à domicile[89]. En 1775, Turgot avait réduit à cinq le nombre des hôpitaux pour mendiants. Il avait entrepris aussi de mettre fin au principe de la gratuité et d'inciter au travail dans les ateliers de charité et dans les dépots de mendicité. L'idée physiocratique était loin d'être acceptée de tous. A la chute de Turgot, en 1776, la réaction est vive. Non seulement la corvée, que Turgot avait abolie quelques mois auparavant est-elle rétablie, mais on retourne aussi à une politique d'internement dans les dépots de mendicité. Toutefois, en 1778, est créée une institution modèle, l'Hospice de Charité des paroisses de Saint Sulpice et du Gros Caillou, dont s'occupe personnellement madame Necker. Il s'agit d'y faire l'expérimentation des méthodes modernes d'assistance aux malades. L'exemple devait porter des fruits et renforcer bien des seigneurs éclairés, comme Lezay-Marnésia, à faire appel aux

Sœurs de la Charité pour organiser la bienfaisance. Dans *Le Bonheur dans les campagnes*, où il envisage la présence des Sœurs de la Charité dans les villages, Lezay-Marnésia opte sans hésitation pour la solution des soins à domicile, à la fois pour des raisons humanitaires et pour des raisons de coût.

> Partout où seraient établies les sœurs de la charité, il serait à désirer qu'elles eussent un dépot de matelas, de draps et de tous les linges nécessaires au service des malades, qu'on porterait chez ceux qui en auraient besoin. En traitant les malades dans leurs maisons, ils trouveront plus de soins et de consolations que dans les meilleurs hôpitaux, et les frais seront beaucoup moins considérables.[90]

De même, en 1786, dans son mémoire *Idées sur les secours à donner aux pauvres malades dans une grande ville*, où il reprend les idées de l'abbé Baudeau sur les soins à domicile et la décentralisation des établissements hospitaliers, Dupont de Nemours fera l'éloge de l'action bienfaisante de ces religieuses[91]. L'autre institution pilote est celle mise en place à Soissons, en 1781, par l'abbé de Montlinot. Le dépot de mendicité est rebaptisé Maison de travail. Le rapport annuel de 1781 sur les activités du centre résume les nouvelles méthodes:

> Rien n'est plus simple que la police de la maison; on fait travailler; on paie les renfermés à peu près comme les libres; ils consomment ou épargnent comme ils veulent; c'est l'image vraie de toute institution sociale, où le travail a pour but le plaisir de consommer, et où le plaisir de consommer amène l'abondance générale.[92]

En 1789, il ne restera plus en France que 39 dépots de mendicité et 945 petits hôpitaux dépendant du contrôle général, sur un total de 2,185 hôpitaux[93]. Ces seuls chiffres prouvent l'ampleur du mouvement de bienfaisance de l'élite éclairée, qui multiplie les fondations décentralisées.

A la différence de la charité, la bienfaisance éclairée ne considère plus la nécessité du point de vue moral mais du point de vue social. Que ce soit au nom de la richesse de l'état, ou au nom de l'utilité, on peut y trouver l'embryon d'une reconnaissance du droit au travail. Les principes d'application sont obligatoirement différents à la campagne, mais l'esprit reste le même.

IDÉOLOGIE NOBILIAIRE DE LA BIENFAISANCE

On ne trouvera pas une seule définition de la bienfaisance. En fait, s'il s'agit d'un des mots les plus utilisés à la fin de l'Ancien Régime, c'est aussi l'un des mots les plus imprécis. Dans une société qui se sécularise, la pensée de l'époque semble avoir bien du mal à distinguer entre bienfaisance, charité, et générosité, trois vertus qui participent toutes de l'humanité. La typologie la plus rigoureuse, mais aussi la plus générale, se trouve dans la *Première introduction à la philosophie économique* de l'abbé Baudeau. La bienfaisance n'y est pas strictement définie en fonction de l'économie politique mais aussi en fonction de la morale, car elle relève des mœurs. Aussi n'est-elle prise en compte que lorsque l'on considère «les hommes suivant le mérite ou la moralité de leurs actions»[94]. Baudeau fait tout d'abord la distinction entre la bienfaisance proprement dite, dont il s'occupe, et la bienfaisance envers un individu particulier, qui relève plus de la «compassion» ou de la «générosité». La générosité, comme l'humanité, est conçue comme une qualité du cœur qui dispose à la bienfaisance, plutôt que comme une action. Il n'y a aucune mention de la charité, qui semble ainsi reléguée, comme chez Voltaire, au rang de vertu théologale. Cette distinction une fois posée, Baudeau établit un paradigme de la moralité des hommes en fonction de leur degré d'utilité sociale. Il y a tout d'abord les «criminels», qui nuisent à l'accroissement général de la richesse. Ils détournent à leur profit «les fruits du travail d'autrui» et «les jouissances que ce travail leur aurait procurées». Il s'agit donc à la fois de ceux qui entretiennent le luxe et de ceux qui vivent dans la paresse et l'oisiveté. Il y a ensuite un échelon intermédiaire, neutre, qui est celui de la justice. Ceux qui sont «justes» reçoivent en fonction de leur mérite, sans concourir, mais sans nuire non plus, à l'accroissement de la richesse. «L'effet de la justice est de maintenir la somme totale des biens. C'est le premier besoin de l'espèce humaine en général et le premier devoir de chaque homme en particulier». L'étape supérieure est celle de la bienfaisance. Le critère de la bienfaisance est donc de concourir à l'accroissement général de la masse des biens. «La bienfaisance est proportionnelle à l'accroissement que reçoit la somme totale des jouissances utiles ou agréables, qui font le bien-être et la perpétuité de notre espèce». Ce lien que la Physiocratie établit entre l'utilité et la bienfaisance n'est pas remis en question par les seigneurs éclairés, ni de même la supériorité de la bienfaisance sur la justice, la justice étant seulement une distribution à proportion des mérites. L'analyse de Baudeau reste cependant trop générale et trop orientée vers des notions d'économie politique, en dépit de ses prétentions à être une analyse morale, pour rendre pleinement compte du sens donné alors à la bienfaisance, notamment dans l'école du retour à la campagne où elle prend une signification quasi-mystique.

L'*Encyclopédie* permet mieux de relever la mutation qui se fait non seulement dans la pensée mais aussi dans les mentalités de l'élite éclairée au milieu du siècle et de comprendre la philosophie de la bienfaisance. Tout d'abord, on remarquera que l'article consacré exclusivement à la bienfaisance n'apparaît que dans le *Supplément* de 1776. On parle cependant de bienfaisance dans les articles «Bonté» et «Générosité». Ces deux articles offrent également des définitions de concepts qu'il ne faudrait pas croire interchangeables. La bonté est définie comme une vertu de précepte; c'est la vertu de base. La nature prescrit à l'homme des devoirs envers autrui. Ces devoirs peuvent s'exercer de plusieurs façons; on peut les exercer envers tout le monde, ou seulement envers ceux qui vous sont inférieurs; on peut aussi s'en tenir strictement au devoir, ou aller au-delà du devoir et faire des sacrifices. La charité est considérée comme une vertu condescendante, car elle ne s'applique qu'aux malheureux et aux inférieurs. La vertu parfaite, c'est la générosité, car elle s'applique envers tout le monde et suppose le sacrifice. Par contre, la bienfaisance n'implique pas forcément le sacrifice mais, comme la générosité, s'adresse à tout le monde. Faut-il en déduire que la bienfaisance est inférieure à la générosité? L'auteur de l'article le fait, mais il se place en fait, au contraire de l'abbé Baudeau, dans le contexte des vertus privées. La générosité peut être une vertu publique mais elle est avant tout une vertu privée, alors que la bienfaisance a toujours une dimension publique, ou, si elle prend une dimension privée, elle devient générosité. Tous les articles de l'*Encyclopédie* suggèrent clairement le caractère public de la bienfaisance. Elle est caractérisée, comme chez Baudeau, par la notion d'utilité. L'homme bienfaisant est un «coopérateur du bien public», selon la définition qu'on trouve dans l'article «Gloire»:

> La vraie gloire a pour objets l'utile, l'honnête et le juste; & c'est la seule qui soutienne les regards de la vérité: ce qu'elle a de merveilleux, consiste dans des efforts de talent ou de vertu dirigés au bonheur des hommes. (...) La gloire (...) doit être réservée aux coopérateurs du bien public.[95]

Tel est l'esprit dans lequel la noblesse libérale entreprendra les réformes dans ses terres et préparera un programme de régénération. Réforme des abus et justice fiscale seront considérés comme des signes de bienfaisance.

L'article «Bienfaisance» complète cette analyse et présente en résumé l'attitude mentale des seigneurs éclairés au cours des vingt années qui précèdent la Révolution. La bienfaisance y est définie comme une vertu. Elle consiste à faire du bien au prochain. Il faut bien noter qu'il ne s'agit pas de charité, et qu'il n'y a aucun fondement religieux à la bienfaisance. Elle s'inscrit dans une philanthropie laïque, qui est mue par l'amour de l'humanité et par la bienveillance, non par l'amour de Dieu. L'amour de l'humanité est présenté comme le résultat de trois forces qui poussent au bien: Dieu, la nature et la raison. Quand l'auteur de l'article parle de *Dieu*, il ne fait pas référence à une doctrine, mais seulement à un exemple de bonté. Dieu est présenté comme bon par essence; c'est un principe de bonté. La *nature* correspond au principe du plaisir, ce plaisir que le bienfaiteur éprouve lorsqu'il fait le bien. Cependant, c'est la *raison* qui donne un caractère résolument moderne à la bienfaisance. Pourquoi la raison pousse-t-elle au bien? La raison pousse au bien «par l'intérêt que nous devons prendre au sort des malheureux»[96]. Les deux mots clefs de cette phrase sont «intérêt» et «devoir». La bienfaisance n'est pas présentée ici comme seulement une attitude généreuse et gratuite; elle est d'ordre prescriptif. C'est un devoir d'ordre public. «Intérêt» renvoie au deuxième élément constitutif de la bienfaisance: la bienveillance. Elle se marque par l'amitié, la compassion, la douceur, c'est-à-dire la disparition de l'attitude condescendante qui caractérisait souvent l'aumône. Surtout, l'intérêt est le contraire de l'indifférence. Dans les campagnes, la bienfaisance commencera par la disparition de l'indifférence envers le sort des paysans, qui caractérisait une noblesse déracinée de ses domaines et transférée à la cour. La bienfaisance du seigneur retrouvant le chemin des terres ancestrales se manifestera donc dans l'amélioration de la condition paysanne et le perfectionnement de l'agriculture. En se réinstallant dans ses terres, il ne fera pas que retourner à sa juste place, mais il fournira aussi une justification, et donc une légitimité, à sa noblesse. L'article du *Supplément* est sans ambiguïté sur ce point: être bienfaisant n'est pas seulement faire preuve de bonté; c'est remplir une fonction dans le système social:

> Ce n'est point une simple bonté d'âme qui caractérise les hommes bienfaisants; elle ne les rendrait que sensibles et incapables de nuire. C'est une raison supérieure qui les perfectionne. Pour être bienfaisant d'habitude, il faut se dépouiller d'un certain amour-propre (...) qui nous concentre dans nous-mêmes & nous montre secrètement à nos yeux comme l'objet le plus important de l'univers. Il faut regarder tous les hommes comme ses amis, ou plutôt comme membres d'un tout, dont on fait soi-même partie.

La bienfaisance implique donc un dépouillement au niveau de l'orgueil. La fonction du bienfaiteur est d'être, en quelque sorte, le pourfendeur du luxe: ses qualités morales sont exactement l'inverse de celles qu'on considérait comme étant à l'origine du luxe. La bienfaisance exprime l'amour et l'égalité. Elle n'est pas une remise en question de la hiérarchie sociale des ordres, mais elle met fin aux inégalités engendrées par la fortune et donc le luxe. Elle indique qu'il existe chez l'homme bienfaisant la conscience d'une complémentarité des fonctions dans la société humaine. L'attitude du seigneur éclairée ne sera pas inspirée par un sentiment de supériorité mais par le sentiment de faire partie d'une communauté. Le seigneur se sent faire partie de la communauté dans laquelle il vit et où il a une fonction à remplir. C'est en ayant cela présent à l'esprit qu'il faut lire la poésie d'un Lezay-Marnésia et d'un Saint-Lambert.

La bienfaisance à la campagne, terre d'élection de la bienfaisance nobiliaire, prend ainsi un caractère différent de la bienfaisance urbaine. Elle est personnalisée et crée un lien privilégié entre le bienfaiteur et ses «bienfaitaires». Elle est source non seulement du bonheur des paysans mais aussi du bonheur des seigneurs. Dans *Les Moissonneurs*, Favart met en scène une jeune paysanne, Rosine, qui chante les bienfaits de son seigneur, qu'elle appelle «notre vrai défenseur», «notre ami, notre tendre père»:

> Vous êtes révéré de toute la contrée,
> Dès que nous vous voyons notre bonheur paraît.

Tous vos discours ne tendent qu'à nous plaire,
Nos cœurs n'en perdent jamais rien;
Vous ne parlez que pour dire du bien,
Vous n'agissez que pour en faire.
Quand vous êtes heureux, nous sommes tous contents.[97]

Cette «récompense», le bonheur et l'amour de ses sujets, que le seigneur reçoit en retour de sa bienfaisance, fait partie intégrante de la définition nobiliaire de la bienfaisance. Elle constitue l'un des leitmotiv du *Bonheur dans les campagnes*. La bienfaisance économique de l'abbé Baudeau et la bienfaisance morale de l'*Encyclopédie* deviennent, dans l'école du retour à la campagne, un système de bienfaisance, qui est un système de protection rappelant la protection féodale et chevaleresque. L'impératif économique de l'accroissement des biens et l'impératif moral du devoir d'assistance servent à maintenir, voire à engendrer, l'harmonie sociale dans les campagnes. Autrement dit, c'est à la bienfaisance qu'on demande d'établir les conditions de revitalisation de l'âge d'or, qui, comme le décrit le marquis dans l'*Epître à mon curé*, «était l'âge où l'or ne régnait pas». Issue de l'utilité, la bienfaisance s'attaque au luxe et rejoint la mode des bergeries:

Je quitte les pompeux lambris
Pour voler dans mon hermitage.
Loin des méchants et loin des sots,
Je vais dans mon manoir tranquille
Goûter des plaisirs purs, ignorés à la ville,
Jouir de l'amitié, me livrer au repos.
(...)
Ne crois pas que semblable aux riches imbéciles,
Qui traînent dans les champs leurs fastes et leurs soucis,
J'aille porter dans nos asiles
Le luxe et le ton de Paris.
Suivis de coquettes futiles,
D'artistes et de beaux esprits,
Ils changent bien de domiciles
Mais ils ne changent pas d'ennuis.
(...)
Ah! ces beaux jours, ces jours si pleins d'appats
Ne luisent plus sur la France éplorée;
L'âge d'or était l'âge où l'or ne régnait pas;
Mais dans notre demeure agreste
Où l'on ne voit ni riches ni seigneurs,
Le crépuscule nous en reste
Et son feu réchauffe nos cœurs.
J'y sens le charme d'être père,

J'y sens la douceur d'être époux;
Et chacun des jours qui m'éclaire
M'y promet des jours aussi doux.
(...)
Les habitants de mon village,
La bêche en main, ont orné mon séjour.
C'est par leurs soins qu'il me plaît davantage.
Je leur dois des soins à mon tour.
Je dois éloigner d'eux la douleur, la misère,
Les consoler, les aimer, les servir.
Ainsi que toi, le ciel m'a fait leur père...
A ce nom seul je me sens attendrir.[98]

Cet extrait de l'*Epître à mon curé* montre le lien que l'école du retour à la campagne établit entre la critique du luxe, la bienfaisance et l'harmonie sociale. On a vu que ce poème, qui était déjà écrit en mai 1775, date à laquelle Lezay-Marnésia en fait faire la lecture à l'Académie de Lyon, s'inscrit dans un programme de pathologie urbaine[99]. Il a aussi une portée politique. Lezay-Marnésia ne fait pas que condamner le luxe et la corruption; il présente aussi, dans le même mouvement, la solution à la corruption par le luxe. Cette solution est la vie à la campagne, qui va rétablir toutes les vertus de l'âge d'or. L'éloquence poétique et lyrique y ajoute par ailleurs un aspect utopique, qu'on retrouve dans toutes les œuvres qui parlent du retour à la campagne. Les vices qu'entraînent le luxe sont répertoriés, soit qu'on les mentionne explicitement, soit qu'ils apparaissent comme le négatif de la peinture de l'âge d'or. Le luxe de la cour, symbolisé par les «pompeux lambris», entraîne la méchanceté et la sottise, mais aussi nuit à l'amitié, à la tranquillité et au repos qui sont des conditions du bonheur.

Dans sa description des «asiles» dorés où l'on a transporté à la campagne la vie de la ville, Lezay-Marnésia expose trois autres effets du luxe: l'ennui, la futilité et la préciosité. A partir de cette évocation de l'âge d'or, on peut en déduire aussi que le luxe a fait de la monnaie la mesure de toute chose, et qu'il a détruit la fraternité qui existait entre les seigneurs et leurs sujets en rendant la richesse voyante et donc agressive. Enfin on nous dit qu'il a détruit aussi l'esprit de famille, un esprit fort étranger à la société urbaine des salons du dix-huitième siècle et de la cour. L'apologie des vertus familiales doit être comprise, comme la nostalgie de l'âge d'or et la bienfaisance, en fonction de la critique du luxe, critique faite au nom d'un principe égalitaire et communautaire, qui doit être interprétée dans le cadre de la critique nobiliaire d'une élite qui a abandonné ses terres pour la cour de Versailles.

Le même raisonnement est présent dans *Le Bonheur dans les campagnes*. Il s'agit d'un petit traité de morale où les conventions poétiques ont disparu. La description est donc plus précise, plus didactique. Le syndrome du luxe est comparé à une épidémie qui entraîne toute une série de vices. Les plus visibles sont la corruption et l'envie. Lezay-Marnésia montre que la corruption s'installe là où les honneurs ont été remplacés par des subsides financiers, comme l'avaient noté aussi Dupont de Nemours et Boulainvilliers. Une brève analyse historique souligne que l'état s'est servi des fonds publics pour récompenser les courtisans au lieu de reconnaître les services rendus par des distinctions. L'analyse de la corruption est suivie de celle de l'envie. L'envie naît de l'exemple donné par les riches, c'est-à-dire que le train de vie des riches suscite chez les moins riches le goût des grandeurs. «L'épidémie fait des progrès rapides, écrit Lezay-Marnésia, et ne s'arrête qu'où la pauvreté lui pose des bornes invincibles»[100]. La liste des vices ne contient pas que la corruption et l'envie; on y trouve aussi la cupidité et la flatterie. Le dénominateur commun de ces vices est l'intérêt personnel lorsqu'il passe avant l'intérêt général. Marnésia veut démontrer que c'est de la recherche de l'intérêt personnel que naît la crise de la société en général, et la misère des campagnes en particulier. Voici, à titre d'illustration, le passage sur la cupidité:

> Du luxe excessif naît l'excessive cupidité; l'argent devient le mobile unique de toutes les actions, les spéculations sur les moyens d'en avoir occupent tous les esprits. Les ressources épuisées on en cherche de nouvelles; et c'est toujours le peuple qui les fournit. Toujours pressé par la dépense, on est dans l'impossibilité d'avoir égard à sa situation, aux circonstances et à ses besoins. Au lieu de l'administration des régies, plus douce pour les habitants et plus avantageuse pour les seigneurs, ceux-ci sont obligés, pour recevoir leurs revenus à des époques certaines et surtout pour obtenir des avances considérables sur le prix de leurs terres, d'avoir recours à des fermiers. Ces fermiers veulent, avec raison, beaucoup gagner; et les droits qu'ils exercent pour un temps limité, ils les exigent avec une rigueur destructive. Le mal se propage, et au bout de trois baux une terre est ruinée.[101]

Le luxe n'est donc pas seulement une «anti-vertu» privée. Il fait partie aussi de la sphère publique, car il nuit à l'intérêt général. On pourrait le définir comme le négatif de l'utilité. Le luxe, que l'auteur identifie à la cour de Versailles, est donc présenté comme l'une des causes de l'abandon dans lequel se trouve les campagnes. Que font les seigneurs alors que les campagnes sont dans la misère?

> Surchargés par leurs loisirs, pour animer le repos qui les accable, ils cherchent le mouvement, se jettent dans la dissipation, courent après les plaisirs, vivent dans la futilité et souvent dans le vice, et meurent sans avoir eu la volonté de faire une action bonne et utile. Cette immoralité des gens riches est une suite nécessaire de leur oisiveté.[102]

Cette diatribe contre la cour a des accents qui rappellent Boulainvilliers. On comparera avec le passage suivant tiré des *Essais sur la noblesse de France*:

Le commerce des Dames, la galanterie, la bonne chère, les danses, la magnificence des habits, des meubles, des maisons, des équipages, donnèrent une face toute nouvelle à la France. On se piqua depuis de s'avancer dans les Emplois, à la Cour et à la guerre. On quitta le séjour de la campagne. On s'efforça de toute manière d'acquérir la faveur des Rois, ou de ceux qui les approchaient. Dès lors, le chemin de la fortune ne se trouva plus conforme à l'ancienne route.[103]

Ainsi, nous dit Lezay-Marnésia, la notion de devoir et de bien public a-t-elle fini par disparaître de la conscience des nobles. On comprend pourquoi la régénération désirée par la noblesse éclairée doit avant tout être morale. Il ne s'agit pas de réformer des structures mais de transformer des mœurs. L'énergie de cette transformation sera la bienfaisance.

Il semblerait donc que l'amélioration de la condition du pauvre soit conçue en fonction du bonheur du noble. On ne contribue au bien public, qui est considéré comme le but ultime, que par l'amélioration de la condition paysanne et le perfectionnement des cultures, qui ne peuvent avoir qu'un seul agent réel, la bienfaisance du noble. C'est de l'énergie même de cette bienfaisance que résulte le bonheur du noble. L'utilité et la bienfaisance sont les vertus du propriétaire terrien; ce sont elles qui créent les conditions de son bonheur. La bienfaisance n'est jamais vue comme un moyen de promotion sociale des plus pauvres. Elle reste une vertu fondée sur l'utilité et ne remet jamais en question l'ordre établi. Son but est l'harmonie sociale à l'intérieur du système. Dans l'*Ethocratie*, le baron d'Holbach explique sans ambiguïté la nature de la bienfaisance:

Le bon citoyen est celui qui est utile à son pays, dans quelque classe qu'il se trouve placé: le pauvre remplit sa tâche sociale par un travail honnête dont il résulte un bien solide et réel pour ses concitoyens; le riche remplit sa tâche lorsqu'il aide le pauvre à remplir la sienne; c'est en secourant l'indigence active et laborieuse, c'est en payant ses travaux, c'est en lui facilitant les moyens de subsister, en un mot, c'est par sa bienfaisance que le riche peut acquitter ses dettes envers la société. C'est donc en détournant l'esprit des citoyens riches des fantaisies insensées et nuisibles du luxe et de la vanité, pour le porter vers la bienfaisance utile à la patrie, que le législateur établira chez lui l'harmonie sociale, sans laquelle il ne peut y avoir de félicité pour personne.[104]

La société est conçue comme un système communautaire de type organique. Chaque groupe social remplit sa tâche: le pauvre produit et le riche aide le pauvre à produire. La bienfaisance est un élément institutionnel de ce système. Comme Lezay-Marnésia dans l'*Epître à mon curé*, d'Holbach reconnaît que les riches sont riches grâce au système social. C'est donc leur devoir de contribuer à maintenir l'harmonie, afin que le système n'entraîne pas des abus. Il emploie même le terme «acquitter ses dettes», ce qui fait de la bienfaisance une obligation. L'assimilation de la bienfaisance à un devoir public semble avoir fait partie du *credo* éclairé. On la trouve déjà dans l'article «Egalité» de l'*Encyclopédie*, rédigé par Jaucourt: «je fonde (...) sur le principe incontestable de l'égalité naturelle tous les devoirs de charité, d'humanité et de justice auxquels les hommes sont obligés les uns envers les autres»[105]. On la trouve aussi dans l'article «Fondation», où l'auteur remarque que «le pauvre a des droits incontestables sur l'abondance du riche» et que «l'humanité, la religion nous font également un devoir de soulager nos semblables dans le malheur»[106]. Cela n'allait pas de soi. On pouvait très bien concevoir une bienfaisance volontaire, fonctionnant en surimposition au système social au lieu d'en être l'une des énergies. La charité et la philanthropie, forme laïque de la charité, concourent donc au succès de la bienfaisance mais ne la remplacent pas. Elles sont du domaine du bénévolat, alors que la bienfaisance est du domaine contractuel. Pour l'opinion éclairée, la bienfaisance sert donc, en quelque sorte, de régulateur social; elle correspond à une énergie qui engendre cette harmonie recherchée au même moment par la franc-maçonnerie et les sociétés mesméristes.

En conclusion, on peut ainsi résumer le fonctionnement de la bienfaisance nobiliaire[107]: La bienfaisance a une double utilité, une utilité morale et une utilité sociale, *dont l'exercice engendre le bonheur des nobles*; cette double utilité s'exprime par l'amélioration du sort des paysans et par le perfectionnement de l'agriculture, *qui tous deux engendrent le bonheur des paysans*; ces deux véhicules de la bienfaisance sont orientés vers le bien public et donc la richesse personnelle. L'une des caractéristiques de cette pensée est que le bonheur des bienfaiteurs naît de l'exercice de la bienfaisance, la protection en action, et non des résultats de cette bienfaisance ni de l'accroissement des biens. Telle est la leçon qui se dégage de l'ariette sur le bonheur à la cour que chante le roi dans la comédie *Le roi et le fermier* de Sedaine:

> Le bonheur est de le répandre,
> De le verser sur les humains,
> De faire éclore de vos mains
> Tout ce qu'ils ont droit d'en attendre.
> Est-il une félicité
> Comparable à la volupté
> D'un souverain qui peut se dire:
> Tout ce que le ciel m'a soumis
> Tous les sujets de mon empire
> Sont mes enfants, sont mes amis?
> Ah! quel plaisir, quel plaisir de lire
> Dans les yeux d'un peuple attendri
> Tout ce qu'inspire
> La présence d'un roi chéri.[108]

La bienfaisance nobiliaire était inséparable de l'image du roi bienfaisant: «il est comme le père d'une nombreuse famille, dont tous les enfants se surveillent, s'entraident, et dont plusieurs peuvent l'éclairer», écrit Lezay-Marnésia en 1786[109], à un moment où il découvre la réincarnation d'Henri IV et des rois Léopold et Stanislas de Lorraine dans la figure de Léopold, Grand Duc de Toscane. Dans une note de l'*Essai sur la nature champêtre*, il transcrit une lettre que son ami le président Dupaty lui avait écrit de Toscane le 16 avril 1785[110]. Cette lettre offre le portrait du souverain idéal (qui n'est pas sans rappeler l'article «Législateur» de Diderot dans l'*Encyclopédie*): libéral, éclairé et bienfaisant. Par amour pour son peuple, le souverain «a supprimé les impôts qui n'étaient pas nécessaires au bonheur de ce peuple», «il a détruit les fortifications de Pise, dont l'entretien était trop couteux», «il a trouvé que sa cour lui cachait son peuple (et) il n'a plus de cour», «il a fondé des hôpitaux» où les personnes âgées sont servies avec sensibilité comme si les soins leur étaient donnés par leurs enfants. Dans ce paradis de la bienfaisance, l'oisiveté a disparu, et de nombreux jours de travail ont été «pris à la superstition pour les rendre à l'agriculture». Il n'est pas jusqu'aux prisons qui ne soient le lieu de la justice et de l'humanité. Dans ce royaume de la bienfaisance, tout signe de luxe a disparu; il règne seulement «le luxe de la miséricorde et de l'humanité»[111].

CHAPITRE VIII

LE PLAN DE RÉGÉNÉRATION
LE BONHEUR DANS LES CAMPAGNES

LE BONHEUR DANS LES CAMPAGNES

En mars 1785 Lezay-Marnésia fait paraître *Le Bonheur dans les campagnes*, écrit en 1782 et 1783, où il propose un vaste plan de régénération de la société, qui passe par des réformes pour la plupart d'ordre administratif. En écrivant son livre, il ne prétend pas à l'originalité. «Non, je ne me ferai pas l'illusion de croire que j'offrirai des idées nouvelles sur les maux sans nombre à détruire, sur les biens immenses à espérer. Je le sais, je ne puis que répéter ce qui déjà mille fois a été répété»[1]. Les idées de Lezay-Marnésia ne sont peut-être pas originales, mais leur formulation et leur contexte intellectuel permettent de comprendre le raisonnement présidant au paradoxe d'une légitimisation de la noblesse par le peuple et d'appréhender la tension de la noblesse éclairée entre une conscience libérale et un imaginaire quasi-féodal.

Le livre connaît une seconde édition en 1788, qui ne se distingue pas de la première quant aux principales réformes à mettre en œuvre. Toutefois, en 1788, la problématique a changé, et Lezay-Marnésia en tient compte. Le livre est dédié à Necker, «le bienfaiteur du peuple qu'il a voulu rendre heureux», bien que les chapitres écrits en 1787 fassent l'apologie des réformes administratives de Calonne. L'avant-propos souligne les circonstances favorables de cette réédition et met plus particulièrement l'emphase sur l'aspect administratif des réformes à accomplir, en fonction de la bonne volonté manifestée par les pouvoirs publics de 1786 à 1788. «Le gouvernement occupé de réparer des fautes et des erreurs anciennes, cherche à rendre à la France sa splendeur, à l'élever à un état de prospérité qu'elle n'a jamais connu, et fixe les esprits sur les plus importants objets de l'administration»[2]. L'avant-propos offre aussi une apologie des «écrivains philosophes», auxquels Lezay-Marnésia attribue le mérite des changements: meilleure administration, disparition de la servitude, fin des persécutions religieuses, promesse des Etats Généraux, liberté de pensée[3]. Les cinq nouveaux chapitres de l'édition de 1788 révèlent les préoccupations du marquis par rapport à la nouvelle conjoncture. Il insiste sur la systématisation de la bienfaisance et réaffirme l'identité nobiliaire. Deux nouveaux chapitres — les chapitres xvi et xvii — traitent de la question des enfants trouvés, des orphelins et des enfants des pauvres. Les moyens proposés pour améliorer leur condition s'inscrivent dans la conception d'une bienfaisance décentralisée et privatisée. Lezay-Marnésia y propose comme modèle les institutions de bienfaisance qu'il avait créées à Saint-Julien et celles de La Rochefoucault-Liancourt, qui se basaient sur l'apprentissage des divers métiers et, dans certains cas, sur celui de la carrière des armes. Le quatrième chapitre est nouveau lui aussi. Il contient d'une part une apologie des Assemblées provinciales, dont la création répond aux vœux, que Lezay-Marnésia avait formulés dans l'édition de 1785, de rapprocher les sujets du souverain, de créer des corps intermédiaires. D'autre part, y est faite aussi l'apologie de Louis XVI, décrit comme le père d'un bon peuple. Deux autres nouveaux chapitres — les chapitres viii et ix — sont par contre marqués d'un esprit nobiliaire conservateur. Cet état d'esprit n'était pas absent du texte de 1785; dans celui de 1788, il se radicalise. Faisant remarquer que les nobles sont trop nombreux, Lezay-Marnésia suggère de mettre fin aux anoblissements et de retourner aux vieilles coutumes dans les fiefs. Il conseille également d'organiser la bourgeoisie en ordre, un ordre qui serait séparé de celui du peuple et qui, en collaboration avec la noblesse, aurait pour fonction de rendre le peuple heureux. *Le Bonheur dans les campagnes* apparaît être la théorie de *L'Heureuse famille*.

L'édition de 1788 du *Bonheur dans les campagnes*, comme celle de 1785, semble être passé inaperçue dans la foule des ouvrages traitant de régénération. Peut-être parce que les idées nouvelles y étaient noyées dans une vision passéiste de la société et dans une esthétique sentimentale. L'*Année littéraire* de décembre 1789 y consacre pourtant un long article. Le critique y fait deux constats qui rejoignent ce que nous venons de souligner. D'une part, il remarque qu'il s'agit d'un «ouvrage [qui] mérite d'être distingué de la foule et [qui] plaira à tous les bons esprits et à toutes les âmes sensibles», car l'auteur offre des vues sur tout «d'une manière touchante et persuasive»[4]. D'autre part, il reconnaît qu'à bien des égards les analyses de Lezay-Marnésia sont dépassées. «Vous trouverez que dans certaines occasions il est bien éloigné des idées nouvelles; mais d'abord peut-on lui faire un crime de n'avoir pas deviné que nous vivrions 300 ans en trois mois?»[5] Les opinions politiques du critique de l'*Année littéraire* rejoignent par ailleurs celles de Lezay-Marnésia. Il met en évidence, pour les louer, les fondements idéologiques de ce plan de régénération. Il ne s'agit pas d'imposer à la société des réformes basées sur des principes abstraits et universels mais de respecter les individualités. Lezay-Marnésia est décrit comme un homme qui veut le bien, qui veut «l'amener peu à peu, sans secousses, et de manière à ce que les malheurs particuliers ne soient pas la suite des réformes utiles à l'universalité des citoyens»[6]. La critique de l'*Année littéraire* date de la fin de 1789, soit plus d'un an après la publication de la deuxième édition du *Bonheur dans les campagnes*. A cette époque, l'ouvrage du marquis, qui avait pu faire figure de livre «patriotique» en 1785, ne pouvait plus passer pour un ouvrage propageant les idées modernes. Le raisonnement de Lezay-Marnésia apparaît modéré, car il reste attaché aux valeurs individuelles et communautaires. L'*Année littéraire* insiste sur cette modération et le caractère raisonnable de ces propositions, en y opposant une assemblée et des représentants — l'Assemblée nationale — qui «sacrifient le présent à l'avenir et s'empressent de détruire, avec toute la force qui leur appartient, jusqu'à la racine des abus qu'ils aperçoivent»[7]. Par ailleurs, dans une France révolutionnaire, que le critique de l'*Année littéraire* conçoit comme la proie de l'argent, le livre de Lezay-Marnésia fait figure, quelques mois après la publication de la deuxième édition, de défenseur des idées de l'école agronomique et physiocratique contre la montée du négoce. C'est à ce titre que le critique pense que les idées de Lezay-Marnésia sont utiles en 1789, «parce qu'il faut bien se convaincre que ce n'est point aux agioteurs mais aux agriculteurs, que ce n'est point aux capitalistes mais aux propriétaires de terres que le royaume devra sa restauration»[8].

LA PROBLÉMATIQUE DU RETOUR À LA CAMPAGNE

Le Bonheur dans la campagnes s'inscrit dans une problématique qui est celle de l'agro-poétique et celle de la bienfaisance. Lezay-Marnésia n'y fait pas preuve, à proprement parler, de conscience politique. Son discours, même réformateur, reste dans le domaine de la morale. «C'est de l'extrême somptuosité des palais que naît l'extrême misère des cabanes»[9]. Le tableau qu'il observe est celui des campagnes, tel que le peignaient les seigneurs agronomes et les voyageurs.

On n'entrera pas dans le rappel des conclusions de l'analyse socio-économique des campagnes, qu'on trouvera dans la plupart des ouvrages consacrés à la période pré-révolutionnaire. On se contentera ici de souligner les principaux faits qui permettent de comprendre dans quel contexte s'inscrit la régénération engendrée par le retour du noble à la campagne, et plus particulièrement la régénération imaginée par Lezay-Marnésia. Les principales sources de documentation sur la condition paysanne sont les récits des voyageurs étrangers et leur correspondance, comme les récits de voyage d'Arthur Young, *Travels in France*, ou ceux de John Moore, *A View of Society and Manners in France, Switzerland and Germany*[10]. Tous ces ouvrages semblent s'inspirer de l'esprit qui habite les seigneurs éclairés et ceux qui ont contribué à l'*Encyclopédie*. Ils insistent sur la condition misérable des masses paysannes, proposent des réformes morales et non des réformes structurelles. Les voyageurs remarquent la richesse apparente du royaume, les avantages naturels du territoire, l'ardeur au travail que manifestent les habitants et l'affection qu'ils portent à leur roi. Ils pensent en conséquence que le peuple devrait vivre dans l'aisance et que la pauvreté devrait être inconnue dans un royaume où règne l'abondance. Ils ne s'attendent certes pas à trouver l'égalité des conditions, mais simplement cet état où chacun reçoit en échange de son travail ce qui lui est nécessaire pour vivre décemment. Que constatent-ils cependant? Que les plus pauvres habitants des villes sont encore plus riches que les habitants des campagnes. Ils constatent que le peuple des villes peut arriver à améliorer sa condition en profitant du luxe, c'est-à-dire des extravagances des grands du royaume dont ils sont les domestiques. Dans les campagnes, par contre, la misère est inévitable[11]. Les nobles de province eux-mêmes sont en voie de paupérisation et les paysans n'arrivent à survivre qu'avec beaucoup de difficultés. Pour le paysan, l'unique solution est souvent d'émigrer en ville. La plupart de ces voyageurs sont des Anglais qui sont étonnés de la différence qui existe entre leur pays et la France. En Angleterre, la richesse se trouve dans les campagnes. En France, elle ne se trouve qu'à Paris ou dans quelques villes qui possèdent des manufactures. Les voyageurs remarquent que les châteaux des petits seigneurs locaux sont presque aussi pauvres que les huttes de leurs paysans. Cet état de misère n'est pas conjoncturel; il n'existe pas seulement les années de mauvaises récoltes. C'est une misère chronique qui favorise la contrebande et le brigandage. En outre, ces récits ne manquent pas de souligner que personne en France n'a de droits. Les privilèges distinguent la noblesse et le clergé du tiers état; mais en guise de droit, nul n'en a face à l'autorité royale. Arthur Young nous fait faire le tour de France et relève les injustices les plus flagrantes. Voici ce qu'il dit de l'abbaye bénédictine de Saint Germain des Près:

> It is the richest abbey in France; the abbot has 300,000 *livres* a year. I lose my patience at such revenues being thus bestowed; consistent with the spirit of the tenth century, but not with that of the eighteenth. What a noble farm would the fourth of this income establish! What turnips, what cabbages, what potatoes, what clover, what sheep, what wool! Are not these things better than a fat ecclesiastic![12]

On a déjà noté que les observations d'Arthur Young révèlent que la révolution agricole existait alors plus dans les esprits et dans les livres que dans la réalité, et que la modernisation n'avait lieu que dans des domaines isolés. Cette modernisation était cependant loin d'être générale. Seules les régions du nord, les Flandres, et la région parisienne connaissaient la culture intensive, l'existence de grands domaines y ayant favorisé la disparition de la jachère au profit des cultures fourragères. Ailleurs il était impossible de parler sérieusement de révolution agricole, bien qu'après 1750 les châteaux fussent de moins en moins associés aux vergers et aux jardins et de plus en plus aux réformes agraires.

Pour Lezay-Marnésia, comme pour la plupart des seigneurs agronomes éclairés, la régénération de la société passe par l'éducation et la direction des masses paysannes — la nouvelle forme de la «protection» —, car à leurs yeux, comme aux yeux des agronomes, ce sont les paysans eux-mêmes qui constituent le principal obstacle à la modernisation agricole, condition nécessaire de l'amélioration de leur sort. On trouve dans le *Journal économique* de 1763 un article qui illustre parfaitement cet état d'esprit. Un gentilhomme y rend compte des efforts qu'il a faits pour introduire dans ses terres les conseils du célèbre agronome Duhamel du Monceau:

> J'ai réuni mes fermiers, le soir à la chandelle, et je leur ai lu le premier volume de M. Duhamel du Monceau, puis nous avons discuté ensemble (...)

Après de longues discussions, ils m'ont convaincu que vraiment c'étaient purement des vues de l'esprit et qu'il n'y avait pas lieu d'appliquer ces méthodes sur mes terres.[13]

Il s'agira donc d'éclairer les paysans. L'autre obstacle aux progrès de la culture sont les pratiques communautaires des communautés villageoises. Lezay-Marnésia emprunte cette idée à la Physiocratie, mais il ne la reprend qu'avec prudence, voulant préserver l'esprit communautaire, qu'il présente par ailleurs comme l'un des moyens de la régénération. Pour favoriser le progrès des cultures, il fallait développer la production d'engrais. Pour obtenir ces engrais, l'un des moyens les plus simples était de développer l'élevage. Pour développer l'élevage, il fallait rationaliser la production de fourrage. Selon les agronomes de l'époque, la solution reposait dans les prairies artificielles, dont le développement était entravé par le système des biens communaux et celui de la vaine pâture et de la jachère. L'individualisme agraire devait échouer en France, du moins sous sa forme moderne, principalement à cause du poids des habitudes; à cause aussi des trop nombreux paysans sans terre qui avaient besoin de ces surfaces pour leur bétail; à cause aussi de la trop grande dispersion des champs et de la trop petite taille des propriétés; mais aussi à cause d'une conception de l'individualisme qui restait, pour les seigneurs éclairés comme Lezay-Marnésia, un individualisme aristocratique, s'inscrivant dans une sociabilité n'ayant aucun point commun avec l'individualisme bourgeois de l'efficacité. Dans les années 1770 de nombreux édits royaux avaient tenté d'abolir la vaine pâture et de supprimer les biens communaux, mais étaient restés lettre morte à cause de ces résistances. On en trouve la trace dans *Le Bonheur dans les campagnes* où, tout en invoquant les principes d'efficacité de Quesnay, Lezay-Marnésia s'oppose à la disparition totale des biens communaux pour en conseiller une meilleure gestion.

A la question des biens communaux et à celle de la communauté villageoise sont liés la répartition de la propriété et le type d'exploitation. Les historiens estiment généralement à 35% en moyenne la part des terres possédées par les paysans. Cette proportion variait selon les régions. Elle était plus faible dans l'Ouest où la noblesse avait eu tendance, plus que dans les autres régions, à rester dans ses domaines. Elle était très faible également dans la région parisienne dominée par la grande propriété nobiliaire. Elle était par contre importante dans le Centre et dans le Sud du pays, où elle pouvait atteindre et même dépasser la proportion de 60%. On devine que la question de la propriété paysanne était un élément fondamental de l'idéologie du retour du noble à la campagne. A partir du moment où le seigneur retourne dans ses domaines pour les gérer et protéger ses sujets, la multiplication de la propriété paysanne devient inutile. Encore faut-il s'entendre sur le sens du mot «propriété». La terre libre de toute charge était fort rare, l'immense majorité des terres dépendant des seigneuries. Les terres ayant rang de «réserve seigneuriale», c'est-à-dire le domaine proprement dit, proche du château, ne représentaient qu'une moyenne de 15% de l'ensemble des terres du royaume; cependant, les terres plus éloignées du château, dont la propriété n'appartenait plus véritablement au seigneur mais aux sujets qui pouvaient les vendre, restaient soumises au paiement d'une redevance au seigneur. En matière de type d'exploitation, la gestion des domaines par le seigneur propriétaire ne devait pas favoriser non plus la disparition de la classe des journaliers. Dans son analyse de la France des campagnes à la veille de la Révolution, Soboul distingue quatre catégories de paysans[14]. Tout d'abord, il y a ceux qu'on peut appeler les paysans riches. Ce sont les «laboureurs», qui sont propriétaires de leurs terres et sont assez riches pour vivre d'une manière indépendante. Ils sont peu nombreux et font plutôt figure de notables que de paysans. Lezay-Marnésia les assimile aux seigneurs dans la classe des «bienfaiteurs des campagnes». La deuxième catégorie est celle des grands fermiers. Ils existent surtout dans les pays de grande culture, en Normandie et autour de Paris. Il s'agit d'une catégorie de paysans en voie de diminution, suite à une hausse du prix des fermages plus élevée que la hausse du prix des produits. Se basant sur la réalité franc-comtoise où ils sont quasi-inexistants, Lezay-Marnésia n'étudie pas directement leur cas. Toutefois, il fait preuve de méfiance envers ces administrateurs, qu'il assimile à des fonctionnaires, dont la vertu n'est pas à toute épreuve. Les deux autres classes de paysans que mentionne Soboul constituent la majorité de la masse paysanne. C'est le groupe le plus nombreux et le plus pauvre. La première de ces deux catégories est composée des paysans qui ont accès à l'exploitation: petits propriétaires, petits fermiers et métayers. Bien souvent, ces paysans sont à la fois propriétaires et fermiers ou métayers, car leur propriété, la plupart du temps parcellaire, est trop petite pour produire suffisamment. Ils ne peuvent donc pas vendre sur le marché et se font souvent employer d'une manière saisonnière dans les grands domaines. Enfin, il y a les travailleurs agricoles ou «journaliers» qui se louent à la journée ou à la saison. Soboul estime leur nombre à 40% de l'ensemble de la population des campagnes, soit environ huit millions de personnes. Le plan de régénération marnésien n'envisage pas de changement structurel. S'inscrivant dans un modèle de société autarcique, le fief, il ne préconise le développement de la petite propriété parcellaire que dans la mesure où celle-ci ne nuit pas à la communauté.

Enfin, il faudrait évoquer la situation en matière d'impôts et de droits féodaux pour compléter ce tableau de la condition paysanne. Cet aspect est suffisamment connu pour qu'on n'ait pas besoin d'en parler longuement. Citons à titre d'exemple la réflexion d'un des membres du mouvement de retour à la campagne, l'économiste Goyon de la Plombanie. Dès 1775, se basant sur l'enseignement de l'histoire, il pressent qu'une révolution est sur le point d'arriver, car tout le poids des impôts et des charges retombe sur le cultivateur alors que les privilégiés vivent dans le luxe. Pour éloigner le danger, il propose deux moyens, qui tous deux passent par l'allègement des charges pesant sur les paysans. D'une part, il recommande de «soulager les malheureux de l'oppression accablante où ils gémissent» en procédant à une meilleure distribution des taxes[15]. D'autre part, il conseille de favoriser l'agriculture en établissant des plans économiques avec des subventions, en procédant à des grands travaux dans les campagnes pour en améliorer la nature des terres, en réformant, voire en supprimant, les impôts sur le sel et le tabac et les droits d'entrée et de sortie de province à province et dans les villes. «Tous ces travaux qui tendent au soulagement et au bien être de la Nation seraient infiniment plus utiles que tous ces magnifiques bâtiments que l'opulence élève tous les jours dans les villes et qui, par leur faste excessif entraîneront avec eux la Nation dans leur chute»16. Bien plus tard, dans *L'Ancien Régime et la Révolution*, Tocqueville remarquera que «nulle part (...) la distinction d'impôts n'était plus visible que dans les campagnes»17. Le célèbre dialogue qu'Arthur Young engage avec une paysanne de la région de Châlons-sur-Marne illustre bien ce fardeau qui pesait sur les habitants des campagnes:

[July] 12th [1789]. Walking up a long hill, to ease my mare, I was joined by a poor woman, who complained of the times, and that it was a sad country; on my demanding her reasons, she said her husband had but a morsel of land, one cow, and a poor little horse, yet he had a *franchar* of wheat, and three chickens, to pay as a quit-rent to one Seigneur; and four *franchar* of oats, one chicken and 1 *sou* to pay to another, beside very heavy tailles and other taxes. She had seven children, and the cow's milk helped to make the soup. But why, instead of a horse, do not you keep another cow? Oh, her husband could not carry his produce so well without a horse; and asses are little used in the country. It was said, at present, that *something was to be done by some great folks for such poor ones, but she did not know who nor how, but God send us better, car les tailles et les droits nous écrasent*. This woman, at no great distance, might have been taken for sixty or seventy, her figure was so bent, and her face so furrowed and hardened by labour, — but she said she was only twenty-eight.18

Le paysan devait acquitter un grand nombre de droits, en argent ou en nature. Au cours des vingt années précédant la Révolution, la taille avait augmenté en moyenne de 25% à 30%, alors que la noblesse et le clergé bénéficiaient de l'exemption totale. En outre, la corvée royale pesait aussi lourdement sur les communautés villageoises. Il faut ajouter à cela le fait que la paysannerie versait au clergé les dîmes ecclésiastiques qui correspondaient au vingtième des récoltes, cela en plus des taxes versées à ce même clergé, notamment aux grandes abbayes, au titre des droits seigneuriaux, car l'église était l'un des principaux propriétaires fonciers. La paysanne d'Arthur Young gardait espoir, car elle avait entendu dire que des grands hommes allaient faire quelque chose, bien qu'elle ne sût ni qui ni comment. L'idée d'une répartition équitable de l'impôt était dans l'air. Elle avait sa place dans les projets de réforme financière de Calonne, comme la réforme de la gabelle et la libéralisation des échanges. Les partisans du retour des nobles à la campagne voulaient eux aussi effectivement faire quelque chose, mais cela ne passait pas forcément par l'abolition des droits seigneuriaux. *Le Bonheur dans les campagnes* n'aborde pas cette question de front. Il n'y a aucune remise en question des droits seigneuriaux, sauf de la mainmorte, des corvées et des droits versés au clergé. Si Lezay-Marnésia envisage une distribution plus équitable des impôts et leur allègement, ce n'est pas un aspect qu'il détaille d'une manière technique, bien que les charges fiscales soient présentées comme l'une des principales causes de la misère des campagnes.

> L'excès du luxe, l'abus du pouvoir, la négligence de ceux que le gouvernement prépose pour administrer les provinces, la manière inégale, arbitraire, injuste dont les impositions sont réparties, & l'extrême dureté avec laquelle souvent elles sont perçues, les corvées et les pertes qu'elles entraînent; voilà les principes de la misère des campagnes.[19]

Quelle qu'en soit la raison, par conviction ou par ignorance des techniques fiscales, les solutions proposées par Lezay-Marnésia s'adressent surtout aux premiers de ces principes de la misère des campagnes: luxe, pouvoir, négligence. Le plan de régénération qu'il propose s'inscrit, à cet égard, dans la pensée d'une noblesse qui veut retrouver son pouvoir politique. Il ne s'embarrasse pas des questions financières, pourtant particulièrement à l'ordre du jour lors de la seconde édition du *Bonheur dans les campagnes* en 1788, et s'intéresse surtout aux réformes administratives, soit en matière de structures, soit en matière de personnel. Etienne, dans *le Bonheur rural*, faisait le même constat: injuste pouvoir, tyrans subalternes, avarice financière. Les solutions que propose Lezay-Marnésia sont morales. Elles passent par la moralisation de l'attitude des percepteurs et des administrateurs, par la renaissance de l'esprit familial au sein de la seigneurie, par la revitalisation du devoir de protection dû par le seigneur à ses sujets, et surtout par l'harmonie sociale réalisée par le gouvernement patriarcal du roi et des seigneurs. L'époque de l'âge d'or, à laquelle se réfère Lezay-Marnésia, est celle que Vaissière nomme «l'âge d'or de la noblesse française»[20], c'est-à-dire les règnes de Charles VIII, Louis XII, François Ier et Henri II, lorsqu'il existait une harmonie «entre le particularisme outré du Moyen Age et l'absolutisme des derniers temps de la monarchie»[21]. Aussi, lorsqu'on parlera de «féodalisme» à propos de la pensée de Lezay-Marnésia et du mouvement du retour des nobles à la campagne, ne fera-t-on référence ni à une période précise, le Moyen Age, ni à un système juridique particulier, la seigneurie médiévale et le féodalisme proprement dit. On visera plutôt un imaginaire, qu'on appellera esprit «féodal» faute de meilleur terme, «peuplé» de structures où la noblesse exerce son patronage, sorte de pouvoir social, et un pouvoir politique de nature paternaliste, qui efface dans la vie quotidienne les distances sociales. Ce contre quoi lutte le mouvement de retour à la campagne est certes l'absolutisme royal; mais au travers de lui, c'est l'impersonnalité du pouvoir qui est visée. Le bouc émissaire, ce sera l'administrateur, que ce soit le fermier qui a remplacé le régisseur dans les domaines désertés par les seigneurs ou les commissaires et leurs sous-ordres qui incarnent l'autorité impersonnelle d'un souverain éloigné de ses sujets, une autorité dont toute forme de tendresse a disparu. L'administrateur ne connaît que l'amour du gain.

Au lieu de l'administration des régies, plus douces pour les habitants & plus avantageuses pour les seigneurs, ceux-ci sont obligés (...) d'avoir recours à des fermiers. Ces fermiers veulent, avec raison, beaucoup gagner; & les droits qu'ils exercent pour un temps limité, ils les exigent avec une rigueur destructive. Le mal se propage, &, au bout de trois baux, une terre est ruinée. Pour achever de la désoler vient la finance avec son régime dévastant; viennent les abus de l'autorité, non pas de la part du prince qui les ignore, mais de la part des commissaires qu'il a délégués, mais de la part des sous-ordres nombreux que ces commissaires emploient, qui tous vivent, s'enrichissent aux dépens du peuple.[22]

Issu de la pratique de la bienfaisance et des idées des Lumières, ce plan de régénération aboutira non seulement à une politique paternaliste mais aussi à un programme de revitalisation des principes de la «féodalité» aristocratique des quinzième et seizième siècles. Alors que c'étaient les droits seigneuriaux qui pesaient le plus sur la vie du paysan, Lezay-Marnésia fait un diagnostic différent. Il reconnaît que les droits féodaux, bien qu'étant une survivance de l'époque où le seigneur était chargé de protéger militairement les campagnes, continuent néanmoins à être prélevés, alors que la plupart des grands seigneurs ont déserté les campagnes pour les villes et la cour. Mais dans le cadre du retour des seigneurs dans leurs domaines et de la transformation de la protection militaire en protection morale et sociale, les droits seigneuriaux retrouvent une justification. Lezay-Marnésia ne parle pas de droit «féodaux» ni de régime «féodal». S'il en parle, c'est pour condamner une période barbare. Cela au niveau discours. Au niveau de l'imaginaire, il en va autrement: est présent le mythe du suzerain bienveillant entouré de vassaux reconnaissants. A cet égard, on pourrait considérer *Le Bonheur dans les campagnes* comme l'une des expressions de la réaction nobiliaire. Face à la paupérisation des gentilshommes campagnards, les droits seigneuriaux étaient précieusement réclamés pour éviter les prescriptions. On comprend ainsi la signification que pouvait prendre le mouvement du retour de la noblesse à la campagne. La réaffirmation de la fonction protectrice du noble servait à justifier la charte d'une société «féodale». Toutefois, il y a plus que cela dans ce mouvement. Il ne s'agit pas seulement de redonner sa place à la noblesse, mais aussi de redéfinir sa fonction. Ce n'est pas seulement une question d'ordre mais aussi une question de légitimité.

Dans son essai sur *L'Ancien Régime et la Révolution*, Tocqueville consacre tout un chapitre à la condition des paysans et fait un raisonnement qui n'est pas fondamentalement différent de celui des seigneurs du mouvement du retour à la campagne. Il constate tout d'abord que les droits féodaux étaient plus difficilement supportés en France qu'ailleurs. La situation lui semble paradoxale, puisque le paysan français était souvent un propriétaire foncier et que son sort dépendait plus des fonctionnaires gouvernementaux que des seigneurs locaux. Cherchant à expliquer cette situation, Tocqueville découvre que ce qu'on pouvait prendre comme un bienfait, le remplacement des seigneurs par des administrateurs, était en fait la source des malheurs. Il situe la cause de la misère des campagnes dans le départ des nobles pour la cour. «Il ne restait guère dans les campagnes que le gentilhomme que la médiocrité de sa fortune empêchait d'en sortir»[23]. Les villages se sont alors trouvés isolés; la seule personne cultivée à rester sur place n'était plus que le curé. Ainsi se trouvait-on dans une situation moins oppressive en apparence, mais dans une situation d'abandon et de désintérêt, d'«absentéisme de cœur»[24]. En outre, le paysan étant souvent devenu propriétaire, il était passé du statut de sujet à celui de voisin, rendant inutile le dévouement du seigneur. Ce que Tocqueville nous décrit, c'est une société atomisée:

> Au dix-huitième siècle, un village est une communauté dont tous les membres sont pauvres, ignorants et grossiers; ses magistrats sont aussi incultes et aussi méprisés qu'elle; son syndic ne sait pas lire; son collecteur ne peut dresser de sa main les comptes (...) non seulement son ancien seigneur n'a plus le droit de la gouverner, mais il est arrivé à considérer comme une sorte de dégradation de se mêler de son gouvernement (...) Il n'y a plus que le pouvoir central qui s'occupe d'elle, et comme il est placé fort loin et n'a encore rien à craindre de ceux qui l'habitent, il ne s'occupe guère d'elle que pour en tirer profit.[25]

L'argument que développe Lezay-Marnésia dans *Le Bonheur dans les campagnes* annonce celui de Tocqueville. C'est l'isolement du peuple et les préjugés contre la vie rurale qui sont la principale cause de la misère des campagnes. La régénération passera donc en priorité par la revalorisation morale de la campagne et par la décentralisation des institutions.

Aussi la communauté villageoise constituée autour du seigneur est-elle conçue à la fois comme le lieu et comme le moteur de cette régénération. Le lieu, car elle est la cellule de base de la société; le moteur, car elle engendre une harmonie de type familial qui sert de principe de gouvernement. Il est aisé de comprendre comment ce modèle de régénération a pu véhiculer nostalgie de l'âge d'or et visées utopiques. Quand princes et seigneurs reconstituent des hameaux dans leurs jardins, il s'agit d'imiter la vie des champs; mais il s'agit aussi de recréer un univers clos, autarcique, une sorte de microcosme, une petite société perfectible. Comme le fait remarquer Lemarchand, «la seigneurie à la fin du dix-huitième siècle n'avait-elle plus qu'une valeur décorative et quelque peu mythique?»[26] A la veille de la Révolution française, le mouvement du retour à la campagne se confond avec les tentatives de sauver ou de recréer la communauté villageoise de type patriarcal. Le pouvoir royal centralisateur jouait un rôle de plus en plus important qui affaiblissait l'indépendance des villages. Cependant, il n'avait pas réussi à en faire disparaître l'esprit communautaire. Les villages, en effet, n'étaient pas seulement des groupements d'individus; c'étaient des réseaux de solidarités, des structures sociales formées en fonction de la topographie et des coutumes agraires. Le village restait une réalité à la fois culturelle, sociale et juridique, qui se définissait par son patrimoine et ses coutumes. Le *Dictionnaire de Trévoux* la décrit comme «une société d'hommes qui habitent en un même lieu et qui ont les mêmes lois, les mêmes règles, les mêmes usages». Au même titre que les communautés taisibles, qui existent encore au dix-huitième siècle, et celles des frères moraves, la communauté villageoise traditionnelle servira de modèle à l'utopie marnésienne de Gallipolis, où l'assemblée générale de la communauté rassemblera les chefs de famille et où existera une maison commune; tout ce que le marquis avait en fait tenté de recréer dans le village de Saint-Julien.

LES PROPOSITIONS DE CLICQUOT DE BLERVACHE

Il ne faudrait cependant pas penser que tous les seigneurs éclairés du mouvement de retour à la campagne aient eu une attitude aussi conservatrice que celle de Lezay-Marnésia. Tous partagent sa nostalgie de la communauté villageoise et de l'harmonie quasi-familiale qu'elle engendre, tous placent comme lui le noble au centre du processus de régénération, mais certains se montrent plus progressistes en matière de droits seigneuriaux, quitte à tomber dans l'idéalisme. Par exemple, dès 1771, Bellepierre de Neuvéglise avait suggéré de remplacer taxes et droits de toutes sortes par un subside unique et général proportionné au revenu[27]. L'une des meilleures illustrations d'une pensée toujours prête à dénoncer les abus et à redresser les torts est l'ouvrage de Clicquot de Blervache, *Essai sur les moyens d'améliorer en France la condition des laboureurs, des journaliers, des hommes de peine viant dans les campagnes et celle de leurs femmes et de leurs enfants*, publié à titre posthume en 1789. On pourrait le donner comme exemple de programme de régénération par l'agriculture. Il prouve combien la pensée des gentilshommes éclairés était diversifiée. Le raisonnement part de deux constats caractéristiques de la pensée des Lumières. Premièrement que les droits féodaux et notamment la mainmorte sont dommageables au bien-être des paysans et à l'agriculture; deuxièmement que «la propriété est le véhicule le plus puissant pour améliorer l'agriculture et la condition de ses agents»[28]. La première partie de l'ouvrage est une réflexion sur l'origine des institutions féodales liées à la protection militaire des seigneurs médiévaux. L'analyse n'est pas originale et on la trouve un peu partout dans les critiques de la féodalité, y compris chez Lezay-

Marnésia. Les droits féodaux étaient justes dans une société où la puissance militaire résidait dans le service gratuit de la noblesse; ils ne le sont plus dans une société moderne où la puissance militaire est celle des armées du monarque. Alors que Lezay-Marnésia remplace le service militaire rendu par la noblesse par un «service social et moral», qui permet de continuer à justifier l'existence des droits seigneuriaux, Clicquot de Blervache en conclut lui que les droits féodaux n'ont plus d'objet et ne devraient donc plus exister. Il cite en exemple la réforme judiciaire introduite par le duc de Savoie Charles-Emmanuel III, qui avait proclamé l'abolition de la servitude personnelle en 1762 et la liberté de personne et de propriété en 1771. «J'écris des montagnes, près de Chambéry, où je cultive en paix le patrimoine de mes pères et où je recueille le fruit des édits bienfaisants de Charles-Emmanuel, père du Prince actuellement régnant»[29].

Ensuite, il se penche plus particulièrement sur les conséquences que les lois féodales ont sur la condition paysanne. Toute cette partie est un long réquisitoire contre les maux causés par la mainmorte. Le servage est présenté non seulement comme contraire à la loi naturelle, mais aussi comme illégal par rapport à la loi civile et à la loi politique. Reprenant les arguments du débat des années 1770 sur la mainmorte, Clicquot en déduit que le servage est une usurpation de l'autorité légitime. L'analyse n'est pas seulement juridique; elle débouche sur une analyse morale et sociale. La charte féodale divise la société en deux, d'un côté l'opulence et de l'autre la misère. C'est ce partage qui engendre la corruption des mœurs de la société. Il ne s'agit donc pas seulement de réformer des institutions mais de régénérer un corps social en voie de destruction. La critique de Clicquot est particulièrement acerbe envers le clergé qui bénéficie doublement des droits féodaux, au titre de la propriété de fiefs et au titre de la religion. Il reconnaît l'utilité du clergé séculier dans l'administration de la religion, car «les sociétés ne peuvent exister sans religion et la religion ne peut exister sans ministres»[30]; mais il attaque d'une manière virulente le monachisme qu'il considère comme une forme de parasitisme engendré par la paresse[31]. Dans un cas comme dans l'autre, les droits perçus par le clergé doivent être supprimés, que ce soit les droits féodaux ou la dîme. «Le clergé séculier et régulier partagent les fruits du cultivateur laborieux sous deux dénominations différentes, comme propriétaire de fiefs et comme ministre de la religion»[32].

Pour soulager les campagnes, les remèdes que propose Clicquot de Blervache sont simples et radicaux. D'une part il propose de passer des mesures juridiques qui suppriment totalement les droits féodaux; d'autre part il suggère d'entreprendre une réforme du régime de l'exploitation et de la propriété. Au niveau proprement juridique, il conseille au roi de France d'introduire dans le royaume un édit similaire à celui promulgué par Charles-Emmanuel le 19 décembre 1771. Un tel édit lui permettrait de donner à ses vassaux un «congé féodal», de permettre le démembrement des fiefs et de favoriser la constitution de biens de «nature roturière»[33]. Au niveau des types d'exploitation, Clicquot de Blervache suggère trois moyens pour réformer le système: augmenter la durée des baux, supprimer les communaux et multiplier les petites propriétés paysannes. La petite propriété paysanne est donc présentée à la fois comme une exigence morale et comme une exigence économique. L'amélioration de l'agriculture passe par l'individualisme agraire. Cet égalitarisme en matière de libertés ne s'accompagne pas d'une disparition de la hiérarchie; mais l'identité du seigneur a changé. On retrouve chez Clicquot de Blervache le leitmotiv du seigneur bienfaisant, toujours chanté sur le même ton d'attendrissement.

> Livrés à la vie frivole de la cour et de la ville, vous ignorez le bonheur que la nature vous prépare dans vos terres. Là, vous ne trouvez que des vices qui corrompent, des prodigalités qui ruinent, des passions qui déshonorent. Vivez au milieu de vos vassaux, vous aurez des jouissances sans remords, des plaisirs sans honte, des vertus sans effort. Vous y contracterez l'heureuse habitude d'aimer vos semblables, d'adoucir leur condition, de subvenir à leurs besoins. Voulez-vous être bienfaisants, juste, sages, compatissants? habitez vos domaines. Voulez-vous être grands, libres, indépendants? habitez vos domaines. On ne marche droit que sur ses terres.[34]

Si l'analyse de Clicquot condamne les trop grandes exploitations au nom des rendements et de l'amélioration de l'agriculture, le retour du seigneur dans ses domaines demeure au centre de sa thèse. Au propriétaire est dévolue la fonction de protéger ses sujets contre les abus du fisc. «Propriétaires abusés (...), vous dormez tranquillement et l'on vend, dans ce moment, le grabat du malheureux habitant de vos domaines. (...) Votre ennui s'agite vainement dans des palais, et l'on saisit le chaume qui abrite le pauvre et le dernier vêtement qui le couvre»[35]. La pensée de Clicquot de Blervache s'inscrit à la fois dans le débat sur la mainmorte et les droits féodaux, qu'il condamne au nom de la morale et de l'agriculture, et dans le mouvement du retour des seigneurs dans leurs domaines. Lezay-Marnésia suit une pente plus conservatrice. S'accommodant des droits féodaux, il ne traite que de la fonction régénératrice de la noblesse. Les moyens préconisés par Clicquot de Blervache pour mettre fin à la misère des campagnes sont plus hardis que ceux proposés par Lezay-Marnésia, mais la pensée reste la même. «[Mes] loisirs, écrit-il, je les partage entre l'agriculture, le soin de ma famille, la méditation et la lecture»[36]. Finalement, chez Clicquot comme chez Lezay-Marnésia, la noblesse retrouve son identité dans l'exercice de la bienfaisance: elle est légitimisée par le peuple.

LA RÉGÉNÉRATION DES CAMPAGNES
UNE DIDACTIQUE DU BONHEUR

Le *Bonheur dans les campagnes* présente un grand avantage par rapport aux autres écrits de l'époque sur l'agriculture ou la régénération. Lezay-Marnésia ne se contente pas de traiter d'un seul aspect de la régénération, alors que bien des auteurs ne se penchent que sur un seul problème à la fois: les droits féodaux, l'exploitation des terres ou l'éducation des paysans. Il envisage tous ces aspects comme les différents éléments d'un ensemble plus vaste et cohérent, sauf la question financière pourtant centrale dans les discussions de l'époque. Ce texte est un exposé programmatique sans prétention littéraire. Toutefois, l'analyse ne se contentera pas de relever les idées. En effet, dans *Le Bonheur dans les campagnes*, chaque thème est présenté dans un lexique spécifique. Tout autant que les idées, et peut-être même plus que les idées, c'est la façon dont elles sont exprimées dans le texte qui révèle en profondeur une mentalité.

Le livre s'articule autour de trois oppositions qui n'ont apparemment rien d'original: la campagne et la ville, l'ennui et le bonheur, l'énergie et l'inertie. La dynamique de cette opposition est l'idéalisation morale de la campagne. Il ne s'agit pas toutefois d'un thème littéraire; ces oppositions se fondent sur la philosophie de la bienfaisance et sur une conception organique de la société, dans laquelle les ordres seraient complémentaires. De la même façon que le baron d'Holbach concevait la bienfaisance comme le remboursement d'une dette, Lezay-Marnésia voit dans le retour à la campagne l'exécution du devoir des nobles.

Quels rapports, me dira-t-on, cette langueur, ces chagrins, cette dépravation des habitants des villes, ont-ils avec le sort des habitants des campagnes? Les plus immédiats et les plus certains. Qui ne voit que c'est par un échange de secours que tous les ordres peuvent mutuellement se soutenir? Il n'est rien depuis la paix jusqu'aux jouissances les plus recherchées du luxe, que toutes les classes ne doivent au peuple. C'est lui qui fournit originairement & absolument à tout, mais (...) il ne peut dépenser toujours en ne recouvrant jamais. Il faut donc que les nobles, le clergé, la finance, lui rendent au moins une partie de ce qu'ils en reçoivent. Ils ne le peuvent qu'en se reportant davantage au milieu de lui, qu'en éclairant, qu'en allégeant, qu'en salariant ses travaux, qu'en reversant dans les campagnes, par la consommation, une portion des revenus qu'ils en tirent.[37]

Et de conclure: «Mais comment déterminer les esclaves du luxe & de la mollesse à s'arracher des villes?» Comme la poésie descriptive, *Le Bonheur dans les campagnes* a un but didactique. Il a tous les caractères d'une injonction: pour éviter l'ennui des villes et être heureux, il faut retourner à la campagne. «Nous avons presque tous le besoin de renaître et nous ne le pouvons qu'à la campagne»[38]. Comme on l'a vu, cette campagne n'est pas celle de la sérénité de la vie innocente décrite par la littérature bucolique. Pour Lezay-Marnésia, la paix ne peut pas être le repos. Il en donne deux raisons. D'une part parce qu'il faut avant tout remédier à la misère des campagnes sous peine de voir disparaître le lieu de la régénération et donc le lieu du bonheur. D'autre part parce que l'oisiveté est liée à l'ennui et au luxe, qui détruisent la vertu et donc le bonheur.

L'homme qui ne sait pas s'occuper n'est jamais bon. L'humeur s'en empare
(...), il devient dur et repoussant, parce qu'il souffre de son propre ennui; ou,
s'il veut s'en arracher, il se livre (...) souvent à des vices scandaleux.[39]

Par contre, l'individu heureux est décrit comme celui qui répand des bienfaits. Ce
crédo de la pensée éclairée revient à chaque page: «l'homme bienfaisant avec
lumières est le plus heureux»[40]. C'est pourquoi ce traité de régénération
s'adresse surtout aux personnes bienfaisantes. Dès l'introduction Lezay-Marnésia
annonce que le propos de son livre est de proposer des réformes pour faire
disparaître la misère des campagnes. La récompense en sera le bonheur.
Toutefois, ce qui cause le bonheur, comme l'étude du champ conceptuel de la
bienfaisance l'a montré, c'est l'utilité morale de l'amélioration de la condition
paysanne et non l'amélioration effective. L'instrument du bonheur est plus
l'énergie dépensée que le résultat de la bienfaisance. Cette énergie peut même
prendre la forme d'une effusion qui satisfait la sensibilité. La régénération,
comme toute didactique de cette seconde partie du dix-huitième siècle, obéit à
l'esthétique des sensations. Le bonheur apparaît indépendant des résultats de la
bienfaisance, comme si suffisait l'intention, source de la sensation de plaisir.

La cause du peuple est si belle à défendre, il est si doux de s'occuper des
moyens de le rendre plus heureux, que l'âme sensible se plaît toujours à les
chercher, espère qu'elle les trouvera, et se flatte même, dans son ivresse,
qu'il seront adoptés.[41]

Cette simple citation peut fournir la clef pour comprendre l'attitude de la
noblesse lors de la nuit du 4 août 1789. La bienfaisance est incontestablement
une vertu sociale à but public, mais elle est aussi une vertu qui appartient à la
sphère privée. En effet, comme le révèle ce passage, ce qui est important n'est
pas tant le résultat de l'action que l'émotion induite[42]. C'est pourquoi le vrai
bonheur n'existe en réalité que chez les seigneurs, le bonheur des paysans n'étant
qu'un équilibre au sein même de leur condition, comme Lezay-Marnésia l'avait
déjà suggéré dans *L'Heureuse famille*. Améliorer la condition de vie des habitants
des campagnes n'est donc pas remettre en question l'édifice social:

[le but de la raison est] le bonheur général, et son soin est de chercher à le
procurer aux hommes, tel qu'il doit être, relativement à chaque classe; mais
dans les dernières (...) il faut qu'ils sachent quels sont leurs devoirs et leurs
obligations pour les remplir, qu'ils connaissent leurs ressources pour les
mériter, et qu'ils acquièrent une industrie qui, en facilitant leurs travaux, en
augmentera leur produit.[43]

Simultanément à cet appel au bonheur, le texte décrit la pauvreté des campagnes
et l'immoralité des villes, celle-ci étant la cause de celle-là:

Les riches éteints ou dépravés par la multitude des jouissances, ont tout, excepté la force & la volonté d'être heureux. Cependant le peuple, dans l'abandon où on le laisse, languit, souffre, perd sa gaieté, son courage & son amour pour le sol qui l'a vu naître. (...) L'excès du luxe, l'abus du pouvoir, la négligence de ceux que le gouvernement prépose pour administrer les provinces, la manière inégale, arbitraire, injuste dont les impositions sont réparties, & l'extrême dureté avec laquelle souvent elles sont perçues, les corvées & les pertes qu'elles entraînent; voilà les principes de la misère des campagnes.[44]

Tel est le constat que fait Lezay-Marnésia. Son ouvrage sera une suite de propositions de réformes pour mettre fin aux abus. Avant d'analyser les solutions proposées, il convient d'examiner la terminologie utilisée qui révèle encore mieux que les idées la façon dont était conçue la dégénérescence du pays.

La description repose sur le constat traditionnel de l'opposition ville-campagne. Pour décrire la campagne, le lexique est celui de la maladie: «maux», «mal», «remèdes», «secours», «douleurs». La caractéristique principale de cette maladie est la perte d'énergie, une forme d'anémie causée par l'abandon des campagnes par les seigneurs. Pour la ville, le registre lexical est d'ordre moral, celui des désordres du comportement: «cupidité», «oisiveté», «paresse», «vices», «futilité». L'activité ou l'énergie de la ville y est comparée à une «épidémie», seul terme médical appliqué à la ville. L'énergie de la ville ayant une valeur négative par rapport à celle des champs, il vaudrait mieux employer le terme d'«anti-énergie» plutôt que celui d'«énergie», qui dans l'esprit des Lumières a toujours une valeur positive. Cette anti-énergie est caractérisée ici par le lexique de la flatterie: «faveurs», «crédit», «places», «grâces». La description du luxe et de ses conséquences est fondée sur des associations qualitatives d'ordre affectif et social. La perte d'énergie de la campagne est décrite à l'aide du lexique de la douleur: «souffrir», «languir», «gémir», et l'énergie négative de la ville à l'aide du registre de la délectation sensuelle: «flatterie», «s'étourdir», «loisirs», «dissipation», «plaisirs», «mollesse», «frivolité». Dans les deux cas, le résultat a une valeur négative[45]. Mais on remarquera que Marnésia n'est pas vraiment un moraliste. L'observation est rarement suivie d'une distanciation; elle reste descriptive et n'existe qu'au niveau de la sensation. Lorsque l'auteur écrit que le tableau le plus pathétique est celui qui excite l'émotion, il se place dans la tradition moralisante d'un Greuze et dans la tradition didactique de la poésie descriptive, pédagogie utilisant l'émotion induite pour convaincre le lecteur.

LA RÉGÉNÉRATION DES CAMPAGNES: LES MOYENS

La partie descriptive du *Bonheur dans les campagnes* est suivie d'une partie normative et utopique. La partie normative analyse la bienfaisance en action, c'est-à-dire les moyens à mettre en œuvre pour remédier à la misère des campagnes. La partie utopique est diluée au sein de la partie normative; elle correspond à la nostalgie d'un âge d'or, qui se traduit au travers du bonheur du seigneur à la campagne.

La régénération s'exprime surtout dans l'embellissement social et moral de la campagne. Il s'agit plus d'un embellissement que d'une amélioration, ou plutôt l'amélioration emprunte-t-elle les voies de l'esthétique. La régénération est présentée surtout comme une thérapeutique. Au lexique de la maladie utilisé pour décrire la misère des campagnes correspond le lexique de la thérapeutique pour parler de la bienfaisance: «soulager», «régénérer», «remèdes», «secours», «soins», «ranimer», «vivifier». Pour «soulager» la misère, Lezay-Marnésia propose une série de «remèdes».

Toutes les réformes recommandées reposent sur les mêmes principes de départ, qui constituent l'idéologie de la bienfaisance. Premier principe: la prospérité des riches repose sur le travail des habitants des campagnes. L'utilité des paysans n'était plus à démontrer, car il était prouvé que c'étaient eux qui fournissaient tout. Comme ils ne peuvent produire que dans la mesure où leurs conditions de vie sont suffisamment bonnes pour ne pas entraîner la misère, il est du devoir de tous les corps privilégiés de rendre une partie de ce qu'ils reçoivent. Deuxième principe: le patriotisme. C'est l'énergie de l'harmonie. Il n'est engendré que par la prospérité générale du pays, qui donne naissance à la fierté d'être français. Pour travailler à la prospérité générale du pays, et donc favoriser l'esprit de patriotisme, il est nécessaire d'améliorer le sort des paysans, du travail desquels dépend le niveau de la production. Troisième principe: l'excès des richesses, *i.e.* le luxe. Il engendre le vice et nuit à la prospérité. L'amélioration des conditions de vie dans les campagnes doit donc être raisonnable; si elle était trop importante, elle créerait une situation défavorable à la production.

> Si les richesses amollissent, brisent les ressorts de l'âme, ne laissent un puissant attrait qu'aux jouissances des sens, la misère endurcit, éteint la pitié, détruit le sentiment. La médiocrité, qui ne permet pas de satisfaire tous les désirs, les empêche de naître, ou du moins les modère. Trop au-dessous de la richesse pour favoriser la volupté, elle est trop au-dessus de la misère pour étouffer la charité.[46]

Par «médiocrité», entendons «raisonnable», «moyen». Le mot correspond à la qualité de l'état qu'on pensait alors devoir être celui des paysans: des conditions de vie justes, c'est-à-dire proportionnées aux besoins propres du groupe social. La mobilité sociale est totalement exclue de ce plan de régénération; elle était impensable. S'il y a mobilité, elle est morale. Quand Lezay-Marnésia parle des «besoins» des habitants des campagnes, il faut bien comprendre qu'il ne s'agit pas seulement des besoins économiques, mais aussi — et peut-être surtout — des besoins moraux.

Ce plan de régénération couvre l'ensemble de la société. On ne reviendra pas spécifiquement sur des points déjà bien connus comme l'abolition des corvées, l'abolition de la mainmorte et une distribution plus juste de l'impôt, aspects de la question sociale sur lesquels Lezay-Marnésia se montre discret. On analysera plutôt les secteurs qui font l'objet de la régénération et les agents de cette régénération: le roi, la machine politique, le personnel administratif, la religion, l'instruction, le village, les seigneurs. On traitera des seigneurs en fin d'analyse, car la figure du noble est au centre de l'esprit de cette régénération. Elle est constamment présente et agit comme le levain dans le pain.

LE ROI

Lezay-Marnésia place le roi en tête de la liste des agents de la régénération. Il ne définit pas le rôle du roi en terme de gouvernement du pays ni par rapport à la politique extérieure du royaume, mais en fonction de ses relations avec les sujets du royaume. Le roi est décrit comme le premier des nobles dans une société de type aristocratique.

> L'exemple, la surveillance, les soins, voilà la dette des rois. C'est à eux à tenir la balance de l'ordre, à prévenir les causes de la corruption générale, à les arrêter; c'est à eux à remonter le ressort de l'honneur, à combattre le vice, à répandre la prospérité.[47]

La première fonction du souverain est une fonction de régulation. Il s'occupe de l'ordre et des soins et veille à la prospérité du pays. Il lui revient donc de mettre fin aux abus. A cet égard, Lezay-Marnésia reconnaît la vertu de Louis XIV et de Colbert qui, à ses yeux, surent «diriger» le luxe, le rendre utile au royaume. Sous leur houlette, les nobles remplissaient vraiment leurs fonctions de Grands du royaume, les négociants réinvestissaient au lieu de dépenser inconsidérement, les ouvriers, qui n'avaient pas sous les yeux le spectacle de la débauche, travaillaient[48], et les campagnes prospéraient. «Pendant la régence, avec la confusion de tous les états, vint le renversement de tous les principes. La liberté sans borne de toutes les opinions fit naître la licence sans frein. Le vice n'eut plus de masque; il ne fut plus de respect pour la vertu»[49]. Il convient donc au souverain de veiller à l'ordre général de la société, d'user de son pouvoir pour mettre fin aux vices, aux crimes et aux abus. «Que le roi dise: Je ne veux plus qu'ils se commettent; ils ne se commettront plus»[50]. La deuxième fonction du monarque est une fonction enseignante. «Les rois sont les instituteurs de leurs sujets»[51]. Ils enseignent, non *ex cathédra* mais par l'exemple, et créent dans le royaume les conditions favorables à la vertu et au bonheur. Enfin, la troisième fonction du roi est la surveillance. Pour mener à bien cette tâche, Lezay-Marnésia recommande au roi de visiter les provinces du royaume, surtout les campagnes, et d'y établir une relation directe avec ses sujets. Il s'agit d'un père surveillant ses enfants avec tendresse, attentif à tous leurs besoins.

Quittez quelquefois votre cour; pénétrez dans vos provinces. Sachez par vous-même comment elles sont régies. (...) Voyez le mal qui existe pour le détruire, le bien à faire pour le créer. Enfoncez-vous dans les campagnes; c'est dans leur sein que vous trouverez la véritable base de votre puissance, que vous apprendrez le grand art de gouverner & que vous découvrirez les causes de la décadence prochaine & les moyens d'élever votre empire à un état de prospérité possible, mais dont les hommes n'ont pas encore joui.[52]

Ce n'est qu'ainsi, par l'expérience personnelle, que le monarque pourra évaluer avec précision les besoins du peuple. L'art de gouverner passe par cette connaissance intime et sensible des réalités du pays.

Cette attention constante du monarque pour ses sujets révèle une conception patriarcale de la société, qui était alors la norme. Le «père», c'est celui qui ressent la compassion pour les paysans, comme l'expriment ces vers de Sabatier:

C'est au milieu des champs, au sein de la misère,
Qu'un roi commence à l'être, en devenant le père
Des tristes laboureurs:
Il les voit, ces mortels dont les bras l'enrichissent,
S'arracher, pour nourrir leurs enfants qui gémissent,
Un pain trempé de pleurs.[53]

Si Lezay-Marnésia réserve plutôt le terme de «père du peuple» aux ministres et aux seigneurs, le titre qu'il donne au roi n'est pas moins fort. Il l'appelle «dieu tutélaire de [ses] sujets»[54]. Les trois rôles que remplit le roi: régulateur, instituteur et patriarche, correspondent à des fonctions morales. L'avènement de Louis XVI est décrit comme un espoir de régénération morale du pays. Louis XV avait ruiné les campagnes. «Enfin Louis XVI règna. L'ivresse de la joie ranima tous les cœurs, & depuis neuf ans qu'il gouverne, le monarque justifie l'enthousiasme qu'il a produit»[55].

Au lendemain du couronnement, on ne compte plus les morceaux de littérature qui chantent les louanges du jeune roi. Pour beaucoup, c'est le nouveau Télémaque[56]. Dorat publie *Le Nouveau Règne*, Colardeau son *Epître à Louis XVI*. On trouve dans les poèmes du concours de poésie de 1775 de l'Académie française plusieurs pièces chantant les louanges du jeune monarque. C'est l'image du père attentif aux besoins de ses enfants qui domine:

Qu'il vive, et qu'en père il régisse,
Plus qu'en monarque; et soit pour nous
Un soleil de bien, de justice,

Non un tonnerre craint de tous;
N'en doutons pas, sur sa tendresse
Et la nôtre, et sur la sagesse,
Il règlera sa volonté;
Et par là, des rois le modèle,
Il fera d'un peuple fidèle
L'amour et la félicité.[57]

Un autre concurrent, qui appelle Louis XVI «le meilleur de nos rois» et «le roi cultivateur», place ces paroles dans la bouche du jeune souverain:

O mon peuple, ô Français, mes vrais, mes chers enfants,
Vous devrez le bonheur à mes soins clairvoyants:
Le bien du national est l'intérêt des princes,
Leur fortune dépend du sort de leurs provinces. (...)
J'ai vu ces maux affreux, ils ont percé mon cœur,
Et le cœur paternel en sera le vengeur. (...)
Viens, cher agriculteur, approche de mon trône,
C'est toi qui me nourrit et non pas ma couronne.[58]

Une fois de plus on passera sur la qualité littéraire de ces vers pour ne retenir que le climat de sentimentalité qui entoure la figure du monarque et une esthétique de la connaissance sensible. De telles figures de rhétorique révèlent une façon d'appréhender la réalité. Cette sentimentalité n'est pas seulement un attendrissement; elle exprime la nature de la relation souverain—sujets dans une société régénérée sur le modèle d'un âge d'or mythique. Comparons cette poésie avec celle d'un poète de l'école descriptive, authentique représentant de l'école du retour à la campagne: le baron Tschoudi. Comme Lezay-Marnésia, comme toute l'école du retour à la campagne, avec une rhétorique de l'attendrissement, il salue dans ses *Vœux d'un citoyen, Ode au roi*, le nouveau bienfaiteur des campagnes.

Laisse aux rois belliqueux étendre leurs domaines,
Viens féconder le sein de nos terrains ingrats;
Tout l'art d'agrandir les états
Est d'en fertiliser les plaines.
Que sur nos champs où la douleur,
Où la pale disette accusent l'abondance,
Où parmi les moissons expire l'indigence,
L'aurore de ton règne étende le bonheur![59]

Cette image du bienfaiteur des campagnes s'accompagne de celle d'un roi qui recherche avant tout le bonheur de son peuple et veut mettre fin aux excès du règne de son prédécesseur sur le trône.

Le luxe dévorant levant sa tête altière
Insultait à nos maux et corrompait les cœurs;
Louis, du faîte des honneurs,
Le fit rentrer dans la poussière;
Il retranche un faste emprunté:
Ce qu'il ôte à la Cour, il le donne au Royaume:
Il veut que le bonheur habite sous le chaume,
Et la justice ajoute un titre à sa bonté.[60]

Tous les essais sur le bonheur du peuple contiennent un traité du bon prince et sont des variantes des aphorismes de l'abbé Gros de Besplas: «toutes les opérations d'un bon règne sont des monuments d'amour», «un prince est le bien en action», «sa puissance doit découler de ses bienfaits»[61].

Le nouveau souverain, paragon de toutes les vertus, sera vite présenté comme le nouvel Henri IV. On célèbrera sa sagesse et son humanité. Cette imagerie revient comme un leitmotiv dans *Le Bonheur dans les campagnes*:

La paix que [Louis XVI] vient de donner à la terre lui permettra de s'abandonner aux tendres, aux généreux mouvements de son âme; comme Henri, il trouvera sa félicité dans la félicité de ses sujets: c'est son peuple, c'est surtout ses bons paysans qu'il voudra rendre heureux; et il saura bien retrouver un Sully qui ramène l'abondance dans les campagnes et à sa suite la douce joie.[62]

L'évocation du bon roi Henri était chose courante à la veille de la Révolution. Elle le fut jusqu'en 1792. A son souvenir on associait Louis XVI, duquel les seigneurs agronomes rapprochaient aussi les figures de Stanislas de Lorraine, du Grand duc de Toscane et de Charles-Emmanuel, duc de Savoie et roi de Sardaigne, souverains bienfaisants et non despotes éclairés. C'est l'image d'un roi dont le bonheur est bâti sur le bonheur de ses sujets. Une gravure de Louise Massard (voir Illustration 6) représente Henri IV exhortant Louis XVI le jour de son avènement; elle a pour légende, citée dans la lettre de dédicace à la duchesse de Chartres:

Henri IV à Louis XVI:
    Ami de la sagesse et de la vérité
    Tu chéris les vertus et crains la flaterie
    Persévère mon fils, chaque instant de ta vie
    Est un pas que tu fais vers l'immortalité.

Toute la société évoque alors cette imagerie populaire. Des 55 pièces de théâtre, opéras, ballets et autres spectacles ayant eu plus de 70 représentations de 1789 à 1792, deux portent sur la vie de Henri IV[63]: *La partie de chasse de Henri*

IV eut 89 représentations, *La nuit de Henri IV* en eut 71. Dans la liste des œuvres représentées de 1789 à 1791, on trouve six autres pièces ayant Henri IV pour sujet. Le nombre de leurs représentations prouve la popularité du sujet: *Henri IV à Paris* eut 47 représentations, *Le souper de Henri IV, ou le laboureur devenu gentilhomme* en eut 39, *Le Berceau de Henri IV* 37, *Henri IV à Meulan* 22, *La journée de Henri IV* 21, *Henri IV ou la bataille d'Ivry* 6. Le mythe du bon roi Henri n'est qu'un aspect du mythe du roi bienfaisant en général, qui conduit à mettre en valeur les faits et gestes des bons rois de France. En tête vient l'évocation de Louis XII: *Louis XII, père du peuple* eut 51 représentations au cours de la seule année 1789, *La journée de Louis XII* en eut 21 en 1790, *Le soldat de Louis XII* et *Le dîner de Louis XII* respectivement 14 et 3 en 1791. Le souvenir de Saint-Louis, plus lié à la religion, semble avoir été moins populaire: un seul titre, *Louis IX en Egypte*, qui fut représenté 10 fois en 1790. «Au début de la Révolution et jusqu'en 1791, quand on fait l'éloge de Louis XII et de Henri IV, c'est à Louis XVI qu'on pense», remarque André Tissier[64]. Le roi Louis XVI représente alors, dans l'imaginaire, la Nation et la Loi. Bien des pièces de théâtre, dont le titre ne fait aucune référence au roi, se terminent sur un hommage rendu à un souverain considéré comme le régénérateur du pays et le restaurateur des libertés[65].

En septembre 1789, l'Assemblée nationale approuvera le projet d'un monument en l'honneur de Louis XVI proposé par de Varenne (voir Illustration 7). Ce projet, gravé par Moreau le Jeune, représente le couple Henri IV-Louis XVI. Le bon roi Henri s'adresse à Louis XVI en ces termes: «Mon fils, le bonheur des peuples fait le bonheur des rois». A quoi, Louis XVI répond: «Je suis un avec mon peuple»[66]. Les deux rois sont représentés entourés de l'Agriculture, des Arts et du Commerce. On ne reviendra pas sur le mythe du «bon roi Henri» qui a été étudié par Marcel Reinhard. Au dix-huitième siècle, écrit-il, «Henri devint le roi incomparable, chéri entre tous, ami des Français, Père du peuple, bienfaiteur de l'humanité. On en fit un homme idéal (...). On le remercie dans les jours heureux, on a recours à lui dans les mauvais jours. Il est honoré et supplié comme une divinité. La légende se transforme en religion. Henri IV est le dieu d'un nouveau culte»[67]. Grimm, dans sa *Correspondance*, se fait l'écho de ce nouveau culte, qui, dit-il, permet à des œuvres médiocres d'avoir du succès. Après avoir salué la pièce de Sedaine, *Le Roi et le Fermier*, qui en 1766 compte plus de cent représentations, il éreinte *La Partie de chasse de Henri IV* de Collé et l'*Histoire de la vie de Henri IV* de Bury:

> Le bon et grand Henri n'a pas à se louer de nos auteurs depuis que M. de Voltaire ne s'en occupe plus. (...) Il faut être un écrivain bien détestable quand on ne s'attire aucune attention en écrivant la vie de Henri IV. M. de Bury a sans doute travaillé pour la province et pour les pays étrangers, où le nom du héros fait épuiser une édition avant qu'on sache que son historien ne vaut rien.[68]

En 1774, à propos de *Henri IV, ou la bataille d'Ivry* de Rozoy, il écrira:

C'est l'adoration qu'inspire le seul nom d'Henri IV, c'est l'espérance dont le nouveau règne a rempli tous les cœurs, qui nous y fait trouver un intérêt si vif et si touchant. Il semble que les vertus de notre jeune monarque consacrent les hommages offerts à la mémoire du père des Bourbons.[69]

On ne saurait donc trop insister sur l'investissement affectif qui se fait sur la figure de Henri IV et sur la personne de Louis XVI. C'est cette imagerie du roi père de son peuple qui est présente dans *Le Bonheur dans les campagnes*. Les conceptions esthétiques de Lezay-Marnésia, qui faisaient de la connaissance sensible la condition du vrai savoir, avaient une portée politique. Le bon gouvernement, c'est-à-dire le gouvernement bienfaisant, passe nécessairement par la relation personnelle entre le monarque et ses sujets. Sans être vraiment une variante du césarisme, c'est une pensée politique fondée sur une conception patriarcale et populiste de la société. Il s'agit du roi «bon père», «bon maître», «ami», décrit par les prélats à l'intention de leurs élèves royaux ou dans les oraisons funèbres des altesses défuntes. «Le plus grand éloge d'un prince, c'est d'être bon, déclame Massillon; et les seules louanges que le cœur donne sont celles que la bonté s'attire. La valeur toute seule ne fait que la gloire du souverain; la bonté fait le bonheur de ses peuples». Il ajoute que «bon père (...), bon maître (...), plus on le voyait de près, plus on sentait qu'il était bon: ce n'était plus un maître, c'était un ami (...) persuadé que les princes ne sont nés que pour le bonheur des autres hommes»[70].

Pour réaliser le bonheur de ses sujets, le roi devra s'entourer de ministres et de conseillers qui seront choisis dans l'élite éclairée, car il faut que ce soit des hommes qui donnent l'exemple de la vertu. Lezay-Marnésia ne s'étend pas sur les qualités spécifiques des ministres. Il est probable qu'elles correspondent aux qualités que doit avoir le personnel administratif en général. Le roi, qu'il souhaite à son pays, correspond bien au monarque éclairé qu'avaient incarné des hommes comme Stanislas de Lorraine et le grand duc de Toscane. C'est un roi qui a pour «père» Henri IV et pour «précepteur» Fénelon. Dans l'édition de 1800 de l'*Essai sur la nature champêtre*, réfléchissant sur la Révolution, il évoque l'état de bonheur et de prospérité qu'aurait pu connaître la France, si Louis XVI avait répondu aux espérances que la population avait mises en lui:

C'est lorsque la France entière formait les plus hautes espérances sur le règne de Louis XVI, que je l'ai loué avec autant de sincérité que de désintéressement. Il était Roi; je n'avais pas besoin de lui. S'il eût été assez heureux pour avoir Fénelon pour instituteur et ensuite pour ministre, guidé par les principes si vrais, si sages du duc de Bourgogne, le plus bel empire de l'univers en eût été le plus fortuné, et la France, gouvernée par une constitution forte et juste, en donnant au peuple toute l'étendue de liberté que l'homme doit avoir dans l'état de société, par l'empire de son exemple et par son influence politique aurait eu la gloire de forcer le monde entier à devenir heureux.[71]

LES INSTITUTIONS DU ROYAUME

La deuxième voie de la régénération est celle des institutions politiques: l'établissement d'états provinciaux ou d'assemblées provinciales.

Un bref rappel historique est ici nécessaire. Au dix-septième siècle, la monarchie absolue avait voulu mettre fin à l'autonomie régionale en supprimant les états provinciaux. Ces assemblées, qui s'étaient formées au quatorzième siècle, n'avaient jamais représenté la population comme on l'entendrait aujourd'hui. Elles avaient été néanmoins, face au monarque, les porte parole des intérêts particuliers des divers groupes sociaux du royaume, des centres de revendication et de discussion. Le pouvoir royal du dix-septième siècle, centralisateur, avait confié l'administration des provinces à des intendants royaux, qui dépendaient directement de la capitale. Afin que leurs pouvoirs ne fussent pas contestés, on avait voulu supprimer les états. L'opération avait réussi, sauf dans les régions à statut particulier, le Nord et les Pyrénées, et dans trois grandes provinces à fortes traditions régionales: la Bretagne, la Bourgogne et le Languedoc. Toutefois, les états qui existaient encore étaient en passe de perdre peu à peu tous leurs pouvoirs de revendication et de refus. Leurs membres n'étaient même plus élus. Ces assemblées étaient devenues de simples instances administratives qui votaient les impôts demandés par la couronne sans pouvoir les refuser.

Lezay-Marnésia propose de redonner des fonctions à ces assemblées provinciales. En cela il se montre adepte de Montesquieu[72]. Il affirme que le meilleur moyen de combattre le despotisme et de réformer les abus est d'instaurer des corps intermédiaires entre le peuple et le roi. Les états provinciaux lui semblent la structure la mieux adaptée pour remplir cette fonction et mettre fin aux abus.

Les états provinciaux sont le seul remède contre les abus inévitables dans un vaste royaume; ils sont même essentiels à la constitution de la monarchie, qui demande, sinon des pouvoirs, du moins des corps intermédiaires & agissants, qui remplissent les intervalles qui sont entre le peuple & le prince.[73]

Sa conception des états reste traditionnelle. Il ne parle pas de représentation de la nation mais seulement de représentation des intérêts particuliers. «C'est de la réunion et du choc des intérêts particuliers que sort le bien général»[74]. Cette proposition est construite sur le modèle des états provinciaux des quinzième et seizième siècles. L'intérêt général apparaît dans la rencontre des divers intérêts particuliers. Il ne s'agit pas de l'intérêt personnel. Lezay-Marnésia fait la distinction entre intérêt personnel et intérêt particulier. L'intérêt particulier est celui d'un groupe, d'un ordre. C'est cette émulation entre les divers intérêts particuliers qui empêche les abus, c'est-à-dire le détournement du pouvoir au profit des intérêts personnels. Comme preuve: l'attitude des profiteurs, intendants, financiers et commis, qui s'opposent au projet d'états provinciaux.

Lezay-Marnésia n'entre pas dans le détail du fonctionnement de ces assemblées. Au nom du principe de la décentralisation, il se contente de préconiser leur établissement dans toutes les provinces du royaume et renvoie pour le reste aux observations du marquis de Mirabeau dans son *Mémoire sur les états provinciaux* (1750), et surtout au *Mémoire au roi sur la création des assemblées provinciales* (1778) de Necker, qui avait conduit aux expériences des assemblées provinciales de Haute Guyenne et du Berry. Il s'attache surtout à décrire les qualités que doivent avoir les membres de ces assemblées. Il faut des hommes sages et vertueux qui sachent oublier leurs intérêts personnels. Les administrateurs des provinces seront «des hommes qui les habitent & les connaissent, (...) des hommes à qui la malversation ne sera pas possible, à qui le zèle et l'amour du bien seront nécessaires». Bref, ce seront des «pères aussi éclairés que tendres»[75]. Ensuite, il traite de la composition de ces assemblées provinciales. Sans reprendre à son compte l'idéal physiocratique de l'expérience de la Haute-Guyenne, du projet de Turgot et de celui de Calonne, idéal qui mettait l'accent sur la qualité de propriétaire des membres de ces assemblées, Lezay-Marnésia insiste plutôt sur les qualités *morales* des membres et recommande que toutes les couches de la société, *i.e.* tous les différents ordres, y soient représentées, car le but de ces corps intermédiaires est d'être le véhicule entre le roi et ses sujets. Le système fonctionne dans les deux sens. D'une part, c'est par les états que le roi sera renseigné sur la situation de l'empire; d'autre part, c'est par les états que seront communiquées au peuple les volontés du roi.

> Ce n'est que par l'ordre hiérarchique qu'un état peut se maintenir et prospérer. Il faut que des classes successives et qui se correspondent, descendent du roi jusqu'au peuple pour en manifester la volonté et remontent du peuple jusqu'au roi pour lui faire connaître la situation exacte de son empire. Sans ces rapports naturels et nécessaires, le despotisme amènera bientôt l'anarchie et tous les malheurs.[76]

Les assemblées provinciales ne sont pas les seuls corps intermédiaires à traduire la décentralisation. Les administrateurs et les nobles remplissent aussi cette fonction, de telle sorte que la société est structurée hiérarchiquement.

Dans l'édition de 1788 du *Bonheur dans les campagnes*, les assemblées provinciales conservent le même rôle d'intermédiaire. Mais la pensée de l'auteur a évolué. Ces assemblées ne sont plus seulement présentées comme la garantie de la fin des abus, elles constituent aussi le lieu où l'égalité prend forme. Lezay-Marnésia voit en elles le lieu de rassemblement des trois ordres qui se fondent afin de préparer un esprit national. Dans *Qu'est-ce que le tiers état?*, Sieyès portera le même jugement sur ces assemblées provinciales:

> Il est naturel de croire que les affaires publiques se traitant dans ces assemblées sans égard à l'ordre personnel, il se serait bientôt formé une communauté d'intérêts entre les trois ordres, qui aurait été par conséquent l'intérêt général; et la Nation aurait fini par où toutes les Nations auraient dû commencer, par être une.[77]

On sait qu'en 1789 Lezay-Marnésia sera l'un des quarante-sept membres de la noblesse à rallier le tiers état réuni en Assemblée nationale. Cette réflexion sur les assemblées provinciales, lue à la lumière de la réaffirmation des privilèges de la noblesse, montre l'esprit de ce ralliement. La réunion en corps unique n'existe en réalité qu'au niveau de l'assemblée. Pour un Lezay-Marnésia, elle n'implique pas la fin des intérêts particuliers de chaque ordre, puisque l'intérêt général dépend de l'harmonie entre ces intérêts particuliers. La hiérarchie aristocratique n'est donc pas remise en question.

Le quatrième chapitre de l'édition de 1788 est consacré aux administrations provinciales issues des réformes de Calonne et de Loménie de Brienne dans les provinces non gouvernées par le régime des états[78]. «C'est vraiment aujourd'hui qu'un bon roi devient le père d'un bon peuple, et que ce peuple immense peut se regarder comme la famille de ce bon roi»[79]. Il faut distinguer ici entre la réforme proprement dite, les intentions de Calonne et l'interprétation qu'un seigneur provincial éclairé pouvait en faire au début de 1787. Les raisons pour lesquelles Lezay-Marnésia fait l'éloge de ces nouvelles administrations sont les mêmes qui lui avaient fait souhaiter la généralisation des états provinciaux: la décentralisation par la multiplication des corps intermédiaires et donc l'intervention des notables dans la vie publique. L'idée était favorablement accueillie par les nostalgiques du passé et les partisans d'une société aristocratique. Les trois degrés d'assemblées prévus par la réforme — échelon municipal, échelon de district ou départemental, échelon provincial — semblaient redonner à la noblesse et aux propriétaires terriens un rôle dans la vie publique, notamment dans les paroisses rurales où l'assemblée municipale était officiellement composée du seigneur, du curé et de membres élus selon un régime censitaire. Cette institution des municipalités rurales semblait accroître le poids des seigneurs dans la vie locale. Signe de réaction nobiliaire? Oui quant à l'interprétation qu'un noble pouvait faire du projet de Calonne avant d'en étudier les détails d'application. Pas vraiment quant aux intentions de Calonne, imprégnées d'idées physiocratiques, notamment celles de Dupont de Nemours qui l'assiste dans la préparation de la réforme. En créant des assemblées provinciales, Calonne n'avait pour but ni la décentralisation ni la création de corps intermédiaires, comme le croyait Lezay-Marnésia. Ces assemblées sont quasi-représentatives, et Lezay-Marnésia applaudit à l'idée sans en mesurer les conséquences: la disparition d'une société d'ordres. Comme le fera remarquer Toulongeon, «l'institution des assemblées provinciales avait rappelé l'antique usage de délibérer sur les affaires publiques, et la forme admise dans ces assemblées avait préparé les ordres à l'idée de se réunir et de délibérer ensemble»[80]. Ce qui nous intéresse ici, c'est l'interprétation faite par Lezay-Marnésia. Voulant régénérer la constitution monarchique en redorant le blason de la noblesse, il acquiesçait à tout ce qui avait l'air d'une décentralisation. S'enfermant dans un discours moral, il ne raisonne pas en termes de rapports de forces. Il n'y a chez lui ni conscience politique ni cynisme rhétorique. Ce n'est pas vraiment au niveau du discours, conscient et raisonné, qu'il favorise la réaction nobiliaire, mais plutôt au niveau de ses représentations. Dans cette réforme des municipalités, comme dans celle des états provinciaux, il salue surtout la création de corps intermédiaires supplémentaires, une «hiérarchie qui rapproche les sujets du souverain, qui lie, qui consolide par le zèle et l'amour toutes les parties du gouvernement, et qui éclaire, facilite, abrège, assure toutes ses opérations». Ainsi, conclut-il, «du plus obscur village s'élèveront jusqu'au trône les accents de la reconnaissance et de l'amour, du trône descendront sur le moindre hameau la surveillance, la lumière et les secours»[81]. La réforme «éclaire», «facilite», «abrège» et «assure»; telle était l'intention de Calonne, qui désirait simplifier et uniformiser la machine administrative. La réforme doit aussi «rapprocher» sujets et souverains, créer un esprit d'harmonie: tel était également le but de Calonne. Il l'exprime dans sa *Réponse à Necker*, où il explique que l'administration nouvelle applique «l'idée d'un ordre graduel de délibérations suivant lequel l'émanation du vœu national (...) pourrait se faire d'une manière qui concilierait l'intérêt des peuples avec le maintien de l'autorité souveraine, (...) qui loin d'affaiblir l'obéissance, la fortifierait en l'éclairant, qui enfin exciterait de plus en plus l'amour de la patrie, ferait naître [l']esprit public (...) et formerait un nouveau lien entre un monarque chéri et des sujets reconnaissants»[82]. On l'a vu, Lezay-Marnésia salue la naissance de cet esprit national, au-delà des ordres, et le principe de la représentation. A la différence des seigneurs libéraux comme La Fayette et La Rochefoucauld, son soutien à la réforme de Calonne a des limites. On verra en effet, en analysant ce qu'il dit de la noblesse, qu'il réaffirme les privilèges du second ordre, comme en réponse à l'idée de Calonne de les supprimer et à celle de Loménie de Brienne d'introduire une réforme supplémentaire des assemblées provinciales en instaurant le vote par tête. S'il y a contradiction dans la pensée de Lezay-Marnésia, cela ne fait que confirmer ce qu'on sait déjà de lui: un homme généreux, qui est épris d'idées nouvelles sans en mesurer la portée, qui ne raisonne pas en termes politiques, qui reste incapable d'imaginer un système où la noblesse aurait disparu. Quand il approuve la réforme de Calonne d'instaurer des assemblées provinciales dans les pays d'élection, il croit y voir un prolongement et un perfectionnement des expériences de Necker en matière d'administration provinciale. *Le Bonheur dans les campagnes* ne fait pas la distinction entre les deux projets et ne voit que l'occasion donnée à la noblesse de pouvoir jouer à nouveau un rôle politique. Il échappe à Lezay-Marnésia que la prépondérance des ordres privilégiés, préservée dans les états provinciaux de Necker, disparaît dans le plan de Calonne, qui finalement nie la notion de corps intermédiaires. Les assemblées prévues par Calonne auraient été certes représentatives, dans un univers sans privilèges, mais elles auraient été composées de membres choisis par la couronne. Calonne ne voyait en elles que des corps consultatifs, des instances qui auraient donné un semblant de légitimité «populaire» aux décisions du monarque. Les intendants demeuraient les vrais décideurs. Au lieu d'être des organes de décentralisation, ces assemblées provinciales ne servaient que la centralisation. L'assemblée que Lezay-Marnésia appelait de ses vœux était, comme on l'a souligné, le lieu de rencontre des intérêts particuliers. Calonne, au contraire, voyait dans l'assemblée le moyen d'en «imposer aux prétentions du clergé, [de] prévenir les murmures de la noblesse, [de] constater le vœu national pour l'opposer à tous les intérêts particuliers»[83].

Au vu des options politiques de Lezay-Marnésia en Franche-Comté à la fin de 1788 et aux états généraux en 1789, il est difficile d'assimiler simplement son plan de régénération à une fronde, à une révolte nobiliaire. De 1787 à 1789 eut lieu un glissement. En 1789, il ne s'agit plus seulement d'identifier la fonction de la noblesse par rapport au pouvoir royal, mais de la légitimer par rapport au tiers état. C'est dans ce cadre que l'éthique et la poétique de l'école du retour à la campagne vont fonctionner comme une idéologie.

LE PERSONNEL ADMINISTRATIF

Le troisième outil de régénération est la réforme du personnel administratif, considéré corrompu car ne travaillant que dans son intérêt personnel. On trouve dans *Le Bonheur dans les campagnes* de longs passages sur les qualités dont doivent faire preuve les administrateurs. Il faut que les administrateurs soient sages, vertueux, incorruptibles. Il faut qu'ils aiment le bien et qu'ils habitent au milieu de leurs administrés. Enfin il est nécessaire qu'ils soient choisis dans tous les ordres de la société. Lezay-Marnésia résume toutes ces qualités en quelques mots: les administrateurs seront des «pères aussi éclairés que tendres»[84].

La fonction des administrateurs ne s'arrête pas à la simple répartition des impôts. Leur tâche sera aussi d'organiser l'instruction et de lutter contre l'oisiveté dans les campagnes. Lezay-Marnésia ne croit pas que leur fonction doive être seulement morale. Ils ont aussi un rôle économique à remplir, que ce soit par la création d'institutions spéciales pour favoriser l'agriculture ou par l'organisaiton des secours nécessaires en cas de mauvaises récoltes. Bref, l'administrateur est un bienfaiteur.

Du choix des administrateurs des provinces dépend la félicité de tout l'empire, dépend surtout la félicité des campagnes à qui les lumières et la vertu des chefs sont continuellement nécessaires pour les défendre contre les oppressions, les secourir dans les calamités, y amener l'industrie, y encourager le travail, y entretenir l'abondance et y former des établissements non seulement utiles pour les lieux où ils seront placés; mais qui, par leurs correspondances et leurs rapports, seront utiles pour le royaume entier.[85]

L'allusion aux sociétés d'agriculture et aux institutions de bienfaisance est évidente. Les qualités humaines ne suffisent pas aux administrateurs. Lezay-Marnésia pense en outre qu'«il faut que les importantes places, que leur a fait obtenir leur mérite, ne deviennent pas seulement pour eux des titres lucratifs; il faut qu'ils en remplissent tous les devoirs avec zèle, avec application, qu'ils résident habituellement dans les lieux qui les illustrent et les enrichissent»[86]. En 1800, dans *Les Paysages*, il reformulera ce principe et en fera une règle générale pour tout bon gouvernement:

Je crois le secret d'un bon gouvernement bien simple et bien sûr: c'est d'engager tous ceux qui peuvent être utiles dans un lieu à ne point se déplacer, ou à y retourner quand ils l'ont abandonné; et de forcer tous ceux qui ont des dignités, des emplois ou des charges, d'en remplir les fonctions, et par conséquent de rester où ils doivent être.[87]

Il s'agit d'une condamnation explicite des pratiques de la monarchie absolue. Intendants et administrateurs de toutes sortes vivront près de leurs administrés; évêques et abbés près de leur clergé et dans leurs monastères; seigneurs et riches propriétaires sur leurs terres, où s'enracine leur légitimité. Ce principe de la résidence de l'administrateur dans son district peut prendre un double sens. D'une part, il correspond à une politique qui refuse l'anonymat, l'abstraction du pouvoir, une politique où les rapports redeviennent personnels, une politique mue par l'esthétique de la sensation. En quittant leurs districts, les administrateurs «privent [les paysans] de l'exemple qu'ils leur doivent, & de la protection & des soins qu'ils ont droit d'en attendre»[88]. En y demeurant, ils deviendront «les amis, les protecteurs de l'habitant des hameaux»[89]. D'autre part, la résidence permet un meilleur contrôle. Ce qui frappe dans la description des vertus des administrateurs, c'est que les habitants des campagnes sont considérés comme ayant besoin d'une protection constante. L'opinion éclairée se méfie du paysan, et la présence de l'administrateur au milieu de ses administrés prend une double signification. Elle est à la fois une protection et une surveillance. La régénération vise plus à instaurer un système patriarcal qu'un système dans lequel les paysans trouveraient l'autonomie. Les intendants, par exemple, dont le rôle est si central que c'est d'eux «que dépend l'administration entière d'un pays»[90], ne ressembleront plus à des fonctionnaires impersonnels mais à «des pères de famille sages et intelligents qui visitent leurs héritages»[91]. Administrateurs, fonctionnaires, ecclésiastiques et militaires, remplissent ce rôle de protecteur des communautés villageoises, rôle qu'ils partagent avec les nobles. Cette fonction de protection se décompose en trois tâches: secourir, éclairer et prévoir. Secourir pour améliorer les conditions de vie; éclairer pour propager la vertu et faciliter la production; prévoir pour une plus grande efficacité.

Lezay-Marnésia offre donc une administration moulée sur les besoins réels de la population. Sa hantise des abus est telle, qu'il recommande la limitation de la durée du mandat des intendants et l'adoption du principe de transfert d'une généralité à l'autre. Il suggère même la création d'un tribunal administratif, «un conseil composé des hommes les plus instruits & les plus intègres de la nation»[92], qui serait chargé de régler les conflits entre les individus et les fonctionnaires. Sa position ne change pas dans l'édition de 1788 du *Bonheur dans les campagnes*. La mission des administrateurs reste la même; il s'agit d'unir les intérêts du roi aux intérêts des sujets en réprimant les abus et en administrant avec justice.

LA RELIGION

Le Bonheur dans les campagnes n'offre pas de pensée religieuse à proprement parler, mais des réflexions sur les institutions ecclésiastiques. La pensée de Lezay-Marnésia en matière de religion et d'organisation religieuse se trouve au croisement de deux traditions, celle des encyclopédistes et celle de Rousseau. En encyclopédiste, Lezay-Marnésia croit que la religion doit se soumettre au critère d'utilité. Tout d'abord, il pense qu'il faut mettre fin au fanatisme et à la superstition; ensuite il propose de rationaliser l'église en tant qu'institution afin qu'elle soit orientée uniquement vers une fonction sociale; enfin il souligne l'importance de la fonction morale de la religion dans l'instruction des habitants des campagnes. Mais Lezay-Marnésia est aussi un lecteur de Rousseau et adhère aux idées sur la religion développées dans *La Profession de foi du Vicaire Savoyard*. On retrouve chez lui l'idée que la vertu a abandonné le corps du clergé pour se réfugier chez les simples curés de campagne, où elle prend la forme d'une religion du cœur et de la conscience. Toutefois, en raison du caractère didactique du *Bonheur dans les campagnes*, c'est plus l'aspect utilitaire de la religion que la spiritualité qui est souligné.

Les développements sur la religion sont longs et apparaissent partout dans le texte. Il ne fait pas de doute que dans l'esprit de Lezay-Marnésia le facteur religieux est l'un des outils fondamentaux de la régénération. Ses idées gravitent autour de cinq points: le caractère de la religion, l'organisation de l'église, les qualités et les devoirs du clergé, le clergé inutile et le clergé utile.

Quand Lezay-Marnésia parle de religion, il faut bien se rappeler qu'il n'écrit pas un traité général des principes politiques mais un plan de régénération pour la

France. Il fait rapidement référence à Montesquieu pour montrer que la religion est nécessaire pour établir et maintenir l'ordre dans une société. On retrouve partout cette idée que la religion est la base de l'obéissance du peuple. «Le plus ferme appui de l'état, c'est l'obéissance du peuple, écrit Gros de Besplas, et l'unique appui de cette obéissance, c'est la religion»[93]. Après avoir établi ce principe de nécessité, Lezay-Marnésia passe au cas français et affirme la supériorité du christianisme. Il base cette supériorité sur deux facteurs. D'une part, le christianisme primitif, celui de l'évangile — et non la doctrine de l'église — est tout simplement la loi naturelle sous une forme écrite. D'autre part, le christianisme est un ensemble de vertus naturelles, qui suffisent à régénérer un pays lorsqu'elles sont mises en pratique. Cette description de la religion en fait donc un outil répondant au critère de l'utilité. Tout ce qui vient ternir le christianisme primitif est considéré comme une altération de l'intégrité du principe religieux. C'est pourquoi Marnésia attache tant d'importance au choix des pasteurs et à leurs qualités. Il leur assigne un double rôle: mettre en pratique les vertus chrétiennes et naturelles pour régénérer le pays et préserver l'intégrité du message apostolique dans sa pureté originelle.

L'édition de 1788 du *Bonheur dans les campagnes* offre une réflexion supplémentaire sur la nécessité de la religion. Si la religion est considérée comme nécessaire à la moralité, elle ne l'est pas d'une manière identique pour toutes les couches de la société. C'est le peuple — et par «peuple» Lezay-Marnésia entend toujours les paysans — qui a besoin de religion.

Pour rappeler les mœurs antiques et bonnes, pour fortifier la probité qui tous les jours s'affaiblit, [les administrateurs] peuvent employer trois ressorts bien puissants en des mains sages et habiles: la religion dans les campagnes, l'honneur dans les villes, et parmi eux la vertu. Je sais que ce n'est que par la réunion de ces trois puissants mobiles qu'on peut opérer une révolution si désirable; mais je sais aussi que ce n'est ni de la même manière ni avec la même force que chacun d'eux doit agir sur les différentes classes. Le peuple, qui réfléchit peu, qui manque d'instructions, a besoin que la religion lui en donne de piquantes, qu'elle le détourne du vice par les craintes qu'elle inspire, qu'elle l'élève au bien par les récompenses qu'elle promet, nourrisse en lui le sentiment d'honneur qui lui convient, et qu'elle lui fasse pratiquer toutes les vertus qui lui sont propres.[94]

La vertu incorruptible est présentée comme l'apanage des administrateurs; l'honneur, comme celui des nobles seulement, car par «ville» Lezay-Marnésia n'entend jamais la bourgeoise négociante, qui tient fort peu de place dans le plan de régénération; la religion est l'apanage des campagnes. Il attribue ainsi à la religion un rôle de discipline morale. Elle enseigne aux paysans les vertus et l'honneur qui conviennent à leur état. De la même façon l'action bienfaisante du roi et de ses fonctionnaires a pour but de créer des conditions d'existence appropriées à l'état paysan, l'état de «médiocrité». Cette réflexion est dans la logique d'une pensée qui considère la paysannerie comme une catégorie sociale peu instruite et dont il faut se méfier. Tout cela est d'autant plus évident que le discours de régénération s'inscrit dans une convention littéraire utopique, qui souligne les vertus innocentes de la campagne. Le système patriarcal proposé n'est pas sans annoncer l'idéal de l'alliance du trône et de l'autel:

> Cette union des seigneurs et des ministres des autels est peut-être la principale cause du bonheur qui règne dans les villages d'Angleterre et de la supériorité de caractère qu'ont les cultivateurs anglais sur ceux de la France. L'accord de ces deux hommes vertueux (...) n'est-il pas assez puissant pour que bientôt la félicité naisse autour d'eux? (...) La paix, l'aimable communication des idées, le charme des projets utiles, le ravissant plaisir de voir des visages satisfaits, le tableau des campagnes devenues plus fertiles, le spectacle du bonheur dont ils seront entourés, les feront eux-mêmes jouir de tout le bonheur qu'on peut goûter sur la terre.[95]

La réforme de l'organisation de l'église recommandée par Lezay-Marnésia passe, comme celle de l'organisation de l'état, par la décentralisation et l'esthétique de la «connaissance» sensible. Il s'agit de rapprocher les ministres du culte, et surtout les évêques, de la réalité de la vie dans les campagnes. Dans ce but, Lezay-Marnésia propose la création d'une assemblée composée d'ecclésiastiques éclairés qui représenteraient tous les diocèses. Chaque province nommerait ou élirait — aucune indication n'est donnée sur ce point — quatre ou six députés. La fonction de cette assemblée serait de maintenir un contact permanent entre la hiérarchie ecclésiastique et les paroisses. Le projet peut surprendre mais son principe est très classique et aura un grand avenir dans l'Eglise: c'est appliquer aux institutions religieuses la théorie des corps intermédiaires.

Il est aussi recommandé à l'évêque, comme au souverain, de visiter les campagnes, afin de mieux connaître les besoins locaux et de découvrir par lui même la cause de la misère. La description des tâches de l'évêque rappelle fortement celle des fonctions du roi. On en a vu un exemple à propos de l'hommage rendu par Lezay-Marnésia à son ami l'évêque de Belley[96]. Il existe un parallèle presque parfait entre l'organisation civile et l'organisation ecclésiastique. Toutes deux sont construites sur les mêmes principes. De même qu'il est demandé au roi d'abolir les corvées, il est demandé aux évêques de supprimer le casuel, c'est-à-dire les honoraires que les fidèles paient aux prêtres pour les services religieux rendus. Les qualités et les devoirs du clergé sont comparables aux qualités et aux devoirs des administrateurs. Pour Lezay-Marnésia, les ecclésiastiques doivent agir comme des fonctionnaires du culte. Les qualités des futurs ministres du culte sont la sagesse, les bonnes mœurs et les vertus. Leurs devoirs sont au nombre de trois. Voici comment sont décrits les devoirs des évêques:

Le peuple a le droit d'attendre des soins de ses pontifes; quand ils ne les lui donnent pas, ils le privent de sa propriété la plus sacrée; ils lui doivent, dans tous les temps, leur présence, et, par eux-mêmes et par leur clergé, l'instruction; ils lui doivent une surveillance continuelle qui préserve les mœurs, qui prévienne les maux autant qu'il est possible et les répare quand il n'a pas été moyen de les empêcher; ils lui doivent des soulagements efficaces dans ses besoins, des consolations puissantes dans ses peines, des secours abondants et des sacrifices entiers dans ses calamités; ils lui doivent surtout une conscience qui ne trompe pas les pontifes eux-mêmes sur l'immense étendue de leurs obligations. (...) L'esprit du christianisme est une charité vive, agissante et tendre. Il veut que les hommes soient les uns pour les autres des frères, et que les pontifes aient non seulement le zèle apostolique, mais il veut encore plus qu'ils aient la sensibilité paternelle.[97]

La parallèle établi entre les devoirs de l'évêque et ceux du roi est parfait. L'attention constante de l'évêque pour ses fidèles et celle du monarque pour ses sujets relèvent de la même conception patriarcale de la société. Les trois rôles de l'évêque sont identiques à ceux du roi: régulateur, instituteur et patriarche. Ces rôles ont un but moral. La première fonction du roi est une fonction de régulation; il en est de même pour l'évêque qui s'occupe de l'assistance et des soins à tous les niveaux. La deuxième fonction du roi est une fonction enseignante, dans laquelle il est assisté des nobles; l'évêque est lui aussi chargé, en collaboration avec son clergé, de l'instruction des fidèles. Enfin, le roi doit faire fonction de père; l'évêque lui aussi doit avoir la sensibilité paternelle. Pour cela, Lezay-Marnésia recommande aux évêques d'établir une relation permanente et directe avec leurs fidèles. Ainsi les évêques seront-ils «des guides sûrs, des anges pacificateurs, les ministres de la charité»[98]: enseignants, pères et bienfaiteurs. En outre, comme le roi et ses administrateurs, l'évêque est chargé, avec son clergé, de surveiller le peuple. La signification de cette surveillance n'est pas unidimensionnelle. La surveillance est l'outil principal de l'art de gouverner. Il s'agit de prévenir et de guérir, c'est-à-dire de protéger. Il s'agit aussi d'opérer une surveillance dans le sens carcéral du terme, c'est-à-dire de veiller à ce que les sujets ne sortent pas du droit chemin de la moralité et de l'utilité.

Il n'y a ainsi rien qui distingue vraiment les ecclésiastiques des employés civils. On leur demande même d'avoir plus «la sensibilité paternelle» que «le zèle apostolique». Toutefois, Lezay-Marnésia insiste particulièrement sur la conscience que les ministres du culte doivent avoir de leurs devoirs, alors que dans le cas du personnel civil il insistait surtout sur les vertus. Le tableau des vertus propres à chaque catégorie sociale est maintenant complet: la religion pour le peuple, l'honneur pour la noblesse, la vertu pour les administrateurs, la conscience pour le clergé. On remarquera que ces principes sont comme des rappels de la place respective que chaque groupe doit occuper selon ses fonctions dans la société. Les administrateurs de l'Ancien Régime, que Lezay-Marnésia considérait comme corrompus, doivent être incorruptibles. Le clergé, qu'il considérait comme ayant oublié ses devoirs, doit s'attacher à les remplir consciencieusement. Quant à la noblesse, elle doit retrouver le sens de l'honneur après avoir connu la volupté du luxe dans les villes. Enfin les habitants des campagnes doivent se laisser instruire moralement par la religion, qui leur dispense un enseignement simple, approprié à leur niveau.

L'utilité du clergé est donc sociale et morale avant d'être religieuse, au sens strict du terme. Cette conception se reflète, par exemple, dans la formation donnée par les séminaires. Les séminaristes y apprendront certes la théologie, mais la priorité sera ailleurs. Le séminaire est avant tout «l'école de l'humanité»[99]. On y enseignera surtout la charité. Lezay-Marnésia pense qu'il faut avant tout apprendre aux futurs ministres du culte à se rendre utiles. Le plan d'éducation des futurs prêtres est construit en fonction des connaissances nécessaires à la vie à la campagne: amour des lettres, physique, géométrie, notions de jurisprudence. Une fois installés dans leurs paroisses, les prêtres auront pour tâche d'éclairer les travaux des laboureurs et de leur apprendre à rendre les terres plus fécondes. Ils aideront également les seigneurs dans l'exercice de la bienfaisance. Aussi, cette éducation est-elle établie sur «l'esprit patriarcal» et sur «le sentiment de l'amour»[100]. Ce critère d'utilité morale et sociale est si important aux yeux du marquis qu'il n'hésite pas à demander la suppression ou la reconversion de toute une partie du clergé qui, en fonction de ces critères, apparaît être inutile. Les besoins de Dieu ne sont pas ceux de la société.

> Quelle foule d'abbés commendataires, de prieurs, de chanoines, d'ecclésiastiques et de religieux de tous les ordres, dont on doit croire que les vœux continuels, ardents et purs sont agréables au Seigneur, mais à qui la patrie ne doit pas de reconnaissance puisqu'ils mènent une vie absolument inutile pour elle! [101]

Cette citation, qui reflète l'opinion générale des Lumières, est extraite du chapitre où sont analysés l'oisiveté et le luxe. La religion est soumise à la bienfaisance et le salut est conçu en termes moraux. Le marquis de Pezay, qui soutient le projet d'intéresser les curés à l'éducation des laboureurs, offre, en raccourci, une définition fonctionnelle de la religion, qui correspond à celle de Lezay-Marnésia:

> Le but de la religion est et doit être, selon moi, de faire faire au sujet le plus sûrement son salut en servant le plus utilement son prince. C'est remplir les deux objets que de rendre le sujet plus laborieux et plus intelligent. L'occupation ne lui permet pas de songer au mal; l'industrie féconde les campagnes; c'est donc bien servir le ciel et l'état. (...) Ce seraient d'excellents prônes pour les villages que des conseils éclairés sur l'agriculture et la lecture de certains chapitres de M. Tissot. L'abondance et la joie naîtraient du premier point du sermon; la santé naîtrait de l'autre.[102]

Sermons sur l'agriculture, sermons sur l'hygiène et la médecine — Tissot était l'un des premiers médecins du royaume — c'est ce que recommande aussi *Le Bonheur dans les campagnes*. Quant à l'aspect spirituel de la religion institutionalisée, il ne trouve aucune grâce aux yeux de Lezay-Marnésia. Comme le vicaire savoyard de Rousseau, Lezay-Marnésia professe une spiritualité personnelle. Comme les encyclopédistes, il pense que les institutions religieuses n'ont de justification que dans leur utilité morale et sociale.

Le plan de régénération proposé suggère des solutions radicales. Les collégiales et les chapitres canoniaux disparaîtront, et leurs revenus seront distribués aux curés pauvres. Les chanoines seront envoyés dans les campagnes, où leur vie ne sera plus partagée entre l'oraison et le repos mais entre l'oraison et la charité. Le plan prévoit aussi une rationalisation de l'organisation monastique. Les couvents et les monastères où ne vivent que peu de religieux seront fermés, et leurs moines et moniales envoyés dans les monastères où la communauté est plus nombreuse. Ces monastères où vivront de nombreux religieux devront se réformer pour retrouver l'esprit original de la règle, ou ils seront fermés eux aussi. Quant aux monastères vides, ils seront vendus; et l'argent de la vente sera donné aux congrégations engagées dans des œuvres de charité.

A ce clergé inutile, Lezay-Marnésia oppose un clergé utile composé de deux catégories de religieux: d'une part les frères et sœurs de la charité et d'autre part les curés de campagne. Sur les ruines d'un monachisme dégénéré, Lezay-Marnésia suggère de créer une nouvelle forme de monachisme, un monachisme orienté vers l'action sociale et adapté aux besoins des campagnes. Il propose de multiplier les maisons des frères de la charité avec l'argent qui viendra de la vente des biens des ordres monastiques inutiles. Toutefois le but de cet ordre ne sera pas la pratique de l'aumône. Il s'agira surtout d'améliorer les conditions de vie dans les campagnes. C'est pourquoi Lezay-Marnésia prévoit qu'on enseignera aux futurs frères la chirurgie, la médecine de base et la médecine vétérinaire. Dans ces maisons, on donnera aussi des cours spéciaux sur les méthodes d'accouchement, enseignement que les sages femmes des villages devront suivre obligatoirement. Une fois sa formation terminé, le frère de la charité sera assigné à une paroisse. Lezay-Marnésia suggère aussi de créer un ordre des sœurs de la charité qui vivrait sous la même règle que les congrégations lazaristes d'hommes et de femmes créées par Saint Vincent de Paul et Louise de Marillac au dix-septième siècle[103]. Le rôle de ces religieuses ne sera pas seulement un rôle d'assistance aux plus pauvres; elles rempliront aussi une fonction enseignante. Elles formeront des infirmières des campagnes et seront chargées de l'instruction des filles. Le but de ces congrégations jumelles est donc principalement d'organiser des secours médicaux dans le village et de veiller à l'hygiène des habitants.

Lezay-Marnésia se situe dans la tradition des encyclopédistes[104]. Les nouvelles fondations qu'il propose de créer ne sont pas des institutions qui pratiqueront l'aumône. Aux yeux des encyclopédistes l'aumône n'était que le moyen d'entretenir la pauvreté:

Faire vivre gratuitement un grand nombre d'hommes, c'est soudoyer l'oisiveté et tous les désordres qui en sont la suite; c'est rendre la condition du fainéant préférable à celle de l'homme qui travaille. (...) Pour sentir l'abus de ces aumônes mal dirigées, qu'on suppose un état si bien administré qu'il ne s'y trouve aucun pauvre. (...) L'établissement d'un secours gratuit pour un certain nombre d'hommes y créerait tout aussitôt des pauvres, c'est-à-dire donnerait à autant d'hommes un intérêt de le devenir en abandonnant leurs occupations; d'où résulteraient un vide dans le travail et la richesse de l'état, une augmentation du poids des charges publiques sur la tête de l'homme industrieux, et tous les désordres que nous remarquons dans la constitution présente des sociétés. C'est ainsi que les vertus les plus pures peuvent tromper ceux qui se livrent sans précaution à tout ce qu'elles inspirent.[105]

L'optique des encyclopédistes est résolument moderne et tourne le dos aux institutions charitables. Le monachisme social proposé par Marnésia ne pratique pas l'aumône. Il s'agit d'éduquer et d'éclairer les habitants des campagnes, de rendre leurs conditions de vie plus saines afin qu'ils puissent mieux travailler.

Toutefois, les frères et les sœurs de la charité n'ont pas l'exclusivité de l'utilité. Les ecclésiastiques présentés comme les plus utiles sont les curés de campagne. De nombreux passages du texte sont une véritable apologie du curé de campagne, où se mêlent réalisme et utopie littéraire:

Les curés répandus dans les campagnes, charitables, sans richesses, vertueux sans gloire et sans récompense, de tous les hommes les plus utiles, sont pour le peuple des agents de la providence, des anges consolateurs et secourables. Par leurs discours, par leurs actions et même par leurs larmes, ils soutiennent les malheureux, soulagent les malades, trouvent les moyens de procurer aux pauvres du pain et des vêtements, et font quelquefois dans les hameaux sourire l'espérance.[106]

Cette valorisation du rôle des curés de campagnes est caractéristique de la fin de l'époque des lumières. Elle correspond aussi à un courant littéraire. Une illustration en est *La Profession de foi du vicaire savoyard* de Rousseau, mais aussi les nombreux curés dévoués au bien public qui peuplent l'œuvre de Rétif de la Bretonne. Le curé de campagne, qui est non seulement vertueux mais participe aussi au progrès de l'agriculture, occupe une place importante dans l'idéalisation de la campagne et dans la représentation de l'âge d'or. Dans l'*Epître à mon curé*, Lezay-Marnésia attribue à son curé les qualificatifs de «patriarche de mon village», «pasteur d'innocentes brebis», «guide éclairé», «prêtre doux», «ami sage», «bon pasteur». Le curé qu'il décrit est un bienfaiteur des campagnes, qui fait profiter le paysan de ses connaissances, soulage le pauvre de ses maux et devient l'ami de tous:

De tendres pleurs inondent mon visage
Quand je te vois aider un malheureux.
O bon Pasteur! dans la triste chaumière
Tu ne te bornes pas à porter la lumière.
Le pauvre en te voyant ne forme plus de vœux.
Tu deviens son ami, son compagnon, son frère,
De lui tes soins écartent la misère,
Il s'attendrit, soupire et renaît sous tes yeux[107].

Entre le curé et le seigneur, peu de différence. Ce sont les «pères» du hameau; ils consolent, aiment et servent les habitants du village. Tout cela correspondait à une certaine réalité, et la pensée du marquis reflète les préoccupations des habitants des campagnes. A la fin de l'Ancien Régime, le curé était souvent le centre de la vie du village. En l'absence des seigneurs installés dans les villes, qui plus souvent que rarement ne se manifestaient que sous la forme d'une autorité impersonnelle, c'est le curé qui exerçait une sorte de patronage. Il faisait office de notable local, servait de relais à l'administration et jouait le rôle d'arbitre dans les conflits locaux. Mais surtout il remplissait la fonction informelle de conseiller agricole. Les trois quarts des curés avaient une petite exploitation agricole de quatre ou cinq hectares, qui donnait du travail aux ouvriers, et dans laquelle ils pouvaient expérimenter les nouvelles méthodes d'agriculture. L'analyse du contenu des bibliothèques des curés montre qu'elles étaient riches en ouvrages agronomiques[108]. Il existe aussi de nombreux documents qui prouvent que le curé informait régulièrement les paroissiens des conditions météorologiques. Le paiement de la dîme faisait du curé un privilégié, mais un petit privilégié. Les villageois savaient que c'était surtout les abbés et les abbesses des monastères et les chanoines qui profitaient de la dîme. C'est ainsi qu'on trouve dans les régions rurales des cahiers de doléances qui réclament la suppression du clergé inutile et défendent avec vigueur les curés, tout en réclamant la suppression du casuel. Au moment de la campagne électorale des Etats généraux, une chanson circule dans la région de Bourg-en-Bresse:

Les abbés seront supprimés,
les chanoines et puis les capucins;
quant à notre vicaire avec notre curé,
ils sont utiles, il faut les conserver.[109]

Pratiquement, la suppression du casuel devait être compensée pour permettre aux curés de campagne de continuer à remplir leurs fonctions. Pour remédier à ce manque à gagner, le marquis propose que les revenus des biens des collégiales supprimées soient distribués aux curés de campagnes. De cette façon, les curés ne seraient plus à la charge des villageois. *Le Bonheur dans les campagnes* magnifie le rôle du curé. Il est décrit à la fois comme l'ami du pauvre, comme son frère et comme son père. Il doit avoir les mêmes qualités que les évêques et les administrateurs: être sage, éclairé et humain. Son rôle sera donc central dans la communauté villageoise, et en cela Lezay-Marnésia ne fait que donner un caractère normatif à la description de la réalité villageoise de Moutonne et de Saint-Julien. Il résume le rôle du curé en trois propositions. Tout d'abord, le curé fera profiter les villageois de son instruction religieuse et morale. Ensuite, il surveillera les habitants des campagnes comme le font les administrateurs. Enfin, il communiquera aux paysans le goût pour l'agriculture moderne.

L'INSTRUCTION

On aura remarqué que les agents de la régénération, le roi et les évêques, les administrateurs et les curés, ont tous une fonction enseignante. L'instruction des habitants des campagnes est présentée en effet comme l'un des moyens fondamentaux de la régénération. La pensée de Lezay-Marnésia s'inscrit à la fois dans le cadre comtois et dans le débat sur l'instruction populaire, qui occupe l'élite éclairé de 1770 à 1789. La Franche-Comté, surtout grâce à la réforme catholique, est à la fin du dix-huitième siècle l'une des provinces les mieux scolarisées. Les maîtres d'école sont relativement nombreux, même dans les villages. L'enseignement reste soumis à l'instruction religieuse et à la morale, mais on enseigne la lecture, l'écriture, le calcul et le chant. A la fin du siècle, environ 80% des Comtois, estime Vernus, savent lire et signer leur nom, mais seulement le tiers des Comtoises[110]. Cette situation permet de comprendre pourquoi Lezay-Marnésia, mais aussi toute l'élite de la province, insistera sur l'instruction à donner aux filles pauvres. A une époque où la vie familiale devient modèle de vertu, parfois modèle de gouvernement, dans tous les cas lieu de socialisation, le rôle de la femme prend une grande importance.

En ce qui concerne les débats de l'époque sur l'instruction populaire, on ne rappellera ici que les principaux axes de la pensée des Lumières. L'étude détaillée de la question a été faite par Harvey Chisick[111], dont nous sommes en partie redevable pour la présentation des éléments du débat. L'idée que l'instruction du paysan était nécessaire ou non dépendait surtout de la conception qu'on se faisait du peuple. Cette conception n'était pas uniforme et ne cessait pas d'évoluer. Vers le milieu du siècle, la majorité des Lumières pensait sans doute comme Voltaire, qui préférait que ses laboureurs fussent ignorants. En 1763 La Chalotais avait publié un *Essai d'éducation nationale*, dans lequel il étudiait les problèmes généraux en matière d'éducation après l'expulsion des jésuites. Faisant la théorie de l'adéquation de l'instruction à la condition sociale, il reflétait le point de vue des Lumières de l'époque:

> Le bien de la société demande que les connaissances du peuple ne s'étendent pas plus que ses occupations. Tout homme qui voit au-delà de son triste

métier, ne s'en acquittera jamais avec courage et patience. Parmi les gens du peuple il n'est presque nécessaire de savoir lire et écrire qu'à ceux qui vivent par ces arts ou à ceux que ces arts aident à vivre.[112]

Il croyait donc que l'instruction était nuisible au bien public si elle était donnée à ceux qui n'en avaient pas besoin dans l'exercice de leur métier. L'instruction doit être proportionnée à la condition sociale; son but est strictement utilitaire.

Une partie de l'élite éclairée s'entend toutefois pour donner un minimum d'instruction aux masses populaires. Il s'agit de fournir juste ce qu'il faut d'instruction religieuse et morale pour que les paysans soient libérés des problèmes causés par les superstitions. C'est de cette opposition entre la répugnance à donner une instruction au peuple et la nécessité de lui donner un minimum de lumières pour échapper aux superstitions qu'émerge ce qui va devenir peu à peu le *credo* des Lumières en matière d'instruction. Ce minimum d'instruction est présenté comme utile à l'amélioration sociale et économique. Il favorise une plus grande harmonie des relations entre les groupes sociaux, qui contribue à son tour au bien public. Il ne s'agit donc pas d'un droit du peuple à l'instruction. En quelque sorte, l'instruction du peuple relève de la bienfaisance. On va considérer comme un devoir de donner au paysan un minimum d'instruction pour qu'il puisse mieux remplir ses tâches et ainsi mieux travailler dans l'intérêt général.

L'intérêt pour l'instruction des masses populaires et en particulier des paysans s'accroît surtout après 1770. La pensée de la majorité de l'élite éclairée confirme la tendance à lier l'instruction aux besoins spécifiques de chaque état, mais le critère de l'éducation devient une utilité plus diversifiée: une utilité morale, sociale et économique. C'est à cette époque que se multiplient à l'usage des habitants des campagnes des «catéchismes», dont l'enseignement se présente sous forme de dialogues et de maximes faciles à apprendre par cœur. Il ne s'agit plus de catéchismes religieux; ce sont des catéchismes de morale et d'économie rurale, qui mettent à la portée des paysans les résultats des travaux savants. On continue à penser que l'instruction religieuse est indispensable au peuple, mais on croit aussi qu'elle doit comporter des matières non religieuses et surtout une morale séculière, qui s'ancre dans la loi naturelle.

Une partie de l'opinion éclairée, notamment les nobles libéraux, pense toutefois que l'instruction populaire doit dépasser le niveau des catéchismes. Lire, écrire et compter sont à leurs yeux un minimum nécessaire même si le contenu de l'instruction doit rester celui des catéchismes, c'est-à-dire la religion, la morale et l'agriculture. Il est certain que Lezay-Marnésia doit beaucoup sur ce point à son ami Philipon de la Madelaine, qui en 1783 aborde la question de l'instruction populaire dans son essai *Vues patriotiques sur l'éducation du peuple, tant des villes que de la campagne.* Les idées présentées dans cette œuvre sont, en partie, celles qu'on retrouve chez Lezay-Marnésia. Celui-ci y fait d'ailleurs explicitement référence dans l'édition de 1788[113]. L'instruction est présentée comme un moyen de régénération, mais aussi comme un moyen de contrôle social. On doit apprendre au peuple à subsister par son travail. On doit donner aux paysans les outils intellectuels nécessaires pour qu'ils puissent mieux faire fructifier leurs cultures. Lire ne veut donc pas dire avoir accès à la littérature ou à la philosophie: ce sont des matières qui ne concernent pas l'économie domestique. Il suffira au paysan de savoir assez lire pour comprendre des manuels simples d'économie rurale. Le principe de l'instruction conforme à l'état n'a pas changé. Ce qui a changé, c'est ce qu'on croit être nécessaire pour bien remplir les devoirs de son état. On peut lire dans le *Journal encyclopédique* de 1774:

> Le but général de tout plan d'éducation est que ceux qu'on y assujettit deviennent, en le suivant, aussi utiles qu'ils peuvent l'être dans le rang et dans la situation où la providence les a placés. Tous les accessoires qui font perdre de vue ce but doivent être rejettés comme chimériques et pernicieux.[114]

Philipon de la Madelaine ne dit rien d'autre:

> Eclairez les enfants du peuple sur tout ce qui tient à sa condition; instruisez-les de ce qu'ils doivent savoir et faire quand ils seront grands; donnez-leur à cet égard toutes les instructions et toutes les lumières dont vous serez capable ou dont ils seront susceptibles. Mais n'allez pas plus loin.[115]

Il est particulièrement précis sur les limites de cet enseignement. Si on doit enseigner au peuple «les choses qui peuvent influer sur son bien être, façonner son âme à la vertu, former ses organes aux différentes professions qui lui sont propres», il n'est pas question de l'introduire à l'étude des langues, des sciences, des lettres et des arts. Cette instruction, dit-il, «on doit l'éloigner du peuple; l'ignorance est préférable»[116]. C'est la raison pour laquelle il critique la multiplication des écoles dans les villages et qu'il s'oppose à l'idée d'apprendre à écrire aux laboureurs, qui ont seulement besoin de savoir signer leur nom.

> Il n'est pas de hameau qui n'ait son grammairien. Et qu'y fait-il autre chose que de semer parmi les manœuvres, les artisans, les laboureurs, le dégoût de leurs professions?[117]

Pour Philipon de la Madelaine, de telles pratiques ne font qu'accroître l'émigration des campagnes vers les villes et donc qu'augmenter le nombre des domestiques et des moines. Il conclut:

> Lui faire aimer son sort, voilà le vrai but de l'éducation du peuple; et le moyen d'y parvenir est de ne lui montrer d'autres voies de s'élever au-dessus de son état que de s'y rendre recommandable.[118]

Le même principe d'utilité commande le contenu de l'enseignement religieux. Il n'est pas question d'enseigner des principes théologiques. La religion des paysans est une religion sociale et morale. Il s'agit d'éloigner le paysan des vices, comme le vol, l'oisiveté ou l'ivresse. Il s'agit aussi de lui faire accepter sa condition, de le rendre heureux au sein de son état. La religion du paysan est pour l'opinion éclairée à la fois un moyen d'édification morale et un moyen de contrôle social.

Lezay-Marnésia partage cette opinion sur l'instruction à donner aux habitants des campagnes et sur les buts de cette instruction, mais au niveau de l'application on verra qu'il se montre plus hardi, plus éclairé, que son ami Philipon de la Madelaine. Par exemple, il est partisan d'apprendre à écrire aux paysans et aux artisans, et de créer une école dans chaque village. Les principes restent toutefois inchangés: il s'agit d'une instruction conforme à leur état et d'un enseignement réduisant la superstition.

> L'instruction, mais une instruction exactement proportionnée à leur condition, est nécessaire, non seulement pour eux, mais aussi pour la prospérité; elle doit être simple, facile, religieuse, et avoir pour objet tout ce qui est relatif à la vie champêtre. Il faut leur apprendre à connaître, à aimer, à craindre un Dieu juste, puissant et bon. Il faut éloigner d'eux la superstition absurde; mais les pénétrer de l'esprit d'une religion dont les menaces sont si terribles pour les riches pervers, et qui fait des promesses si magnifiques aux pauvres résignés et patients. Dans la peine, dans la souffrance, dans l'abandon, ils se souviendront qu'ils ont leur Dieu pour père; ils lèveront leurs yeux au ciel, et le courage et la consolation ranimeront leurs cœurs.[119]

Comme Necker et comme Philipon de la Madelaine, Lezay-Marnésia pensait que la religion avait pour fonction, auprès des paysans, de consoler des peines et de protéger des vices. Comme l'écrit Philipon de la Madelaine, «la religion doit être toujours la morale du peuple»[120]. Le bon enseignement de la religion pouvait en outre déraciner la superstition et le fanatisme, qu'on considérait comme nuisibles à la prospérité générale, tandis que le bon enseignement de la piété renforçait l'impératif moral.

Cependant morale et religion ne sont qu'un des aspects de l'instruction. Lezay-Marnésia, comme bien d'autres seigneurs éclairés et comme la plupart des agronomes, recommande, outre la lecture et l'écriture, outre la morale et la religion, un enseignement pratique ouvert aux techniques modernes de l'agriculture. C'est en celà qu'il faut considérer l'instruction comme l'un des principaux moyens de la régénération. Comme les agronomes, il recommande la création d'écoles d'agriculture. Ces écoles ne sont pas conçues comme des académies savantes, mais comme des fermes-modèles où l'on peut expérimenter les nouvelles méthodes, à l'image des écoles fondées par les sociétés d'agriculture. On trouve dans *Le Bonheur dans les campagnes* une liste des sujets qui seront enseignés dans ces écoles d'agriculture. Les jeunes gens seront initiés aux arts mécaniques, qu'il faut connaître pour augmenter la productivité des terres. Ils seront initiés aussi à l'agriculture savante dans des traités d'agronomie simples. Ils apprendront aussi les bases de la médecine vétérinaire et des métiers faciles à exercer en hiver, quand le travail de la terre est impossible. Enfin — et Lezay-Marnésia se montre très novateur sur ce point, même s'il ne développe pas l'idée — ils recevront une initiation commerciale.

Alors qu'une partie de l'opinion éclairée déconseillait la lecture, même la lecture des œuvres populaires de la *Bibliothèque bleue*, Lezay-Marnésia propose que soit constituée dans chaque paroisse une bibliothèque publique pour les habitants des campagnes, aussi bien les hommes que les femmes. Les livres qu'il recommande sont tous choisis selon le principe d'utilité: livres d'économie rurale et ouvrages de morale. Il conseille qu'il y ait aussi dans ces bibliothèques des livres d'histoire pour enseigner la morale par l'exemple. Ces propositions étaient loin d'être anodines à l'époque. Il y a chez Lezay-Marnésia un véritable effort pour améliorer la condition intellectuelle des campagnes, même si les limites sont bien tracées. On pourrait citer un autre exemple. Empruntant l'idée à son ami Philipon de la Madelaine, qui pensait que les services religieux pouvaient entretenir les superstitions, il recommande aux prêtres d'utiliser directement la Bible dans l'enseignement de la religion, comme le font les pays protestants, au lieu d'obliger les paysans à assister à des offices comme les vêpres où ils ne comprennent rien. L'esprit du *Plan de lecture pour une jeune dame* est appliqué ici au cas des paysans.

C'est le même principe d'utilité qui guide l'instruction des enfants. En matière d'organisation administrative de l'instruction, la pensée de Lezay-Marnésia s'écarte de celle de Philipon de la Madelaine. Pour celui-ci, l'éducation du peuple doit être financée par l'état. Il y aurait une école pour 20 ou 30 communautés en moyenne, et cette école se trouverait dans un des monastères de la région. «Au lieu de les supprimer ou de les réformer, qu'on fasse de leur assiduité à ce genre de travail la caution de leur existence civile»[121]. Lezay-Marnésia propose de son côté de financer l'éducation du peuple avec les fonds provenant de la vente des biens des monastères, dont il propose par ailleurs soit la suppression soit la réforme. Les fondations privées seront également une autre source de financement, puisqu'il recommande la création d'une école par village. Quant au personnel enseignant, il est conçu sur le modèle des curés, célibataires entièrement dévoués à leur tâche. Il est prévu d'établir deux congrégations laïques pour s'occuper des enfants: une congrégation d'hommes pour les garçons et une congrégation de veuves pour les filles. En ce qui concerne l'enseignement proprement dit, il n'en détaille malheureusement pas le programme. Il suggère seulement que les instituteurs possèdent, outre leurs qualifications d'enseignants, un métier utile pour la région où ils habitent et qu'ils l'enseignent à leurs élèves en plus des rudiments d'instruction. Le principe directeur de cette instruction est la lutte contre l'oisiveté; il s'agit de donner aux paysans des occupations pour toutes les saisons. Philipon de la Madelaine s'opposait, lui, à ce qu'on enseignât aux enfants un métier. Lezay-Marnésia, plus au fait des réalités de la vie à la campagne, y voyait par contre le moyen d'occuper les habitants des campagnes en hiver, lorsque le climat ne permet pas la culture des terres. Mis à part cette divergence de vue sur l'apprentissage et celle sur l'enseignement de l'écriture, Lezay-Marnésia renvoie au plan d'éducation proposé par son ami: arithmétique, géométrie pratique, dessin, rudiments de chant, médecine pratique, médecine vétérinaire, rudiments d'astronomie et de météorologie, et bien sûr instructions morales et éducation physique.

L'édition de 1788 du *Bonheur dans les campagnes* contient deux chapitres consacrés à l'instruction des enfants trouvés, des orphelins et des enfants dont les parents ne peuvent pas s'occuper. Cette addition de 1788 est le fruit des fondations de Saint-Julien et de celles du domaine de La Rochefoucault-Liancourt. Elle s'inscrit dans le courant de pensée moderne d'une assistance passant par le travail et non par l'aumône. Les enfants seront enlevés aux asiles urbains et emmenés dans les campagnes, où ils seront placés dans des maisons tenues par les curés et des religieux. Jusqu'à l'âge de 7 ou 8 ans, garçons et filles recevront une formation commune basée sur l'éducation physique et l'enseignement de la morale. Le financement de cet établissement sera pris en charge par la communauté. Ensuite, les enfants seront transférés dans d'autres bâtiments, toujours à la campagne, de préférence à côté d'une rivière et d'une forêt pour favoriser le contact direct avec la nature et donc préserver leur innocence. Des Sœurs de la Charité s'occuperont de l'instruction des filles, des Lazaristes de celle des garçons. Aucune indication n'est fournie quant au plan d'éducation des filles, sinon que les sœurs essaieront surtout de développer chez leurs élèves l'amour du travail et la pureté des mœurs. Avec les garçons, elles recevront une instruction religieuse et morale donnée par des religieux ou des religieuses de la congrégation de Saint Vincent de Paul. Aux garçons, on apprendra des métiers de force: maçons, charpentiers, armuriers, mineurs, etc., mais aussi la géométrie, la chasse, la natation. Financièrement, ces établissements devraient arriver à s'autofinancer par le travail rétribué des apprentis. Bien que la description de ces fondations soit relativement précise, il existe un certain manque de cohérence entre ces chapitres et le chapitre général sur l'instruction, qui date de 1785. On ne sait pas vraiment si l'école des enfants trouvés et des orphelins est une école différente de celle des enfants du village. La formation des enfants trouvés paraît en effet être identique à celle donnée aux enfants du village. Il y a cependant des différences qui feraient plutôt opter pour l'hypothèse d'écoles séparées, du moins de deux filières distinctes. Les méthodes de financement sont différentes: vente des biens des collégiales pour les écoles du village, auto-financement pour les écoles d'orphelins. Mais surtout, outre l'apprentissage d'un métier, les enfants trouvés et les orphelins sont soumis à des exercices militaires, comme à Liancourt, en vue de leur future formation. Après l'école, en effet, ils suivront quatre années de formation militaire dans des légions, qui seront suivies de dix ans de service dans des garnisons. Ce projet obéissait au principe d'utilité et s'inscrivait dans une politique de bienfaisance visant à faire disparaître mendicité et vagabondage, l'armée recrutant une partie de ses troupes chez les plus démunis, qui autrement auraient grossi les rangs des mendiants.

LA COMMUNAUTÉ VILLAGEOISE

Lezay-Marnésia dresse dans *Le Bonheur dans les campagnes* une liste de propositions de réformes qui concernent le village lui-même, en tant que communauté. Ces réformes visent à améliorer les conditions de vie et à perfectionner l'agriculture. Comme l'enseignement, la communauté villageoise doit être réorganisée de telle sorte que l'oisiveté y disparaisse. Il s'agit de favoriser les conditions du bonheur en maximisant l'utilité.

> Pour son propre bonheur, pour l'intérêt général, l'homme doit être occupé. Ménageons-lui donc, dans les campagnes, pour tous les âges, pour toutes les circonstances, des travaux qui, en ajoutant à l'aisance des familles, ne laissent aucun individu dans une ennuyeuse et pénible oisiveté.[122]

A partir de ce principe, selon lequel c'est de l'occupation que naît le bonheur, il est proposé que les paysans s'engagent dans des travaux en plus de leurs activités agricoles régulières. C'est à nouveau le modèle de La Rochefoucault Liancourt élevé au rang de norme. Les travaux suggérés concernent la plupart du temps l'intérêt général de la communauté, comme par exemple l'entretien des chemins et des fontaines.

Sur le sujet de la communauté villageoise, Lezay-Marnésia tombe facilement dans l'utopie, une utopie qui annonce à certains égards Gallipolis. L'esprit communautaire et le principe d'utilité trouvent leur expression symbolique dans une sorte de maison du troisième âge, vaste salle de forme ronde construite au centre du village. Les vieux villageois, les «Nestors champêtres» comme les appelle Lezay-Marnésia[123], s'y réuniront le soir pour s'occuper de travaux demandant peu de force, comme la taille du chanvre, le dévidage du coton et le cardage de la laine. Ce centre sera dirigé soit par le curé, soit par un frère ou une sœur, soit par l'un des vieillards, «le prince des veillées». Ces soirées, véritables liturgies s'ouvrant et se terminant par une prière et au cours desquelles on fera la lecture publique de la Bible, serviront de véritables temps de rencontres communautaires: les enfants s'y mêleront aux vieillards pour apprendre de leur exemple, et la veille de certaines fêtes on y organisera des banquets de sucreries en l'honneur des anciens.

En ce qui concerne la forme des exploitations agricoles, Lezay-Marnésia recommande en général d'appliquer les principes des agronomes. Toutefois, on l'a déjà souligné, il s'oppose au partage définitif des bois et des terrains communaux entre plusieurs propriétaires. Il suggère que la communauté villageoise reste propriétaire des terrains communaux. Ces terrains communaux ne seront pas vendus, mais seulement loués avec des baux à long terme pour permettre une exploitation plus rentable. C'est sur cette question de l'individualisme agraire que l'idéologie de la noblesse éclairée se sépare de la pensée des agronomes. L'individualisme agraire entraîne une forme de libéralisme qui ne correspond pas à une vision patriarcale de la société qui lui préfère la forme communautaire. La location à bail favorisait les rendements; la propriété collective conservait l'esprit de communauté.

On en retrouve un autre signe au niveau de l'organisation administrative du village. Il s'agit d'une organisation qui tend à faire du village une petite société autarcique et autonome, qui ne doit rien à l'individualisme et au libéralisme. S'inspirant d'un modèle italien, Lezay-Marnésia recommande de placer à la tête de chaque communauté un *podestat*, c'est-à-dire un directeur, choisi en fonction de ses mérites et de sa vertu. Cet homme pourra être le curé, un frère de la charité ou le seigneur du lieu. Le *podestat* sera assisté d'un conseil d'administration dont les membres seront élus pour deux ans. Là aussi le choix portera sur des hommes ou des femmes intelligents et vertueux.

> Les choix tomberaient ordinairement sur des bourgeois respectables, sur des prêtres, des laboureurs intelligents & vertueux, les frères & les sœurs de la charité, & même les veuves, sages et riches, capables de bonnes vues & de bien régler les objets qui leur seraient confiés. Pourquoi éloignerait-on d'un conseil d'économie et de bienfaisance, le sexe le plus propre à les réunir, à les exercer toutes deux?[124]

Ce conseil d'administration, convoqué une fois par semaine ou toutes les deux semaines, sera chargé d'administrer la communauté dans tous les domaines: travaux communs, impôts, police, écoles, extinction de la mendicité, etc. On peut voir dans cette institution l'ancêtre des conseils municipaux modernes. Toutefois, la communauté semble plutôt être gérée comme une entreprise privée, voire même comme une grande famille. On en donnera un exemple, inspiré de la pratique de certaines communautés taisibles. Le paysan qui voudrait quitter le village pour s'installer ailleurs devrait obtenir du conseil d'administration un certificat de bonnes mœurs expliquant les motifs de son départ. Cette mesure a pour but avoué la disparition du vagabondage et de la mendicité. Mais comme Lezay-Marnésia prévoit que ces certificats seraient obligatoires, que ceux qui n'en auraient pas seraient arrêtés, que ces certificats ne seraient délivrés qu'à ceux ayant toujours eu une bonne conduite et qu'ils ne seraient valables que deux ans, le but réel apparaît plutôt être le contrôle de la moralité. Alors que le servage faisait du pauvre l'esclave du seigneur, ce certificat fait de lui l'esclave de la communauté. Derrière cette pratique, derrière des institutions administratives qui transforment la communauté villageoise en cercle fermé, se cache une nostalgie. C'est la nostalgie d'une petite communauté idéale, séparée du monde extérieur, dans laquelle pourraient fleurir les vertus de l'âge d'or. Cette vision d'une communauté de l'âge d'or est celle de la communauté féodale réinterprétée dans les catégories modernes. Le noble n'est plus tout à fait le seigneur de l'époque féodale; il est devenu avant tout un propriétaire. L'âge d'or est en partie conçu à travers les critères des agronomes et des physiocrates, qui ne sont plus ceux de l'honneur mais de la propriété.

A l'origine de ce rêve d'une communauté rurale harmonieuse où l'agriculture se perfectionne se trouve l'exemple offert par les communautés anabaptistes d'Alsace et des principautés de Montbéliard et de Porrentruy. Dès 1771, le marquis de Pezay en avait signalé l'existence dans *Les soirées helvétiennes, alsaciennes et franc-comtoises*, où un chapitre entier leur est consacré: «De l'influence des bonnes mœurs sur l'agriculture. Des Anabaptistes». La règle est infaillible: des cultures plus soignées indiquent au voyageur la présence d'anabaptistes, avant même d'avoir remarqué «des souliers sans boucles et des habits sans boutons»[125], en référence aux communautés alsaciennes rigoristes qui portaient des vêtements style «Amish». Ces sociétés autarciques, où l'agriculture échappait aux préjugés et où la vie était organisée en fonction de valeurs religieuses et morales de vertu et de pureté, pouvaient passer pour des «utopies» en action, car elles satisfaisaient à l'idéal d'une génération d'agronomes pour lesquels la campagne était une géographie morale. Pezay décrit des chaumières propres, saines, où les fenêtres sont constamment laissées ouvertes pour faire entrer le bon air. «Jamais sous ces fenêtres basses ne reste en dépôt le fumier, fait pour engraisser les terres et non pour empoisonner les hommes», tandis que les fermes des autres paysans s'ornent souvent d'un tas de fumier devant la porte. Tout est à l'avenant: au voyageur «on offre du lait meilleur, parce que les troupeaux sont mieux soignés»; «c'est une fille toujours propre qui le présente: elle ne rougit point parce qu'elle ne soupçonne rien de malhonnête, mais elle a de belles couleurs parce qu'elle se porte bien»[126]. En parlant des Bousbots, communauté taisible de vignerons comtois dont les caractéristiques sociales et morales sont assimilées à celles des communautés d'anabaptistes, Pezay établit une comparaison saisissante entre ces sociétés rurales idéales et la paysannerie française:

En voyant les Bousbots, je songe aux bergers de Théocrite. Dès que je vois un paysan aisé et fier de son état, une bergère propre et jolie n'est plus une fable pour moi. A la vue des êtres défigurés et dégoûtants qui font paître nos sales brebis, moins sales que nos pastourelles qui les gardent, je reproche moins aux poètes d'avoir menti qu'à nos mœurs d'avoir tout gâté. Les langueurs du Lignon me font bailler tout comme un autre: je trouve Céladon un sot et Astrée une bégueule; mais j'aime à croire qu'il a pu exister un temps où les hommes (...) préféraient l'air des campagnes aux grandes

latrines que nous décorons du nom de Capitales et de Métropoles. (...)
Amour, poésie, bergers, bergères, délices de la vie champêtre, vous n'êtes
point des fables! mais votre règne est fini. Quelles chansons peut inspirer
une bergère qui gratte ses poux![127]

Ainsi, la question des mœurs de la communauté villageoise est-elle au cœur de
l'ambiguïté du sentiment de la nature au dix-huitième siècle. Si le poème de la
nature sonne faux, c'est parce que la réalité rurale a perdu sa vertu. Il ne s'agit
pas de mensonge littéraire, mais de corruption morale, celle-ci ayant entraîné la
misère des campagnes. Les communautés taisibles et surtout les communautés
anabaptistes, fondées sur des principes religieux, proposaient une image de la
campagne telle qu'on aurait aimé qu'elle fût.

Lezay-Marnésia avait lu Pezay; il avait connaissance des articles sur les
communautés taisibles parus en 1755 et 1756 dans le *Journal œconomique*[128],
ainsi que de l'article «Moraves» de l'*Encyclopédie*; mais il avait aussi une
connaissance directe de ce genre de sociétés, ayant visité les villages anabaptistes
des principautés de Montbéliard et de Porrentruy en se rendant à l'abbaye de
Bellelay. Dans le chant cinquième de l'*Essai sur la nature champêtre*, il raconte
l'histoire — imaginaire — de Sélicour, qui quitte Paris pour s'installer à la
campagne, sur les bords de la Moselle. Là, il fait appel aux anabaptistes
alsaciens pour s'occuper de l'assèchement des marais:

> De leurs dogmes sanglants abhorant les fureurs,
> De Muncer, de Secold les humbles successeurs,
> Par des travaux actifs, par des vertus tranquilles,
> Sectaires vénérés, cultivateurs utiles,
> Aux indomptables eaux sachant donner un frein,
> Changent un marais triste en fertile terrain.
> Pour enchaîner les flots, Sélicour les appelle
> Des rivages du Rhin aux bords de la Moselle.[129]

Dans une note, Lezay-Marnésia explique que cette secte luthérienne s'est
transformée, que «de lions furieux sont nés des agneaux paisibles», que les
anabaptistes sont devenus des cultivateurs utiles et efficaces parce que vertueux:

> Les Anabaptistes à présent sans autre science que celle des livres saints, sans
> autre art que celui de l'agriculture, bons pères, excellents époux, tendres fils
> et amis constants, jouissent de toutes les douceurs et pratiquent toutes les
> vertus de la vie patriarcale.[130]

Ce jugement rejoint celui de Pezay: il n'est pas jusqu'aux landes, marais et
rochers, explique Lezay-Marnésia, qui ne deviennent fertiles sous leurs mains, et
leur talent principal est de «diriger les eaux, d'empêcher leurs ravages et de les

forcer à porter la fertilité dans tous les lieux où ils les conduisent». Pourquoi les considère-t-on comme les ouvriers les plus laborieux et les plus intelligents? Car «ils conservent leurs simplicités, leurs vertus»; car ce sont des «hommes simples et bons» qui «ont les mœurs des vertueux Troglodites»[131]. En 1780, l'intendant d'Alsace, Monsieur de Belonde, dresse un rapport sur les anabaptistes de sa juridiction, dans lequel il insiste sur leur honnêteté et leur zèle[132].

Ce qui attire donc chez les anabaptistes, c'est d'une part leur réussite comme fermiers et cultivateurs, et d'autre part leur style de vie. Si pour des raisons d'analyse on a séparé les paysans et leurs mœurs de l'objet de leur travail, il faut bien se rendre compte que dans les mentalités des seigneurs éclairés, dans leurs plans de régénération et dans leur nostalgie de l'âge d'or, la réussite agricole est inséparable d'un style de vie: mœurs vertueuses et structure patriarcale de la communauté. On peut même dire que ces deux aspects sont plus qu'inséparables: ils se recouvrent, sont interchangeables, la vertu étant considérée comme nécessaire et suffisante au perfectionnement de l'agriculture. La réussite des anabaptistes avait des raisons matérielles et des raisons spirituelles. Les défrichements, la mise en culture des montagnes aussi bien que des plaines, l'assèchement de marais dans le Sundgau, un élevage florissant, tout cela s'expliquait par une éthique du travail, mais aussi par l'emploi systématique d'engrais, par l'irrigation des prairies, par l'étude de la médecine vétérinaire, avant que cela ne devînt pratique courante chez les cultivateurs du royaume[133]. Spirituellement, et au-delà de la question religieuse, les anabaptistes se voulaient des communautés à l'échelon local. Pacifiques et soumises aux autorités, ces communautés reçoivent leur énergie de l'harmonie qui les constitue: une autorité patriarcale respectée et vénérée, qui empêche toute querelle et sert de principe unificateur, et un esprit de bienfaisance, qui par des caisses de secours utilisées pour procurer des fermes et des terres aux désœuvrés vient à bout de la mendicité. L'utopie marnésienne de Gallipolis sera construite, en partie, sur le modèle anabaptiste à la lumière des communautés moraves de Pennsylvanie que Lezay-Marnésia visitera en arrivant en Nouvelle-Angleterre. Ce que l'école du retour des seigneurs à la campagne croyait retrouver dans de telles communautés, c'était l'harmonie d'une société aristocratique fondée sur la protection, où le seigneur du lieu serait le patriarche, le chef d'une famille, et non le représentant de l'autorité monarchique auprès de sujets. Ainsi, ce qui séduisait dans ces communautés était leur caractère hautement moral et familial; on ne voyait pas qu'en matière d'agriculture il s'agissait de modes de production qui ne pouvaient s'ouvrir que d'une manière très limitée aux méthodes modernes.

Si Lezay-Marnésia fait surtout référence aux communautés anabaptistes et à celles des frères moraves, il en connaissait, par la lecture, des modèles semblables, comme celui de Jacques Gouyer, en Suisse, devenu fameux grâce au livre, *Le Socrate rustique*, que lui consacre Hirzel en 1762[134], ou celui des Pinçon d'Auvergne, dont parle Mirabeau[135]. Par ailleurs, ses amis Saint-Lambert et le comte de Tressan lui avaient fait connaître la famille lorraine des

Fleuriot, résidant dans les marches comtoises. Cette communauté familiale, nous explique le comte de Tressan, était une véritable utopie *in vivo*: «une seule famille partagée en quatre ou cinq habitations, reconnaissant un chef dans le plus ancien et le plus éclairé de ses membres, s'occupe sans cesse du bien public, de l'éducation de ses enfants, du soulagement des malheureux et de l'agriculture»[136]. Quelle que soit la communauté, l'idéal reste le même, celui d'une petite société où le bien public, c'est-à-dire le perfectionnement de l'agriculture, passe avant tout par la morale. «Concluons de tout ceci, écrit Hirzel, que pour parvenir à perfectionner l'agriculture (...), il faudrait commencer par réformer les mœurs des habitants»[137]. Ce ne sera qu'après avoir redonné aux paysans le goût de la vertu et du travail, qu'il sera temps de passer à l'amélioration des terres et à l'introduction de méthodes modernes.

LE NOBLE

Le point de départ de la réflexion sur le rôle que le noble doit jouer dans les campagnes est la situation contemporaine, c'est-à-dire l'oisiveté, le luxe et l'ennui des villes et de la cour, la décadence morale de la société. Lorsqu'il s'adresse aux seigneurs, Lezay-Marnésia s'adresse tout autant à «ceux qui possèdent des biens considérables dans les campagnes». Le dénominateur commun est la propriété foncière. Nobles et riches propriétaires sont dans la même situation; ils sont «surchargés par leurs loisirs», «ils cherchent le mouvement, se jettent dans la dissipation, courent après les plaisirs, vivent dans la futilité, & souvent dans le vice, & meurent sans avoir eu la volonté de faire une action bonne & utile»[138].

Le problème des campagnes étant considéré par Lezay-Marnésia comme la conséquence logique de l'absolutisme royal, l'un des moyens qu'il propose pour y mettre fin est d'impliquer les nobles dans la vie publique. Ils sont les premiers conseillers du roi. «Digne d'Avrey, bienfaisant Charot, noble et respectable d'Ayen, éclairé vertueux La Rochefoucault, que n'approchez-vous plus souvent de votre roi? C'est vous qui deviendriez ses amis; c'est vous qu'il offrirait à la nation pour modèles»[139]. La participation des nobles à la vie publique ne consiste pas seulement à conseiller le souverain; il leur faut aussi rentrer dans leurs domaines. Le retour du noble dans ses terres est fondamental. Ce mouvement apparaît comme la redécouverte de la raison d'être de l'aristocratie, non plus d'une aristocratie guerrière mais d'une aristocratie dont la noblesse repose sur la bienfaisance. La demeure du seigneur n'est plus considérée comme «un vaste château, où jadis la féodalité exerçait sa barbare puissance»[140]. Ce que Lezay-Marnésia retient de la féodalité, c'est la protection:

Dans des siècles moins égoïstes que le nôtre (...), bâtissant pour soi l'on songeait aussi à sa postérité. Des édifices imposants par leur masse, augustes par leurs formes, respectables par leur usage, qui était de donner un asile aux peuples dans les temps de guerre et de calamité, bravaient les ennemis et ne craignaient les ravages d'aucun élément.[141]

A la vue du château féodal des ducs de La Rochefoucault en Franche-Comté, il trace ce portrait du nouveau seigneur: «bienfaisant et éclairé dans ses terres, il prévenait les besoins en sage, portait des secours en homme généreux et compatissant, et faisait des recherches en naturaliste véritable»[142]. Créneaux et donjons n'inspirent plus la crainte mais l'amour. Le noble devient un modèle de bonté et de générosité. L'abbé Gros de Besplas les compare aux dieux des fables: «Il faut un siècle à un philosophe pour persuader; les Grands n'ont besoin que d'un regard. La fable nous a représenté les dieux visitant autrefois les hommes, se reposant dans leurs humbles cabanes. Ces dieux de la fable sont les Grands de l'histoire qui font le bien»[143]. L'identité du noble ne repose plus sur la protection militaire de ses vassaux mais sur la protection paternelle; elle se définit par la fonction de modèle et de père pour le peuple. L'identité moderne du noble repose sur la bienfaisance.

L'édition de 1788 du *Bonheur dans les campagnes* réaffirme les mêmes principes. «La noblesse est la classe qui rapproche les sujets du souverain. Elle voit le peuple, elle parle au roi»[144]. Elle constitue ainsi aux yeux de Lezay-Marnésia un corps intermédiaire. En cela elle a un rôle politique à jouer. C'est ce caractère d'intermédiaire qui constitue la nature du rôle politique de la noblesse. Elle représente à la fois le roi et la nation.

On trouve aussi dans l'édition de 1788 une réflexion sur le trop grand nombre de nobles. Chaussinand-Nogaret a calculé qu'en 1789 l'ensemble de toutes les familles ayant été anoblies au cours des dix-septième et dix-huitième siècle correspondait aux deux tiers de la noblesse[145]. Il remarque qu'on se trouvait dans le cas d'une élite socialement ouverte mais idéologiquement fermée, les nouveaux anoblis assimilant les valeurs de l'ordre. Le grand nombre des anoblis allait finir par faire évoluer la définition de la noblesse, de la naissance et de l'honneur au mérite. Chaussinand-Nogaret situe cette mutation au début des années 1760. On sait que c'est justement vers cette date que s'amplifie le mouvement de retour des nobles dans leurs domaines. Il ne s'agit pas d'une coïncidence. Si éclairés qu'ils fussent, les seigneurs qui retournaient à la campagne réaffirmaient aussi les racines domaniales de la noblesse. En 1788, Lezay-Marnésia s'oppose fermement aux anoblissements. Il croit qu'ils tendent à séparer la noblesse de la possession des fiefs, donc de son assise terrienne. Cette position peut paraître étonnante sous la plume d'un des membres de la minorité de la noblesse, car elle aboutit à constituer la noblesse en une caste. On s'attendrait plutôt à voir Lezay-Marnésia soutenir le camp de la majorité conservatrice de la noblesse. Il ne faudrait toutefois pas opposer le ralliement au tiers état au sein de l'Assemblée nationale, dont les raisons sont par ailleurs plus politiques qu'idéologiques, à une conception du monde, où la noblesse conserverait la préséance et resterait distincte du tiers état. Le mot «libéral» dans l'expression «noblesse libérale» est peut-être un mauvais choix, si on l'utilise inconsidérement pour parler de la minorité de la noblesse en 1788 et 1789, qui est loin d'être un bloc. C'est pourquoi on utilise ici plus souvent l'expression «noblesse éclairée». On aurait tout aussi bien pu employer le terme de «noblesse bienfaisante». La minorité de la noblesse était constituée de jeunes nobles aux apparences démocratiques, ceux qui feraient le 4 août. Ce sont peut-être les vrais «nobles libéraux». Pouvaient aussi se réclamer du titre de minorité de la noblesse ces seigneurs bienfaisants, qui comme Lezay-Marnésia étaient prêts à entreprendre des réformes généreuses sans douter de la légitimité de leur ordre, sans voir que la logique des réformes proposées pouvait en signer l'arrêt de mort. Il serait faux d'appliquer à ces hommes l'étiquette de «réactionnaire». Progressistes avant 1790, il ne deviendront pas contre-révolutionnaires. Tout simplement, leur système de référence, la bienfaisance et la sensibilité, qui n'était ni celui du parti aristocratique ni celui des révolutionnaires, allait disparaître du fait même de sa dialectique interne. Tocqueville l'a noté: «A mesure qu'on approche de 1789, cette sympathie pour les misères du peuple devient plus vive et plus imprudente»[146]. Il cite l'exemple des assemblées provinciales de 1788 qui envoient des circulaires dans les paroisses pour apprendre directement des habitants les sujets de mécontentement. Le seigneur éclairé avait signé son arrêt de mort à partir du moment où il était devenu bienfaisant, comme si la bienfaisance du noble engendrait nécessairement sa propre destruction.

Quelle que soit la forme de son libéralisme, libéralisme démocratisant, libéralisme aristocratique ou libéralisme éclairé, la noblesse «libérale» n'est pas née directement de l'attitude à tenir face au tiers état. Ce ne fut que l'effet de la réflexion sur les bases de la légitimité de la noblesse. Au delà des divergences de point de vue entre les libéraux et les modérés, il y a une unité de pensée. La minorité de la noblesse ne fonde plus la légitimité du second ordre sur les critères traditionnels mais sur des critères qui se sont développés ou renouvelés au contact des Lumières. La noblesse n'est plus considérée comme un état juridique; tout au plus comme un état social. S'est développé, sous l'influence des Lumières et de la conjoncture du siècle, le critère du mérite. S'est renouvelé celui du complexe protection—bienfaisance. Il est évident qu'on peut interpréter la bienfaisance comme une résurgence de l'esprit «féodal». La bienfaisance des seigneurs dans la seconde partie du dix-huitième siècle semble être la manifestation d'un imaginaire médiéval, qui révèle chez les seigneurs, tout éclairés qu'ils fussent, des structures mentales restées attachées à un ordre aristocratique quasi-féodal. Toutefois, chez Marnésia, chez les seigneurs de l'école du retour à la campagne, il ne s'agit pas d'une pensée raisonnée. Ce sont des hommes qui sont mus par la sensibilité. S'ils se comportent en «féodaux», s'ils pensent en «féodaux», ils n'en sont pas conscients. Ils sont de bonne foi persuadés que leur conception de la bienfaisance est issue des Lumières.

L'idéologie de la bienfaisance est une interprétation possible de la pensée de Lezay-Marnésia. Il en existe une autre, qui se fonde plus explicitement sur la défense d'une monarchie de type quasi-féodal. Si le «féodalisme» reste au niveau de l'imaginaire lorsqu'il s'agit du champ éthique, *i.e.* la bienfaisance et le retour à la campagne, ce n'est plus le cas dans le domaine des structures sociales. On peut vraiment parler de «la conscience crépusculaire d'une aristocratie qui vit dans le désespoir son éviction par la bourgeoisie»[147]. En 1750, dans son *Mémoire sur l'utilité des Etats provinciaux*, puis en 1756 dans l'*Ami des hommes*, auxquels se réfère Lezay-Marnésia, Mirabeau se prononçait contre les anoblissements. Il voulait que l'achat de fiefs fût interdit aux roturiers. Dans le même esprit, il optait pour le maintien des privilèges fiscaux de la noblesse. Lezay-Marnésia reprend ces idées à son compte. Il demande que soit appliquée la loi qui interdit aux roturiers de posséder un fief, afin de faire disparaître la pauvreté d'une petite noblesse en voie de paupérisation. Cherchant un argument économique supplémentaire pour justifier l'arrêt des anoblissements, il affirme que «toutes les fois que le nombre des nobles est plus considérable qu'il ne doit l'être, le fardeau des impositions devient plus lourd pour le peuple et pour les bourgeois»[148]. Lezay-Marnésia se place donc dans l'hypothèse du maintien des privilèges fiscaux du second ordre, dont il n'envisage pas en 1788 la disparition. Deux courants de pensée se conjuguent dans ces propositions de réformes. D'un part une conception «féodale» de la monarchie. Lezay-Marnésia écarte la solution du despotisme et de la démocratie, où la noblesse disparaît. Il écarte également la solution des régimes aristocratiques où les nobles «gouvernent et trop souvent oppriment»[149]. A ses yeux, seules les monarchies de type «féodal», qu'il appelle «monarchies non-dégénérées», fournissent le modèle de gouvernement idéal. On a vu que le modèle en était la France de la fin du quinzième siècle et de la première moitié du seizième siècle. Dans ce type de régime, «les nobles sont l'ornement, le soutien du trône, le boulevard de l'empire et l'un de ses ordres nécessaires»[150]. Ils ne gouvernent pas directement, mais interviennent dans la vie publique par leur fonction de protection et leur préséance, qui est basée sur la possession d'un fief. L'autre courant de pensée, auquel adhère un Lezay-Marnésia futur monarchien, est celui qui prend pour modèle la pairie britannique. La noblesse anglaise est liée à la possession d'un fief titré, qui s'accompagne d'une forme de pouvoir, le *peerage*. Supprimer les privilèges de la noblesse, serait alors effacer toute distinction entre la noblesse non-titrée et la bourgeoisie, ou dans la terminologie de Lezay-Marnésia, enlever des protecteurs au peuple et donner des rivaux aux bourgeois, car une noblesse dépossédée de ses privilèges devrait se tourner vers le négoce pour survivre et abandonner sa fonction de protection.

Ce que Marnésia semble souhaiter, c'est une redéfinition précise des rôles de chaque ordre dans une société en pleine crise suite à la confusion des rangs provoquée par le luxe. La suppression des anoblissements doit s'accompagner, dans son esprit, de la création d'un nouvel ordre, celui de la bourgeoisie, pour préserver sa spécificité, pour empêcher que le peuple ne déborde en son sein.

Le peuple s'épanche continuellement hors des campagnes, et c'est de son sein que chaque année voit s'élever une foule de bourgeois qui font perdre de sa considération à l'ordre estimable dans lequel ils entrent sans autre droit que celui qu'ils s'arrogent.[151]

Il suggère que la bourgeoisie s'organise dans chaque ville, qu'elle ait des assemblées au niveau des municipalités, des districts et des cantons, qu'il existe un nombre fixe de bourgeois pour chaque communauté urbaine, et que ceux-ci soit officiellement enregistrés par des lettres. Ainsi le nouvel ordre pourra-t-il remplir ses fonctions sans rivalité de la part des habitants des campagnes, qui s'attacheront avec plus de zèle à faire prospérer les terres. Implicitement, c'était éviter l'évasion de la main d'œuvre agricole vers les centres urbains et préserver l'innocence des habitants des campagnes de la corruption des villes. C'était aussi l'occasion de définir les fonctions du bourgeois et donc de protéger celles du noble. C'est à la bourgeoisie «à enrichir [l'état] par le commerce, à l'éclairer par les lumières (...), à concourir puissamment au soin de maintenir l'ordre (...), à soutenir, à ranimer les arts utiles, à exciter l'industrie, à faire subsister une multitude d'ouvriers»[152]. La noblesse de robe passera même dans l'ordre de la bourgeoisie, puisque c'est au bourgeois «à répandre l'esprit de justice, à prévenir les erreurs des cours supérieures, à préparer des arrêts équitables»[153]. A la noblesse, on l'a vu, sont réservés les rôles d'ami du roi, de protecteur des campagnes et de lien entre le souverain et ses sujets. Ni noblesse militaire au sens strict du terme où l'entendait le chevalier d'Arcq[154], ni noblesse commerçante comme l'envisageait l'abbé Coyer, mais noblesse bienfaisante.

Dans la conception qu'il se fait de la noblesse, Lezay-Marnésia semble parfois hésiter entre le modèle traditionnel héréditaire et celui d'une noblesse de mérite. Ces hésitations, qui ajoutent à une certaine confusion de sa pensée, se marquent surtout dans l'implicite, dans le suggéré, dans l'imaginaire. Mis à part l'addition de 1788 sur les anoblissements, qui s'inscrit dans l'idéologie nobiliaire la plus traditionnelle, il redonne plus souvent au mot «aristocratique» son sens étymologique, ¨, qui ne renvoie pas à une supériorité de race mais à une supériorité de mérite. La notion de mérite n'était pas la propriété des anoblis et des Lumières. Elle n'avait jamais été étrangère à l'idéologie nobiliaire. Ce que les Lumières et les mutations sociales avaient changé, c'étaient les modalités du mérite. On ne pensait plus que le seul fait d'être noble donnât automatiquement la valeur; de même on ne pensait plus que le seul mérite fût l'honneur militaire. Marnésia partage la pensée des Lumières sur ce dernier point. Le mérite passe, à ses yeux, avant tout par la bienfaisance. Pourtant, il reste aussi attaché à l'idée d'une noblesse naturellement valeureuse, comme si la valeur était héréditaire. A certains égards, il semble partager le point de vue du cardinal de Bernis, qui définit la noblesse en fonction de cinq critères: le critère professionnel, ou la profession militaire et législative; le critère racial, ou l'ancienneté de la famille; le critère moral, ou la valeur acquise par le mérite; le critère historique, ou le pouvoir; le critère juridique, ou l'authenticité de la noblesse de la famille[155]. Tous ces attributs sont implicites dans la pensée de Lezay-Marnésia, sauf la carrière des armes qu'il considère devoir être remplacée par la carrière de bienfaiteur des campagnes. Ils constituent un complexe nécessaire, duquel rien ne peut être retranché sous peine de voir la noblesse perdre son identité: ces attributs sont des vertus héréditaires. On ne trouvera pas dans son œuvre l'idée explicite d'une justification de la noblesse par les seuls critères raciaux et historiques, comme dans l'*Essai sur la noblesse de France* de Boulainvilliers. Il n'y a aucune ambiguïté sur ce point: la noblesse se justifie avant tout par sa fonction de bienfaisance. Cependant, la référence constante qu'il fait aux aïeux et aux terres ancestrales n'est pas innocente. Au niveau de l'inconscient, sa représentation de la noblesse est essentialiste et rappelle celle de La Roque:

> La noblesse est une qualité qui rend généreux celui qui la possède, et qui dispose secrètement l'âme à l'amour des choses honnêtes. La vertu des ancêtres donne cette excellente impression de noblesse. Il y a dans la semence je ne sais quelle force, et je ne sais quel principe qui transmet et qui continue les inclinations des pères à leurs descendants. Et tout homme issu de grands et illustres personnages ressent incessamment au fond de son cœur un certain mouvement qui le presse de les imiter; et leur mémoire se sollicite à la gloire et aux belles actions.[156]

Lezay-Marnésia ne se place pas au plan biologique comme La Roque, mais au plan symbolique et éthique. Le fait d'être noble donne les qualités nécessaires pour remplir le devoir d'imiter la bienfaisance des ancêtres. Autrement dit, la bienfaisance est à la fois une fonction et une qualité intrinsèque de la noblesse. C'est pourquoi le luxe n'empêche pas seulement l'exercice d'une fonction. Ce n'est pas seulement un phénomène de société mais aussi un phénomène moral qui détruit l'identité de la noblesse. Souvent cet imaginaire s'exprime chez Marnésia sous la forme de la nostalgie de l'âge d'or. On a vu qu'il s'agit d'une figure de rhétorique fort répandue dans la poésie descriptive de la noblesse. Mais la rhétorique n'est jamais gratuite. Parce qu'elle est choisie, elle trahit l'auteur; elle révèle sa conception du monde; elle permet d'entrevoir son imaginaire.

Le texte du *Bonheur dans les campagnes* montre une opposition entre l'imaginaire de l'auteur et sa volonté politique. Son raisonnement révèle même des incohérences, voire des contradictions. Excellence, mérite et honneur constituent dans sa pensée les trois aspects de la même énergie qui fonde la noblesse. C'est l'idéal homérique: l'excellence doit prendre la première place[157]. Le modèle d'excellence que propose Lezay-Marnésia est spécifique: c'est une noblesse basée sur la bienfaisance. La base sociale de sa personnalité l'empêche toutefois de pousser sa pensée jusqu'au bout et de substituer totalement cette noblesse de bienfaisance à la noblesse héréditaire. Le point de vue qu'il soutient nuit à la cohérence de sa pensée. Dans les suppléments de 1788, il semble prendre conscience de cette ambiguité. Quand il écrit que supprimer la noblesse, ce serait enlever des protecteurs au peuple et donner des rivaux aux bourgeois[158], c'est comme s'il cherchait à trouver des excuses pour justifier ce que la logique de sa pensée nie par ailleurs. Comme tous les nobles «bien pensants» à la veille de la Révolution, il se trouve pris au piège de sa propre audace et ne s'en rend vraiment compte que lorsqu'il est trop tard. Ségur a décrit cette situation dans ses *Mémoires*:

> La liberté (...) nous plaisait par son courage; l'égalité par sa commodité. On trouve du plaisir à descendre tant qu'on croit pouvoir remonter dès que l'on veut; et sans prévoyance, nous goûtions tout à la fois les avantages du patriciat et les douceurs d'une philosophie plébéienne.[159]

A la différence de la jeune génération, Lezay-Marnésia, plus éclairé que libéral, sut réagir plus tôt. Son œuvre prouve la tension entre une générosité audacieuse et le maintien des privilèges. S'il allait faire partie de la minorité de la noblesse dès l'annonce des Etats généraux, cela au moment même où, dans l'édition de 1788 du *Bonheur dans les campagnes*, il critiquait les «fausses idées de liberté et d'égalité»[160], c'est qu'il pensait que la fonction de bienfaisance de la noblesse était nécessaire à la régénération du pays, et qu'il était donc dans l'intérêt général qu'elle conservât sa préséance. A ses yeux, la vieille noblesse, de par sa vocation, ne pouvait pas ne pas faire partie de la noblesse du mérite et de la bienfaisance. Comme Mirabeau dans l'*Ami des hommes*, Lezay-Marnésia pense que la primauté sociale du second ordre est l'expression de sa primauté morale. Etant chargée de la protection des mœurs, la noblesse fait nécessairement partie d'une hiérarchie naturelle. Dans *Les Lettres des rives de l'Ohio*, Lezay-Marnésia remplacera le terme «noblesse» par celui de «propriétaire», mais les deux mots semblent être alors, chez lui, interchangeables. Toulongeon exprimera à peu près la même idée: «l'ordre des hommes éclairés, ou des hommes riches en propriétés foncières ou industrielles formera toujours un ordre habituellement prépondérant»[161]. On avait là les fondements des théories politiques de la Restauration, qui accorderaient la préséance aux biens et aux capacités. Un exemple d'un des critères de mérite est donné dans le chapitre six du *Bonheur dans les campagnes*. Lezay-Marnésia y propose la création d'un nouvel ordre de chevalerie, qu'il appelle «Ordre patriotique» dans le titre du chapitre. Il s'agit d'une chevalerie de la bienfaisance. C'est l'Ordre des protecteurs et des bienfaiteurs des campagnes. Le roi serait le grand maître de cet ordre. Il serait entouré d'une petite élite de soixante officiers et d'environ six ou sept cents chevaliers. Les officiers et les chevaliers de l'Ordre des bienfaiteurs des campagnes seraient nommés par les états provinciaux. Ils seraient choisis parmi les grands seigneurs et parmi les notables qui auraient contribué à la prospérité générale du pays. Sur les soixante officiers, dix seraient sélectionnés parmi les écrivains qui auraient fait preuve d'utilité dans leurs livres. L'Ordre aurait sa médaille, dont le ruban serait de couleur verte pour symboliser l'espérance et le vert des prairies. La description qu'en donne Marnésia résume l'idéologie d'une noblesse éclairée dans ses idées et paternaliste dans ses structures mentales.

Ce n'est point par l'éclat du faste que doivent être décorés des hommes généreux. Des branches de laurier et de chêne couronnaient à Rome l'héroïsme et l'humanité. Les Français, animés par l'honneur, porteraient avec orgueil, sur leur sein, une couronne d'or imitant des pampres et des épis; elle pourrait entourer une charrue qui rappellerait ce moment attendrissant où Louis XVI lui-même imprima des sillons, heureux présage de son amour pour les habitants des campagnes, avec cette légende:
Le soc s'est ennobli sous les mains d'un bon roi.
Ou si l'on voulait encore plus de simplicité, l'on se contenterait d'écrire ces mots sur un ruban (...) :
Ils sèment les bienfaits et recueillent l'amour.[162]

L'idée de nouveaux ordres de chevalerie semble avoir alors été une mode. Il ne s'agit pas seulement d'émulation, mais aussi de reconnaissance du mérite. L'état de bon laboureur devient un «état distingué». Mirabeau, l'auteur de *L'Ami des hommes*, avait proposé un habit vert et une médaille pour les laboureurs méritants. Au moment où Lezay-Marnésia imagine l'Ordre des bienfaiteurs des campagnes, Sarcey de Sutières veut créer une médaille pour les habitants des campagnes, représentant des instruments agricoles symboles du travail, un pied de vigne et une gerbe symboles des fruits du travail[163]. En 1789, un chanoine comtois, Aubert de Résie, lègue à sa ville natale de Pesmes un capital de 1,500 livres, dont les intérêts annuels seront versés, en guise de récompense, à des gens de «bonnes mœurs» qui travaillent «les vignes de la manière la plus convenable au sol et au plant»[164]. La médaille pour bienfaits en matière d'agriculture n'est qu'un aspect de la médaille du mérite en général. Citons le *Journal encyclopédique* de décembre 1787 qui dans le compte-rendu du livre *Le peuple instruit par ses propres vertus* par Bérenger mentionne tout particulièrement le chapitre sur la création d'un Ordre civique (qui reprend le *Projet d'un patriote*) «en faveur de ceux qui, exposant volontairement leur vie auraient sauvé celle d'un autre citoyen». Le ruban est de couleur feuille de chêne; il s'attache au bras pour le distinguer des décorations attachées aux faits militaires et à la naissance; la médaille s'accompagne d'un certificat nominal signé par le roi. Le but est clairement expliqué dans la préface: «le bonheur, ainsi que la gloire, (...) résulte toujours de la bienfaisance, de l'humanité et des autres vertus qui ennoblissent l'homme»[165]. Citons aussi l'exemple de Raup de Baptestin de Moulières, qui propose lui aussi la création d'un «Ordre de mérite patriotique». Il envisage ainsi de récompenser et de distinguer les personnes méritantes. On est loin toutefois du mérite tel que le conçoit Lezay-Marnésia. Il s'agit de mériter en contribuant financièrement au bien être général. On deviendrait membre de cet ordre en payant une contribution à l'entrée, qui serait versée à une Caisse patriotique. Ainsi pourrait-on assurer le remboursement de la dette de l'état. Les Grands Croix verseraient 200,000 livres, les Commandeurs 100,000 livres et les Chevaliers 25,000 livres. Raup de Baptestin calcule qu'un minimum de 50 Grands Croix, 100 Commandeurs et 6,000 Chevaliers rapporterait déjà 170 millions. «Le peuple regarderait comme autant de bienfaiteurs tous les membres de l'Ordre du Mérite patriotique, et ne pourrait les voir sans être pénétré de respect et de reconnaissance»[166]. L'Ordre serait placé sous la protection du roi; il serait héréditaire à condition de verser à nouveau, pour chaque descendant, la contribution d'entrée; il aurait sa médaille: une image de Saint Denis, sous laquelle seraient représentées deux mains qui se serrent pour symboliser l'union. La devise: «Prix du patriotisme». Ironiquement, il semble plutôt s'agir du prix à payer pour être membre de l'ordre que du mérite. L'ordre n'est pas réservé à la noblesse. Théoriquement il est ouvert à tous; pratiquement il ne l'est qu'aux seuls nantis. Le roi pourra même octroyer cet ordre au lieu d'ennoblir ceux qu'il voudrait récompenser. Ni noblesse de naissance ni noblesse de bienfaisance, mais noblesse d'argent. Pour Marnésia, cette décoration serait plutôt celle de la bourgeoisie. Bien qu'il fût plus un moyen de financement qu'un signe de distinction, le projet de Raup de Baptestin participe cependant du même esprit que celui de l'Ordre dont rêve Lezay-Marnésia: la bienfaisance. Pour celui-là, elle s'exprime d'une manière anonyme par le truchement de l'argent et s'adresse à l'état, pour celui-ci, elle passe par un rapport personnel et sensible entre le bienfaiteur et ses «bienfaitaires».

C'est ce rapport personnel, nostalgique de la relation qui liait à l'époque féodale le suzerain à ses vassaux, qui donne à la bienfaisance du noble une portée idéologique. Citant les cas de Voltaire, de Buffon et du comte de Beaurepaire, Marnésia s'efforce de prouver que «le seul séjour d'un seigneur dans ses terres est pour elles un bienfait»[167], car «au lieu de fermiers avides, chaque village aura un protecteur et un ami»[168]. Le propriétaire enrichit la communauté locale par sa consommation et améliore les conditions de vie par la bienfaisance, mais aussi favorise le développement d'une forme de convivialité harmonieuse et sensible, forme de gouvernement calqué sur le modèle familial. La châtelaine marnésienne ressemble à Julie de Wolmar à Clarens, mais une Julie qui ne réserverait pas ses sourires aux domestiques et aux laboureurs du domaine, mais en ferait également profiter les villageois.

La dame du château, bonne, sensible et vertueuse, parce que dans la douce simplicité de la vie champêtre elle est rendue à elle-même, (...) acquiert l'activité de la bienfaisance. Le malade, l'infirme sont ranimés par ses soins. Heureuse par le bien qu'elle fait, chaque jour elle fait un bien nouveau. Les enfants de ces parents sensibles les suivent dans les chaumières, arrêtent leurs regards sur les maux & forment leurs cœurs à la pitié. L'humanité & la reconnaissance forment des liens éternels entre la famille du seigneur &

celles de ses vassaux. Un échange perpétuel de secours & de services s'établit entre elles, échange heureux où chacun jouit également de ce qu'il donne & de ce qu'il reçoit.[169]

LA PROTECTION «FÉODALE»

L'étude de ces réformes suffit pour comprendre le fond de la pensée de Lezay-Marnésia, ses idées et l'ambiguité de la vie champêtre, mais elle ne suffit pas pour appréhender ses structures mentales. On a vu que le lexique peut nous y aider. Le lexique normatif du *Bonheur dans les Campagnes* ne se limite pas à celui de la thérapeutique. Il fait aussi appel à un lexique dont la résonance affective est très forte. C'est le lexique de la protection. On peut l'appeler «lexique féodal» sans faire d'anachronisme, car il fait référence non seulement à la structure sociale de l'époque, la communauté villageoise, mais aussi au mythe de la féodalité. Il révèle la nostalgie d'un âge d'or mythique, où les chateaux-forts étaient peuplés de seigneurs bienfaisants.

Le registre lexical introduit d'emblée au caractère partiellement utopique de l'œuvre. Il révèle la nature paternaliste et sentimentale de la bienfaisance. Le registre lexical de la bienfaisance n'est pas celui de l'égalité ni de la tolérance mais celui de l'assistance et de la pédagogie: «éclairer», «protéger», «juger», «tenir la balance de l'ordre» pour les verbes; «instituteurs», «lumières», «exemple», «modèle», «protection», «présence», «père», «juge», «médecin» pour les substantifs. Dans la nation parfaite qui se construit sur la bienfaisance, chacun a sa spécialité: le roi est «sage», les ministres sont «éclairés», les magistrats sont «respectables» et les pontifes sont «vertueux». Quant au noble, «l'ami du roi», il a trois fonctions à remplir. Tout d'abord, il est un modèle pour la nation en remplissant la tâche de représentation qu'exige son rang. Ensuite, il est le protecteur des pauvres, c'est-à-dire le «père» de ses vassaux. Enfin, il est l'intermédiaire entre la nation et le roi au sein des états provinciaux. Les fonctions du noble s'étendent donc à l'ensemble des relations humaines. Il a une fonction morale, une fonction sociale et une fonction politique.

L'appel au retour à la campagne que lance Colardeau dans son *Epître à Monsieur Duhamel de Denainvilliers* offre une illustration de ce même lexique «féodal». Duhamel de Denainvilliers était le frère du célèbre agronome Duhamel du Monceau. Il vivait dans sa terre du Gâtinais, où il s'occupait d'agriculture, de chimie, d'astronomie, de physique et d'histoire naturelle. «Ces travaux ne prennent rien sur le soin du bonheur de ses paysans et de ses vassaux. Il est leur Juge, leur Protecteur, leur Ami et leur Père»[170]. Il a fait rebâtir les fermes et une partie du village, et son château est toujours accueillant. Colardeau poursuit:

> L'Ami de tes vassaux, et leur Juge, et leur Père,
> De leur humble cabane écartant la misère,

Nouveau Titus, assis sur un trône de fleurs,
Citoyen couronné, tu règnes sur les cœurs. (...)
Le Pauvre, soulagé du fardeau qui l'oppresse,
En s'occupant pour toi, trouve en toi des secours;
Et d'un pain légitime alimente ses jours.[171]

La terminologie est celle du lexique «féodal» qu'on trouve chez Lezay-Marnésia:
elle personnalise les devoirs des sujets, les travaux, et les devoirs des seigneurs,
la protection. Force est de reconnaître que ces discours diffèrent peu, dans leur
esthétique, dans leur idéal communautaire, de certains textes des partisans de la
mainmorte. Citons à titre d'exemple le memoire de 1776 du chapitre de Saint
Claude: «Une famille mainmortable n'est point une hutte de sauvages et moins
encore un bagne d'esclaves; c'est une petite république animée du même esprit et
vivifiée par l'émulation, (...) c'est l'image de la vie patriarcale. Les années de
calamités ont appris aux peuples de cette province qu'ils avaient dans leurs
seigneurs des protecteurs vivement touchés de leur misère et des pères
uniquement occupés du soin de les soulager»[172].

Le lexique «féodal» révèle des structures de pensée, un imaginaire; il ne
signifie pas qu'au niveau des idées Lezay-Marnésia préconise le régime féodal.
Son point de vue est à cet égard fort nuancé. La conception qui sous-tend le
discours marnésien, où le mot citoyen n'apparaît pas, est plutôt celle d'un
régime aristocratique de type fénelonien. «Leurs talents, leurs travaux, leurs
tributs, leur vie, voilà ce que les sujets doivent à l'état. L'exemple, la
surveillance, les soins, voilà la dette des rois»[173]. Lezay-Marnésia présente cet
ordre comme l'ordre naturel des choses. Il est de la nature des campagnes de
dépendre des seigneurs: «les lumières et la vertu des chefs sont continuellement
nécessaires pour les défendre contre les oppressions, les secourir dans les
calamités, y amener l'industrie, y encourager le travail, y entretenir
l'abondance»[174]. Les devoirs et les droits du gouvernement sont clairement
définis: «prévoir, éclairer, secourir, voilà les devoirs; recueillir, prospérer,
s'éterniser, voilà la récompense»[175]. Dans ce plan de régénération, l'état de
nature est donc remplacé par un univers où la campagne perd son innocence si le
seigneur n'intervient pas. Le leitmotiv du texte, qui est l'appel au retour des
seigneurs sur leurs terres, contribue à constituer une chaîne de solidarité, dont les
maillons sont de l'ordre de l'effusion sentimentale. L'état de nature apparaît
comme une utopie, non pas celle de l'innocence naturelle mais celle d'une
société féodale mythique. Ce mythe est celui d'une noblesse en lutte contre
l'absolutisme royal et non contre les universaux révolutionnaires. C'est
d'ailleurs peut-être la cause de l'échec politique du mouvement de retour des
seigneurs à la campagne. Au lieu d'offrir une alternative aux idées nouvelles, qui
allaient entraîner le royaume dans une révolution, il ne regardait que le passé et le
présent, et proposait une alternative à une problématique potentiellement
dépassée. Le programme de régénération oppose un ordre féodal mythique

construit sur l'effusion à un ordre monarchique absolutiste construit sur l'efficacité. Le berger d'Arcadie a disparu pour laisser place aux seigneurs, comme dans la poésie de Saint-Lambert. Ce plan de régénération est noyé dans la nostalgie d'un passé révolu, qui s'exprime dans l'évocation de coutumes disparues. Lezay-Marnésia voulait qu'on rallumât les feux de la Saint Jean, qu'on rétablît les repas de la Saint Martin, qu'on célèbrât les fêtes des saints patrons, sous la présidence du prêtre, du châtelain et de son épouse, et des sœurs de la charité. Cette nostalgie culmine dans la description de la famille seigneurale vertueuse vivant dans un «esprit de famille et de patriotisme»[176]. A lui tout seul, ce tableau peut servir de panorama tant il résume avec des images bien appropriées la régénération proposée par bien des seigneurs éclairés.

> Quel tableau! Une épouse pénétrée d'estime et de tendresse pour son époux, un mari tendre et heureux des vertus de sa femme, de nombreux enfants élevés dans leur sein & formés par leur exemple, une famille toujours occupée d'objets utiles, où l'ordre fait régner l'abondance, que la gaieté n'abandonne jamais et que la piété, la bienfaisance animent toujours! De ce château que le bonheur habite, [le seigneur] se répand sur les villages qui l'environnent. Secondé par les dignes pasteurs (...), il en a banni les vices; il les a remplacés par l'activité, l'industrie et la sagesse. Juge, médecin et père, par l'autorité de l'amour et du respect, il arrange les procès et visite les malades. (...) Tout est en mouvement autour de lui. (...) Chacun de ses jours, rempli par des bienfaits, est terminé par des bénédictions & ses douces soirées se passent à recevoir les caresses de sa femme et de ses enfants, et à former de nouveaux projets pour le lendemain.[177]

SOCIÉTÉ ARISTOCRATIQUE ET SENSIBILITÉ

Le Bonheur dans les campagnes exprime une conception aristocratique de la société. Le point de vue de Lezay-Marnésia comporte cependant bien des nuances. Comme Montesquieu, il hésite entre le libéralisme à l'anglaise et les structures de la monarchie des quinzième et seizième siècles. Toutefois, à la fin de l'Ancien Régime, la conjoncture intellectuelle a changé. La noblesse étant en pleine crise d'identité, il s'agit de lui donner de nouvelles assises. Le mouvement du retour des seigneurs dans leurs terres, qui redonne à la noblesse vie et utilité et qui paraît alors être la meilleure arme contre un luxe niveleur, est présenté comme une solution à cette crise. En cela, il véhicule une pensée proche de celle de Fénelon dans les *Tables de* Chaulnes, où l'ordre aristocratique est revitalisé par le renouvellement du contact personnel entre une noblesse de retour dans ses terres et le pays. Ce qui séparera, en 1789, les seigneurs éclairés de la Révolution, c'est la conception de la régénération. Clermont-Tonnerre l'exprime ainsi dans son discours du 28 juillet 1789 devant l'Assemblée nationale:

Nos commettants, Messieurs, sont tous d'accord sur un point: ils veulent la régénération de l'état; mais les uns l'ont attendue de la simple réforme des abus et du rétablissement d'une constitution existant depuis quatorze siècles (...), d'autres ont regardé le régime social existant comme tellement vicié, qu'ils ont demandé une constitution nouvelle.[178]

A partir des années 1760, la noblesse éclairée s'était montrée innovatrice. Elle avait multiplié les mesures à caractère socialisant, mais elle avait aussi voulu préserver les valeurs de la société aristocratique. Son modèle était l'union du laboureur et du soldat. C'était le modèle de la société antique. La constitution vieille de quatorze siècles, à laquelle fait allusion Clermont-Tonnerre, est celle qui donnait préséance aux propriétaires terriens et aux guerriers, celle qui structurait la vie sociale de liens personnels entre personnes et groupes différents. La noblesse du dix-huitième siècle en gardait l'image mythique d'une société où la communauté prévalait sur l'individu. La régénération proposée par la noblesse prend sa source dans l'histoire. Elle revendique des libertés inscrites dans un passé qu'elle considère imprescriptible. A l'opposé, le modèle de la régénération de la Révolution repose sur l'universalisme des droits. D'un côté le modèle de l'histoire, de l'autre celui des Lumières. Un seigneur éclairé comme Lezay-Marnésia ne pouvait que faire l'expérience d'un équilibre instable. En argumentant en faveur des corps intermédiaires et du retour à la campagne, il puise plus dans les anciennes coutumes que dans les idées nouvelles. S'il se réclame des idées des Lumières, il les met toujours en œuvre en fonction d'une communauté et non en fonction des individus, et ne fait que développer un «féodalisme» moderne et socialisant. Comme dans la plupart des idéologies de la noblesse, la vertu principale est le dévouement à la communauté, qui prend ici la forme de la bienfaisance. Dans l'école du retour à la campagne, non seulement la noblesse prend-elle la couleur de la sensibilité à force de pratiquer la bienfaisance, mais aussi la monarchie, dans la personne du couple royal. On en trouve un exemple dans la poésie de Tschoudi. Ce portrait de Louis XVI et de Marie-Antoinette rappelle celui du seigneur et de la chatelaine brossé par Marnésia:

Un roi de tout un peuple est le dieu tutélaire,
Mais du pauvre et du faible, une reine est la mère.
Dans les vastes projets émanés de sa main
Un roi peut oublier les pleurs de quelque humain!
Par des soins plus touchants, une reine en silence
Répand autour de lui sa douce bienveillance;
Il commande le bien; elle le fait chérir,
Elle adoucit les maux qu'elle ne peut guérir,
Dans ces champs qu'il a mis à couvert des alarmes,
Elle trouve à sécher encore quelques larmes;
Satisfaite elle apporte à ce roi bienfaiteur

Du bien qu'elle accomplit l'hommage si flatteur, (...)
S'abandonnant tous deux aux transports les plus doux,
Tous deux ils sont heureux par le bonheur de tous.[179]

La société régénérée de Lezay-Marnésia n'est pas une société aristocratique héroïque, où la légitimité du second ordre se base seulement sur la naissance, mais une société aristocratique, dont le principe organisateur est la sensibilité. C'est dans le dernier tiers du siècle, montre Catherine Duprat, que la bienfaisance de «règle morale et pratique sociale (...) se mue en vaste projet de régénération des mœurs, des rapports sociaux et des lois»[180]. Elle devient même plus que cela: elle se mue idéologie. Par le biais de la bienfaisance est réintroduite l'idée de protection, non plus une protection féodale de type guerrier, mais une protection sociale et morale. Par le biais de la bienfaisance est réintroduite l'idée d'un régime patriarcal. Lezay-Marnésia n'est pas étranger aux principes des Lumières, mais les idées de liberté et d'égalité civile sont conçues dans le cadre d'un gouvernement de nature familiale. L'énergie engendrée par la bienfaisance et par l'esprit familial et patriarcal est la sensibilité. C'est elle qui permet au système de fonctionner harmonieusement, des seigneurs vers les sujets, des sujets vers les seigneurs. Privée de sa légitimité chevaleresque, la noblesse se donne une nouvelle légitimité basée sur la récompense de la bienfaisance, l'amour des sujets pour leurs seigneurs. Dans la nouvelle société aristocratique conçue par le mouvement du retour des nobles à la campagne, la légitimité de la noblesse se trouve dans le peuple. Réformatrice lorsqu'il s'agit de réaffirmer les droits et les devoirs respectifs de la noblesse et du peuple face à une monarchie absolue et impersonnelle, la pensée de Lezay-Marnésia devient conservatrice dans un univers où le roi risque d'être réduit au rang de premier des magistrats.

Quatrième partie

RÉVOLUTION & RÉGÉNÉRATION

« ... couler des jours paisibles et purs dans les douceurs de la vie patriarcale, dans les charmes de la vie fraternelle, et se livrer au bonheur d'adorer Dieu, de pratiquer les vertus que la religion enseigne, commande et récompense»
Lettres écrites des rives del'Ohio

CHAPITRE IX

«PATRIOTE» ET «ÉMIGRÉ»

UN «PATRIOTE» DÉSINTÉRESSÉ

Comme dans le cas de tous ceux qui sont engagés dans le processus de changement de la période révolutionnaire, la biographie de Lezay-Marnésia suit les événements et se confond souvent avec eux. Celui qu'on appelait le Cygne patriotique du Mont Jura continuera à faire preuve de hardiesse une fois élu aux états généraux et rejoindra pour un temps ses cadets, la génération des gentilshommes démocrates pro-américains, au sein de la minorité de la noblesse où se mêlent tendances libérales et tendances démocrates. On le retrouve ensuite au sein des Monarchiens. Le *Dictionnaire critique de la Révolution française* le mentionne comme l'un des premiers piliers de ce parti et l'un des ténors de la noblesse libérale[1]. En rester là serait donner une fausse idée du personnage. Bien qu'il fût constamment présent, il apparaît avoir été à l'Assemblée quelqu'un d'assez effacé, ni un chef ni un orateur. Constituant peu bavard, discret, il fait figure d'esprit libéral, modéré et désintéressé; c'est le souvenir qui restera de lui, comme dans l'éloge fait par Tivier à l'Académie de Besançon en 1878:

> [un] esprit libéral avec un peu d'excès, passionné pour la littérature, sympathique à toutes les gloires, acquis d'avance à tout ce qui représentait un bienfait pour le peuple, un progrès pour son pays (...) adepte fervent, convaincu mais désintéressé par dessus tout des idées qui fermentaient alors et qui pouvaient produire par le concert de toutes les bonnes volontés une transformation paisible et régulière de l'ordre social. (...) Ses livres dorment dans la poussière des bibliothèques, mais il a laissé le souvenir d'un homme de bien, profondément désintéressé, qui voulut le progrès pur de tout excès.[2]

La figure du notable désintéressé, bienfaisant et modéré n'est pas une création des milieux bisontins de la fin du dix-neuvième siècle. Les témoignages des contemporains confirment ce jugement. A l'Assemblée nationale, se gardant de plus en plus des gentilshommes démocrates, les «Américains», il allait faire partie des Monarchiens — un rassemblement de personnalités modérées dans un flou idéologique — derrière Lally-Tollendal et Clermont-Tonnerre, Mounier et Malouet, ceux que madame de Staël appelle les «purs», les désintéressés:

> Il n'y avait point d'hommes plus consciencieux dans l'assemblée. (...) les deux partis extrêmes couvraient ces voix, les plus courageuses et les plus pures de toutes. Elles ne cessaient pas de se faire entendre dans le désert d'une foule égarée; mais les aristocrates exagérés ne pouvaient souffrir ces hommes qui voulaient établir une constitution sage, libre, et par conséquent durable.[3]

Elle n'est pas la seule à porter ce jugement. Toulongeon, l'ami de Lezay-Marnésia, écrit dans son *Histoire de France*, que les Monarchiens étaient des hommes qui, «se vouant à l'anonymat, se contentèrent de concourir au bien, sans prétention comme sans ambition. Cette masse, tantôt par sa résistance, tantôt par sa force d'inertie, sauva la chose publique»[4]. Autrement dit, des bœufs et non des aigles. Dans son *Journal sur l'Assemblée constituante*, Adrien Duquesnoy fait leur portrait: «hommes honnêtes et timides» qui veulent approfondir le plan de Necker, mais qui «se sont bornés à n'avoir point d'avis». Il cite en particulier Lezay-Marnésia pour sa franchise, sa loyauté et son honnêteté: «L'homme le plus recommandable qui se soit montré dans ce parti est le marquis de Lezay-Marnésia, homme honnête et vertueux, toujours loyal et franc»[5]. C'est dans les *Mémoires* de l'abbé Lambert, emprisonné en 1794 avec le marquis, qu'on trouve le meilleur résumé de la carrière politique de ce seigneur éclairé:

> Constituant, il avait été un des quarante-cinq qui s'étaient réunis au tiers avant leur ordre, et pour le fond de son système il était anglais.[6]

La France révolutionnaire n'avait toutefois pas de place pour ces apôtres de la bienfaisance. Rappelons la critique de l'édition de 1788 du *Bonheur dans les campagnes* qui paraît dans l'*Année littéraire* de 1789: elle annonce au lecteur qu'il trouvera «que dans certaines occasions [l'auteur] est bien éloigné des idées nouvelles», qu'il n'a pas «deviné que nous vivrions trois cents ans en trois mois»[7]. Ainsi, avant même le début de la Révolution, la noblesse libérale, fille des Lumières, était-elle déjà dépassée, en dépit de ses projets de régénération. Pourquoi? La cause de son échec se trouve à la fois au niveau des moyens à mettre en œuvre et au niveau des mentalités. Ce qui a causé l'exclusion des nobles libéraux comme Lezay-Marnésia, c'est qu'ils refusaient de sacrifier le présent à l'avenir. Ils reconnaissaient les abus, mais refusaient de favoriser des principes abstraits au détriment d'une prospérité publique qui était fondée, à leur avis, sur le bonheur des habitants des campagnes. Il leur était impossible de concevoir ce bonheur hors de la présence d'une classe de propriétaires bienfaisants. Quant à l'intérêt général il ne pouvait pas à leurs yeux ne pas respecter les intérêts particuliers qui constituaient la trame de la terre de France. *Le Bonheur dans les campagnes* le prouve: la révolution, pour un Lezay-Marnésia, est morale. La source des malheurs et des abus est dans les mœurs; les institutions administratives n'en sont que le véhicule. Ce qu'il faut mettre au pouvoir, c'est la vertu et non le peuple. Dans ce plan de régénération, si on donne la parole au peuple, c'est tout simplement pour lui redonner un rôle de contrôle moral, nullement pour lui donner la réalité du pouvoir. Après la Révolution, Lezay-Marnésia réfléchira sur la liberté sans départir de ses principes: «Telle que je la conçois, la liberté est sans doute le premier des biens dont l'homme puisse jouir; mais, comme tout ce qui est essentiellement bon, elle ne peut être le prix que de la vertu»[8]. Esprit des Lumières, Lezay-Marnésia le reste: sa pensée correspond à la façon dont les journalistes du *Journal encyclopédique* posent la question du pouvoir à la veille de Révolution[9].

Modèle parfait du gentilhomme rêvant d'une société fondée sur la bienfaisance, Lezay-Marnésia démissionnera de l'Assemblée nationale le 26 mai 1790 et émigrera aux Etats-Unis par idéalisme, pour essayer de donner vie à son système. S'il est vrai que le découragement et la crainte de la guerre civile ont pesé dans sa décision, jamais il ne rejoindra la Contre-Révolution. Pour comprendre son évolution, qui jette une lumière nouvelle sur les aspects de la noblesse libérale, il faut le suivre pas à pas de 1788 à 1790, et étudier les raisons de son départ.

NAISSANCE D'UNE CONSCIENCE POLITIQUE

L'action proprement politique du marquis est la conséquence directe de sa philanthropie, dont elle est le développement logique[10], comme c'était aussi le cas de ses amis le duc de La Rochefoucauld et le duc de Liancourt dont les options devaient être toutefois plus radicales que les siennes. Elle ne prend vraiment une forme politique qu'en 1787 avec sa nomination à la présidence du district du Mont-Jura, institution nouvelle qui porte alors tous les espoirs de réforme et qui aurait pu concrétiser, même modestement, le développement des corps intermédiaires. L'*Epître en vers* de Cerutti, écrite en 1787 pour louer l'action de Lezay-Marnésia, reflète ces espoirs en décrivant le «conseil citoyen» qui «s'élève (...) au milieu de chaque province»:

> Ni l'or contagieux, ni la faveur prodigue
> De nos Conseils naissants ne corrompront la Ligue:
> Interprètes du Peuple, ils l'auront pour témoin:
> Ils entendront sa plainte, et même son silence,
> Et leur fidèle vigilance
> Verra l'abus de près, l'autorité de loin. (...)
> Des Oisifs de la Cour l'essaim léger s'envole
> Vers les Hameaux abandonnés.
> L'Agriculture se console . . .
> Au lieu du Noble, au lieu du Prêtre . . .
> Elle aura son Conseil champêtre.[11]

Pas encore de portée politique dans ce poème qui chante les vertus de l'administration telle qu'elle devrait être: vertueuse, pure, incorruptible, à l'écoute et au service du peuple, ennemie des abus. Cela se trouvait déjà dans le plan de régénération offert par *Le Bonheur dans les campagnes*. De 1787 à 1789, la pensée de Cerutti se révèle en effet très proche de celle de Lezay-Marnésia, qui finance ses publications. Les deux hommes forment une équipe. En 1787, les réformes de Loménie de Brienne pouvaient leur faire envisager un sauvetage des campagnes par des institutions administratives vertueuses. En 1788, avec les états généraux se profilant à l'horizon, leur réflexion se fait plus politique.

Le *Mémoire pour le peuple français* de Cerutti, publié par Lezay-Marnésia et distribué par les clubs relevant du parti national, présente des arguments que le marquis aurait pu formuler lui-même. Il est d'ailleurs écrit par Cerutti en 1788 alors qu'il fait un long séjour au château de Saint-Julien. Dans une terminologie morale, *Le Bonheur dans les campagnes* était déjà porteur des idées de Cerutti, notamment l'édition de 1788. Le *Mémoire* annonce des positions politiques qui seront celles de Lezay-Marnésia. Les états généraux offrent une promesse de «monarchie populaire», qui renoue avec le «gouvernement mixte» qui était celui de la France avant le «gouvernement féodal» et le «gouvernement absolu». Réclamer la forme des états généraux de 1614 reviendrait à recréer une «aristocratie féodale». Pour Cerutti, comme pour son ami, il s'agit de «fonder une constitution nationale qui représente la volonté de tous et qui maintienne l'intérêt de chacun»[12]. Pour ce qui est des espérances de 1789, on retrouve les thèmes du *Bonheur dans les campagnes*: réforme des abus en réprimant «la rapacité des courtisans», en mettant fin à «l'esclavage de la classe populaire», en instaurant une «équitable répartition des différentes taxes, des différentes charges», en réformant le clergé[13]. Quant à la noblesse, elle est l'un des principaux éléments entrant dans la composition des corps intermédiaires. Elle est fondée sur la gloire; elle est un peuple de «héros»; elle sert de «monument au passé et de perspective au présent». Elle doit aussi être «la classe la plus généreuse»[14]. Une noblesse conservant une prééminence due à l'histoire, mais renonçant à l'oligarchie féodale et à ses abus pour trouver sa raison d'être dans la bienfaisance, voilà ce qui ne cessera jamais d'être le fondement de la pensée de Lezay-Marnésia. Au niveau du régime, l'idéal de Cerutti, comme celui de Lezay-Marnésia, est la monarchie à l'anglaise, à la Montesquieu, car outre le fait qu'elle respecte la diversité et correspond à l'«ancienne Constitution monarchique française», elle permet de mettre en œuvre la bienfaisance au niveau de la société[15].

Il n'aurait pas été dans le style de Lezay-Marnésia d'écrire ainsi une réflexion de nature politique; même son engagement politique pourrait surprendre si on ne le lisait pas à la lumière de l'enthousiasme général de l'époque et de la pression de quelques amis, comme Cerutti, le vicomte de Toulongeon, la duchesse d'Enville et sa coterie. En écrivain de la génération des Lumières, sa pensée reste d'ordre moral et philosophique; son champ d'action reste la littérature; tout au plus travaille-t-il à mettre la morale en action à travers la bienfaisance. Il semble difficile de parler de «conscience politique» dans son cas, du moins au sens étroit et moderne du terme. En fait son rôle à l'Assemblée nationale sera modeste et rien ne le fera remarquer, bien qu'il remplît honnêtement sa tâche. Le «Dialogue entre Buffon et Bailly» — une fantaisie écrite par le marquis vers la fin de ses jours, dans laquelle il imagine qu'au séjour des morts Buffon fait découvrir à Bailly la vérité sur sa vie — jette quelques éclaircissements sur l'engagement de Lezay-Marnésia. Politiquement engagé par générosité, par enthousiasme, de par les circonstances, et aussi parce qu'il croyait fermement à la possibilité de régénérer le pays à partir de la bienfaisance et du retour à la campagne — ce qui explique son rapide découragement face à la surenchère des révolutionnaires — il restait avant tout un écrivain, un moraliste, pour qui la chose publique était plus matière à réflexion qu'à action. C'est ce que Buffon explique à Bailly, à un Bailly purifié des «illusions de l'amour propre» et des «chimères de la vanité qui [l]'avaient égaré et perdu»:

> Il était presque impossible qu'un homme de lettres (...) remplît convenablement sa place d'homme d'Etat. (...) Les occupations d'un homme de lettres, et surtout d'un savant, le rendaient autrefois absolument étranger

aux connaissances et aux conceptions profondes que l'administration politique exige, surtout dans les temps où l'Etat menacé d'un violent orage demande à ses pilotes une expérience consommée, une sagesse extraordinaire, et une habileté peu commune. (...) Les gens de la Cour et les gens du monde parviennent rarement à faire de bons poèmes, de beaux discours et de grandes découvertes, et les Littérateurs et les Savants parviendront plus rarement encore à donner le mouvement et le repos aux Empires.[16]

Pour Lezay-Marnésia, d'un an l'aîné du Maire de Paris, Bailly est écrivain et savant avant d'être administrateur; «il s'est cru un grand personnage, parce qu'il avait saisi une grande circonstance, et fait un grand voyage»[17]. Ce dialogue n'est pas seulement une fantaisie; il y passe une réflexion sur l'existence personnelle de l'auteur. Le «grand voyage» ne l'effrayait pas personnellement, au contraire comme le prouve son aventure au Scioto; c'est une leçon de sagesse qu'il s'adresse: ne pas tromper sa réputation. L'aventure politique n'aura été dans sa vie qu'une parenthèse due aux circonstances; son travail d'écrivain et de penseur, auquel il se dévoue à nouveau à partir de 1793, reste sa vocation.

Ainsi ne mesure-t-il même pas la portée et le but des actes et des discours des hommes politiques. Ses analyses sont celles d'un moraliste dépassé par la naissance de l'univers politique qu'il n'appréhende pas. Lally-Tollendal est encensé «parce que son éloquence était l'épanchement d'une âme élevée, tendre, courageuse, sensible et profondément pénétrée de l'amour de la vertu»[18]. Quant aux tyrans de la Révolution, ils ont agi par ennui — cette maladie du siècle des Lumières et des salons — par «engourdissement de l'âme»:

La plupart de ceux qui gouvernent sont ceux qui auraient le plus besoin d'être gouvernés. Voyez leurs vices, leurs bassesses, leurs crimes et surtout leur audace. (...) Si on leur disait: «pourquoi remplissez-vous l'Empire de prisons, de gênes, pourquoi le couvrez-vous de décombres, pourquoi bouleversez-vous toutes les fortunes, pourquoi répandez-vous tant de sang, pourquoi ces échafauds si nombreux et toujours en activité?» Dans un moment de bonne foi ils répondraient naïvement: «j'ai besoin d'émotions fortes, je m'ennuie». Par cet engourdissement de l'âme, combien de choses on expliquerait![19]

En 1788, outre le ballet *Apelle et Campaspe*, qu'il fait mettre en musique par La Cépède[20], outre la seconde édition du *Bonheur dans les campagnes*, il écrit un poème allégorique en prose, «Les Lampes», dédié à La Cépède, qui paraît dans le *Journal de Paris* du 27 avril 1788[21]. Ce poème est bien celui d'un homme de la génération des Lumières; il célèbre les «quatre lampes suspendues au temple du Génie [qui] du sein de la France éclairaient l'univers»: Montesquieu, Voltaire, Rousseau et Buffon. Le poème se veut un panégyrique des grands hommes des Lumières et de leurs contributions. Buffon, dont la mort le 18 avril 1788 a donné l'idée à Lezay-Marnésia d'écrire son poème, pour la science; Rousseau, à la flamme duquel «disparaissaient les préjugés barbares qui sont les esclaves et les tyrans», pour «l'enthousiasme de la vertu», et parce que sous son influence «l'homme devenait bon, humain, heureux»; Voltaire pour les arts, les sciences, la philosophie et parce qu'il a su donner «à l'Homme le sentiment profond de l'humanité». Enfin Montesquieu, pour avoir su redonner aux hommes la dignité: avec cette lampe, «les hommes virent leurs droits, retrouvèrent leurs titres, distinguèrent le faux génie de la législation de son génie véritable, purent souffrir encore du vice des mauvaises institutions, mais cessèrent de pouvoir être abusés. Avec Montesquieu cette lampe s'éteignit».

Quelques passages à portée politique des *Pensées littéraires, morales et religieuses* datent de la période précédant immédiatement la Révolution[22]. C'est là qu'à la suite de Rousseau il fait l'éloge de l'Etat de Genève, de son économie, de ses talents. C'est là qu'il recommande «de diviser les grands Empires en petites Républiques» car «plus un Empire est vaste, et plus il est corrompu», mais aussi qu'il condamne «l'idée de la pure démocratie [qui] n'est qu'une abstraction chimérique, impossible à réaliser»[23].

Les écrits des années 1788–1789 renforcent l'image de l'écrivain des Lumières mais apportent peu que nous ne sachions déjà sur ses idées politiques. Lezay-Marnésia a déjà offert son «programme» de régénération dans *Le Bonheur dans les campagnes* et Cerutti a fait le reste. C'est dans l'action que se lance désormais le marquis. Au niveau local, on sait déjà que son rôle de président du district du Mont-Jura et son action sociale feront qu'il sera glorifié par le Conseil municipal d'Orgelet des titres de «bourgeois et protecteur» en 1788 et de «protecteur du tiers état» le 25 janvier 1789. Au même moment, il se montre très actif dans la préparation des états généraux.

DANS LA MINORITÉ LIBÉRALE DE LA NOBLESSE FRANC-COMTOISE

La Franche-Comté, qui n'avait été réunie à la France qu'en 1678, était encore un pays d'états se réclamant historiquement des droits du comté de Bourgogne. L'année 1788 est marquée par la déchéance du Parlement de Besançon puis par la préparation des états de Franche-Comté. Les deux Toulongeon font partie des cent un nobles qui le 4 juin signent la lettre adressée au roi par la noblesse de Franche-Comté pour défendre le Parlement et réclamer la conservation des droits du Comté de Bourgogne. Lezay-Marnésia ne signera que la seconde requête, datée du 12 septembre 1788, préparée à la réunion de la noblesse tenue le 10 septembre au prieuré de Saint-Rénobert, près de Quincey. C'est au cours de ce rassemblement qu'il est secrètement décidé par un petit groupe de nobles aux idées libérales que Lezay-Marnésia sera nommé, avec monsieur de Champagne, commissaire de bailliage pour Orgelet, Saint-Claude et Lons-le-Saunier[24].

Dès le 1er octobre se révèle la profonde division de la noblesse. L'assemblée de la noblesse qui se tient à Quingey affirme, contre les vœux du tiers état et ceux de la noblesse libérale, que les états de Franche-Comté doivent être convoqués selon leur forme ancienne[25]. Ainsi les trois chambres délibéreraient-elles séparément. Fin novembre de nouvelles mesures conservatrices sont décidées: la Chambre de la noblesse n'admettra que ceux pouvant justifier de quatre quartiers de noblesse. C'était exclure toute une population de récents anoblis, mais surtout c'était restreindre la Chambre de la noblesse à ceux à qui profitait le maintien de la mainmorte. La noblesse libérale se constitue en opposition à ce bastion conservateur sur la question de la forme à donner aux états et sur la question de la mainmorte:

Ecoutez les Montbarrey, les Saint-Mauris, les Grammont, les Marnésia, le vicomte de Toulongeon, les Monciel, les Mercey, les Reculot, les Châteaurenard, les Romange, les d'Arçon, les Laubespin... Ils défendent, ils soutiennent la plus juste des causes: celle du peuple.[26]

Les violents débats, l'opposition du tiers état aux deux autres ordres et les menaces d'insurrection incitent Caumartin de Saint-Ange, intendant de Besançon, à suggérer au roi que les représentants de la Franche-Comté aux états généraux soient élus selon la loi commune. Le 6 janvier 1789, une décision royale unifie le royaume: les états de Franche-Comté sont suspendus et remplacés par des élections dans des assemblées de bailliage. Cette décision, loin de faire disparaître les tensions, renforce les divisions au sein du clergé et de la noblesse. Comme on pouvait s'y attendre, la majorité de la noblesse se réclamant de l'histoire refuse la décision royale qui entraînait le doublement des voix du tiers état. Du côté du clergé, la majorité suit l'abbé de Marnésia, vicaire général de Lyon et abbé commendataire de l'abbaye d'Acey dans le Jura, frère du marquis, et proteste contre la décision royale. Les libéraux s'érigent en dissidents dans les deux groupes. Lezay-Marnésia, qui refuse l'oligarchie féodale qu'engendrerait la reprise des états sous leur forme de 1614, fait partie de la minorité de la noblesse aux côtés du vicomte Toulongeon[27]. Cette dissidence «fut le premier signal apparent de la division ostensible d'opinion dans le royaume, parce que les états de Franche-Comté se trouvaient, pour le moment, le seul corps légal rassemblé»[28].

Cette minorité libérale est forte de vingt-deux nobles qui acceptent le doublement du tiers état et l'élection aux états généraux par bailliage. Ces hommes insistent sur l'obéissance au souverain et soulignent que le roi reconnaît les droits de la nation. Pour Jean Egret, cette décision est due aux convictions libérales du groupe mais aussi à un calcul: «jugeant des sacrifices inévitables, ils entendaient les consentir spontanément, pour conserver l'essentiel d'une situation sociale prééminente»[29]. Il est certain que des individus comme Montbarrey et Toulongeon étaient surtout animés par l'ambition personnelle[30]. Dans ses *Mémoires*, le prince de Montbarrey ne réussit pas à convaincre le lecteur de son zèle désintéressé sauf lorsqu'il dit s'être gardé de prendre parti pour telle ou telle faction — arguant de sa position de ministre d'état[31]. Quant au vicomte de Toulongeon, une lettre imprimée de juin 1789 le décrit ainsi:

Un de ces hommes qui savent varier leurs formes et leur ton au gré de leurs desseins; tantôt le nez au vent ne doutant de rien, décidant de tout, on l'entend discourir à perte d'haleine, non sans esprit, mais avec un bredouillement et une confusion aussi nuisibles à ses prétentions que fatiguantes pour ceux qui l'écoutent; tantôt intriguant, captieux, rampant, vous le voyez se plier et replier dans tous les sens pour parvenir à ses fins. A ce portrait vous reconnaissez le vicomte de T... qui avait jeté ses vues sur le bailliage de Lons-le-Saunier, pour se faire élire aux états généraux.[32]

Mis à part ces quelques cas, on préfère toutefois parler de réalisme plutôt que de calcul — c'est le même réalisme qui animera les quarante-sept le 25 juin. La motion des vingt-deux contient cette phrase qui fait honnêtement la part des choses: «le présent acte [est] dicté par la nécessité et par notre zèle pour le bien public»[33]. Il ne faut pas que la «nécessité» fasse oublier ce «zèle pour le bien public».

Dans un opuscule de décembre 1788, un des membres de la majorité de la noblesse de Franche-Comté fait l'apologie de son ordre. Sans s'en rendre compte, il fait une description du noble libéral, ou tout du moins de l'état d'humilité auquel aspirait le noble libéral dans sa générosité.

> Pour être libre il faut une vertu héroïque, un noble désintéressement, de la frugalité, un amour immense de la patrie, un dévouement sans bornes à l'état, des lumières et des connaissances éclatantes, un saint respect pour les lois et les magistrats, un abandon absolu de ses intérêts particuliers pour la chose publique, le mépris des richesses, l'ambition des places pour servir gratuitement son pays, et se réjouir (...) de se voir préférer, pour gouverner, trois cents personnes plus capables et plus vertueuses que soi.[34]

L'un des intérêts de l'étude du cas de Lezay-Marnésia est qu'elle révèle plus ce zèle désintéressé que le réalisme. Toutefois, elle montre aussi que ces hommes des lumières vivaient dans une illusion totale quant à l'efficacité de leur plan de régénération.

On sait que l'hiver excessivement difficile de janvier et février 1789 ne fit qu'accroître l'insatisfaction de la population, déjà forte à cause de la réaction de la majorité de l'aristocratie. L'agitation dans les villes augmente, notamment à Besançon qui connaît quatre jours d'émeutes fin mars et début avril; elle gagne peu à peu les zones rurales où elle éclatera en juillet 1789 et n'épargnera même pas les châteaux de la noblesse libérale, tout du moins dans le nord de la province. C'est avec cette situation dangereuse à l'arrière-plan que se préparent les états généraux. Le règlement du 19 février met fin aux discussions: la Franche-Comté est soumise à la loi commune du royaume. Le Parlement de Besançon, qui avait été à la tête de la réaction aristocratique, doit se soumettre, et les assemblées de bailliage s'ouvrent le 6 avril. Les députés de la noblesse n'étant plus désignés par la Chambre de la noblesse mais par les assemblées de bailliage, la minorité libérale voit ses chances augmenter (elle remportera cinq sièges sur sept). Lezay-Marnésia et Toulongeon sont les principaux acteurs de la campagne électorale pour la noblesse franc-comtoise et seront désignés parmi les commissaires à la rédaction des Cahiers de doléances. Dans ce duo, Toulongeon est la tête politique, le calculateur; Lezay-Marnésia, celui qui donne confiance par sa réputation de seigneur bienfaisant et de gentilhomme honnête. Cependant, minoritaires au sein de la noblesse, ils ne doivent leur élection qu'à la pression du tiers état, sur fond de mécontentement général du peuple des campagnes. Ils la doivent aussi à une manœuvre qui humilie la noblesse conservatrice majoritaire et la force à se retirer de l'assemblée.

L'assemblée générale des trois ordres du bailliage d'Aval se tient dans l'église des Cordeliers de Lons-le-Saunier à partir du 6 avril 1789. Plus de mille

personnes sont présentes. La séance d'ouverture est particulièrement houleuse[35].
L'évêque de Saint-Claude en mécontente beaucoup par son discours sur la
mainmorte, dans lequel il se prononce en faveur de l'abolition mais en demandant
un dédommagement au souverain. Puis, l'abbé de Marnésia, peu populaire depuis
sa protestation, ne peut se faire entendre que grâce à l'intervention de son frère.
L'épisode montre l'estime dans laquelle était tenu le marquis et révèle l'ambiance
des réunions.

> [L'abbé de Marnésia demande la parole.] Aussitôt un *non* sorti du milieu du
> clergé, soutenu par les membres du tiers état et répété mille fois par le
> peuple nombreux qui remplissait l'église, accompagné de sifflements et de
> coups de sifflets, de huées et de menaces, s'est fait entendre pendant quelques
> minutes. M. le marquis de Marnésia a demandé alors à MM du tiers état, au
> nom des bontés qu'ils avaient pour lui, la permission de parler pour un frère
> qui allait leur porter des paroles de paix. En effet il y a eu un moment de
> silence et M. l'abbé de Marnésia a commencé à prononcer un discours dicté
> par la sagesse, le désintéressement et par l'amour du bien public. Mais les
> cris, les injures et les sifflets ayant recommencé, il a cessé de parler.

C'est au cours de la même assemblée que les gentilshommes protestataires
s'opposent à la présence et à l'élection du vicomte de Toulongeon qui n'a aucun
bien dans les terres relevant du bailliage d'Aval, sinon un fief que Lezay-
Marnésia lui aurait vendu — fictivement — quelques semaines auparavant. Une
lettre imprimée de juin 1789 souligne qu'«on ne peut pas regarder comme
acquisition de fief un achat simulé d'une portion de terre substituée, par
conséquent inaliénable, fait de concert avec le marquis de Marnésia six semaines
auparavant»[36]. Brelot souligne l'existence d'une véritable cabale électorale contre
la noblesse libérale, en particulier Toulongeon[37]. Toutefois, devant la nécessité
qui leur est faite de renier publiquement leur protestation contre l'édit royal, sous
la pression populaire et les menaces d'émeutes (au moment de l'assemblée
bailliagère des trois ordres, la ville de Lons-le-Saunier est en pleine disette de
grains), la noblesse conservatrice quitte l'assemblée le 8 avril, assurant ainsi le
succès de Lezay-Marnésia et de Toulongeon.

Cependant, la victoire de la noblesse libérale n'est pas totale. Dans les Cahiers
de remontrances de la noblesse de Franche-Comté ne se trouve aucune
renonciation aux droits seigneuriaux. Est tout au plus envisagé le rachat de la
mainmorte sans toucher aux autres droits, titres et propriétés. Le bailliage d'Aval
reste dominé par une majorité de nobles conservateurs. Dans le *Cahier des
remontrances de l'ordre de la noblesse du bailliage d'Aval en Franche-Comté*, il
est accepté l'égalité devant l'impôt, la suppression de la mainmorte et de la
corvée, et le doublement des voix du tiers état. Ce n'était plus être progressiste
que de reconnaître ce qui était déjà plus ou moins accepté de tous et qu'on pensait
inévitable. Le programme des réformes s'arrête là. Le vote par ordre est exigé et
le doublement des voix du tiers est soumis à certaines conditions: «pourvu que le
clergé soit divisé en deux parties, savoir: les évêques comme haut-clergé, et les
ecclésiastiques nobles, qui entreront dans la chambre de la noblesse (...) et le
surplus du clergé (...) s'unira au tiers état». Derrière cette idée se profile celle

d'une chambre haute (haut clergé et noblesse) et d'une chambre basse (tiers état et curés), comme dans le projet qu'offrira Mgr de La Luzerne en mai 1789[38]. Les articles à contenu social portent l'influence de Lezay-Marnésia, comme par exemple celui sur l'éducation: «les vices de l'éducation actuelle semblent exiger qu'on la confie à des congrégations religieuses qui y seraient principalement destinées», ou celui sur la résidence de six mois obligatoire pour les évêques, abbés commendataires, prieurs, ou celui sur la suppression des communautés religieuses trop petites (moins de douze sujets). Mais, ce qui domine ce Cahier, comme la plupart de ceux de la noblesse, c'est surtout la lutte contre le despotisme et l'arbitraire qui avait caractérisé la révolte nobiliaire, avec ses regards vers l'ancienne Constitution du pays. Quant au mandat des représentants, il est impératif, et lorsque Lezay-Marnésia et Toulongeon passeront à l'Assemblé nationale le 25 juin, ils se mettront en situation d'illégalité vis à vis de leurs commettants.

LA NOBLESSE LIBÉRALE ET L'ASSEMBLÉE NATIONALE

En l'absence de correspondance, il est difficile de connaître les allées et venues de Lezay-Marnésia en mai et juin 1789, lorsqu'il s'installe à Versailles pour remplir ses fonctions de député aux états généraux. On le sait, les premières semaines sont occupées par la vérification des pouvoirs, et à la mi-juin il devra avec Toulongeon défendre la légalité de leur élection contre une délégation de gentilshommes franc-comtois refusant l'éviction de la noblesse conservatrice à l'élection d'Aval. «On a lu une lettre[39] de quatre nobles de Franche-Comté contre l'élection d'Aval. M. de Marnésia a dit que des députés vérifiés n'étaient plus attaquables, mais que par respect pour la Chambre ils donneraient tous éclaircissements et désireraient que leurs opposants fussent entendus»[40]. La députation dissidente, composée du président de Vezet, du marquis de Moustiers, d'Iselin de Lanans, de Talbert de Nancray et du prince de Bauffremont, ne sera pas admise à siéger[41].

Dès le début de la vérification des pouvoirs s'engage l'épreuve de force entre les deux clans de la noblesse: les aristocrates, majoritaires, d'un côté, les libéraux, minoritaires, de l'autre, ce que Saint-Victor appelle «la bataille de France»[42]. Le 6 mai, Lezay-Marnésia vote avec la minorité pour la vérification des pouvoirs en commun. La «bataille de France» s'achève le 25 juin, lorsque derrière Clermont-Tonnerre quarante-sept députés de la noblesse quittent leur Chambre pour rejoindre le tiers état. Lezay-Marnésia fait partie de la dissidence, mais il est aussi l'un des derniers à s'être décidé, à la fin de la séance de l'après-midi, alors que les grands ténors parisiens l'ont fait dès la séance du matin. A la différence du 6 avril, où la minorité libérale de Franche-Comté n'avait pas renié la Chambre de la noblesse, cette fois-ci elle s'en séparait. L'enjeu est grand et pour le mesurer, comme pour comprendre les options politiques ultérieures, il faut examiner cet «amalgame» de quarante-sept gentilshommes rassemblés plus par les circonstances que par les idées, certains démocrates et attachés à la logique de la souveraineté populaire, d'autres, comme Clermont-Tonnerre et Lezay-Marnésia, rêvant d'une régénération morale et restant fidèles à la monarchie.

Pour pouvoir situer le marquis de Marnésia dans l'arène politique et mesurer son «libéralisme», il faut d'abord convenir d'une définition de la «noblesse libérale», les historiens employant trop souvent ce terme pour désigner des personnes aussi différentes que Lally-Tollendal, La Fayette ou Mirabeau. Comme il n'y a pas de doctrine politique de la noblesse libérale, pour en chercher les idées et leur évolution on doit suivre pas à pas les choix politiques individuels. Les limites du «groupe» évoluent selon les circonstances. En fait la noblesse libérale ne constitue pas un groupe, mais des regroupements successifs de personnes du même milieu. Comme on doit avoir un point de référence, on choisira le moment où elle est unie sur les principes, dans un même élan réformateur, au delà des divergences d'opinion quant aux moyens à adopter. On conviendra d'appeler «noblesse libérale» les membres de la minorité de la noblesse aux états généraux, les quarante-sept députés qui quittent leur ordre pour se joindre au tiers état constitué en Assemblée nationale, en sachant que l'influence des quarante-sept s'étendait à quelque quarante autres représentants qui hésitent à faire le pas décisif[43].

Des divergences existent dès le départ, bien qu'elles n'apparaissent pas encore. La minorité de la noblesse est loin d'être politiquement homogène. Dans son *Mémoire* de 1790, Lally-Tollendal explique que la minorité de la noblesse était divisée dès le début des états généraux. Il parle même de l'existence d'un petit groupe extrémiste et immodéré, dont il ne faisait pas partie, qui formait un comité distinct dans lequel étaient admis des députés du tiers état[44]. Ce sont les nobles radicaux qui resteront actifs à l'Assemblée nationale après 1790: le duc d'Orléans, Adrien Duport, Alexandre de Lameth, La Fayette, d'Aiguillon, Noailles. La plupart feront figure de tièdes en 1792, et beaucoup émigreront ou périront sur l'échafaud. La faction qui nous intéresse ici — celle dont fait partie Lezay-Marnésia — est celle des nobles libéraux plus modérés, qui se regrouperont à l'Assemblée nationale autour de Mounier et de Malouet pour former le groupe des Monarchiens. Ils sont à la fois opposés à la noblesse intransigeante et à l'extrémisme des patriotes. Les plus connus sont Lally-Tollendal, Clermont-Tonnerre et Virieu, auxquels se joindront quelques prélats.

Ainsi, en mai et juin 1789, face aux aristocrates intransigeants, l'alliance entre les modérés regardant vers un régime à l'anglaise, prêchant une régénération morale et les jeunes de retour des Etats-Unis qui jonglaient avec des concepts ne pouvait se baser que sur des omissions, des calculs ou des enthousiasmes. Des omissions: les quarante-sept ne parlent pas encore de choix de société; et s'ils n'en parlent pas, c'est parce que la question ne se posait pas encore. Les différences d'opinion ne prendront de l'importance que plus tard, à l'Assemblée nationale. L'alliance n'est en réalité qu'un accident dû à des calculs et à l'enthousiasme général. Des calculs: s'agissait-il de sauver ce qu'on pouvait de la noblesse? Il faudra s'interroger sur ce point. Dans tous les cas il semble que tout cela se fît dans un grand élan d'enthousiasme, qui a fait apparaître, écrit le comte de Senesse dans sa correspondance, «les sentiments les plus honorables à l'homme et les plus utiles à la société: le courage, la reconnaissance, le dévouement à la patrie». «Ces commotions publiques, ajoute-t-il, peuvent tourner au bien et à l'élévation des idées de l'homme». Ce zèle pour le bien public, c'est celui qui animait Lezay-Marnésia, qui aurait pu faire sien cet espoir de Senesse «que maintenant ils [les trois ordres] vont travailler à la constitution qui régira la France et lui évitera les malheurs dont les pauvres habitants des campagnes n'ont cessé d'être accablés»[45].

Derrière le débat politique circonstanciel, la bataille de France dans la Chambre de la noblesse a pour origine la question de l'identité de l'ordre. La noblesse traditionnelle conservait la nostalgie d'une société aristocratique. Pour elle, convoquer les états généraux signifiait retrouver le pouvoir politique qui était le sien avant l'avènement de la monarchie absolue. Dans son *Histoire de l'Assemblée constituante*, Alexandre de Lameth a bien souligné que le problème de la définition de la noblesse, c'est-à-dire son identité, était au centre des débats. Si les lois refusent à la noblesse ses prérogatives et ses avantages, écrit–il, ce n'est plus alors qu'un vain titre[46]. Madame de Staël fait le même constat dans ses *Considérations sur la Révolution française*. Pour elle, le problème est dû au grand nombre des anoblissements consentis par des souverains qui s'étaient entourés d'une nouvelle classe de courtisans pour contrebalancer le pouvoir de la noblesse militaire féodale:

Aucune puissance humaine ne peut faire un noble véritable; ce serait disposer du passé, ce qui paraît impossible à la divinité même; mais rien n'était plus facile en France que de devenir un privilégié; et cependant c'était entrer dans une caste à part, et acquérir, pour ainsi dire, le droit de nuire au reste de la nation, en augmentant le nombre de ceux qui ne supportaient pas les charges de l'état, et qui se croyaient des droits particuliers à ses faveurs. Si la noblesse française était restée purement militaire, on aurait pu longtemps encore, par le sentiment de l'admiration et de la reconnaissance, se soumettre aux avantages dont elle jouissait; mais depuis un siècle un tabouret à la cour était demandé avec autant d'instance qu'un régiment à l'armée. Les nobles de France n'étaient ni des magistrats par la pairie comme en Angleterre, ni des seigneurs suzerains comme en Allemagne. Qu'étaient-ils donc? Ils se rapprochaient malheureusement de ceux d'Espagne et d'Italie, et ils n'échappaient à cette triste comparaison que par leur élégance en société, et l'instruction de quelques-uns d'entre eux.[47]

Madame de Staël reprend ici les idées des seigneurs éclairés et mesure la noblesse en fonction du critère d'utilité publique.

Dès l'automne 1788, dans les salons parisiens et dans les clubs politiques qui distribuent les pamphlets de ce qu'on appelle le «parti national», se rassemblent tous ceux qui sont favorables au changement. Par l'intermédiaire du *Mémoire pour le peuple français* de Cerutti, Lezay-Marnésia participe à ce mouvement depuis sa lointaine province qu'il ne quittera que pour se rendre aux états généraux. Il est alors déjà possible de distinguer la noblesse libérale, au sens restreint du terme, d'une noblesse plus radicale dont Mirabeau est le prototype. Les divisions se font sur les élections aux états généraux, les plus radicaux voulant supprimer toutes les distinctions entre les ordres, les libéraux modérés réclamant seulement le doublement de la représentation du tiers état. On commence aussi à débattre de la question des privilèges, notamment des privilèges fiscaux. C'est à cette époque que par exemple le comte d'Antraigues, qu'on ne peut pas soupçonner de libéralisme, publie son *Mémoire sur les Etats généraux* dans lequel il demande que les privilégiés renoncent à leurs prérogatives fiscales. Le ton de tous ces discours est à la générosité — n'oublions pas que la grande mode, c'est la philanthropie — comme si le noble avait mauvaise conscience et abondait dans le sens de ses accusateurs. Il ne s'agit pas toujours d'une générosité issue d'un calcul politique comme chez d'Antraigues, mais aussi d'une générosité issue de la bienfaisance classique du dix-huitième siècle. La seconde édition du *Bonheur dans les campagnes* est donc opportune.

Dépassant le cadre politique de l'Assemblée, la noblesse libérale est un milieu, un état d'esprit, une attitude. Les nobles libéraux se connaissent tous, et l'amitié lie la plupart d'entre eux. Les plus radicaux ont entre trente et quarante ans et font partie de la génération post-encyclopédique, les plus âgés étant sans doute le duc de La Rochefoucauld, 46 ans, et son cousin Liancourt, 43 ans. Ils vivent à Paris ou dans des villes de plus de cent mille habitants et se retrouvent dans les mêmes salons. Il y en a beaucoup qui, comme le comte de Ségur, avaient fréquenté dans les années 1770 les salons de madame Geoffrin, de madame du Deffand et de mademoiselle de Lespinasse où ils avaient rencontré l'intelligentsia éclairée. A la veille de la révolution ils se retrouvent dans des salons qui ont perdu leur caractère littéraire pour se transformer en réunions politiques: par exemple, chez la duchesse d'Enville, chez madame de Beauvau ou chez madame de Ségur, dans le salon de la marquise de Condorcet, ou encore chez madame de Flahaut. Les plus radicaux se réunissent, eux, dans des salons différents, par exemple chez madame de Tessé, dont les opinions seront plus modérées après l'été 1789[48]. Ces hommes font aussi partie des mêmes clubs[49]: ils sont inscrits par exemple à la Société des Amis des Noirs qui lutte contre l'esclavage, ou à la très secrète Société de Viroflay, formée par le duc d'Aumont, qui ne comprend que des membres de la noblesse libérale radicale. Tous appartiennent à des loges maçonniques. Bien des nobles libéraux et des nobles démocrates, comme La Fayette, Duport, le comte de Ségur, le duc de Lauzun, le duc de Coigny, le marquis de Jaucourt, sont aussi membres des sociétés de l'Harmonie Universelle, les sociétés mesméristes, qui au début ont fortement contribué à répandre le libéralisme dans l'esprit des français cultivés et à éveiller l'opinion de l'élite intellectuelle aux questions politiques. Ce milieu libéral est composé d'une quarantaine tout au plus de jeunes nobles parisiens ambitieux, dont beaucoup avaient fréquenté la «société réunie chez Duport» de l'automne 1788 à mai 1789[50]. En mai 1789, Lezay-Marnésia arrive dans un milieu parisien qu'il connaît bien mais qui a beaucoup évolué en moins d'un an; en outre, il se trouve quelque peu marginalisé du fait qu'il est l'un des aînés — il a 54 ans en 1789 — des nobles libéraux. Ceux de sa génération, comme son ami Duval d'Eprémesnil qui a quitté la Société des Trente en décembre 1788, font plutôt preuve de conservatisme ou d'une modération que les plus jeunes n'adopteront que bien plus tard, repoussés vers la droite par une assemblée de plus en plus radicale. En tant que député, Lezay-Marnésia continue de fréquenter le salon de la duchesse d'Enville, amie de longue date; on le rencontre aussi régulièrement chez madame de Tessé où il se lie d'amitié avec Mounier, et chez madame Necker[51]. Comme tous les députés de province il dut être accueilli chez bien d'autres dames et en tant que «libéral» être invité aux dîners de la Société de Viroflay. Mais on ne trouve son nom dans aucune des listes des clubs en vogue, alors que son «collègue» Toulongeon fait partie du tout récent Club de Valois[52].

LE FOSSÉ DES GÉNÉRATIONS ET LES «PRINCES DE LA JEUNESSE»

Il faut insister sur un aspect évoqué à plusieurs reprises: celui des générations. Il ne s'agit pas simplement d'une question d'âge mais aussi de culture, de formation. Le fossé des générations est immense entre un homme comme Lezay-Marnésia, de la génération des Lumières, des Encyclopédistes, qui a grandi dans un environnement où la bienfaisance était considérée comme la cause du bonheur, et ceux que Fontanes appelle «les princes de la jeunesse»[53], les jeunes nobles de cour nés dans les années 1750. Daniel Wick donne, avec raison, à ce problème de génération un sens social et politique[54]. Les nobles libéraux qu'on appelait les «Américains» venaient de familles qui s'étaient distinguées dans la bureaucratie. A la fin des années 1780 la mobilité sociale avait disparu, et cette élite, exclue de l'élite gouvernante, devait envisager des réformes radicales pour accroître son pouvoir. Le marquis de Ferrières parle de «l'orgueil irrité et [de] l'esprit de vengeance» de la minorité de la noblesse[55]. Le comte de Montlosier mentionne aussi les divisions qui existaient entre les vieilles familles dont la noblesse remontait aux douzième et treizième siècles, les familles anciennes qui ne remontaient qu'au quatorzième siècle et les anoblis de date récente[56]. Cette analyse n'est toutefois que partielle. Elle peut expliquer en partie la position de la noblesse de robe et celle des familles récemment anoblies et peut aussi s'appliquer à l'élite du tiers état. Elle n'explique pas l'attitude de la noblesse d'épée dans laquelle se recrute le gros des troupes de la noblesse libérale, car il ne faudrait pas, comme a tendance à le faire Wick, donner trop d'importance à la querelle des factions à la cour entre les Polignac et les Noailles. Ces «princes de la jeunesse» sont influents et brillants. Ils fréquentent les milieux intellectuels de la capitale et sont attirés par toutes les idées nouvelles. Ce sont eux qui peupleront les rangs de la noblesse libérale: Noailles, La Fayette, Ségur, Alexandre et Charles de Lameth, pour ne citer que les plus connus d'un groupe d'amis.

Le comte de Ségur décrit ainsi, dans un passage bien connu de ses *Mémoires*, la jeune noblesse dorée de cette fin de règne pour qui les nouvelles idées semblent un simple divertissement d'oisifs:

> Nous respections extrêmement les vieux débris d'un antique régime dont nous frondions en riant les mœurs, l'ignorance et les préjugés (...) Nous nous sentions disposés à suivre avec enthousiasme les doctrines philosophiques que professaient les littérateurs spirituels et hardis. Voltaire entraînait nos esprits, Rousseau touchait nos cœurs, nous sentions un plaisir secret à les voir attaquer un vieil échafaudage qui nous semblait gothique et ridicule. Ainsi quoique ce fussent nos rangs, nos privilèges, les débris de notre ancienne puissance qu'on minait sous nos pas, cette petite guerre nous plaisait. Nous n'en éprouvions pas les atteintes, nous n'en avions que le spectacle. Ce n'était que des combats de plumes et de paroles

qui ne nous paraissaient pouvoir faire aucun dommage à la supériorité d'existence dont nous jouissions et qu'une possession de plusieurs siècles nous faisait croire inébranlable (...) La liberté, quel que fût son langage, nous plaisait par son courage; l'égalité par sa commodité. On trouve du plaisir à descendre tant qu'on croit pouvoir remonter dès que l'on veut, et, sans prévoyance, nous goûtions tout à la fois les avantages du patriarcat et les douceurs d'une philosophie plébéienne.[57]

Il résume ainsi l'état d'esprit de ces milieux: «les institutions étaient monarchiques, et les mœurs républicaines»[58]. Toutefois, quel était le sérieux de cette démarche? Les *Mémoires* de Ségur révèlent bien la mentalité de ces jeunes gens. Il n'est pas difficile de deviner ce qui a poussé au départ ces jeunes aristocrates à embrasser la cause de la liberté: le jeu, un jeu qui finit par devenir une réalité. Ces «princes de la jeunesse», comme tous les honnêtes gens du dix-huitième siècle, connaissaient l'ennui. Ils avaient le choix entre les deux divertissements classiques offerts par le siècle: le libertinage ou la philosophie. Les traditions familiales avaient décidé pour eux. Ces familles étaient en effet étroitement liées aux Lumières. La mère du comte de Ségur recevait, dans son salon de la rue Saint-Florentin, Voltaire, Diderot, D'Alembert et Marmontel. Une fois adultes, ces jeunes gens continuèrent à fréquenter les salons littéraires et ceux où l'on rencontrait les philosophes. La critique du pouvoir, du roi et de la cour devint ainsi le passe-temps favori de cette noblesse dorée. Il semble que, comme tout nouveau mouvement de pensée, celui des Lumières ait engendré un snobisme d'avant-garde. Les *Mémoires* de Ségur le soulignent: il s'agissait de choquer, de ridiculiser, de lutter avec des idées. Chateaubriand a lui aussi su bien décrire le bon ton de l'époque:

A cette époque tout était dérangé dans les esprits et dans les mœurs, symptôme d'une révolution prochaine. Les magistrats rougissaient de porter la robe et tournaient en moquerie la gravité de leurs pères. (...) Les présidentes, cessant d'être de vénérables mères de famille, sortaient de leurs sombres hôtels pour devenir femmes à brillantes aventures. Le prêtre, en chaire, évitait le nom de Jésus-Christ, et ne parlait que du «législateur des Chrétiens»; les ministres tombaient les uns sur les autres; le pouvoir glissait de toutes les mains. Le suprême bon ton était d'être Américain à la ville, Anglais à la cour, Prussien à l'armée; d'être tout, excepté Français. Ce que l'on faisait, ce que l'on disait, n'était qu'une suite d'inconséquences.[59]

Le jeu de la liberté et de l'égalité pouvait se révéler dangereux, comme la suite des événements l'a prouvé. Les «frondeurs» des années 1770 n'en connaissaient pas l'enjeu car à ce moment-là ces jeunes aristocrates pouvaient se permettre de critiquer un système du fait même de leur statut de privilégiés dans ce système, qui leur assurait la sécurité.

Il faut évoquer brièvement un autre facteur permettant d'expliquer l'attitude de cette génération: l'anglophilie de la société. Tous les jeunes aristocrates nés après 1748 avaient été élevés dans un milieu qui vivait à l'heure anglaise. La mode anglaise n'avait pas fait qu'envahir la littérature; elle avait envahi la vie quotidienne. Un changement intervient cependant dans la mode anglaise vers la fin des années 1770. C'est l'époque de la guerre d'indépendance des Etats-Unis. Tous les «princes de la jeunesse», La Fayette, les frères Lameth, Noailles, Ségur, vont se battre avec enthousiasme aux côtés des troupes américaines. Si le modèle politique américain les a incontestablement influencés, c'est sans avoir fait d'eux des républicains. La marquise de La Tour du Pin est formelle sur ce point quand elle parle de La Fayette: «Il désirait autant qu'aucun de nous l'établissement d'une sage liberté et l'abolition des abus. Mais je suis certaine qu'il n'avait pas alors la moindre pensée ni le désir de renverser le trône et qu'il ne les a jamais eus»[60]. Tous trouvaient la constitution américaine plus libérale que l'anglaise: elle assurait un meilleur contrôle du gouvernement par le peuple. C'est ce qui explique en partie pourquoi ce petit groupe siègera à la gauche d'une autre faction, les Monarchiens, qu'on appelait les «Anglais».

Le libéralisme anglophile survécut à la révolution américaine; il fit figure de pensée plus conservatrice que le libéralisme américanophile. Le modèle anglais de la distribution des pouvoirs allait devenir la propriété de la noblesse libérale la plus modérée. Toutefois, dans les années 1780, la mode anglaise est si vivace qu'elle touche au cœur même de l'organisation de l'état: on ne se contente plus d'imiter les mœurs, on veut aussi imiter les institutions et la liberté. A la cour, le protocole et les traditions subissent l'assaut d'une vague de simplicité, presque rustique; la même influence anglaise qui tendait vers la simplicité se fait sentir aussi dans la vie sociale où les distinctions de castes tendent à s'assouplir; mais surtout on critique les institutions au nom du libéralisme britannique. Le baron de Besenval, qui connaissait bien ce milieu et avait fort peu de sympathie pour lui, en fait une brève description dans ses *Mémoires*:

> L'anglomanie qui possédait les jeunes gens et les femmes, les avait fait passer des jockeys aux considérations sur l'administration de l'Etat. Imbus de l'opinion générale de l'anéantissement de l'autorité, les femmes dans leurs boudoirs, et les jeunes gens dans le public, dans les salles du parlement, et jusque dans l'antichambre du roi, tenaient les propos les plus séditieux, et proclamaient quelques faux principes qu'ils avaient entendu débiter avec malignité, et qu'ils répétaient avec enthousiasme.[61]

On lit sous la plume du comte de Ségur un jugement moins sévère, mais surtout une analyse qui pénètre bien l'esprit de cette mode qui n'est plus à l'imitation mais à la naturalisation. On n'imite plus, on s'approprie:

> Cette imitation de leurs costumes et de leurs mœurs n'était point un triomphe, décerné à leur goût, à leur industrie, à leur supériorité dans les arts; c'était l'expression d'un sentiment bien différent, et qui se développait de jour en jour: c'était le désir de naturaliser chez nous leurs institutions et leur liberté.[62]

L'anglophilie, qui poussait à admirer une constitution qui garantissait la liberté des sujets, préparait donc la révolution de 1789 et allait être l'une des principales sources d'inspiration de la noblesse libérale.

Il faut donc modérer le jugement qu'on pourrait porter sur ces jeunes nobles libéraux des années 1770 et 1780. Des dilettantes, c'est ainsi qu'on pourrait les décrire à première vue. Chaussinand-Nogaret les appelle les «dandys d'une fronde pour grands», des «enfants gâtés qui croyaient faire la révolution en battant leurs nourrices». Toutefois ce jeu que joue la noblesse dorée est plus profond qu'il n'en a l'air car au-delà des apparences du jeu de société, cette «noblesse s'est prise au jeu de l'examen de conscience»[63].

Le simple fait qu'on retrouve Noailles, La Fayette, les Lameth, Ségur et bien d'autres dans les rangs de la noblesse libérale prouve en effet que certains «princes de la jeunesse» se rendirent compte de la situation en 1789 et transformèrent en conviction ce qui au départ n'avait été qu'une mode. Ils surent renouveler un enthousiasme de jeunesse. Cependant nombreux furent ceux qui oublièrent leurs idées généreuses aux premiers signes de danger. Voici l'exemple d'une lettre (6 septembre 1789) d'un jeune aristocrate, Conen de Saint-Luc:

> Non, ma chère maman, je suis bien revenu de mon erreur. Ne croyez pas que maintenant je prenne avec autant de chaleur la défense de ce beau siècle de lumière. J'en suis trop mal payé pour soutenir sa cause avec autant de feu. Mais que voulez-vous? Les jeunes gens en veulent toujours savoir autant que les personnes d'un certain âge, et sont toujours portés à plaider pour leur temps. Pour moi, je vois bien que je me blousais et que ce beau siècle éclairé, dont je faisais tant l'éloge, n'est bien plutôt que le siècle de l'insubordination et de la barbarie. Quelle catastrophe, grand Dieu, et qui pourra jamais croire que la nation française ait jamais pu perdre la tête à un tel point! Bienheureux sont ceux qui ont peu de biens, peu de désirs et qui sont aimés de leurs alentours! Car je crois que, dans ce moment-ci, plus on a de biens, plus on a de craintes et plus on court de dangers. Adieu, ma bonne et chère maman, permettez que votre fils vous baise bien tendrement les mains et vous demande votre bénédiction, en attendant qu'il ait le plaisir de vous revoir et de recevoir de vos leçons dont il profitera mieux que les années passées; car il croit que la cervelle commence à lui venir (...)

Dans la lettre suivante, datée du 17 septembre 1789, le ton a changé et les désillusions laissent place à une sorte de sagesse qui transfère le projet politique dans l'espace privé:

> Je crois qu'il est à propos qu'un jeune homme serve un peu, puis qu'il revienne voir ses pénates, qu'il se marie et qu'il s'occupe tranquillement du bonheur de ses domestiques et de ses vassaux; car je commence à croire qu'il est bien plus beau d'être aimé et de faire du bien à des malheureux qui vous bénissent toute leur vie, que de faire une belle manœuvre ou d'être en faveur chez madame la baronne une telle.[64]

Ces dernières lignes expriment un idéal de vie qui correspond à ce qu'on peut considérer comme la charte fondamentale de la pensée des seigneurs éclairés — les aînés des nobles libéraux modérés de 1789 — une pensée souvent voilée par l'émotion rousseauiste, par l'enthousiasme philosophique et par la rhétorique des salons. Cette conception de la société s'enracine dans la pensée des Lumières et dans la tradition nobiliaire et lie ces «princes de la jeunesse» à la génération précédente par un dénominateur commun: le bien public.

LA MINORITÉ DE LA NOBLESSE ET L'ESPRIT CIVIQUE

Comment en est-on arrivé à la rupture du 25 juin? Sans entrer dans les détails, rappelons, même si elles sont bien connues, les étapes significatives de la chronologie de décembre 1788 à juin 1789. Lorsque les états généraux s'ouvrent à Versailles, le 5 mai, le groupe de Duport compte environ quatre-vingt-dix députés, soit le tiers des députés de la noblesse. C'est beaucoup, semble-t-il, mais ces résultats reflètent seulement le dynamisme de la noblesse libérale, non l'opinion de l'ensemble de l'aristocratie. Les deux mois qui suivent sont dominés par la question des modalités du vote. Le 10 juin, les députés du tiers état lancent un appel au clergé et à la noblesse: il s'agit de réunir tous les représentants de la nation. Vingt-deux députés du clergé répondent à l'appel. Le 17 juin, les députés du tiers état prennent le nom d'Assemblée nationale, créant ainsi une nouvelle souveraineté concurrente de la légitimité aristocratique mais non opposée à la légitimité monarchique. Le 19 juin, la majorité du clergé vote la réunion à l'Assemblée nationale, tandis qu'à la chambre de la noblesse, seulement quelque quatre-vingts nobles libéraux en acceptent le principe[65]. La déclaration royale du 23 juin est nette et interdit toute réunion des ordres. Louis XVI y déclare la liberté individuelle, la liberté de la presse, l'égalité devant l'impôt si la noblesse en accepte le principe, mais il n'accepte le vote par tête que pour des questions bien précises et réaffirme le maintien de la hiérarchie aristocratique. Cet appel n'est pas entendu. Le 24 juin, la majorité du clergé siège à l'Assemblée nationale et, le 25 juin, guidés par le comte de Clermont-Tonnerre, quarante-sept membres de la noblesse[66], «placés pour la plupart au premier rang par leurs talents et leur naissance», nous dit madame de Staël, suivent leur exemple, tandis que, ajoute-t-elle, «plus de trente autres n'attendaient que la permission de leurs commettants pour s'y joindre»[67]. Le 27 juin, le roi s'inclinera devant le fait accompli et invitera à la réunion des trois ordres au sein de l'Assemblée nationale.

Il est important de bien interpréter la sécession de la minorité de la noblesse le 25 juin. Ce fut un moment difficile, pas un moment de triomphe enthousiaste, sauf peut-être pour quelques extrémistes. Il y eut de nombreuses hésitations et sur les quelque quatre-vingt députés de la noblesse qu'on considérait comme faisant partie de la noblesse libérale, seulement la moitié choisirent de se rallier au tiers état, beaucoup hésitant à s'opposer à la décision royale du 23 juin. Lally-Tollendal nous apprend qu'entre la séance royale du 23 juin et le 25, la minorité de la noblesse s'est réunie trois fois[68]. Il parle du «dévouement» de ce groupe. À son avis, le devoir et la force des choses imposaient ce choix car il ne fallait pas que la noblesse restât étrangère à l'établissement de la liberté. Le marquis de Ferrières rapporte dans ses *Mémoires* ces propos de Lally-Tollendal:

> Allons au tiers (...), Messieurs, il est une force des choses qui l'emporte sur celle des personnes; une grande révolution est commencée, rien ne

l'empêchera; il ne tient qu'à la noblesse d'y concourir et de s'y assigner une place d'honneur.[69]

Dans son *Mémoire* de 1790, Lally-Tollendal justifie le ralliement, cette fois-ci sans figure de rhétorique:

> On se trouvait entre ces deux résultats; ou les Etats Généraux étaient dissous, et alors il n'y avait pas de Constitution; ou les Communes faisaient la Constitution à elles seules, et alors quel danger, mais surtout quelle honte pour la noblesse.[70]

A ses yeux, c'est donc le sentiment d'un devoir à accomplir qui fut décisif: il fallait que la noblesse participât au mouvement sous peine de disparaître. Quarante-sept membres de la minorité signèrent, dit-il, dans le silence et le recueillement, avec tristesse, avec des réserves car ils se rendaient compte de la gravité de leur acte; mais «la résolution m'avait paru nécessaire à la chose publique»[71]. La lettre qu'adresse la minorité de la noblesse au duc de Luxembourg pour expliquer ses actes présente bien cette résolution comme un devoir:

> (...) nous regardons comme un devoir indispensable de nous rendre à la salle où se trouve réunie la pluralité des états généraux. Nous pensons qu'il ne nous est plus permis de différer un instant de donner à la nation une preuve de notre zèle et au roi une preuve de notre attachement à sa personne, en proposant et en procurant, dans les affaires qui regardent le bien général, une réunion d'avis et de sentiments, que sa majesté regarde comme nécessaire dans la crise actuelle et comment devant opérer le salut de l'état. (...) Le parti que nous nous croyons obligés de prendre sans [la chambre de la noblesse] est sans contredit le plus grand acte de dévouement dont l'amour de la patrie puisse nous rendre capables. Mais dans la place que nous occupons, il ne nous est plus possible de suivre les règles qui dirigent les hommes privés: le choix de nos commettants a fait de nous des hommes publics. Nous appartenons à la France entière.[72]

«Devoir», «zèle», «bien général», «dévouement», «homme public». Inflation de vertus? Possible. Toutefois, les mots ne sont jamais gratuits. Le ralliement du 25 juin est un symbole politique d'une grande signification. C'est la supériorité de l'intérêt général sur l'intérêt particulier qui s'inscrit dans les actes. En outre, le simple terme «la France entière» prouve que la noblesse libérale soutenait l'idée d'une double souveraineté, ou mieux d'une souveraineté partagée conjointement par le roi et les états généraux constitués en assemblée unique, l'Assemblée nationale. Dans son discours du 29 mai, Lally-Tollendal avait déjà déclaré:

> Les Etats Généraux, collectivement, forment une partie intégrante de la souveraineté (...) Ce titre d'Assemblée de la nation, comme la portion de souveraineté qui lui est inhérente, appartiennent au corps entier et non à tel ou tel ordre de ceux qui le composent (...).[73]

La noblesse libérale rejoignait sur ce point la position de Mirabeau sans pour autant le suivre, du moins dans le cas d'un Lally-Tollendal, d'un Clermont-Tonnerre et d'un Lezay-Marnésia, sur la légitimité démocratique du pouvoir royal. C'est sans doute Clermont-Tonnerre qui, le 23 décembre 1789, interprètera le mieux la pensée de la noblesse libérale en insistant sur la nécessité d'un pouvoir royal réel pour contrebalancer la souveraineté populaire.

Tout cela était dans la logique d'une conduite qui se voulait dévouée au bien commun. Lally-Tollendal l'exprime ainsi au début de son *Mémoire*: «j'entrai aux états généraux frappé de terreur, mais armé de courage, et résolu d'y être martyr, s'il le fallait, de mon devoir et de la vérité». Par ailleurs il est certain que c'était aussi une opération de survie pour la noblesse comme il le reconnaît aussi: «nous [les nobles] ne pouvions nous maintenir qu'à force de désintéressement et de vertu»[74]. L'identité de la noblesse renvoie donc à ses qualités morales.

C'est pourquoi on a pu interpréter le 25 juin, comme le fait Jean Egret, comme une manœuvre politique «pour sauver ce qui peut l'être encore du pouvoir royal et [des] privilèges» de la noblesse[75]. Cette interprétation est fréquente mais peut prendre diverses nuances. Les *Mémoires* d'Œlsner offrent une explication politique. Les nobles libéraux du 25 juin sont présentés comme des hommes qui fuient en avant: ils renoncent à des privilèges dont la légitimité leur apparaît révolue afin de s'assurer une parcelle du nouveau pouvoir — et faisant cela ne font que hâter leur propre disparition:

> Si la minorité de la noblesse eût prévu à un degré quelconque où la conduirait son premier pas, elle ne l'eût certainement pas fait.... Sachant combien leurs anciens privilèges étaient vermoulus, ces nobles pensaient en échanger les derniers restes contre de plus solides.[76]

L'explication de Toulongeon est plus nuancée. C'est celle d'un historien. Se demandant qui sont ces nobles de la minorité (dont il a fait partie), il trouve au-delà des raisons personnelles un motif général: les circonstances ne laissaient aucun autre choix pour survivre.

> C'était, ou ceux qu'une opinion réfléchie décidait, ou ceux que des opinions politiques avaient depuis longtemps décidés. Des ressentiments personnels contre la cour, ou des vues d'ambition et d'agrandissement en déterminèrent quelques-uns. (...) Cette minorité de l'ordre de la noblesse, pour s'y réunir [au tiers état], trouva des motifs plausibles, soit dans ses mandats, soit dans ses opinions, et tous dans l'impérieuse nécessité des circonstances.[77]

Cette «nécessité» due aux circonstances revient comme un leitmotiv dans les analyses ou les souvenirs. C'est encore le cas de Morellet dans ses *Mémoires*:

> c'est la réunion trop tardive des ordres qui a augmenté sans mesure la force et la malveillance du tiers, en tenant pendant si longtemps en opposition avec le peuple et séparés de lui tous les gens riches, et surtout le grand nombre des propriétaires. (...) en se rapprochant plus tôt, en se confondant avec le tiers état, ils cessaient d'être un but particulier.[78]

Réfléchissant quelque dix ans plus tard sur le triste sort de la noblesse, Lezay-Marnésia offre aussi une interprétation du 25 juin en fonction de la nécessité: un juste sacrifice pour ne pas tout perdre, sacrifice que la majorité de la noblesse n'a pas fait à cause de l'ignorance et des préjugés qui l'aveuglaient, c'est-à-dire à cause du refus de renoncer à des privilèges que la nation ne reconnaissait plus[79]:

> Si l'on m'accusait de penser que tous ceux qui composaient en France la classe des Nobles sont demeurés exempts de reproches, avant et pendant la révolution, on se tromperait grandement. Beaucoup d'entr'eux, restés très en arrière des idées dont les Montesquieu, les Rousseau, les Mably et la raison, que ces grands hommes ont fait marcher devant eux, avaient rempli les esprits, ont été trompés par leur ignorance et leurs préjugés, même sur leur intérêt personnel. Ils n'ont pas vu que, pour ne pas tout perdre, ils devaient faire le juste sacrifice des choses injustement acquises par leurs ancêtres et plus injustement encore possédées par eux. Ils ont accumulé leurs erreurs et leurs fautes. Quoique moins excessives, leurs prétentions ont été plus déraisonnables que celles de leurs pères, parce que les temps sont changés, les droits éclairés et appréciés. Pour soutenir ces prétentions, ils ont pris des moyens coupables et faux. Ils ont aliéné la Nation qu'ils devaient ménager et respecter. Ce que je dis des Nobles, à plus forte raison le dis-je des Prêtres, bien plus répréhensibles, puisque, par des raisons que l'on sent assez, les torts de ces derniers sont infiniment accrus, précisément à cause qu'ils sont Prêtres.[80]

Ce passage se trouve dans une note ajoutée à la lettre à Bernardin de Saint-Pierre (datée du 2 novembre 1791) pour les besoins de la publication dans *Les Lettres écrites des rives de l'Ohio*. On peut donc le dater de 1792. Avec le recul, tout en déplorant toujours vivement la violence contre les nobles, Lezay-Marnésia explique ici avec sincérité et honnêteté sa démarche de noble éclairé ayant opté deux fois pour la dissidence: le 6 avril et le 25 juin. Pour lui, il s'agissait d'une nécessaire justice. Au même titre que la bienfaisance n'était plus une charité optionnelle à but religieux mais un devoir social. Pour l'amour du bien. Ceux qui par contre restaient aveugles à la nécessité de l'intérêt général auraient pu encore faire preuve de réalisme politique et voir que cette nécessité ne pouvait que servir leur propre intérêt: conserver la partie justement acquise des droits de la noblesse.

L'interprétation du 25 juin peut aussi devenir cynique comme chez le marquis de Ferrières, fermement retranché dans son aristocratisme. A ses yeux l'amour du bien est une hypocrisie: il n'y a que des choix guidés par l'intérêt particulier, même au sein de la noblesse libérale:

> L'opposition, ou comme on l'appelait, la minorité établit un club. Les membres qui la composaient s'y rassemblaient tous les jours, et convenaient de ce qu'ils avaient à faire (...) Quel était le but de la minorité? L'amour du bien? non. A l'exception de quelques gentilhommes de provinces, probes, mais entêtés des droits et des prérogatives de leur noblesse, presque tous les membres qui composaient la chambre ne songeaient qu'à eux-mêmes. Les

grands seigneurs avaient trop d'intérêt à maintenir les abus. (...) il est si doux de s'établir corps intermédiaire entre un roi qui tend au despotisme, et une nation fatiguée de l'oppression, qui s'élance vers la liberté.[81]

On retrouve l'explication d'Œlsner. La noblesse libérale avait tout intérêt à paraître libérale: s'établissant corps intermédiaire, elle s'assurait un pouvoir. L'idéologie de la bienfaisance véhiculait une forme paternaliste de pouvoir, et le «il est si doux» du marquis de Ferrières sonne juste. L'idée de la noblesse comme corps intermédiaire entre le roi et le peuple pouvait être flatteuse, comme l'était celle d'une noblesse fondée sur la bienfaisance. On se souvient des vers de Lezay-Marnésia:

> Je veux que sur ma tombe on puisse écrire un jour:
> Il sema les bienfaits et recueillit l'amour.[82]

Toutefois, quoiqu'en ait pu dire le marquis de Ferrières, l'amour du bien était sincère. La figure de Lezay-Marnésia en est la preuve. Madame de Staël confirme ce jugement:

> La minorité de la noblesse, c'est-à-dire, les gentilshommes du parti populaire, étaient infiniment supérieurs, par la pureté de leurs sentiments, aux hommes exagérés du tiers état. Ces nobles étaient désintéressés dans la cause qu'ils soutenaient; et, ce qui est plus honorable encore, ils préféraient les principes généreux de la liberté aux avantages dont ils jouissaient personnellement.[83]

L'ÉTÉ 1789: PARMI LES MONARCHIENS

Cependant, cette générosité pouvait-elle aller jusqu'à l'abandon des privilèges? La disparition des privilèges, c'était aussi la disparition de la bienfaisance. Comment mesurer la sincérité de l'unanimité qui se fait à l'Assemblée nationale le 4 août 1789 pour abolir les privilèges? Il faut citer les *Mémoires* du comte de Montlosier, que le mesmérisme avait converti à la bienfaisance. On retrouve Montlosier dans les rangs des Monarchiens bien qu'il se soit opposé au doublement du tiers état et à la réunion des ordres. Ces mémoires jettent un jour différent sur la période qui va du début des états généraux à l'abolition des privilèges le 4 août. Il s'agit bien entendu de l'interprétation d'un homme hostile au changement; mais son jugement, si partial qu'il puisse être, permet de comprendre l'emballement d'un milieu pour une cause qui ne va pas dans le sens de ses intérêts. Pour Montlosier, il s'agit d'un mélange d'hypocrisie et de peur devant les menaces de violence; personne n'y échappe comme le montre le passage suivant concernant les états généraux:

> Dans cette position, où le mot liberté qui était dans toutes les bouches, n'y était qu'en hypocrisie, et comme une simple couverture à d'autres vues, un langage franc, tel que celui que je pouvais faire entendre, un langage en

même temps de liberté et de conservation qui n'eût provoqué, comme le voulaient les cahiers [de doléances], que la suppression des anciens abus, en respectant les principales bases de l'ancien ordre public, n'eût été manifestement du goût de personne.[84]

La liberté était certes à la mode à la veille des états généraux. Elle pouvait tromper sans qu'on s'en aperçoive, comme le notera Lezay-Marnésia après la Révolution: «Liberté est un de ces mots vagues et magiques, dont le sens serait difficilement fixé, et avec lequel on trompe les hommes autant qu'on veut»[85]. Mais peut-on parler d'hypocrisie? Ne s'agit-il pas plutôt d'inconscience comme on a pu le noter dans le comportement des «princes de la jeunesse»?

Cependant le mouvement était lancé et rien ne pouvait l'arrêter. La nuit du 4 août suit de peu les événements de la fin juillet 1789. Le 13 juillet, Lezay-Marnésia, encore suffisamment à gauche tout en faisant figure de modéré prudent voulant éviter tout affrontement, est choisi pour faire partie de la délégation de l'Assemblée chargée de demander au roi de retirer ses troupes de Paris pour laisser place à la milice parisienne. Les événements de la fin juillet vont tout changer. Rétrospectivement, Lezay-Marnésia dira: «je n'ai pas tardé à comprendre que les hommes envoyés pour réparer l'état seraient ceux qui le feraient crouler»[86]. La Grande Peur ne s'attaque pas seulement aux symboles; elle touche aussi les personnes: tortures et meurtres dans les châteaux se répandent comme une traînée de poudre. Lezay-Marnésia ne reçoit pas de bonnes nouvelles de Franche-Comté où la révolte est violente, en particulier dans le bailliage d'Amont. Arthur Young, qui se trouve au même moment dans la région et doit abréger son séjour à cause des événements, rend compte de la violence. Il décrit l'agitation dans les petites villes, les gens du tiers état portant des cocardes, proférant des mots de haine contre les seigneurs et les riches propriétaires, les menaçant de pendaison, brûlant papiers et terriers. Dans les campagnes, les paysans, noyautés par des pillards, s'attaquent aux châteaux:

> Many châteaux have been burnt, others plundered, the seigneurs hunted down like wild beasts, their wives and daughters ravished, their papers and titles burnt, and all their property destroyed; and these abominations not inflicted on marked persons, who were odious for their former conduct or principles, but an indiscriminating blind rage for the love of plunder. Robbers, galley-slaves, and villains of all denominations, have collected and instigated the peasants to commit all sort of outrages.[87]

Les demeures des gentilshommes libéraux ne sont pas épargnées, comme le château de Saulcy, chez la douairière des Bauffremont, qui avait voté en faveur des dissidents libéraux. Le baron de Montjustin, l'un des vingt-deux, périt torturé[88]. «Partout en Franche-Comté, écrit Claude Brelot, la Grande Peur eut un caractère antiféodal et antinobiliaire. (...) A la fin de juillet 1789, la rupture était déjà consommée en Franche-Comté entre la noblesse et la province; le début de 1789 avait bien été décisif pour l'évolution des mentalités»[89]. Du 18 au 22 juillet commence un important exode des nobles les plus attachés à leurs privilèges. La noblesse cède à la peur, sans tenter de résister, comme le note encore Arthur Young: «they fall without a struggle, and die without a blow. That universal circulation of intelligence which (...) unites in bands of connection men of similar interests and situations, has no existence in France»[90]. Une lettre de Darcier, intendant du château d'Arlay, à son seigneur, la comtesse de Lauraguais, reflète cette terreur et la prise de conscience que la résistance est inutile: «Madame, le peuple est le maître. Il est trop éclairé. Il connaît qu'il est le plus fort»[91].

Les domaines de Lezay-Marnésia sont miraculeusement épargnés. Néanmoins, comme si on sentait chez lui poindre les premiers signes d'une inquiétude face à l'évolution des événements, c'est à partir de ce moment-là qu'avec Lally-Tollendal, Virieu et Clermont-Tonnerre il prend ses distances par rapport aux gentilshommes démocrates pour se rapprocher de Malouet avec lequel ils avaient déjà des liens étroits. L'alliance est de circonstance, comme le souligne Robert Griffiths: il s'agissait «avant tout [de] mettre un frein à la révolution et [de] rétablir l'ordre et la paix»[92], plutôt que de soutenir les propositions constitutionnelles de Malouet. La vague de violence fait peur; elle est dénoncée à deux reprises par Lally-Tollendal à l'Assemblée nationale, les 20 et 23 juillet. La marquise de La Tour du Pin décrit ainsi l'ampleur sans précédent de ce mouvement:

> Le 28 juillet est l'un des jours de la Révolution où il arriva la chose la plus extraordinaire et qui a été la moins expliquée, puisque, pour la comprendre, il faudrait supposer qu'un immense réseau ait couvert la France, de manière qu'au même moment et par l'effet d'une même action, le trouble et la terreur fussent répandus dans chaque commune du royaume. (...) dans toute la France, au même jour et presque à la même heure, la population se trouva armée. (...) Tout est de mode en France: celle de l'émigration commença alors.[93]

A l'Assemblée nationale, l'enthousiasme laisse place à la prudence. Les intransigeants se rangent derrière Target qui déclare «que toutes les redevances et prestations accoutumées doivent être payées comme par le passé jusqu'à ce qu'il en ait été autrement ordonné par l'Assemblée»[94]. Mais la majorité est convaincue qu'on doit légiférer en matière de droits féodaux plus vite qu'on ne l'avait prévu afin d'endiguer le désordre; elle va suivre les leaders du «club breton» qui font monter à la tribune le vicomte de Noailles et le duc d'Aiguillon, peut-être les deux plus radicaux de la noblesse libérale. Celui-là fait entendre les doléances du peuple et celui-ci réclame l'égalité fiscale, l'abolition des corvées et le rachat des droits féodaux. Les Archives parlementaires soulignent l'enthousiasme de l'Assemblée nationale, un enthousiasme qui n'est pas s'en rappeler l'attitude des «princes de la jeunesse» dans les années 1770. L'imagerie populaire et les manuels scolaires ont fait un mythe de cette exaltation généreuse où chacun s'empresse de monter à la tribune pour abandonner publiquement ses privilèges. Mais l'enthousiasme provenait aussi d'un soulagement: d'Aiguillon sauvait les revenus de la noblesse en convertissant les droits féodaux en argent.

Le texte de la motion du duc d'Aiguillon[95] est particulièrement intéressant au niveau de la terminologie. Tout d'abord, on note que le vocabulaire féodal a disparu: on ne parle plus des ordres, on ne parle plus de la noblesse ni des seigneurs; on parle de propriétaires et de propriétés seigneuriales. C'était affirmer l'attachement au principe de l'unité nationale; c'était souligner que l'intérêt national passait avant celui de l'ordre de la noblesse qui n'était plus qu'un intérêt privé. On retrouvera cette terminologie dans les *Lettres écrites des rives de l'Ohio*, où l'aristocratie du sang est remplacée par un groupe social, celui des propriétaires. La terminologie de la propriété évoque la possibilité d'une mobilité qui efface le caractère hiérarchique et immuable de la société aristocratique. L'exercice du pouvoir prend ainsi sa source dans le mérite personnel et dans le statut de propriétaire et non plus dans l'appartenance à une caste. La propriété remplace donc le système de dignités qui était celui de l'Ancien Régime; le citoyen se substitue au sujet, éliminant ainsi toute référence à la naissance; et la nation prend la place de l'état corporatif. Deuxièmement on relève la condamnation de la bureaucratie. Il est souligné que les seigneurs ne sont pas à l'origine des abus, mais que ce sont les administrateurs qui sont la cause de la misère paysanne. Cette analyse est commune aux écrivains politiques de la noblesse libérale; *Le Bonheur dans les campagnes* en est un exemple. Troisièmement est requise l'abolition des corvées et de la mainmorte, mesure qui n'était plus aussi révolutionnaire depuis que bien des grands seigneurs éclairés avaient aboli la mainmorte et les corvées dans leurs domaines au début des années 1780. Bien et bonheur publics faisaient déjà partie de la panoplie de la noblesse libérale avant même que les seigneurs et leurs châteaux ne soient en danger et que l'existence de la noblesse ne soit remise en question. Enfin nous rencontrons dans ce discours le mot magique de l'époque: la «régénération de l'Etat». Cette métaphore médicale introduit à l'une des grandes ambiguités de l'époque. On l'a vu à plusieurs reprises: pour un noble libéral comme Lezay-Marnésia, la régénération signifiait la disparition des abus et le rétablissement d'une constitution qui aurait redonné à la noblesse son rôle de classe bienfaisante, proche du peuple, œuvrant au bonheur de l'humanité. Cette régénération c'était donc faire sortir le royaume de l'absolutisme pour retrouver les libertés de l'âge d'or. Indirectement, on résolvait la crise d'identité de la noblesse par la bienfaisance. Madame de Staël avait compris que c'était la seule solution pour que la noblesse conservât son rang.

> Les privilèges ne sont sacrés que quand ils servent au bien de l'état; il faut donc raisonner pour les maintenir, et ils ne peuvent être vraiment solides que quand l'utilité publique les consacre.[96]

Comme Clermont-Tonnerre le faisait remarquer à l'Assemblée le 28 juillet, cette régénération n'était pas celle envisagée par les patriotes[97]; elle ne passait pas par l'universalisme et l'abstraction de l'idée nationale qui pour les révolutionnaires étaient la source de la garantie des droits de tous les citoyens. Pour les seigneurs libéraux, la régénération ne pouvait pas dépendre d'un rationalisme abstrait qui faisait abstraction du passé. Elle était au contraire la mise en pratique de lois, de traditions et de coutumes, une question de bienfaisance, de vertu et de bonheur. Elle était morale. Ainsi, l'aristocratie, quoique dépouillée de ses privilèges, conservait-elle au sein même de l'égalité la prééminence sociale et politique.

On peut donc se demander si les éléments les plus modérés de la noblesse libérale ne se sont pas trompés dans l'interprétation de la soirée du 4 août, ou s'ils n'ont pas été dupés par une extrême gauche restée bien calme, car l'Assemblée nationale a bel et bien voté la motion de Duport: «L'Assemblée nationale déclare aboli le régime féodal». Œlsner ne se trompe sans doute pas beaucoup en décrivant l'événement:

Les nobles eux-mêmes ont aboli leurs droits féodaux, leurs titres, sans en avoir l'intention. Il leur est arrivé ce qui arrive dans les ventes: l'un offre un écu, l'autre deux; à la fin chacun est étonné de voir les enchères poussées si ridiculement haut.[98]

L'observation est bonne, mais c'est encore Toulongeon qui donne la meilleure analyse de l'événement. D'une part il pense qu'«on était déjà préparé, et (...) à peu près convenu de plusieurs sacrifices que les temps et les circonstances avaient rendu justes et nécessaires». D'autre part il mentionne que la nuit du 4 août est un bel exemple de manipulation des foules par des «hommes habiles». L'exemple prouve, écrit-il, «qu'en exaltant une assemblée nombreuse, on est presque sûr de la conduire». Enfin, la troisième raison de l'absence de résistance fut la peur qui régnait depuis la fin juillet[99].

Il ne s'agissait pas de réformes dans l'esprit des radicaux; c'était le principe même de la société aristocratique qui se trouvait mis à mort comme l'a bien remarqué Alexandre de Lameth[100]. Non seulement la noblesse perdait son rang, mais le rachat des droits féodaux ne devait jamais avoir lieu. Le 4 août «aurait dû prouver aux plus incrédules que l'Assemblée nationale n'en resterait pas à ce commencement de spoliation», écrit la marquise de La Tour du Pin dont le mari devait se séparer peu de temps après des frères Lameth[101]. La division était accomplie entre noblesse libérale et noblesse démocrate.

La noblesse libérale avait ainsi vécu dans une illusion, et elle commençait à peine à s'en apercevoir. Montlosier, qui se retrouve isolé le lendemain du 4 août, pressent l'escalade. A ses yeux, la libération ne peut conduire qu'à la violence. Les maximes sur l'égalité et les droits de l'homme, écrit-il, sont «un catéchisme pour les massacres»[102]. Son analyse du 4 août est d'une grande lucidité. A la justice du radical Noailles répond la bienfaisance du libéral Virieu.

Le vicomte de Noailles avait dit: «Hâtez-vous d'achever une révolution amenée par le temps; de faire avec un esprit de justice ce que le peuple tente avec une aveugle furie. Nous n'avons qu'un moyen, c'est de satisfaire promptement à tous ses griefs et de l'affranchir des derniers restes d'une longue oppression». Ces paroles étaient en harmonie avec les autres opinions du vicomte de Noailles. Mais que le marquis de Foucaud, homme de sens, vienne lui-même se joindre en dupe à cette proposition, et dise: «Prétend-on faire un vain appel à notre générosité!» Que Virieu vienne à son tour offrir et apporter son moineau, un évêque faire abandon du droit de chasse, c'est ce que je ne pouvais concevoir. Lorsque je les questionnai sur ce point, ils me répondirent: «Quand le peuple est en délire, il n'y a que deux moyens de le calmer: la bonté ou la force. Nous n'avions point la force; avec de la bonté nous avons espéré le désarmer. Des personnages importants à la cour et au parlement avaient le même espoir, et ils nous y exhortaient». On verra bientôt comment cet espoir fut déçu; cela n'était pas difficile à prévoir.[103]

C'est vers la fin août 1789, au cours des débats sur la Déclaration des Droits de l'Homme et du Citoyen, que l'alliance entre quelques seigneurs libéraux comme Lally-Tollendal, Virieu, Lezay-Marnésia, et Malouet devient effective et prend la forme d'une coalition de quinze députés — que Malouet appelle une «société intime» — dont le but ultime est de freiner le processus révolutionnaire: la tendance monarchienne est née, «ni aristocrate, ni patriote»[104]. Doit-on appeler «groupe» une somme d'individus rassemblés par les circonstances? «Une simple coterie, remarque Griffiths, consistant en une poignée d'hommes rassemblés autour des personnalités de Malouet et de Clermont-Tonnerre»[105]. Cette «société intime» semblait forte: «notre comité central, note Malouet dans ses *Mémoires*, était composé de quinze députés qui correspondaient par des subdivisions avec plus de trois cents»[106]. Groupe ou tendance, en septembre 1789 c'est la défaite: les projets monarchiens sur le veto royal et sur le bicaméralisme sont rejetés[107], en partie parce que la noblesse libérale monarchienne ne réussit pas à s'unir sur la question du veto, mais aussi à cause de la politique du pire des aristocrates qui refusent d'avaliser le bicaméralisme, rejetant tout compromis avec l'idée d'une nouvelle constitution.

Lezay-Marnésia lui-même, bien que membre de la «société intime», ne soutiendra pas le veto absolu. Le 4 septembre, prenant la parole pour la première fois à la Chambre, il recommande le simple véto suspensif: «il ne convient pas d'accorder au Roi un veto illimité, mais un veto circonscrit, un appel au peuple»[108]. L'expression «appel au peuple» ne cesse de revenir dans les discours de ceux favorables au veto suspensif. Rousseauisme des orateurs nostalgiques de la démocratie directe? Ou, plus certainement pour Lezay-Marnésia, possibilité d'intervention des corps intermédiaires dans le processus de décision?[109] Que révèle ce choix? Il semble qu'en dépit de la tournure des événements le marquis éclairé, choqué dans son idéalisme, veuille continuer à faire confiance à l'humanité et à la souveraineté populaire. Le texte de son intervention a été imprimé sous forme d'un document de quatre pages, *Idée d'un député du bailliage d'Aval sur la permanence de l'Assemblée nationale*[110]. Ce texte est sans doute le seul document à caractère purement politique écrit par le marquis; le style peut surprendre sous sa plume mais on se rappellera qu'il était destiné à l'Assemblée. Après avoir recommandé que les représentants de la nation s'assemblent loin de Paris, où «il ne faut qu'un moment pour troubler», il reconnaît que les députés sont les gardiens de la liberté — c'est-à-dire que les députés sont les apôtres de la vertu — «des gardiens courageux et fidèles, qui surveillent continuellement [un] inappréciable trésor» (i.e. la liberté), mais en même temps il rappelle l'exemple de Rome où l'assemblée, toute puissante, avait instauré une tyrannie. Les lignes du document laissent filtrer la prudence et la méfiance, sans pour autant renier les choix des 6 avril et 25 juin. Il propose donc de limiter à trois ans la durée du mandat d'un député, avec renouvellement de la Chambre tous les 18 mois et conclut ainsi sur la permanence de l'Assemblée nationale:

La permanence de l'Assemblée nationale me paraît devoir être décidée par une considération de la plus haute importance. Je la crois le seul lien assez fort pour tenir fermement unies entr'elles toutes les diverses parties de la France en donnant à chacune de ses Provinces une portion d'influence assez grande pour qu'elle prenne un intérêt vif et nécessaire à la conservation et à la prospérité de la Monarchie entière.

Ceci n'est que le préambule du débat sur le veto royal. «La question de la permanence de l'Assemblée nationale est intimement liée à celle du veto royal». Si on décide, ajoute-t-il, d'avoir une Assemblée permanente, le veto royal doit alors être beaucoup plus fort que dans le cas d'une assemblée périodique, «mais dans aucun cas je ne conçois comment il serait absolu». Pourquoi? A cause de la souveraineté nationale. Il faut citer ce passage qui est le seul, dans toute l'œuvre de Lezay-Marnésia, où il soit question de souveraineté nationale:

> Le veto, comme je le considère, est un obstacle à la volonté du souverain quand on juge qu'elle s'égare; il ne peut le réduire à l'impossibilité de la faire exécuter, et le Souverain est incontestablement la Nation. Ce que je vois donc de plus sage, c'est d'accorder le veto au Roi, sans prononcer précisément sur sa nature. (...) Il n'est point de législateur qui n'ait senti qu'il est des mots que la prudence empêche de rigoureusement définir.

A la lumière de ce qu'on sait de Lezay-Marnésia, il faut en fait comprendre la solution floue qu'il propose comme s'inscrivant dans le cadre d'une réflexion sur la séparation des pouvoirs, sur la décentralisation de l'autorité, tout cela sur fond d'idéalisme moral. Le veto doit être seulement suspensif car il ne peut pas faire taire, au niveau des principes, la souveraineté qui est la nation. Par ailleurs, l'exécutif est aussi conçu comme le gardien des débordements. Le roi reçoit en fait le rôle de juge du bien fondé de la souveraineté populaire: le veto suspensif sert d'avertisseur. Bref, le veto apparaît comme un moyen pour remédier aux vices de la représentation et aux déviations morales.

DE L'AUTOMNE 1789 AU PRINTEMPS 1790: LA FIN DES ILLUSIONS

Les Journées d'octobre 1789 mettent fin à l'illusion. Suite à la marche du peuple sur Versailles, le marquis ne démissionne pas comme bien des Monarchiens. Cependant ce sont ces événements qui semblent avoir déterminé son avenir politique, notamment la réception qu'il trouve à Saint Julien en octobre. Les *Mémoires* de madame de Chastenay nous apprennent ce qui s'est passé. Elle parle de son père, député monarchien, qui avait été frappé par l'horreur des journées d'octobre. Comme bien des députés nobles, dont Lezay-Marnésia, il était retourné dans ses terres pour quelques jours, effrayé de la violence parisienne mais sans avoir l'intention de démissionner:

> (...) mais tous ses commettants ne partageaient pas sa vertueuse et civique émotion; on lui trouva de la faiblesse à la sentir, à la montrer; on le pria très

poliment de ne pas quitter la partie (il n'en avait pas le projet), et on lui témoigna le désir de le voir bientôt à Paris. (...) Messieurs de Pusy, de Marnésia et quelques autres reçurent à peu près le même accueil dans leur pays et n'y trouvèrent point l'effroi qu'ils s'étaient proposé d'exciter ou de calmer, selon le tour que prendraient les choses.[111]

Comme Chastenay, Lezay-Marnésia est ainsi forcé de rentrer à Paris, pressé par «ces merveilleux stoïciens (...) qui, ajoute madame de Chastenay, depuis ont donné dans toutes les exagérations contraires». A peine a-t-il quitté Saint-Julien qu'à cause des inquiétudes qu'il a eu la faiblesse de montrer et qui sont interprétées comme un signe de réaction, les portes de son château sont forcées et les murs de ses jardins démolis. C'est à partir de ce jour qu'il semble s'être muré dans le silence, un silence partagé par les derniers Monarchiens encore présents.

Le 15 octobre, l'Assemblée nationale abolit les distinctions de costumes et les différences de places dans les séances et les cérémonies. Il s'agissait d'un détail de procédure mais d'un détail symbolique. La vision sociale de la noblesse libérale restait en effet basée sur le principe d'une hiérarchie sociale. Dans son mémoire sur la suppression des titres, publié en 1790, Necker soutiendra cette position. Il déclare que la suppression des signes de distinctions fait courir un danger à la nation.

On court le risque d'égarer le peuple sur le véritable sens de ce mot «égalité», qui ne peut jamais signifier (...) égalité de rang ou de propriété. La diversité des travaux et des fonctions, les différences de fortune et d'éducation, l'émulation, l'industrie, la gradation des talents et des connaissances, toutes ces disparités productrices du mouvement social, entraînent inévitablement des inégalités extérieures; et le seul but du législateur est, en imitation de la nature, de les réunir toutes vers un bonheur égal, quoique différent dans ses formes et ses développements.[112]

Rien d'autre ici que le credo des Lumières: le bonheur passe par une égalité conçue comme l'acceptation de sa condition, l'absence d'orgueil et de vanité.

Le mois d'octobre 1789 semble avoir été un tournant pour Lezay-Marnésia qui redécouvre la solidarité nobiliaire. Six mois plus tard, le 13 avril 1790, il aura l'occasion de concrétiser cette solidarité en s'associant, aux Capucins, à la protestation contre la suppression des titres. Dès octobre, pour suivre l'Assemblée, il s'installe à Paris, à l'Hôtel Royal, rue Neuve Saint Marc[113]. Grâce aux neuf lettres qu'il adresse à son épouse de novembre 1789 à mai 1790 on a des informations importantes sur cette période de sa vie[114]. Le 9 novembre: «La vie est bien horrible ici. Elle l'est plus pour moi que pour beaucoup d'autres, j'y suis avec une mauvaise santé et presque sans argent». La maladie ne le quittera plus désormais. Les soucis d'argent non plus. Sa lettre, écrite dans la foulée des événements d'octobre, annonce pour la première fois qu'il a l'intention d'émigrer:

Il est sûr que la France absolument désorganisée, livrée à la plus affreuse anarchie, où la terrible ressource d'une guerre civile est devenue une

espérance n'est plus habitable pour des personnes qui aiment la paix, la vie honnête et tranquille et la sage et vraie liberté. Il faut la fuir si l'on ne veut pas être en but à tous les outrages, à toutes les humiliations, à tous les dégoûts. Comment rester encore au milieu d'un peuple qui d'inconscient, de frivole, de très immoral qu'il était, a été conduit par les hommes qui le mènent et qui le trompent, à devenir le peuple le plus cruel, le plus froidement atroce. Comment surtout, quand on a le malheur d'avoir été Noble, s'accoutumer à n'être plus qu'un être déchu, à se voir sans cesse insulté, avili? J'avoue que je ne puis pas avoir ce honteux courage. Il me semble qu'il ne faut pas en avoir pour aller chercher une patrie où l'on est certain de trouver le repos, la sûreté et cette sécurité qui n'existent plus que dans une seule contrée, dans la nouvelle Angleterre où de bonnes lois et de bonnes mœurs rendent les hommes vraiment libres et aussi heureux qu'on peut l'être sur la terre. (...)
Il est impossible de prévoir où s'arrêteront tous les désastres, surtout pour la noblesse et le clergé. Ces deux classes sont devenues en horreur et peut-être plus encore dans les provinces qu'à Paris. Misérables Français, nous nous sommes plongés dans tous les désordres et le ciel nous punit par tous les fléaux. (...) Avec du blé, des farines, Paris est toujours au moment de manquer de pain et toujours dans l'attente de quelque révolte. Les abbés n'osent plus y paraître dans les rues avec l'habit de leur état, cet habit les expose aux insultes et quelquefois à pis.

Quelques jours avant cette lettre, Lezay-Marnésia avait écrit à Clermont-Tonnerre. On n'a pas retrouvé ce courrier, mais on peut imaginer que les réflexions écrites à son ami devaient être voisines de celles écrites à son épouse. La preuve en est le scandale causé par cette lettre, qui est volée puis rendue publique. Lezay-Marnésia devait même y parler d'émigration aux Etats-Unis car Gouverneur Morris rapporte dans son journal, le 23 octobre 1789, que Clermont-Tonnerre avait évoqué devant lui la possibilité qu'il avait d'émigrer là-bas[115]. Les rapports du Comité des Recherches nous informent qu'à la date du 7 novembre 1789 on peut lire à l'extrait des registres des actes de délibérations de la ville de Cuiseaux (bourg bressan se trouvant près de la frontière du bailliage d'Aval) que la lettre a été laissée sur une table d'auberge par quelqu'un se faisant passer pour Clermont-Tonnerre, qu'elle a été décachetée, rendue publique et copiée à Lons-le-Saunier et à Saint Amour, où elle a excité une vive fermentation des esprits[116].
Dès lors, comme dans la plupart des correspondances de nobles, se multiplient les signes de désillusion et de terreur. Le 4 février 1790, il écrit à nouveau à sa femme:

Je sentirai toujours que la France est inhabitable pour moi; car vous savez très bien qu'il n'y a point d'efforts capables de me faire demeurer à Saint Julien avec les chefs donnés à la Milice et la Municipalité qu'on se propose d'y former. Je ne me soucie pas de l'influence, mais n'ayant jamais voulu être oppresseur je ne veux pas davantage être opprimé. «Il vaut mieux n'être pas que d'être avili», a fort bien dit notre ami M. de Chamfort. D'ailleurs la liberté est d'un assez grand prix pour qu'on l'achète et dans les circonstances où se trouve la France je crains que ce ne soit au milieu des plus fortes commotions, des plus violents orages qu'on la conquèrera.

Le 16 février:

> Le bien s'en [de la France] éloigne toujours plus, le mal s'y accroît toujours davantage et il est bien près d'être extrême. Toutes les dévastations, tous les excès se commettent dans les provinces méridionales. (...) chaque courrier apporte toujours des nouvelles plus désastreuses. (...) Cette affreuse épidémie fera des progrès, la France deviendra un pays de ruines, une terre de sang.

Le 26 février:

> L'Assemblée nationale achève de dégrader tous les biens nobles et presque partout le peuple outrepasse les bornes qu'elle lui prescrit. Il n'y a plus de sûreté nulle part et bientôt seront heureux ceux qui auront conservé quelques débris. Le bonheur sera pour nos neveux, mais les calamités sont pour la race présente.

Le 22 mars, il évoque le cas où la colonie, qu'il prévoit de fonder aux Etats-Unis, échouerait:

> Je me rapprocherai de vous et nous vivrons encore tous ensemble pourvu que ce ne soit pas en France. Ses excès, ses injustices, ses fureurs m'en ont dégoûté pour jamais. Elle avait des vices aimables. Elle n'a plus que des vices atroces. Elle a fait des haches de ses chaînes et ne s'en sert que pour détruire et tout abattre.

Le 12 mai, du Havre, avant de s'embarquer, il écrit à Duval d'Eprémesnil[117]:

> Vous devriez préférer le canton de l'Amérique qui vous appelle, à cette désastreuse contrée de l'Europe qui n'est plus bonne qu'à servir d'exemple au monde en réunissant en elle tout ce que la honte a de plus avilissant et tout ce que les calamités ont de plus funeste. Que faites-vous au milieu des ruines qui vous entourent et qui vont s'accroître?

Après avoir démontré à son ami qu'il était impossible d'être utile en restant en France, il ajoute: «Abandonnez une nation qui se détruit dans la démence et le vice et venez former un peuple vraiment patriarcal». Le 26 mai, au même, toujours du Havre: «Tout ce misérable royaume doit être abandonné». Le 7 août, au même, d'Alexandria: «Méprisez le bruit de votre Assemblée nationale et songez seulement à votre nouvelle destinée». Le 20 juin 1791, au même, du Fort Pitt: «(...) fuir enfin les horribles convulsions qui tourmentent l'agonie de votre patrie expirante». Le ton de cette correspondance reflète un état d'esprit: la noblesse libérale se trouve désemparée, comme on a pu le voir déjà avec les «princes de la jeunesse» qui redeviennent alors solidaires de la noblesse. Montlosier souligne que ces hommes sont «consternés, abattus, ne sachant plus de quel côté se tourner, ni quel parti prendre pour la liberté, pour le roi, pour eux-mêmes»[118]. La désillusion est la plus forte chez les modérés comme Lezay-Marnesia. Jean Egret remarque que «la plupart des hommes qui forment le noyau du parti modéré sont des modestes et des timides» qui ont été «surpris et effrayés par l'ampleur du bouleversement politique et social»[119].

Le sens de «l'exil volontaire» de Lezay-Marnésia, comme il l'appelle lui-même, apparaît dans sa lettre du 2 novembre 1791 à Bernardin de Saint-Pierre, publiée dans *Les Lettres écrites des rives de l'Ohio*. Les arguments sont ceux de la correspondance à son épouse: l'ingratitude de la nation et la violence. «Parmi ces ci-devant Nobles, insultés, dépouillés, incendiés, combien ne doit-il pas s'en trouver prêts à quitter une patrie inique et ingrate qui récompense les services des pères en plongeant les enfants dans l'avilissement et la misère?» Ce qui est valable pour les nobles l'est aussi pour tous ceux qui vivent «au sein de cette société qui ne les rassasiera que de mépris». Les prêtres, «privés de leurs asiles, de leur repos, de leurs habitudes et même de la subsistance qui leur était assuré si justement par le sacrifice qu'ils avaient fait de leur liberté, de tous les plaisirs les plus légitimes et de leur bien propre» resteront-ils? Les religieuses, «après avoir coulé des jours calmes dans le sein de l'innocence, dans les pratiques d'une dévotion tendre (...) s'accoutumeront-elles aux tableaux de la licence, au langage de l'impiété, aux excès de la corruption?» Suivent les magistrats, les militaires, les négociants, les artistes. L'ironie du sort c'est que ce soit ce pour quoi il s'est battu qui l'oblige à partir: «Dans cette déplorable France, écrit-il, pour le mérite et pour la raison, on est parvenu à faire une nécessité de l'exil volontaire», «au lieu de se contenter de faire avec les lumières de la sagesse et dans les mesures de l'équité, des réformes devenues bien nécessaires»[120]. Dans le quatrième volume de son livre de fiction *Modern Chivalry*, Brackenridge, qui a fait la connaissance de Lezay-Marnésia en 1791 à Pittsburgh, le fait rencontrer son alter-ego, le capitaine John Farrago, et lui attribue ces propos sur la Révolution, qui pour se trouver dans un récit romancé n'en reflètent pas moins la situation et ce qu'on sait de la pensée du marquis:

> There never was a people more generally disposed to a degree of reform, than the people of France, at the commencement of the revolution. The writings of philosophers had pervaded the minds of the highest orders, and it had become the passion of the times to lean towards a certain extent of liberty. It had become the wish of the good, and the humour of the weak, to advance the condition of the peasantry. As an instance of this, I myself had written a book, entitled *Sur le bonheur de Campagne*, with the express view of depicting the depressed situation of the common people in the country, and the means of raising them from that condition.
>
> But a reform once begun, it was found impossible to arrest it at a middle point. It may be resolved into a thousand causes, but the great cause was, the insatiable nature of the human mind, that will not be contented with what is moderate. For though there were doubtless a considerable portion of the nobility who were opposed to any diminution of their power and

pageantry; yet, on the other hand, as great an evil existed in the wish of extreme equality in others; or rather, a wish to bring all things to a perfect level, that from thence they might begin to ascend themselves. There began to be insincerity on the part of the court, and licentiousness on the part of the people; and finally a contest, lurid and dreadful, like the column of dark clouds edged with blue, and fraught with lightning. A contest so terrible, that I have thought myself happy in escaping from it, even though I have been obliged to call upon the rocks and the mountains to cover me in this valley.[121]

Lezay-Marnésia et ses amis monarchiens se retrouvent dans le même état d'esprit que les conservateurs, qu'un d'Entraigues, qu'un Duval d'Eprémesnil dont Montlosier cite les propos suivants: «Et moi aussi, Monsieur, j'ai eu confiance au peuple; je me suis bien trompé; le roi que je maudissais est un ange; le peuple que j'invoquais est une furie»[122]. C'est à l'automne 1789 que Mounier et Lally-Tollendal quittent la scène politique ainsi que cinquante-quatre autres Monarchiens, tandis que ceux qui restent s'enferment pour la plupart dans le silence. On ne peut s'empêcher de se rappeler ce que le gouverneur Morris écrivait déjà le 17 avril 1789:

La révolution qui a lieu actuellement dans ce pays est étrange. Les quelques personnes qui l'ont mise en branle sont étonnées de leur propre ouvrage.[123]

Vers 1798, dans les *Lettres écrites des rives de l'Ohio*, Lezay-Marnésia dira toute son amertume à avoir vu la violence révolutionnaire toucher ces hommes intègres qui s'étaient montrés «rigoureusement justes envers eux-mêmes» et n'avaient obéi qu'à la vertu et à la justice:

Mais parmi ces Prêtres, parmi ces Nobles, combien ne s'en est-il pas trouvé de plus rigoureusement justes envers eux-mêmes que leurs antagonistes n'auraient osé l'être avant ces jours où tous les freins ont été rompus, où il n'est plus resté de pudeur, où l'audace n'a plus eu de bornes, où l'on n'a plus été guidé que par la plus aveugle fureur.
Que voulaient-ils? Le seul gouvernement convenable pour un pays très vaste et très peuplé. Une monarchie libre, et si bien organisée, qu'il n'y eût dans tout l'empire que les hommes vicieux qui pussent avoir des motifs de ne pas adorer leur patrie. Que proposaient-ils? Les moyens les plus sages, les plus faciles de parvenir, autant qu'il est possible, à ce but. On peut apprécier leurs principes en relisant les écrits de Messieurs Mounier, de Lally et Malouet. Ils tenaient la plume; la raison, la justice, l'éloquence dictaient.
On peut aussi consulter les écrits publiés par un *club* connu sous le nom des impartiaux. Ah! pourquoi ce *club* n'a-t-il pas obtenu l'influence qu'il méritait par la doctrine pure qu'il professait?[124]

A l'automne 1789, Lezay-Marnésia reste fidèle à son mandat, tout en préparant son émigration. Depuis juin il fait partie de deux comités dont le travail est achevé: le Comité des Règlements, comité épisodique qui s'était réuni surtout en juin et juillet pour donner à l'Assemblée le règlement du 29 juillet, et le Comité des Vérifications créé le 25 juin. Du 3 septembre au 20 octobre, il est membre du Comité des Recherches, qui s'occupe des dénonciations de complots contre l'ordre public. Le travail y est lourd à cause des nombreux troubles suite aux problèmes de subsistances. A la Constituante, après les discussions sur le veto, il va prendre encore quatre fois la parole, brièvement, non pas pour afficher ses idées, mais à chaque fois pour inviter les Constituants à délibérer plus longuement, à peser leurs décisions, à faire preuve de prudence et de sagesse. Face à une Assemblée qui ne peut que lui rappeler la tyrannie de l'assemblée romaine qu'il avait évoquée dans son discours sur le veto royal, il veut se faire le porte-parole de la modération.

Le 13 novembre 1789, il intervient dans le cadre des discussions sur la vente des biens du clergé pour soutenir la solution de la bienfaisance et faire appel au passé, à l'âge d'or, position qui avait toujours été la sienne. A la fin de 1789, la terminologie de la bienfaisance et l'idée des «patrons laïcs» et de leurs fondations pour les déshérités devaient désormais passer pour conservatrices et désuètes, par rapport à la philanthropie révolutionnaire:

> On a oublié de s'occuper des chapelains qui tiennent leurs bénéfices de la piété, de la reconnaissance ou de l'estime; permettez que j'appelle votre attention sur eux et sur les droits des patrons laïcs. Nos pères ont consacré à la fondation de ces bénéfices une partie de leur fortune, pour préparer à leurs héritiers le plaisir de secourir un malheureux, ou de faire accepter un bienfait à l'homme délicat et infortuné. Je laisse aux jurisconsultes à discuter les droits des patrons, et je me borne à demander que cet objet soit mis en délibération.[125]

Le 10 décembre il utilise le règlement pour s'opposer à la proposition d'Hébrard et de Bouche qui réclamait que ceux qui exportaient le grain à l'étranger soient passibles de la peine de mort[126]:

> M. le marquis de Lezay-Marnésia observe que l'on ne peut, dans les séances du soir, s'occuper de lois générales; que la peine de mort [pour les exportateurs qui affament le pays] est un article important du Code pénal à rédiger, et que cet objet appartient à la constitution, conséquemment aux séances du matin.
> Sur cette observation, appuyée par plusieurs membres, il est arrêté que la délibération actuelle est renvoyée, dans l'état où elle est, à lundi prochain, à l'ordre d'une heure.

Le 24 décembre il prend la parole pour rappeler l'opinion de Rousseau sur les comédiens et s'opposer à leur admission aux fonctions administratives[127]:

> Tous les membres de cette Assemblée semblent avoir pris pour guide, dans leurs différentes opinions, l'auteur immortel du *Contrat social*. Mais, Messieurs, Rousseau n'est pas tout entier dans ce livre, on le retrouve encore dans ses autres ouvrages. Lisez sa lettre sur les spectacles, et ne

prononcez pas avant de l'avoir lue et méditée sur la question qui nous occupe; vous y verrez ce qu'il pense des comédiens, et peut-être alors sentirez-vous que vous ne devez pas leur accorder le droit de siéger dans vos assemblées administratives.

Enfin le 5 février il intervient à propos de la division du Royaume en départements pour demander le renvoi de l'affaire[128]. Mais l'Assemblée ferme la discussion et adopte le décret qui divise la Franche-Comté en trois départements — Amont, Besançon et Aval — et chaque département en six districts.

Sa dernière intervention de nature politique aura lieu le 19 avril 1790, lorsqu'il signe la déclaration en faveur de la religion catholique comme religion d'état. Cette prise de position est dans la logique du rôle imparti à la religion dans *Le Bonheur dans les campagnes*. De morale publique, elle est devenue à ses yeux énergie nécessaire de la régénération. Une illustration en sera la place accordée au catholicisme dans le projet de colonie au Scioto. Il y a certes des raisons spirituelles à cela: Lezay-Marnésia était très attaché à la foi catholique. La lettre à Bernardin de Saint-Pierre publiée dans les *Lettres écrites des rives de l'Ohio* révèle cette dimension: l'irréligion du pays rend l'émigration nécessaire. Il s'agit de constituer une église en exil.

Je pense que l'incrédulité générale serait l'un des plus puissants motifs d'émigration pour des âmes vives, pieuses et profondément pénétrées de la douleur que leur fait éprouver le spectacle des désordres et des vices sans mesure et sans nombre que l'impiété produit et propage, et qu'avec la capacité nécessaire il serait aisé à un homme de bien de les conduire sur des rives lointaines, où, soutenues par leurs mutuels exemples, elles pourraient se livrer au bonheur d'adorer Dieu, de pratiquer les vertus que la religion enseigne, commande et récompense, même en cette vie.[129]

On trouve dans cette lettre, écrite après que Lezay-Marnésia eut visité la communauté des Moraves de Bethléem, un parallèle entre la situation de cette secte, transférée d'Allemagne en Pennsylvanie, et celle des catholiques de France:

[les frères moraves] n'ont abandonné leur patrie que par la raison qu'ils avaient une foi ferme et vive. Sans doute, ils croyaient; et c'est précisément parce qu'ils croyaient avec force qu'ils ont voulu s'éloigner d'une multitude qu'ils regardaient comme incrédule (...) ayant (...) une indifférence presque entière pour les qualités morales, suite ordinaire de l'indifférence religieuse.

Pensez-vous, Monsieur, qu'au milieu des convulsions qui tourmentent et qui désorganisent la France, de cet esprit de destruction qui renverse son trône et ses autels, que, parmi la masse entièrement perverse qui forme la généralité des Français, il ne se trouverait pas des hommes, peut-être faibles, peut-être même coupables, mais qui n'ont pas bu dans l'affreuse coupe de l'athéisme, qui regardent l'existence d'un Dieu comme aussi certaine que leur existence, et qui sont convaincu, comme le saint homme Job, que «la sagesse est de craindre le Seigneur, et que l'intelligence est de se retirer du mal»?

Il est certain qu'il est encore beaucoup de Français véritablement catholiques romains, très attachés à leur doctrine, et qu'un homme zélé pour cette doctrine (...) parviendrait aisément à les rassembler et à former une colonie qui, assise sur les bases solides de la piété, de la raison et des bonnes institutions morales et politiques, serait longtemps un exemple de sagesse et de bonheur pour le reste de la terre.[130]

Les fondements de la cité marnésienne sont posés. Pourtant ce n'est pas seulement pour des raisons spirituelles ni seulement pour des raisons morales que Lezay-Marnésia est convaincu de la nécessité de la religion dans un état mais aussi pour des raisons purement politiques[131]. Quelque cinq ans plus tard, dans ses *Pensées littéraires, morales et religieuses*, il s'exprimera à nouveau fermement sur ce sujet.

Un Empire peut se soutenir dans les ténèbres de la superstition, s'élever dans les fureurs du fanatisme; mais il tombe nécessairement dans l'avilissement, dans la décadence, dans le bourbier de tous les vices, quand il a perdu l'esprit de Religion. Voyez et jugez. Le monde retrouverait le Paradis terrestre si la Religion chrétienne y était observée.[132]

L'exemple de la Révolution a fait revenir le seigneur éclairé, l'Encyclopédiste, sur l'absolu de la condamnation de la superstition et du fanatisme qui sont moins nuisibles à l'état que l'absence de religion. Dans la même logique du moindre mal, il affirme que «l'inquisition est affreuse, barbare, atroce, l'abus le plus horrible de la puissance ecclésiastique, le comble de l'abrutissement dans les peuples soumis à son détestable joug; cependant l'irréligion est pire qu'elle». Le diagnostic est clair: «un gouvernement qui ne conserve pas la religion dans son Empire laisse éteindre la lampe qui veille sur lui»[133]. La question religieuse vient donc s'ajouter à la violence populaire et au rejet de la noblesse parmi les raisons qui expliquent la désillusion progressive de Lezay-Marnésia.

Outre son travail à la Constituante et ses préparatifs de départ, il semblerait que Lezay-Marnésia ait collaboré aux *Actes des Apôtres*[134], «ces jolis *Actes des Apôtres* qui se succèdent, écrit-il le 26 février, avec la plus grande rapidité et le plus grand succès, [qui] parlent en riant de nos sottises et (...) mêlent une trop grande gaieté à nos maux». Les Monarchiens, les modérés, la noblesse libérale, tous les disciples de la «démocratie royale»[135] sont les premiers visés par la feuille satirique. Il est aussi fait souvent allusion à Clermont-Tonnerre qui porte un «cimeterre à deux tranchants»[136] et qui dans un ouvrage sur l'armée écrit le chapitre sur les «chemins couverts et palissades» avant de donner un cours public gratuit rue des Deux portes![137] Le nom de Lezay-Marnésia apparaît dans un numéro de la première quinzaine de février 1790; le qualificatif dont on l'attribue fait sourire mais comporte, comme il se doit, une part de vérité en ce qui concerne son comportement à la Constituante. Dans ce numéro est fait le «second appel nominal»[138] des membres de l'Assemblée... sur l'air «De la marche du roi de Prusse, ou de monsieur Charles de Lameth». Chaque nom est affublé d'un qualificatif. En tête de liste: D'Aiguillon, Lameth, Liancourt. Puis viennent les députés d'Aval:

Marnésia, végétatif.
Toulongeon, soporatif.

Derrière le «végétatif» se trouve quelqu'un qui s'affaire dans les préparatifs de départ et manifeste son intérêt, même à distance, pour sa famille, surtout pour ses enfants qui, écrit-il dans sa lettre du 9 novembre, lui prouvent leur tendresse, en particulier sa fille Adrienne, la comtesse de Beauharnais, qui réside à Paris jusqu'en janvier 1790. Son fils Albert, qui va l'accompagner en Amérique, vient le rejoindre à Paris. La marquise de Lezay-Marnésia se rend à Saint Julien en février afin de préparer les malles à faire expédier à son époux. Elle y retrouve son fils Adrien. A Saint Julien vient d'arriver aussi Adrienne, pour finir de se remettre de la naissance de sa fille Stéphanie, née le 28 août. La correspondance de Lezay-Marnésia à sa femme en ce début de 1790 révèle qu'il existe des difficultés dans le ménage des Beauharnais et nous apprend que leur jeune fils Albéric vient d'avoir la petite vérole alors qu'il n'a même pas trois ans. On sait que le petit garçon mourra le 21 avril 1790, avant même que son grand-père parte pour les Etats-Unis. La correspondance conservée s'arrête malheureusement au 28 mars.

La date du départ approchant, Lezay-Marnésia reitère son invitation à sa femme de l'accompagner. La lettre du 28 mars est intéressante à plusieurs titres. D'une part elle renouvelle les raisons du départ: la violence de la société. D'autre part elle laisse entendre que cette émigration n'en est pas vraiment une: il ne s'agit pas de passer dans le camp contre-révolutionnaire mais de partir pour recréer une société basée sur les vertus de l'âge d'or:

> Vous serez tous heureux. Je vous aurai enlevé d'une terre où la paix ne reviendra pas de longtemps, où la guerre civile est apparente, où l'excès du désordre est certain, où les fautes de la noblesse, qui en a commis de grandes, sont punies avec une rigueur portée jusqu'à l'extrême injustice, où enfin la misère est à son comble, pour vous transporter sur une terre vraiment libre, abondante et pacifique, où nous retrouverons tous (...) nos premières vertus.

Les aventures de Lezay-Marnésia aux Etats-Unis montreront en effet que sa démission de l'Assemblée nationale, le 26 mai 1790, et son départ, s'ils sont la conséquence directe du découragement et de la crainte de la guerre civile que la plupart des correspondances privées de l'époque mentionnent comme imminente[139], ont également un aspect constructif dans la logique de la pensée du marquis. L'exil est soumis à une logique de reconstruction nationale qui semble commune à tous ceux qui émigrent aux Etats-Unis: ils ne complotaient pas contre la France, note Henri Carré, mais «rêvaient au contraire d'accroître son renom, de propager au loin sa civilisation»[140]. Dans les *Lettres écrites des rives de l'Ohio*, cette idée est constamment présente:

> Je pense que les bonnes gens doivent abandonner la France dans ces temps où elle se plait dans ses désordres et dans ses malheurs; mais je pense aussi que forcés par leur sensibilité et par leurs principes à s'éloigner d'elle, ils doivent lui conserver un tendre et douloureux souvenir, et chercher à lui faire

partager tous les biens qu'ils auront trouvés dans un monde plus paisible. Peut–être fera-t-elle renaître le calme dans son sein et alors, les enfants qu'elle éloigna, par ses injustices et par ses fureurs retourneront lui porter l'hommage de leur amour, chargés de richesses végétales qui répandront de nouvelles beautés sur ses campagnes et donnneront de nouvelles jouissances à ses habitants. Amen.[141]

En 1791 Cerutti va publier l'*Epître à mon curé* dans l'*Almanach des Muses*. En présentant le poème il écrit ces lignes qui résument la carrière politique du marquis: «désigné en 1787 président du District du Mont-Jura, depuis député à l'Assemblée nationale, s'est découragé, et est allé s'établir sur les bords du Scioto»[142]. Pourtant, Lezay-Marnésia, comme la plupart de ses amis de la noblesse libérale, ne passera pas à la Contre-Révolution. La monarchie idéale restera pour lui une monarchie à l'anglaise avec des corps intermédiaires entre le peuple et le roi pour garantir du despotisme, ce qui a pu entretenir chez lui comme chez Lally-Tollendal la nostalgie des distinctions et d'une hiérarchie héréditaire. Comme les Monarchiens il insistait sur une société hiérarchisée en fonction du mérite et en fonction de la propriété. Le critère était donc l'utilité sociale, cette notion mise à la mode par sa génération, celle des Encyclopédistes. Dans l'optique monarchienne le système social repose entièrement sur les propriétaires terriens car la propriété foncière a pour fonction de représenter à la fois un capital national et un revenu pour ses possesseurs. La propriété privée individuelle correspond ainsi à l'intérêt général; elle est utile. Pour des seigneurs éclairés comme Lezay-Marnésia, la liberté politique devait donc être basée sur la propriété; quant à l'égalité, c'était seulement l'égalité devant la loi. Malouet écrit «que l'influence politique, la participation au pouvoir et aux honneurs reviennent comme aux premiers temps de la monarchie à tous les propriétaires indépendants»[143], alors que le groupe de Duport était au contraire opposé d'une part à la prééminence de la noblesse que favorisait le modèle anglais et d'autre part à une liberté politique fondée sur la propriété foncière individuelle.

La noblesse libérale modérée était donc fondamentalement monarchiste et attachée aux valeurs nobiliaires. Cependant ce serait faire une grave erreur si on en concluait qu'elle a fini par rejoindre le camp contre-révolutionnaire, même en pensée. Elle est absente de l'Assemblée législative; mais si certains émigrent, ce n'est que pour préserver leur liberté et leur vie et pas pour servir la Contre-Révolution, comme le fait remarquer Lally-Tollendal dans un mémoire de 1797, *Défense des émigrés français adressée en 1797 au peuple français*. Pour Lezay-Marnésia, l'exil volontaire prend même une connotation positive; il permet de créer une nouvelle cité dont les fondements répondent au rêve d'une régénération morale de la société par l'aristocratie et la religion. Deux ans plus tard, le 4 juin 1792, après l'échec de sa colonie, il écrira de Londres (avant de rentrer en France) à son ami Duval d'Eprémesnil pour lui faire part de ses projets:

Comme mes plans sont très paisibles et que je n'ai pas de raisons puissantes d'être absent, j'irai reprendre mon ancienne charrue que je voulais transporter sur les rives du lac de Genève. Si je n'aime pas l'état actuel de la France, on ne peut du moins pas m'accuser de chercher mes asiles chez ses ennemis et sur d'autres sols que celui de la liberté. J'arrive de chez les démocrates américains et c'est chez les Suisses que je me proposais d'aller. C'est à des gens dont j'ai toujours adopté les principes et à qui j'ai toujours tenu par les sentiments que je voulais me réunir, à M. Necker, à M. Mounier, à Mme de Tessé. Toujours attaché au parti modéré, ce parti me semble le meilleur plus que jamais. Les deux autres nous ont perdu par leurs excès.

C'est sans doute Mallet du Pan qui donne la meilleure définition de ces hommes que la Révolution a déçus:

> Tous ceux qui, ayant horreur des horreurs de la révolution, des injustices atroces qui l'ont suivie et du délire de notre anarchie, veulent un roi, une noblesse, un clergé, un gouvernement, mais ne veulent pas moins un peuple, une liberté, des droits publics, une liberté circonscrite pour la sûreté de celui qui en est investi comme pour la sûreté de ceux qui doivent lui obéir.[144]

Cette modération n'est ni une politique d'indécision ni une politique centriste; c'est un choix lucide[145]. Le seigneur éclairé a été formé à l'école des Lumières et de la franc-maçonnerie; il est l'homme de la tolérance et de l'indulgence. Il est aussi l'homme de la bienfaisance et se veut l'intermédiaire entre les élites et les masses populaires; c'est là qu'il trouve sa nécessité sociale, sa raison d'être, son identité. Son idéalisme fait de lui un désemparé. Comme le dit Charles Du Bus, «il a pris les hommes pour des anges et la désillusion le tue»[146].

Du fait de son évolution et des constantes de sa pensée politique, Lezay-Marnésia incarne bien la figure du gentilhomme éclairé, même si le terme peut sembler désuet pour la période révolutionnaire. Deux peintures assez naïves de l'époque, attribuées à Dubois (Illustrations 4 et 5), reflètent peut-être mieux que tous les discours cette pensée et cette mentalité. La Glorification de Louis XVI dénonce le pouvoir absolu symbolisé par la Bastille représentée à l'arrière-plan. Au centre, sous le buste de Louis XVI, le temps aide la France à graver dans la pierre l'inscription «espoir de l'âge d'or». Non seulement le roi porte-t-il les espoirs de régénération, mais aussi l'agriculture symbolisée par une pelle, une gerbe de blé, un arbre fruitier et une ruche d'abeilles. On est avant 1789. Le second tableau représente l'espoir de bonheur dédié à la nation. Dans la barque, symbolisant la France, Louis XVI est guidé par la Bonté et Necker par la Vérité, dont le miroir éclaire trois temps. En haut, le passé, à demi voilé par le temps, symbolisé par un château-fort et une scène d'inquisition. C'est vers cette image qu'un démon aîlé monstrueux essaie d'attirer l'attention du roi. En bas, le génie du temps présent présente un tableau encore douloureux puisqu'il est entouré d'épines: ici prêtre et aristocrate tiennent dans leurs bras des tables représentant les titres féodaux, et à leur gauche un riche bourgeois dont le navire symbolise le luxe et le négoce. L'agriculture est absente. Par contre, dans le tableau entouré de roses, tenu par le génie de l'avenir, le tableau que Necker s'empresse de choisir et celui que la Bonté désigne au roi, l'âge d'or est réalisé: le paysan récolte le blé, le noble a retrouvé sa vocation de protecteur et le prêtre celle de l'orant. On pourrait donner comme légende à ces œuvres ces vers de Lezay-Marnésia:

Les souverains futurs apprendront que les rois
Ne peuvent être grands s'ils ne font de bons choix.
Les peuples béniront ces moments d'espérance
Où Necker présentait le bonheur à la France.[147]

Patriote en 1788 et au début de 1789, Lezay-Marnésia semble se situer au centre de l'arène politique, lorsqu'il se rapproche des Monarchiens. Pourtant, les grands axes de sa pensée politique ne font pas de lui un Monarchien pur. C'est à cause des dangers de la centralisation du pouvoir et des abus de la bureaucratie royale décrits dans *Le Bonheur dans les campagnes* — et non contre le pouvoir monarchique, qui doit être libre d'entraves mais non de limites sous peine de devenir absolu — qu'il vote contre le véto absolu. Sans être contre-révolutionnaire, sa position est irréconciliable avec celle des révolutionnaires: à cause de la question religieuse, à cause de la supression de la noblesse. L'existence de la noblesse est à ses yeux tout aussi légitime que la liberté; elle en est même le garant dans un système fondé sur la bienfaisance. Aussi, à la différence d'un Mounier et de la plupart des Monarchiens, reste-t-il fidèle à la théorie des corps intermédiaires. On l'a vu: ceux-ci sont pour lui constitutifs de la monarchie française, principe qui remonte aux onzième et douzième siècles, et lien entre le souverain et ses sujets, idée apparue à partir du quinzième siècle avec l'affirmation que les privilèges sont octroyés par le roi (ce qui peut paraître contradictoire avec le principe précédent)[148]. Alors que sous cet aspect Mounier révèle des tendances démocrates, Lezay-Marnésia reste partisan d'une société aristocratique, même si sa nouvelle aristocratie de la bienfaisance repose en partie sur le droit de propriété et englobe l'ancienne noblesse et une bourgeoisie proche du second ordre parce qu'elle s'est installée à la campagne. Tout — sauf ses prises de position du début de la Révolution et ses amitiés — semblerait donc faire de lui un défenseur du libéralisme aristocratique, proche de Montlosier et de Cazalès[149]. Ses enthousiasmes faciles, une certaine naïveté en politique et l'absence, dans ses œuvres, d'une réflexion politique précise sur le système constitutionnel empêchent de trancher avec clarté. On serait tenté d'affirmer que sa forte adhésion à un système de corps intermédiaires le situe dans le champ du libéralisme aristocratique, comme sa conception de la noblesse qui unit le guerrier, le mécène et l'apôtre de la bienfaisance, nouvelle version du défenseur de la veuve et de l'orphelin. Toutefois, sa théorie de la bienfaisance héritée des Lumières telle qu'elle apparaît dans *Le Bonheur dans les campagnes*, l'idéalisme totalement désintéressé dont il fait preuve dans les *Lettres écrites des rives de l'Ohio*, et sa sensibilité religieuse donnent un souffle nouveau à son libéralisme aristocratique, qui n'apparaît pas seulement tourné vers le passé et pourra ainsi s'intégrer au libéralisme démocratique et au conservatisme catholique. A cet égard on peut voir en Lezay-Marnésia un précurseur des hommes de la Restauration et de la Monarchie de Juillet qui confrontés aux conséquences de la Révolution et de l'industrialisation rêveront de constituer des colonies agricoles, lieux de bienfaisance voués à la disparition du paupérisme, lieux dans lesquels devait être restaurée une société stable, hiérarchiquement organisée, structurée par un sentiment de fraternité et de communauté proche de la bienfaisance comme idéologie[150].

CHAPITRE X

L'UTOPIE MARNÉSIENNE
COMPAGNIE DU SCIOTO & *LETTRES*
ÉCRITES DES RIVES DE L'OHIO

L'ÉMIGRATION: PRINCIPE, CAUSE ET OPPORTUNITÉ

Lorsque la révolution prit un caractère de violence, Marnésia sut allier ce qu'il devait à la patrie et à lui–même; il se retira au Scioto, où un peuple neuf, ami des Français, jouissait d'une liberté sans trouble et sans reproche.[1]

Cet extrait de la notice nécrologique de Lezay-Marnésia résume la période de sa vie qui commence à la fin mai 1790 avec son embarquement pour les Etats-Unis, quelques jours après sa démission de l'Assemblée nationale le 26 mai, pour s'achever deux ans plus tard, le 20 juin 1792, par son retour à Paris.

De cette période restent quelques lettres, des documents[2] et un petit livre que Lezay-Marnésia publie peu de temps avant sa mort: *Lettres écrites des rives de l'Ohio*. Pour Bernard Faÿ «Lezay, fidèle disciple de Rousseau, a vu l'Amérique avec des yeux humides de larmes» et continue la tradition sentimentale et artistique de St John Crèvecœur[3]. Cela n'est vrai qu'en partie; comme le dit l'éditeur dans l'avis qui sert de préface, Lezay-Marnésia veut aussi corriger les erreurs: «S'il combat quelquefois les Mably, les Chastellux, les Raynal, c'est sans jamais s'écarter du respect qui leur est dû. Il s'élève contre toutes les opinions qu'il croit fausses, contre les récits inexacts, contre les exagérations de tous les genres»[4]. Les premiers enthousiasmes refroidis, il regardera le paysage américain avec plus de réalisme, tout en restant toujours prêt à s'enthousiasmer à nouveau pour quelques collines particulièrement verdoyantes couvertes de troupeaux, comme si les premières déceptions ne lui avaient rien appris; c'est avec sévérité qu'il jugera les Américains, et il réservera les yeux humides de larmes pour les colons français venus créer des oasis de paix et de bonheur. En fait, *Les Lettres écrites des rives de l'Ohio* ne sont pas un livre mais trois longues lettres que l'éditeur publie à l'essai «pour pressentir le goût du public», avant de faire imprimer l'intégralité de la correspondance. Malheureusement il n'y aura pas de second volume, la plupart des autres lettres ayant disparu. Le volume *Lettres écrites de l'Ohio* avait été déjà imprimé tel quel en 1792 par Prault, mais avait été immédiatement interdit par le gouvernement, comme l'auteur l'explique dans une lettre à son ami, monsieur Audrain[5]:

J'envoie cette lettre à la découverte; si elle a du succès, je tâcherai de rassembler d'un recueil considérable de lettres écrites de l'Amérique septentrionale, que les événements révolutionnaires ont en très grande partie détruit, de quoi composer un volume. S'il s'imprime, je ne crains pas d'annoncer qu'il aura de l'intérêt: du moins, il aura celui de la nouveauté et de la vérité. Les circonstances n'ont pas permis qu'on en laissât paraître trois, imprimées comme essais, chez Prault en 1792. Alors régnait la Gironde. A la Gironde d'autres factions ont succédé, et la liberté de la presse n'a plus été que celle de courir tous les risques.

Qu'il s'agisse de vraies lettres, de lettres écrites en vue d'une publication ultérieure — en particulier celle à Bernardin de Saint-Pierre — ou d'un journal déguisé, peu importe; l'évolution des sentiments et des idées de l'auteur, la relation des faits, prouvent que les textes ont bien été écrits au fur et à mesure et non pas une fois de retour en France. La première lettre est adressée de Marietta au chevalier de Boufflers, l'un des amis du marquis, le 15 novembre 1790; elle insiste sur la précarité de la situation des colons en route pour le Scioto. La troisième lettre, écrite de Philadelphie le 15 décembre 1791 alors que le marquis et son fils Albert préparent leur retour en France, est destinée à Adrien et parle surtout de quelques plantations de la Nouvelle Angleterre. La seconde lettre, datée du 2 novembre 1791, est la plus longue et de loin la plus importante. Installé à Pittsburgh, Lezay-Marnésia y brosse un tableau idyllique de la région et un portrait peu flatteur des Américains, et surtout décrit avec force détails l'utopie qu'il veut expérimenter.

La notice nécrologique fait allusion à la cause immédiate du départ: la violence populaire, les désillusions, le mépris pour la noblesse, l'irréligion, autant de facteurs qui, on l'a vu dans la correspondance à la marquise, s'étaient accumulés à partir de l'été 1789 et s'étaient rapidement développés à l'automne. Elle ne dit rien du principe de ce départ, de sa cause première — car la Révolution n'est que la cause accidentelle du départ — qu'il faut chercher dans l'idéologie du retour à la campagne, dans le rêve marnésien d'une société champêtre, patriarcale et harmonieuse nourri dans les années 1780 par toute une littérature idyllique sur les Etats-Unis. Elle ne dit rien non plus de l'opportunité, de ces grandes étendues de terres disponibles dans l'Amérique septentrionale, mises en vente sur le marché parisien. Surgira alors ce que Ghislain de Diesbach a baptisé le «mirage américain», qui va attirer deux catégories de «dupes»: ceux croyant pouvoir faire rapidement fortune, les «aventuriers», et ceux s'imaginant pouvoir recréer l'âge d'or et faire amitié avec les bons sauvages, les «chimériques»[6].

Principe, cause et opportunité: il ne restait plus qu'à passer à l'exécution. Et quand dès l'automne 1790 le premier essai de colonie au Scioto se révèlera un échec, Lezay-Marnésia, plus «chimérique» qu'«aventurier», ne se découragera pas: il suscitera le projet d'une autre ville: Aigle-Lys, près de Marietta. Puis, après un nouvel échec mais aussi après avoir visité Bethléem, la communauté des frères moraves, il formera en 1791 un troisième projet de colonie, près de Pittsburgh: Asilum[7]. C'est alors qu'il lancera l'appel à Bernardin de Saint Pierre pour venir le rejoindre, prendre un nouveau départ et tenter de créer «une République dirigée suivant les lois de la Nature», basée sur «la raison et la piété», composée «de tous les malheureux de la terre»: «Ne ferons-nous donc jamais que des livres? (...) Cette grande idée, Monsieur, exécutez-la. J'ose vous en répondre, sous vos drapeaux, mieux encore que sous la bannière de Rousseau, se rangeront tous les hommes de bien...»[8]. On le sait, tout devait malheureusement rester sur papier, consigné dans ses *Lettres écrites des rives de l'Ohio*; en décembre 1791 on le retrouvera à Philadelphie; il s'embarquera dans l'hiver pour l'Angleterre et arrivera en France en juin 1792.

LE «BON VIEUX TEMPS» ET LES COMMUNAUTÉS PATRIARCALES

Les principes présidant à l'idée de la fondation au Scioto se trouvent dans *Le Bonheur dans les campagnes*, relu à la lumière d'une nostalgie du «bon vieux temps»[9] qui s'exacerbe vers la fin des années 1780 sous l'influence du renouveau de la pastorale, des pélerinages à Ermenonville, de la littérature sur les Etats-Unis qui présente un pays vierge, terre du «bon sauvage», des espoirs de régénération qui renvoient sinon à l'innocence primordiale du moins à un âge d'or qu'il semble possible de recréer tout en le sachant mythique.

Lezay-Marnésia est l'exemple type de l'aristocrate écartelé entre l'idéologie libérale et l'idéologie nobiliaire. D'un côté le ralliement au tiers état et aux idées philanthropiques; d'un autre côté le rêve d'une société patriarcale. Sa pensée propose des mesures socialisantes mais avorte au plan politique. Mais n'oppose-t-on pas des options qui dans son esprit vont de pair? Ces contradictions disparaissent à partir du moment où la noblesse se voit offerte une identité fondée sur la bienfaisance. Une analyse en termes sociaux pourrait interpréter la critique de la richesse des villes et l'exaltation du rôle de la paysannerie comme la lutte de la propriété terrienne contre la richesse mobilière: d'un côté la noblesse dont le pouvoir est basé sur la propriété foncière, de l'autre la bourgeoisie qui s'est enrichie et se trouve de plus en plus proche d'un pouvoir royal centralisateur qui a besoin de financiers pour couvrir ses dettes. Cette analyse a ses limites; il faut essayer d'atteindre le niveau des représentations mentales de l'espace social.

Lezay-Marnésia n'échappe pas, dans le dernier tiers du dix-huitième siècle, à la tendance à concentrer les espérances de régénération dans le rêve de l'âge d'or[10]. Quelle que soit la forme qu'on attribue à cette période, il s'agit toujours du lieu et du temps du bonheur primordial, «les jours de Saturne et de Rhée»[11] comme il l'appelle dans l'*Epître à mon curé* en reprenant le cliché de l'époque, qui faisait référence à la quatrième églogue des *Bucoliques* de Virgile. Les poètes chantaient l'abondance de la nature en empruntant directement à Virgile qui disait voir «la campagne blondir peu à peu sous les moissons ondoyantes, la grappe rougissante pendre aux buissons incultes et les chênes durs distiller une rosée de miel»[12]; ou encore à Ovide: «la terre, sans l'intervention de la charrue, se couvrait de moissons, et le champ, sans aucun entretien, blanchissait de lourds épis; c'était l'âge où coulaient des fleuves de lait, des fleuves de nectar, où le miel blond, goutte à goutte, tombait du chêne vert»[13]. On retrouvera ces descriptions dans les textes et les pamphlets faisant la promotion de l'Amérique septentrionale. Les poètes descriptifs évoquaient en outre les *Travaux et les jours* d'Hésiode. Tous parlaient des vertus de cette époque bénie. Le dénominateur commun s'arrêtait là. Pour le curé Meslier, le «bon vieux temps» est celui de l'égalité absolue. Pour la noblesse, l'âge d'or correspondait plus précisément à la société française avant qu'elle ne soit corrompue par le luxe au seizième siècle, mais aussi au règne d'Henri IV qui incarnait la bienfaisance.

On peut se demander si on croyait alors à la réalité de l'âge d'or. Peu importe la réponse[14]. S'il s'agissait d'une construction de l'imagination, elle avait aussi un fonds réel car elle correspondait à un désir. Toute cette génération avait conscience que l'âge d'or était révolu, qu'il n'était qu'une illusion; néanmoins elle formait des vœux pour qu'il reprenne forme. Il n'était qu'un moyen, esthétique et pédagogique, pour exprimer le désir de régénération: la solution à la décadence du pays apparaissait être la restauration d'un passé idyllique.

L'âge d'or trouvait aussi son expression dans la poésie pastorale et dans la mode des bergeries. On se rappelle qu'à cette époque la reine et les dames de la cour se font construire des hameaux dans le parc de leur château pour y jouer à la bergère ou à la fermière. Alors se multiplient aussi les fermes ornées, les cabanes, les huttes et les ermitages dans les jardins de la noblesse et de la haute bourgeoisie. L'âge d'or ne prend pas seulement un aspect moral et politique; il correspond aussi à la traduction d'une nostalgie dans les conventions esthétiques de la pastorale. Toutefois, cette esthétique de l'âge d'or est aussi celle de la régénération, quelle que soit l'option politique finale de l'auteur. Sylvain Maréchal en est un bon exemple. Son œuvre entière est basée sur un âge d'or dont le modèle peut changer mais qui demeure toujours un temps d'innocence et de paix. Il le décrit comme une époque où la société était simple et basée sur l'agriculture; les habitants étaient soit des bergers soit des petits propriétaires. «Un agriculteur, propriétaire, chef de famille et vertueux: voilà l'homme par excellence! Ecce vir!»[15]. Comme le souligne André Delaporte, on est loin de l'image du Sylvain Maréchal communiste que nous a laissée l'histoire:

> Fier de sa dignité, l'homme à l'homme est égal.
> De la propriété le droit toujours légal,
> La base des états n'y souffre point l'atteinte:
> La folle ambition est pour toujours atteinte
> Dans le paisible cœur des heureux habitants.
> Tout à la fois pontife et Roi de ses enfants,
> Le père de famille, au sein de son domaine,
> Par un chemin de fleurs à la vertu les mène.[16]

Ne sont remis en question ni le droit de propriété ni l'héritage. Est condamné ce luxe qui suscite «la folle ambition». L'idéal proposé est celui d'une société basée sur la cellule familiale, sur une autorité de nature patriarcale. Il n'y a pas de place pour le noble, mais le ton est celui du *Le Bonheur dans les campagnes*:

> Quel doux tableau se présente à mes yeux! Je crois voir ces jours des premiers âges, où les hommes rassemblés en nombreuses familles, vivaient, sous l'autorité des patriarches, dans l'innocence, la paix et le bonheur. Je crois voir la possibilité de les faire renaître, ces jours tranquilles, purs et heureux.[17]

Les caractères de l'âge d'or sont toujours les mêmes: une époque de bonheur frugal et d'innocence, une époque où l'autorité était de nature patriarcale. Il faut relire l'*Epître à mon curé*, dont on a déjà donné quelques extraits[18]; bien que

Lezay-Marnésia l'ait écrite dans les années 1770, les principes de la régénération et ceux de l'utopie marnésienne sont déjà présents.

> Ah! ces beaux jours, ces jours si pleins d'appâts
> Ne luisent plus, sur la France éplorée,
> L'âge d'or était l'âge où l'or ne régnait pas.[19]

Le rêve n'est pas impossible; un pays connaît le bonheur de l'âge d'or:

> Ah! sois toujours respectable Helvétie,
> L'asile du bonheur, le temps des vertus,
> Qu'il soit toujours au monde une patrie
> Pour ces mœurs qu'on regrette et qu'on ne connaît plus.[20]

Ce rêve suisse ne disparaîtra pas: «J'irai reprendre mon ancienne charrue que je voulais transporter sur les rives du lac de Genève», écrira-t-il à Duval d'Eprémesnil le 4 juin 1792 à son retour des Etats-Unis, après l'échec de la fondation du Scioto[21]. On peut reconstituer cette société de l'âge d'or: l'*Epître à mon curé* en donne les fondements qui seront développés dans *Le Bonheur dans les campagnes*: fuir «le luxe et le ton de Paris» ainsi que les «pompeux lambris» pour l'«hermitage», le «manoir tranquille», le «village», la «demeure agreste», les «hameaux», l'«innocence». Là, le seigneur du lieu,

> Patriarche de [son] village,
> Pasteur d'innocentes brebis,
> Guide éclairé, Prêtre doux, ami sage,[22]

pratiquera la bienfaisance et l'égalité parmi les habitants de son village:

> [Il doit] éloigner d'eux la douleur, la misère,
> Les consoler, les aimer, les servir.
> Ainsi que toi, le ciel m'a fait leur père....
> A ce nom seul je me sens attendrir.[23]

Ainsi: «ni riches ni seigneurs» mais «son ami, son compagnon, son frère». Le même modèle patriarcal est repris dans les *Lettres écrites de l'Ohio* et préside aux destinées de la colonie où les habitants vont «couler des jours paisibles et purs dans les douceurs de la vie patriarcale, dans les charmes de la vie fraternelle (...) [et] se livrer au bonheur d'adorer Dieu, de pratiquer les vertus que la religion enseigne, commande et récompense»[24]. La référence biblique se fait plus précise lorsque Lezay-Marnésia admire les communautés moraves de Pennsylvanie qu'il compare à la famille de Jacob à Goshen. «Elle n'a point eu de modèle, écrit-il, et doit en servir à tous ceux qui veulent parvenir à la perfection de la sagesse, et jouir de tout le bonheur dont les hommes sont susceptibles»[25].

La pensée de Lezay-Marnésia n'est pas isolée. Citons à titre d'illustration le projet de *Généralif, maison patriarcale et champêtre*, remis en 1790 par Hupay de Fuvéa à Mirabeau pour Necker: il s'agit, écrit-il, «d'un plan de vie patriarcale pour faire mener à tous mes enfants la vie qu'auraient mené sans doute Paul et Virginie»[26]. Ses références sont les mêmes que celles de Lezay-Marnésia: Rousseau, Bernardin de Saint-Pierre, l'abbé Delille, les frères moraves et «les jours purs et heureux des Patriarches». Le cadre imaginé est celui d'une «communauté philosophe»: elle se trouve à la campagne, protégée de la ville, et on y vit en autarcie. Tout y est dédié à l'agriculture, école de morale. Devant la Maison patriarcale se dressera un obélisque, qui rappellera «la pyramide du hameau de Czartorinska, confiante leçon du goût inséparable de la vertu, de l'union et de la campagne, célébrée dans le *Mercure* du 6 mai 1785», et sur le piédestal duquel on inscrira: «A la patrie et à la religion rétablies par Necker. Au hameau de Czartorinska, exemple de l'union patriarcale et philosophique. Aux génies auteurs de tous ces biens»[27]. Le projet d'Hupay de Fuvéa s'achève sur la description d'une peinture placée au-dessus de la cheminée, qui vaut mieux que tout commentaire pour exprimer l'énergie qui unit les habitants de la communauté les uns aux autres. La peinture symbolise la convivialité, l'une des grandes caractéristiques de ces communautés patriarcales. Son titre: «La Table du bonheur»:

> Ma table patriarcale paraît dans ce tableau en demi-cercle à l'entrée d'une immense allée d'arbres de haute futaie, terminée par une montagne ronde dans le lointain au fond d'un paysage de vignoble. (...) Je parais assis au centre de la table patriarcale avec mon épouse et nos cinq enfants avec leurs époux ou épouses à notre droite; nous sommes tous dans l'uniforme de la Communauté Philosophe, habit vert, parement rose. Tous les laboureurs des deux ménages de Généralif, dans le même uniforme, sont placés à notre gauche; leurs femmes dans un uniforme pareil ont soin de l'ordre du repas (...) Deux longues files de tables (...) comprennent, celles à droite en vue de la rivière, premièrement mes amis, ensuite tous les étrangers de distinction (...); de l'autre côté sont tous mes censiers que je traite ce jour-là, ensuite tous les gens du peuple, enfin les pauvres, un des principaux objets et non les moins touchants de la fête. Au milieu de ce lycée de concorde et de joie est la table des enfants de mes laboureurs et de mes petits-fils, tous également dans l'uniforme, présidée par le Prêtre de la Fête, le gouverneur commun de leur éducation. La musique militaire de la ville est rangée au bout des tables à travers l'allée pour exciter l'allegresse commune des convives. On lit avec satisfaction au-devant du tableau ce verset des Psaumes: «je crois voir les biens du Seigneur dans la terre des vivants».[28]

La pensée nobiliaire, et tout particulièrement l'école du retour à la campagne qui en est la forme la plus socialisante, devait se retrouver dans des projets de réforme monarchique et dans des utopies où la cellule familiale sert de modèle non seulement à la structure de l'autorité mais aussi à la façon dont elle s'exerce. Citons par exemple la Mezzoranie imaginée par Simon Berington. Les structures administratives et politiques y sont calquées sur la famille et l'harmonie de la société y est assurée par la cohésion familiale et tribale et par une morale enracinée dans la religion, qui oriente toutes les passions et les vertus vers le bien de la communauté. Le souverain agit en chef de famille, dont les membres, «tous en quelque manière souverains et indépendants en ce qu'ils se regardent comme tous égaux par la naissance, se trouvent cependant dépendre entièrement de la subordination naturelle aux aînés»[29].

Chez Lezay-Marnésia, l'esprit de communauté vient renforcer le caractère patriarcal de la régénération. L'étude du *Bonheur dans les campagnes* a révélé que cet esprit communautaire peut s'exprimer sous plusieurs formes: sous l'aspect du bien public, sous l'aspect de l'intérêt général, ou encore sous l'aspect de l'union effusive des divers groupes sociaux. Il s'agit toujours du même esprit d'union opposé à l'individualisme. Ultimement, l'esprit communautaire sert de substitut à l'égalité absolue. Rappelons brièvement la problématique du *Bonheur dans les campagnes*, celle de l'école du retour des nobles à la campagne; c'est elle qui préside aux projets présentés dans *Les Lettres écrites des rives de l'Ohio*. L'importance qui y est donnée à la communauté villageoise révèle la nostalgie de la relation personnelle qui autrefois servait d'union dans les fiefs. Cette union personnelle n'existe plus, la société moderne l'ayant transformée en simple relation fiscale et foncière: le départ des nobles pour la ville n'a laissé dans les campagnes que l'administration seigneuriale, qui ne représente plus qu'une forme d'oppression pour les paysans. En outre, à la fin du dix-huitième siècle, le village en tant que communauté n'est souvent plus qu'un simple souvenir. L'homogénéité des communautés villageoises a disparu dans la plupart des cas, surtout à cause de la conjoncture économique et de la croissance démographique. Lezay-Marnésia croit que le retour des nobles dans leurs terres pourra suspendre ce mouvement et faire renaître l'union personnelle entre le seigneur et ses sujets. Il est clair qu'il ne conçoit pas cette union personnelle en termes juridiques féodaux; il pense seulement ressusciter l'«esprit» de cette union, son «énergie», qui donnait à l'exercice de l'autorité civile l'allure d'une autorité familiale bienveillante et affective. On sait que dans l'élaboration de son modèle communautaire, le marquis a été fortement influencé par les communautés taisibles et les communautés anabaptistes, où l'individu était attaché au groupe par un lien affectif et où les relations sociales et politiques étaient de l'ordre du sentiment et non du rapport de forces[30].

Au dix-huitième siècle, les communautés taisibles, que Faiguet appelle «les Moraves de la France»[31], sont en voie de disparition, mais celles qui restent sont encore dynamiques[32]. Par exemple, les Pinon d'Auvergne, qui remontent au treizième siècle, comptent encore deux cents «cellules» familiales qui forment chacune une petite société avec à sa tête le chef de famille. Ces chefs élisent le maître de communauté qui s'occupe de la direction générale, et leurs épouses la maîtresse de communauté en charge des affaires domestiques. Ces communautés offrent l'image de sociétés champêtres relativement prospères où, du fait du poids de la tradition, les méthodes modernes d'agriculture avaient peu de chance d'être adoptées. Ce ne sont donc pas les méthodes agricoles qui attirent les agronomes ou les seigneurs éclairés; c'est surtout le caractère moral de ces organisations «tribales», qui offrent un modèle de société patriarcale. Elles proposent d'une part un modèle de société édifiée sur la notion d'utilité; d'autre part un modèle de gouvernement exercé par le chef de famille, dont l'autorité de type patriarcal favorisait l'harmonie dans l'effusion. Un seigneur éclairé comme Lezay-Marnésia ne pouvait que se retrouver dans cette image du père protecteur et sauveur.

LES ÉTABLISSEMENTS MORAVES

Si dans le dernier tiers du siècle les communautés taisibles ont droit à un regain d'intérêt grâce à Rozier qui, dans son *Cours complet d'agriculture* (1786) rassemble toutes les informations à leur sujet, ce sont alors surtout les communautés d'Anabaptistes, les Moraves, qui attirent l'attention de l'opinion éclairée. Depuis l'article de Faiguet dans l'*Encyclopédie*, qui insistait sur la théologie naturelle des Moraves et leur vie communautaire dans la douceur et l'innocence, depuis *Les soirées helvétiennes, alsaciennes et franc-comtoises* du marquis de Pezay, les communautés moraves ont fait l'objet de plusieurs descriptions, notamment celles de Bethléem et de Moravian-Mill en Pennsylvanie[33]. Si elles attirent tant l'attention de l'opinion éclairée, c'est qu'elles interpellent en chacun un esprit de générosité qui fait passer l'intérêt général avant l'intérêt particulier. Faiguet l'avait bien deviné:

> Nous sommes si peu attentifs aux avantages des communautés, si dominés d'ailleurs par l'intérêt particulier, si peu disposés à nous secourir les uns les autres et à vivre en bonne intelligence, que nous regardons comme chimérique tout ce qu'on nous dit d'une société assez raisonnable pour mettre ses biens et ses travaux en commun.[34]

La Fayette séjourne à Bethléem en 1777 pour se remettre d'une blessure; le marquis de Chastellux s'y rend au début des années 1780; le marquis de Lezay-Marnésia en 1790: sa visite confirme les impressions qu'il avait ressenties chez les Anabaptistes de Montbéliard et de Porrentruy.

Chastellux ne s'attarde guère à Moravian-Mill mais décrit dans le détail Bethléem[35]. A ses yeux, il s'agit d'une société «monacale», pas tant pour le rythme journalier ponctué de prières, sur lequel il ne s'attarde guère, que pour l'éthique du travail qui se dégage de cette communauté de six cents personnes. Lorsque Chastellux visite les lieux, les *choirs* de couples ont disparu[36]; les ménages vivent dans des maisons qui «sont la plupart assez jolies et bâties de pierres» avec «un petit jardin cultivé avec soin». Les célibataires par contre continuent à vivre selon le système des *choirs* dans la «maison des célibataires femelles» et dans la «maison des hommes célibataires», véritables lieux d'intégration sociale où chacun apprend un métier et s'initie à sa place dans la communauté.

Lezay-Marnésia fait une longue description de Bethléem dans la deuxième lettre des *Lettres écrites des rives de l'Ohio*. Il dit également avoir visité Nazareth, autre établissement morave à quelques lieues de Bethléem, qui «est en tout semblable au premier». Son admiration est sans bornes: «On rira, je le sais, de l'enthousiasme que cette institution m'inspire. (...) Eh! que m'importe le rire et le dédain de la plupart des hommes»[37]. Cette visite a eu lieu à la fin août 1790 alors qu'il est en route pour le Scioto où il n'arrivera jamais, mais il n'en fait le récit qu'un an plus tard pour introduire son nouveau projet, Asilum, qui s'en inspire en partie. A son arrivée, il cède au plaisir des yeux et des sens à la vue d'une campagne fertile qui fait naître les sentiments qui sont habituellement ceux de la pastorale:

A mesure qu'on s'en approche, on sent qu'on va pénétrer dans le séjour de la paix, de la sagesse et de la tranquille félicité. Sur les lieux qui l'avoisinent sont répandues de grosses et riches fermes; de nombreux troupeaux d'une beauté singulière y sont épars. Les près y sont d'une verdure plus vive, les terres y sont plus fécondes qu'ailleurs. On y respire le calme; on y voit l'abondance.[38]

A l'intérieur de la ville se trouve un jardin, «le seul que j'aie vu en Amérique cultivé avec soin et intelligence, souligne-t-il. Tous les légumes et les arbres fruitiers de l'Europe y sont rassemblés avec beaucoup de plantes utiles que l'on n'y connaît pas»[39]. Et pour venir compléter ce tableau digne de Salente s'offre à ses yeux «une rue large, nette, alignée, bordée de maisons de pierre, toutes séparées les unes des autres, sans luxe, sans décorations extérieures, mais vastes, commodes et très agréables par leur simplicité même». A l'intérieur: «l'ordre, l'arrangement, la propreté et [un] air d'aisance et de contentement»[40]. Au contact des habitants il va céder au plaisir de l'esprit: ce qui le frappe surtout est la façon agréable dont les Moraves ont établi leur système sur un équilibre entre «les deux bases les plus solides, la raison et la religion», produisant une «peuplade éclairée et religieuse»[41]. Le gouvernement quasi-théocratique de la société n'attire pas son attention; il souligne simplement le rôle de «guide et père» de l'évêque. Il ne s'intéresse qu'à la règle communautaire. A la différence de Chastellux, il ne fait aucune mention des *choirs* de célibataires mais insiste sur l'intégration totale de l'individu à la communauté. «Non seulement les Frères moraves jouissent en commun de leurs terres, mais ils sont en communauté d'industries, de talents, de volontés et de vertus». Ne sait-il pas que la propriété communale a été abolie en 1769? Il semble que la communauté ait été encore trop jeune pour que paraissent des différences de richesse entre des immigrants arrivés là tous aussi démunis les uns que les autres. Lezay-Marnésia ne tarit pas d'éloges sur un système qui à ses yeux a su rendre l'intérêt commun plus agréable que l'intérêt particulier:

C'est avoir su résoudre un beau problème que d'avoir trouvé les moyens de donner à la chose commune autant et peut-être plus d'intérêt que chacun dans les autres associations en donne à la propriété personnelle; que d'avoir non seulement préservé de la pauvreté chaque individu, mais de leur avoir donné à tous les avantages de la richesse, puisqu'il n'en est point à qui toutes les jouissances, que la morale et la raison n'interdisent point, ne soient accordées. Que leur manque-t-il? Les distinctions de l'orgueil, qui ne sont que pour le petit nombre, qui presque toujours en abuse; cette inégalité de fortune, qui fait dépendre ceux qu'elle ne favorise pas de ceux qui, trop souvent, sont corrompus par elle, et qui s'en servent bien plus pour humilier leurs semblables que pour les secourir. C'est une bien belle chose que d'avoir profité de l'exemple des animaux les plus intelligents et les plus heureux, et d'avoir donné à des hommes la sagesse et le bonheur des castors et des abeilles.[42]

Lezay-Marnésia offre ainsi une bonne illustration des propos de Faiguet, avec cette différence qu'il croit avoir sous les yeux le tableau parfait de ce pour quoi il n'a jamais cessé de se battre. Gouvernement communautaire et communauté de travail lui apparaissent comme l'application des principes des Lumières. S'il ne sait pas ou oublie de mentionner que l'exercice de l'autorité se confond avec la surveillance par des comités — comme dans la Mezzoranie de Berington — il insiste par contre sur l'assemblée des chefs de famille qui, sous les portraits des fondateurs et des fondatrices, délibèrent sur les affaires de la communauté. Il en reprendra directement le principe pour la fondation d'Asilum. Mais il met encore plus l'emphase sur la communauté de travail qui remplit toutes les conditions de la cité idéale des Lumières. Premièrement: l'oisiveté n'existe pas, elle est même remplacée par une éthique du travail. «Appliqués à l'agriculture et aux arts, [les Moraves] sont occupés toujours et jamais fatigués». En outre, travailler leur procure un contentement:

> En voyant, au milieu de leurs occupations, le calme et la satisfaction qui reposent sur le visage de ces heureux mortels, on est tenté de croire que le travail, imposé comme un devoir et une peine au reste des humains, est une récompense pour eux.

Deuxièmement: les métiers obéissent au critère d'utilité. Les Moraves «n'exercent que des professions utiles, qui demandent plutôt du sens, de la constance, de l'amour pour le travail, qu'une belle imagination». Ainsi sont évités l'attrait du luxe et la vanité, note le marquis. «Les uns sont employés à la culture, les autres aux arts mécaniques, au négoce, à l'administration». Dans tous les cas — et c'est le troisième fondement de la cité idéale des Lumières — les tâches sont fonction des capacités. «Chacun d'eux est employé à la chose à laquelle il est propre»; «tout est parfaitement fait parce que chacun occupe précisément la place à laquelle il convient». Ainsi les femmes sont-elles occupées à l'administration, à l'inspection des laiteries, aux travaux du textile[43]. Après avoir décrit quelques uns de ces métiers, notamment les fabriques de draps et les arts mécaniques, qui prédomineront à Asilum, Lezay-Marnésia explique que cette adéquation entre l'individu et les besoins de la communauté se prépare à l'école. Là on apprend un métier spécifique, la morale et la religion. Les filles sont initiées aussi «à faire tous les ouvrages convenables à leur sexe»: broderie, peinture, dessin, soins domestiques. Cette éducation ne néglige pas non plus l'esprit et le marquis est frappé par l'apprentissage des langues: français, allemand et anglais[44]. Le résultat attendu dans une société aussi parfaite ne surprend pas: c'est celui que les agronomes et les gentilshommes éclairés attendaient du perfectionnement de l'agriculture et de l'amélioration des conditions de vie des paysans: «un bonheur sans cesse renouvelé par l'exercice de la vertu»[45]. Les gens sont décrits comme «honnêtes et empressés», les manières «simples et affectueuses», les soins «aimables et touchants». À l'image des maisons, les vêtements ont «une décence austère et une propreté qui serait minucieuse si jamais la propreté pouvait l'être», et la nourriture est frugale, «saine et savoureuse»[46]. Bref, Bethléem, où vit un «troupeau sans faiblesse» est «un asile de paix, de vertus et de bonheur»[47]. Lezay-Marnésia ne parle pas comme Chastellux de société «monacale», mais reprend l'argument de Faiguet qui notait que les Moraves ont «beaucoup de conformité avec les premiers

Chrétiens, dont ils nous retracent le désintéressement et les mœurs»[48]. Les institutions des Moraves, affirme Lezay-Marnésia en s'appuyant sur Saint Paul[49], «sont celles, et même plus parfaites encore, que suivaient les congrégations des premiers Chrétiens».

UTOPIES

Ainsi la régénération, que ce soit celle de la France, celle d'une seigneurie, ou qu'elle prenne la forme de la fondation régénérée que va tenter de réaliser Lezay-Marnésia, n'avait-elle pas seulement pour modèle un mythe, celui de l'âge d'or, mais aussi de véritables expériences à caractère utopique. Le mythe de l'âge d'or, l'une des sources de l'inspiration du retour à la nature, fournissait à la régénération une esthétique et une thématique; il ne lui offrait pas le modèle opérationnel dont elle avait besoin pour réaliser un programme de réformes. Les partisans d'une régénération doivent chercher ailleurs pour trouver les moyens de concrétiser cet âge d'or. Il peuvent opter pour le réformisme ou la reconstruction totale de la société. *Le Bonheur dans les campagnes* offre un exemple de réformisme basé sur le modèle des communautés villageoises patriarcales. Il était donc possible de chercher dans les vestiges du passé ce qu'on pouvait restaurer pour créer les conditions du retour à l'âge d'or. Mais on pouvait aussi inventer à partir des principes de l'âge d'or. En voulant créer un nouvel ordre patriotique des bienfaiteurs des campagnes ou une fondation des frères et des sœurs de la charité, Lezay-Marnésia utilise son imagination pour générer une structure orientée vers le bonheur commun. C'est le travail de l'utopiste. En fait, il semble que la pensée de Lezay-Marnésia soit à mi-chemin entre le réformisme et l'utopie. La pastorale de l'âge d'or offrait une esthétique; l'utopie offrait une morale; le réformisme offrait la possibilité de réalisations concrètes et partielles. En cela Lezay-Marnésia reflète bien son époque: tout le dernier tiers du dix-huitième siècle révèle à la fois une aspiration à l'utopie et une attitude pragmatique, l'utopie étant conçue comme une construction de l'imagination destinée à restaurer l'âge d'or en éliminant la corruption et en retrouvant un état primordial de pureté. L'âge d'or est un temps mythique alors que l'utopie crée une société idéale. La cité idéale que veut fonder Lezay-Marnésia sur les rives de l'Ohio tient de l'utopie; il s'agit d'une didactique du bonheur, pour employer la terminologie du *Dictionnaire de l'Académie française* de 1795 qui assimile l'utopie à «un plan de gouvernement imaginaire où tout est réglé pour le bonheur commun». L'utopie n'est donc pas seulement une forme neutre; ses caractères généraux, qu'on peut aisément définir à partir des quelques cent cinquante utopies du dix-huitième siècle, en font un outil idéal pour penser la régénération. Les sociétés utopiques sont tout d'abord des communautés qui insistent sur l'esprit de communauté et d'harmonie et condamnent toute forme d'invidualisme. En outre, le bonheur qu'elles proposent est un bonheur collectif qui exclut l'oisiveté, un bonheur fondé sur une morale utilitaire stricte. Enfin, ce sont des sociétés rurales et autarciques où le luxe est remplacé par la frugalité.

Lorsque Lezay-Marnésia se décidera à réaliser l'espoir de bien des Lumières, celui d'une expérimentation *in vivo* d'une utopie, c'est à Salente qu'il pensera en premier. Il le dit très clairement dans la lettre qu'il écrit à sa femme le 9 novembre 1789: «nous serons comme Idoménée quand il édifiait Salente, nous bâtirons des murs, nous ferons des lois». Le modèle morave ne s'imposera que plus tard, une fois arrivé aux Etats-Unis; encore ne remplacera-t-il pas le modèle fénelonien; il viendra seulement s'y ajouter et le modifier. L'utopie de Salente est trop connue pour qu'il vaille la peine de la décrire dans le détail[50]. La cité idéale de Lezay-Marnésia s'en inspire au niveau des principes fondateurs, ce qui n'étonne pas chez un aristocrate libéral disciple de Rousseau et de Bernardin de Saint-Pierre, qui admiraient l'œuvre de Fénelon — comme d'ailleurs tout le dix-huitième siècle: «Fénelon inspirait aux maîtres du monde la simplicité des mœurs, l'humanité et la justice», confesse Saint-Lambert devant l'Académie française[51]. Ce qui frappe tout d'abord dans le royaume régénéré, c'est que Salente est un pays riche où il n'y a pas de luxe. Les citoyens et le roi mènent une vie simple et frugale afin de créer les conditions favorables au développement de la vertu et de la morale. La nourriture est frugale et saine; les logements sont simples et suivent les principes d'hygiène les plus modernes; ils sont tous construits en fonction de plans préétablis; et chaque famille reçoit une habitation à la taille de ses besoins. Dans ces maisons, on ne voit aucun ornement superflu. Les ornements sont réservés aux édifices publics ou aux temples. L'idée — classique dans la pensée nobiliaire — est appliquée au royaume de Dumocala imaginé par le roi Stanislas[52]; on la retrouvera dans la cité marnésienne. L'autre grand principe de Salente est que la richesse du pays repose surtout sur l'agriculture, le gouvernement menant une politique de rénovation et de revalorisation de l'agriculture d'une manière systématique. Mis à part la forme du «gouvernement» — la fondation marnésienne est une propriété privée — le caractère agricole de la communauté sera aussi accentué qu'à Salente. Enfin, les habitants de Salente ne connaissent pas l'oisiveté; ils fournissent un travail constant; et la production est limitée au nécessaire afin qu'il n'y ait pas de superflu. La fondation marnésienne aura aussi des règles strictes en ce qui concerne les unités de production et la représentation des corps de métier. Les fonctions de l'agriculture à Salente seront les mêmes dans l'utopie marnésienne. Elle sert d'abord de régulateur social; elle empêche le luxe et porte les habitants à la vertu. L'agriculture est donc non seulement source de la richesse, mais aussi facteur d'ordre public car, comme l'écrit Fénelon, «c'est la mollesse et l'oisiveté qui rendent les peuples insolents et rebelles». L'agriculture remplit ainsi une fonction pédagogique. Elle initie aux vertus, aux vertus privées aussi bien qu'aux vertus civiques. La principale vertu de Salente est l'utilité. Il existe même des règlements qui soumettent les arts au principe d'utilité. Par exemple, seule la musique sacrée est autorisée, et la peinture et la sculpture doivent rendre compte de la mémoire des grands hommes. Lezay-Marnésia va reprendre des règles identiques. Son projet s'écartera toutefois du modèle fénelonien en matière de structure sociale: la hiérarchie sociale composée de sept classes qu'on distingue à la couleur des vêtements, qui n'est pas sans rappeler les lois somptuaires de l'Ancien Régime, est remplacée par la division moderne entre propriétaires et paysans ou artisans, les propriétaires gérant leur pouvoir en pères de famille. L'influence de la pensée de Fénelon sur Lezay-Marnésia est évidente: Salente présente les principaux caractères de l'idéologie du retour des nobles à la campagne de la fin du dix-huitième siècle: la lutte contre le luxe et l'oisiveté comme garantie de la morale; la valorisation de l'agriculture et la défense de la propriété privée; le paternalisme de l'autorité.

On remarquera que l'utopie marnésienne introduit directement le dilemne de la noblesse libérale, qui est justement cette hésitation entre un libéralisme basé sur l'égalité et une doctrine paternaliste du pouvoir, que Diderot avait opposés dans son article «Autorité politique» de l'*Encyclopédie*. Montesquieu, dont les «Anglais» se réclament, avait refusé de confondre le pouvoir politique avec l'autorité paternelle, mais en même temps avait hésité entre l'attrait qu'il ressentait pour le libéralisme à l'anglaise et son attachement aux structures de la monarchie féodale. Si Lezay-Marnésia accepte cette opposition en ce qui concerne les pouvoirs du roi, comme le prouve sa position sur le veto et bien qu'il décrive le souverain comme le père de la nation dans *Le Bonheur dans les campagnes*, il ne fait que remplacer le paternalisme monarchique par un paternalisme nobiliaire. S'il ne va pas jusqu'à dire qu'il y a une autorité naturelle de la noblesse sur les sujets, le résultat revient au même: la bienfaisance du noble est la base de son pouvoir.

La pensée de Lezay-Marnésia à l'époque de la Révolution apparaît donc être tributaire à la fois de Montesquieu, des Lumières, des agronomes, du rousseauisme diffus de la société de la fin de l'Ancien Régime et des notables de 1789. A Montesquieu il emprunte la théorie des corps intermédiaires; aux Lumières, la notion d'utilité; aux agronomes, le retour à la campagne; au rousseauisme, une sensibilité; aux notables, la figure du propriétaire. Toutefois ces principes sont interprétés simultanément à la lumière de la tradition nobiliaire. La théorie des corps intermédiaires introduit l'idée d'une représentation nationale, mais elle légitimise aussi la résistance à la monarchie absolue et le pouvoir des notables. La notion d'utilité engendre celle de mérite et d'intérêt général, mais elle légitimise aussi la lutte contre le luxe et une hiérarchie basée sur la bienfaisance. Le retour à la nature permet le perfectionnement de l'agriculture et l'amélioration des conditions de vie des habitants des campagnes; mais il légitimise aussi la restauration du pouvoir du propriétaire terrien. L'esthétique de la sensibilité contribue à la création d'un esprit communautaire, mais légitimise aussi une conception patriarcale de l'autorité. La figure du propriétaire bouleverse la hiérarchie sociale de l'Ancien Régime, mais n'évite pas l'amalgame seigneur et propriété foncière. La pensée de Lezay-Marnésia, comme celle de la noblesse libérale, était condamnée à n'être que l'aile progressiste des idéologies de la noblesse. Dans cette pensée, la régénération n'est pas finaliste; elle est la restauration d'un modèle mythique.

LE MIRAGE AMÉRICAIN

Les Etats-Unis avaient formé politiquement la jeune génération de la noblesse libérale; mais ils n'avaient pas été non plus sans influencer les plus âgés, ceux de la génération de l'*Encyclopédie*. Cependant, c'est une leçon différente que les deux générations devaient en retirer. Les «princes de la jeunesse» qui avaient traversé l'Atlantique, les La Fayette, les Ségur, les Noailles, en avaient rapporté une leçon politique. Ils y avaient fait l'expérience d'une liberté politique qu'ils voudront introduire dans le système français. La raison et le bonheur demeuraient pour eux des objectifs. La génération des Encyclopédistes, elle, trouve dans l'image de l'Amérique du Nord — qu'elle découvre dans des livres — la concrétisation de son idéal d'une société agreste, patriarcale et bienfaisante où la religion et la liberté engendrent la vertu. Il ne s'agit plus d'objectifs; il s'agit de conserver. Enfin, quelle que soit la génération, tous étaient plus ou moins touchés par le rousseauisme diffus de la société; on allait se dissimuler la réalité derrière une idéalisation de la campagne et un ton sentimental, transformant les sauvages en «bons sauvages», peignant la Nouvelle Angleterre avec le pinceau des auteurs de pastorales.

Depuis l'*Histoire philosophique et politique* (1770) de l'abbé Raynal, qui décrit l'Amérique septentrionale comme une terre de liberté, une terre où la corruption n'existe pas, le lieu où peut se réaliser l'idéal social et moral de l'intelligentsia de cette fin de siècle, la littérature sur les Etats-Unis ne cesse de se multiplier pour connaître une véritable inflation entre 1783 et 1789[53]. Au rêve des philosophes comme Raynal, Mably et Dupaty va venir s'ajouter le modèle du retour à la nature: un modèle plus aristocratique chez Chastellux et l'image d'une terre à la Rousseau chez St John Crèvecœur. Ainsi l'Amérique va-t-elle servir de dénominateur commun aux chimères de régénération et de liberté et au désir de retrait de l'individu dans le silence de la nature. Devant cette prolifération de livres, de pamphlets et de brochures, il est difficile de savoir ce qu'a lu Lezay-Marnésia. Sans aucun doute les nouvelles sur les Etats-Unis qui prolifèrent en 1788 dans le *Mercure de France*, le *Journal de Paris*, l'*Année littéraire*, notamment dans le domaines des arts. On sait qu'il est familier avec l'*Histoire philosophique* de Raynal. Toutefois il n'en parle guère dans ses *Lettres écrites des rives de l'Ohio*; et s'il ne dit rien de Brissot c'est que les *Nouveaux Voyages dans les Etats-Unis* ne paraissent qu'en 1791, après son départ; les auteurs auxquels il fait le plus souvent référence sont Chastellux et St John Crèvecœur. Sa connaissance des Etats-Unis n'était pas seulement livresque. Il est probable qu'il a rencontré Franklin, qui séjourne à Paris de 1776 à 1785, sans doute dans les salons parisiens où il était très recherché, certainement à la loge des Neuf Sœurs — Franklin en était devenu le Vénérable en 1779 — mais aussi chez leur ami commun Dupaty. Or, comme le souligne Bernard Fäy, ce fut grâce à Franklin qu'on se mit à considérer les Etats-Unis comme «modèle de morale et terre de refuge»[54]. Avec l'idéalisme rousseauesque des *Lettres d'un cultivateur américain* de St John Crèvecœur, penser s'installer en Amérique et y créer une colonie agricole allait apparaître tout naturel. Toutefois, l'image que Lezay-Marnésia se fait de l'Amérique à partir de ses lectures se modifiera après son arrivée. Des pans entiers du mirage disparaîtront, notamment en ce qui concerne les mœurs et la vertu des Américains. Dans sa lettre du 9 novembre 1789 il expliquait à sa femme que dans la Nouvelle Angleterre «de bonnes lois et de bonnes mœurs rendent les hommes vraiment libres et aussi heureux qu'on peut l'être sur la terre». Le 4 février il lui répétait que «la paix la plus parfaite règne dans l'Amérique septentrionale et [que] le gouvernement s'y fortifie en améliorant encore ses lois». Dans sa lettre du 26 mai 1790 à Duval d'Eprémesnil il annonçait son départ pour «le beau pays» où il établirait des «demeures patriarcales et fraternelles» au sein d'un peuple vertueux et libre. Quelques mois suffiront pour le faire changer d'avis: le beau pays n'a engendré ni vertu ni liberté chez les Américains; ces qualités n'existeront que dans les demeures patriarcales et fraternelles que créeront les colons.

L'AMÉRIQUE DU MARQUIS DE CHASTELLUX

C'est en 1786 que le marquis de Chastellux publie le récit de ses voyages. Le livre connut immédiatement un grand succès et contribua à répandre l'image d'une Amérique qui était non seulement le pays de la liberté mais aussi une société idéale fondée sur la propriété foncière[55]. Cette image de l'Amérique devait plaire à tous. Elle convenait aux «princes de la jeunesse» qui avaient combattu pour l'indépendance et étaient revenus démocrates en herbe. Elle devait plaire aussi aux plus anciens, aux anglophiles, qui restaient attachés à une société hiérarchisée tout en œuvrant à l'amélioration de la condition paysanne. Voici comment Chastellux décrit le paysan nord-américain:

> Au milieu des bois et des soins rustiques, un Virginien ne ressemble jamais à un paysan d'Europe: c'est toujours un homme libre, qui a part au gouvernement et qui commande à quelques nègres; de façon qu'il réunit ces deux qualités distinctives de citoyen et de maître, en quoi il ressemble parfaitement à la plus grande partie des individus qui formaient dans les républiques anciennes ce qu'on appelait le peuple, peuple très différent du peuple actuel, et qu'on a mal à propos confondu avec celui-ci dans toutes ces déclamations frivoles, dont les auteurs demi-philosophes, comparant toujours les temps anciens et les temps modernes, ont pris les peuples pour les hommes en général.[56]

Chastellux donne un coup de patte en passant à tous les idéalistes: la liberté n'est à ses yeux qu'une illusion si elle ne s'accompagne pas de la propriété. L'homme libre est celui qui est à la fois citoyen et maître. Toutefois, il y a aussi une légère critique des philanthropes de l'école du retour à la campagne qui pensent que la campagne peut suffire à elle seule à rendre l'homme libre. S'il n'y a pas de participation au gouvernement, le cadre rustique reste impuissant à recréer le citoyen de la cité antique. On remarquera aussi que la forêt environne le paysage. Il ne s'agit plus de la forêt («silvia») synonyme de danger («sauvage») des siècles antérieurs; c'est la forêt du dix-huitième siècle qui crée un cadre propice à l'inspiration. On a sous les yeux un environnement dans lequel le paysan pouvait redevenir homme à condition que soient présentes les conditions de la liberté qui ne sont pas une remise en cause de la propriété. La liberté est surtout une liberté politique. C'est pourquoi Chastellux insiste tout particulièrement sur l'éducation qui ne peut se faire qu'à la ville. L'inspiration générale a beau être rousseauiste, il s'agit déjà d'un rousseauisme altéré.

> La vie rurale est celle qui convient le plus aux hommes, qui contribue à leur bonheur et à la conservation de la vertu, sans laquelle il n'y a pas de

bonheur. Mais il faut se souvenir que cette même vertu, ces heureuses dispositions, ces paisibles amusements dont on jouit à la campagne sont souvent une acquisition faite à la ville. Si la nature n'est rien pour celui qui n'a pas appris à l'observer, la retraite est stérile pour l'homme qui n'a pas d'instruction; or, cette instruction, c'est à la ville qu'il faut l'aller prendre. Ne confondons point l'homme retiré à la campagne avec l'homme élevé à la campagne. Le premier est le plus parfait de son espèce et quelquefois le second mérite à peine de lui appartenir. En un mot, il faut une éducation, je dis plus, il faut avoir vécu avec un certain nombre d'hommes, pour savoir bien vivre dans sa propre famille.[57]

C'est pourquoi l'habitant des hameaux a besoin du seigneur éclairé comme guide. Ce souci de complémentarité de la ville et de la campagne sera présent dans les projets de colonies de Lezay-Marnésia. La solution sera la ville placée au centre de la communauté rurale. Chastellux, ayant constaté que «les arts (...) ne peuvent fleurir qu'au milieu d'un grand nombre d'hommes rassemblés», qu'«il leur faut des grandes villes, [qu']il leur faut des capitales», suggère de construire une grande ville pour chaque état, centre administratif, centre de plaisirs, centre d'études, «de façon que tout citoyen assez riche (...) pût l'habiter quelques mois de l'année, sans y faire son unique domicile, sans renoncer à sa précieuse campagne»[58]. Cet équilibre ville-campagne va être repris tel quel dans le projet d'Asilum et dans celui de la Société des Vingt-Quatre.

Ces descriptions et ces propos devaient donc exercer un fort attrait sur les apôtres de la bienfaisance, les seigneurs philanthropes et philosophes, amoureux de l'humanité. D'autant plus que Chastellux décrivait des propriétés agricoles qui correspondaient à l'idéal de vie du noble libéral. Par exemple, la maison de campagne de monsieur Tracy à Newberry:

> J'allai voir le jardin au clair de lune: il est grand et composé de différentes terrasses; on y a construit une serre chaude et planté beaucoup de jeunes arbres.[59]

Ou la propriété de monsieur Hoops:

> Après avoir passé par une vallée assez fertile où l'on voit de belles fermes hollandaises pour la plupart, et des champs très bien cultivés, j'arrivai vers la fin du jour à son domicile. C'est un charmant établissement qui consiste en mille acres de terre, dont la plus grande partie en culture; un beau moulin à farine, un autre à scie, et une distillerie. On conclura aisément que l'homme qui habite là ne doit pas s'ennuyer.[60]

On ne peut s'empêcher de se rappeller les tableaux d'Hubert Hubert et ceux d'Oudry qui représentent la ferme ornée. Toutefois la ferme ornée n'est plus ici le centre d'un jardin; elle correspond à l'esthétique de la poésie descriptive; elle fait partie d'une réalité, ou plutôt d'un jardin sans limite: la campagne, une campagne peuplée de communautés idéales, celles des Frères moraves. Mais ces oasis de rêve ne restent que des exceptions. Aussi les récits de Chastellux ne devaient-ils pas plaire à tous les Américanophiles. Brissot, l'inconditionnel de l'imagerie française des Etats-Unis, le critique pour les jugements sarcastiques qu'il porte contre les paysans américains et, à d'autres endroits, contre les Quakers. De retour de voyage en Nouvelle Angleterre en 1788, il déclare dans la tradition des agronomes qu'il existe une relation de cause à effet entre la haute moralité et les bonnes mœurs des Américains et le fait que les neuf dixièmes d'entre eux vivent dans des fermes[61]. Ce qui lui vaut une lettre de son ami Clavière (le 18 mai 1788) dans laquelle il lui est recommandé d'être prudent, impartial et de ne pas exagérer les vertus des Américains.

LEZAY-MARNÉSIA OBSERVATEUR DES AMÉRICAINS

Quelque grand admirateur des paysages américains que fût Lezay-Marnésia, son jugement des Américains rejoindra celui de Chastellux; peut-être même est-il plus sévère. Un contraste existe tout au long des *Lettres écrites des rives de l'Ohio* entre d'un côté les Moraves, parés de toutes les vertus, les Hurons, «bons sauvages» qui possèdent une dignité naturelle, et de l'autre côté, les Américains, qui mènent une vie sauvage. Invoquant Rousseau et rectifiant des interprétations qu'il juge erronées, Lezay-Marnésia définit l'état de nature:

l'état de nature (...) n'est pas, quoi qu'on ait pu dire, la vie sauvage, qui n'est qu'une dégénération; mais l'état, où l'homme est sorti de la main du créateur et où il a été instruit par Dieu même.[62]

C'est la «vie sauvage» du peuple américain que décrit le marquis. Tout commence à Marietta à l'automne 1790. Le marquis reçoit des invités, la Reine des Hurons, sa fille et des dames de la cour. C'est l'occasion de décrire «la nature primitive» et de faire ressortir par contraste la dégénération des Américains. Les Hurons, écrit-il, «se sont servis, presque comme nous, de nos couteaux, de nos fourchettes, de nos serviettes; ce que les Américains ne parviennent à faire que très difficilement». Ces nobles Hurons sont habillés avec élégance: chemise de soie rouge, anneaux et croix d'argent, chapeau noir avec ruban de couleur; les «nobles» américains — généraux, majors, colonels, chevaliers de l'Ordre de Cincinnatus — ne sont que «des laboureurs titrés qui conduisent eux-mêmes leur charrue, cultivent très mal leurs champs, ne sont vêtus que d'une misérable couverture de laine pendant six jours de la semaine et se mouchent dans leurs doigts, ce que nos paysans [français] ne font pas»[63]. Il offre dans la seconde lettre une description sans complaisance de la vie sauvage des habitants des frontières. Cette dégradation et cette immoralité sont la conséquence de l'irréligion, explique-t-il, causée par l'indifférence, elle-même provoquée par la baisse des motifs de croire dans une société où les sectes se multiplient librement avec leurs rivalités, leurs haines et leurs jalousies.

Les habitants des frontières des Etats-Unis, épars dans les montagnes, presque sans communications les uns avec les autres, montrent à quels excès peuvent se porter des créatures humaines devenues étrangères à toute doctrine, et dans quelle dégradation elles peuvent s'abimer. Plus isolés que les sauvages, qui vivent en peuplades, chaque famille de ces habitants est seule, sans industrie, sans mœurs et presque sans vêtements. Les animaux sont moins dépourvus de ressources qu'eux. Quand les produits incertains de la chasse leur manquent, quelques patates bouillies, qu'ils mangent sans sel, soutiennent leur misérable existence. (...) Livrés à eux-mêmes, sans voisins, sans assistances, sans consolations, le sort de ces habitants est le plus affreux que je connaisse. La pauvreté la plus excessive des Européens est de l'aisance en comparaison de la leur. Aucun établissement secourable n'existe pour eux. Un fusil est toute leur richesse. Ils vivent de proies comme les vautours et les loups, et comme ces animaux ils éprouvent souvent les horreurs de la faim. Dans leurs maladies, ils restent dans le plus entier abandon. Jamais un médecin ne les visita; jamais un ministre de la religion ne les consola; jamais la charité n'adoucit leurs peines et ne tenta de les soulager.[64]

Le portrait de la misère s'accompagne d'un portrait des agriculteurs qui n'est guère flatteur non plus. Le travail des fermiers est nul. Si le bétail est d'une excellente qualité, c'est grâce à la nature et non grâce aux soins fournis par les fermiers car ils sont inexistants: «les fermiers américains, qui ne prennent pas la peine de se loger eux-mêmes, s'inquiètent encore moins de leurs animaux. Dans les hivers les plus rigoureux (...) ils les laissent exposés à toute l'âpreté du froid, et à peine leur donnent-ils quelque nourriture mauvaise et en petite quantité»[65]. Il en est de même pour les agriculteurs. Dans la lettre qu'il écrit d'Alexandrie à Duval d'Eprémesnil, le 7 août 1790, s'il affirme que la nature est un «paradis terrestre» et ne déçoit pas son rêve, il n'en est pas de même de l'agriculture «que l'on y croit florissante» mais qui n'est qu'une légende car elle «y est encore dans la première enfance». Dans ses *Lettres écrites des rives de l'Ohio*, le marquis explique cela par l'absence de mœurs, l'absence de vertus et le génie du peuple. Il s'agit d'un peuple de contrastes: les gens sont à la fois indolents et cupides, religieux et peu scrupuleux en matière de morale[66]. Par dessus tout, ce sont des inconstants, conclut-il dans un passage où perce son sens de l'observation:

(...) si les Américains ressemblaient aux autres peuples; mais il n'en est point d'aussi inconstants qu'eux, parce qu'il n'en est point d'aussi paresseux et aussi sujets à l'ennui. Ils ont le continuel besoin d'être réveillés par des objets nouveaux. Ne pouvant pas les produire, pour les trouver il faut bien qu'ils changent de places. Toujours inquiets, mal partout, parce que trouvant partout l'absolu nécessaire, et ne sachant ni ne voulant rien se procurer au-delà, ils ne se fixent nulle part. (...) les Américains, peu accoutumés à voir de l'argent, l'aiment beaucoup et ne lui résistent presque jamais. Peut-être aussi pourrait-on les accuser, assez justement, de ressembler aux oiseaux qui craignent la lumière et fuient dès que l'aurore paraît.[67]

Le même jugement se retrouve dans une lettre à Duval d'Eprémesnil datée du 20 juin 1791: «nul peuple sur la terre n'est aussi inconstant que celui-ci, paresseux, ennuyé, entretenu dans son inertie par une terre qui ne demande qu'à donner dès qu'il est obligé de lui accorder quelques soins et un peu de travail». Rien d'étonnant que dans ce pays on ne trouve ni plaisirs, ni art, ni goût, comme en France, mais seulement paix et tranquillité dans la campagne[68]. Ce sera aux Français qui s'installent à faire fleurir les arts de la même façon qu'ils sont les seuls, avec les Moraves, à prendre soin de jardins, signes de civilisation pour l'agropoétique. Aux yeux de Lezay-Marnésia les fondations ne serviront pas seulement à conserver le génie national français mais aussi à civiliser les Américains. Il explique à d'Eprémesnil, dans sa lettre du 7 août 1790, que s'il y a beaucoup d'Américains qui s'opposent à leur projet de ville et de centre culturel et universitaire, c'est tout simplement parce que l'émigration française apporte ainsi les arts aux Etats-Unis et ce faisant provoque des jalousies.

La liste des reproches adressés aux Américains est longue; le texte du marquis s'en prend même à des tabous: non seulement à la vertu des Américains et à la sacro-sainte tolérance en matière religieuse, mais aussi au système politique en condamnant l'usage de la démocratie pour un pays aussi vaste qui a besoin d'un pouvoir exécutif fort. «Plus je vois, plus j'observe, plus je me convainc que la démocratie est le gouvernement le plus impossible à établir solidement sur une vaste étendue de pays». Loin d'être à court d'idées le marquis propose des solutions. Une à la Rousseau: «une multitude de petites républiques, sur le modèle de la Grèce et de la Suisse», ce qui ferait «paisiblement germer le génie, les arts, l'industrie et les vertus de Sparte, d'Athènes, de Berne et de Fribourg, sur un sol fortuné». Une autre s'inspirant de la théorie des climats de Montesquieu: «le Sud monarchique, le Septentrion républicain», car «la nature semble avoir destiné les pays méridionaux aux monarchies et ceux dont le climat est moins ardent aux républiques»[69]. Quant aux élections... «les lois de la constitution, de la raison, de la décence, y sont outrageusement violées. Les candidats, sans pudeur, se montrent, intriguent, manœuvrent, séduisent par de basses caresses la populace qu'habituellement ils dédaignent. (...) Ils l'achètent en l'abrutissant. Les infidélités les plus coupables s'emploient sans scrupule (...). Des enfants votent, des hommes qui n'en ont pas le droit donnent leur suffrage; les mêmes, sous des habits différents, reviennent plusieurs fois porter le nom de celui qu'ils veulent servir. Dans ces élections on croirait que tout est permis, excepté la justice et la bonne foi»[70].

LES LETTRES D'UN CULTIVATEUR AMÉRICAIN ET LEURS LECTEURS

Ce tableau de géographie humaine négatif sera compensé par des descriptions de la nature qui doivent beaucoup aux *Lettres d'un cultivateur américain* de St John Crèvecœur, qui ont enflammé l'amour de la nature dans les dernières années de l'Ancien Régime. Depuis les études d'Howard Rice et de Thomas Philbrick[71], on sait comment sont nées ces lettres dont les deux volumes de la version française de 1784 et les trois de celle de 1787 n'ont plus grand chose à voir avec les quinze lettres de la version anglaise de 1782. Celles-ci tenaient du documentaire, celles-là tiennent de la littérature — mais une littérature qu'on allait s'entêter à considérer comme un documentaire. Dans l'intervalle Crèvecœur avait fait la connaissance de madame d'Houdetot, s'était installé chez elle à Paris et s'était mis à fréquenter le salon de Buffon et le petit cercle de son hôtesse, où on rencontrait Saint-Lambert, La Rochefoucauld-Liancourt, Grimm, La Harpe, la princesse de Beauvau, tout un milieu à l'enthousiasme très rousseauiste. C'est sous l'influence de ce cercle que les sauvages décrits par Crèvecœur vont se muer en «bons sauvages», les princesses indiennes en madones à l'enfant, les prisons américaines en boudoirs. Dans l'édition de 1787 les Indiens sont totalement idéalisés, leur société — guidée par la nature et le sentiment — est plus proche de la nature que celle des immigrants européens symbolisée par la guerre civile. La description de la princesse indienne que Lezay-Marnésia fait au début de ses *Lettres écrites des rives de l'Ohio* pourrait sortir tout droit des pages de Crèvecœur: le jeune femme ne déparerait pas à Versailles et y apporterait la fraîcheur de la nature, comme il l'explique à Boufflers: «elle ressemble à votre Reine de Golconde, non pas quand elle régnait, mais quand elle était Aline, encore riche de son pot au lait et de son innocence»[72]. Ce qu'offre Crèvecœur, c'est une nature embellie, raffinée, et Lezay-Marnésia ne se trompe pas en comparant sa plume à celle de Gessner. «Les *Lettres d'un cultivateur américain*, telles qu'elles parurent à Paris, commente Howard Rice, sentaient le salon de madame d'Houdetot presque autant que la ferme du comté d'Orange». Ces milieux littéraires parisiens, nourris de la vision de l'Amérique qu'on trouvait chez l'abbé Raynal, poursuit-il, «ne se rendaient pas compte que certaines [des idées de Crèvecœur] venaient des mêmes sources que les leurs, et que le plus souvent c'étaient eux qui imposaient leurs idées à Crèvecœur, et non pas le contraire». «Ainsi se faisait une sorte d'assimilation de l'Amérique avec le rêve pastoral cher à l'imagination des littérateurs européens»[73]. Le grand succès de l'œuvre est compréhensible: les lecteurs s'enthousiasmaient pour leurs propres représentations; ils lisaient ce qu'ils voulaient entendre. Pour l'opinion publique, Crèvecœur était «l'homme de la nature» comme l'exprimera Brissot dans ses *Mémoires*:

> Il me semblait qu'à l'âme la plus sensible il devait joindre le cœur le plus obligeant, le plus humain, la haine la plus forte pour la tyrannie, et le mépris le plus profond pour les rois et pour les nobles. (...) Il me semblait l'homme de la nature. J'aimais sa simplicité, son goût pour la solitude, son mépris pour l'orgueil académique, sa haine pour le vice...[74]

Il s'agit de l'auteur des lettres, non de la personne... et Brissot reconnaît s'être trompé. En fait, sous une forme documentaire, Crèvecœur venait d'écrire un texte en fonction des attentes de son public. La préface des *Lettres*, dans leur version française, offre un condensé de ce qui allait remplir cette attente. Les lettres présentent les institutions américaines et l'agriculture comme la source du bonheur:

> La véritable Amérique est ce vaste continent qui a commencé le dernier à se peupler, qui s'est peuplé des victimes de la persécution religieuse et de l'oppression civile chez tous les peuples, qui s'est formé aux vertus en plaçant toutes ses espérances dans l'agriculture.[75]

Elles font les louanges de la vie à la campagne avec son train de vertus, simplicité, frugalité, solitude, joies domestiques:

> Tantôt [l'auteur] nous offre le tableau de l'Européen qui a déjà mérité et qui recueille déjà tout le bonheur propre à sa nouvelle patrie; il nous montre un vaste domaine défriché en dix ans; l'opulence champêtre rassemblée autour d'une bonne maison qui a commencé par être une cabane d'écorce; une nombreuse famille bien gaie et bien laborieuse où il n'est pas aisé de distinguer les domestiques des enfants; la femme douce et économe sans qui rien n'eût prospéré et par qui tout le monde est content; des fils, des filles, qui reçoivent pour dot un terrain plus enfoncé dans les bois, les premiers secours de l'agriculture et l'exemple de leur père.[76]

Elles laissent entendre qu'il est possible d'y établir des sociétés idéales. Les lettres 75 et 73, en particulier, montrent que l'immigrant européen va subir «une sorte de résurrection», qu'une fois installé il sera un homme nouveau.

> Là, à chaque instant, des pas d'hommes s'impriment pour la première fois dans les éternelles solitudes de la nature, où l'homme, en avançant sans cesse dans son immense domaine, le voit sans cesse se reculer et s'étendre. Là, l'homme ne fait de conquêtes que sur la nature et les sociétés ne s'étendent qu'en s'améliorant. (...) Ce monde (...) va nous offrir le beau contraste de la société perfectionnée sur un sol encore brut et sauvage. (...) Ailleurs les Européens arrivent pour s'enrichir et ils n'apportent que les vices de la cupidité. Ici, ils viennent acquérir par le travail une douce et libre subsistance; et ils prennent toutes les vertus qui tiennent aux exercices du corps et à la modération de l'âme. (...) Le pauvre devient riche, plus riche que le seigneur du village européen où il habitait et où il était serf alors que maintenant il est franc-tenancier.[77]

Esprits chimériques du rêve humanitaire et esprits chimériques du rêve pastoral se retrouvaient derrière la bannière d'une école du retour à la campagne modernisée au contact du mirage américain.

Un an après l'édition de 1787 des *Lettres* de Crèvecœur paraît en librairie les *Recherches historiques et politiques sur les Etats-Unis de l'Amérique septentrionale, par un citoyen de Virginie*, de Philip Mazzei, écrit en réaction contre le mirage américain. L'auteur avoue sa surprise au nombre incroyable de lecteurs de Crèvecœur et aux idées ridicules qu'on tire de ce livre[78]. Mais Mazzei ne donnant pas dans la mode rousseauesque n'est guère lu, et les *Lettres* de Crèvecœur vont en convaincre plus d'un à traverser l'Atlantique. Les spéculateurs américains sauront tirer parti de cet engouement et le scandale de la Compagnie du Scioto ne sera pas isolé. En 1794 le baron Von Hobe, venu aux Etats-Unis pour prendre possession de terres, se plaindra: «Il s'en faut de beaucoup que je sois aussi content de nos terres; nous avons été dupés, c'est un morceau de pays indéfrichable, je ne reste ici que pour recouvrir, s'il est possible, notre argent. Il est inconcevable combien d'Européens sont la dupe des aventuriers américains dans ces sortes de spéculations. Je me propose de publier quelque chose à ce sujet dans les papiers publiés de l'Europe»[79]. En 1795–1796 Volney va passer à Gallipolis, sur les bords de l'Ohio, où végètent les colons français du Scioto:

> Il y a un peu loin de là au bonheur poétique chanté par le *Cultivateur américain*, et aux délices de la capitale future de l'*Empire d'Ohio*, prophétisé par un autre écrivain. Si les faiseurs de pareils romans pouvaient s'entendre panégyriser sur place, sûrement ils se dégoûteraient de ce banal talent de rhétorique, qui dans le cas présent a détruit l'aisance de cinq cents familles.[80]

En 1788 Lezay-Marnésia croit encore au mirage américain entretenu par ses lectures et par, comme il le dit à sa femme dans sa lettre du 4 février 1790, «un examen journalier des avantages et des inconvénients fait d'après les mémoires les plus sûrs et les conversations des hommes connus et estimés qui connaissent les lieux». Si une fois arrivé sur place sa foi se trouvera ébranlée face aux mœurs et aux institutions, il conservera néanmoins son enthousiasme pour une nature qui le comble. Sa correspondance décrit un environnement sorti des pages de Raynal, de Chastellux et de Crèvecœur. Le 9 novembre 1789: «on y jouit dans la plus grande abondance de toutes les choses nécessaires», «un pays où la terre (...) produit au delà de l'espérance»; le 4 février 1790: «les défrichements n'y ont pas l'ombre de danger parce qu'il n'y a pas un seul marais dans le pays que nous nous proposons d'habiter. Quoique très arrosé, les rivières y sont toutes très encaissées et coulent avec rapidité. Le climat y est de la plus grande salubrité et la température fort douce»; le 28 mars 1790: «une terre vraiment libre, abondante et pacifique, où nous retrouverons tous, du moins je l'espère, nos premières vertus»; le 7 août 1790: «un paradis terrestre», une terre qui «sera pour toujours l'asile du bonheur et de l'intelligence humaine». En dépit de l'échec du Scioto, l'enthousiasme du marquis, incorrigible rêveur, ne se fatiguera pas: «Choisissons dans l'immensité du continent américain un lieu reculé, presque désert encore, au bord des grandes rivières, sur un sol riche, susceptible de variété (...) choisissons une terre où nous puissions, séparés du reste des humains, vivre dans la paix et l'abondance, dans l'exercice des tranquilles vertus et dans les liens d'une douce fraternité». Il propose un nouveau site, celui d'Asilum: «les rives fertiles de l'Aleghani et de la Monongahela, jusqu'au point où se forme l'Ohio de leurs eaux réunies. De tous les sites du monde, je ne crois pas qu'il en soit d'aussi pastoral que celui que ces deux rivières renferment. Si des bergers tels que ceux de Théocrite et de Virgile existent jamais, ce sera sûrement sur ces bords fortunés»[81]. Un projet politique et moral fondé sur un tel désir poétique et lyrique, sur un sentiment esthétique, ne pouvait être autre chose qu'une chimère.

L'émigration ne sera pas la seule à obéir à cette chimère. L'idée de s'installer aux Etats-Unis ou d'y fonder des colonies est bien antérieure à la Révolution. Brissot y pense dès 1785. A vrai dire son projet initial était de créer une «société agricole ou d'amis» pour «se régénérer en se rapportant vers la culture de la terre et régénérer ses semblables par une éducation rurale». S'y intéressent, outre Brissot et son épouse: Robert Pigott, les Roland, Lanthenas, Bancal des Issarts. Tous étaient des lecteurs de Crèvecœur, et peu à peu va naître, vers 1787, l'idée de réaliser cela aux Etats-Unis[82]. Le Dr Guillotin a des projets identiques et en 1788 va financer le voyage dans la vallée de l'Ohio d'un minéralogiste, Antoine

Saugrain, et d'un botaniste, le Dr Piquet[83]. Brissot avait déjeuné avec les trois hommes en avril 1787; lors de son propre voyage aux Etats-Unis en 1788 pour étudier les possibilités d'implantation d'une colonie, il va rencontrer Saugrain. Dans la lettre qu'il écrit à Clavière le 10 septembre 1788, il signale que Saugrain et Piquet «avaient aussi dessein d'examiner s'il était possible de fonder, dans cette partie du continent américain, un établissement pour quelques familles françaises qui désiraient s'y fixer»[84]. Dans tout cela il est très difficile de savoir ce qui relève du désir réel de fonder une colonie qui abriterait un groupe d'amis et ce qui relève de la spéculation: rechercher des territoires pouvant intéresser d'éventuels investisseurs à une époque où la dette américaine est encore à rembourser. A côté des projets de colonies, plus ou moins chimériques, il y avait des familles qui avaient récemment émigré. Les voyageurs français leur rendent visite dans leurs plantations et rapportent dans leurs récits le spectacle d'un bonheur sobre. Certains, comme la famille de monsieur de Lassus que rencontre Lezay-Marnésia à côté de Pittsburgh, se sont installés en ayant fait venir tous leurs biens: «il a bientôt eu bâti une maison, non magnifique, mais agréable et riante, convenable aux besoins de l'homme riche qui n'est pas fastueux. De jolis jardins l'entourent et les habitants y trouvent le calme, l'union et l'intérêt toujours soutenus, tout ce qui peut satisfaire le goût ingénieux et les désirs modérés»[85]. D'autres ont commencé plus petitement et reflètent aussi l'image d'un bonheur parfait. C'est le cas de la famille de monsieur des Pintreaux[86], avocat normand établi à Montpelier, près de Pittsburgh, avec sa femme et ses trois enfants. Voici ce qu'en dit Brissot qui rapporte les propos de Saugrain dans sa lettre du 10 septembre 1788 à Clavière:

> Elle [madame des Pintreaux] était jolie, bien élevée, douée de connaissances et cependant c'était une vraie ménagère. Toute cette famille paraissait heureuse; le mari labourait, allait vendre ses provisions à la ville, prenait pour se reposer un livre dans une petite bibliothèque qui faisait ses délices. Il était arrivé à Pittsburgh avec 50 louis; il y avait acheté pour 25 louis deux ou trois cents acres, sur lesquels étaient une petite cabane et un jardin, et par son travail il avait augmenté l'un et l'autre. Il vivait de pommes de terre, de pain, de cochon, d'œufs, de bœuf et buvait du whisky.[87]

Un tel bonheur familial ne pouvait pas échapper à Lezay-Marnésia qui saisit l'occasion pour en faire une longue description de vingt-cinq pages, romancée et sentimentale, dans le style de son premier conte moral *L'Heureuse famille*, agrémenté de la verve pastorale. On n'y cherchera donc pas des informations précises sur les Pintreaux. Des spécialistes de l'histoire locale pensent qu'il s'agit de John Lucas et de sa femme Anne Sebin, dont l'histoire aurait été réécrite sous forme de roman sentimental: «a literary indulgence»; la description de Montpelier, disent-ils, «sounds much more like a treatise on the Garden of Eden than on frontier Pennsylvania»[88]. C'est justement parce que l'imagination du marquis s'est appliquée à cette fantaisie qu'elle doit nous intéresser. En quelques tableaux où se mêlent la pensée de Rousseau et celle du seigneur éclairé, poète et agronome, sont évoqués les éléments nécessaires au bonheur calme et sobre d'une famille installée dans la campagne américaine — un bonheur directement importé d'Europe qui se voit décuplé par le caractère vierge de la nature américaine. Tout d'abord, le jardin d'Elise:

> Ils commencèrent par tracer un jardin spacieux. Il devait être l'empire particulier d'Elise. Ce fut avec goût qu'il fut tracé, ce fut avec ardeur qu'on s'en occupa. La terre docile résistait faiblement à des mains courageuses et bientôt on put lui confier les graines de l'Europe les plus précieuses. Sur ce sol fertile et presque vierge encore, elles prospèrent au-delà de l'espérance. Un fossé, une palissade forte, en attendant qu'une haie d'azeroliers y fût plantée, les défendaient. Au bout de l'allée principale, un autel de gazon, ombragé d'arbres odoriférants et riches des plus belles fleurs, fut élevé. C'est là que chaque soir Elise, son époux et Marcellin [leur fils] venaient faire à l'Eternel l'offrande de leurs cœurs. Patriarches comme Abraham et Sara, comme eux sans prêtres et sans temple, leur culte n'en était pas moins exact, moins tendre et moins religieux.[89]

Deuxième élément indispensable à ce bonheur: la bibliothèque, où le choix des livres est au goût du marquis. La Bible et quelques sermons, des livres «qui font le plus sûrement connaître l'Amérique et ses productions», les ouvrages des moralistes et des historiens, ainsi que les grands auteurs français (Corneille, Racine, La Fontaine, *Télémaque*), des livres d'agriculture et des poésies champêtres (Saint-Lambert, Delille, le *Verger* de Fontanes). Les trois dernières catégories de livres correspondent exactement aux catégories des livres recommandés dans *Le Bonheur rural* au gentilhomme voulant s'installer à la campagne: des ouvrages qui peuvent exciter la passion du beau et le triomphe du sentiment[90]. Troisième condition du bonheur: l'abondance qui résulte du travail de la terre et «une demeure peu vaste mais élégante dans sa simplicité». «La jolie maison champêtre que Rousseau souhaita se trouve à Montpelier»[91]. Le tableau de la famille idéale du châtelain dans *Le Bonheur dans les campagnes* s'est transformé avec le temps; le bonheur aristocratique basé sur la bienfaisance laisse la place à un bonheur plébéien, refermé sur lui-même, plus familial. Le modèle rousseauesque semblerait donc finir par l'emporter sur l'idéal aristocratique et annonce la maison du bonheur, toujours «petite et commode», du dix-neuvième siècle:

> Tandis que le trouble, la haine, la fureur et l'effroi désolent presque toute la terre, il est une famille solitaire, innocente, paisible et chaque jour plus contente de son sort dans les forêts de l'Amérique. S'ils étaient courageux et sages, que faudrait-il aux hommes pour être heureux comme elle? L'amour du travail, sans en avoir le besoin, des champs féconds, une habitation simple, agréable et commode, des voisins honnêtes, parmi lesquels on puisse trouver un ami tendre, véritable. Une femme bonne, douce, aimable et sensible, qui, après avoir alaité de beaux enfants, les prépare à la vertu et savoir connaître son bonheur. (...) Si quelques familles françaises, avec des moyens de fortune, viennent s'établir dans les environs du Fort Pitt, elles retrouveront dans cette contrée (...) les délicieuses rives de la Loire et de la Seine, avec la paix et le bonheur qui les ont abandonnées.[92]

Les Lettres écrites des rives de l'Ohio sont bien ce qu'en dit Rosengarten: «a typical example of the dreams of exiled Frenchmen for a home in America, as a refuge from the storms in France»[93], mais un rêve plus lyrique, plus sensible et plus personnel que politique.

AVENTURIERS ET SPÉCULATEURS DU SCIOTO

Vers la fin de l'été 1789, un pamphlet édité par une nouvelle société jusqu'alors inconnue du grand public, la Compagnie du Scioto, se met à circuler un peu partout à Paris, et même dans les grandes villes de province, notamment à Lyon. La brochure intitulée *Description du sol, des productions... de cette portion des Etats-Unis, située entre la Pennsylvanie, les rivières de l'Ohio et du Scioto, et le lac Erié*, comprend également des cartes de la région qui se trouve au nord de la vallée de l'Ohio et au sud du lac Erié, entre le Muskingum à l'est et le Scioto à l'ouest. Il est affirmé qu'aucune autre partie du territoire fédéral ne réunit autant d'avantages en matière de salubrité, de fertilité des sols, de diversité de la production et d'accessibilité. La description insiste sur les voies de communication par rivières, avec des portages réduits, permettant facilement d'exporter et d'importer, sur la fertilité naturelle des terres, sur la grande variété des arbres et des produits du sol (riz sauvage, vigne sauvage, coton, sucre d'érable), sur l'absence de marécage, sur l'abondance de gibier, sur la richesse du sous-sol en matières premières pour l'industrie. Le texte se termine sur l'attestation d'un géographe américain, Thomas Hutchins, qui certifie que tous les renseignements communiqués correspondent à la vérité. Tous ceux qui le désirent peuvent aller s'installer dans ce paradis, et y acheter des terres pour seulement six livres l'acre. Sont déjà prévus l'emplacement de la première ville et un équipement scolaire moderne. Pour achever de convaincre le lecteur du caractère miraculeux de cette terre lui sont offerts des extraits des *Lettres d'un cultivateur américain*. Les intéressés sont priés de s'adresser aux bureaux de la société, 162 rue Neuve des Petis Champs.

Vu la conjoncture française beaucoup ne résisteront pas aux promesses de ce nouveau jardin d'Eden. Le succès est immédiat, et suffisamment important pour justifier une première réaction. Vers la mi-novembre arrive sur le bureau de Necker un mémoire intitulé *Le Nouveau Mississipi, ou les dangers d'habiter les bords du Scioto*, qui se veut un appel au civisme des Français. L'opuscule est également communiqué à l'Assemblée nationale où, ironie de l'histoire, plusieurs députés sont — sans que cela se sache — en relations d'affaires avec la nouvelle société. L'auteur[94], qui dit s'être rendu sur place en 1784, accuse les associés de la Compagnie du Scioto de tenir des propos «spécieux», avec des «fausses promesses et [des] apparences séduisantes», bref de représenter «l'avarice et la cupidité réunies». Au lieu d'une nature idyllique il dit n'avoir trouvé là-bas que des sauvages, des gens qui vivent de chasse et de pêche, et quelques agriculteurs qui doivent changer de terres tous les trois ans à cause du manque de profondeur des sols. La population: «le peuple, amoureux du repos, ne travaille que pour vivre», «l'Américain est lent (...) il végète dans l'assoupissement de la paresse et de l'inertie», aussi les arts resteront-ils «dans une éternelle enfance».

S'attaquant à Crèvecœur et surtout à Raynal, dont l'*Histoire philosophique et politique* «a longtemps induit en erreur sur la fertilité prétendue des terres du continent de l'Amérique», il dresse un parallèle entre la colonisation du Scioto et l'établissement malheureux du Mississipi pour inciter à la patience et au civisme, car, écrit-il, «vos représentants travaillent à la régénération du royaume». Quatre mois plus tard, devant l'énorme succès de la Compagnie du Scioto, le mémoire est publié avec la réponse de Necker (datée du 20 novembre 1789) qui dit ne pouvoir qu'applaudir au zèle de l'auteur et une préface lançant un avertissement à ceux qu'on considère non seulement comme de mauvais citoyens mais aussi comme des dupes: le Scioto deviendra «le tombeau des émigrants, engloutira les fortunes et les espérances de nos malheureux compatriotes».

En décembre et janvier les ventes atteignent des chiffres records et à la fin février 1790 cent mille acres auront été vendus, alors qu'à la fin août 1789 aucun client ne s'était encore présenté. Les premiers colons s'apprêtent même à partir. L'opinion s'émeut et la presse commence à s'intéresser à l'affaire. Le 11 janvier, la *Chronique de Paris* publie la lettre d'un abonné, Maulu, qui dénonce les agissements de la Compagnie du Scioto «dont le but est de recruter dans toute la France et notamment dans la capitale des individus sous un appât qui me paraît bien séduisant pour n'être pas suspect». Dans le prospectus tout est fait, écrit-il, pour «exciter l'émulation, flatter la cupidité, ranimer l'activité, réveiller même l'indolence». Il avoue même avoir été personnellement attiré par l'idée mais avoir changé d'avis en apprenant la vérité de personnes connaissant les lieux. A ses yeux, ces colons ne sont que des désabusés. Aussi conclut-il son article au nom du patriotisme en demandant la censure publique contre la Compagnie du Scioto[95]. Le 1er février, la *Chronique de Paris* dénonce à nouveau la Compagnie du Scioto dont les enrôlements ne cessent de croître, attirant des gens de toutes les professions et recrûtant même des jeunes gens dans les collèges. L'auteur de l'article suspecte qu'il y a de grands seigneurs à la tête de ces activités mais ne peut encore donner des noms. Lui faut-il suivre son flair de journaliste...? Mounier, Lally-Tollendal et Lezay-Marnésia ont réalisé leur fortune, ajoute-t-il, «mais nous ignorons s'ils ont quelque intérêt dans la Compagnie du Scioto»[96]. Dès lors les nouvelles iront vite. Le 5 février, madame de Beaumont rapporte dans son *Bulletin et journal des journeaux* qu'«on a preuve que M.M. Mounier, de Lally et le marquis de Marnésia sont du nombre des émigrants». Elle croit cependant que l'instigateur de toute l'affaire est d'Antraigues, qui avait pensé fonder une colonie en 1788. Trois jours plus tard, le 8 février, le *Bulletin national* annonce que Duval d'Eprémesnil, Lally-Tollendal et Lezay-Marnésia se proposent de fonder une colonie sur les bords de l'Ohio. Le lendemain, *Le Fouet national* révèle l'ampleur de l'affaire: «un grand nombre de Français, parmi lesquels on compte vingt-quatre familles nobles, domiciliées à Paris et entr'autres celle de M. d'Eprémesnil, vont s'établir à la Virginie. Les émigrations ont-elles jamais fait l'éloge d'un gouvernement? O France, puisses-tu échapper aux maux qui vont fondre sur toi!»[97]. Les noms des principaux organisateurs sont donc rendus publics, comme l'existence du groupe des Vingt-Quatre, le cœur de cette émigration, dont les deux piliers apparaissent incontestablement avoir été le conseiller Duval d'Eprémesnil et le marquis de Lezay-Marnésia. D'Eprémesnil, c'est l'administration et la législation de la future colonie. Dans sa lettre du 7 août, Lezay-Marnésia implorera son ami de le rejoindre: «Songez à votre nouvelle destinée. C'est de vous, de vos lumières, de votre zèle que va dépendre, en très grande partie, le sort des Français nombreux, dont une partie serait restés en France si votre nom et votre démarche annoncée ne les avaient pas déterminés à suivre votre exemple». Lezay-Marnésia, c'est la cheville ouvrière du montage de l'opération en France: «je ne suis qu'un soldat et je n'ai que du zèle», dit-il dans la même lettre. C'est lui surtout qui forme le groupe des Vingt-Quatre en approchant ses amis avec l'enthousiasme qu'on lui connaît. Son fils le dit bien: «La pensée était bonne et la prévision judicieuse; elle fit bruit; mon père la propageait avec son ardeur enthousiaste, cherchant à associer à son projet tout ce qu'il pouvait trouver d'hommes de rang et de position élevés auxquels l'état présent de la France faisait, comme à lui, désespérer de son avenir»[98].

LES «ASSOCIÉS» AMÉRICAINS DU SCIOTO

Il faut expliquer pour le lecteur français comment est née la Compagnie du Scioto car si les faits sont bien connus des historiens américains, qui y ont consacré une littérature abondante, ce n'est pas le cas en France où, à part Henri Carré et quelques historiens qui y font occasionnellement référence, l'affaire n'a pas retenu l'attention des chercheurs[99]. Pourtant elle intéresse directement l'histoire de l'Emigration et de la Révolution. A vrai dire, il manque une histoire complète de la Compagnie du Scioto en France et surtout une histoire des Vingt-Quatre. On se contentera ici de retracer les grandes lignes de l'affaire, en essayant surtout de déterminer le rôle qu'y a joué Lezay-Marnésia. Ce que révèlent les documents d'archives, c'est un milieu de spéculateurs et d'aventuriers, mais aussi des hommes qui n'étaient jamais à court d'imagination, toujours prêts à inventer une nouvelle utopie.

L'exploration de la vallée de l'Ohio pour le compte de l'Ohio Company of Virginia avait commencé en 1750 mais n'avait pas abouti à des implantations, les rapports mentionnant déjà la présence d'une forte opposition des Indiens sur la rive nord de l'Ohio et suggérant d'établir des colonies seulement sur la rive sud, côté virginien. La première reconnaissance géographique et topographique de l'Ohio, menée par le lieutenant Hutchins — celui qui certifiera l'authenticité de la description imprimée dans le prospectus des ventes de la Compagnie du Scioto — et le capitaine Gordon, ne se fera que bien plus tard, en 1766; et ce ne sera qu'après la guerre d'indépendance, en 1785, alors que la vente de terres publiques apparaît comme un moyen de réduire la dette publique, domestique et extérieure, qu'on décidera de faire le relevé topographique de la région et de procéder à la vente des territoires situés au nord-ouest de l'Ohio. Le 1er mars 1786 est formée la Compagnie de l'Ohio, composée principalement d'anciens combattants. L'entreprise se veut patriotique — développer le pays vers l'ouest — mais aussi financière. Le directeur, Manasseh Cutler, est désigné par ses associés pour faire l'achat de terres auprès du Congrès pour une valeur d'un million et demi de dollars. Il s'agissait de transformer en terres la dette sur l'état et également de faire des bénéfices à la revente par lots à des particuliers. L'affaire traîne devant le

Congrès jusqu'en juillet 1787, date à laquelle entrent en jeu des financiers qui y voient l'occasion de monter une pure opération de spéculation financière. A la tête de ces spéculateurs — qui ne formeront jamais un groupe organisé mais seront liés seulement par des relations informelles tenues secrètes, rendant délicate la reconstitution des faits[100] — se trouve William Duer, qui ne voit aucun conflit d'intérêt, bien au contraire, entre ses activités de financier et sa fonction de secrétaire du Board of Treasurer. Manasseh Cutler rapporte dans son journal qu'en juillet il fut contacté secrètement par Duer qui lui a demandé de s'occuper, en plus des intérêts de la Compagnie de l'Ohio mais toujours au nom de cette compagnie, de l'achat de terres pour de «riches citoyens» de New York. Duer s'engage même à prêter à la Compagnie de l'Ohio la somme de cent mille dollars pour effectuer le premier versement au Trésor. En outre il offre son assistance pour les négociations avec le Congrès. Faut-il parler de chantage? Toujours est-il qu'il semble à Cutler n'y avoir que cette solution aux difficultés qu'il rencontre à faire accepter les conditions de la Compagnie de l'Ohio pour l'achat des terres. Il finit par accepter et, sans que Duer ne soit étranger à cela, le Congrès autorise la vente de terres d'une superficie totale de six millions d'acres, soit quatre fois ce que la Compagnie de l'Ohio se proposait d'acheter, à un dollar l'acre. «By this ordinance, écrit Duer à Cutler le 27 juillet, we obtained the grant of near 5 million acres of land, amounting to 3 million 1/2 of dollars, one million and 1/2 of acres for the Ohio Company, and the remainder for a private speculation, in which many of the prominent characters in America are concerned; without connecting this speculation, similar terms and advantages could not have been obtained for the Ohio Company»[101]. Deux contrats furent signés le 27 octobre: l'un pour l'achat ferme d'un million et demi d'acres; l'autre — les terres du Scioto — n'étant que l'option sur l'achat de trois millions et demi d'acres[102]. Dès la fin octobre, la spéculation privée s'organise, sachant que les paiements au Trésor n'ont pas à être faits immédiatement, du moins pas avant que les terres du premier contrat ne soient payées[103] — aux yeux du Congrès il n'existe toutefois qu'un seul client: la Compagnie de l'Ohio. William Duer et ses «associés» vont essayer de revendre leurs droits de préemption, avant même d'avoir payé quoique ce soit, à un ou plusieurs gros investisseurs. Pour cela, il est décidé de se tourner vers le marché européen. L'agent qui représentera en France les intérêts de la spéculation du Scioto sera Joel Barlow, célèbre pour sa poésie, ami de La Fayette, mais aussi excellent agent de la Compagnie de l'Ohio. Le jeune homme s'embarque le 25 mai 1788.

L'Europe n'était pas une totale inconnue pour Duer et ses amis puisqu'ils y avaient des associés; et la France leur semblait être le lieu idéal à cause du mirage américain. Quel rôle Brissot a-t-il joué dans la spéculation du Scioto en France? S'il ne semble pas avoir jamais eu d'attaches officielles, du moins a-t-il soutenu le projet, voire peut-être encouragé Duer à chercher des investisseurs en France. Le voyage que fait Brissot aux Etats-Unis, en 1788, pour le compte de Clavière a deux objets: d'une part la spéculation sur la dette américaine, qui l'oblige à négocier avec les financiers William Duer et Andrew Craigie, tous deux impliqués dans la spéculation du Scioto[104]; d'autre part l'enquête sur les possibilités d'investissement dans les terres publiques américaines dans le but de les revendre à des Européens. La rencontre avec Duer et Craigie est décisive:

Craigie financera les investissements de Brissot en fonds d'état américains. En matière de fondation d'établissements, Brissot reçoit deux lettres de Clavière, datées toutes les deux du 21 mai[105], précisant ce qu'il doit rechercher: un accès facile, des terres cultivables et fertiles, pas de moustiques, un relevé topographique, un lieu où l'infrastructure est déjà établie et où le système fournit du travail à tous les immigrants. Il faudra en outre, conseille Clavière, attirer dans le prospectus non seulement les investisseurs mais aussi les philosophes amis de l'humanité. De préférence, ajoute-t-il, il faudrait une région possédant déjà une ville pour y accueillir les colons en attendant les nouvelles constructions, ce qui exclut le Kentucky. Le nom du Scioto n'a pas pu ne pas être prononcé au cours des discussions. En tous cas, le Scioto sera présent dans la pensée de Brissot. Dans sa lettre du 10 septembre il explique à Clavière, comme s'il suggérait que ces terres pourraient convenir, qu'il vient de revoir Saugrain de retour d'une exploration de la vallée de l'Ohio, où à part les dangers de toute région sauvage, qui ont tué son compagnon de voyage, il a trouvé la terre la plus riche et la plus fertile qu'il ait jamais vue[106]. C'est d'ailleurs muni d'une introduction pour Joel Barlow que Saugrain rentre en France à l'automne et passe un contrat avec la compagnie pour guider les premiers colons à leur arrivée. Plus tard, en 1790 et 1791, lorsque la Compagnie du Scioto sera la cible de toutes les critiques, Brissot prendra sa défense et attribuera l'échec de l'opération aux colons qui n'ont pas compris que la vie au Scioto était une vie proche de l'état de nature[107].

LA COMPAGNIE DU SCIOTO

Joël Barlow arrive en France le 24 juin 1788[108]. Voyage à Londres en juillet et août, voyage à Amsterdam en septembre et octobre: en vain. Aucun investisseur potentiel ne s'intéresse à l'achat de droits de préemption de trois millions et demi d'acres. Dès avril 1789, Barlow décide de changer de tactique: créer une société française qui ne chercherait pas un seul investisseur mais qui vendrait les terres par lots. Ce sera la Compagnie du Scioto, «the most harrowing American real-estate swindle between John Law's day and the Florida boom of the 1920's»[109]. En effet: tout d'abord, les clients croient acheter des terres avec des titres officiels alors qu'ils n'achètent en fait que des droits de préemption. Ensuite, aucun paiement ne sera jamais fait par Duer et les spéculateurs américains au Trésor. Enfin, suite à une erreur du cartographe qui avait situé la ligne de séparation entre les terres de la Compagnie du Scotio et celles de la Compagnie de l'Ohio à la verticale de la rivière Great Kanawha alors que la limite était plus à l'ouest, les «terres vendus» ne sont pas celles de la Compagnie du Scioto mais celles de la Compagnie de l'Ohio[110]. Des charlatans d'un côté, certes; mais aussi des dupes de l'autre... ce qui conduira Volney à philosopher en traversant Gallipolis en 1796: «On sera obligé de convenir que ce sont les dupes, qui à force d'engouement et de niaise crédulité, provoquent et créent l'art des charlatans»[111].

Le 3 août 1789 est conclu l'accord donnant naissance à la Compagnie du Scioto, société en commandite; l'acte de vente sera signé le 3 novembre 1789, qui établit qu'il est vendu à la société française trois millions d'acres, à six livres l'acre, dont les paiement seront échelonnés de novembre 1790 à avril 1794. Le but de la société sera d'une part de trouver des investisseurs qui prendront des parts dans la société: sont créées huit mille actions à mille livres chacune, dont la vente devrait permettre de financer le premier quart des terres, de les préparer et de les revendre ensuite plus cher; et d'autre part de vendre des lotissements à des particuliers désirant émigrer[112]. Il est prévu que la compagnie enverra pour commencer cinq cents cultivateurs pour préparer les terres. Cette nouvelle technique, explique Barlow à Duer dans sa lettre du 29 novembre 1789, «is an immediate settlement, by the sale of portions to individuals and by sending cultivators in the service of the company»[113]. (La solution qui entraînait l'arrivée de centaines de colons dont il faudrait s'occuper à l'arrivée n'avait jamais été envisagée par Duer qui ne pensait qu'à la spéculation financière. Aussi ne répondra-t-il jamais aux lettres de Barlow qui le suppliait d'organiser le meilleur accueil aux émigrants.) Il semble que ce projet d'émigration de masse, car il ne s'adresse pas qu'aux gens riches, ait frappé l'opinion. La Compagnie du Scioto, écrira Lezay-Marnésia dans ses *Lettres écrites des rives de l'Ohio*, «se proposait de former un nouvel Etat, au sein des Etats-Unis, des Français les plus énergiques, éprouvés et perfectionnés au milieu des tempêtes, et riches encore de leur industrie, de leurs sciences, de leurs arts, de leur constance, de leur courage et de leur sociabilité»[114]. C'est l'ébauche de l'idée d'un empire français de l'Ohio. Les membres principaux de cette société, outre Joel Barlow, sont au nombre de huit. William Playfair, ingénieur d'origine écossaise, disciple d'Adam Smith, qui connait beaucoup de monde à Paris dans les milieux de propriétaires, agira à côté de Barlow en tant qu'agent recruteur ainsi que Jean-Antoine Chais, avocat au Parlement (tous les trois sont chargés de pouvoir); les autres membres sont essentiellement des bailleurs de fonds: le marquis de Gouy d'Arsy, membre de l'Assemblée nationale, Jean-François Maheas, contrôleur des domaines royaux, le chevalier de Caquelon, et les marchands: Claude Barond, François Troussier-Guibert, Antoine de Saint Didier. La première tâche des nouveaux vendeurs va être d'informer la clientèle potentielle sur le produit; Playfair passe commande de toute une «documentation», dont les *best-sellers* du moment: en premier, les *Lettres d'un cultivateur américain*, puis les *Voyages* du marquis de Chastellux, la *Description de la Virginie*, les *Observations sur la Virginie*, le *Nouveau voyage* de Bossu, le *Voyage* du capitaine Dixon. La compagnie va aussi se donner un prospectus vantant les mérites du Scioto. La *Description du sol, des productions... de cette portion des Etats-Unis, située entre la Pennsylvanie, les rivières de l'Ohio et du Scioto, et le lac Erié*, qui fait du Scioto un jardin d'Eden, est en fait la traduction d'un pamphlet de Manasseh Cutler écrit à Salem en 1787 pour faire connaître les possibilités de colonisation dans la vallée de l'Ohio[115]. La Compagnie promet de former en deux ans un établissement de quatre mille cultivateurs, et se propose d'attirer quinze mille familles dans le même laps de temps. Le démarrage est immédiat. Le 29 novembre Barlow écrit à Duer que les ventes marchent bien[116], qu'il pense pouvoir tout vendre en un an, mais que le succès dépendra de l'accueil des premiers colons qui devraient arriver dans quelques mois. «If the first 100 persons should find things easy and agreeable (...) the stream of emigration will be irresistable; 20,000 people will be on those lands in 18 months and our payments will be made in 12». Aussi suggère-t-il que les associés de Duer avancent l'argent pour s'assurer des terres. Lorsqu'il passe à Gallipolis en 1796, Volney se rappelle le passé et revoit l'automne 1789 où la campagne de vente des terres s'ouvre «avec beaucoup d'éclat»; le prospectus est «distribué avec profusion», mais s'il promet mille bienfaits, il ne mentionne pas qu'il faut défricher la forêt — les cartes jointes au prospectus indiquent «habité et défriché» à l'est du Muskingum, «défriché et habité» pour les terres de la Compagnie de l'Ohio; rien n'est indiqué dans la partie «étendue acquise par la compagnie du Scioto» — enfin, note Volney, le prospectus ne mentionne pas non plus «que ces terres excellentes étaient dans le voisinage d'une espèce d'animaux féroces, pires que les loups et les tigres, les hommes appelés Sauvages alors en guerre avec les Etats-Unis». Aussi la fièvre s'empare-t-elle de Paris: «une sorte de contagion d'enthousiasme et de crédulité s'était emparée des esprits, le tableau était trop brillant, les inconvénients étaient trop distants, pour que la séduction n'eût pas son effet; les conseils, l'exemple même de personnes riches et supposées instruites, ajoutèrent à la persuasion; l'on ne parla dans les cercles de Paris que de la vie champêtre et libre que l'on pouvait mener au bord du Scioto»[117]. Les preuves de la bonne marche des affaires abondent: le 8 décembre 1789 Barlow écrit à Duer pour lui annoncer qu'il y a des négociations pour un million de livres[118]. Dans sa lettre du 29 décembre 1789 il fait allusion aux Vingt-Quatre que Lezay-Marnésia est en train de former: «many reputable and wealthy families will go out for the Scioto in a short time»[119]. A cette époque d'enthousiasme, tout ce qui est américain est confondu avec le Scioto: c'est en décembre que Gouverneur Morriss, qui lui aussi vend des terres, reçoit pendant trois jours de suite la visite de personnes qui veulent acheter des terres au Scioto... sur quoi il leur conseille d'aller sur place se rendre compte de l'état des lieux. «This is very troublesome. I tell him as briefly as I can the situation according to my ideas of it»[120]. Fin janvier 1790 a lieu le départ des premiers colons. Ils sont six cents à s'embarquer, de toutes conditions, artisans et aristocrates. On remarque parmi eux deux membres des Vingt-Quatre — Joseph de Barth, Thiébaut de la Vignerie — avec leurs cultivateurs, mais aussi un modeste jardinier anglais, Hinckston, avec un incroyable bagage: une grande variété d'arbres, de plantes et de graines à planter[121]. Sur le navire s'embarquent aussi tous les ouvriers engagés par la compagnie pour défricher les terres. Tous ces émigrants, écrit Barlow à Boulogne, l'agent de la Compagnie du Scioto qui doit accompagner les colons, «I consider them as the fathers and founders of a nation»[122]. C'est alors, au moment où le Scotio connaît le grand succès puisqu'en février le total des ventes s'élèvera à cent mille acres, que Barlow commence à craindre le pire. N'ayant aucune nouvelle d'Amérique, craignant que les colons ne soient pas accueillis, il lance un nouvel appel à Duer le 25 janvier, le suppliant de prendre possession des terres, sans quoi l'opération serait vouée à la ruine. «I know I have run a risk in suffering the people to go till I could get possession, especially as I could get no information from you, but the risk was absolutely necessary». En même temps apparaissent des problèmes financiers, car les ventes croissent mais les paiements se font souvent attendre: «the affair goes extremely well; it is true the payments are not made, but they certainly will be. The sales increase rapidly»[123]. Il faut dire que les facilités de paiement étaient avantageuses. On pouvait payer sa part en bons américains à 90% de leur valeur, qui se trouvaient sur le marché à 70% de leur valeur: ce qui faisait une réduction de 20%; en outre on n'exigeait comme premier versement que la moitié des sommes dues, le reste ne venant à échéance que deux ans plus tard et pouvant être payé sur les récoltes. Hulbert pense que Barlow avait même plus souvent accepté des répondants que de l'argent. A preuve il cite un article de Brissot (qui a alors pris ses distances avec le Scioto) dans *Le Patriote français* du 23 avril 1790, où il est dit qu'on n'a pas besoin d'argent pour s'assurer des parts dans le Scioto, car «celui-ci n'exige aucun moyen de fortune»[124]. Presque un an plus tard, dans sa lettre du 21 décembre 1790 à Benjamin Walker, audit de la compagnie, Barlow dira que c'est en janvier 1790 qu'il s'est aperçu que la Compagnie du Scioto allait vers l'échec mais qu'il avait refusé de rendre la nouvelle publique de peur d'effrayer l'opinion publique[125]. En mars, devant le besoin grandissant de fonds, toujours sans nouvelle de Duer, persuadé qu'il va falloir payer le Congrès, Barlow ouvre des négociations avec la société de Barth, Coquet & Co. pour une éventuelle reprise de la Compagnie du Scioto.

Juillet 1790 marque un tournant. Les caisses vides, Barlow refuse un paiement à Duer; les acheteurs suspendent leurs versements en l'absence de nouvelles des premiers colons; les ventes sont au point mort — cent quarante mille acres ont été vendus — et ne reprendront jamais. Aussi Barlow se décide-t-il à passer un contrat avec de Barth[126], Coquet & Co. qui avance un peu d'argent et se charge de la vente des terres. Le contrat est particulièrement défavorable aux associés américains: d'une part il ne leur attribue que très peu de profit, d'autre part il prévoit que ce profit ne sera versé qu'après la vente effective des terres, c'est-à-dire après l'achat des terres au Congrès. A partir d'août la situation empire. L'absence de bonnes nouvelles d'Amérique augmente la tension et les familles craignent que bien des colons n'aient été massacrés par les Indiens. A l'Assemblée nationale, du Moutier dénonce les émigrations et attaque le Scioto. Des attroupements se forment constamment devant les bureaux de la compagnie, Playfair et Barlow se font écrire à Londres, et il est recommandé à Barlow, qui aurait reçu des menaces d'assassinat, de quitter la ville. Les affaires continuent de chuter, et il se trouve même des personnes qui annulent leur achat, ou qui se font rembourser, comme Vanderbinden, l'un des Vingt-Quatre. Gouverneur Morriss, qui voyage en novembre dans les Flandres, écrit à Robert Morriss qu'on y entend beaucoup parler de la Compagnie du Scioto dont tout le monde s'estime déçu et que cela fait du tort au marché des terres. Il écrit dans son journal à la date du 15 novembre: «I fear this Scioto business will turn out very badly»[127]. En décembre, il rencontre Benjamin Walker qui est envoyé par Duer, surpris de ne recevoir aucun versement mais de voir arriver les colons, pour auditer la Compagnie du Scioto; trouvant le comptable très perplexe, il lui fait un rapport sur la situation lamentable du Scioto[128]. Walker finira par trouver tout en règle mais la compagnie ruinée à cause d'une mauvaise gestion[129]. Ce à quoi Barlow répondra en renvoyant la faute sur Duer qui n'aurait pas accueilli les colons. Dans une lettre du 3 mai 1791 à Duer il renouvellera son accusation: «It is now just a year since the emigrants arrived in America and there is no proof here at this day of their being in possession of the lands»[130]. Des lettres étaient arrivées et racontaient les tribulations des colons, mais personne ne parlait de l'entrée en possession des terres achetées. La fin de l'histoire se passe de l'autre côte de l'Atlantique. Pour le côté français, on laissera le dernier mot à Gouverneur Morris, un jugement qui lui vient à l'esprit lorsqu'il entre en relation d'affaires avec monsieur de Chaumont, en juillet 1791, pour négocier la vente de terres pour le futur projet de Castorville: «The Scioto Company have done great mischief»[131].

LA SOCIÉTÉ DES VINGT-QUATRE

S'il est relativement aisé de se retrouver dans l'opération du Scioto en raison de l'existence d'archives, il n'en est pas de même en ce qui concerne la Société des Vingt-Quatre. Il ne faut pas totalement séparer les Vingt-Quatre de la Compagnie du Scioto: ce sont des clients, les plus importants d'ailleurs, les piliers de l'entreprise, des «personnes riches et éclairées», «des hommes distingués et riches qui porteront pour établir [leur colonie] de grandes sommes et des lumières» explique Lezay-Marnésia[132]. A la différence des autres acheteurs, leur démarche n'est que partiellement individuelle: le groupe existe avant l'achat individuel de terres, il se constitue en société à part, une élite de riches propriétaires, tous nobles, qui s'estiment gardiens des valeurs françaises et en conséquence avoir un rôle spécifique à jouer. La lettre de recommandation que Barlow écrit à St Clair le 17 avril 1790 est explicite sur l'importance qu'il attachait au groupe des Vingt-Quatre: «The Viscount de Malartic (...) and his friends have purchased considerable lands of the Scioto Company, and he goes to begin the settlement for them. As I consider these people who go this season as being the leaders of extensive emigrations to that country, I am anxious...»[133]. Malartic, l'un des Vingt-Quatre, s'embarquera avec Lezay-Marnésia à la fin mai 1790 ainsi que madame Bacler de Leval. Ils n'étaient toutefois pas les premiers membres des Vingt-Quatre à débarquer: Joseph de Barth, Thiébaut de la Vignerie et probablement Vanderbinden[134] étaient partis par les premiers navires en janvier. Tous sont des «éclaireurs». Ces hommes se veulent un groupe distinct de la masse des colons. A l'arrivée aux Etats-Unis, ils ne participent pas aux récriminations des cinq cents colons, mais confèrent directement avec Duer, vont à New York, comme Lezay-Marnésia et Malartic, où ils sont présentés à Washington, Jefferson, Hamilton, Adams; aucun ne s'installera à Gallipolis. Malartic aidera le général St Clair à lutter contre les Indiens; Lezay-Marnésia n'ira pas plus loin que Marietta; madame Bacler de Leval ne quittera pas la côte pour mieux se tenir au courant des projets de Duer. De Barth, après s'être occupé de fonder une ville pour les Vingt-Quatre, une ville distincte de celle prévue pour les autres colons, semble avoir passé le flambeau à Lezay-Marnésia pour demeurer dans le sillage de Duer. La cité est mentionnée dans une lettre du 18 mai 1790 du ministre de la guerre au général St Clair, gouverneur des territoires, pour lui recommander l'arrivée des colons du Scioto: «They propose at present to form two settlements, one opposite the mouth of the Kanawha, and the other not far from the Scioto. The first settlement will be by the Chevalier Bré de Bouvin, and the other by Monsieur de Barth. These gentlemen, alarmed at the reports of Indian depredations, have applied for the protection of the United States»[135]. La ville en face de l'embouchure de la Kanawha sera Gallipolis; celle plus à l'ouest, que se propose de fonder de Barth aurait été celle des Vingt-Quatre. Après quelques explorations dans la région de Marietta par Lezay-Marnésia, on n'entendra plus parler du projet de la ville des Vingt-Quatre, le groupe se dispersant sous la menace des Indiens.

On trouve dans les *Souvenirs* d'Albert de Lezay-Marnésia des informations brèves mais précieuses sur l'esprit et l'organisation des Vingt-Quatre. Après avoir dit que son père avait été le fer de lance de l'entreprise, il explique en quoi elle consistait:

> Il parvint à former un noyau de vingt-quatre personnes de haute notabilité qui consentirent à s'associer à son œuvre, mais seulement par l'adjonction de leurs noms en attendant que les premiers succès de l'entreprise les décidassent à s'y adjoindre plus efficacement. On y remarquait ceux de Lally-Tollendal, de Malouet, de Mounier, de Vichy, etc. qui laissèrent à mon père la mission de la colombe sortant de l'arche, celle d'aller à la découverte de la terre et de la gloire qui appartiendrait au fondateur, si le succès la couronnait.[136]

On laissait ainsi le marquis marcher dans les pas de Christophe Colomb mais aussi prendre la place du cobaye... A quoi s'engagaient les membres des Vingt-Quatre? A peu de chose apparemment puisque certains d'entre eux se contentent de parrainer l'opération avant d'en connaître les chances de succès. Madame Bacler de Leval, par exemple, s'embarquera avec Lezay-Marnésia mais sans avoir acheté quoique ce soit, préférant auparavant se rendre compte des lieux. Toujours est-il que les Vingt-Quatre semblent avoir eu une existence légale. Ils se constituent en société le 24 janvier 1790, chaque membre s'engageant à acheter mille acres, à fournir quatre agriculteurs pour défricher les terres et à les emmener à ses frais; et c'est en tant que société qu'ils traîteront avec la Compagnie du Scioto. On a toutefois peu d'information sur la formation de cette société mis à part le «porte-à-porte» du marquis. La lettre du 9 novembre 1789 de Lezay-Marnésia à sa femme offre des renseignements importants: après avoir rappelé les bonnes lois et les bonnes mœurs du pays, la fertilité des sols, il donne un aperçu du genre de vie que les Vingt-Quatre veulent transporter en Amérique:

> Nous aurons de plus le premier des avantages, celui d'une excellente société. D'abord nous la trouverons dans notre propre famille et ensuite dans celles qui passeront avec nous. Je suis déjà sûr de douze que mon choix m'aurait fait préférer si les désastreuses circonstances où nous nous trouvons ne les avaient pas déterminées à prendre le même parti. L'une d'elles est le nouveau ménage de M. de Pouilly qui s'est marié il y a quinze jours à Melle du Breuil. Ils sont absolument décidés à partir et ils travaillent à réaliser leur petite fortune. Un de nos amis, M. le chevalier de Pougeol veut absolument être un de nos colons. Les onze autres ménages ont pour chef des membres de l'Assemblée nationale aussi navrés que moi des maux auxquels la déplorable France est pour si longtemps livrée.
> Nous ferons encore des prosélytes et je suis convaincu que plus de cinquante familles s'associeront à nous. Dans quelle ville de province trouve-t-on une

plus nombreuse et surtout une aussi bonne société? Car nous ne serons pas très faciles sur le choix. Vous imaginez combien les intérêts dont nous serons occupés en mettront dans nos conversations. Tout créer en trouvant tout préparé, voilà la nouvelle carrière qui s'ouvre pour nous. (...) Nous emmèneront des familles de cultivateurs et tous les ouvriers nécessaires. Nous serons comme Idoménée quand il édifiait Salente, nous bâtirons des murs, nous ferons des lois, nous serons animés par tous les grands intérêts que les hommes peuvent avoir, pas un instant de nos journées ne sera vide. Dans les occupations les plus importantes nous coulerons sans fatigue et surtout sans vices tous nos jours.

La lettre fait allusion aux conditions qui seront celles de la Société des Vingt-Quatre lors de sa création officielle en janvier: pas seulement l'émigration d'un particulier, mais la création par chaque particulier d'un véritable domaine, l'ensemble de ces domaines constituant la «colonie» — un petit «état» de vingt-quatre mille acres, soit quelque 120km^2.

Ce courrier donne aussi des informations également sur les membres: une douzaine de membres déjà en novembre — on sait qu'ils seront finalement vingt-quatre en janvier — le marquis espère porter ce nombre à cinquante, le chiffre idéal qui sera celui des familles fondatrices de la ville de Saint-Pierre qu'il décrit dans ses *Lettres écrites des rives de l'Ohio*. Il est possible de dresser une liste des Vingt-Quatre, mais rien ne prouve que cette liste ait été immuable. Il semble au contraire que certains noms aient été ajoutés ultérieurement, d'autres rayés. Vanderbinden quittera la société à l'automne 1790, par contre le 9 août 1790, alors qu'il est en Amérique depuis quelques mois, le baron de La Bretèche demande à y être reçu[137]. On trouve dans la liste des membres «reconnus» une forte proportion de députés à l'Assemblée recrutés par Lezay-Marnésia: le conseiller Duval d'Eprémesnil, le groupe des principaux monarchiens: Lally-Tollendal, Malouet, Mounier, et un ami franc-maçon de longue date: Beyerlé, conseiller au Parlement de Nancy; quelques amis de Duval d'Eprémesnil: Joseph de Barth, Thiébaut de la Vignerie, madame Bacler de Leval; le vicomte de Malartic[138], de Vichy, le marquis de Gaville, de Quinson, de Bourogne, de Maubranché, de Lazière, Vanderbinden, de Pouilly, de Pougeol, le chevalier du Portail, de Rochefontaine, de Bondy, de Paray, de La Roche. Tous n'étaient pas versés dans la spéculation philosophique comme Lezay-Marnésia. Certains y voyaient le moyen de quitter le pays, d'autres le moyen de réaliser un investissement, tout en croyant fermement à l'exigence de conserver la culture française ou à embrasser la vie des champs. Par exemple, la ville que madame de Leval tentera de créer dans le Maine en 1792 sera exclusivement réservée à des colons français[139]. Son ami, de La Roche, qui avait reçu en cadeau de son père deux mille acres au Scioto et qui allait se lancer aussi dans l'aventure du Maine, avait été «élevé et nourri dans la vie agreste»[140]. Le chevalier du Portail prévoit de son côté, si les rapports des premiers colons sont bons, de concrétiser sa participation à la Société des Vingt-Quatre et d'acheter les terres pour fonder une colonie privée pour trente à quarante familles qui souffrent de la révolution. «I may offer to form an asylum in your fortunate country, and procure them a better situation, with advantages for myself. In a few years I intend to cross the

Atlantic and visit my little colony»[141]. Il n'envisage donc pas d'émigrer personnellement. Cependant, la plupart de ceux que Lezay-Marnésia a contacté ont le désir d'émigrer et de reconstituer leur société élitiste de l'autre côté de l'Atlantique. Il est difficile de savoir exactement qui fit le voyage. On peut enregistrer la présence de onze d'entre eux en Amérique: Lezay-Marnésia, Vanderbinden, Barth, Thiébaut, Malartic, Bourogne, Lazière, Rochefontaine, Leval, La Bretèche, La Roche. La marquise de Lezay-Marnésia refusera de se laisser convaincre par son mari, en dépit des lettres remplies d'arguments que lui envoie celui-ci; mais madame de Bondy pensait rejoindre son mari en septembre 1790 et madame d'Eprémesnil faire le voyage en même temps qu'elle[142], ainsi que Paray. Pendant l'hiver 1790, les Vingt-Quatre se réunissent régulièrement chez les Duval d'Eprémesnil pour faire le montage de l'opération et écouter des conférences sur l'Amérique et le Scioto; c'est déjà l'occasion de voir, comme l'écrit Lezay-Marnésia à sa femme (lettre du 6 mars 1790), «un échantillon de nos soirées de *Newpatrie*», une société de «demeures patriarcales et fraternelles».

Dans le montage de l'opération du Scioto, l'enthousiasme du marquis ne faiblira pas, ce qui ne surprend guère. «Mon père (...) était loin d'avoir l'organisation administrative qu'il fallait pour mener à bien une aussi grande entreprise, écrit Albert dans ses *Souvenirs*; plein d'enthousiasme pour son idée, il agit en enthousiaste, livrant aux rêves de son imagination l'accomplissement de la grande œuvre de sa colonie, la plus difficile peut-être des entreprises humaines»[143]. Henri Carré traduira ainsi: «un mystique et un naïf»[144]. La dimension utopique du projet des Vingt-Quatre dépend principalement de Lezay-Marnésia et accessoirement de Joseph de Barth et de Duval d'Eprémesnil. Ce sont eux trois qui voudront donner à cette «société» les caractères d'un noyau français et catholique; c'est Lezay-Marnésia qui se montrera le plus entêté. Lorsque madame de Leval s'engagera avec de Barth dans le projet de la Compagnie française de l'Union dans le district du Maine, elle essaiera d'y intéresser le marquis et écrira à d'Eprémesnil: «nous essaierons de ramener M. de Marnésia a des idées plus simples que celles qu'il avait pour le Scioto». On ne peut que sourire à la remarque que celui-ci fait à d'Eprémesnil dans sa lettre du 6 janvier 1792 à propos de cette offre: «j'ignore si leur plan est assis sur des bases solides»... pour ajouter quelques lignes plus loin qu'il ne renonce pas à ses projets et qu'il va proposer un nouveau plan avec des «mesures bien prises»! Ce nouveau plan, on le trouvera dans *Les Lettres écrites des rives de l'Ohio*: c'est le projet d'Asilum, guère différent du projet des Vingt-Quatre dont le fondement est «le désir profond de fixer le bonheur dans le pays qu'ils [les colons] vont créer en y faisant régner les mœurs et la religion»[145]. Mœurs et religion seront les piliers du futur Asilum comme ils sont les piliers de la ville projetée par les Vingt-Quatre. Aussi, les habitants ont-ils une importance primordiale. «Faites-nous des prosélytes, écrit Lezay-Marnésia à d'Eprémesnil avant de s'embarquer (26 mai 1790), mais choisissez les bien. Il nous faut des gens poussés par la haine des vices, amenés par l'amour des vertus de la vie primitive. Suivez, je vous en conjure, notre affaire d'épiscopat. Elle est essentielle. Si elle réussit, je vous réponds du bonheur de la colonie et même de sa prospérité politique»; et regardant autour de lui, il remarque déçu que les trente propriétaires embarqués ont beau être des gens honnêtes, ils n'en sont pas moins médiocres. On a vu que l'un des principaux soucis du marquis est de faire de la colonie un centre de propagation de l'art, de la culture et de la civilisation. D'où la nécessité d'une ville. Toutefois, on n'a aucune preuve qu'à l'origine les Vingt-Quatre aient pensé édifier une ville distincte de celle de la masse des colons. L'idée apparaît soudain à l'arrivée du premier navire: il s'agit de la cité que de Barth se propose de fonder au Scioto. L'idée est peut-être née dans l'esprit de de Barth. Une autre solution existe: d'Eprémesnil n'avait pas acheté seulement, pour lui et sa femme, mille acres au titre de membre de la Société des Vingt-Quatre, mais aussi, en son seul nom, une terre de dix mille acres où il se proposait de fonder une autre colonie avec une ville pour les propriétaires[146]. Lorsque de Barth quitte la France, d'Eprémesnil le charge de s'occuper de ses intérêts au Scioto. Il est donc possible que la ville en question soit celle de la fondation d'Eprémesnil. Si c'était le cas, il semble qu'il y ait eu confusion dans l'esprit des agents de la Compagnie du Scioto. Toujours est-il que la ville est présentée à Lezay-Marnésia par l'agent de la compagnie, Boulogne, comme la cité des Vingt-Quatre. Dans une très longue lettre à d'Eprémesnil (7 août 1790), le marquis présente les deux villes, sans pouvoir s'empêcher d'ajouter sa contribution au projet:

> L'une sera presque entièrement agricole et habitée par les propriétaires. (...) L'autre ville sera placée sur le terrain qui sera choisi par les 24 personnes qui se sont associées à Paris pour vivre à côté les unes des autres dans le sein de la paix, dans les douceurs du calme et avec les charmes de la société au milieu de l'Amérique. Dans cette ville seront d'abord placés tous les établissements principaux: l'église, le siège de la justice, un hôpital, les bureaux de la Compagnie et tous les commencements des manufactures qu'on se propose d'y introduire. A ces vues, j'ai joint les miennes pour élever promptement notre cité au plus haut état de prospérité.

Ce plan influencera l'utopie marnésienne: la présence dans une même agglomération de l'élite de la colonie, les plus gros propriétaires, et des institutions culturelles sera retenue dans le projet d'Asilum. En août 1790, il se contente de faire quelques suggestions dans trois directions: la bienfaisance, l'intelligence et la religion. En matière de bienfaisance, il lance un appel à madame d'Eprémesnil pour venir fonder une maison de charité, confiée aux Sœurs de la Charité, pour s'occuper des malades, instruire les jeunes filles et leur inculquer les connaissances de base pour le travail dans les manufactures. Il demande à son amie d'insister auprès des sœurs pour qu'elles s'installent au Scioto et amènent avec elles vingt-quatre jeunes femmes des enfants trouvés pour filer le chanvre, le lin et le coton, qui semblent devoir devenir l'une des activités principales des manufactures locales. Premier aspect de la personnalité marnésienne: le seigneur éclairé. Si la terre «sera toujours l'asile du bonheur», elle sera aussi toujours l'asile «de l'intelligence humaine», souligne-t-il. Deuxième aspect de la personnalité marnésienne: l'académicien. Il recommande de fonder dans cette ville une université et d'y adjoindre «une société qui s'occupera un peu des lettres, davantage des arts, beaucoup de l'histoire naturelle et surtout de l'agriculture». Donc, rien de bien inattendu sous la plume du marquis... jusqu'à ce qu'il propose d'une manière fort détaillée la création d'un journal. On ne trouve cela dans aucune de ses œuvres, et on peut se demander si l'idée n'est pas le fruit d'une discussion avec quelques colons car il propose des noms. Mais par ailleurs, la pensée a pu germer avant le départ car il signale à d'Eprémesnil que Playfair et Chais ont promis de lui envoyer un imprimeur. La société — l'académie locale — composera un journal mensuel ou bi-mensuel. «Il sera divisé en plusieurs parties. L'une sera consacrée à l'histoire de notre établissement et de nos progrès, une autre aux arts, une troisième à la physique, une quatrième à la description des productions dont nous serons entourés, à peindre cette nature étrange, sublime et nouvelle que nous allons admirer». Résolument tourné vers l'avenir de la colonie, le journal sera bilingue: une colonne en anglais et une colonne en français, signe que dans l'esprit des colons la colonie ne sera pas repliée sur elle-même mais s'intégrera à l'environnement pour apporter culture et civilisation. On est surpris toutefois de ne pas trouver de rubrique consacrée à la civilisation française qui tiendra une place si importante dans la cité imaginaire de Saint Pierre. Les contributeurs ne seront pas difficiles à trouver: Lezay-Marnésia mentionne Montuel, le fils du célèbre acteur, pour les mathématiques, la chimie et la littérature; Saugrain, pour la physique, la chimie et la météorologie; Prévot, un sculpteur, pour les arts; et... «moi je rédigerai les observations de mes laboureurs et de mes jardiniers», conclut-il. Ceci étant, une telle cité ne serait pas complète sans la présence du Poète. Aussi demande-t-il à d'Eprémesnil de lui envoyer «le grand chantre de la nature», Fontanes. Il s'engage à le prendre totalement à sa charge non seulement pour la traversée mais aussi une fois arrivé. «Je l'environnerai de mes soins, il me paiera de sa Gloire».

La troisième proposition formulée par Lezay-Marnésia pour accroître la prospérité de la cité est la religion. «J'ai demandé [à Boulogne] que nous eussions un évêque et douze prêtres qui rempliraient à la fois les fonctions du ministère religieux, qu'il est si important d'avoir dans toute sa pureté, et celles de l'éducation publique». Cette demande revient comme un leitmotiv dans la correspondance du marquis; le 12 mai 1790: «conjointement avec elle [madame d'Eprémesnil], n'oubliez pas de vous occuper des grands intérêts de notre culte. Il doit être le premier de tous pour nous»; le 20 juin 1791: en dépit de l'échec du Scioto, et sa demande n'ayant pas eu de suite, il redemandera à d'Eprémesnil de lui envoyer «un bon prêtre»: «je veux surtout qu'il soit véritablement chrétien», et suggère, comme déjà dans sa lettre du Havre du 12 mai 1790, l'abbé du Bois-Nantier, desservant la paroisse St Roch à Paris. La religiosité des Vingt-Quatre ne s'exprime pas dans de grandes discussions, mais par une forte pression mise sur la nonciature pour obtenir que la ville des colons français du Scioto soit le siège d'un évêché. L'étude de ce point d'histoire n'a jamais reçu de traitement complètement satisfaisant. La publication, pour la première fois, de documents des archives du Vatican dans *The Catholic Historical Review* de 1916 a permis d'éclairer la plupart des points[147]; la correspondance de Lezay-Marnésia à d'Eprémesnil apporte la dernière touche. L'affaire de l'évêque de Gallipolis, comme on l'appellera pour faciliter les choses[148], se passe moins d'un an après les luttes pour l'attribution du nouveau diocèse américain. Le 7 septembre 1788 une bulle du pape Pie VI avait créé le diocèse américain et, en dépit des pressions françaises pour prendre contrôle de la juridiction, avait nommé en 1789 Mgr Carroll au siège de Baltimore. Le rédacteur du *Catholic Historical Review* présente le Scioto comme la tentative de reconstituer un empire français catholique au cœur des Etats-Unis; l'affirmation semble venir d'une interprétation des faits, en tout cas ne pas pouvoir être déduite de la simple affaire de l'évêque, dont le rôle est plus moral et religieux, comme il est exprimé dans *Le Bonheur dans les campagnes*, que politique. La chronologie est simple. Début 1790[149] le Nonce reçoit une lettre signée par «les principaux membres de la colonie [du Scioto]», la plupart membres des Vingt-Quatre, ainsi que Playfair et Chais, demandant qu'un évêque soit nommé pour servir la nouvelle colonie:

> La nouvelle colonie des français qui se forme dans l'Amérique septentrionale (...) étant presque toute composée de catholiques qui désirent vivre et mourir dans la profession intérieure et extérieure de leur foi, considérant à quels dangers ils seraient exposés pour le salut s'ils se trouvaient sans église, sans prêtres, sans culte public, sans hiérarchie (...) supplie humblement notre saint père le pape de leur accorder un évêque qui préside au maintien de la doctrine et de la discipline religieuse, et qui (...) puisse réprimer les abus qui se pourraient glisser dans ce nouvel établissement, soit contre la foi soit contre les mœurs.

Un nom est proposé: l'abbé du Bois-Nantier. A la réponse négative du nonce soulignant qu'il y a déjà un évêque à Baltimore suit une nouvelle lettre, le 22 mars, toujours signée par la plupart des membres des Vingt-Quatre, apportant une modification à la demande. D'une part, la mention du siège épiscopal est laissée dans le vague, d'autre part le nom de du Bois-Nantier n'apparaît plus: «les personnes réunies pour former une colonie sur les bords de la rivière Scioto (...) ont nommé le Père Dom Didier, bénédictin de la Congrégation de St Maur, pour présider tout ce qui serait relatif au culte divin et aux instructions de la jeunesse». Dans une lettre (12 mars), Lezay-Marnésia explique à sa femme qu'il est prévu que le Bénédictin jettera les fondements d'une maison de son ordre, qui accueillera tout d'abord douze moines. De son côté Dom Didier fait parvenir au nonce un mémoire pour expliquer ses projets et demander, plus clairement que les Vingt-Quatre, que soit nommé un évêque ou un vicaire apostolique vu le grand nombre des futurs colons, «un degré de population assez considérable», vu également l'éloignement de Baltimore et la différence de langue. Le même jour, le nonce envoie au cardinal Antonelli, préfet de la congrégation pour la propagation de la foi, un courrier fort intéressant, non parce qu'il mentionne les désirs des futurs émigrants, mais par la façon dont est vu le groupe: «Fra le persone, che sono alla testa di questa coloni vi è il Signor d'Espremenil, e sogetto ben noto il quale credo abbia formato un piano di constituzione a governo di questa piccola republica». Le 26 avril 1790 Didier est nommé Vicaire-Général *in spiritualibus* pour 7 ans, avec juridiction totale sur les Français qui émigrent au Scioto, nomination qui reste soumise au consentement de l'évêque de Baltimore. Fin mai, Dom Didier s'embarquera sur le même navire que Lezay-Marnésia. «Le Bénédictin que j'emmène, écrit le marquis à d'Eprémesnil le 12 mai, est un bon homme, dont la tête est chaude, les vues étroites et qui est très peu en état de conduire un grand troupeau rassemblé au hasard et qu'il doit être très difficile de guider sans beaucoup de sagesse et de talent»[150]. La suite de la lettre éclaire un point resté jusqu'alors obscur: le sort de l'abbé du Bois-Nantier. «L'homme qui nous convient est trouvé, poursuit le marquis. Il n'est plus question que de lui faire avoir le titre qu'il doit avoir et de ne négliger aucun moyen pour décider sa prompte arrivée au milieu de nous». Le nom de du Bois-Nantier n'avait donc pas été écarté mais mis en réserve, en quelque sorte, sachant que l'acquiescement du Vatican à la création d'un second siège épiscopal pourrait prendre du temps. On sait aussi grâce à la lettre de Lezay-Marnésia à sa femme (12 mars) qu'on attendait de Dom Didier qu'il ouvre une maison de son ordre. Il n'entrait donc pas en considération pour l'attribution de la charge épiscopale. Rien de tout cela n'aboutira.

Il faut dire quelques mots du rôle de Duval d'Eprémesnil dans l'affaire du Scioto. A beaucoup de contemporains il apparut comme le chef de l'entreprise, comme dans la lettre du 22 mars du nonce au cardinal Antonelli. Personnalité bien connue, son nom ne pouvait qu'attirer l'attention; puissance financière, il recherchait des investissements; franc-maçon et mesmériste, la spéculation philosophique l'attirait; catholique et aristocrate, le «bon vieux temps» avait ses attraits. Il semble s'être intéressé au Scioto et à l'Ohio avant la plupart de ses amis de la Société des Vingt-Quatre, et peut être fut-il celui qui attira l'attention de Lezay-Marnésia sur la Compagnie du Scioto. A-t-il rencontré Barlow à l'époque où celui-ci recherchait de gros investisseurs? Ses hommes d'affaires lui ont-ils parlé de la Compagnie de l'Ohio? Toujours est-il qu'en février 1789 il envoie Thiébaut de la Vignerie aux Etats-Unis pour enquêter sur les possibilités d'investissement dans des terres du nouveau Territoire. Tous les habitants d'Alexandrie, écrit Thiébaut, ne cessent de parler des avantages de l'Ohio et du Scioto, «le pays le plus avantageux du monde»; «ils ne tarissent point lorsqu'ils veulent faire l'éloge de sa fertilité, de la douceur de sa température, de la pureté et de la salubrité de l'air qu'on y respire». Les quelques soupçons que garde Thiébaut ne vont pas empêcher d'Eprémesnil de se lancer dans la spéculation du Scioto, tout en gardant ses espions outre-Atlantique. L'avertissement, une lettre des Etats-Unis écrite le 1er février par un certain Guichard, arrivera trop tard. Celui-ci l'informait avoir rencontré un colon «bien guéri de toute entreprise au Scioto»: l'homme avait pris une «concession considérable» et «avait passé dix-huit mois à la faire mettre en valeur à l'aide de trente colons qu'il y avait conduit». La moitié d'entre eux étaient morts, et des soixante mille livres que possédait le colon à l'arrivée il n'en restait que mille cinq cents. Trop tard, car le 25 janvier, d'Eprémesnil venait d'acheter mille acres dans le cadre de la Société des Vingt-Quatre et le 11 février dix-mille acres en son nom personnel. La colonie de dix-mille acres va faire parler d'elle. D'Eprémesnil écrit un *Mémoire*, imprimé, expliquant l'organisation d'une colonie agricole qui s'inspire du projet de la Société des Vingt-Quatre et fournira à Lezay-Marnésia un modèle supplémentaire pour Asilum. Une ville de 432 acres sera construite où habiteront la famille du fondateur et douze autres familles. Chaque famille possèdera six acres en ville et trois cents à la campagne, bénéficiant ainsi d'un équilibre de vie entre ville et campagne qui sera l'un des piliers de l'organisation d'Asilum. Les familles amèneront chacune trois cultivateurs, et d'Eprémesnil se chargera de son côté de faire venir prêtres, architectes, maçons, charpentiers, serruriers, menuisiers, etc. Le nombre total des colons ne devra pas dépasser cent cinquante personnes ni être inférieur à cent trente-cinq[151]. Le mémoire se termine sur une profession de foi:

> Il faut à mon cœur un espace plus libre. J'ai besoin de consolations. Je tiendrai toutes mes promesses. Aucun des soins qu'exigera le bonheur de la colonie naissante ne sera négligé; et si la Providence me laisse assez de jours, ou permet qu'on me succède avec les mêmes vues, j'espère que mon établissement produira d'heureux fruits, non seulement pour l'Amérique septentrionale, mais encore pour l'humanité entière.

L'annonce de la création de cette colonie agricole va provoquer un déluge de lettres de demande d'embauche[152], mais aussi de demandes de renseignements pour l'achat de terres, provoquant une publicité indirecte pour la Compagnie du Scioto. C'est ainsi que le baron de La Roche deviendra membre de la Société des Vingt-Quatre.

Le milieu des Vingt-Quatre et de la Compagnie du Scioto était loin de manquer d'imagination en matière de communautés chimériques — d'autant plus que trois millions d'acres représentaient une surface considérable... Le 11 juin 1790 Duval d'Eprémesnil va approuver un autre projet, que Playfair lui avait proposé la veille suite au décret de l'Assemblée nationale du 8 juin. Cette fois-ci il s'agit du plan d'un établissement de religieux en Amérique septentrionale formé sur les principes des couvents français, dans le but de «procurer [aux religieux] le même genre de vie et les mêmes agréments dont ils ont joui en France, avec cette seule différence que leurs propriétés leur appartiendront par achats et ne seront jamais dans le cas d'être réclamées par aucun corps quelconque». Suit la description du montage financier qui ressemble à toutes les spéculations, sauf que les clients sont des religieux. La communauté comprendra cent religieux qui deviendront membres de la société par cooptation. Chacun d'eux paiera deux mille quatre cents livres dont le quart couvrira l'achat de terres (cent acres par personne, soit un total de dix-mille acres) et la moitié l'achat d'ustensiles, le transport et les bâtiments. Le mémoire ne dit rien du dernier quart... Les héritages, conclut le mémoire, passeront à l'Ordre, qui se régénèrera par l'admission de novices. Le but avoué était la protection des propriétés religieuses; mais le système permettant la propriété privée à des religieux conventuels paraît pour le moins étrange. Cet étrange projet ne pouvait qu'être le fruit de la pure spéculation financière. C'est en fait l'une des principales accusations portées par la presse contre la Compagnie du Scioto: le charlatanisme.

LES DÉTRACTEURS DU SCIOTO

De la fin 1789 à l'été 1790, alors que la Compagnie du Scioto est au faîte de la popularité, la presse révolutionnaire s'empare de l'affaire et, moins tendre que *Le Nouveau Mississipi*, ne se contente pas de faire appel au civisme des Français mais peint les Vingt-Quatre au mieux comme des visionnaires, plus souvent comme des aristocrates nostalgiques des temps féodaux, et les agents de la

Compagnie du Scioto non seulement comme des spéculateurs mais aussi comme des charlatans. Projet trop séduisant pour ne pas être suspect juge *La Chronique de Paris* du 11 janvier. L'une des tactiques de la presse sera de détruire cette séduction en prouvant que les informations sur le Scioto sont mensongères. C'est à une critique systématique du prospectus que va se consacrer *Le Spectateur national* par une série de quatre articles à la fin janvier[153] qui seront imprimés sous forme de pamphlet: *Observations relatives au plan de l'établissement d'une colonie sur les bords de l'Ohio et du Scioto dans l'Amérique septentrionale.* L'auteur, après une introduction où il lance un appel à l'esprit civique des émigrants et traite les spéculateurs de charlatans, met en garde contre les dangers représentés par les Indiens et par des zones forestières et marécageuses inhospitalières. Il se montre non seulement réaliste et bien informé sur les sols, les richesses naturelles de la région et les problèmes de communication condamnant les habitants à l'autarcie, mais aussi sur la spéculation américaine. Rappelant que la Compagnie de l'Ohio devait commencer avec mille familles et n'en avait qu'une centaine en 1789, il souligne que le Compagnie du Scioto fait preuve d'une «espérance d'autant plus hardie qu'elle est au-dessus de tout ce qu'a pu faire aucun fondateur de colonies dans ce qui forme aujourd'hui l'union américaine». Le dernier article accuse: il accuse de vol les spéculateurs du Scioto qui ne sont pas propriétaires des terres qu'ils vendent; il accuse de fraude Crèvecœur dont l'«ouvrage (...) est rempli de tableaux si riants et si flatteurs qu'il inspire l'envie d'aller réaliser ses fictions». Le Scioto, conclut-il, est «un leurre offert aux imaginations crédules qui s'exagèrent également les maux présents et les biens à venir». La guerre des pamphlets est déclenchée: les détracteurs du Scioto vont se faire de plus en critiques, tandis que les défenseurs, plutôt que de contre-attaquer, se voudront neutres et impartiaux, éviteront d'entrer dans les détails, réaffirmeront leur confiance et renverront aux avis accrédités: Raynal, Mably, Crèvecœur et les voyageurs. En février 1790 est imprimée la *Lettre de M. de V. à M. le C.D.M. A l'occasion des Observations publiées sur l'établissement du Scioto.* Déclaration sincère ou tactique pour redonner confiance aux acheteurs qui pourraient avoir été troublés par la lecture du *Spectateur?* Il ne s'agit pas de l'avis d'un spéculateur mais de quelqu'un d'honnête que la crise économique et les changements conduisent à la ruine:

> J'y vois qu'en employant seulement 600 livres pour l'achat d'un assez vaste terrain, je puis me procurer l'aisance et l'espoir d'élever ma famille; j'y vois même la probabilité flatteuse de revenir, après quelques années d'un travail assidu, habiter ma chère patrie, si ce n'est dans l'abondance, du moins sans lui être à charge. Cette idée m'enflamme.

Cet aveu reflète bien l'attitude de la majorité des petits et moyens clients de la Compagnie du Scioto. Et si M. de V. se dit «troublé» à la lecture des *Observations*, il continue à faire confiance à «des gens de bien et d'honneur, estimés et respectés de leurs concitoyens, [qui] n'ont ni haine ni prédilection pour l'Amérique» et qui ont fait le voyage dans la région. (Le candidat tout désigné pour discourir sur cette région pourrait bien être Saugrain qui est déjà «retenu» par la Compagnie pour guider les colons.) En mars est imprimé *Le*

Nouveau Mississipi, qui va être suivi de peu par les *Observations générales et impartiales sur l'affaire du Scioto*. Comme *M. de V.*, l'auteur des *Observations* constate que «c'est la Révolution seule qui force à l'émigration», qui présente pour certains bien des avantages. S'étant ainsi lavé de toute culpabilité, il affirme sa neutralité — tout en refusant l'étiquette de «charlatans» pour les hommes d'affaires du Scioto, dont il est impossible de connaître les motivations — et plutôt que de discuter cite des passages élogieux de Raynal et de Crèvecœur. Le mot «charlatan» va faire fortune dans cette campagne de presse — tout comme le mot «dupe». Le *Journal général de la Cour et de la ville* du 6 mars les commente:

> Paris est inondé de spéculateurs charlatans qui vont prônant une Compagnie du Scioto (...) et qui trouvent des dupes à Paris. Ces MM. vendent ici tant d'âcres de terre américaine, argent comptant, comme St Bernard vendait aux imbéciles de son siècle tant d'arpents de terrains en Paradis.

Le Spectateur national va continuer la lutte. Dans le journal du 8 mars est publiée la lettre d'un abonné. Sa position est celle de la plupart des acheteurs[154]:

> Beaucoup de peine à vivre en France depuis que j'y suis devenu membre du souverain et que je ne peux plus me dire le sujet de mon roi; l'espérance d'un sort meilleur dans un autre hémisphère; dangers ici; tranquillité là-bas; tels étaient les motifs qui définitivement me déterminaient à partir.

Le correspondant explique pourquoi il a changé d'avis. Après avoir lu dans la presse les accusations contre le Scioto, il a refait ses comptes et s'est aperçu que les calculs du prospectus étaient faux. Alors qu'il avait calculé au départ qu'avec une somme de trois mille livres il lui resterait assez, après tous les autres frais, pour investir dans une superficie de quatre cents acres, il s'est rendu compte qu'il ne pourrait en avoir que cent! «J'ai reconnu que je ne retrouverai pas le bonheur sur les bords du Scioto». Le 13 avril[155], *Le Spectateur national* répondra directement aux *Observations générales et impartiales* en accusant l'auteur d'être hostile aux idées nouvelles et de placer l'intérêt particulier avant l'intérêt général.

Dans toute cette campagne de presse, sourire, bon esprit et ironie sont rares, mais ils ne sont pas absents. Voici le sourire des *Actes des Apôtres*, qui dans leur ton badin habituel offrent à leurs lecteurs un poème: «Mes adieux à ma patrie, par un aristocrate partant pour le Scioto»[156]. Un couplet sur le roi, un couplet sur la reine, encadrés par un couplet contre l'Angleterre qui sert de modèle à la France et un couplet contre la nation qui condamne les nobles et les soldats; et le refrain «Oui mon cœur», celui de l'aristocrate partant au Scioto:

> Oui mon cœur t'abandonne à toute fureur,
> Je te fuis pour toujours, ô ma triste patrie!
> Objet infortuné de mépris et d'horreur,
> Tes beaux jours sont passés et ta gloire est flétrie;
> Je te fuis pour toujours, sans peine, sans regrets,
> Et mon cœur déchiré rougit d'être français.

Voici aussi l'esprit ironique du *Songe d'un habitant de Scioto*[157]: il est parti «léger d'argent, riche d'espérances», la valise remplie de livres d'économistes, y compris «la brochure de Salem[158], dont on [lui] avait garanti à Paris la véracité», «empressé d'aborder ces superbes parages, que les colons voisins ont la bonhomie toute particulière d'abandonner aux étrangers», impatient de s'installer au Scioto, «le plus beau site du monde, qui n'en a pourtant rien su jusqu'à ce jour»... A l'arrivée «l'illusion avait fait place à une réalité affreuse», écrit l'habitant du Scioto. «Je me trouvais avec des hommes qui ne pouvaient m'entendre, avec des connaissances qui n'allaient plus me servir, avec des bras que je n'avais pas assez exercés, avec cinquante arpents incultes, que j'aurais volontiers changés contre un jardin potager de Vaugirard». Fatigué, il s'endort et a un songe: les prêtres ne sont plus corrompus, la religion a pour base l'intérêt social, le divorce est permis, Dieu est celui qui récompense la vertu, l'inégalité est basée seulement sur les talents et le mérite, les institutions sont faites de corps intermédiaires dont les nobles sont exclus, «le monarque est l'homme de la nation». «Je me réveillai alors dans toute la force de mes visions; j'en suis fâché. (...) Heureux Français, vous verrez tout cela! Ah, je regrette de ne plus être au milieu de vous. Pourquoi suis-je à Scioto!» C'est toujours sur le ton ironique qu'un autre pamphlet, *Le Parlement de Paris établi au Scioto*, va parler de cet «empire infiniment plus riche et plus beau que celui de la France»[159]. L'anonyme, tout en se moquant en passant de la pruderie des dames, s'en prend surtout aux parlementaires, qui forment la principale clientèle. Le Scioto, c'est le paradis des «sociétés robinocrates» car, écrit-il en s'adressant à Duval d'Eprémesnil et à ses amis magistrats, «vous n'étiez ici que des juges, vous serez là-bas des législateurs».

L'ironie deviendra mordante au fur et à mesure que la critique politique se fera virulente. Après la révélation des noms des Vingt-Quatre début février sera lancée une campagne de presse diffamatoire contre les piliers de l'opération à travers la personne symbolisant la réaction: d'Eprémesnil, mais aussi à travers madame d'Eprémesnil et les dames de l'émigration. Le 15 mars *La Chronique de Paris* publie un article de Cloots[160] après le départ de deux navires chargés de «dupes» dont l'imagination, dit l'auteur, a été exaltée par la lecture de Crèvecœur:

> Nos dames délicates, qui se condamnent à cet exil avec le délire de la fièvre chaude, auront le temps de se repentir. Aucune métamorphose charmante ne se dérobe à leurs idées chimériques. Les arbres se transforment en palais; les hordes sauvages en bergers tendres; la misère, la douleur, l'ennui, la mort prématurée, en une perspective riante de longues jouissances physiques et morales. Ces jolies femmes, n'ayant jamais été à l'école des privations, ne sauraient appeler l'expérience à leur secours. Il sera trop tard d'écouter la raison lorsque leur chevelure servira de trophée à des barbares qui enlèvent subitement le péricrane aux paisibles laboureurs. Rien de plus beau que les projets enfantés au coin de son feu.

Puis il s'en prend aux Duval d'Epremesnil, qui veulent établir aux Etats-Unis «les droits de part et de champart, le régime féodal, le magnétisme, le mesmérisme, le théosophisme et le parlementarisme»:

Il me semble voir M. et Mme d'Eprémesnil au milieu des forêts, sans aucun secours humain, se servir de leurs faibles muscles pour se pratiquer une retraite dans un tronc d'arbre. Ils seront abandonnés par leurs propres domestiques qui voudront mettre à profit des mains vigoureuses et devenir propriétaires à leur tour.

Le 22 mars paraît l'article le plus virulent de toute cette campagne de presse diffamatoire[161]. Camille Desmoulins, dans *Révolutions de France et de Brabant*, reprend l'article de Cloots, l'assaisonne au vitriol, et compose le paragraphe suivant qu'il faut citer ne serait-ce que pour révéler le mauvais goût de l'auteur et parce qu'il donne une idée du degré de rancœur que les révolutionnaires portaient à celui qui avait été leur allié en 1788:

Il me semble voir madame d'Eprémesnil désespérée, les regards attachés sur les cheveux longs de son mari, suspendus avec l'épiderme à un arbre, déplorant cette chevelure dont, au retour des îles Ste Marguerite, il y a 18 mois, l'enthousiasme de la France aurait fait une constellation comme celle de Bérénice. Je la vois elle-même au milieu des forêts, sans aucun secours humain, se servant de ses nobles muscles pour se pratiquer une retraite dans un tronc d'arbres, se rappelant les beaux jours de Me Thilorier, le boudoir de sa jeunesse, les 20,000 livres de pension et les douceurs du ministère de M. de Cluny. Elle sera abandonnée par ses propres domestiques qui voudront mettre à profit des bras vigoureux et devenir propriétaire à leur tour; et la veuve de messire d'Eprémesnil ne verra autour d'elle que des orang-outangs se disputer ses troisièmes noces. C'est alors que rongée de chagrins et attaquée de consomption, elle regrettera les bords de la Seine, et remettra la voile pour Le Havre, si toutefois les vents et la tempête lui permettent d'y aborder, et si elle n'est pas destinée à passer des bras des orang-outangs dans le ventre des requins.

Si les d'Eprémesnil combattent les orang-outangs du Scioto, Lezay-Marnésia, lui, a droit aux Incas et aux ananas! Peu avant son départ circule en Franche-Comté un poème satirique intitulé *Chanson des émigrants* dont l'auteur est Denis Guiraud, médecin à St Claude[162]. Du seigneur éclairé et bienfaisant, il ne reste rien, sinon l'image d'un aristocrate attaché à ses privilèges.

> Partez, partez, bande aristocratique;
> Portez l'orgueil aux plus lointains climats!
> Faites renaître aux champs de l'Amérique,
> Droits féodaux, mainmorte, marquisats!

La dernière strophe rappelle la passion du marquis pour la poésie et le jardinage. Y sent-on poindre, au-delà de la critique, une certaine tendresse? Ou s'agit-il d'une dernière pirouette ironique?

> Toi que mon cœur suivra dans l'Amérique,
> Toi que, dans Rome, eût fêté Mécénas,

Charge de fleurs ta muse didactique!
Dans tes jardins rapporte l'ananas!
Pare ton front d'un titre poétique,
Car des marquis on ne fait plus de cas.

La critique — faite toujours au nom du patriotisme, bien qu'elle prenne parfois la forme d'un règlement de compte — présente toujours l'affaire du Scioto comme du charlatanisme, les plus politiques y voyant aussi une façon détournée de rétablir les anciens privilèges et les anciennes valeurs. Dans les deux cas, il y a des dupes. Ceux-ci ne sont toutefois pas seulement les nombreux laboureurs et ouvriers qui accompagnent des propriétaires-spéculateurs comme voudrait le faire croire la presse patriotique. En fait, l'histoire montre bien que les dupes sont aussi ces seigneurs éclairés qui, comme Lezay-Marnésia, croyaient sincèrement pouvoir établir une société régénérée par la morale et la religion. Cela aucune critique ne le relève. Ces gentilshommes furent incontestablement les dupes de spéculateurs, mais ils furent aussi les dupes de leur générosité et de leur enthousiasme. Ils admiraient la nature dans leurs livres et restaient des rêveurs et des mystiques, à la manière de Lezay-Marnésia, dont on a pu dire qu'il était «poète, philanthrope, voyageur et toqué»[163].

LES AVENTURES DE LEZAY-MARNÉSIA EN AMÉRIQUE

De l'automne 1789 au mois de mai 1790, Lezay-Marnésia consacre donc l'essentiel de son temps à rechercher des associés pour la Société des Vingt-Quatre, à assister aux réunions fréquentes des membres du groupe, mais aussi à préparer son départ qui fut retardé à plusieurs reprises principalement pour des raisons financières. Fin mars il lui manquait toujours dix mille livres, alors que le départ était originellement prévu pour le 12 avril. Meubles et bagages sont expédiés de St Julien au Havre, sauf la bibliothèque qui attendra; et début mars les domestiques décident aussi d'accompagner leur maître. Le marquis réalise sa fortune, vend ses biens de Grandvaux pour investir au nom de sa fille en Amérique, et remercie sa femme de vendre une partie de ses domaines de Nettencourt pour l'aider. Pour finir, il n'emportera que six mille francs des dix mille qu'il voulait emporter. L'ensemble de l'opération lui revient à deux cent mille francs, somme totale dont il a déjà avancé la moitié, espérant rembourser l'autre moitié rapidement à partir des soixante mille francs de rente qu'il espère tirer de son investissement au Scioto[164]. En même temps il s'occupe de recruter des futurs colons, cultivateurs, artisans et ouvriers qui s'installeront dans ses domaines. Homme dévot, la condition qu'il mettait à l'embauche était un billet de confession et pour les couples un acte de mariage. Le recrutement s'effectue surtout à Paris, mais aussi à Rouen par l'intermédiaire des chanoines de l'église métropolitaine — il règne alors une grande agitation dans cette ville car plusieurs riches propriétaires y recrutent pour l'expédition. Tout semble se faire dans le plus grand enthousiasme en dépit des mauvaises nouvelles divulguées par le *Journal de la Cour et de la ville* le 7 mai: «on apprend par des lettres d'Amérique que les premiers fous partis de Paris pour les bords du Scioto sont dans la situation la plus déplorable. On en a trouvé réduits à demander l'aumône à New York»[165].

La correspondance du marquis à sa femme pendant toute cette période ne révèle ni doutes ni hésitations. Nous n'avons pas les réponses de la marquise, mais d'après les propos de son époux elle semble opposer des arguments solides: isolement de la région, faible fertilité des sols, températures extrêmes, présence de marécages, défrichements nécessaires — surtout elle ne semble pas faire confiance à l'opération dans son ensemble, bien que son mari ne cesse de lui répéter que de puissants moyens sont mis en œuvre et que des personnes non moins puissantes sont impliquées. Il lui affirme dans sa lettre du 28 mars que si elle était «à portée de balancer les inconvénients et les avantages», elle jugerait que «ceux-ci l'emportent infiniment sur les premiers». L'argument qu'il lui présente comme le plus important tient du sophisme et tendrait à faire croire qu'il s'est lancé dans l'aventure sans trop réfléchir à la faisabilité du projet (ce qui n'étonnerait pas): «une grande présomption en faveur de ce projet c'est l'empressement avec lequel on l'adopte»!

L'embarquement a lieu le 25 mai à six heures du soir; la traversée, qui durera soixante-sept jours, sera «longue, pénible et ennuyeuse», signale Malartic[166]. Les soixante recrues de Lezay-Marnésia, «ce qu'il y avait de plus perverti dans la populace de Paris» écrit Albert peu impressionné par les méthodes de recrutement de son père, vont se mêler aux autres passagers pour former un «mélange de tout ce qu'il y avait de plus incohérent, d'artisans, de militaires, de moines, d'actrices, de filles publiques, d'émeutiers»[167], passant le temps de la traversée en querelles et bagarres. Sur les cent dix-neuf passagers, trente personnes de condition, des propriétaires, se retrouvent à la table du capitaine: Lezay-Marnésia père et fils, Malartic, de Lazière et sa famille, Caltfich (une connaissance de d'Eprémesnil), le Dr. Jumelin et son épouse, Dom Didier, le Dr. Jean-Baptiste Régnier et son frère Modeste, madame Bacler de Leval, de La Roche, Prévot et Montuel. A l'arrivée, le 1er août, ils trouvent les colons des premiers navires: une masse de près de mille personnes, des personnalités qui sortent de l'ordinaire comme Saugrain, les Michau, d'Hébecourt, et, installés à part, quelques membres des Vingt-Quatre, de Barth et Thiébaut, ainsi que le baron de La Bretèche qui, raconte Malartic, attend les cendres de sa femme pour continuer la route. L'ambiance n'est plus aussi tendue qu'à l'arrivée du premier bateau car l'opinion américaine avait fini par s'émouvoir. En juin, après l'intervention de Rufus Putnam et de Washington, le Congrès avait ordonné de défricher des terres et de construire des cabines en bois le long de l'Ohio, à la hauteur de l'embouchure de la Kanawha, emplacement de la première ville. Il avait été décidé de donner sept acres à chaque famille, mais la région entourant la future Gallipolis était assez malsaine, couverte de forêts et de marécages. Duer se verra obligé de financer le transport des colons jusque dans l'Ohio, leur installation, la nourriture jusqu'à ce que la colonie puisse commencer à s'organiser; il est contraint également d'acheter à la Compagnie de l'Ohio l'emplacement de Gallipolis et des terres accordées aux colons, qui avaient été vendues par erreur au titre de la Compagnie du Scioto — achat qu'il ne paiera jamais et qui devra être effectué par les colons.

En août 1790, les destinées vont se séparer. D'un côté une masse de cinq cents colons va se mettre en route vers la première ville, où ils arriveront le 17 octobre

1790. Le soir même, au cours d'un bal, la ville sera baptisée Gallipolis[168]. D'un autre côté, les membres des Vingt-Quatre et leur entourage, refusant d'habiter des cabanes de rondeaux comme les petits émigrants, vont se rendre à New York via Baltimore et Philadelphie pour traiter directement avec Duer. Puis, début septembre, un groupe de deux cents personnes se mettra en route vers le Scioto pour chercher un emplacement pour fonder la cité des Vingt-Quatre: Lezay-Marnésia, son fils, ses soixante hommes, Malartic, qui a décidé de s'associer au marquis pour la route car il lui «paraît être le plus honnête homme du monde, ayant de grandes vues, beaucoup d'esprit, d'imagination», les Lazière, Prévot et quelques autres personnes de condition[169]. Arrivés à Marietta ils seront arrêtés par les Indiens. «Les sauvages [étaient] encore les maîtres de toutes les contrées qui séparent les lacs de l'Ohio»[170]. La ville compte alors environ cinq cents hommes — dont seulement quatre-vingt avec leur famille — une école et un ministre du culte. C'est là que se passe, au début septembre, le fameux dîner chez Lezay-Marnésia auquel s'invitent une reine et une princesse indiennes d'une tribu amie, pensant que le marquis devait être le «sachem des Français» en raison du faste de sa maison et de sa table. Son logement est pourtant sommaire: «habitant la plus belle maison de Marietta (...) c'est-à-dire logé dans une cabane aussi humble que les plus humbles chaumières de l'Europe»[171]. Quant au repas: il est à la française, on y sert du cidre, du vin, des liqueurs que le marquis a apportées de France et du café. C'est vers la fin octobre, après quelques explorations sous surveillance militaire, que lors d'une réunion des deux cents Français présents il est décidé qu'à la fin de l'hiver on posera les fondations de la cité dans la région, bien que ce soit les terres de la Compagnie de l'Ohio. Lezay-Marnésia, toujours imaginatif, n'a qu'une hâte: lui trouver un nom. Ce sera Aiglelys. Prévot relate l'épisode dans une lettre à une amie[172]:

> Six cents de nos colons sont à Gallipolis, première ville du Scioto, depuis le 19 octobre. Nous sommes deux cents à Marietta.* Nous devons y passer l'hiver et au mois de février nous emparer d'une petite rivière qui tombe dans l'Ohio et y fonder une ville, qui aura nom Aigle-Lys, dont les armoiries sont un aigle volant tenant dans son bec une branche de lys et une légende avec ces mots: «Où n'atteindraient-ils pas». Cette idée vraiment française et patriotique est de M. de Marnésia, dont le zèle et les soins sont infinis.
> *J'ai dîné, il y a un mois, avec deux princesses sauvages, chez M. de Marnésia.

On aura reconnu la griffe du marquis... La ville ne verra pas le jour mais l'information circulera. Le *Moniteur* du 16 avril 1791 qui donne des nouvelles du Scioto annonce que les colons sont bien arrivés à Gallipolis et que non loin de là une autre ville sera construite: Aiglelys. Lorsque la nouvelle est rendue publique à Paris, les deux cents ne sont plus qu'un souvenir: l'armée ayant été défaite par les Indiens, la plupart se sont dispersés, sans attendre l'hiver, vers le sud, vers La Nouvelle Orléans. Lezay-Marnésia, lui, décidera de passer l'hiver à Marietta avant de retourner vers l'est au printemps.

Il n'ira pas plus loin que Pittsburgh où il restera jusqu'au début de l'hiver suivant. Albert, dans ses *Souvenirs*, explique que les nouvelles de France étant toujours aussi alarmantes son père décida de s'installer définitivement sur le sol américain, avec seulement un très petit nombre de domestiques et le valet de chambre de d'Eprémesnil, Meunier, recueilli par le marquis. Cela prouverait que découragé par l'échec de l'affaire du Scioto à la fin 1790, le marquis avait tout d'abord pensé rentrer en France. «Il fit l'acquisition d'une petite propriété de quatre cents acres, à deux milles de la ville, sur les bords riants et féconds de la Monongahella. Il la nomma Asilum. Une famille de cultivateurs qui nous était restée attachée, fut chargée de la faire valoir»[173]. («Asilum» écrit Albert; par convention on conservera ce nom utilisé dans les études qui mentionnent l'utopie marnésienne. Lezay-Marnésia avait en fait nommé sa plantation «Azile», pour évoquer la tranquillité, mais surtout parce que Azile est l'anagramme de Lezay[174].) C'est d'Asilum que Lezay-Marnésia écrit à d'Eprémesnil le 21 juin 1791, seulement deux mois après s'être fixé, pour lui décrire son style de vie:

Après avoir éprouvé par les torts inconcevables de la Compagnie [du Scioto] toutes les extrémités de la misère véritable, je jouis enfin d'un très ample nécessaire. Un jardin que j'ai formé me donne déjà des légumes en très grande abondance, je mange des pois, des artichaux et tout le jardinage le plus recherché, mes vaches me fournissent un laitage excellent, la viande de boucherie très bon marché y est de la meilleure qualité, les bois sont remplis de gibier et les rivières de poissons délicieux.

La région est édénique, et Lezay-Marnésia de retour en France restera attaché aux rives «superbes et riches, par la culture et la fécondité», de l'Ohio dans la région du Fort-Pitt, où, dit-il en incorrigible rousseauiste, «on manquera des jouissances que procurent le luxe et les arts, mais [où on] sera riche des dons d'une Nature féconde, inépuisable et magnifique et heureux par l'absence des passions impétueuses et des vices qui corrompent, désolent et détruisent les peuples nombreux et anciennement civilisés»[175]. Dans ce cadre idyllique, le poète renaît et il prendra la plume de temps à autre, comme pour ces vers de circonstance adressés à mademoiselle de Lazière en lui offrant deux pigeons sauvages:

Sur les sauvages bords de la belle rivière
J'ai trouvé deux pigeons, je les ai reconnus:
Ce sont j'en suis certain, les pigeons de Vénus,
Adorée en ces lieux sous le nom de Lazière.[176]

Dans l'enceinte de sa propriété, le marquis a fait construire une briqueterie et une poterie qui devraient lui rapporter au moins cent louis par an. Alliant pastorale et industrie, cette plantation n'est pas sans rappeler la ferme où madame de La Tour du Pin s'installera. A Fort-Pitt, Lezay-Marnésia se lie d'amitié avec ses voisins, les Pintreaux[177], et Audrain, qui devient un ami très cher, l'aide à reprendre le dessus et baptisera son dernier fils du nom d'*Adrien Marnésia*; il retrouve de Lazière, l'un des Vingt-Quatre, qui s'est installé avec sa famille dans la région, et fait la connaissance d'une personnalité locale, homme politique à la retraite, l'écrivain Hugh Henry Brackenridge. Faut-il croire à la description que ce dernier fait de la maison du marquis dans son roman *Modern Chivalry*[178]:

The residence was romantic, situated on a small eminence on the north side of the valley which running east and west, the sun struck it with his first beams, and the zephyrs, playing in the direct line of their course, fanned it in the summer heats. A small cascade at a little distance, with a sandy bottom, afforded a delightful bathing place; and the murmur of the falling water, in the silence of the night, was favourable to sleep.

Il est fort possible que l'écrivain ait bien rendu l'atmosphère paisible d'Asilum qu'il connaissait, car la propriété était traversée par de nombreux ruisseaux dont certains surgissaient en cascades des grottes au flanc de la colline, entre ce que le marquis décrit comme des «gazons élevés en forme d'autels»[179]. Mais le récit de Brackenridge comporte trop d'erreurs pour pouvoir ajouter foi à tous ses propos: Marnésia aurait servi dans les armées de la Contre-Révolution avant de s'installer aux Etats-Unis — ce qui est inexact; il ne voudrait pas s'installer sur la côte car il y a beaucoup trop de démocrates et que la vie y est plus chère — ce qui est fort possible, surtout en ce qui concerne la cherté de la vie, Lezay-Marnésia vivant alors de son crédit auprès de son banquier new-yorkais tout en continuant des négociations avec Duer pour se faire rembourser; il aurait acheté cent acres — on sait que sa propriété en compte quatre cents; il aurait fait un jardin, vivrait des produits de sa culture et du gibier de la chasse — informations exactes.

Toujours est-il que Lezay-Marnésia, toujours prêt à s'enthousiasmer pour ce qui lui plaît, toujours prêt à laisser s'enflammer son imagination pour quelque architecture utopique, fera d'Asilum la cité de rêve des Vingt-Quatre. De retour en France, c'est avec nostalgie qu'il évoquera ces lieux dans une lettre à son ami Audrain, qui fut sans doute le premier à entendre parler de la future St Pierre et des agrandissements d'Asilum:

Je n'avais au monde que mes vastes projets riants, vous et la Nature. Combien votre société avait de charme pour moi! combien nos entretiens me paraissaient aimables! combien nos souvenirs étaient attachants! combien nos spéculations avaient d'intérêt! comme notre imagination, vive encore, les embellissait! Après tant de chagrins et d'orages, dont j'avais été battu, vous aviez su me réconcilier avec la vie.[180]

Cette cité de rêve, fruit de son imagination, il en donnera la description précise dans sa lettre à Bernardin de Saint-Pierre du 2 novembre 1791.

Dans son courrier du 20 juin à d'Eprémesnil, il se contente d'éveiller l'intérêt de son correspondant. Car c'est d'une nouvelle colonie dont il s'agit. Il recommande à son ami d'abandonner le projet du Scioto, de venir s'installer dans la région du Fort-Pitt, une région de riches plantations particulièrement bien située au point de vue commercial, et offre ses services pour acheter une plantation en son nom:

10,000 livres seront plus qu'il ne faut pour acquérir l'une des plus belles et si successivement vous en mettez 20,000 encore, je vous donne ma parole d'honneur qu'avant 6 ans vous aurez 15,000 livres de produit, votre maison et vos ouvriers nourris dans la plus grande abondance.

Et il termine: «la spéculation que je vous propose, MTCF [Mon Très Cher Frère — en franc-maçonnerie], est bonne, elle est sûre et de la plus facile exécution». Il semblerait que le moment ne soit plus seulement à la spéculation philosophique mais aussi à l'aspect financier — Lezay-Marnésia savait aussi que son ami avait le sens des affaires. Entre temps il méditera et mettra par écrit son projet de petite république. Dans la lettre qu'il enverra le 6 janvier 1792 à d'Eprémesnil, lui annonçant son retour, il pourra non seulement lui dire qu'il a engagé des négociations avec le gouvernement américain — négociations qui seront poursuivies par Audrain — pour recevoir des concessions avec une protection militaire spéciale mais aussi qu'il lui proposera un plan de colonie avec des «mesures bien prises». Il s'agit cette fois d'un nouvel établissement basé toujours sur les grands propriétaires, plus à l'ouest, dans l'Illinois. Un fort militaire sera construit au confluent de l'Illinois et du Mississipi pour protéger le futur paradis — qui dans l'esprit du marquis ne peut être que son St Pierre — des Indiens et des contrebandiers[181].

Menacé d'être privé de ressources, menacé par les créanciers, ayant appris la mort d'Adrienne qui laisse un enfant de deux ans, Stéphanie, c'est un Lezay-Marnésia accablé qui décide de rentrer en Europe pour s'installer en Suisse auprès de Necker[182]. Asilum est vendu à la hâte. «J'ai quitté, mon cher Adrien, cet *azile*, que je vous ai tant vanté, sans le vanter trop. Vraisemblablement je ne le reverrai plus», écrit-il à son fils aîné le 15 décembre[183]. Désormais tout ira très vite: début décembre a lieu le départ pour Philadelphie. Le séjour y sera adouci par la présence d'Audrain, qui accompagne son ami et ne le quittera plus jusqu'au départ, et l'accueil de monsieur de Cazenove. A Philadelphie, Lezay-Marnésia essaie à nouveau de se faire rembourser, mais refuse la solution que lui propose Duer: échanger ses «terres» du Scioto contre des terres dans le Maine. Le remboursement est impossible lui dit-on, car la Compagnie du Scioto est une société française et parisienne dont les associés américains ne sont pas responsables. Duer est un véritable charlatan, écrit-il à d'Eprémesnil le 6 janvier, au moment où il décide de faire représenter ses intérêts par un avocat, du Ponceau, qui prend alors la défense des intérêts de tous les colons contre la Compagnie du Scioto, qui se déclare convenablement en banqueroute. En janvier aussi commencent de nombreuses et pénibles démarches, menées surtout par Albert, pour trouver de l'argent pour le passage. Par l'intermédiaire de Bingham et avec le nom de William Pulteney comme garantie, dix mille livres sont obtenues, les dettes remboursées, la traversée payée. Fin mai le marquis arrive à Londres pour apprendre les nouvelles lois sur l'émigration, imposant le séquestre des biens des émigrés et définissant l'émigré comme tout Français ayant quitté le territoire depuis 1789 qui n'y serait pas rentré sous les trente jours. Bien qu'étant parti de France avec un passeport en règle et pour une raison «commerciale» valide, il sait qu'il risque le sequestre de ses biens s'il ne rentre pas le plus rapidement possible, comme il l'explique à d'Eprémesnil dans sa lettre du 4 juin. C'est dans une France où on assiste en quelques mois à une escalade des événements et où il devient de plus en plus dangereux d'être noble et d'être suspect d'émigration que rentre Lezay-Marnésia. Il s'installe à Paris le 20 juin, à l'Hôtel d'Orléans, rue de Richelieu, selon le certificat de présence établi le 1er août. Le 15 août, le département du Jura lève le séquestre qui avait été mis sur ses biens; le 13 septembre il prêtera, à la Butte-des-Moulins, le serment de fidélité à la Constitution, décrété par l'Assemblée nationale le 10 août, lors de l'abolition de la royauté; le 16 septembre il obtiendra son passeport[184]; le 18 novembre il arrivera à St Julien où il mènera une vie de citoyen tranquille, comme l'atteste un certificat établi le 29 vendémiaire an III (octobre 1794) par les membres du Conseil général de la commune de Julien-le-Guerrier et contresigné par le comité révolutionnaire d'Orgelet: Lezay-Marnésia «a donné dès le commencement de la Révolution des marques évidentes de civisme et d'attachement à la cause du peuple; depuis le 18 novembre 1792, époque à laquelle il est rentré dans ses foyers, nous n'avons remarqué dans lui qu'un grand respect pour la loi et une soumission entière et généreuse à toutes les réquisitions qui lui ont été faites»[185]. Comme son ami Audrain le lui écrit: «mais, monsieur, quand, comme vous, on est raisonnable, ami du bien et du bon ordre, on n'a rien à craindre»[186].

L'UTOPIE MARNÉSIENNE: ASILUM ET SAINT PIERRE

A la fin 1792, du rêve d'une communauté de bonheur fondée par des grands propriétaires bienfaisants, il ne reste plus qu'un texte, la troisième lettre des *Lettres écrites des rives de l'Ohio*. La petite république dont Lezay-Marnésia soumet les plans à Bernardin de St Pierre — et qui à bien des égards ressemble au projet des Vingt-Quatre — est une communauté privée à usage communautaire des biens, dont le but est «le plus grand bonheur dans l'égalité [et] dans les sentiments d'une fraternité tendre»[187]. Il ne s'agit pas à proprement parler d'une société civile, d'un état dans l'état. Nulle part il n'y est question de souveraineté mais si souveraineté il y avait, il faudrait parler plutôt de souveraineté communautaire ou familiale, les familles des propriétaires étant «souveraines» dans la colonie. En fait, c'est une communauté qui évoque, comme les communautés villageoises de Goyon de la Plombanie, une société par action qui serait issue de l'amalgame des principes des Lumières et de l'idéologie nobiliaire, une fondation à travers laquelle Lezay-Marnésia compte donner vie à tous ses principes.

Asilum — on l'appellera ainsi puisque c'est le lieu proposé pour la fondation[188] — sera une fondation privée soumise aux lois de l'état de Pennsylvanie, mais ses membres auront le moins de rapports possibles avec leurs voisins américains et n'interviendront pas dans la vie politique de l'état. Son but est de créer les conditions nécessaires à la restauration des vertus de l'âge d'or: «les mœurs des heureux pasteurs de Morchus et de Gessner, la culture et l'industrie de la Suisse, les arts, le goût, l'exquise sensibilité des Athéniens, et les vertus de Lacédémone»[189]. Vu la conjoncture politique française, ce microcosme prend aussi une valeur sotériologique. La capitale, Saint Pierre, nommée d'après Bernardin de Saint-Pierre, aura pour vocation de conserver les usages français, de préserver les lettres, les sciences et les arts, de glorifier la vertu. Les noms des rues, places et fontaines sont même prévus: Fénelon, Pascal, Buffon, Catinat, Rousseau, Racine, Corneille, Saint Vincent de Paul, Sully, Necker, Montesquieu, Lally-Tollendal, Clermont-Tonnerre, Mounier.

Le projet baigne dans une religiosité, qui est un mélange de catholicisme, de spiritualité franc-maçonne et de foi des Lumières. Le but de la religion est moral tout autant que religieux, comme dans *Le Bonheur dans les campagnes*. Lezay-Marnésia conçoit la religion comme une sorte de ciment spirituel qui doit servir à réaliser l'harmonie universelle entre les hommes. Les rapports de force entre les habitants sont à l'image de cette religiosité: ce sont ceux de l'amitié, de la tendresse, de la fraternité, de la convivialité. Dans la colonie, «les élans de l'amour s'élèveront jusqu'aux cieux, les étreintes de l'amitié uniront tous les cœurs. Jamais Dieu n'aura été mieux adoré; jamais les hommes ne se seront mieux aimés»[190]. L'un des symboles de cet état d'esprit en sont ces vastes banquets, qui réunissent régulièrement toute la colonie, au cours desquels on pratique une «chaîne d'union» — terme emprunté directement au vocabulaire maçonnique — et on prononce «le serment de s'aimer d'une amitié sincère, active, inaltérable et sans cesse renaissante»[191].

Puisqu'il s'agira d'une petite communauté, l'égalité y sera possible: entre hommes et femmes, propriétaires et cultivateurs, prêtres et artisans, colons et Indiens. Il ne s'agira pas de l'égalité absolue, que le marquis considère comme une chimère et comme une injustice, mais de l'égalité naturelle qui ne s'oppose pas à la répartition de la population en grades en fonction de l'utilité sociale et du mérite. L'égalité est donc celle qui existe au sein d'un groupe donné, et Lezay-Marnésia explique comment l'atteindre au sein de la classe des propriétaires, qui est l'élément stable de la colonie. Afin de résoudre l'inégalité des richesses et les vices engendrés par le luxe, la taille des propriétés sera limitée et tout sera prévu pour que chacun reçoive le nécessaire, le superflu étant éliminé. Les seules différences de famille à famille dans l'usage des richesses ou dans leur disproportion proviendront du «plus ou moins d'industrie» et de «l'effet d'un goût plus délicat, plus sûr et plus ingénieux»[192]. Toutefois l'état de nature vers lequel tend la colonie n'est conçu ni comme dégénération ni comme dénuement. Il s'agit d'un équilibre: les colons achèteront leurs terres et apporteront leur fortune, car «la sagesse ne consiste pas à fuir les jouissances, mais à jouir avec modération, à supporter sans faiblesse les privations nécessaires et les peines inévitables»[193].

Dans cette société, les nobles ont disparu; ils ont laissé la place aux grands propriétaires terriens. Qui sont-ils? D'où viennent-ils? Là réside toute l'ambiguïté du modèle. Il faut prendre conscience que dans l'esprit de Lezay-Marnésia, Asilum n'est pas un rêve désincarné mais une société régénérée dont il a les prémices sous les yeux. Cette colonie s'inscrit dans une histoire: l'émigration; dans un espace: l'Amérique septentrionale; dans une opportunité: la disponibilité de terres. Ainsi prévoit-il que chaque unité, c'est-à-dire chaque famille, possèdera mille cinq cents acres, que le défrichement prendra quatre à cinq mois et que les ouvriers employés à cette tâche resteront ensuite comme cultivateurs. En ce qui concerne les employés, il n'envisage que l'embauche temporaire, ce qui empêche de facto à ceux qui ne sont pas propriétaires de devenir membres à part entière de la communauté. Il est prévu que les ouvriers auront des contrats de quatre ans et seront renouvelés par quart tous les ans. Une agence spéciale, correspondante de la colonie, se chargera de les recruter en France sur des critères de moralité: les cultivateurs seront pris «parmi les plus honnêtes habitants de la campagne» et les artisans seront plus sages que qualifiés[194]. Pour les familles de propriétaires aussi, le critère principal de recrutement est moral: les familles fondatrices se recruteront dans des milieux bien précis, où on vit encore d'une manière vertueuse. Tel avait été le principe des Vingt-Quatre, que le marquis rappelait sans cesse à d'Eprémesnil en lui recommandant d'être difficile sur le choix des nouveaux membres. «C'est parmi les nobles, ni très illustres, ni très riches, et parmi ce qu'on appelait les bons bourgeois, qu'on trouvait les meilleures mœurs, les principes les plus sûrs, et, avec moins d'appareil et faste, le plus de véritables vertus»[195]. Dans le cas des familles qui voudront ultérieurement s'agréger à la colonie soit pour s'installer dans des terres en surnombre soit pour prendre la place de propriétaires qui auraient quitté la colonie, les critères seront les mêmes mais en plus les terres seront vendues seulement «aux personnes qui seront agréées par les deux tiers des chefs de famille, assemblés en conseil, pour admettre ou rejeter ceux qui se présenteront»[196]. Le mot noblesse disparaît donc dans la nouvelle société, mais le personnel vertueux reste le même.

Favorable aux petites républiques, Lezay-Marnésia limite le nombre de ces familles à cinquante, soit quelque mille à douze cents personnes au total, chaque «unité» étant évaluée à une vingtaine de personnes; toutefois, il admet l'idée d'une colonie de cent familles, qu'il juge encore gouvernable et capable d'engendrer le bonheur — c'est-à-dire, selon sa définition, l'activité dans le calme. Les exemples donnés s'inscrivent dans la tradition de petites communautés autarciques: la Salente de Fénelon, les Troglodytes de Montesquieu, le Clarens de Rousseau[197]. Lezay-Marnésia envisage néanmoins l'agrandissement de la communauté par la méthode des fondations qui contribueront à créer un véritable réseau de colonies du bonheur:

> Je suis convaincu que tout grand état, quelque soit son gouvernement, est incompatible avec le bonheur et la vertu; mais en organisant une société peu nombreuse et formée avec un choix rigoureux, je suis persuadé qu'il est possible de tout prévoir, de tout combiner de façon qu'elle soit longtemps vertueuse et heureuse. Son agrandissement est son seul danger, mais en imitant les abeilles on peut l'empêcher. La mère-ruche envoie ses essaims former des ruches nouvelles. Ainsi, quand votre colonie s'augmentera sensiblement, elle se hâtera d'en former d'autres, de se donner des filles, des émules et des amies. Elle les dotera avec des terres qu'elle ne cessera jamais d'acquérir, et les rendra riches de ses mœurs et de son exemple.[198]

Derrière ces générations de colonies se profile la vague idée d'une rationalisation de l'économie pour éviter les activités inutiles. Ces fondations seront toutes complémentaires: de l'une à l'autre existeront des productions différentes, et des échanges se feront. Par contre, au niveau politique n'est envisagé qu'une totale décentralisation. Chaque colonie restera indépendante, tout au plus y aura-t-il annuellement une assemblée de députés envoyés par chaque établissement pour discuter des intérêts communs[199].

La forme de gouvernement de la colonie est la co-propriété, et l'administration est celle des propriétaires associés, les chefs de famille. L'unité de base de la société est la cellule familiale au sens patriarcal du terme: la famille parentale, ses domestiques, ses cultivateurs, ses artisans. La famille est donc définie par le domaine; à côté de la religion et de la raison, piliers de la colonie comme chez les Moraves, le principe fondateur demeure la terre comme à Salente. Unité de base sociale, la famille est aussi une unité de base économique: outre les activités agricoles, chaque famille sera chargée d'un métier nécessaire pour que la colonie subvienne à ses besoins, mais ne travaillera que les produits locaux pour éviter le luxe: draps, toiles, chapeaux, cuir. Toutefois, alors que chaque famille est propriétaire de ses biens fonciers, elle ne fait que gérer sa manufacture, qui est propriété indivise et appartient aux propriétaires associés. La famille est aussi unité politique donnant au gouvernement de la colonie une nature patriarcale. Les familles — Lezay-Marnésia ne précise pas s'il s'agit ici des chefs de famille ou de la famille au sens large — nommeront douze administrateurs renouvables par quart tous les ans. Leur fonction sera de s'occuper des affaires de la communauté, de nommer aux emplois publics, y compris l'évêque, et de diriger les manufactures. Chaque famille versera deux mille écus pour le fonctionnement de la colonie. Les administrateurs représentent donc les familles en tant que collectivités; c'est-à-dire les familles-propriétaires et leurs ouvriers, leurs artisans et leurs laboureurs. On retrouve chez Lezay-Marnésia les limites de la pensée des Lumières dans le domaine des réformes sociales. Il reconnaît qu'il est bon de tendre à la démocratie, mais que l'attrait de la démocratie ne doit pas faire oublier les différences de ressources et d'éducation, qui empêchent de mettre côte à côte propriétaires et employés.

Pour des raisons identiques, fermiers, artisans et ouvriers ne pourront pas s'installer dans la ville, qui sera réservée aux propriétaires. Cette mesure a en réalité une portée plus morale que politique. L'utopie marnésienne présente la ville comme régénérée et en fait le cœur de la communauté agricole, qui doit rester pur. Le marquis a beau faire preuve d'idées éclairées, ses préjugés contre les classes populaires apparaissent tenaces. En effet, s'il exclut le peuple de la ville, c'est parce qu'il «pense que le calme le plus doux doit toujours y régner» et que le peuple ne peut apporter que le désordre[200]. La protection de la ville se fait à tous les niveaux. C'est en effet pour la même raison — et le marquis n'innove pas — que l'hospice de charité pour les malades, confié aux sœurs de Saint Vincent de Paul, et les manufactures se trouvent dans les faubourgs de la ville, à l'extérieur de l'enceinte. La conservation des mœurs de la ville apparaît donc être un impératif prioritaire. On notera comment l'idéal de retour à la nature engendre la valorisation de la ville libérée de la corruption. La ville prend en quelque sorte l'allure d'une récompense donnée à ceux qui sont méritants. C'est d'ailleurs le cas: les ouvriers, artisans et cultivateurs les plus laborieux et les plus sages auront la jouissance — temporaire — d'une maison dans les faubourgs de la ville, ces maisons restant toutefois la propriété de la société des propriétaires.

Les principes mêmes du gouvernement sont basés sur les relations salariés-propriétaires, dont l'essence est la bienfaisance. Lezay-Marnésia s'inspire directement de l'article «Egalité» de Jaucourt. La bienfaisance n'est plus seulement une vertu; elle est érigée en principe d'ordre et en principe d'administration. Les propriétaires devront à leurs salariés «des soins, de la protection, le prix abondant de leur travail, de la douceur, de l'indulgence et de la bonté. Rien au-delà»[201]. La bienfaisance assure l'égalité, c'est-à-dire que le travail est rétribué à sa juste valeur. Elle assure aussi l'assistance sociale, c'est-à-dire les soins, qui vont des soins médicaux à l'attention bienveillante. Elle assure en outre la protection, au sens féodal du terme. Enfin, elle contribue à engendrer une sensibilité qui sert de ciment idéologique à la communauté: c'est la douceur, la bonté et l'indulgence. Une catégorie spéciale de magistrats sera créée pour inciter à la vertu: les «Approbateurs», qui vont décerner des prix de vertu comme le faisait dans les années 1780 l'Académie française ou glorifier des faits de vertu comme la presse. Leur rôle sera de rendre public, le jour de la St Jean, les noms des citoyens qui auront mérité un éloge pour «[leurs] actions utiles, [leur] bonne conduite et [leurs] vertus agissantes»[202].

Se rendre en imagination à Saint Pierre, sorte de «cité interdite», purifiée, qui s'étend le long de la rivière, est indispensable au lecteur pour comprendre la signification d'ensemble de cette utopie. Le but de la cité est de conserver «tous les bons usages français», de développer les lettres, les sciences et les arts, et de faire en sorte «que la religion soit à jamais préservée»[203]. Une carte de la colonie révèlerait une série de cercles concentriques. Le cercle le plus extérieur: celui de la campagne où sont dispersés les domaines; puis la banlieue où se trouvent les hôpitaux et les manufactures; ensuite un troisième cercle, celui des maisons mises à la disposition des salariés méritants. Entre ce cercle et le suivant se dresse l'enceinte de la ville. Le mur passé, un voyageur verrait «des maisons sans faste, sans décoration, mais riantes, agréables, et même élégantes [qui] toutes devront avoir des jardins [car] autant il est sage de ne pas porter dans les champs le tableau des villes, autant il est raisonnable de retracer dans les villes les images des champs»[204]. Dans ces maisons sans colonnes, bâties sur le modèle de celles de Salente et de Dumocola, règnera la frugalité, comme dans les maisons des champs: ni riches équipages, ni mets recherchés sur la table. Qui habitera ces maisons? Tout d'abord les personnes nommées aux emplois publics: les douze administrateurs, les prêtres et l'évêque, les magistrats et les professeurs. Mais aussi les propriétaires et leur famille qui iront seulement y passer l'hiver car il est important qu'ils restent la plupart du temps à la campagne pour protéger et surveiller leurs salariés, le malheur des campagnes ayant été causé, en France, par l'éloignement des seigneurs. L'architecture du centre de la ville est celle d'une rationalité heureuse. Rien n'y est chaotique. Elle correspond à l'architecture de toutes les villes utopiques. Elle n'est pas un *topos* mais un espace, qui a une valeur éducative et symbolique; il sert d'apprentissage car son architecture, comme toute bonne architecture des Lumières, est soumise à la vision de la société. Tout y est fonctionnel et ordonné à la maximisation de la vertu et du bonheur. Au centre de la ville se trouve la place centrale, en forme d'arc de cercle, de croissant. La place est entourée des maisons sans faste des propriétaires. Il faut se représenter un espace vert, avec des jardins, des parcs et des fontaines. La description du temple laisse entendre que le style architectural est néo-classique: des frontons, des piliers, des colonnes. Le temple, édifié en plein milieu de la courbe du demi-cercle, est le seul édifice dont l'architecture soit monumentale et fastueuse, parce qu'elle a un but didactique. A l'intérieur: des peintures et des sculptures. Les services seront célébrés avec pompe et gravité, et si la messe sera toujours en latin, cantiques, psaumes et hymnes seront en français. Sur son fronton, on a inscrit les mots «Doctrine» et «Vérité», et on a gravé les tables de la Loi sur les piliers. L'inspiration est évidemment maçonnique, bien qu'il s'agisse d'une église catholique. Le temple sera entouré de maisons où le clergé vivra en communauté afin de retrouver la perfection de l'église primitive. Aux extrémités du croissant, se faisant face, les maisons d'éducation. Le collège universitaire sera placé sous la direction de l'évêque et des magistrats. On y enseignera la médecine, les mathématiques, la botanique, la chimie, le dessin et la musique. En face se dressera une maison d'éducation pour les filles. En marge de ces établissements d'éducation se formera également une Société d'Agriculture, des Sciences et des Arts. Entre le temple et le collège: le palais de justice. En face, entre le temple et l'école des filles: le centre communautaire. Là seront les magasins; là auront lieu les assemblées et les banquets qui rassembleront régulièrement les fermiers et les artisans venus de la campagne à cette occasion. Ce centre communautaire est le symbole de l'harmonie qui, aux yeux d'un Lezay-Marnésia, est plus importante que l'égalité, car au cours des réunions communautaires, explique le marquis, les cultivateurs et les ouvriers «feront mieux que de se donner des égaux. Ils se donneront de tendres et de constants amis»[205]. Le temple est donc entouré des deux symboles qui servent de fondements à la société. D'une part le centre communautaire, qui symbolise l'esprit de communauté et qui engendre l'harmonie et le bonheur dans la sensibilité. D'autre part le palais de justice, qui symbolise l'ordre. Cet espace didactique et idéologique est complété par la mémoire. Au centre de la place, en face du temple, en plein cœur de la ville donc, isolée pour que chacun puisse la remarquer, se dresse une colonne dont la base est une fontaine. Son objet est de rappeler aux générations les buts de la communauté. Elle porte les noms des fondateurs et les raisons de la fondation:

De vrais Français,
Par patriotisme ont abandonné leur patrie.
Ils n'ont pu soutenir le spectacle des maux
Des maux sans mesure et sans nombre
Où la plonge une affreuse anarchie.
En fuyant,
Ils ont gémi sur les ruines
Du plus bel empire du monde,
Déchiré par ses propres mains.
Ils ont mouillé son rivage de larmes.
Ils sont venus à ces lieux,
Que nul homme n'avait habités
Demander une patrie nouvelle.
Ils sont venus avec des cœurs bons et sensibles
Dans l'intention
De pratiquer les douces vertus,
Et pour y jouir
De la paix et de la liberté véritable
Et des charmes de la fraternité,
Y vivre dans la simplicité primitive,

> Et y recueillir,
> En se livrant à un travail actif et modéré
> Tous les dons de l'agriculture.
> L'Eternel les regardera.
> Ils sont arrivés le ....
> Leurs noms sont inscrits
> Sur les autres faces de cette colonne.[206]

Le projet de colonne et de poème avait été imaginé et écrit par Lezay-Marnésia pour la Société des Vingt-Quatre, qui l'avait adopté; il exprime tous les espoirs sincères mis dans une régénération morale et dans le retour à la campagne et toutes les désillusions engendrées par l'escalade de la violence.

L'architecture de St Pierre est peut-être l'expression imagée la plus forte de l'idéologie de la bienfaisance et du retour à la campagne des gentilshommes éclairés. Il y existe une interaction très forte entre l'espace physique et les relations abstraites, sociales et institutionnelles, de la société. Le projet d'Asilum apparaît donc fondé sur la conviction que la propriété est le mobile le plus puissant pour améliorer l'agriculture et régénérer la société. Donner vie à Asilum, c'était, pour Lezay-Marnésia, rétablir l'âge d'or, mettre fin au problème de la disproportion des richesses, éviter le luxe puisque tous les habitants seraient assez riches pour vivre dans l'abondance sans l'être suffisamment pour être tentés par le faste. Il prévoyait même que les profits devraient être redistribués à la communauté par le biais des dépenses publiques, car «les gains ne leur [les familles] seront pas nécessaires, et les belles âmes ont le continuel besoin d'exercer la bienfaisance»[207]. L'architecture de la communauté-colonie reflète à la fois l'idéal du retour à la campagne et une conception purifiée de la ville. La ville n'est pas seulement un ensemble d'habitations; elle est une didactique. Elle est construite pour obéir au critère d'utilité et engendrer la vertu. Elle spatialise les valeurs de la société. Son plan d'ensemble correspond aussi à l'idéal de retour à la nature. Chaque habitation a son jardin. La forme en arc de cercle de la place, quelle que soit sa source — place royale, symbole solaire, amphithéâtre — a pour effet d'engendrer parmi les habitants le sentiment d'appartenance à une communauté. On pensera au projet de Ledoux de couler les salines d'Arc-et-Senans dans la ville nouvelle de Chaux, une ville intégrée à son environnement rural. Après avoir embelli la nature, Lezay-Marnésia embellit la ville, la construit dans un paysage à la Hubert Robert, dans une esthétique de la poésie descriptive d'un Delille ou d'un Saint-Lambert. Dans cette ville régénérée, l'accord se fait entre l'homme et la nature, et la ville devient le symbole du triomphe de la vertu, permettant aux arts de s'épanouir. L'architecture urbaine ouverte sur la nature est conçue comme un instrument de la régénération et introduit à un ordre social et moral qui assure le bonheur. Tous les édifices reflètent l'utilité. L'univers d'Asilum se trouve à la rencontre du réformisme agricole et de l'idéalisation pastorale. Il figure un monde social uni par des valeurs communautaires. Le retour à la campagne n'est plus seulement le plaisir esthétique de l'art des jardins; il est devenu un instrument de régénération, comme l'exprime Delille dans la préface de son poème *Les Jardins*: «L'art des jardins [...] s'est trouvé joint à l'utilité publique; il a fait aimer aux personnes opulentes le séjour de leurs terres. L'argent qui aurait entretenu les artisans du luxe, va nourrir les cultivateurs, et la richesse retourne à sa véritable source»[208]. L'idéalisation de la nature reste la même que chez Saint-Lambert, mais il ne s'agit plus seulement d'une nostalgie de l'âge d'or; il s'agit de la régénération de la société.

On laissera le mot de la fin à Henri Carré, à qui revient le mérite d'avoir le premier rappelé le souvenir des Vingt-Quatre: «Tout imprégnés de lectures philosophiques et de récits de voyageurs, grands admirateurs de Bernardin de Saint-Pierre ou du marquis de Chastellux, ils furent des rêveurs, des philanthropes, des mystiques, des spéculateurs aventureux; ils furent dupes de leur imagination et de leur cœur, dupes aussi de ces brasseurs d'affaires que les Etats-Unis, dès les premiers temps de leur existence, paraissent avoir produits comme leurs fruits naturels»[209].

ÉPILOGUE

«DE DIEU, DU PAYS, DE L'HONNEUR»

Avec le retour en France en 1792 s'achève l'aventure. Toutefois, les huit dernières années de la vie du marquis ne seront pas toujours aussi calmes qu'il l'aurait souhaité. Alors qu'il pensait s'installer tranquillement à Saint-Julien, sans doute sans rien changer aux habitudes d'antan, et se rendre de temps en temps à son hermitage sur ses terres de Moutonne pour «y chercher la paix et y jouir des doux sentiments de l'amitié et de la reconnaissance»[1], il fera un séjour de sept mois en prison sous la Terreur, échappera de peu à l'échafaud, devra lutter pour conserver ses biens mis sous séquestre et passera deux ans en Suisse après le 18 fructidor. Ainsi devaient se trouver justifiées les craintes dont il avait fait part à Audrain dans une lettre écrite de Londres quelques jours avant le passage en France en juin 1792: «je crois apercevoir des présages sinistres, je crains que le berceau de cette liberté tant souhaitée ne soit agité par de violents orages (...) ce bonnet de l'affreuse couleur de sang m'épouvante malgré moi»[2].

Arrivé à Paris en juin 1792, Lezay-Marnésia assiste au début de l'escalade qui va conduire au régicide et qui entraîne dans son sillage non seulement la violence pure — son ami Clermont-Tonnerre est assassiné le 10 août — mais aussi la crainte de la dénonciation pour quiconque manifeste des opinions tant soit peu royalistes. «Les trames, les intrigues sont sans nombre. L'inquiétude, la crainte, les dangers sont partout», écrit-il à la marquise le 20 août. Et le 24 août: «L'on continue à beaucoup arrêter de monde. Chaque nuit un grand nombre de personnes sont enlevées. Les correspondances de lettres ont fait découvrir beaucoup de trames et ont donné de grandes lumières sur les dispositions des personnes». Le 8 octobre: «Nos postes ne sont pas sûres». Faut-il alors ajouter entièrement foi aux propos que tient Lezay-Marnésia dans sa correspondance? — contre un roi «peu digne d'avoir de dignes serviteurs», «instrument des perfides conseillers», un roi qui a été «alternativement livré à tous les partis [et] les a tous trahis» — contre la cour qui «a d'affreux reproches à se faire» et qui «a mis quoi qu'il arrive le roi dans l'impossibilité de régner». Résigné à composer avec le nouveau régime, décidé à rechercher une vie de silence et de tranquillité dans ses terres, il arrive à l'automne à Saint-Julien pour trouver «le château délabré, les jardins envahis par les ronces et les insectes, le parc dévasté»[3]. Le château est vide, la marquise étant en Suisse depuis juillet. Albert et Adrien, qui sont avec leur père, ne resteront que quelques mois et monteront à Paris après la mort du roi[4]. Lezay-Marnésia se retrouvera seul avec un domestique; lui qui aimait tant la solitude au sein de la nature va devoir faire face à un autre type de solitude: «battu moi-même par la tempête de l'adversité et dénué de tout, j'aurais autant que personne besoin d'être consolé et secouru», écrit-il à la marquise le 8 octobre dans une lettre où transparaît — peut-être pour la première fois de sa vie — le désespoir. En effet, dès son arrivée les problèmes financiers surgissent: «loin de trouver des fonds sur lesquels je comptais, j'ai trouvé des dettes sur lesquelles je ne comptais pas». Essayant de faire appel à son enthousiasme habituel, pouvant encore espérer le retour de son épouse, il essaie de prévoir l'avenir: «il me reste de la résignation et du courage et les mesures que j'ai prises et dont je vous ai parlé déjà nous assureront des ressources suffisantes pour nous faire passer le reste de nos jours dans une aisance même assez grande». En vain. Le marquis s'installera peu à peu dans la résignation. Ses revenus saisis et accablé de dettes vieilles de plusieurs années, il va être obligé de dilapider ses biens pour survivre: vente de ses biens libres à monsieur de Boulogne en 1792, puis vente de ce qui reste de Moutonne, de Presilly et de Grandvaux, en 1796 vente de deux domaines à Marnésia à son jardinier Rémi Tissot et au citoyen Vernier. Il finira sa vie dans le dénuement le plus total.

«Vaincu par l'âge, par les infirmités et les souffrances», comme il l'écrit à Audrain[5], atteint de surdité, Lezay-Marnésia va se murer dans le silence et confier ses pensées à sa plume, rédigeant la critique de quelques nouveaux romans qu'il publiera dans la nouvelle édition de 1800 de son *Plan de lecture pour une jeune dame*, couchant sur le papier des pensées littéraires, religieuses et philosophiques:

> Sourd, malade autant qu'on peut l'être, banni, dans la pauvreté et presque entièrement solitaire, je n'ai plus de confident que mon papier; à mesure qu'ils renaissent, je le fais dépositaire de mes souvenirs, de mes pensées et de mes sentiments; je laisse errer mon cœur et ma plume; c'est ma dernière et unique consolation; voudrait-on me l'envier? [6]

En 1792, le village de Saint-Julien n'a rien de menaçant pour le marquis et passera même aux yeux des révolutionnaires pour un antre de royalistes. En 1789, le Cahier de doléances de Saint-Julien reflétait assez les idées du marquis: que les bénéficiers résident dans leurs bénéfices, que les curés aient plus d'aisance, qu'on mette fin aux anoblissements — «la considération acquise par un père vertueux sera pour ses enfants un assez bel héritage» — qu'on fasse régner l'esprit de famille dans les provinces; s'il était demandé la suppression des portions coloniques, il était demandé aussi «que les fiefs soient affranchis des impôts que les autres biens ne paient pas»[7]. En 1793, les paysans du canton refusent de rejoindre les troupes car ils ne veulent pas «se faire tuer pour les bourgeois qui gagnent tout», commente une pétition du Comité de législation de Saint-Julien. Les signataires de cette pétition, qui se nomment «Les Amis de la liberté et de l'égalité de Saint-Julien», demandent toujours le partage des communaux et soulignent que les paysans n'en veulent pas aux émigrés, mais aux nouveaux gros propriétaires qui font main basse sur les biens nationaux et les biens des émigrés. Ils réclament en outre l'application du décret d'abolition des cens et autres droits féodaux dont tâchent encore de profiter ces nouveaux propriétaires[8]. Le Comité de législation de Moutonne — Cordier en tête — pétitionne de son côté la Convention pour qu'elle rembourse le rachat en argent de la mainmorte à ceux qui l'avaient payé comptant de nombreuses années auparavant[9]. Personne n'ira inquiéter le marquis, bien qu'il n'y eût pas que le château de délabré à Saint-Julien mais qu'aussi «le respect et la reconnaissance [fussent] au moins douteux»[10]. Pour un Lezay-Marnésia résigné, 1793 se passe dans le respect de la loi et dans la soumission à toutes les réquisitions, comme l'indiquera le certificat de civisme délivré en octobre 1794 par l'administration du district d'Orgelet après la Terreur[11]. Cette soumission, Lezay-Marnésia la décrit lui-même:

> (...) habitant la commune chef-lieu du Jura, j'y menais une vie de langueur, de souffrance, une vie absolument mourante. L'administration d'alors, non sans humanité, dirigée par un homme fort de caractère, riche de lumières, et d'une grande équité, bien sûre que je n'avais pas émigré, jugeant même que je ne devais pas être l'objet de ces abominables décrets, et voyant mon état de décrépitude, de faiblesse et de misère, me toléra et me laissa végéter et pâtir dans le lieu que j'avais choisi pour ma retraite. Peu consolés mais tranquilles mes jours y coulaient dans la paix (...) [12]

Le marquis ne semble donc pas avoir été inquiété dans l'immédiat par la décision de la confiscation des biens des émigrés et par la loi des suspects de l'été 1793. Cette tranquillité n'allait pas durer. Le texte continue:

> (...) mes jours y coulaient dans la paix quand de nouveaux administrateurs remplacèrent ceux qui n'avaient pas été barbares. Les jacobins les avaient choisis, ils ne pouvaient pas en trouver de plus dignes de seconder leur rage. Ils se déterminèrent à m'envoyer à Besançon pour y être jugé.

Il s'agit des commissaires Lémare et Génisset, vrais missionnaires de la Terreur, qui arrivent à Saint-Julien fin 1793 pour nettoyer «un repaire de brigands» qui croient à la contre-révolution[13]. Ils vont remplir prisons, couvents et charrettes. En mars 1794, Lezay-Marnésia sera arrêté et, comme le formule la notice nécrologique du *Mercure*, «il expia dans les cachots les services qu'il avait rendus à la liberté»[14]. Les raisons de cette arrestation ne sont pas très claires — par abus de la loi sur les suspects affirme un Mémoire de l'an VIII[15] — mais avait-on alors besoin de raisons valables? Il va passer environ deux semaines à l'hôtel de ville de Lons-le-Saunier, transformé pour l'occasion en prison. Comme il est totalement démuni, c'est son frère, le chevalier de Marnésia, arrêté également alors qu'il se trouvait au château de Saint-Julien, qui paie pour sa table. Avec son compagnon de cellule, l'abbé Lambert, ancien aumônier du duc de Penthièvre, qui a laissé un récit de cette période, le marquis joue aux échecs, parle religion, et petit à petit va naître une amitié entre les deux hommes «liés par le malheur et par la religion»[16]. Le travail de Lémare et Génisset est efficace: une trentaine de Fédéralistes sont envoyés dans les prisons de Besançon et sont remplacés aussitôt par des habitants de la région de Saint-Julien, pas des aristocrates mais «des bonnes gens compromis pour des tracasseries de village, à la suite des assemblées de commune, tous cultivateurs à l'exception d'un chirurgien»[17]. Le 28 mars, soixante prisonniers, dont Lezay-Marnésia, son frère, l'abbé Lambert, beaucoup de prêtres constitutionnels et l'évêque Moïse, se mettent en route pour les cachots bisontins. La sortie de Lons-le-Saunier se fait dans le silence: «nous avions parmi nous tout ce que Lons-le-Saunier comptait de plus distingué et de plus honnête. Aussi toute la ville était dans la consternation». En passant devant l'hôtel d'Évreux où son oncle avait l'habitude de recevoir une société d'élite, le marquis «ne put s'empêcher de remarquer la différence qui séparait deux époques si rapprochées»[18]. Après avoir été bien accueilli à Poligny et à Salins, insulté à Arbois et à Quingey, le convoi arrive aux Capucins de Besançon. Lezay-Marnésia est placé dans un appartement isolé à cause de ses infirmités avec comme compagnons son frère et l'abbé Lambert. «J'étais là, écrit-celui-ci, avec MM. de Marnésia, mais je n'ai eu de l'amitié que pour le marquis, dont le caractère, quoique livré à des écarts, était plus rapproché du mien et dont l'état intéressait ma sensibilité»[19]. Le 6 mai 1794, craignant le pire, le marquis donne procuration à son jardinier, Rémi Tissot, pour s'occuper de la propriété de Saint-Julien[20]. Peu de temps après il tombe malade, doit être isolé des autres et en juin est transféré à l'hôtel Sainte Croix. L'abbé Lambert ayant choisi de s'évader, notre source d'information disparaît. Dans son cachot de Besançon Lezay-Marnésia continue d'écrire. Ce sont les messages d'un homme sachant que ses jours sont comptés. Son *Hymne à la Sagesse* rappelle que les vertus sont la route qui conduit au bonheur et que la sagesse, le plus noble des biens, est ce qui remplace toute beauté et rend inutile les pompes et les honneurs[21]. Il compose aussi l'histoire du désespoir de Minzel[22]. Comment ne pas voir dans la figure de Minzel le marquis lui-même?

> Minzel était, car il n'est plus lui-même, un homme (...) d'une sensibilité forte, il faisait avec amour tout le bien qu'il pouvait faire; aimer était son besoin. (...) Il est tombé dans la mélancolie la plus profonde. Quelques fleurs, des oiseaux, son chien, son chat, son vertueux domestique, voilà toute sa société. Il n'est pas devenu malveillant mais absolument sauvage.

Alors que des visiteurs lui font remarquer que la Révolution l'a épargné, qu'elle ne lui a pas fait trop de mal, qu'il peut encore satisfaire des désirs modérés, Minzel répond sur ce que la Révolution lui a fait:

> Elle a déroulé devant moi le tableau des forfaits les plus hideux, elle m'a fait connaître l'homme. J'ai vu les scélérats audacieux tout renverser, tout immoler, tout détruire. Ils ont traîné dans la fange les images de mon Dieu; ils ont réduit les gens de bien à la misère; ils ont jeté dans les cachots et fait couler le sang par les massacres ou les supplices d'une multitude d'hommes vertueux. D'autres scélérats (...) se sont mis à la place des propriétaires dépouillés, ont envahi les biens qu'on n'avait pas droit de leur transmettre. (...) Partout s'est montrée la plus odieuse iniquité, l'ingratitude la plus noire; il n'est resté aux opprimés que leur lâcheté, qui certes est grande, et à la France que la dépravation générale. La Révolution pouvait me faire plus de mal! Non, je n'estime plus, je n'aime plus.

La chute de Robespierre le sauvera de l'échafaud. Il sera relâché en octobre 1794 grâce au certificat de civisme établi par la commune de Saint-Julien et le comité révolutionnaire d'Orgelet et reprendra le chemin de Saint-Julien, toutes ses illusions détruites comme le laisse entendre l'histoire de Minzel.

Il passera trois ans dans son château de Saint-Julien à cultiver ses jardins et à écrire. Le verger est encore bien entretenu, comme le potager. Mais la splendeur du passé a disparu. La plupart des dépendances du château et le pavillon de l'horloge sont loués. L'abbé Lambert, devenu un ami fidèle, lui rend visite en août 1795, puis vient passer le Carême 1797 avec lui. Le marquis avait, écrit-il, «une fort belle bibliothèque et charmait en partie ses maux physiques par la culture des lettres»[23]. Cette trêve s'achève en septembre 1797, au lendemain du 18 fructidor, avec la relance de la Terreur, considérant tous les nobles comme des indésirables, obligeant les émigrés rentrés à quitter la France sous les quinze jours et mettant à nouveau leurs biens sous séquestre. Le département du Jura ne réapposera pas le sequestre sur les biens de Lezay-Marnésia — du moins dans l'immédiat — considérant que son nom n'apparaît pas sur la liste des émigrés de ce département; mais ce n'est pas le cas en Haute-Saône où les autorités départementales disent ne pas avoir de preuve de la rentrée du marquis en France avant le 9 mai 1792[24]. Résigné, prêt au pire, le marquis serait resté si des amis ne l'avaient forcé à quitter la France:

> Le dix-huit fructidor, le jour le plus affreux de la Révolution, d'une funeste lueur éclaira les Français. Ceux que l'espoir du retour de l'équité avaient ramené dans leur patrie, une multitude qui n'avaient jamais quitté leurs foyers, également frappés par d'atroces décrets, sans moyens, sans argent, dénués de tout, certains de ne point trouver d'asile, furent forcés d'errer sur des terres étrangères. Sur leur front était écrit ce mot terrible, RÉPROBATION; et de partout on les repoussait. (...) Parvenu à l'apogée des misères humaines, un dénouement, quelque affreux qu'il dût être, ne pouvait m'effrayer; les personnes de ma connaissance voulurent qu'il fût retardé, et je ne m'y suis point opposé. Elles m'ont fait partir dans une détestable voiture, la seule qu'on ait pu trouver, à dix heures du soir, par une nuit déjà froide, noire et pluvieuse; mon bon domestique, mon fidèle Laurent était avec moi; il souffrait de mes douleurs presque autant que moi-même; les cahots m'en causaient d'affreuses.[25]

Le séjour à Nyon et à Lausanne durera deux ans[26]. Le marquis sera très fréquemment l'invité des Necker, où il retrouvera son fils Adrien, lié par l'amitié à madame de Staël. C'est en Suisse qu'il commencera à mettre au point la seconde édition du *Plan de lecture* qui sera publiée à Lausanne, rassemblera ses *Pensées littéraires, morales et religieuses*. Il mettra à jour également ses «critiques littéraires»; on emploie «critique littéraire» faute de meilleur terme, car Lezay-Marnésia veut plutôt saisir les traits des auteurs que rendre compte de leurs œuvres: «je ne suis pas journaliste, mon but est moins de caractériser les ouvrages que les auteurs»[27]. Ces «critiques»: une note (peu aimable) sur madame de Genlis, le cours de littérature de La Harpe, le *Voyage du jeune Anacharsis* de l'abbé Barthélémi, les œuvres de Florian, les *Mélanges tirés des manuscrits* de madame Necker. Les *Etudes de la nature* de Bernardin de Saint-Pierre lui offrent l'occasion de faire l'apologie de cet écrivain qu'il considère l'égal de Pascal et de Fénelon et «comme l'un des plus grands apôtres de la religion»[28]. C'est surtout la critique qu'il fait de deux romans qui révèlent l'évolution des pensées du marquis. *Adèle de Sénange* de madame de Flahaut: «un roman bien fait est un traité de morale auquel on a prêté des grâces et donné un vif intérêt»[29]. *Caroline de Lichtfield* de madame de Montolieu: «d'une utilité bien plus générale que les meilleurs moralistes, que Nicole lui-même»[30]. L'idée que le roman est supérieur au traité de morale, plus efficace, n'est pas neuve; elle était déjà présente dans l'édition de 1784 du *Plan de lecture*. Ce que ces textes révèlent c'est une vraie préoccupation pour l'avenir moral de la France. Constatant l'atomisation de la société causée par la Révolution, la disparition des familles, des liens sociaux et de tous les soutiens, constatant la disparition des mœurs, la propagation du vice et l'ignorance des femmes qui ont perdu jusqu'à l'habitude de lire, il réaffirme l'importance fondamentale de l'éducation des femmes et le rôle particulier qu'elles ont à jouer pour réhabiliter les vertus familiales et domestiques. C'est cela qu'il trouve dans l'œuvre de madame de Montolieu: «les vertus les plus essentielles, les plus nécessaires, celles qu'on doit préférer, ce sont les vertus domestiques; c'est à ces vertus qu'elle nous rappelle; c'est dans l'esprit de famille qu'elle nous apprend à chercher la félicité de tous les jours, l'intérêt de tous les moments»[31]. Cette insistance sur la famille n'est pas nouvelle dans son œuvre; ce qui est nouveau c'est son contenu: il ne s'agit plus de la famille comme lieu politique mais simplement de la famille comme lieu de l'épanouissement moral de ses membres. La société n'est plus à régénérer mais à reconstruire totalement.

Dès mars 1798 la femme d'Adrien multiplie les démarches auprès du Directoire pour faire rayer de la liste des émigrés son beau-père et son mari. Joséphine Bonaparte intervient également en leur faveur. En vain. Un arrêté d'avril 1799 (3 floréal an VII) décide leur maintien en raison de la loi définitoire du 8 avril 1792. Quelques jours après l'arrêt du Directoire, l'épouse d'Adrien va à nouveau entreprendre des démarches; la situation devient urgente, car on menace de mettre les biens de Saint-Julien sous séquestre; sa démarche date du 24 floréal; le procès-verbal pour la mise sous séquestre sera dressé le 27 floréal; le 1er prairial, elle sollicite à nouveau la radiation définitive du marquis des listes des émigrés, demande une révision du dossier et écrit au ministre pour que soit suspendue la vente des biens familiaux. Tout cela en l'espace de quelques semaines. Rien n'en sortira dans l'immédiat[32]. Six mois plus tard, en novembre 1799 (19 brumaire an VIII), sous l'action conjuguée de Richette, directeur du domaine national dans le Jura, et des commissaires Lémare, Margueron et Gindre, de l'administration centrale du Jura, les ventes faites par le marquis en 1795 et 1796 sont annulées et la mise sous séquestre pour revente publique est décidée[33]. Toutefois, une résistance inattendue se fait jour: le ministre de la police générale refuse d'appliquer l'acte de mise sous séquestre. Les libelles vont pleuvoir et dénoncer les actions de Richette et Lémare qui sont accusés de vouloir s'approprier les domaines. Des témoins sont produits qui confirment que Richette savait que Lezay-Marnésia ne pouvait pas être considéré comme émigré et qu'il convoitait les terres[34]. Un *Mémoire* s'ingénie à montrer comment l'administration s'est toujours acharnée contre un homme dont «le moral et le physique (...) attestent à tout le monde qu'il n'aima jamais les combats ni les intrigues» et demande que soit déclaré nul l'arrêté du 3 floréal an VII[35]. Les archives conservent même dans ce dossier une lettre d'un membre de l'Institut à la signature illisible, qui se porte garant du marquis, «citoyen accablé d'infirmités et si connu par des ouvrages qui respirent la sensibilité et les vertus les plus exquises»[36]. Pour finir, en mars 1800, par un arrêté du 30 ventose an VIII, la vente des biens est annulée. Avec le nouveau régime, Lezay-Marnésia rentre en France et s'installe à Besançon, où l'abbé Lambert lui rend visite. «Je fis à M. de Marnésia une dernière visite qui me fut bien pénible. Sa situation affreuse ne me laissait pas l'espérance de le revoir, et ses douleurs, en augmentant sa piété et sa résignation avaient pourtant aigri son caractère, naturellement chagrin»[37]. Lezay-Marnésia meurt quelques mois plus tard, dans un dénuement complet, le 9 novembre 1800, à six heures du matin, au 717 de la rue de la Liberté[38].

Jusqu'au dernier moment il aura écrit, ajoutant des notes ici et là à ses *Pensées* et terminant son essai sur madame de Montolieu où il fait quelques réflexions obligeantes sur le nouveau régime qu'il semble accueillir, comme les autres Encyclopédistes encore en vie, avec faveur:

> L'horizon de la France s'est éclairci, et si le gouvernement actuel remplit l'idée qu'il a fait concevoir de lui, la justice sera rendue aux Français, et avec la justice tout se rétablit, tout se répare.[39]

Le nouveau régime ne signifie pas seulement à ses yeux l'absence de crainte, mais il y voit aussi la restauration de l'ordre moral et des vertus par l'exemple et l'action de Bonaparte:

> Que le premier magistrat de la France, aussi respectable par ses mœurs sévères et pures, qu'étonnant par la réunion de ces qualités si rares qui placent un homme au-dessus de tous les autres, flétrisse de son mépris les excès et la dépravation. (...) Après les épouvantables déchirements qu'ont éprouvé les Français, la misère où on les a réduits, l'abjection dans laquelle on les a plongés, après qu'on leur a fait perdre ce sentiment d'honneur qui les distinguait parmi toutes les nations et la moralité qui leur restait encore, (...) le règne d'Auguste leur était dû, ils peuvent l'espérer et l'attendre; mais ce ne sera pas assez que le temple de Janus soit fermé, que les lois reprennent leur empire, que les sciences, les lettres et les arts soient protégés, il faut surtout que les mœurs soient rétablies et en partie créées; mais pour y parvenir sûrement, une forte alliance, une alliance indissoluble avec la religion est nécessaire.[40]

Aux yeux de Lezay-Marnésia ce n'est qu'avec l'aide de la religion que Bonaparte pourra reconstruire le pays. Il s'agit, dit-il, de faire des Français de vrais citoyens avec «de l'intérêt pour la chose publique», en les ramenant «à la soumission, à l'amour de l'ordre, au sentiment, à la décence». Il croit que sous le gouvernement de Bonaparte, les hommes ne seront plus les «esclaves qu'ils étaient sous les différents chefs de la prétendue République» ni les «sujets absolument dépendants de la volonté arbitraire qu'ils étaient sous la domination des rois»[41].

Il est difficile de savoir si la pensée de Lezay-Marnésia a évolué. La dimension utopique semble avoir disparu: son rêve de communauté autonome de type patriarcal, son rêve de communauté néo-féodale basée sur la propriété du sol, son rêve de communauté gouvernée par la sensibilité, énergie familiale. Tout s'était révélé un échec et ne pouvait pas être autre chose qu'un échec, comme le fait remarquer Jean Garagnon: «la sensibilité, fondée sur l'individu singulier et non sur une valeur sociale, sur une affirmation narcissique et non sur une action, sur la communication de cœur à cœur et non sur des rapports entre groupes, sur le symbole et non sur la réalité, ne peut constituer une politique réelle. Valeur d'origine extra-sociale, la sensibilité ne peut fonder un ordre»[42]. C'était aussi l'échec de la régénération par la noblesse, l'échec de la nouvelle légitimité nobiliaire, l'échec de l'école du retour des seigneurs à la campagne et son «néo-féodalisme». Le réalisme remplace la chimère dans le sens où Lezay-Marnésia, forcé d'accepter un nouvel environnement politique, compose avec la nouvelle situation du pays. Ses *Pensées* contiennent cette maxime: «de bons gouvernements sont ceux où le peuple n'est exclu de rien; mais le peuple, le vrai peuple, pas la populace» — suivie aussitôt d'une maxime sur la religion; «un gouvernement qui ne conserve pas la religion dans son empire laisse éteindre la lampe qui veille sur lui»[43]. Certes il exprime sa crainte devant les violences commises par les foules pendant la Révolution, mais il reconnaît la nécessité de faire participer un peuple éduqué, civilisé, au gouvernement de la cité. Ne déformerait-on pas la pensée de Lezay-Marnésia en y voyant le germe de l'idée de démocratie? N'aborde-t-il pas en fait la question autrement? La forme du gouvernement a-t-elle une importance à ses yeux? La réponse doit être négative. Pour deux raisons. Tout d'abord, parce que la liberté, le principe de tout, est au-delà des régimes. Il le rappelle en 1800 dans la préface de ses *Paysages*: «cet ouvrage servira du moins à faire connaître quel a toujours été mon amour pour la liberté, pour la liberté réelle et raisonnable. Je l'ai manifesté quand il existait des rois, des lettres de cachet et des bastilles. Mon âme a toujours été libre, elle le restera toujours, même sous les gouvernements les plus arbitraires»[44]. Ensuite parce qu'aussi longtemps qu'un état reste petit — une constante rousseauiste de sa pensée — et permet le sentiment communautaire, aussi longtemps que l'unité du pays est réalisée par la religion, énergie morale et spirituelle, peu importe la forme de gouvernement.

Au cours des dernières années la religion a fini par envahir l'univers du marquis qui pensait se consacrer à la rédaction d'un ouvrage, *L'Action des principes de la religion et de la véritable philosophie*, où il réconcilierait la religion et la philosophie, ayant vécu un siècle où celle-ci représentait le principal défi de celle-là. C'est pourquoi les communautés moraves, fondée sur la raison et la religion, devaient devenir le modèle de l'utopie marnésienne. L'ouvrage ne verra pas le jour; les *Pensées* n'en sont que des fragments. En février 1800, il rédige un petit conte moral, *L'Héroïsme de la charité*, qui se place sous ce signe:

> La philosophie qui s'élève contre tous les principes religieux, a beau prêcher la bienfaisance et l'humanité; elle ne fera jamais atteindre à cette charité puissante en œuvres que la religion commande et inspire.[45]

Lezay-Marnésia avait toujours fait preuve d'attachement à la religion, avait toujours voulu donner une dimension religieuse à la bienfaisance en faisant appel à des congrégations religieuses ou aux curés, mais cet accent pieux est nouveau. Participe-t-il d'une certaine façon du renouveau mystique qui se prépare? Ou alors la tourmente révolutionnaire, en qui il voit la cause de la chute des valeurs morales, représente-t-elle à ses yeux l'effet d'une philosophie «qui s'élève contre tous les principes religieux»? Sans aller jusque là, il veut prouver dans *L'Héroïsme de la charité*, comme le titre l'indique, que dévouement, sacrifice et héroïsme se trouvent chez l'homme de foi. Le philosophe, au contraire, «doute de tout», «raisonne sur la vertu» — qu'il ne pratique pas — se pose en «spectateur froid et tranquille»[46]. N'est-ce pas une leçon de sincérité et d'honnêteté que veut laisser Lezay-Marnésia dans son testament spirituel? Cette sincérité et cette honnêteté qu'il n'avait pas cessé de pratiquer.

Après la mort du père, les fils essaieront quelque temps de faire revivre les œuvres du gentilhomme cultivateur et du seigneur bienfaisant. Ils font le projet de fonder à Saint-Julien un établissement agricole «au moyen duquel [ils se rendraient] les bienfaiteurs du pays (...) en y introduisant de bonnes méthodes de culture et en y donnant d'utiles exemples»[47]. Les produits de la culture seront moins fructueux que ceux de la bienfaisance, dont la tradition sera bien plus tard poursuivie par les descendants d'Albert. Le rêve de restaurer l'âge d'or n'a pas disparu avec le marquis en 1800. Quelque cinquante ans plus tard, Albert écrit un long poème dans ses *Souvenirs* qui laisse à penser que l'esprit de l'auteur du *Bonheur dans les campagnes* n'était pas mort:

> Descendants d'une antique race,
> De nos vénérables aïeux
> Suivez fidèlement la trace:
> Simples, mais grands, mais glorieux,
> Ils combattaient sous les bannières
> De Dieu, du pays, de l'honneur;
> Moins riches que nous en lumières,
> Ils l'étaient bien plus en grandeur.[48]

NOTES

NOTES DU CHAPITRE PREMIER

1   Lettres, titres et documents de famille se trouvent à la Bibliothèque de
l'Arsenal (mss 6336–7371; archives Lezay-Marnésia 1405–1809) et aux
Archives départementales du Jura (E346–364; E3931; 257–258E);
d'autres documents, notamment la correspondance, sont encore dans des
archives privées. Le livre d'Elisabeth Bourget-Besnier, *Une famille
française sous la Révolution et l'Empire: la famille de Lezay-Marnésia*
(Paris, 1985) est particulièrement utile pour les longs extraits de correspondance cités, mais ne s'intéresse que partiellement à la personne et à
l'œuvre du troisième marquis de Lezay-Marnésia (pp. 23–76). La brève
biographie dressée par Frank et Serena Kafker dans *The Encyclopedists as
individuals: a biographical dictionary of the authors of the Encyclopédie*
(Oxford, The Voltaire Foundation, Studies on Voltaire and the Eighteenth
Century 257, 1988, pp. 226–229) met à jour la notice biographique
établie par Michaud dans sa *Biographie universelle, ancienne et moderne*
(Paris, Thoisnier, Desplaces, 1843, xxiv, pp. 437–440) et celle de la
Nouvelle Biographie Générale (Paris, Firmin-Didot frères, 1862, xxxi–
xxxii, pp. 64–65). La notice biographique la plus complète est celle du
Dictionnaire des Constituants, 1789–1791, publié sous la direction
d'Edna Hindie Lemay (Oxford, Voltaire Foundation, Paris, Universitas,
1991, i, pp. 596–598). Voir aussi Roger Roposte, *La Maison de retraite
Lezay-Marnésia de Saint Julien sur Suran et son histoire* (Strasbourg,
1986), surtout pour la Maison de charité fondée par Lezay-Marnésia et
son oncle. On trouvera quelques données, malheureusement parfois
erronées, dans le livre de Marius Veyre, *La Maison de Lezay-Marnésia,
1240–1884* (Strasbourg, Brant, 1958). On lira aussi avec intérêt les
quelques pages consacrées au troisième marquis de Lezay-Marnésia dans
l'étude d'Egon Graf von Westerholt, *Lezay-Marnésia: Sohn der
Aufklärung und Präfekt Napoleons, 1769–1814* (Meisenheim am Glan,
1958, pp. 19–23). Le livre d'Albert-Magdeleine-Claude de Lezay-
Marnésia, *Mes Souvenirs à mes enfants* (Blois, Dézairs, 1851) est surtout
intéressant pour la vie privée du marquis et son voyage aux Etats-Unis où
il espère fonder une colonie en 1790 (pp. 7–25). Aucune étude n'a été
consacrée à Lezay-Marnésia comme écrivain. Les informations le
concernant doivent être glanées dans les Mémoires et dans les travaux qui
traitent des auteurs et des penseurs qu'il a connus. Il est
occasionnellement mentionné par Robert Mauzy, *L'idée du bonheur dans
la littérature et la pensée françaises au XVIIIe siècle* (Paris, Armand
Colin, 1960). Edouard Guitton, *Jacques Delille (1738–1813) et le poème
de la nature en France de 1750 à 1820* (Paris, Klincksieck, 1974), lui

consacre quelques pages. Le fonds de l'Académie de Besançon (manuscrits 2, 3, 8 et 9), conservé à la Bibliothèque municipale de Besançon, est l'une des principales sources qui permettent de reconstituer sa carrière d'écrivain, du moins jusqu'en 1782. A notre connaissance, seul Raoul Girardet, *Mythes et mythologies politiques* (Paris, Seuil, 1986, pp. 114–115, 202) a souligné l'intérêt de l'œuvre de Lezay-Marnésia pour l'histoire des idées de la fin de l'Ancien Régime. Pour la période révolutionnaire, on aura recours à Franz Kafker, «The Encyclopedists and the French Revolution» (Ph.D. dissertation, Columbia University, 1961); aux *Archives parlementaires de 1787 à 1860* (premières séries, Paris, 1868–1913, vii, pp. 154, 229); et à divers documents conservés aux Archives nationales: H724 (pièce 48) et F7–5190 (2456). On trouvera des informations éparses dans les travaux traitant de l'émigration, par exemple, Ghislain de Diesbach, *Histoire de l'émigration 1789–1814* (Paris, Perrin, 1984); Henri Forneron, *Histoire générale des Emigrés pendant la Révolution française* (Paris, Plon, 1884); Henri Carré, «Les Emigrés français en Amérique, 1789–1793», *La Revue de Paris* (15 mai 1898), pp. 311–340.

2   Adrien de Lezay-Marnésia (1769–1814) devra son avancement dans les cadres de l'administration napoléonienne au soutien de Joséphine Bonaparte. (La sœur aînée d'Adrien avait épousé en 1786 le fils de Fanny de Beauharnais, le comte Claude de Beauharnais.) Rentré d'exil à la fin de 1799, il lui faudra toutefois attendre plusieurs années pour entrer dans les grâces de l'empereur, sans doute à cause de l'étroite amitié qui le liait à madame de Staël. En 1802, il est nommé ministre plénipotentiaire à Salzbourg, pour représenter la France auprès de l'électeur Ferdinand d'Autriche. En 1806, il est transféré à Coblence où il prend les fonctions de préfet de Rhin-et-Moselle. Enfin, en 1810, il devient préfet du Bas-Rhin et s'installe à Strasbourg, où il laissera le souvenir d'un bon administrateur. On y érigera sa statue en 1857. Voir Bourget-Besnier, *Une famille française* (pp. 77–108), et surtout Westerholt, *Lezay-Marnésia: Sohn der Aufklärung*. La carrière de son frère Albert (1772–1857) fut tout aussi brillante. Suspect de complicité avec les milieux de l'émigration, il n'occupe aucune fonction publique sous l'Empire. Il s'installe dans le château familial, à Saint-Julien-sur-Suran, où, comme l'avait fait son père, il s'occupe d'agriculture et fait œuvre de bienfaisance. A la Restauration, il est nommé préfet du Lot. Ses opinions modérées le font élire deux ans plus tard à la Chambre des députés, au moment même où il doit prendre de nouvelles fonctions: il est préfet de la Somme pendant quelques mois, puis devient préfet du Rhône. Après avoir été exclu de l'administration sous le ministère Villèle, il obtient la préfecture du Loir-et-Cher en 1828. En 1835, il devient pair de France. Après une nouvelle éclipse sous la Seconde République, on le retrouve, en 1852, sous Louis-

Napoléon, membre de la Commission consultative du Sénat. Voir Bourget-Besnier, *Une famille française* (pp. 109–123); Roposte, *La Maison de retraite Lezay-Marnésia* (pp. 59–69).

3   Il s'agit du fils cadet d'Albert, le comte Albert-Antoine de Lezay-Marnésia (1818–1879). Il avait épousé en 1845 Louise Poitelon du Tarde (1826–1891), qui remplira les fonctions de Dame du Palais auprès de l'impératrice Eugénie. Elle est représentée sur le célèbre tableau de Winterhalter: il s'agit de la troisième dame en partant de la gauche. Le comte Albert-Antoine sera, de son côté, chambellan de l'impératrice, puis premier chambellan, en 1869, à la mort du duc Tascher de la Pagerie. Voir Robert Genevoy, *Une dame d'honneur de l'impératrice Eugénie: la comtesse de Lezay-Marnésia, 1826–1891* (polycopié, 1989, Archives départementales du Doubs, BC 14987).

4   Lorsque sa mère meurt en 1791, Stéphanie de Beauharnais est âgée de deux ans. Successivement, Miss Pultney, une amie de pension de sa mère, et deux anciennes religieuses de l'abbaye de Panthemont s'occuperont d'elle. Enfin, Joséphine Bonaparte la prend en charge et la place à Saint-Germain-en-Laye, dans l'établissement d'éducation de madame Campan. L'adoption n'interviendra qu'en mars 1806. Elle est prononcée par l'empereur devant le Sénat. Le motif en est la raison d'état. Par l'union de la jeune fille au prince Charles, prince héritier de Bade, il s'agit de faire coïncider les intérêts de l'empire avec ceux de l'électorat de Bade. Par la fille de Stéphanie, Joséphine, qui épousera Charles de Hohenzollern-Sigmaringen, les Lezay-Marnésia se trouveront apparentés à la dynastie roumaine et à la dynastie belge; par l'autre fille de Stéphanie, Marie, qui épousera le duc d'Hamilton, ils se trouveront apparentés à la dynastie monégasque. Voir Bourget-Besnier, *Une famille française* (pp. 125–138), D.A. Bingham, *The Marriages of the Bonapartes* (London, Longmans, Green & Cie, 1882, ii, pp. 301–311), et surtout J. Turquan, *Une fille adoptive de Napoléon, Stéphanie de Beauharnais, grande duchesse de Bade* (Paris, Montgredien & Cie, s.d.).

5   Eloge du marquis de Lezay-Marnésia prononcé par Monsieur H. Tivier, Académie de Besançon, séance publique du 31 janvier 1878, *Mémoires de l'Académie des Sciences, Belles-Lettres et Arts de Besançon*, année 1878 (Besançon, 1879), p. 18.

6   Madame de Staël, *Considérations sur la Révolution française* (Paris, Tallandier, 1983), p. 158.

7   Eloge du marquis de Lezay-Marnésia, p. 2.

8   Pour la généalogie de la famille de Lezay-Marnésia, on consultera le manuscrit 33240 de la Bibliothèque Nationale, Généalogie de la maison de Lezay-Marnésia. Une généalogie complète, basée sur le manuscrit de la Bibliothèque Nationale, sur le *Dictionnaire de la Noblesse* de La

Chesnaye-Desbois et Badier (Paris, 1868), et sur une généalogie manuscrite établie par le comte Albert de Lezay au dix-neuvième siècle et conservée dans des archives privées, se trouve dans l'étude d'Elisabeth Bourget-Besnier, *Une famille française* (pp. 9–15). On aura recours aussi au livre de Marius Veyre, *La Maison de Lezay-Marnésia*. On trouvera également des notices biographiques dans Roger Lurion, *Nobiliaire de Franche-Comté* (Besançon, 1890), et dans Jean-Tiburce de Mesmay, *Dictionnaire historique, biographique et généalogique des anciennes familles de Franche-Comté* (Paris, 1958).

9   C. Brelot, *La Noblesse en Franche-Comté de 1789 à 1808* (Paris, Les Belles Lettres, Annales littéraires de l'Université de Besançon 134, 1972), p. 26.

10   *Ibid*, pp. 28–30, 43 (n.77).

11   Archives nationales MM814, Preuves (généalogies, titres) pour les honneurs de la cour, 8 septembre 1784.

12   Il était l'aîné de trois enfants et fut le seul à laisser une descendance. Anne-Marie-Etienne-Gaspard, de deux ans son cadet, embrassa la carrière des armes. Il fut chevalier des ordres de Malte et de Saint Georges, et colonel du régiment des chasseurs des Ardennes. Quant au benjamin, Claude-Gaspard II, il entra dans les ordres. En 1753, son oncle, Louis-Albert de Lezay-Marnésia, chanoine-comte de l'église de Lyon, le fait admettre au chapitre de cette église. En 1759, Louis-Albert ayant été sacré évêque d'Evreux, le jeune homme est nommé vicaire général du diocèse d'Evreux (Bibliothèque municipale de Lyon, fonds Coste, mss. 2305 et 2310). Il finira sa carrière comme abbé commendataire d'Acey, dans le Jura. Bien qu'ayant aboli la mainmorte dans les terres de l'abbaye en 1788, il sera très contesté par le tiers état lors de l'assemblée générale des trois ordres du bailliage d'Aval, le 6 avril 1789 (Archives nationales Ba 17[19]).

13   René des Genettes, *Souvenirs de la fin du XVIIIe siècle et du commencement du XIXe siècle ou Mémoires de R.D.G.* (Paris, Firmin-Didot, 1835–1836), ii, p. 53. Toutefois il fait une erreur sur les lieux de la retraite du marquis. En 1769, Lezay-Marnésia se retire dans son château de Moutonne; il ne s'installa à Saint-Julien qu'en 1785, après que son oncle Louis-Albert, évêque d'Evreux, lui eut cédé le domaine.

14   Voir Emile G. Léonard, *L'Armée et ses problèmes au XVIIIe siècle* (Paris, Plon, 1958), pp. 239–241.

15   Bourget-Besnier, *Une famille française* (p. 16) signale qu'elle a exécuté alors de belles miniatures. Un exemple en est le portrait de Marie-Antoinette reproduit dans M. Robinson, *Monody to the memory of the late Queen of France (Marie-Antoinette. With a portrait of the Queen by the Marchioness Lezay-Marnésia)* (s.l. [Londres], 1793).

16 René des Genettes, *Souvenirs*, ii, p. 55. Cousin mentionne que la marquise de Lezay-Marnésia collectionnait les coralloïdes, les vermiculites, les cochlites, les ostracites, les échenites et les bélemnites; ces collections seront offertes plus tard au collège catholique de Thoissey, dans l'Ain. Jean Cousin, «L'Académie des Sciences, Belles-Lettres et Arts de Besançon au XVIIIe siècle et son œuvre scientifique», *Revue d'Histoire des Sciences et de leurs applications*, Centre International de Synthèse (octobre-décembre 1959), p. 337.

17 *Essai sur la nature champêtre*, pp. 5–6. «J'ai passé six ans sur une des hauteurs du Jura»: lorsque paraît l'*Essai sur la nature champêtre*, en 1787, il est beaucoup trop tôt pour que Lezay-Marnésia fasse référence à Saint-Julien où il s'installe en 1785. Il fait sans aucun doute référence à Moutonne où il élit domicile en 1769. Ce passage peut donc être daté de 1775. L'*Essai* a été composé sur de nombreuses années, avec de longues interruptions comme l'auteur le souligne lui-même dans l'édition de 1800 de l'*Essai* (*Paysages*, note 7, pp. 73–74). On croit même que la rédaction de l'*Essai* avait déjà été entreprise avant 1767 sous forme de poésies variées. En effet, dans le discours que Lezay-Marnésia prononce le 20 octobre 1767 devant la Société royale des belles-lettres de Nancy, à l'occasion de sa réception, il avoue que *Les Saisons* de Saint-Lambert lui servent d'inspiration dans ses méditations sur la nature. On notera que le poème *Les Saisons* n'a été publié qu'en 1769, et on en déduira que Lezay-Marnésia, qui était ami de Saint-Lambert, en connaissait la forme manuscrite. Grimm (*Correspondance littéraire, philosophique et critique*, édition Maurice Tourneux [Paris, Garnier frères, 1877–1882], ii, pp. 270–272), affirme que le manuscrit circulait dans les salons dès la fin des années 1740. Le manuscrit de Lezay-Marnésia devait également circuler ou du moins ses poésies être lues en public dans les salons: il mentionne dans l'*Essai sur la nature champêtre* (p. 126, note) que «des dames d'un goût timoré mais sûr» lui ont recommandé de changer un vers.

18 *Plan de lecture pour une jeune dame* (Lausanne, A. Fischer et L. Vincent, 1800), pp. 101–102.

19 On trouvera des informations sur cette société dans l'étude de Gaston Maugras, *La Cour de Lunéville au XVIIIe siècle* (Paris, Plon, 1904).

20 Grimm, *Correspondance littéraire*, 15 août 1753, ii, p. 172.

21 *Plan de lecture pour une jeune dame* (édition de 1800), p. 102.

22 Voir Maurice Pellisson, «Un jésuite passé à la Révolution: Joachim Cerutti», *Revue politique et parlementaire* (1906), pp. 293–296, et Melvin Allen Edeselstein, *La Feuille Villageoise* (Commission d'histoire économique et sociale de la Révolution française, Mémoires et Documents xxxiv, Paris, Bibliothèque Nationale, 1977), pp. 21–22.

23 *Plan de lecture pour une jeune dame* (édition de 1800), p. 102.

24   Affirmer, comme le font Marius Veyre et Bourget-Besnier, que Cerutti et Leslie fréquentaient le salon de la marquise de Lezay-Marnésia semble difficilement soutenable. Nous n'avons rien trouvé qui puisse faire croire que la marquise de Lezay-Marnésia ait conservé un salon littéraire, même d'une manière épisodique, après 1746, date à laquelle elle quitte Nancy pour Lons-le-Saunier. Ses activités littéraires ne s'étaient pas pour autant interrompues, puisqu'elle publie en 1753, à Paris, ses *Lettres de Julie à Ovide*; par ailleurs, les visites fréquentes qu'elle rend à ses amis lorrains, ainsi que l'élection de son fils à l'Académie de Stanislas, prouvent que le nom de Lezay-Marnésia est toujours un nom qui compte dans la société littéraire «élargie» de la cour de Lorraine.

25   J. R. de Boisgelin de Cucé, *Oraison funèbre de Stanislas Ier* (Paris, Hérissant, 1766), pp. 58, 43.

26   *Essai sur la nature champêtre* (Paris, Prault, 1787), p. 148.

27   Baronne d'Oberkirch, *Mémoires sur la cour de Louis XVI et la société française avant 1789*, édition de Suzanne Burkard (Paris, Mercure de France, collection Le Temps retrouvé xxi, 1989), p. 141.

28   *Ephémérides du citoyen* (1768), vii, pp. 9–11.

29   *Epître à M. de S***, chevalier de Saint-Louis, par M. l'abbé de S***, son frère* (Paris, Jorry et les Marchands de Nouveautés, 1779), cité dans le compte rendu du *Journal des savants* (novembre 1780), pp. 761–762.

30   *Le Bonheur dans les campagnes* (Neufchâtel & Paris, 1785), p. 71.

31   *Essai sur la nature champêtre*, p 4

32   Eloge du marquis de Lezay-Marnésia, p. 3.

33   *Essai sur la nature champêtre*, pp. 4–5.

34   Albert de Lezay-Marnésia, *Mes souvenirs*, pp. 22–23.

35   *Essai sur la nature champêtre*, pp. 165–166.

36   Lezay-Marnésia, *Les Paysages, ou essais sur la nature champêtre, poëme*. Nouvelle édition revue, corrigée et augmentée. Suivi d'*Apelle et Campaspe, ballet héroïque*, de plusieurs *Pièces fugitives*, de l'*Heureuse Famille, conte moral* et des *Lampes, allégorie* (Paris, Louis libraire, 1800), pp. 143–144. Ce volume se trouve à la British Library.

37   *Plan de lecture pour une jeune dame* (édition de 1800), pp. 100–101. L'exemplaire que la Bibliothèque Nationale possède des *Lettres de Julie à Ovide* de la marquise de Lezay-Marnésia date de 1789. Il s'agit d'une réédition faite par son fils. Cousin mentionne que les *Lettres de Julie à Ovide* ont été publiées à Paris en 1753, Jean Cousin, *L'Académie des Sciences, Belles-Lettres et Arts de Besançon. 200 ans de vie comtoise, 1752–1952. Essai de synthèse* (Besançon, Ledoux, 1954), p. 50.

38   Jean Cousin, *L'Académie des Sciences, Belles-Lettres et Arts de Besançon*, p. 50.

39   Madame de Lezay-Marnésia, *Lettres de Julie à Ovide* (Rome et Paris, Gattey, 1789), p. 111.

40   *Ibid.*, p. 103.

41   *Ibid.*, pp. 41–42.

42   Pierre Le Tourneur, *Voyage à Ermenonville*, réimpression en facsimilé de l'édition de 1788 présentée par Jacques Gury (s.l., A l'Ecart, collection Bibliothèque des Etudes J.-J. Rousseau 4, 1990), p. 135.

43   Eléazar Mauvillon, *Traité général du style, avec un traité particulier du style épistolaire* (Amsterdam, P. Mortier, 1751), en particulier les pages 262, 269–270 et 357–358.

44   Philip Stewart, *Le masque et la parole* (Paris, José Corti, 1973), p. 117.

45   *Lettres de Julie à Ovide*, p. 117.

46   Marmontel, *Eléments de littérature*, «Eglogue», in *Œuvres complètes* (édition de Paris, 1818–1820, Genève, Slatkine Reprints, 1970), iv, pp. 412–420 (article paru dans l'*Encyclopédie*) et article «Idylle», iv, pp. 614–615. Avant Marmontel, Fontenelle avait déjà souligné la nature de l'églogue: «Il en va (...) des églogues comme des habits que l'on prend dans les ballets pour représenter des paysans. Ils sont d'étoffes beaucoup plus belle que ceux des paysans véritables; ils sont même ornés de rubans et de points, et on les taille seulement en habits de paysans. Il faut aussi que les sentiments dont on fait la matière des églogues soient plus fins et plus délicats que ceux des vrais bergers; mais il faut leur donner la forme la plus simple et la plus champêtre qu'il soit possible», Fontenelle, *Discours sur la nature de l'églogue*, in *Œuvres* (édition G.-B. Depping, Paris, Belin, 1818), ii, p. 68.

47   Rémond de Saint-Mard, *Réflexions sur la poésie en général, sur l'églogue, sur la fable, sur l'élégie, sur la satire, sur l'ode et sur les autres petits poèmes comme sonnet, rondeau, madrigal, etc., suivies de trois lettres sur la décadence du goût en France* (La Haye, C. de Rogissart & sœurs, 1734), pp. 54–56.

48   *Ibid.*, pp. 53–54.

49   *Ibid.*, p. 48.

50   *Ibid.*, pp. 59–60.

51   *Ibid.*, p. 99.

52   *Correspondance complète de Jean-Jacques Rousseau*, édition critique par R. A. Leigh (Oxford, The Voltaire Foundation, 1978), 35, 6235, 4 février 1768, p. 84.

53   Charles-Simon Favart, *Les Moissonneurs*, comédie en trois actes, mêlée d'ariettes, musique de Duni. Représentée pour la première fois, au Théâtre italien, le 27 janvier 1768. In Charles-Simon Favart, *Opéra-Comiques en vers* (Paris, Veuve Dabo, 1822), ii, p. 123.

54   Charles-Simon Favart, *Les Amours champêtres*, pastorale. Représentée pour la première fois par les Comédiens italiens ordinaires du roi, le jeudi 2 septembre 1751. Troisième édition (Paris, Duchesne, 1759), p. 3.

55   Michel Jean Sedaine, *Thémire*, pastorale en un acte. La musique de M. Duny. Représentée pour la première fois, devant Sa Majesté, à Fontainebleau, le samedi 20 octobre 1770. Et à Paris, pour la première fois, par les Comédiens ordinaires du roi, le lundi 26 octobre 1770 (Paris, Claude Hérissant, 1771), p. 3.

56   Michel Jean Sedaine, *Le Déserteur*, drame en trois actes et en prose, mêlé de musique. Représenté pour la première fois par les Comédiens italiens ordinaires du roi, le 6 mars 1769. In Michel Jean Sedaine, *Œuvres choisies de Sedaine* (Paris, Hachette, 1876), p. 131.

57   De la même façon, l'architecture urbaine de la même période fait aboutir les promenades urbaines à des bois, dans lesquels elles se fondent. Voir Marc-Antoine Laugier, *Essai sur l'architecture* (Paris, 1753).

58   Le tableau de François Boucher se trouve au Musée de Picardie, à Amiens; celui de Pâris, au Musée des Beaux-Arts de Besançon.

59   Pour les décors de théâtre et d'opéra-comique, voir Philippe Vendrix, ed., *L'opéra-comique en France au XVIIIe siècle* (Liège, Pierre Mardaga, 1992), pp. 179–197 et 223–240.

60   Pour l'arrière-plan sur le sentiment de la nature en France au dix-huitième siècle, on utilisera l'étude de Robert Mauzy, *L'idée du bonheur*, celle de Jean Ehrard, *L'idée de nature en France dans la première moitié du XVIIIe siècle* (Ecole pratique des Hautes Etudes VIe section, Paris, S.E.V.P.E.N., 1963), et aussi celle d'André Bourde, *Agronomie et agronomes en France au XVIIIe siècle* (Ecole pratique des Hautes Etudes VIe section, Paris, S.E.V.P.E.N., 1967). On lira enfin l'excellent article de J. M. Blanchard, «Style pastoral, style des lumières», *Studies on Voltaire and the Eighteenth-Century* 114 (1973), pp. 331–346.

61   Voir l'introduction de John Renwick à son édition critique des *Mémoires de Marmontel* (Clermont-Ferrand, 1972); Michelle Buchanan, «Les *Contes moraux* de Marmontel» (Ph.D. dissertation, University of Southern California, 1965); Eve G. Katz, «The *Contes moraux* of Jean-François Marmontel» (Ph.D. dissertation, Yale University, 1966).

62   Marmontel, *Tout ou Rien*, in *Œuvres*, ii, p. 107.

63   Cité par Buchanan, «Les *Contes moraux* de Marmontel», p. 127.

64   Ce tableau se trouve au Musée des Beaux-Arts de Dijon.

65   Marmontel, *La Bergère des Alpes*, in *Œuvres*, ii, p. 131.

66   *Essai sur la nature champêtre*, p. 73.

67   Lettre du 24 septembre 1772, citée par Mauzy, *L'idée du bonheur*, p. 363.

68   J.M. Blanchard, «Style pastoral, style des lumières», p. 333.

69   Cf. infra les chapitres VIII et IX, et voir à ce sujet Harvey Chisick, *The Limits of Reform in the Enlightenment* (Princeton, Princeton University Press, 1981).

70   «La maladie à la mode, c'est celle de l'agriculture. Un auteur anonyme a bien publié un *Préservatif contre l'agronomie*; mais il est lui-même atteint de la maladie», Grimm, *Correspondance littéraire*, 1er juin 1762, v, p. 90.

71   Daniel Mornet, *Les sciences de la nature en France au XVIIIe siècle* (Paris, A. Colin, 1911), p. 263; Bourde, *Agronomie et agronomes*, i, pp. 216–219; Ehrard, *L'idée de nature*, pp. 624–625.

72   *Correspondance complète de Rousseau*, 31, 5496, 27 octobre 1766, pp. 72–83; 32, 5736, 20 février 1767, pp. 154–163.

73   *Ibid.*, 31, 5496, 27 octobre 1766, p. 77.

74   Marquis Joseph-Henri de Costa, *Essai sur l'amélioration de l'agriculture dans les pays montueux et en particulier dans la Savoie* (Chambéry, F. Gorrin, 1774), pp. 286, 261–262.

75   Claude-Henri Watelet, *Essai sur les jardins* (Paris, Prault, 1764), p. 104.

76   *Correspondance complète de Rousseau*, 35, 6235, 4 février 1768, p. 86.

77   Watelet, *Essai sur les jardins*, pp. 23–24.

78   J.M. Kaplan, *«La Neuvaine de Cythère»: une démarmontélisation de Marmontel* (Oxford, The Voltaire Foundation, Studies on Voltaire and the Eighteenth-Century 113, 1973), p. 174.

79   Marmontel, *Le Misanthrope corrigé*, in *Œuvres*, ii, p. 332.

80   Voir André Bourde, *Agronomie et agronomes*, ii, pp. 985–987, qui donne l'exemple des *Instructions...* (1746) de mme Villers de Billy. Elle reconnaît quelques qualités au paysan: la soumission et la patience; mais le paysan est surtout décrit comme quelqu'un d'impur, de voleur, de paresseux, de grossier. Le moyen de guider cette masse sera la religion.

81   Fresnais de Beaumont, *La Noblesse cultivatrice* (Paris, 1778), pp. 4–5.

82   *Journal œconomique*, janvier 1751, pp. 6–7.

83   Marmontel, *Le Scrupule*, in *Œuvres*, ii, p. 40.

84   *loc.cit.*

85   Marmontel, *Eléments de littérature*, «Bergeries», in *Œuvres*, iv, p. 184.

86   Marmontel, *Eléments de littérature*, «Mœurs», in *Œuvres*, iv, p. 707. Marmontel continuera à développer ce thème des gens simples comme source de renouvellement dans l'article «Goût», qu'il écrira dix ans plus tard pour l'*Encyclopédie méthodique*.

87   Voir Roland Bonnel, «Le discours de vulgarisation scientifique de l'agriculture et la poésie agronomique du dix-huitième siècle», *Alfa* 7–8 (1994–1995), pp. 303–348.

88   Voir Jean Weisgaber, «Le rococo littéraire: formes de la miniaturisation», *Dix-Huitième siècle européen*, textes réunis par Claude De Grève (Paris, Aux Amateurs de livres, 1990), pp. 21–25.

89   *Essai sur la nature champêtre*, pp. 1, 2–3.

90   Lettre de madame Riccoboni à David Garrick, 3 mai 1769. *Mme Riccoboni's letters to David Hume, David Garrick and sir Robert Liston, 1764–1783*, edited by James C. Nicholls (Oxford, The Voltaire Foundation, Studies on Voltaire and the Eighteenth Century 149, 1976), p. 148.

91   Lettre de mme Riccoboni à Garrick, 27 juillet 1772. *Ibid.*, pp. 267–268.

92   Diderot. *Salon de 1761*, in *Œuvres esthétiques*, édition Vernière (Paris, Garnier-Bordas, 1988), p. 519.

93   Charles Simon Favart, *L'Amour au village*, opéra-comique en un acte et en vaudevilles. Représenté pour la première fois sur le Théâtre du Faubourg Saint Germain, le 3 février 1745. Nouvelle édition (Paris, Duchesne, 1762), p. 47.

94   Charles Simon Favart, *La Fête du château*, divertissement mêlé de vaudevilles et de petits airs. Représenté pour la première fois par les Comédiens italiens ordinaires du Roi, le 25 septembre 1766 (Paris, la Veuve Duchesne, 1766), p. 25.

95   «Ce n'est qu'ici, Oui, Ce n'est qu'au village Que le bonheur a fixé son séjour. Loin de la ville, loin de la cour, C'est à l'ombrage D'un vert feuillage Qu'on trouve ensemble et la paix et l'amour. Lorsque le soleil lance ses traits Sur nos têtes profanes, La foudre frappe les palais, Elle respecte les cabanes». Michel Jean Sedaine, *Le Roi et le fermier*, comédie en trois actes et en prose. Représentée pour la première fois par les Comédiens italiens ordinaires du Roi, le 22 novembre 1762. In *Œuvres choisies de Sedaine* (Paris, Hachette, 1876), p. 113.

96   Charles Simon Favart, *Les Moissonneurs*, p. 139.

97   *Ephémérides du citoyen* (1768), ii, p. 205.

98   *Ibid.*, p. 210.

99   Louis Trénard, «Pour une histoire sociale de l'idée du bonheur au XVIIIe siècle», *Annales historiques de la Révolution française* 35 (1963), p. 434.

NOTES DU CHAPITRE II

1   Académie de Lyon, procès-verbal de la séance du mardi 17 janvier 1775, ms 266, registre xii.

2   Dans l'éloge de Lezay-Marnésia à l'Académie de Besançon en 1878, Tivier mentionne un autre conte moral: *L'Héroïsme de la charité*. Il ne peut toutefois s'agir de cette œuvre qu'on trouve dans les annexes de l'édition de 1800 du *Plan de lecture pour une jeune dame*, et que l'auteur nous dit avoir écrit le 2 février 1800, dix mois avant sa mort. On se

trouve devant la même difficulté quand on lit l'éloge des académiciens décédés fait par Dom Grappin devant l'Académie de Besançon le 5 décembre 1812, dans lequel est attribué à Lezay-Marnésia la paternité d'un roman, *La Famille vertueuse*. Aucun roman ne porte ce titre, sauf l'œuvre de Restif de la Bretonne, *La Famille vertueuse*, Lettres traduites de l'anglais par M. de la Bretone (Paris, Veuve Duchesne, 1767). Il est difficile d'ajouter foi aux informations données par Dom Grappin, qui renferment de nombreuses erreurs: l'*Essai sur la nature champêtre* est daté de 1758; *L'Heureuse famille*, de 1775; est attribué aussi à Lezay-Marnésia un discours couronné par l'Académie de Besançon, «Comment l'éducation des femmes pourrait contribuer à rendre les hommes meilleurs», dont l'auteur était un ami du marquis, le chevalier Costa de Beauregard. *Académie des sciences, belles-lettres et arts de Besançon*, séance du 5 décembre 1812, ii, pp. 73–78.

3   Académie de Lyon, procès-verbal de la séance du mardi 17 janvier 1775, ms 266, registre xii.

4   *Journal encyclopédique* (15 juillet 1759), p. 50n.

5   *Encyclopédie*, article «Voleur», volume xvii (1765), pp. 450–451.

6   Kafker, *The Encyclopedists*, p. 226.

7   Voir chapitre I, «La mode de la campagne».

8   Diderot, *Salon de 1763*, in *Œuvres esthétiques*, p. 524.

9   Edmond et Jules de Goncourt, *L'Art du XVIIIe siècle* (Paris, G. Charpentier, 1882), ii, p. 24.

10   *Le Bonheur dans les campagnes*, pp. 1–2.

11   *Plan de lecture pour une jeune dame* (Paris, Prault, 1784), p. 14.

12   *Ibid.*, p. 58

13   Massillon, *Sermon pour le quatrième dimanche de Carême, sur l'aumône*, in *Sermons et Morceaux choisis* de Massillon (Paris, Firmin-Didot frères, fils & Cie, 1873), pp. 273–275.

14   Louis XVI (Louis-Auguste, dauphin), *Réflexions sur mes entretiens avec le duc de la Vauguyon* (Paris, J.-P. Aillaud, 1851), 19e entretien.

15   *L'Heureuse famille*, conte moral (Genève et Nancy, Leclerc, 1766); une autre édition paraît en 1768 à Copenhague, chez Philibert; le conte est réédité en 1787, dans le même volume que l'*Essai sur la nature champêtre* (Paris, Prault), et en 1800, dans le même volume que *Les Paysages, ou essai sur la nature champêtre* (Paris, Louis libraire); en traduction: *The happy family. A reading family book for youth* (Philadelphia, 1840). La Boston Public Library possède l'édition de 1809, publiée à Brurères, chez Michel Vivot. *L'Heureuse famille* fait partie du quatrième volume d'un *Recueil de pièces troyennes*, écrites au cours du dix-huitième siècle, qui toutes ont un but didactique et s'adressent à un public de non-privilégiés.

On y trouve *Le Miroir des femmes*, qui fait l'éloge de la femme sage qui travaille, garde sa maison et fait preuve de bienfaisance; *La princesse Lionnette et le prince Coquerico*, où un vieillard et sa femme quittent la cour pour la montagne; *L'état de servitude*, qui se veut être un manuel du domestique; etc. Toutes ces historiettes ont en commun le respect de la hiérarchie sociale.

16   Grimm, *Correspondance littéraire*, vii, p. 127.

17   *L'Heureuse famille*, pp. 247–248. Les références des extraits cités renvoient à la réédition de 1784 de *L'Heureuse famille*, imprimée à la suite de l'*Essai sur la nature champêtre*, pp. 201–248.

18   «Many of the *contes* may be considered as short-fictional equivalents of the *comédies larmoyantes* of the the time—the close relationship between the two genres is not coincidental and provides a clear indication of contemporary public taste», Michael Cardy, *The Literary doctrines of Jean-François Marmontel* (Oxford, The Voltaire Foundation, Studies on Voltaire and the Eighteenth-Century 210, 1982), p. 8.

19   Michel Jean Sedaine, *Le Jardinier et son seigneur*, opéra-comique en un acte, en prose, mêlé de morceaux de musique. Représenté sur le Théâtre de la Foire Saint Germain, le mercredi 18 février 1761. La musique de M. Philidor (Paris, Claude Hérissant, 1785), pp. 36–37.

20   *L'Heureuse famille*, p. 221.

21   *Essai sur la nature champêtre*, pp. 19–20.

22   *L'Heureuse famille*, p. 202.

23   *loc.cit.*

24   Charles Simon Favart, *Les Amours champêtres*, p. 35.

25   *L'Heureuse famille*, p. 202.

26   *Ibid.*, p. 216.

27   *Encyclopédie*, article «Luxe», volume ix (1765), p. 767.

28   *L'Heureuse famille*, p. 227.

29   Marquise de la Tour du Pin, *Mémoires* (Paris, Mercure de France, collection Le Temps Retrouvé, 1989), p. 206.

30   *L'Heureuse famille*, pp. 205–206.

31   *Ibid.*, p. 244.

32   *Ibid.*, pp. 204–205.

33   *Ibid.* p. 244.

34   Louis-René de Caradeuc de La Chalotais, *Essai d'éducation nationale, ou Plan d'étude pour la jeunesse* (s.l.[Paris], 1763), p. 26.

35   *L'Heureuse famille*, p. 237.

36   *Ibid.*, pp. 207–208.

37 *Ibid.*, p. 241.

38 *Essai sur la nature champêtre*, p. 103.

39 Lettre de Laclos à son épouse, 27 floréal an II (16 mai 1794), dans Choderlos de Laclos, *Œuvres complètes*, édition Laurent Versini (Paris, Gallimard, Bibliothèque de la Pléïade, 1979), p. 811.

40 L'*Année littéraire* du 23 février 1768 (1768, ii, pp. 21–27) cite de larges extraits de ce discours. On en trouvera le texte dans les archives de l'académie de Stanislas (discours de réception). Ce discours fut également imprimé la même année, à Paris, chez Quillau libraire et Dessain Junior. Lezay-Marnésia reprend le texte de son discours à la fin de l'édition de 1800 de son *Plan de lecture pour une jeune dame*, pp. 237–253.

41 *Année littéraire* (1768), ii, p. 21.

42 Grimm (*Correspondance littéraire*, décembre 1774, x, p. 522) nous apprend que Watelet écrivit sa pièce après avoir reçu, pendant tout l'été, la visite de la bonne société parisienne et des courtisans au Moulin Joli. Sa pièce serait donc une satire de l'attitude de ses hôtes.

43 Claude-Henri Watelet, *La maison de campagne à la mode, ou la comédie d'après nature*, comédie en deux actes, en prose, composée en 1777 (Paris, Prault, 1784), p. 14.

44 *Ibid.*, p. 36.

45 *Ibid.*, p. 40.

46 *Ibid.*, p. 42.

47 *Ibid.*, p. 45.

48 *Discours de réception à l'Académie de Nancy*, p. 241. La pagination renvoie au texte du discours imprimé à la fin du *Plan de lecture pour une jeune dame*, édition de 1800.

49 Watelet, *Essai sur les jardins*, p. 61.

50 *Discours de réception à l'Académie de Nancy*, p. 239.

51 *Ibid.*, p. 237.

52 *Ibid.*, pp. 247–248.

53 Voir supra, p. 45.

54 *Discours de réception à l'Académie de Nancy*, p. 241.

55 *Essai sur la minéralogie du bailliage d'Orgelet* (Besançon, Charmet, Paris, Mérigot le jeune, 1778), pp. 2–3.

56 *Discours de réception à l'Académie de Nancy*, p. 240.

57 *Ibid.*, p. 242.

58 Diderot, *Discours sur la poésie dramatique*, in *Œuvres esthétiques*, p. 191.

59 *Ibid.*, p. 261.

60 *Discours de réception à l'Académie de Nancy*, p. 239.

61 Charles Batteux, *Les Beaux-Arts réduits à un même principe*, édition Jean-Rémy Mantion (Paris, Aux Amateurs de livres, 1989), p. 91.

62 *Ibid.*, p. 92.

63 *Discours de réception à l'Académie de Nancy*, p. 240.

64 *Ibid.*, p. 241.

65 *Ibid.*, p. 249.

66 *Année littéraire* (1768), ii, p. 22.

67 *Discours de réception à l'Académie de Nancy*, pp. 244–245.

68 Abbé Jean-Baptiste Dubos, *Réflexions critiques sur la poésie et sur la peinture* ([1719] Paris, Pissot, 1770), i, pp. 27–28.

69 Voir chapitre I, «la cour de Lunéville et les milieux littéraires».

70 *Discours de réception à l'Académie de Nancy*, p. 249.

71 Jean Ehrard, *L'Idée de nature en France*, i, p. 275. Il cite ce passage des *Réflexions sur la poétique* de Fontenelle: «On veut être ému, agité. On veut répandre des larmes. Le plaisir qu'on prend à pleurer est si bizarre que je ne puis m'empêcher d'y faire réflexion. D'où vient qu'on est agréablement touché par le spectacle d'une chose qui affligerait si elle était réelle?»

72 Antoine Houdar de La Motte, *Réflexions sur la critique*, in *Œuvres* (Paris, Prault l'aîné, 1754), iii, pp. 189–191.

73 *Discours de réception à l'Académie de Nancy*, p. 238.

74 *Ibid.*, pp. 246–247.

75 Charles Batteux, *Les Beaux-Arts réduits à un même principe*, p. 97.

76 *Discours sur la sensibilité*, par Malot d'Avallon, poème présenté au concours de poésie de 1775 de l'Académie française, Archives de l'Institut et de l'Académie française, carton A12, pièce 60 (poème sélectionné).

77 Saint-Lambert, *Les Saisons* (Paris, P. Didot l'aîné, 1769), p. xiij.

78 *Discours de réception à l'Académie de Nancy*, p. 251.

NOTES DU CHAPITRE III

1 Lettre de Voltaire à la marquise Du Deffand, 17 septembre 1759, in Voltaire, *Correspondence and related documents*, edited by Theodore Besterman (Banbury, The Voltaire Foundation, 1968–1977), volume xx, lettre D8484, p. 359.

2 Au numéro 8 de l'actuelle place Perraud, qui au XVIIIe siècle prit successivement les noms de place des Fossés (1725), place du Trottoir, place d'Evreux — ces deux derniers noms en souvenir de la présence du comte de Lezay-Marnésia, évêque d'Evreux — puis place du Palais. Source: Jean-Michel Bonjean, *Lons-le-Saunier. Historique rue par rue*

(Lons-le-Saunier, 1987), et J. Brelot et G. Duhem, *Histoire de Lons-le-Saunier* (Lons-le-Saunier, 1957), pp. 181, 373, 382 n.25.

3   J. M. Lequinio, *Voyage pittoresque et physio-économique dans le Jura* ([Paris, 1801] Marseille, Lafitte Reprints, 1979), ii, p. 117. Ce journal de voyage fut pourtant écrit en 1801, c'est-à-dire après les efforts de Lezay-Marnésia pour promouvoir et moderniser l'agriculture dans sa région.

4   A. Rousset, *Dictionnaire géographique, historique et statistique des communes de la Franche-Comté et des hameaux qui en dépendent* (Lons-le-Saunier, 1856), iv, pp. 432–435.

5   Il est possible que la marquise ait pensé se séparer de Nettancourt au début des années 1780. On trouve dans les archives un arrêté du Conseil du roi du 28 mai 1782, qui détermine ce qui patrimonialement appartient aux Lezay-Marnésia à Nettancourt et ce qui dépend du domaine royal dans le même lieu. L'arrêté procède à une réévaluation de la propriété, évaluée à 310,000 louis 160 livres, et fait baisser cette somme de 58,000 livres.

6   La plupart des actes de vente se trouvent dans les archives Lezay-Marnésia à la Bibliothèque de l'Arsenal. Les actes de vente de la seigneurie de Montmartin et de la dîme de Meusnois sont aux Archives départementales du Jura, E3931 et 258E.

7   Dans l'édition de 1800 de l'*Essai sur la nature champêtre*, pp. 73–74, n.7, Marnésia situe la construction de son ermitage à la mort de Gresset, soit en 1777. On doit toutefois dater cette construction de 1775, date attestée par des factures conservées dans les archives Lezay-Marnésia.

8   Lezay-Marnésia, *Essai sur la nature champêtre*, pp. 1–2. Cet extrait du chant premier date de la création de l'ermitage dans les jardins de Moutonne. Il est lu en effet à deux reprises à cette date: le 2 mai 1775 devant l'Académie de Lyon qui en imprime des extraits, et le 30 avril 1777 devant l'Académie de Besançon.

9   Lezay-Marnésia, *Epître à mon curé*, in *Essai sur la nature champêtre*, pp. 185–186. L'*Epître à mon curé* est peut-être le poème le plus connu de Lezay-Marnésia; tout du moins celui qui fut le plus publié. On peut le dater de 1778 ou du début de 1779. Le marquis en fait la lecture à la séance publique du 29 juin 1779 de l'Académie de Besançon; le texte est transcrit intégralement dans le procés-verbal de séance (Archives de l'Académie de Besançon, 9, folio 153). Le poème est publié en 1780 dans l'*Almanach des Muses*, pp. 153–158. Il est repris dans l'édition de 1787 de l'*Essai sur la nature champêtre* à la suite du poème sur les jardins et à nouveau dans l'édition de 1800 du même essai.

10 Rousset, *Dictionnaire géographique, historique et statistique*, iv, pp. 98–102, et Lurion, *Nobiliaire de Franche-Comté*, mentionnent aussi la présence de Montesquieu parmi les invités, information erronée puisque

Montesquieu meurt en 1755. Veyre, *La Maison de Lezay-Marnésia*, p. 24, affirme aussi que Voltaire peut être compté parmi les invités de Moutonne, information que Bourget-Besnier, *Une famille française*, p. 16, ne reprend que prudemment. La plupart des informations qu'on peut trouver dans les notices biographiques sont empruntées à Veyre chez qui se glissent des inexactitudes. Par exemple, Veyre, *La Maison de Lezay-Marnésia*, p. 24, compte Bernardin de Saint-Pierre parmi les hôtes du marquis à Moutonne. Or, dans les *Lettres écrites des rives de l'Ohio*, p. 85, Lezay-Marnésia, qui adresse une lettre publique à Bernardin de Saint-Pierre, mentionne sans équivoque qu'il ne connaît pas personnellement l'auteur des *Etudes de la nature*: «Je ne connais Monsieur Bernardin de Saint-Pierre que par ses écrits».

11   Louis Laurent, «Visites et réjouissances à Orgelet à la fin du XVIIIe siècle», *La Nouvelle Revue franc-comtoise* 71 (décembre 1979), pp. 133–140.

12   Albert de Lezay, *Mes Souvenirs*, p. 25.

13   André Beaunier, *La jeunesse de Joseph Joubert* (Paris, Perrin, 1918), p. 120. Cette hypothèse est reprise par Aileen Wilson, *Fontanes (1757–1821). Essai biographique et littéraire* (Paris, de Boccard, 1928), p. 50.

14   Beaunier, *La jeunesse de Joseph Joubert,* pp. 282–287, pense que l'autre personne impliquée financièrement dans l'entreprise anglaise était Fanny de Beauharnais. De l'avis de Beaunier, Lezay-Marnésia ignorait totalement l'aide financière que son épouse fournissait aux deux jeunes gens. Cela expliquerait les demandes d'argent faites personnellement par la marquise auprès de Maître Gréa, chargé des affaires de la famille.

15   La lettre du 10 novembre 1785 de Fontanes à Joubert (Beaunier, *La Jeunesse de Joseph Joubert*, p. 282) mentionne une lettre d'introduction de «mademoiselle de M...» pour des Anglaises élevées avec elle à l'abbaye de Panthémont. Il s'agit d'Adrienne de Lezay-Marnésia qui s'était liée d'amitié avec Miss Pulteney. Les relations anglaises de sa fille seront également utiles à Lezay-Marnésia en 1792. Lorsqu'il rentrera des Etats-Unis, après l'échec de sa fondation dans l'Ohio, il se réfugiera pendant quelques mois chez les Pulteney, à Londres. Pour les lettres d'introduction de Fontanes, voir aussi Paul de Raynal, *Les correspondants de Joseph Joubert. 1785–1822* (Paris, Calmann-Lévy, 1883), pp. 25–26, et Aileen Wilson, *Fontanes*, pp. 104–106.

16   Bachaumont, *Mémoires secrets*, cité par Maurice Pellisson, «Un jésuite passé à la Révolution», p. 298.

17   Joseph-Antoine Cerutti, *Discours sur ce désir si général et si ancien de transmettre son nom à la postérité* (La Haye, 1761), cité par Maurice Pellisson, «Un jésuite passé à la Révolution», p. 293.

18   B.M. de Besançon, ms 1442.

19   Beaunier, *La Jeunesse de Joseph Joubert*, pp. 149–150, pense que Fontanes est entré en contact avec Dorat par l'intermédiaire des Beauharnais, que Fontanes connaissait par son père. Le père de Fontanes aurait été en contact avec Claude de Beauharnais à l'occasion des travaux d'assèchement des marécages de La Rochelle.

20   Joseph-Antoine Cerutti, *Epître en vers irréguliers sur les Jardins, l'Agriculture, les Assemblées provinciales, les ministres, les parlements, la Tolérance, etc. Ecrite à M. de Marnésia, Auteur du poème de la nature champêtre, et désigné alors Président du district du Mont-Jura* (Paris, Desenne, 1790), pp. 5–6.

21   Lezay-Marnésia et Fontanes se retrouvaient tous deux dans le même amour de la nature. Dans une lettre du 24 août 1787, adressée à Joubert, Fontanes décrit ainsi son émotion devant le paysage de Vevey: «Peut-être le spectacle terrible des montagnes que je venais de parcourir a-t-il ajouté au charme des sites doux et riants qui m'environnent, mais je sais que jamais la vie ne m'a été plus précieuse et l'idée de la mort plus suave en même temps que sous ce beau ciel et sur ces rives enchantées». Cité par Paul de Raynal, *Les correspondants de Joubert*, p. 49.

22   On n'a retrouvé aucune trace d'un inventaire après décés, qui aurait pu donner de précieuses indications. Albert, dans ses *Souvenirs*, mentionne qu'à la mort de son père il ne restait qu'un château vide et délabré, et des dettes. Une vente avait également eu lieu en 1799.

23   Abbé Lambert, *Mémoires de famille sur la révolution et l'émigration, 1791–1799*, publiées par G. de Beauséjour (Paris, Picard, 1894), p. 244.

24   *Lettres écrites des rives de l'Ohio*, p. 133.

25   Voir chapitre IV, «L'éducation des femmes».

26   Paul-Marie Grinevald, «Les bibliothèques à Besançon au XVIIIe siècle», in Louis Trénard, ed., *Les bibliothèques au XVIIIe siècle* (Bordeaux, Société des bibliophiles de Guyenne, 1989), pp. 211–237. On lira aussi Michel Vernus, *La vie comtoise au temps de l'ancien régime* (Lons-le-Saunier, Marque-Maillard, 1985), ii, pp. 185–194.

27   Voir chapitre IV, «Besançon: bastion du conservatisme».

28   *Pensées littéraires, morales et religieuses*, dans *Plan de lecture pour une jeune dame*, édition de 1800, p. 164.

29   Cette *Epître à M. Philipon de La Madelaine*, se trouve, avec d'autres poésies de circonstances, à la fin de l'édition de 1800 des *Paysages, ou essai sur la nature champêtre*, p. 180. Elle n'est pas datée.

30   A.D. du Jura, 1J613. Les Archives départementales du Jura ne possèdent qu'une copie de cette lettre, qui se trouve, depuis la vente publique des 13 et 14 juin 1983, dans une collection privée.

31   Cité par Aileen Wilson, *Fontanes*, p. 109.

32   Westerholt, *Lezay-Marnésia*, p. 22.

33   Albert de Lezay-Marnésia, *Mes Souvenirs*, p. 23.

34   A ne pas confondre avec Maître Pierre Gréa, notaire à Gigny, également en relations d'affaires avec les Lezay-Marnésia, qui était mort en 1771.

35   Pour cette correspondance, voir Elisabeth Bouget-Besnier, *Une famille française*, pp. 23–38 et 60–63.

36   *Pensées littéraires, morales et religieuses*, p. 165.

37   Voir chapitre II, «*L'Heureuse famille*».

38   *Essai sur la nature champêtre*, p. 111.

39   *Ibid.*, p. 114.

40   Le chant quatrième de l'*Essai sur la nature champêtre* est lu à l'Académie de Besançon le 6 octobre 1782.

41   *Essai sur la nature champêtre*, p. 122.

42   *Ibid.*, p. 100.

43   Dans ses *Souvenirs* (p. 7), Albert, qui ne semble pas avoir apprécié l'éducation au collège de Bellelay et paraît en vouloir à ses parents de l'avoir envoyé dans ce collège isolé comme pour se débarrasser de lui, souligne aussi qu'il s'agissait d'une éducation bon marché: 300 francs par an. Le fait qu'une scolarité de 300 francs n'était abordable qu'aux familles riches et que le prix de pension dans les collèges de garçons variait en moyenne de 300 à 600 francs prouve que le collège de Bellelay n'était ouvert qu'aux «gens de condition», comme l'indiique d'ailleurs son prospectus. Albert ne semble pas avoir eu connaissance du prix de pension réellement payé par ses parents. Les études à Bellelay coûtaient aussi cher, et même plus, que dans les meilleures écoles de France, même si l'environnement rural et la frugalité du style de vie pouvaient donner une impression différente. La pension de base s'élevait à 432 francs par an, à laquelle il fallait ajouter le coût de deux uniformes, soit 400 francs, le trousseau, son renouvellement, le blanchissage, les livres et les honoraires des maîtres d'armes, de danse, d'écriture, etc. Une facture retrouvée dans les archives Lezay-Marnésia indique un paiement total de 2,300 francs pour un an, pour les deux garçons. Sur l'abbaye de Bellelay et son collège, ses élèves et les programmes d'études, on consultera: Louis Delavelle, *Bellelay, l'ancienne abbaye et son pensionnat* (Delémont, Bibliothèque jurassienne, 1982); P.-S. Saucy, *Histoire de l'ancienne abbaye de Bellelay* (Delémont, Bibliothèque jurassienne, 1958); François de Capitani, «L'enseignement au collège de Bellelay», in Cyrille Gigandet, *Bellelay: de la légende à l'histoire*, Actes du colloque tenu à Bellelay le 19 septembre 1987, éditions Intervalles, *Colloquium* 1(1988), pp. 76–80; Robert Genevoy, «Les élèves français du collège suisse de Bellelay», *Vieux Papiers* 248(1973), pp. 49–57; Jules Joachim,

«Le collège de Bellelay et l'Alsace», in *L'Alsace et la Suisse à travers les siècles*, Publications de la Société savante d'Alsace et des régions de l'Est (Strasbourg, éditions F.-X. Le Roux, 1952), pp. 265–277.

44 Pour remédier à cette situation, le Père Berbier passera deux ans à la Sorbonne, en 1787 et 1788, à étudier les sciences. En 1789, il écrira son *Plan d'études pour le collège de l'abbaye de Bellelay* (800 pages manuscrites) qui base l'instruction sur les sciences et les langues vivantes. Fribourg, Bibliothèque cantonale et universitaire, ms. L177.

45 La liste des élèves est conservée aux Archives de l'Ancien Evêché de Bâle, à Porrentruy.

46 Martine Sonnet, *L'éducation des filles au temps des Lumières* (Paris, Le Cerf, 1987), p. 96, relève qu'entre 1780 et 1789 douze noms patronymiques, sur un total de 129, sont d'origine anglo-saxonne.

47 Albert de Lezay-Marnésia, *Mes souvenirs*, pp. 7–8.

48 Les visites des parents sont mentionnées jour par jour dans le journal tenu par le Père Grégoire Voirol (Archives cantonales de Porrentruy). Les papiers du Père Voirol sont cités par Louis Vautrey, *Notices historiques sur les villes et les villages catholiques du Jura* ([Fribourg, 1881] Genève, Slatkine, 1979), vol. iv, pp. 307–434. A propos de la visite du 10 juillet: «Le même jour, après Vêpres, pendant la conférence, arrive M. le marquis de Marnésia. C'est un grand homme de six pieds. Voyez les beaux discours qu'il a faits à Besançon le 29 juin 1779».

49 Veyre, *La Maison de Lezay-Marnésia*, p. 24, signale que les Lezay-Marnésia firent améliorer ou construire, à leurs frais, des routes ou des parties de routes secondaires pour rejoindre les grandes voies de communication entre la Franche-Comté et Bar-le-Duc afin de faciliter leurs déplacements de Moutonne à Nettancourt.

50 Les archives Lezay-Marnésia contiennent les factures détaillées de ces travaux et permettent de se rendre compte du train de vie du marquis et de son épouse. La fille, Adrienne, possède sa propre chambre dans l'appartement parisien, mais rien n'est prévu pour Albert et Adrien.

51 André Beaunier, *La jeunesse de Joseph Joubert*, p. 289.

52 *Ibid.*, p. 287.

53 Comte Alexandre de Tilly, *Mémoires pour servir à l'histoire des mœurs de la fin du XVIIIe siècle* (Paris, Mercure de France, collection Le Temps retrouvé iii, 1986), p. 423.

54 Marc Chadourne, *Rétif de la Bretonne ou Le siècle prophétique* (Paris, Hachette, 1958), p. 275.

55 *Le Bonheur dans les campagnes*, pp. 202–203.

56 Voir Pierre Testud, *Rétif de la Bretonne et la création littéraire* (Paris, Genève, Droz, 1977), p. 578.

57   *Plan de lecture pour une jeune dame*, édition de 1784, p. 53.

58   Lettre de Dorat à Fanny de Beauharnais, décembre 1770, in *Correspondance complète de Rousseau*, 38, 6818, p. 155.

59   En sa qualité de prince du Saint Empire, l'archevêque de Besançon a un Grand Maréchal, un Grand Chambellan, un Grand Pannetier, un Grand Echanson, un Grand Veneur et un Grand Chambrier. Les offices sont donnés en fief à la noblesse titrée et sont héréditaires. *Almanach de Besançon et de la Franche-Comté pour l'année 1783* (Besançon, Couché, Tissot libraire, 1783), pp. 7–9.

NOTES DU CHAPITRE IV

1   La lettre de M. Duras, vice-président de l'Académie de Besançon, lue lors de la séance du 12 mars 1777, mentionne l'Académie de Dijon et non celle de Lyon.

2   Daniel Roche, *Le siècle des lumières en province. Académies et académiciens provinciaux. 1690–1789* (Paris, éditions EHESS, 1978), i, p. 358.

3   *Paysages*, pp. 73–74, n. 7.

4   Voir ci-dessus chapitre III, n. 5.

5   Daniel Roche, *Académies*, i, p. 358.

6   Maurice Gresset, «L'origine des académiciens bisontins (1752–1789)», *Actes du 100e Congrés National des Sociétés Savantes* (Paris, 1976).

7   Daniel Roche, *Académies*, i, pp. 199, 208; ii, p. 37, n. 92. On pourra se reporter également aux tableaux et graphiques: ii, pp. 221 (tableau 18), 253 (tableau 38), 289 (graphique 3).

8   *Ibid.*, i, pp. 195, 203, 213, 219; ii, pp. 38, n. 18, n. 19, 39, n. 38, 253.

9   Daniel Roche, *Ibid.*, ii, p. 78, n. 133, ayant fait le recensement des sujets de concours a pu les classer par catégories. De 1750 à 1758: moyens d'occuper les pauvres; de 1760 à 1769: édits de clôture; de 1770 à 1779: respect des mœurs et des états, éducation des femmes, droits de mainmorte; de 1780 à 1789: vertus patriotiques, luxe, fainéantise, ordre, religion, éloge du parlement.

10   *Ibid.*, i, pp. 309, 349ss.; ii, p. 75, n. 133.

11   Paul Benhamou a montré que la plupart des Bisontins qui fréquentent le cabinet de lecture sont des étudiants («La lecture publique de l'abbé Prévost», in *Prévost d'Exiles* 6, pp. 151–166).

12   Voir Claude Brelot, *Besançon révolutionnaire* (Paris, Les Belles Lettres, Annales littéraires de l'Université de Besançon 77, 1966), pp. 37–39.

13   Michel Vernus, «A Provincial Perspective», in Robert Darnton & Daniel Roche, editors, *Revolution in print. The Press in France, 1775–1800* (Berkeley & Los Angeles, University of California Press, 1989), p. 125.

14   Pour les bibliothèques, voir le chapitre III, «Entre la campagne, Paris et Besançon».

15   Robert Darnton, *L'Aventure de l'Encyclopédie. Un best-seller au siècle des Lumières* (Paris, Perrin, 1982), pp. 218–225.

16   Gresset, *Origine des académiciens bisontins*, p. 58.

17   Jean Cousin, *L'Académie des Sciences, Belles-Lettres et Arts de Besançon*, p. 101.

18   Voltaire, *Mémoire pour l'entière abolition de la servitude en France* (1775).

19   Voir J. Millot, *Le régime féodal en Franche-Comté au XVIIIe siècle* (Besançon, Millot frères, 1937), et *L'abolition des droits seigneuriaux dans le département du Doubs et la région comtoise* (Besançon, Millot frères, 1941). Millot note que les affranchissements se firent surtout en Haute-Saône et dans le Doubs et restèrent fort rares dans le Jura.

20   Les archives Lezay-Marnésia conservent un acte, daté du 14 octobre 1781, qui affranchit de la mainmorte Nicolas Cordier, dit Hugues, laboureur, et ses descendants. L'acte fut signé en présence de Philipon de la Madelaine.

21   Arthur Young, *Travels in France during the years 1787, 1788 & 1789* (Cambridge, Cambridge University press, 1950), pp. 189–190.

22   Millot, *Le régime féodal*, pp. 19–24, donne une bonne présentation des théories en présence, celles de Dunod, de Dom Grappin et de Perreciot.

23   Cousin, *L'Académie de Besançon*, p. 91. La dissertation de Dom Grappin est publiée en 1779, à Besançon, chez Couché.

24   *Opuscules sur la mainmorte*, Lausanne, 1784. On a consulté l'exemplaire de la B.M. de Besançon.

25   *Ibid.*, pp. 12, 15, 16.

26   *Encyclopédie*, article «Population», volume xiii (1765), pp. 98, 97.

27   Millot, *Le régime féodal*, pp. 143–144.

28   *Essai sur la nature champêtre*, p. 141.

29   *Ibid.*, pp. 159–160.

30   L'un des meilleurs exemples en est l'argumentation de Perreciot: «Partout où l'on verra la servitude, là se trouvera la dépopulation; partout où règneront la liberté et la justice, là se rassembleront beaucoup d'habitants (...) Quelque peuplée, quelque bien située qu'on suppose une ville, elle ne serait dans deux ans qu'un hameau si l'on y établissait les diverses espèces de mainmortes dont j'ai parlé. Les gens aisés qui auraient leur fortune ailleurs se hâteraient d'en sortir (...) Qu'on juge par là combien sont faux les calculs de ceux qui fondent leurs revenus sur la servitude de leurs vassaux. Les seigneurs ont cela de commun avec les rois qu'ils ne peuvent être opulents qu'autant que leurs sujets sont nombreux et riches.

Une terre asservie ne présentera jamais qu'une faible population; il n'y aura ni artistes ni commerçants; l'agriculture y sera languissante; les fonds ne s'y élèveront jamais à une certaine valeur (...) tout endroit habité par des mainmortables est, pour jamais, condamné à n'être que le siège des chaumières peu nombreuses de quelques cultivateurs», Perreciot, *De l'Etat civil des personnes et de la condition des terres dans les Gaules dès les temps celtiques jusqu'à la rédaction des coutumes* (en Suisse, aux dépens de la société, 1784 et 1786), i, p. 505.

31   Abbé Clerget, *Cri de la raison, ou examen approfondi des lois et des coutumes qui tiennent dans la servitude mainmortable quinze cent mille sujets du Roi* (Besançon, Simard, 1789), p. 3. Voici un autre exemple du style de Clerget: «La mainmorte ne marque ses traces que par ses ravages. Elle aime à régner dans les déserts, elle se plaît au milieu des ruines et dans le sein de la dévastation; tous ses efforts tendent à nous replonger dans la barbarie», *Ibid.*, p. 220.

32   *Ibid.*, p. 41.

33   *Ibid.*, p. 29.

34   *Ibid.*, pp. 195, 202.

35   *Ibid.*, p. 227.

36   Prince de Montbarrey, *Mémoires autographes* (Paris, A. Eymery, 1826–1827), iii, pp. 196–207.

37   Mémoire (manuscrit) pour le chapitre de Saint Claude, 1776, Archives nationales Ba 17[19], dossier 7.

38   Daniel Roche, *Académies*, i, p. 223.

39   *Ibid.*, i, pp. 48–49, 130–131, 156, 228.

40   *Ibid.*, i, p. 232.

41   L'information est donnée par la marquise de Lezay-Marnésia à René des Genettes, qui la reprend dans ses *Souvenirs de la fin du XVIIIe siècle*, ii, p. 55. Marnésia fit la connaissance de Dolomieu grâce à la duchesse d'Enville et au duc de La Rochefoucauld. C'est ce dernier, dont les connaissances en minéralogie sont louées dans l'*Essai sur la minéralogie du bailliage d'Orgelet*, qui convertit Dolomieu à cette science.

42   A. J. Dezallier d'Argenville, *La Conchyliologie, ou Histoire naturelle des coquilles*, 3e édition (Paris, 1780), ii, p. 804. La notice envoyée par Lezay-Marnésia ayant été reçue avec du retard n'apparaît que dans la liste des additions du tome deux. Il existait trois autres cabinets d'histoire naturelle à Besançon (chevalier de Soran; LeVacher, chirurgien; Viquier, receveur de la capitation). Parmi leurs amis, les Lezay-Marnésia comptent des amateurs d'histoire naturelle possédant un cabinet: La Rochefoucault-d'Enville et Montbarrey à Paris, Buffon à Montbard et Mailly de Chateaurenard à Dôle.

43   Lettre du 3 juillet 1778 à M. de Villaine, publiée dans l'édition de 1800 du *Plan de lecture pour une jeune dame*, pp. 140–149.

44   *Essai sur la minéralogie du bailliage d'Orgelet en Franche-Comté* (Besançon et Paris, Charmet et Mérigot Jeune, 1778).

45   *Ibid.*, pp. 7–8.

46   En 1778, quelques mois après que Lezay-Marnésia eut lu son essai, et à nouveau en 1780, l'Académie de Besançon appelle des minéralogistes à concourir pour le meilleur mémoire sur la minéralogie de l'un des bailliages de Franche-Comté. Le prix, une médaille d'or d'une valeur de 200 livres, est offert par la Ville de Besançon. L'annonce passe dans le *Journal des Savants* de février 1778, p. 122, et de décembre 1780, pp. 880–881, qui cite le mémoire de Lezay-Marnésia comme modèle du genre. A son exemple, les mémoires indiqueront les lieux dans lesquels se trouvent les substances minérales ou fossiles; ils devront «aviser aux moyens d'en tirer le parti le plus avantageux»; enfin, les auteurs enverront des échantillons.

47   *Essai sur la minéralogie*, p. 25.

48   *Ibid.*, p. 21.

49   John Coakley Lettsom, *The Naturalist's and Traveller's Companion, containing instructions for collecting and preserving objects of natural history* (London, 1774); *Le Voyageur naturaliste, ou Instructions sur les moyens de ramasser les objets d'histoire naturelle et de les bien conserver* (Amsterdam et Paris, 1775).

50   *Année littéraire* (18 juin 1775), iii, p. 144.

51   La Bibliothèque Nationale possède trois éditions des *Nouvelles Lettres d'un voyageur anglais*. L'édition de Paris (1779) est signalée dans le catalogue au nom de Lezay-Marnésia, Editeur. Au nom de Martin Sherlock, on trouve une édition de Genève (1779) et une édition de Londres (1779). Ces lettres semblent avoir eu beaucoup de succès. Dans le catalogue de la British Library, on en trouve d'autres éditions: une édition de Paris chez la Veuve Duchesne (1780) et une édition de Neufchâtel (1781). L'ouvrage est traduit en allemand en 1782. L'édition anglaise, traduite du français par l'auteur, date de 1780. Elle connaîtra une réédition en 1802. La contribution de Lezay-Marnésia n'a pas toujours fait l'accord de la critique. Dom Grappin lui attribue la paternité du livre, dans son éloge de 1812 à l'Académie de Besançon. Edna Hindie Lemay pense que Lezay-Marnésia a seulement fait office de traducteur, *Dictionnaire des Constituants, 1789–1791* (Oxford, The Voltaire Foundation, Paris, Universitas, 1991), ii, pp. 596–598. Barbier est plus près de la vérité en disant que les lettres ont été rédigées par Lezay-Marnésia lui-même, *Dictionnaire des ouvrages anonymes* (Paris, 1882), iii, p. 575. John Nichols, dont le témoignage ne peut être mis en doute

puisque c'est lui qui publie l'édition anglaise de 1802, fournit la réponse dans ses *Literary Anecdotes* (London, 1812–1815), viii, p. 57. Lezay-Marnésia aurait assisté Sherlock au niveau de la rédaction de ses lettres. «This edition of 1802 is now among the scarcest of scarce books (...) The Marquis de Marnésia is supposed to have assisted the author in the composition of this work». Voir aussi Lowndes, *Bibliographer's manual of English Literature* (London, 1869), iv, p. 2381, qui renvoie à Nichols.

52   Martin Sherlock, *Nouvelles Lettres d'un voyageur anglais* (Paris, 1779), p. 58.

53   *Ibid.*, pp. 66, 70.

54   *Ibid.*, p. 73.

55   *Ibid.*, p. 75.

56   «L'Académie des Arcadiens est non seulement la première des Académies, mais encore l'Académie universelle. (...) Elle embrasse tout, adopte tout. (...) Elle réunit tous les talents, tous les Arts; elle associe toutes les nations, toutes les conditions, tous les sexes. Nul génie n'y est étranger; tout y est reçu et honoré, depuis le Sceptre jusqu'à la Houlette», Abbé de La Baume Desdossat, *L'Arcadie moderne, ou les Bergeries savantes*, pastorale héroïque (Paris, 1757), pp. xj–xiij.

57   Pour une introduction à ce sujet, on renvoie au livre d'Elisabeth Badinter, *Emilie, Emilie, l'ambition féminine au XVIIIe siècle* (Paris, Flammarion, 1983), qui dépasse la seule étude des cas de madame d'Epinay et de madame du Châtelet pour brosser un vaste tableau de la question au dix-huitième siècle.

58   Voir le discours prononcé par Pingaud à la séance du 31 juillet 1877 de l'Académie de Besançon, M. L. Pingaud, *Un lauréat de l'Académie de Besançon en 1778* (Besançon, 1878).

59   On a suivi toutefois le texte manuscrit du fonds de l'Académie de Besançon, ms 38, car, dans le texte imprimé chez Charmet, les passages où l'auteur fait la critique des institutions religieuses ont été supprimés.

60   Pingaud, *Un lauréat de l'Académie*, p. 7.

61   Michaud, *Biographie universelle*, xxiv, p. 438, n.1, suppose que Lezay-Marnésia écrivit le texte, le signa Costa et, pour égarer les soupçons, se le dédia.

62   Grillet, *Dictionnaire historique, littéraire et statistique des départements du Mont-Blanc et du Léman* (1807), iii, p. 164, mentionne que Costa était bien l'auteur de l'essai et qu'il avait pris pour modèle sa propre sœur, Madame de Faverges.

63   Madame de Lambert, *Avis d'une mère à sa fille*, imprimé en 1729, in *Œuvres*, texte établi et présenté par Robert Granderoute (Paris, Champion, 1990), pp. 95–134.

64 A. L. Thomas, *Essai sur le caractère, les mœurs et l'esprit des femmes dans les différents siècles*, 1772, reproduit dans A. L. Thomas, Diderot, Madame d'Epinay, *Qu'est-ce qu'une femme?*, un débat préfacé par Elisabeth Badinter (Paris, P.O.L., 1989), pp. 51–162.

65 *Ibid.*, p. 153.

66 *Ibid.*, p. 151.

67 «Il ne faut pas négliger les talents ni les agréments, puisque les femmes sont destinées à plaire; mais il faut bien plus penser à se donner un mérite solide qu'à s'occuper de choses frivoles», mme de Lambert, *Avis d'une mère à sa fille*, p. 103.

68 «Dans le même temps (...) le goût de la société des femmes augmenta. La séduction plus aisée, offrit partout plus d'espérances. Les hommes vécurent moins ensemble; les femmes moins timides s'accoutumèrent à secouer une contrainte qui les honore. Les deux sexes se dénaturèrent; l'un mit trop de prix aux agréments, l'autre à l'indépendance. (...) Chez un peuple où l'esprit de société est porté aussi loin, on ne doit plus connaître la vie domestique. Ainsi tous les sentiments de la Nature qui naissent dans la retraite, et qui croissent dans le silence, y doivent être affaiblis. Les femmes y doivent être moins épouses et mères», Thomas, *Essai sur le caractère...*, pp. 151–152.

69 Ou «être en soi», selon les éditions. Madame de Lambert, *Avis d'une mère à sa fille*, p. 116.

70 André Beaunier, *La jeunesse de Joseph Joubert*, p. 285.

71 *Plan de lecture pour une jeune dame* (1784), p. 9.

72 Alice Laborde, *L'Esthétique circéenne* (Paris, Nizet, 1969), p. 9.

73 *Plan de lecture pour une jeune dame* (1784), p. 2.

74 *Ibid.*, p. 48.

75 *Ibid.*, p. 1.

76 *Ibid.*, p. 48.

77 *Ibid.*, pp. 7–8.

78 Nicolas Lenglet Dufresnoy, *De l'usage des romans* (Amsterdam, Veuve Poilras, 1734), p. 85, p. 104 et p. 115.

79 *Plan de lecture pour une jeune dame* (1784), p. 17.

80 *Ibid.*, p. 23.

81 *Ibid.*, p. 55.

82 *Ibid.*, p. 17.

83 *Ibid.*, p. 41.

84 *Ibid.*, p. 37.

85 *Ibid.*, p. 25.

86   *Ibid.*, p. 36.

87   *Ibid.*, p. 14.

88   *Ibid.*, p. 11.

89   *Ibid.*, p. 10.

90   *Ibid.*, p. 9.

91   *Ibid.*, pp. 14–15.

92   *Ibid.*, pp. 53–54.

93   Pour replacer le jugement de Marnésia dans le débat sur le roman au dix-huitième siècle, on renvoie à Georges May, *Le dilemme du roman au dix-huitième siècle* (Paris, New Haven, PUF, Yale University Press, 1963).

NOTES DU CHAPITRE V

1   Bibliothèque Nationale, mss FM2 164–164bis–165 pour les loges bisontines. On trouvera quelques renseignements sur Lezay-Marnésia, qui ne concordent pas toujours, dans les études suivantes: Daniel Ligou (sous la direction de), *Dictionnaire de la Franc-Maçonnerie* (Paris, PUF, 1987); Alain LeBihan, *Francs-Maçons parisiens du Grand Orient de France, fin du XVIIIe siècle* (Paris, Bibliothèque nationale, 1966); du même, *Loges et chapitres de la Grande Loge et du Grand Orient de France* (Paris, Bibliothèque Nationale, 1967); Louis Amiable, *Une loge maçonnique d'avant 1789, la loge des Neuf Sœurs*, augmenté d'un commentaire et de notes critiques de Charles Porset (Paris, 1989); René LeForestier, *La Franc-Maçonnerie templière et occultiste aux XVIIIe et XIXe siècles* (Paris, Aubier-Montaigne, 1970); du même, *La Franc-Maçonnerie occultiste au XVIIIe siècle et l'Ordre des Elus* (Paris, La Table d'Emeraude, 1987); *Historique de la Franc-Maçonnerie à l'Orient de Besançon depuis 1764* (Paris, Lebon, 1859); Auguste Viatte, *Les sources occultes du romantisme. Illuminisme, Théosophie, 1770–1820* (Paris, Champion, 1928).

2   «Ce magistrat, dont les vues sont grandes, les opérations utiles et le gouvernement parternel (...)», *Essai de minéralogie*, p. 11.

3   Philipon de la Madelaine est inscrit à La Sincérité en 1778. Ses fonctions l'obligeant à se déplacer fréquemment, il ne participera plus aux activités de la loge après cette date.

4   25 selon la version manuscrite des listes, 22 selon la version imprimée.

5   Bibliothèque nationale, FM2 165.

6   La présence de Cerutti dans la loge des Neuf Sœurs est mentionnée par l'abbé Barruel, *Mémoires pour servir à l'histoire du jacobinisme* (1798), information reprise par Louis Amiable, *Une loge maçonnique d'avant 1789*, p. 249. Les résultats de la recherche de Charles Porset, publiés dans son édition critique du livre de Louis Amiable, montrent toutefois qu'on ne peut pas donner foi à cette information (p. 140).

7   Comte F.D. de R. de Montlosier, *Mémoires sur la Révolution française, le Consulat, l'Empire, la Restauration et les principaux événements qui l'ont suivie, 1755–1830* (Paris, 1830), iii, p. 137.

8   Baronne d'Oberkirch, *Mémoires*, pp. 333–334.

9   *Ibid.*, p. 333.

10   Montlosier, *Mémoires*, iii, p. 137.

11   La baronne d'Oberkirch, dans ses *Mémoires*, décrit des séances de sommanbulisme menées par Puységur, pp. 391, 492, 495.

12   Lettre au Grand Orient de France, du 30 mai 1782, BN, FM2 165.

13   Lettre au Grand Orient de France, du 19 août 1784, BN, FM2 165.

14   Cerutti, *Recueil de quelques pièces de littérature en prose et en vers* (Glasgow et Paris, Prault, 1784), p. 42.

15   Robert Darnton, *La fin des lumières. Le mesmérisme et la révolution* (Paris, Perrin, 1984), p. 45, cite ce poème et s'interroge sur l'auteur.

16   Cerutti, *Recueil*, p. 59.

17   L'ordre des Chevaliers Bienfaisants de la Cité Sainte avait été créé en 1768 par Willermoz pour adapter l'enseignement de Martines de Pasqually et ses chapitres d'Elus Cohens au système des hauts grades de la franc-maçonnerie écossaise. Lezay-Marnésia en fait partie en 1784, mais sa réception est antérieure.

18   La croix blanche et rouge fait référence aux armes des Lezay-Marnésia: parti d'argent et de gueules à une croix ancrée de l'un en l'autre, ajourée en carré. On notera qu'Auguste Viatte attribue au fils, Adrien de Lezay, la carrière franc-maçonne du père, sans doute en raison de la similitude de prénom. A cette date, le fils est encore élève au collège de Bellelay.

19   Depuis 1779, Savalette de Lange est membre honoraire de La Parfaite Union à l'Orient de Besançon, liée à la Sincérité, où il est officiellement chargé des contacts avec les Amis Réunis. BN, FM2 164bis.

20   Lettre de Virieu (12 août 1785) à Willermoz à propos de l'impression causée à Besançon par la réunion du convent des Philalèthes à Paris (fonds Bernard-Frédéric de Turckheim). Voir Antoine Faivre, «Une collection maçonnique inédite: le fonds Bernard-Frédéric de Turckheim», *Revue de l'Histoire des Religions* (avril 1969), pp. 186–187. Pour plus de détails sur les relations entre Willermoz et les Philalèthes de Savalette de Lange, voir René LeForestier, *La Franc-Maçonnerie occultiste*, p. 624.

21   Lettre de Louis Amet (5 décembre 1784) à Bernard de Turckheim. Louis Amet était un associé non-résident de la loge de la Sincérité et de la loge de la Parfaite Union de Besançon (fonds Bernard de Turckheim). Voir Antoine Faivre, «Une collection maçonnique inédite: le fonds Bernard-Frédéric de Turckheim», *Revue de l'histoire des Religions* (janvier 1969), pp. 59–60.

22   Beyerlé, conseiller au parlement de Nancy, sera avec Lezay-Marnésia l'un des Vingt-Quatre (voir chapitre X). Il était propriétaire de la faïencerie de Niederviller et un des grands dignitaires de la maçonnerie de la France de l'Est: vénérable de la loge L'Auguste Fidélité de Nancy, qui relevait du directoire écossais de Bourgogne, membre de ce directoire et président de la Grande Loge écossaise de Bourgogne.

23   L'expression est de René LeForestier, *La Franc-Maçonnerie occultiste*, p. 621. On trouvera quelques pages sur les pratiques et les idées des Amis Réunis dans le même ouvrage de René LeForestier, pp. 620–624.

24   Il ne faut pas confondre Claude-François-Adrien de Lezay-Marnésia, et son fils, Adrien, qui fréquentait également des sociétés mystiques. Auguste Viatte, *Les sources occultes du romantisme*, ne fait malheureusement pas cette distinction et attribue au fils ce que fit le père, qu'il ne mentionne jamais (par exemple, i, p. 151). Adrien de Lezay-marnésia faisait partie des disciples de Cagliostro et devait plus tard évoluer dans les milieux de Madame de Krûdener, *Ibid.*, ii, pp. 197–198, 204.

25   La loge Sincérité (députés: Jussy et Lezay-Marnésia) et la loge Parfaite Union (députés: Jussy et Savalette de Langes) furent réunies en 1786. Dès 1777, les deux loges avaient commencé une concertation et avaient uniformisé leurs rites (décision en date du 26 mai 1777). Le 15 mars 1778, la conciliation était renforcée par la création d'une Grande Loge de province, siégeant à Besançon, réunissant La Sincérité, La Parfaite Union et La Parfaite Egalité. Suite à la chute spectaculaire du nombre des membres (il en reste tout au plus une cinquantaine dans chaque loge après 1780 et l'assiduité est très faible), on prend la décision, le 28 novembre 1785, de réunir les deux loges. La réunion est approuvée par le directoire écossais de Bourgogne, siégeant à Strasbourg, le 27 février 1786; elle devient effective en 1787.

26   René LeForestier, *La Franc-Maçonnerie occultiste*, p. 791, et Auguste Viatte, *Les sources occultes du romantisme*, i, p. 151.

27   *Historique de la Franc-Maçonnerie à l'Orient de Besançon*, pp. 97–98.

28   M. Gresset, «L'Etat d'esprit des avocats comtois à la veille de la révolution», *Actes du 102e Congrès National des Sociétés Savantes* (Paris, Bibliothèque nationale, 1978), pp. 85–93. Le nombre croissant d'avocats, de médecins, de commerçants et d'artisans est particulièrement frappant à la loge La Parfaite Union depuis 1775: voir le tableau page suivante. La proportion des avocats et médecins est plus importante en 1784 et 1785 que les chiffres du tableau ne le révèlent, car les 15 commerçants et artisans comprennent les 5 frères attachés à la loge pour des tâches matérielles. Les autres membres sont surtout des personnes occupant diverses fonctions administratives dans la municipalité ou auprès de l'intendant. BN, FM2 164bis.

année	total des membres	commerçants et artisans	avocats et médecins
1775	28	12	7
1776	32	12	7
1777	32	13	8
1778	45	18	15
1779	43	14	17
1780	52	14	15
1781	51	14	16
1782	49	13	15
1783	49	11	14
1784	55	15	17
1785	56	15	17

29 En 1777, la loge L'Humanité, comptant 9 frères, dont aucun noble, aucun officier et aucun parlementaire, s'était vu refuser l'installation. La loge était surtout composée d'avocats.

30 René des Genettes, *Souvenirs*, ii, p. 60.

31 *Encyclopédie*, article «Société», volume xv (1765), p. 253.

32 *loc.cit.*

33 Montlosier, *Mémoires*, iii, pp. 67–68.

34 Daniel Roche, *Académies*, i, p. 279.

35 *Essai sur la minéralogie*, p. 89, n. 19.

36 Auguste Viatte, *Les sources occultes*, i, p. 139.

37 *Le Bonheur dans les campagnes*, p. 93.

38 *Essai sur la nature champêtre*, pp. 18–19.

39 Voir ci-dessous le chapitre IX.

40 Il s'agit de morceaux sans date réunis par Lezay-Marnésia à la fin de sa vie et publiés dans l'édition de 1800 du *Plan de lecture pour une jeune dame*. Ces pensées semblent avoir été rassemblées pour constituer la base du livre que le marquis voulait écrire sur la réconciliation de la religion et de la philosophie. Il est difficile de les dater. «Il est aisé de voir que ces pensées ont été écrites dans des temps assez éloignés les uns des autres» (p. 150). Certaines furent écrites pendant la période révolutionnaire, durant laquelle la position de Lezay-Marnésia se fit plus conservatrice sur la question religieuse; d'autres le furent à la fin de sa vie. Cependant, il y en a beaucoup qui datent d'avant la Révolution: «Il est aisé de voir que la plupart de ces pensées ont été écrites avant la Révolution» (p. 155). La question est de savoir lesquelles. Toutefois, en lisant ces morceaux à la lumière du *Bonheur dans les campagnes* et des choix francs-maçons, on peut en conclure qu'ils reflètent assez fidèlement un aspect de la pensée de Lezay-Marnésia à la veille de la Révolution.

41　　*Historique de la Franc-Maçonnerie à l'Orient de Besançon*, p. 67.

42　　*Pensées littéraires, morales et religieuses*, p. 150.

43　　Voir ce qui concerne la religion dans le chapitre IX.

44　　*Pensées littéraires, morales et religieuses*, p. 168.

45　　*Ibid.*, p. 158.

46　　*Ibid.*, p. 157.

47　　*Ibid.*, pp. 156–157, 168.

48　　*Ibid.*, p. 185.

49　　*Ibid.*, p. 152.

50　　*Année littéraire*, décembre 1789, viii, p. 331.

51　　Necker, *De l'importance des opinions religieuses* (Londres et Paris, Panckoucke, 1788).

52　　*Le Bonheur dans les campagnes*, p. 77.

53　　*Ibid.*, pp. 79–80.

54　　*Les Lampes, allégorie* [1788], dans *Les Paysages*, p. 236.

55　　*Encyclopédie*, article «Société», volume xv (1765), pp. 252–253.

56　　*Encyclopédie*, article «Sociabilité», volume xv (1765), pp. 250–251.

57　　A.F.J. Masson, marquis de Pezay, *Les soirées helvétiennes, alsaciennes et franc-comtoises* (Amsterdam, Paris, Delalain, 1771), p. 284.

58　　Marquet, *Discours sur l'esprit de société* (Paris, Didot, 1735), pp. 16–17.

59　　*Ibid.*, p. 14.

60　　*Ibid.*, p. 9.

61　　*Ibid.*, p. 11.

62　　*Epître à M. de la M****, in *Essai sur la nature champêtre*, pp. 192–193.

63　　Bergasse, *Théorie du monde et des êtres organisés*, cité par R. Darnton, *La fin des Lumières, le mesmérisme et la Révolution*, p. 126.

NOTES DU CHAPITRE VI

1　　*Essai sur la nature champêtre*, p. 43.

2　　Costa, *Essai sur l'amélioration de l'agriculture*, p. 286.

3　　*Ibid.*, p. 6.

4　　Voir chapitre VII, «Le cygne patriotique du Mont-Jura».

5　　Lequinio, *Voyage pittoresque et physio-économique dans le Jura*, p. 209.

6　　*Ibid.*, p. 210.

7　　Thomas Blaikie, *Diary of a Scotch Gardener at the French Court at the end of the Eighteenth Century*, edited, with an introduction, by Francis Birrell (London, George Routledge & Sons, 1931), pp. 37, 46, 51.

8　　Daniel Jeandot, *Le Jura dans la révolution* (Dijon, éditions de l'Aléï, 1989), p. 47.

9   Pezay, *Les soirées helvétiennes, alsaciennes et franc-comtoises*, p. 142.

10   *Le Bonheur dans les Campagnes*, pp. 170–171.

11   *Essai sur la nature champêtre*, p. 165.

12   Lettre à M. de Villaine, in *Plan de lecture* (1800), pp. 140–149.

13   *Essai sur la minéralogie*, pp. 64–65, n. 9.

14   *Le Bonheur dans les campagnes*, pp. 163–164, 166–167 et 180.

15   Louis-François Ramond de Carbonnières, *Observations...*, in *Lettres de M. William Coxe à M. W. Melmoth, sur l'état politique, civil et naturel de la Suisse*, traduites de l'anglais, et augmentées des *Observations faites dans le même pays*, par le traducteur (Paris, 1781), i, p. 81. Cité par Numa Broc, *Les montagnes au siècle des Lumières* (Paris, C.T.H.S., 1991), p. 255.

16   Albert de Lezay-Marnésia, *Mes Souvenirs*, p. 23. Voir ci-dessus, chapitre I, «Vocation littéraire et sentiment de la nature».

17   *Essai sur la nature champêtre*, pp. 4–5.

18   Albert de Lezay-Marnésia, *Mes Souvenirs*, p. 9.

19   André Beaunier, *La jeunesse de Joseph Joubert*, p. 283.

20   Lettre du 7 août 1772 de Voltaire à sir William Chambers, dans Voltaire, *Correspondence and related documents*, 39, lettre D17848.

21   *Encyclopédie*, article «Jardin», volume viii (1765), p. 460.

22   Louis de Fontanes, *Verger* (Paris, Prault, 1788), p. 5.

23   *Ibid.*, p. 17.

24   Rivarol, *Lettre critique sur le poème des Jardins, suivie du chou et du navet* (Amsterdam, Paris, 1782), pp. 30–31.

25   Lettre à M. de Villaine, in *Plan de lecture* (1800), pp. 146–147.

26   L. Liger, *Œconomie générale de la campagne, ou Nouvelle maison rustique* (Paris, 1772), ii, pp. 1, 112.

27   Louis de Fontanes, *Verger*, p. 17.

28   27 Floréal an VII. Ce procès verbal du sequestre nous apprend qu'outre les dépendances de Saint-Julien, le marquis possédait 42 autres propriétés louées en fermage sur plusieurs communes.

29   *Vers sur un monument funéraire*, dans *Les Paysages*, p. 193. Cette mention de l'obélisque permet de lever des incertitudes. Roger Roposte (*La maison de retraite Lezay-Marnésia*, p. 51) se demandait en effet si l'obélisque du fond du parc avait été érigé par la comtesse de Beauharnais après la mort de son jeune fils en avril 1790. En fait il s'agit à l'origine d'un cénotaphe élevé par le marquis pour sa mère, en 1785.

30   Duc D'Harcourt, *Traité de la Décoration des dehors des jardins et des parcs* (1774), publié et précédé d'une introduction par le comte Ernest de Ganay (Paris, Emile-Paul frères, 1919), p. 100.

31   *Essai sur la nature champêtre*, pp. 158–159.

32   *Ibid.*, p. 101.

33   *Ibid.*, p. 70.

34   *Ibid.*, p. 76.

35   Selon Victor Donatien de Musset-Pathay, *Bibliographie agronomique, ou Dictionnaire raisonné des ouvrages sur l'économie rurale et domestique et sur l'art vétérinaire* (Paris, D. Colas, 1810). Voir aussi Albert Soboul, *La France à la veille de la Révolution* (Paris, SEDES, 1974), p. 22.

36   Voir le chapitre I, «La mode de la campagne».

37   James C. Nicholls, ed., *Mme Riccoboni's Letters*, lettre 116, p. 360.

38   *Les plaisirs de la ville*, par l'abbé Delaunay, poème écrit pour le concours de poésie de 1775 de l'Académie française, Archives de l'Institut et de l'Académie française, carton A12, pièce 45.

39   *Epître à M. de S***, chevalier de Saint Louis, par M. l'abbé de S***, son frère* (Paris, Jorry et les Marchands de Nouveautés, 1779). Les citations sont extraites du compte rendu paru dans le *Journal des savants*, novembre 1780, pp. 761–762.

40   Voir ci-dessous chapitre VII, «La critique du luxe et la bienfaisance».

41   *Idée du luxe, ou Tableau général et particulier de ses succès, de ses désordres et des funestes inconvénients de son règne*, par le comte du Plessis-Grénédan, 1772, Archives de l'Institut et de l'Académie française, carton A11, pièce non numérotée.

42   *Le luxe*, par M. Dufour l'aîné, receveur des tailles, 1772, Archives de l'Institut et de l'Académie française, carton A11, pièce 26.

43   *Les inconvénients du luxe*, anonyme, 1772, Archives de l'Institut et de l'Académie française, carton A11, pièce 52.

44   *L'Homme sensible dans la capitale*, anonyme, 1772, Archives de l'Institut et de l'Académie française, carton A11, pièce 14.

45   *Epître à Daphné. Les consolations d'un ami de la campagne*, par M. Saint-Ange, 1774, Archives de l'Institut et de l'Académie française, carton A11, pièce 47 (sélectionnée).

46   Voir ci-dessus chapitre I, «La mode de la campagne».

47   Voltaire, *Correspondence and related documents*, 31, lettre D8873.

48   Voir Marquis Antoine de Castellane, *Gentilshommes démocrates* (Paris, F. Plon, Nourrit & Cie, 1891); Ferdinand Dreyfus, *Un philanthrope d'autrefois. La Rochefoucauld-Liancourt, 1747–1827* (Paris, E. Plon, Nourrit & Cie, 1903).

49   Arthur Young, *Travels in France*, pp. 72–76.

50   Lezay-Marnésia, *Le Bonheur dans les campagnes* (1785), p. 109.

51   Arthur Young, *Travels in France*, p. 182.

52   *Ibid.*, p. 128.

53   *Ibid.*, p. 137.

54   Les œuvres de ces trois agronomes se trouvaient au palmarès des ouvrages techniques sur l'agriculture: Henri Louis Duhamel du Monceau, *Traité de la culture des terres suivant les principes de M. Tull* (Paris, Guérin et Delatour, 6 volumes, 1750–1761); Simon Philibert La Salle de l'Etang, *Prairies artificielles, ou Lettre à M. de *** sur les moyens de fertiliser les terrains secs et stériles dans la Champagne et les autres parties du royaume* (Paris, 1756); Henry Pattullo, *Essai sur l'amélioration des terres* (Paris, Durand, 1758).

55   Berland d'Halouvry, *Œconomie rurale*, traduction du poème du P. Vanière intitulé *Praedium Rusticum* (Paris, 1756), i, pp. 4–5.

56   *Ibid.*, Préface de Berland d'Halouvry, p. liv.

57   *Ibid.*, p. xvij.

58   *Ibid.*, pp. iii–iv.

59   *Essai sur la nature champêtre*, pp. 35–36.

60   A ce sujet, voir chapitre I, n. 87.

61   *Supplément*, volume i (1776), p. ij.

62   Voir *Essai sur la nature champêtre*, pp. 35–36.

63   M. le baron de Tschoudi, *La Nature sauvage et la nature cultivée, ode* (Metz, J. Antoine, s.d. [1778]), pp. 6–7.

64   Charles Simon Favart, *Les Moissonneurs*, p. 140.

65   Alexandre de Laborde, *Discours sur la vie de la campagne et la composition des jardins* (Paris, Lenormant, Delance, 1808), p. 124.

66   Edmond et Jules de Goncourt, *L'Art du XVIIIe siècle*, ii, pp. 54–55.

67   Pierre Etienne, *Le Bonheur rural* (Paris, Buisson, 1788), p. iij.

68   *Ibid.*, pp. ix–x.

69   Charles Simon Favart, *Les Moissonneurs*, pp. 134–135.

70   Henri de Goyon de la Plombanie, *La France agricole et marchande* (Avignon, 1762), ii, pp. 345–346.

71   *Ibid.*, i, p. 54.

72   Voir chapitre VII, «La critique du luxe et la bienfaisance».

73   *Supplément*, article «Agriculture», volume i (1776), p. 215.

74   *loc.cit.*

75   Voir ci-dessous le chapitre VIII, «Le roi».

76   Etienne, *Bonheur rural*, pp. xj–xij, xiij–xiv, xviij–xix.

77   *Pensées littéraires, morales et religieuses*, pp. 185–187.

78   On trouvera quelques réflexions sur l'ennui au dix-huitième siècle dans Walter Moser, «De la signification d'une poésie insignifiante: examen de

la poésie fugitive au XVIIIe siècle et de ses rapports avec la pensée sensualiste en France», *Studies on Voltaire and the Eighteenth Century* 104 (1972), pp. 277–415.

79 Etienne, *Bonheur rural*, i, p. 2.

80 *Ibid.*, i, pp. 14–15.

81 *Ibid.*, i, pp. 38–39, 46.

82 *Ibid.*, i, p. 108.

83 *Ibid.*, i, p. 140.

84 *Ibid.*, i, p. 199.

85 *Ibid.*, ii, p. 48.

86 *Ibid.*, ii, pp. 48–49.

87 *Ibid.*, ii, p. 115.

88 *Ibid.*, ii, p. 145.

89 Henri Louis Duhamel du Monceau, *Eléments d'agriculture* (Paris, Guérin et Delatour, 1762), I, p. iij.

90 *Essai sur la nature champêtre*, p. 13.

91 Pour une approche littéraire, voir Margaret M. Cameron, *L'influence des «Saisons» de Thomson sur la poésie descriptive en France (1759–1810)* ([Paris, 1927] Genève, Slatkine Reprints, 1975); Edouard Guitton, *Jacques Delille (1738–1813) et le poème de la nature en France de 1750 à 1820* (Paris, Klincksieck, 1974); Wil Munsters, *La poétique du pittoresque en France de 1700 à 1830* (Genève, Droz, 1991). Nous nous inspirons de ces trois auteurs pour la partie plus littéraire de l'analyse de la poésie descriptive. Cf. aussi Robert Mauzy, *L'idée du bonheur*.

92 *Essai sur la nature champêtre*, p. 8.

93 *Ibid.*, pp. 13–14.

94 Grimm, *Correspondance littéraire, philosophique et critique*, xv, p. 115.

95 La Harpe, *Correspondance littéraire* (Paris, 1801–1807), v, pp. 91–92.

96 *Essai sur la nature champêtre*, pp. 9, 12–13.

97 Fontanes, *Verger*, pp. 56–57.

98 Le prince de Ligne signale aussi le mauvais goût de ces jardins avec «des hommes d'or, des fontaines de verre» (*Coup d'œil sur Belœil et sur une grande partie des jardins de l'Europe*, édition Ernest de Ganay [Paris, 1922], pp. 53, 119).

99 *Année littéraire* vi (1787), pp. 112–120; *Journal encyclopédique* vii (1787), pp. 280–284.

100 *Journal encyclopédique* v (1787), pp. 70–80.

101 Florian, *Essai sur la pastorale*, dans *Estelle, roman pastoral* (Paris, 1788), p. 13, note. La note est absente des éditions des années révolutionnaires.

102   Johann Gottfried Grohmann, *Schöne Gartenkunst, Phantasien und Grundsätze über die ländliche Natur, nach Marnezia* (Leipzig, Reinicke und Hinrichs, s.d. [1792]), pp. vi–xi.

103   *Mercure de France* ii (an ix), pp. 434–435.

104   Albert de Lezay-Marnésia, *Mes Souvenirs*, p. 9.

105   Margaret Cameron, *L'influence des Saisons de Thomson*, p. 95.

106   Edouard Guitton, *Jacques Delille*, pp. 367–369.

107   *Journal des savants* janvier 1780, pp. 54–56.

108   L'expression est de Margaret Cameron, *L'influence des Saisons de Thomson*, p. 11.

109   Voir Wil Munsters, *La poétique du pittoresque*, pp. 105–151.

110   Voir chapitre II ci-dessus, «L'esthétique du Discours de Nancy».

111   Etienne, *Le Bonheur rural*, i, p. 40.

112   Pierre Le Tourneur, *Voyage à Ermenonville*, pp. 64–65, 71.

113   Etienne, *Le Bonheur rural*, i, p. 206.

114   Voir Jean Deprun, *La philosophie de l'inquiétude en France au XVIIIe siècle* (Paris, Vrin, 1979), pp. 45–59.

115   *Essai sur la nature champêtre*, pp. 45–46.

116   Cardinal de Bernis, *Les Quatre Saisons ou les Géorgiques françaises*, «Le Printemps» in *Œuvres complètes* (édition de 1810), i, p. 155.

117   *Essai sur la nature champêtre*, p. 26.

118   *Ibid.*, p. 19.

119   *Ibid.*, p. 33.

120   Claude Henri Watelet, *Essai sur les jardins* (Paris, 1774), pp. 1–2.

121   Jean-Marie Morel, *Théorie des jardins* (Paris, 1776), pp. 155–156.

122   Saint-Lambert, *Les Saisons* (Amsterdam, 1769), p. xv.

123   *Essai sur la nature champêtre*, p. 37.

124   Saint-Lambert, *Les Saisons*, pp. xx–xxj.

125   *Essai sur la nature champêtre*, pp. 19–20.

126   Saint-Lambert, *Les Saisons*, pp. xix–xx.

127   *Essai sur la nature champêtre*, p. 2.

128   *Ibid.*, p. 4.

129   *Ibid.*, pp. 10–11.

130   *Ibid.*, p. 1.

131   *Ibid.*, pp. 70–71.

132   *Ibid.*, p. 98.

133   *Ibid.*, p. 121.

134   *Ibid.*, pp. 161–162.

135   Saint-Lambert, *Les Saisons*, p. xxiij.

136   *Ibid.*, p. xxiij–xxiv.

137   *Ibid.*, p. 156.

138   *Essai sur la nature champêtre*, p. 103.

139   Saint-Lambert, *Les Saisons*, p. 156.

140   *Essai sur la nature champêtre*, p. 91.

141   *Ibid.*, p. 159.

142   *Ibid.*, p. 101.

143   Etienne, *Le Bonheur rural*, ii, pp. 50–51.

144   Fontanes, *Verger*, p. 10.

145   Thomas Blaikie, *Diary of a Scotch Gardener*, p. 195.

146   Fontanes, *Verger*, p. 21.

147   Prince de Ligne, *Coup d'œil sur Belœil*, p. 90.

148   *Essai sur la nature champêtre*, pp. 180–181.

149   *Ibid.*, p. 182.

150   *Ibid.*, p. 172.

151   *Ibid.*, p. 48.

152   Prince de Ligne, *Coup d'œil sur Belœil*, pp. 61–67.

153   Cerutti, *Recueil de quelques pièces de littérature*, pp. 12, 11.

154   *Essai sur la nature champêtre*, p. 150.

155   *Ibid.*, p. 77.

156   *Ibid.*, pp. 140–141.

157   Saint-Lambert, *Les Saisons*, p. 156.

158   *Essai sur la nature champêtre*, pp. 67–70.

159   *Ibid.*, p. 89.

160   *Les Paysages*, p. 72, n. 5. C'est nous qui soulignons.

NOTES DU CHAPITRE VII

1   Comte Alexandre de Tilly, *Mémoires*, pp. 135–136.

2   Fontanes, *Verger*, pp. 44–45.

3   La chartreuse de Vaucluse se trouve depuis 1968 sous les eaux du barrage de Vauglans. On en trouvera une description dans A. Rousset, *Dictionnaire géographique, historique et statistique des communes de la Franche-Comté* (Lons le Saunier, A. Robert, 1856), iv, pp. 553–555, et dans René Tounier, *L'Ancienne Chartreuse de Vaucluse (Jura)*, édité par l'Electricité de France avec l'agrément du Ministère d'Etat chargé des affaires culturelles (S.l., 1968).

4   Lettre du 27 octobre 1766, de Mirabeau à Rousseau, *Correspondance complète de Rousseau*, 31, 5496, p. 79.

5   Fénelon, *Les Aventures de Télémaque* (Naples, Giordano, 1833), p. 76.

6   *Ibid.*, livre xii.

7   Cerutti, *Epître en vers*, p. 11.

8   Lettre de Chamfort à Madame de Créqui, le 10 juin 1773, écrite de Moutonne, Archives départementales du Jura, 1J613 (copie).

9   Louis Laurent, «La Révolution à Orgelet», *Mémoires de la Société d'émulation du Jura* (1973–1974), p. 268.

10   On a vu dans le chapitre III, «Le débat sur la mainmorte», que Lezay-Marnésia avait déjà fait des affranchissements dans ses terres de Moutonne à la fin des années 1770, mais qu'il attendrait avril 1789 pour abolir la mainmorte à Saint-Julien.

11   Cerutti, *Epître en vers*, Avis de l'éditeur.

12   «La mythologie parlait aux passions; le catholicisme, enveloppé de mystères, parle à l'imagination. (...) Démosthène aurait été évêque de Meaux, et Cicéron évêque de Nîmes; et le cygne de Mantoue aurait été archevêque et cygne de Cambrai», lettre du prince de Ligne à Voltaire, septembre 1772, dans Prince de Ligne, *Mémoires, lettres et pensées*, édition d'Alexis Payne (Paris, François Bourin, 1989), p. 638.

13   Devenu infirme en 1773, Louis-Albert de Lezay-Marnésia avait dû renoncer à sa charge d'évêque d'Evreux. Il s'était retiré à Lons-le-Saunier, et le château de Saint-Julien, nouvellement construit, lui servait de lieu de retraite. En 1785, il fait totalement rénover son hôtel de Lons, s'y installe à demeure et cède Saint-Julien à son neveu.

14   Voir ci-dessus le chapitre VI, «Les jardins de Saint-Julien». Le château de Saint-Julien est aujourd'hui une maison de retraite. Cf. Roger Roposte, *La Maison de retraite Lezay-Marnésia*.

15   Horace Bénédict de Saussure, *Voyages dans les Alpes* (Neufchâtel, 1779–1796), i, p. iii. Cité par Numa Broc, *Les montagnes au siècle des Lumières*, p. 18.

16   *Annuaire du Jura pour l'An XIV (1806)* (Lons-le-Saunier, An XIII). La liste des paroisses du bailliage d'Orgelet, établie en mars 1789, indique 168 feux (Archives nationales Ba 17[19]).

17   *Essai sur la nature champêtre*, p. 120.

18   «De tous côtés nous remarquions des villages bien bâtis, des bourgs qui égalaient des villes, et des villes superbes. Nous ne trouvions aucun champ où la main du diligent laboureur ne fût imprimée; partout la charrue avait laissé de creux sillons: les ronces, les épines et toutes les plantes qui occupent inutilement la terre, sont inconnues en ce pays. Nous considérions avec plaisir les creux vallons, où les troupeaux de bœufs mugissaient dans les gras herbages le long des ruisseaux; les moutons paissant sur le penchant d'une colline, les vastes campagnes

couvertes de jaunes épis, riches dons de la féconde Cérès, enfin les montagnes ornées de pampres et de grappes d'un raisin déjà coloré, qui promettait aux vendangeurs les doux présents de Bacchus pour charmer les soucis des hommes». Fénelon, *Aventures de Télémaque*, p. 76.

19   *Essai sur la nature champêtre*, pp. 120–121.

20   *Motifs et développement des doléances du Bourg de Saint-Julien*, Archives départementales du Doubs, BC 7464.

21   Rousset, *Dictionnaire géographique, historique et statistique*, p. 338.

22   Cité par Rousset, *loc.cit.*

23   Les 60,000 livres qui restent se décomposent en 48,000 livres faisant partie des biens dottaux de la mère de Lezay-Marnésia et 12,000 livres au chevalier de Lezay-Marnésia, son frère.

24   *Motifs et développement des doléances du Bourg de Saint-Julien.*

25   Voir Michel Vernus, *La vie comtoise*, pp. 101, 126–128 et 140–142.

26   Voir en particulier Roger Roposte, *La maison de retraite Lezay-Marnésia*, pp. 12–13 et 82–88.

27   Voir ci-dessous le chapitre VIII, «L'instruction».

28   *Essai sur la minéralogie*, p. 40.

29   Voltaire, *Dictionnaire philosophique*, édition Pomeau (Paris, Garnier-Flammarion, 1964), article «Vertu», p. 373.

30   Voir Camille Bloch, *L'Assistance et l'Etat en France à la veille de la Révolution, 1764–1790* (Paris, A. Picard et fils, 1908); Léon Lallemand, *De l'organisation de la bienfaisance publique et privée dans les campagnes au XVIIIe siècle* (Châlons-sur-Marne, Thouille, 1895); Shelby Thomas McCloy, *Government Assistance in Eighteenth-Century France* (Durham, N.C., Duke University Press, 1946).

31   On renvoie à l'étude magistrale de Catherine Duprat, *Le temps des Philanthropes* (Paris, Editions C.T.H.S., 1993), volume i.

32   Voir ci-dessus, chapitre I, «La mode de la campagne: géographie morale».

33   *Encyclopédie*, article «Humanité», volume viii (1765), p. 348.

34   *Ode à la bienfaisance*, par Le Briquer de Breville, 1775, Archives de l'Institut et de l'Académie française, carton A12, pièce 43.

35   Duprat, *Le temps des Philanthropes*, i, p. xvii.

36   Jean Blondel, *Des Hommes tels qu'ils sont et doivent être, ouvrage sentimental* (Paris, Duchesne, 1758), p. 14.

37   Madame de Puisieux, *Les Caractères* (Londres, 1750), p. 170.

38   Sur le bonheur, voir Robert Mauzy, *L'idée du bonheur*. A compléter avec l'analyse historique de Louis Trénard, «Pour une histoire sociale de l'idée du bonheur au XVIIIe siècle», *Annales historiques de la Révolution française* xxxv (1963), pp. 309–330 et 428–452.

39   *Encyclopédie*, article «Bonheur», volume ii (1751), pp. 322a–323b.

40   Madame de Puisieux, *Conseils à une amie* (S.l., 1749), p. 15.

41   Cardinal de Bernis, *Mémoires* (Paris, Mercure de France, 1986), p. 94.

42   Voltaire, *Dictionnaire philosophique*, article «Vertu», p. 373.

43   Voir ci-dessus, chapitre VI, «Agropoétique de la noblesse».

44   Abbé Gros de Besplas, *Les causes du bonheur public* (Paris, Prault, 1774), i, p. xxxvij.

45   Renato Galliani, «L'idéologie de la noblesse dans le débat sur le luxe, 1699–1756», in Roland Mortier et Hervé Hasquin, ed., *Idéologies de la noblesse* («Etudes sur le XVIIIe siècle», xi, Bruxelles, Editions de l'Université de Bruxelles, 1984), p. 54.

46   Sur Fénelon et l'approche économique et sociale du luxe, voir Philippe Bonolas, «Fénelon et le luxe dans *Télémaque*», *Studies on Voltaire and the Eighteenth Century* 249 (1987), pp. 81–90.

47   Fénelon, *Les Aventures de Télémaque*, p. 401.

48   *Ibid.*, p. 77.

49   *Ibid.*, p. 401.

50   *Ibid.*, p. 205.

51   *Ibid.*, p. 399.

52   *Ibid.*, p. 205.

53   Abbé Nicolas Baudeau, *Première introduction à la philosophie économique, ou Analyse des états policés* ([1771], Paris, Paul Geuthner, 1910). Baudeau, «converti» à la Physiocratie en 1766, allait se consacrer dès 1767, au journal de Quesnay, les *Ephémérides du citoyen*.

54   *Supplément*, article «Abondance», volume i (1776), p. 30.

55   Abbé Baudeau, *Première Introduction*, p. 4.

56   *Ibid.*, p. 92. C'est Baudeau qui souligne.

57   *Ephémérides du citoyen* (1768), ii, pp. 84–100, lettre du propriétaire à son fermier, signée Sidrac, écuyer, seigneur de Bellecour.

58   *Encyclopédie*, article «Population», volume xiii (1765), p. 96.

59   Etienne, *Le Bonheur rural*, i, p. 205.

60   *Encyclopédie*, article «Population», volume xiii (1765), p. 101.

61   *Ibid.*, p. 100.

62   *Ibid.*, p. 97.

63   *Ibid.*, p. 102.

64   *loc.cit.*

65   *loc.cit.*

66   Massillon, *Sermon sur l'aumône*, in *Sermons et Morceaux choisis*, p. 254; et aussi pp. 263–264 et 273–275.

67   *Encyclopédie*, article «Impôt», volume viii (1765), p. 602.

68   Hans Kortum, «Frugalité et luxe à travers la querelle des anciens et des modernes», *Studies on Voltaire and the Eighteenth Century* 56 (1967), pp. 765–775. Voir aussi l'article de Michael Cardy, «Le nécessaire et le superflu: antithèse des Lumières», *Studies on Voltaire and the Eighteenth Century* 205 (1982), pp. 183–190.

69   Charles Simon Favart, *Les Moissonneurs*, p. 152.

70   *Le luxe, ode*, par Marie Moreau, épouse Monnet, 1775, Archives de l'Institut et de l'Académie française, carton A12, pièce 23.

71   Restif de la Bretonne, *Les Nuits de Paris*, édition de Jean Varloot et Michel Delon (Paris, Gallimard, 1986), 219e Nuit, pp. 234–235.

72   Pierre Samuel Dupont de Nemours, *Réflexions sur l'écrit intitulé «Richesse de l'Etat»* (Londres, édition de l'auteur, 1763), pp. 18–19.

73   Voir Renato Galliani, *Rousseau, le luxe et l'idéologie nobiliaire* (Studies on Voltaire and the Eighteenth Century 268, Oxford, The Voltaire Foundation, 1989).

74   Fénelon, *Les Aventures de Télémaque*, pp. 218–219.

75   François Béliard, *Lettres critiques sur le luxe et les mœurs de ce siècle à Madame D**** (Amsterdam et Paris, Mérigot le jeune, 1771), pp. 25–27.

76   *Encyclopédie*, article «Luxe», volume ix (1765), p. 767.

77   Dupont de Nemours, *Réflexions*, p. 19.

78   Comte de Boulainvilliers, *Essais sur la noblesse de France, contenant une dissertation sur son origine et son abaissement* (Amsterdam, 1732), pp. 251–252, cité par Galliani, «L'idéologie de la noblesse...», p. 59.

79   *Encyclopédie*, article «Luxe», volume ix (1765), p. 766.

80   Voir Galliani, «L'idéologie de la noblesse...», pp. 58–62.

81   Pour un examen détaillé de ces solutions, voir Harry C. Payne, «*Pauvreté, misère*, and the aims of enlightened economics», *Studies on Voltaire and the Eighteenth Century* 154 (1976), pp. 1581–1592; Thomas M. Adams, «Mendicity and moral alchemy: work as rehabilitation», *Studies on Voltaire and the Eighteenth Century* 151 (1976), pp. 47–76; Louis S. Greenbaum, «Health-care and hospital-building in eighteenth-century France: reforms proposals of Dupont de Nemours and Condorcet», *Studies on Voltaire and the Eighteenth Century* 152 (1976), pp. 895–930.

82   Voir ci-dessus, chapitre IV, «Le débat sur la mainmorte».

83   *Encyclopédie*, article «Pauvre», volume xii (1765), p. 209.

84   *Encyclopédie*, article «Population», volume xiii (1765), p. 102.

85   *Encyclopédie*, article «Hôpital», volume viii (1765), pp. 293–294.

86   *Encyclopédie*, article «Fondation», volume vii (1757), p. 73.

87   *Ibid.*, p. 74.

88   *Essai sur la minéralogie*, p. 8.

89   Abbé Nicolas Baudeau, *Idées d'un citoyen sur les besoins, les droits et les devoirs des vrais pauvres* (Amsterdam et Paris, 1765).

90   *Le Bonheur dans les campagnes*, p. 139, n. 2.

91   Pierre Samuel Dupont de Nemours, *Idées sur les secours à donner aux pauvres malades dans une grande ville* (Philadelphie et Paris, 1786).

92   *Etat actuel de la Maison de Travail de la Généralité de Soissons* (1781), cité par Thomas Adams, «Mendicity and moral alchemy», p. 70.

93   Statistiques du 7ème rapport du Comité de mendicité de l'Assemblée nationale, présidé par La Rochefoucauld-Liancourt, cité par L. Lallemand, *De l'organisation de la bienfaisance*, p. 8.

94   Abbé Baudeau, *Première introduction*, pp. 14–15.

95   *Encyclopédie*, article «Gloire», volume vii (1757), pp. 718–719.

96   *Supplément,* article «Bienfaisance», volume i (1776), p. 888.

97   Charles Simon Favart, *Les Moissonneurs*, p. 183.

98   *Epître à mon curé*, pp. 185–187, 190–191.

99   Voir ci-dessus chapitre III, «Les jardins de Moutonne».

100   *Le Bonheur dans les campagnes*, p. 5.

101   *Ibid.*, pp. 6–7.

102   *Ibid.*, pp. 37–38.

103   Comte de Boulainvilliers, *Essais sur la noblesse de France...*, pp. 221–222, cité par Renato Galliani, «L'idéologie de la noblesse...», p. 58.

104   Baron d'Holbach, *Ethocratie ou le gouvernement fondé sur la morale* (Amsterdam, Rey, 1776), p. 140.

105   *Encyclopédie*, article «Egalité», volume v (1755), p. 415.

106   *Encyclopédie*, article «Fondation», volume vii (1757), p. 73.

107   Toutes les analyses de la bienfaisance sont bien sûr de nature «nobiliaire» puisqu'il s'agit de la culture dominante. On veut surtout mettre l'emphase sur ce qu'il y a de spécifique dans la conception que les gentilshommes éclairés se font de la bienfaisance. L'un des essais les plus pertinents est *De la sociabilité* (Yverdon, 1770) de l'abbé Pluquet: il l'analyse en termes de reconnaissance et de bonheur (I, pp. 112, 114, 117, 131; II, pp. 128–131) et montre qu'elle fait partie de la religion naturelle (II, pp. 14–15).

108   Michel Jean Sedaine, *Le roi et le fermier*, p. 114.

109   *Essai sur la nature champêtre*, p. 166.

110   Cette lettre de Dupaty à Lezay-Marnésia sera publiée en 1788, à Paris, chez Desenne, dans le recueil des lettres de Dupaty, *Lettres sur l'Italie en 1785*. Elle se trouve dans l'*Essai sur la nature champêtre*, pp. 167–175.

111   Lettre de Dupaty à Lezay-Marnésia, *Essai sur la nature champêtre*, pp. 167, 168 et 169.

NOTES DU CHAPITRE VIII

1   *Le Bonheur dans les campagnes*, p. 168. Les références infra renvoient toutes à l'édition de 1785. Pour celle de 1788, l'année est mentionnée.

2   *Le Bonheur dans les campagnes* (1788), p. i.

3   *Ibid.*, pp. ii–iij.

4   *Année littéraire* (décembre 1789), viii, pp. 338–339.

5   *Ibid.*, p. 331.

6   *Ibid.*, p. 331.

7   *Ibid.*, p. 331–332.

8   *Ibid.*, p. 335.

9   *Le Bonheur dans les campagnes*, p. 26.

10   Tomes i à iii de John Moore, *The Works of John Moore, M.D., with Memoirs of His Life and Writings* (Edinburgh, Stirling & Slade, 1820).

11   «In France (...) the poorest inhabitants of the capital are often in a better situation than the laborious peasant. The former, by administering to the luxuries, or by taking advantage of the folies of the great and the wealthy, may procure a tolerable livelihood, and sometimes make a fortune; while the peasant cannot, without much difficulty, earn a scanty and precarious subsistence», *Ibid.*, i, p. 42.

12   Arthur Young, *Travels in France*, p. 81.

13   Cité par Jean Imbert, *Histoire économique* (Paris, PUF, 1965), p. 328.

14   Albert Soboul, *La France à la veille de la Révolution*, pp. 231–238.

15   Henri de Goyon de la Plombanie, *L'unique moyen de soulager le peuple et d'enrichir la nation française* (Paris, A. Boudet, 1775), p. 9.

16   *Ibid.*, p. 23.

17   A. de Tocqueville, *L'Ancien Régime et la Révolution*, in *Œuvres complètes* (Paris, Gallimard, 1952), ii, p. 240.

18   A. Young, *Travels in France*, p. 148.

19   *Le Bonheur dans les campagnes*, p. 3.

20   P. de Vaissière, *Gentilshommes campagnards de l'ancienne France* (Paris, Perrin & Cie., 1903).

21   *Ibid.*, p. 8; «au XVIème siècle la féodalité est morte (...); d'autre part, la centralisation excessive, née de l'accroissement démesuré de l'autorité royale, n'est pas encore faite, ni encore prêt le joug que fera peser sur la nation l'absolutisme monarchique», *Ibid.*, p. 7.

22   *Le Bonheur dans les campagnes*, pp. 6–7.

23   A. de Tocqueville, *L'Ancien Régime et la Révolution*, ii, p. 178.

24   *loc.cit.*

25   *Ibid.*, ii, p. 181.

26   Guy Lemarchand, «La féodalité et la Révolution: seigneurie et communauté paysanne», *Annales historiques de la Révolution française* (octobre-décembre 1980), p. 538. On lira avec intérêt cet article de Lemarchand (pp. 536–558), qui fait le point sur l'application du concept de féodalité à la France de 1789. Ici, nous n'entendons pas la communauté villageoise au sens étroit de *complexum feudale*, mais dans un sens plus large, plus diffus, celui de l'esprit communautaire, comme le comprennait Lezay-Marnésia aussi bien dans *Le Bonheur dans les campagnes* que dans son utopie des *Lettres écrites des rives de l'Ohio*. On se rend bien compte du caractère vague de cet «esprit communautaire»; il est toutefois possible de l'appréhender au travers de ses manifestations: maison communautaire, banquets, biens communaux, tâches communes, centralisation, caractère sentimental du gouvernement, forme familiale du gouvernement, etc. On approfondira ces aspects dans le chapitre X.

27   Bellepierre de Neuvéglise, *Les Vues d'un Patriote* (Avignon, 1771).

28   Simon Clicquot de Blervache, *Essai sur les moyens d'améliorer en France la condition des laboureurs, des jounrliaers, des hommes de peine vivant dans les campagnes et celle de leurs femmes et de leurs enfants, par un Savoyard* (Chambéry, 1789), p. 41.

29   *Ibid.*, p. vii.

30   *Ibid.*, p. 58.

31   «Gibbosité parasite engendrée par la paresse et la fainéantise», *Ibid.*, p. 68.

32   *Ibid.*, p. 62.

33   *Ibid.*, pp. 109–111.

34   *Ibid.*, pp. 49–50.

35   *Ibid.*, p. 53.

36   *Ibid.*, p. xvi.

37   *Le Bonheur dans les campagnes*, pp. 45–46.

38   *Ibid.*, p. 196.

39   *Ibid.*, p. 88.

40   *Ibid.*, p. 61.

41   *Ibid.*, p. 168.

42   Voir ci-dessus le chapitre VII. Cela ne signifie pas que le bienfaiteur agit par égoïsme. John Moore fut amené à réfléchir sur la sensibilité qui meut la bienfaisance. Voici ce qu'il écrit dans *A view of society and manners in France, Switzerland and Germany* (pp. 51–52): «I am uneasy when I hear people assert, that mankind always act from motives of self-interest. It

creates a suspicion that those who maintain this system, judge of others by their own feelings. This conclusion, however, may be as erroneous as the general assertion; for I have heard it maitained (perhaps from affectation) by very disinterested people, who, when pushed, could not support their argument without perverting the received meaning of language. Those who perform generous or apparently disinterested actions, say they, are prompted by selfish motives — by the pleasure which they themselves feel. — There are people who have this feeling so strong, that they cannot pass a miserable object without endeavouring to assist him. — Such people really relieve themselves when they relieve the wretched. All this is very true: but is it not a strange assertion, that people are not benevolent, because they cannot be otherwise? Two men are standing near a fruit-shop in St James's Street. There are some pine-apples within the window, and a poor woman, with an infant crying at her empty breast, without. One of the gentlemen walks in, pays a guinea for a pine-apple, which he calmly devours; while the woman implores him for a penny, to buy her a morsel of bread — and implores him in vain: not that this fine gentleman values a penny; but to put his hand in his pocket would give him some trouble; — the distress of the woman gives him none. The other man happens to have a guinea in his pocket also; he gives it to the woman, walks home, and dines on beef-steaks, with his wife and children. Without doing injustice to the taste of the former, we may believe that the latter received the greater gratification for his guinea. — You will never convince me, however, that his motive in bestowing it was as selfish as the other's».

43   *Le Bonheur dans les campagnes*, p. 112.

44   *Ibid.*, p.3.

45   Sur le lexique du *Bonheur dans les campagnes*, voir Roland Bonnel, «Le traitement de la nature dans *Le Bonheur dans les campagnes*», in Roland Bonnel, ed., *Facets of the Eighteenth Century. Descriptive, Social and Normative Discourse* (North York, Captus University Publications, 1991), pp. 109–118.

46   *Le Bonheur dans les campagnes*, p. 103.

47   *Ibid.*, p. 11.

48   Lezay-Marnésia (*Ibid.*, p. 24, n. 1) critique tout particulièrement «les misérables spectacles des boulevards», «ces infâmes tréteaux, sur lesquels le vice, sans esprit, parle avec la plus grande audace, où l'enfance même, qui ne le connait pas encore, lui sert d'organe, où la licence la plus effrenée tient lieu de talent». Ces divertissements enlèvent les ouvriers à leur travail, les incitent au vice et les poussent au suicide.

49   *Ibid.*, p. 13.

50   *Ibid.*, pp. 14–15.

51 *Ibid.*, p. 48.

52 *Ibid.*, p. 17.

53 André-Hyacinthe Sabatier, *Le bonheur des peuples, ode* (Paris, Jorry, 1766).

54 *Ibid.*, p. 17.

55 *Ibid.*, p. 191.

56 Voir Albert Chérel, *Fénelon au XVIIIe siècle en France, 1715–1820. Son prestige, son influence* ([Paris, 1917], Genève, Slatkine Reprints, 1970), pp. 458–459.

57 *Sur le sacre de Louis XVI, le bienfaisant roi de France, ode*, par Saint-Genis, ancien prévôt de Vitry-le-François, 1775, Archives de l'Institut et de l'Académie française, carton A12, pièce non numérotée.

58 *Le pain, poème au roi pour le jour de sa fête et pour l'aniversaire de sa naissance*, par Bacon, 1775, Archives de l'Institut et de l'Académie française, carton A12, pièce 50.

59 Tschoudi, *Les Vœux d'un citoyen, Ode au roi, avec un morceau de poésie champêtre* (Metz, J. Antoine, 1775), p. 4.

60 *Ibid.*, p. 9.

61 Gros de Besplas, *Les causes du bonheur public*, ii, p. 319.

62 *Le Bonheur dans les campagnes*, p. 191.

63 Voir André Tissier, *Les spectacles à Paris pendant la Révolution. Répertoire analytique, chronologique et bibliographique. De la réunion des Etats généraux à la chute de la royauté, 1789–1792* (Genève, Droz, 1992).

64 *Ibid.*, p. 19, n. 26.

65 André Tissier (*Ibid.*, p. 28, n. 14) cite comme exemple le *District de village* de Desfontaines, où la statue du roi est mise sur scène, entourée de guirlandes de fleurs, et *Le Retour du Champs-de-Mars* de Beffroy de Reigny, où le buste du roi est porté en triomphe.

66 James A. Leith, *Space and Revolution. Projects for Monuments, Squares, and Public Buildings in France, 1789–1799* (Montreal & Kingston, London, Buffalo, McGill-Queen's University Press, 1991), pp. 65–66.

67 Marcel Reinhard, *La légende de Henri IV* (Paris, Hachette, 1936), pp. 63–64.

68 Grimm, *Correspondance littéraire*, mars 1766, vi, p. 498.

69 *Ibid.*, novembre 1774, x, pp. 508–509.

70 Massillon, *Oraison funèbre de M. le Dauphin*, in *Sermons et Morceaux choisis*, pp. 585–586.

71 *Les Paysages*, p. 55, n. 14.

72   Voir Elie Carcassonne, *Montesquieu et le problème de la constitution française au XVIIIème siècle* ([Paris, 1927] Genève, Slatkine Reprints, 1970).

73   *Le Bonheur dans les campagnes*, p. 28.

74   *Ibid.*, p. 29.

75   *Ibid.*, p. 32.

76   *Ibid.*, p. 35, n. 2.

77   Abbé Sieyès, *Qu'est-ce que le tiers état?* (Paris, Champion, 1888), p. 52.

78   Sur les réformes administratives et politiques de Calonne et de Loménie de Brienne, voir Pierre Renouvin, *Les Assemblées provinciales de 1787* (Paris, A. Picard, J. Gabalda, 1921), et A. Goodwin, «Calonne, the Assembly of French Notables of 1787 and the Origins of the *Révolte nobiliaire*», *Historical Review* 61 (1946), pp. 202–234 et pp. 329–377.

79   *Le Bonheur dans les campagnes* (1788), p. 39.

80   François-Emmanuel Toulongeon, *Histoire de France depuis la révolution de 1789* (Strasbourg, Paris, Treuttel & Würtz, 1801), i, p. 4.

81   *Le Bonheur dans les campagnes* (1788), pp. 39–40.

82   Calonne, *Réponse à Necker* (Londres, 1788), Appendice, p. 85. Cité par A. Goodwin, «Calonne», pp. 210–211.

83   Calonne, *Objections et réponses* (novembre 1786). Archives nationales K164, fo.67. Cité par A. Goodwin, «Calonne», p. 229.

84   *Le Bonheur dans les campagnes*, p. 32.

85   *Ibid.*, p. 19.

86   *Ibid.*, p. 20.

87   *Les Paysages*, p. 71, n. 3.

88   *Le Bonheur dans les campagnes*, p. 20.

89   *Ibid.*, p. 21.

90   *loc.cit.*

91   *Ibid.*, p. 23.

92   *Ibid.*, p. 22.

93   Gros de Besplas, *Les causes du bonheur public*, ii, p. 79.

94   *Le Bonheur dans les campagnes* (1788), p. 46 et pp. 49–50, n. 2.

95   *Le Bonheur dans les campagnes*, pp. 89–90.

96   Voir ci-dessus chapitre V, «Religion ct régénération». *Essai sur la nature champêtre*, pp. 18–19.

97   *Le Bonheur dans les campagnes*, pp. 78–79

98   *Ibid.*, p. 80.

99   *Ibid.*, p. 83.

100   *Ibid.*, p. 88.

101   *Ibid.*, p. 42.

102   Pezay, *Les soirées helvétiennes*, pp. 157–158.

103   On ne sait pas exactement si Lezay-Marnésia envisage de créer un nouvel ordre ou s'il s'agit des Lazaristes et des Frères et Sœurs de la Charité. Il semble vouloir adapter ces ordres existants en les spécialisant dans la bienfaisance rurale.

104   Voir ci-dessus le chapitre VII, sur la bienfaisance et l'assistance.

105   *Encyclopédie*, article «Fondation», volume vii (1757), p. 73.

106   *Le Bonheur dans les campagnes*, pp. 41–42.

107   *Epître à mon curé*, in *Essai sur la nature champêtre*, pp. 187–188.

108   Dans le cas de la Franche-Comté, Michel Vernus (*La Vie comtoise*, ii, pp. 107–109) montre toutefois que les bibliothèques des curés étaient peu ouvertes à la culture profane et contenaient surtout des livres de religion (70% des titres) et d'histoire — religieuse — et de géographie (12%). On y trouvait aussi quelques romans pédagogiques et très peu d'ouvrages scientifiques. Cette réalité comtoise peut expliquer la position de Lezay-Marnésia, qui veut réduire au minimum, dans la formation du clergé, la part de la culture religieuse au profit de l'agriculture et des métiers.

109   Cité par Michel Vernus, *Le presbytère et la chaumière* (Rioz, Togirix, 1986), p. 222.

110   Sur l'éducation du peuple en Franche-Comté, on lira Michel Vernus, *La Vie comtoise*, ii, pp. 149–173.

111   Harvey Chisick, *The Limits of Reform in the Enlightenment. Attitudes toward the Education of the Lower Classes in Eighteenth-Century France* (Princeton, Princeton University Press, 1981).

112   La Chalotais, *Essai d'éducation nationale* (1763), p. 26. Cité par Harvey Chisick, *The Limits of Reform*, p. 91.

113   *Le Bonheur dans les campagnes* (1788), p. 179, n. 2.

114   *Journal encyclopédique* (1774), iii, p. 90. Cité par Harvey Chisick, *The Limits of Reform*, p. 135.

115   Philipon de la Madelaine, *Vues patriotiques sur l'éducation du peuple tant des villes que des campagnes* (Lyon, Bruyset-Ponthus, 1783), p. 21.

116   *Ibid.*, pp. 13–14.

117   *Ibid.*, p. 18.

118   *Ibid.*, pp. 24–25.

119   *Le Bonheur dans les campagnes*, pp. 112–113.

120   Philipon de la Madelaine, *Vues patriotiques*, p. 231.

121   *Ibid.*, p. 38.

122   *Le Bonheur dans les campagnes*, p. 163.

123   *Ibid.*, p. 134.

124   *Ibid.*, p. 179.

125   Pezay, *Les soirées alsaciennes*, p. 42.

126   *Ibid.*, p. 44.

127   *Ibid.*, pp. 128–129.

128   *Journal œconomique* (septembre 1755), p. 97; (mars 1756), p. 81; (juillet 1756), p. 85.

129   *Essai sur la nature champêtre*, p. 135.

130   *Ibid.*, p. 156.

131   *loc.cit.*

132   Roger Boigeol a mis à jour des documents d'archives qui donnent une idée de l'ampleur des communautés anabaptistes: 61 chefs de famille anabaptistes en 1723 dans la principauté de Montbéliard, 362 anabaptistes en 1780 dans la subdélégation de Belfort. Sur les communautés anabaptistes d'Alsace et des régions de Montbéliard et de Porrentruy, on lira: Roger Boigeol, «Les anabaptistes de la région Belfort-Montbéliard avant la Révolution française», *Société d'émulation de Montbéliard* lxiv (1965), pp. i–xiii; Charles Mathiot et Roger Boigeol, *Recherches historiques sur les Anabaptistes de l'ancienne principauté de Montbéliard, d'Alsace et du territoire de Belfort*, 2e édition (Flavion, Namur, édition Le Phare, 1969); Roger Boigeol, «Un mouvement pacifique dans la région de Belfort, les Anabaptistes», *Bulletin de la Société belfortaine d'émulation* 61 (1958), pp. 13–52; E. Rich, «Die Täufer im Sundgau», *Annuaire de la Société d'histoire sundgovienne* (1953), pp. 128–135; Martin Mezger, *Die Täufer des Erguels im 18. Jahrhundert* (Zürich, 1972); Jean Séguy, *Les assemblées anabaptistes-mennonites de France* (Paris, Mouton, 1977). La meilleure présentation pour la période qui nous concerne ici se trouve dans une série d'articles non signés, «Course dans une partie des bailliages du Jura», parus dans le *Journal du Jura* 33 (27 septembre 1817), pp. 257–258; 34 (4 octobre 1817), pp. 267–268; 37 (25 octobre 1817), pp. 285–287; 39 (8 novembre 1817), pp. 295–297. On trouvera aussi des renseignements dans André Bourde, *Agronomie et agronomes*, iii, pp. 1061–1073.

133   Au début du dix-neuvième siècle sera publié à Montbéliard, chez Deckherr, dans les communautés ababaptistes, un journal dont le titre est à lui seul révélateur: *Le Nouvel Anabaptiste ou l'agriculteur-pratique*. On a eu l'occasion de consulter un exemplaire de 1825. L'almanach, avec les heures du lever et du coucher du soleil et les phases des planètes, est suivi d'une série d'articles répartis en sept rubriques: 1) agriculture et jardinage, 2) éducation et soin des bestiaux (quantité de nourriture et de boisson que les moutons prennent chaque jour), 3) économie domestique et rurale

(conservation de la levure de bière, emploi du résidu des soudes), 4) médecine rurale et vétérinaire (remède contre goître, scrophules et dartres, usage de l'alkali-volatif contre le charbon des bêtes à cornes, remède contre le cancer ou chancre à la langue ou au palais des chevaux, vaches, moutons), 5) lois rurales et vétérinaires, 6) préjugés (Saint Médard fait-il la pluie ou le beau temps?), 7) indications utiles (attachement des chiens et des abeilles, étangs pétrifiés, hivers rigoureux depuis la naissance de Jésus Christ).

134 Hans Caspar Hirzel, *Le Socrate rustique, ou description de la conduite économique et morale d'un paysan philosophe*, traduit de l'allemand (Zürich, Heidegger & Cie, 2ème édition, 1764).

135 La seconde édition (1764) du *Socrate rustique* contient une lettre de Mirabeau au traducteur où il compare les Pinçon à Jacques Gouyer.

136 Comte de Tressan, *Mémoire concernant la famille des Fleuriot, connus en Lorraine sous le nom des Valdajou*, imprimé à la suite du *Socrate rustique* (2ème édition, 1764), p. 389.

137 Hirzel, *Le Socrate rustique*, p. 176.

138 *Le Bonheur dans les campagnes*, pp. 37–38.

139 *Ibid.* pp. 15–16.

140 *Essai sur la minéralogie*, p. 23.

141 *Ibid.*, p. 16.

142 *Ibid.*, p. 23.

143 Gros de Besplas, *Les causes du bonheur public*, ii, p. 6.

144 *Le Bonheur dans les campagnes* (1788), pp. 88–89.

145 Guy Chaussinand-Nogaret, *La noblesse au XVIIIe siècle. De la Féodalité aux Lumières* (Bruxelles, Editions Complexe, 1984), pp. 48–49.

146 Tocqueville, *L'Ancien Régime et la Révolution*, ii, p. 230.

147 Jean Biou, «Le rousseauisme, idéologie de substitution», in *Roman et Lumières au 18e siècle* (Paris, Editions sociales, 1970), p. 127.

148 *Le Bonheur dans les campagnes* (1788), p. 124, n. 2.

149 *Ibid.*, p. 88.

150 *loc.cit.*

151 *Ibid.*, p. 110.

152 *Ibid.*, p. 111.

153 *loc.cit.*

154 Lezay-Marnésia (*Le Bonheur dans les campagnes* (1788), pp. 101–101, n.1) approuve cependant l'ordonnance de Ségur qui n'accorde les places d'officiers qu'aux nobles pouvant faire la preuve de quatre quartiers de noblesse. Le système qui permettait à un soldat méritant de devenir officier est aboli. De même les nouveaux anoblis sont-ils exclus. Anti-

égalitaire, cette réforme favorisait en fait la noblesse comme oligarchie et non comme aristocratie. Elle conduisait également la noblesse à se définir par la race. Cette prise de position du marquis révèle une contradiction supplémentaire. Dans les mêmes additions de 1788 (*Le Bonheur dans les campagnes* (1788), p. 233), il dit qu'on choisira les enfants trouvés qui deviendront officiers en fonction de leurs mérites et de leurs qualités morales: «des hommes expérimentés et d'une vertu reconnue».

155   Cardinal de Bernis, *Mémoires*, pp. 95–96.

156   André de la Roque, *Traité de la noblesse* (Paris, 1678), Préface. Cité par G. Gerhardi, «L'idéologie du sang chez Boulainvilliers et sa réception au 18e siècle», in Roland Mortier et Hervé Hasquin, *Idéologies de la noblesse*, p. 13.

157   *Illiade*, vi, 208.

158   *Le Bonheur dans les campagnes* (1788), p. 115.

159   Comte Louis-Philippe de Ségur, *Mémoires, ou Souvenirs et anecdotes* (Paris, Firmin-Didot frères, 1859), i, p. 27.

160   *Le Bonheur dans les campagnes* (1788), pp. 115–116.

161   Toulongeon, *Histoire de France*, i, p. 12.

162   *Le Bonheur dans les campagnes*, p. 71.

163   Mentionné par A. Bourde, *Agronomie et agronomes*, iii, pp. 1060–1061.

164   A.D. du Jura, 4 B 645. Mentionné par Michel Vernus, *La Vie comtoise*, ii, p. 103.

165   *Journal encyclopédique* viii (décembre 1787), pp. 348–349. Le titre complet du livre de Bérenger est le suivant: *Le peuple instruit par ses propres vertus, ou Cours complet d'instructions et d'anecdoctes recueillies dans nos meilleurs auteurs et rassemblées pour consacrer les belles actions du peuple et l'encourager à en renouveler les exemples, ouvrage classique, principalement destiné au peuple des villes et des campagnes, et à ses enfants de l'un et de l'autre sexe, et distribué de manière à pouvoir servir de lecture amusante et d'instruction morale chaque jour de l'année* (2 volumes, Paris, Nyon l'aîné, 1787).

166   Antoine Joseph Raup de Baptestin de Moulières, *Mémoire sur un moyen facile et infaillible de faire renaître le patriotisme en France, dans toutes les classes des citoyens, comme dans les deux sexes, et d'assurer le remboursement des dettes de l'Etat, sans nouveaux impôts, sans emprunt, et sans faire éprouver aucune réduction* (Amsterdam et Paris, Desenne, 1789), p. 56.

167   *Le Bonheur dans les campagnes*, p. 55.

168   *Ibid.*, p. 63.

169   *Ibid.*, pp. 55–56.

170   Charles-Pierre Colardeau, *Epître à Monsieur Duhamel de Denainvilliers*,

1774, in *Œuvres* de Colardeau (Paris, Ballard & Le Jay, 1779), ii, p. 269.

171 *Ibid.* p. 276, p. 278.

172 Mémoire (manuscrit) pour le chapitre de Saint Claude (1776), Archives nationales Ba 17[19], dossier 7.

173 *Le Bonheur dans les campagnes*, pp. 10–11.

174 *Ibid.*, p. 19.

175 *Ibid.*, p. 128.

176 *Ibid.*, p. 62.

177 *Ibid.*, pp. 56–57.

178 *Recueil des opinions de Stanislas de Clermont-Tonnerre* (Paris, 1791), ii, pp. 23–24, in *Orateurs de la Révolution française* («Bibliothèque de la Pléiade», Paris, Gallimard, 1989), i, p. 1259.

179 Tschoudi, *A la Reine, Pour lui être présenté à Reims, près d'un autel allégorique dédié à la Pitié* (Metz, J. Antoine, 1775), p. 3.

180 Duprat, *Le temps des Philanthropes*, p. xxx.

NOTES DU CHAPITRE IX

1 François Furet & Mona ozouf, *Dictionnaire critique de la Révolution française* (Paris, Flammarion, 1988), article «Monarchiens».

2 *Académie des Sciences, Belles-Lettres et Arts de Besançon* (1879), pp. 2, 10–11, 18.

3 Madame de Staël, *Considérations sur la Révolution française*, p. 193.

4 Toulongeon, *Histoire de France*, i, pp. 66–67.

5 Adrien Duquesnoy, *Journal sur l'Assemblée constituante*, édition Robert de Crévecœur (Paris, Picard, 1894), i, p. 368.

6 Abbé Lambert, *Mémoires de famille*, p. 88. L'abbé Lambert, originaire de Franche-Comté, faisait partie depuis 1784 de la congrégation du Mont-Valérien où il avait déjà rencontré Lezay-Marnésia qui était venu chercher de l'aide pour ses œuvres de bienfaisance à Saint Julien. En 1791 il devint confesseur du duc de Penthièvre, puis après la mort de celui-ci en 1793, de la duchesse d'Orléans, sa fille.

7 *Année littéraire* VIII (1789), p. 331.

8 *Pensées littéraires, morales et religieuses*, p. 193.

9 Voir Jacques Wagner, «Peuple et pouvoir dans le Journal encyclopédique à la veille de la Révolution française», *Studies on Voltaire and the Eighteenth Century* 287 (1991), pp. 33–57.

10 Voir au chapitre VII: «Le Cygne patriotique du Mont-Jura».

11 Cerutti, *Epître en vers*, pp. 11, 13.

12 Cerutti, *Mémoire pour le peuple français* (S.l., 1788), p. 9.

13 *Ibid.*, pp. 11, 14, 15, 16.

14   *Ibid.*, pp. 25, 26.

15   Le Mémoire de Cerutti offre aussi une condamnation claire de la démocratie: «Le peuple est de tous les ordres de la Nation celui qui perdrait le plus à la démocratie. La Démocratie n'est bonne qu'aux démagogues qui gouvernent, aux pontifes qui persécutent, aux orateurs qui jouent un rôle brillant et aux sénats qui n'oublient pas le leur, celui d'usurper tout en ayant l'air de tout protéger. Un peuple démocrate est un tyran que l'on trompe, et un esclave que l'on flatte» (pp. 59–60).

16   *Dialogue entre Buffon et Bailly*, dans l'édition de 1800 du *Plan de lecture pour une jeune dame*, pp. 225, 226–227.

17   *Ibid.*, p. 233.

18   *Ibid.*, p. 234, note.

19   *Pensées littéraires, morales et religieuses*, p. 192.

20   Voir chapitre II.

21   *Journal de Paris* 118 (dimanche 27 avril 1788), p. 512.

22   *Pensées littéraires, morales et religieuses*, p. 155.

23   *Ibid.*, pp. 154, 194–195, 152.

24   *Recueils de pièces de 1788 et 1789*, B.M. de Besançon, 239–824.

25   Pour l'historique voir Jean Meynier, «Les Etats de Franche-Comté de 1788», *Mémoires de la Société d'Emulation du Doubs* (Besançon, 1889); Jean Egret, «La révolution aristocratique en Franche-Comté et son échec (1788–1789)», *Revue d'Histoire moderne et contemporaine* (1954), pp. 245–271.

26   *Réponse au plan d'organisation des Etats du comté de Bourgogne* (décembre 1788), p. 30, cité par Jean Egret, «La révolution aristocratique en Franche-Comté», p. 252.

27   La liste est donnée par Jean Egret, «La révolution aristocratique en Franche-Comté», p. 259, n. 8.

28   Prince de Montbarrey, *Mémoires autographes*, iii, p. 209.

29   Jean Egret, «La révolution aristocratique en Franche-Comté», p. 259.

30   Claude Brelot, *Besançon révolutionnaire*, p. 46.

31   Prince de Montbarrey, *Mémoires autographes*, iii, pp. 201, 207.

32   «Troisième lettre» (juin 1789), p. 6, dans *Recueil de pièces de 1788 et 1789*. L'auteur de la lettre est l'un des aristocrates franc-comtois qui contestent la validité de l'élection d'Aval. Voir ci-dessous.

33   Cité par J. Meynier, «Les Etats de Franche-Comté de 1788», p.85.

34   «A la noblesse de France par un gentilhomme de province» (s.d. [10 décembre 1788]), p. 5, dans *Recueil de pièces de 1788 et 1789*.

35   Archives nationale Ba 17(19). Voir aussi J. Brelot et G. Duhem, *Histoire de Lons-le-Saunier*, pp. 232–233.

36   «Troisième lettre», p. 6, dans *Recueil de pièces de 1788 et 1789*.

37   Claude Brelot, *La noblesse en Franche-Comté*, p. 70, n. 98.

38   *Sur la forme d'opiner aux Etats généraux*, par M. l'évêque duc de Langres (1789).

39   Il s'agit sans doute de la «Troisième lettre» de juin 1789 mentionnée ci-dessus dans les notes 32 et 36.

40   Archives nationales AN C26–178 1–2, procès-verbal des séances de la noblesse, 31ème séance du 15 juin.

41   Voir Jacques de Saint-Victor, *La chute des aristocrates. 1787–1792. La naissance de la droite* (Paris, Perrin, 1992), pp. 46–47.

42   Jacques de Saint-Victor, *La Chutes des aristocrates*, titre du chapitre 2, pp. 59–94.

43   Le duc de Liancourt, par exemple, ne fait pas partie des quarante-sept du fait de sa charge de grand maître de la garde-robe, mais a soutenu le projet devant la Chambre de la noblesse (*Gazette nationale* du 6 mai 1789).

44   Lally-Tollendal, *Mémoire... ou seconde lettre à ses commettants* (1790), pp. 46–47.

45   Lettre du comte de Senesse à Madame Beydaels (28 juin 1789), dans Pierre de Vaissière, *Lettres d'aristocrates* (Paris, Perrin, 1907), p. 132.

46   Alexandre de Lameth, *Histoire de l'Assemblée constituante* (Paris, 1828), i, p. 410.

47   Madame de Staël, *Considérations sur la Révolution française*, p. 145.

48   F. Vermale, «L'Egérie de Mounier», *Annales historiques de la Révolution française* XIII (1936), pp. 245–250. De nombreuses informations sur ces cercles se trouvent dans le journal de Gouverneur Morris. Voir par exemple A. Esmein, *Gouverneur Morris, un témoin américain de la Révolution française* (Paris, 1906).

49   On trouvera de précieuses informations dans Catherine Duprat, *Le temps des Philanthropes*, i, pp. 65–133.

50   La Société des Trente, ou «société réunie chez Duport» comme on l'appelait à l'époque, est souvent considérée comme le comité directeur du parti patriote. Les mémoires de contemporains (Barentin, *Mémoire autographe de M. de Barentin* [Paris, Champion, 1844], pp. 87–88; Morellet, *Mémoires inédits sur le XVIIIe siècle* [Paris, 1822], i, pp. 336–337; Lafayette, *Mémoires, correspondances et manuscrits* [Paris, 1837], iv, pp. 3–4) nous renseignent sur ceux qui fréquentaient ce club. 91% des membres font partie de la noblesse, dont 42% pour la noblesse d'épée et 44% pour la noblesse de robe. La moyenne d'âge est de 34 ans; sur les cinquante quatre membres connus, seuls six peuvent être considérés comme faisant partie de la génération des Encyclopédistes, un détail qui, comme on le verra, a son importance. Pour la Société des Trente, l'étude

la plus complète à ce jour est celle de Daniel Wick, *A Conspiracy of Well-Intentioned Men. The Society of Thirty and the French Revolution* (Garland, New York & London, 1987).

51   Dans la lettre du 4 juin 1792 à Duval d'Eprémesnil, citée en fin de chapitre, Lezay-Marnésia dit être lié non seulement par les principes mais aussi par les sentiments avec Necker, Mounier et madame de Tessé.

52   A. Challamel, *Les clubs contre-révolutionnaires. Cercles, comités, sociétés, salons, réunions, cafés, restaurants et libraires* (Paris, 1895).

53   Cité par Leon Apt, *Louis-Philippe de Ségur. An Intellectual in a Revolutionary Age* (La Haye, Martinus Nijhoff, 1969), p. 10.

54   Daniel Wick, *A Conspiracy of Well-Intentioned Men*, pp. 171, 243.

55   Marquis de Ferrières, *Mémoires* (Paris, 1822), i, p. 44.

56   Montlosier, *Mémoires*, iii, p. 158.

57   Comte de Ségur, *Mémoires*, i, p. 27.

58   *Ibid.*, p. 53.

59   Chateaubriand, *Mémoires d'Outre-Tombe*, édition Biré (Paris, Garnier frères, s.d. [1938]), Première partie, Livre V, tome i, pp. 231–232.

60   Marquise de la La Tour du Pin, *Mémoires*, p. 130.

61   Baron de Bésenval, *Mémoires sur la cour de France* (Paris, Mercure de France, 1987), p. 458.

62   Comte de Ségur, *Mémoires*, ii, p. 31.

63   Guy Chaussinand-Nogaret, *La noblesse au XVIIIe siècle*, pp. 15, 14.

64   Pierre de Vaissière, *Lettres d'Aristocrates*, pp. 314–315.

65   D'après madame de Staël, mais ce chiffre varie selon les auteurs. Toulongeon les estime à une cinquantaine (*Histoire de France*, i, p. 32).

66   Le chiffre varie selon les sources: 44 selon Toulongeon (*Histoire de France*, i, p. 39); 47 selon Ferrières (*Mémoires*, i, p. 64); 42 selon le marquis de Clermont-Gallerande (*Mémoires particuliers pour servir à l'histoire de la révolution qui s'est opérée en France en 1789* [Paris, Dentu, 1826], i, p. 90); 45 selon Alexandre de Lameth (*Histoire de l'Assemblée constituante*, i, pp. 415–416).

67   Madame de Staël, *Considérations sur la Révolution française*, p. 158

68   Le marquis de Ferrières (*Mémoires*, i, p. 50) mentionne que la minorité de la noblesse se rendait tous les jours chez Necker.

69   Ferrières, *Mémoires*, i, p. 62.

70   Lally-Tollendal, *Mémoire*, pp. 48–49.

71   *Ibid.*, p. 53.

72   Cité dans les *Mémoires* du marquis de Ferrières, i, pp. 433–434 et dans Toulongeon, *Histoire de France*, i, p. 50, pièces justificatives vii.

73   Archives parlementaires, viii, p. 56.

74   Lally-Tollendal, *Mémoire*, pp. 17, 20–21.

75   Jean Egret, *La Révolution des Notables. Mounier et les Monarchiens. 1789* (Paris, Armand Colin, 1950), p. 78.

76   Alfred Stern, «Charles Engelbert Œlsner. Notice biographique accompagnée de fragments de ses Mémoires relatifs à l'histoire de la révolution française», tiré à part de la *Revue historique* (1905), p. 14.

77   Toulongeon, *Histoire de France*, i, p. 32.

78   Morellet, *Mémoires*, pp. 281–282.

79   La même interprétation des événements se trouvera bien plus tard sous la plume de Louis Blanc: «(...) chaque jour, à toute heure, un éclair venait illuminer les profondeurs de l'abîme ouvert à quelques pas du château. Mais chez certains nobles, l'obstination dans l'aveuglement était si absolue qu'on peut citer ce mot caractéristique d'un homme de la cour: "Que je plains les quarante-sept! Voilà des familles déshonorées et auxquelles personne ne voudra s'allier"», *Histoire de la Révolution française* (S.l.n.d.), i, p. 122.

80   *Lettres écrites des rives de l'Ohio*, pp. 32–33, n. 1.

81   Ferrières, *Mémoires*, i, p. 33.

82   *Essai sur la nature champêtre*, p. 103.

83   Madame de Staël, *Considérations sur la Révolution française*, p. 215.

84   Montlosier, *Mémoires*, iii, pp. 185–186.

85   *Pensées littéraires, morales et religieuses*, p. 193.

86   *Lettres écrites des rives de l'Ohio*, p. 11.

87   Arthur Young, *Travels in France*, p. 188.

88   Lally-Tollendal (*Mémoire*, pp. 104–105) dresse une liste des cas de tortures et des meurtres en Franche-Comté. Outre le baron de Montjustin: madame de Battily, madame de Listenay, le marquis d'Ormenan, le comte et la comtesse de Montésu, le comte Lallemand, la duchesse de Tonnerre, le chevalier d'Ambli.

89   Claude Brelot, *La noblesse en Franche-Comté*, pp. 57–58.

90   Arthur Young, *Travels in France*, p. 190.

91   Lettre datée du 28 juillet 1789, dans Pierre de Vaissière, *Lettres d'aristocrates*, p. 252.

92   Robert Griffiths, *Le Centre perdu. Malouet et les «monarchiens» dans la Révolution française* (Grenoble, PUG, 1988), p. 56.

93   Marquise de La Tour du Pin, *Mémoires*, pp. 103, 105, 107.

94   *Le Moniteur*, I, pp. 278–279.

95   «Messieurs, il n'est personne qui ne gémisse des scènes d'horreur dont la France offre le spectacle. (...) Ce ne sont point seulement des brigands

qui, à main armée, veulent s'enrichir dans le sein des calamités: dans plusieurs provinces, le peuple tout entier forme une espèce de ligue pour détruire les châteaux, pour ravager les terres, et surtout pour s'emparer des chartriers, où les titres des propriétés féodales sont en dépôt. Il cherche à secouer un joug qui depuis tant de siècles pèse sur sa tête; et il faut l'avouer, Messieurs, cette insurrection, quoique coupable (car toute agression violente l'est), peut trouver son excuse dans les vexations dont il est la victime. Les propriétaires des fiefs, des terres seigneuriales, ne sont, il faut l'avouer, que bien rarement coupables des excès dont se plaignent leurs vassaux; mais leurs gens d'affaires sont souvent sans pitié, et le malheureux cultivateur, soumis au reste barbare des lois féodales qui subsistent encore en France, gémit de la contrainte dont il est la victime. Ces droits, on ne peut se le dissimuler, sont une propriété, et toute propriété est sacrée; mais ils sont onéreux au peuple, et tout le monde convient de la gêne continuelle qu'ils leur imposent.

»Dans ce siècle de lumières, où la saine philosophie a repris son empire, à cette époque fortunée où réunis pour le bonheur public, et dégagés de tout intérêt personnel, nous allons travailler à la régénération de l'Etat, il me semble, Messieurs, qu'il faudrait, avant d'établir cette constitution si désirée que la nation attend, (...) prouver à tous les citoyens que notre intention, notre vœu est d'aller au-devant de leurs désirs, d'établir le plus promptement possible cette égalité de droits qui doit exister entre tous les hommes, et qui peut seule assurer leur liberté. Je ne doute pas que les propriétaires de fiefs, les seigneurs de terres, loin de se refuser à cette vérité, ne soient disposé à faire à la justice le sacrifice de leurs droits. Ils ont déjà renoncé à leurs privilèges, à leurs exemptions pécuniaires; et dans ce moment, on ne peut pas demander la renonciation pure et simple à leurs droits féodaux.

»Ces droits sont leur propriété. Ils sont la seule fortune de plusieurs particuliers; et l'équité défend d'exiger l'abandon d'aucune propriété sans accorder une juste indemnité au propriétaire, qui cède l'agrément de sa convenance à l'avantage public.

»D'après ces puissantes considérations, Messieurs, et pour faire sentir aux peuples que vous vous occupez efficacement de leurs plus chers intérêts, mon vœu serait que l'Assemblée nationale déclarât que les impôts seront supportés également par tous les citoyens, en proportion de leurs facultés, et que désormais tous les droits féodaux des fiefs et terres seigneuriales seront rachetés par les vassaux de ces mêmes fiefs et terres, s'ils le désirent (...).» (*Ibid.*, I, pp. 279–280).

96   Madame de Staël, *Considérations sur la Révolution française*, p. 144.

97   Voir chapitre VIII, «Société aristocratique et sensibilité».

98   Alfred Stern, «Charles Engelbert Œlsner», p. 15. Pour la nuit du 4 août voir Patrick Kessel, *La nuit du 4 août* (Paris, Arthaud, 1969).

99   Toulongeon, *Histoire de France*, i, pp. 60–61.

100   A. de Lameth, *Histoire de l'Assemblée constituante*, i, p.100.

101   Marquise de La Tour du Pin, *Mémoires*, pp. 107, 109.

102   Montlosier, *Mémoires*, iii, p. 230.

103   *Ibid.*, iii, pp. 239–240.

104   Jacques de Saint-Victor, *La chute des aristocrates*, p. 105.

105   Robert Griffiths, *Le Centre perdu*, p. 121.

106   Malouet, *Mémoires*, publiées par son petit-fils, le baron Malouet, 2e édition (Paris, Plon, 1874), i, p. 303.

107   Sur les monarchiens, voir: Robert Griffiths, *Le Centre perdu. Malouet et les «monarchiens» dans la Révolution française* (Grenoble, PUG, 1988); Jean Egret, *La Révolution des Notables. Mounier et les Monarchiens. 1789* (Paris, Armand Colin, 1950); Pascal Simonetti, «Les monarchiens: la Révolution à contre-temps», dans *La Contre-Révolution; origines, histoire, postérité*, sous la direction de Jean Tulard (Paris, Perrin, 1990), pp. 62–84.

108   Archives parlementaires, viii, p. 565.

109   On lira avec intérêt l'article de Henri Grange, «Idéologie et action politique. Le débat sur le veto à l'Assemblée constituante», *Dix-Huitième Siècle* I (1969), pp. 107–121.

110   *Idée d'un député du bailliage d'Aval; sur la permanence de l'Assemblée nationale* (S.l.n.d.[1789]).

111   Madame de Chastenay, *Mémoires 1771–1815* (Paris, Plon, Nourrit & Cie, 1896), i, p. 134.

112   Cité par madame de Staël, *Considérations sur la Révolution française*, p. 223.

113   Rien dans les archives ne permet de savoir à quelle date Lezay-Marnésia s'était séparé de son appartement de la rue des Petits Augustins.

114   Les lettres de Lezay-Marnésia à son épouse se trouvent encore dans une collection privée et devraient être versées prochainement aux archives publiques où elles seront communicables. Elles sont longuement citées dans Bourget-Besnier, *Une famille française*, pp. 23–41.

115   Gouverneur Morris, *Journal de Gouverneur Morris, Ministre plénipotentiaire des Etats-Unis en France de 1792 à 1794, pendant les années 1789, 1790, 1791 et 1792*, traduit de l'anglais (Paris, Plon, Nourrit & Cie, 1901), p. 111.

116   Archives Nationales DXXIXbis 29(293)(13) Comité des Recherches.

117   La correspondance avec Duval d'Eprémesnil se trouve dans les Papiers d'Eprémesnil, Archives nationales 158AP12, consultés avec l'aimable autorisation de la comtesse d'Eprémesnil.

118   Montlosier, *Mémoires*, iii, p. 252.

119   Jean Egret, *La Révolution des Notables*, p. 128.

120   *Lettres écrites des rives de l'Ohio*, pp. 32–35.

121   Hugh Henry Brackrenridge, *Modern Chivalry: containing the Adventures of Captain John Farrago, and Teague O'Regan his servant* ([Philadelphia, John McCulloch, volume iv, 1797] New York & London, Hafner Publishing Company, 1962), iv, p. 315.

122   Montlosier, *Mémoires*, iii, p. 253.

123   Gouverneur Morris, *Journal*, p. 15.

124   *Lettres écrites des rives de l'Ohio*, pp. 32–33.

125   Archives parlementaires, x, p. 43.

126   *Ibid.*, x, p. 499.

127   *Ibid.*, x, p. 781.

128   *Ibid.*, xi, p. 437.

129   *Lettres écrites des rives de l'Ohio*, pp. 14–15.

130   *Ibid.*, pp. 30–31.

131   Voir chapitre V: «Religion et régénération», et voir aussi ce qui concerne la religion dans le chapitre VIII. Pour le Scioto, voir le chapitre X.

132   *Pensées littéraires, morales et religieuses*, p. 168.

133   *Ibid.*, pp. 168, 195.

134   Bourget-Besnier (*Une famille française*, p. 32) dit que selon une lettre à son épouse Lezay-Marnésia collaborait aux *Actes des Apôtres*. Elle fait sans doute allusion à un passage qu'elle ne cite malheureusement pas. En effet, à moins qu'il n'en soit fait mention ailleurs (ce que nous n'avons pu vérifier), la lettre du 26 février 1790 ne nous semble pas concluante: «Je vous réveillerai (...) par ces jolis Actes des Apôtres qui (...)». Avait lieu précisément à ce moment-là une campagne d'abonnement pour les *Actes*; le marquis aurait pu fort bien abonner son épouse ou lui envoyer le plus récent exemplaire dans lequel son nom est justement mentionné (voir ci-dessous). Voir la lettre de madame de Vatre à monsieur de Givry, datée du 7 mars 1790 (Pierre de Vaissière, *Lettres d'aristocrates*, p. 214): «On s'abonne actuellement pour les Actes des Apôtres. Voulez-vous que je vous fasse abonner? Les derniers sont bien plaisants. On est bien heureux de pouvoir rire encore quelquefois, et surtout de savoir qu'on a des amis. Sans cela l'existence serait trop à charge».

135   «Démocratie royale»: «Un gouvernement dans lequel la puissance législative est indivisiblement réunie dans le même corps, & le pouvoir exécutif subdivisé à l'infini dans des corps constitutionnels chargés de l'administration de chaque province d'un vaste empire», *Actes des Apôtres* x (1789), p. 4.

136 *Actes des Apôtres* 30 (1790), p. 7.

137 *Actes des Apôtres* 96 (1790), p. 15.

138 *Actes des Apôtres* 36 (1790), pp. 15–16.

139 Voir Pierre de Vaissière, *Lettres d'aristocrates*, pp. 184–186, 188–189, 204, 213–214, 231–233, 369. Signalons ici que le recueil de lettres constitué par Pierre de Vaissière a le mérite de montrer que les raisons de l'émigration furent fort diverses. Il révèle aussi, au-delà du cliché habituel «égoïsme, esprit de caste et légèreté des émigrés», que nombreux étaient ces hommes et ces femmes qui, comme Lezay-Marnésia, avaient atteint un haut degré d'esprit civique et possédaient un sens aigu de la vertu et de la *res publica*.

140 Henri Carré, «Les Emigrés français en Amérique. 1789–1793», *La Revue de Paris* (15 mai 1898), p. 311.

141 *Lettres écrites des rives de l'Ohio*, p. 58, note.

142 *Almanach des Muses* (1791), p. 11.

143 Cité par Robert Griffiths, *Le Centre perdu*, p. 240.

144 Mallet du Pan, *Mémoires pour servir à l'Histoire de la Révolution française et Correspondance* (Paris, 1851), i, p. 262.

145 Voir Simonetti, «Les monarchiens», p. 74.

146 Charles Du Bus, *Stanislas de Clermont-Tonnerre et l'échec de la révolution monarchique (1757–1792)* (Paris, 1931), p. 178.

147 *Essai sur la nature champêtre*, p. 49.

148 On renvoie à l'excellente étude de Jean Barbey, *Etre roi. Le roi et son gouvernement en France de Clovis à Louis XVI* (Paris, Fayard, 1992), en particulier «L'autorité royale souveraine», pp. 137–161, «L'impact du pouvoir royal» et «L'union du roi et de ses sujets», pp. 241–287.

149 On trouvera une brève comparaison des «Anglais» à la Montlosier et à la Cazalès et des «Anglais» à la Mounier dans Jacques de Saint-Victor, *La Chute des Aristocrates*, pp. 292–298. Ces quelques pages montrent la complexité de la question et aident à relativiser les distinctions qu'on a l'habitude de faire entre les familles politiques afin de pouvoir mieux les caractériser.

150 Voir Ceri Crossley, «Using and transforming the French countryside: the Colonies agricoles (1820–1850)», *French Studies* XLV, 1 (January 1991), pp. 36–54.

NOTES DU CHAPITRE X

1 Nécrologie du marquis de Lezay-Marnésia, *Mercure de France*, Frimaire An IX (1800), ii, pp. 434–435. On retrouve la même notice dans le *Magasin encyclopédique*, 1801, v, pp. 121—123.

2 Principalement dans les Papiers d'Eprémesnil, Archives nationales 158AP/12.

3   Bernard Faÿ, *Bibliographie critique des ouvrages français relatifs aux Etats-Unis. 1770–1800* (paru originellement dans la *Revue de littérature comparée* VII, 2 [1925], Reprint: New York: Burt Franklin, 1968), p. 89.

4   *Lettres écrites des rives de l'Ohio*, p. viij.

5   Lettre à M. Audrain, *Plan de lecture pour une jeune dame* (1800), p. 205.

6   Ghislain de Diesbach, *Histoire de l'Emigration, 1789–1814* (Paris, Grasset, 1975), chapitre xviii.

7   Ne pas confondre avec l'Asilum du vicomte de Noailles et d'Omer Talon sur les bords de la Susquehanna, ni avec le Champ d'Asile ou Aigleville du Général Lefebvre Desnouettes au Texas.

8   *Lettres écrites des rives de l'Ohio*, pp. 36–37.

9   Il ne s'agit pas encore vraiment du regret d'un Moyen Age mythique comme ce sera le cas dans la mode troubadour qui s'établira en credo dans l'émigration (voir Fernand Baldensperger, *Le mouvement des idées dans l'émigration française, 1785–1815* [Paris, Plon, 1924] qui consacre le chapitre II de son second volume à «La résurrection du *bon vieux temps*»), mais d'un sentiment plus diffus qui n'est pas fixé sur une période de temps bien précise, sinon celle d'avant la monarchie absolue.

10   Pour une bonne introduction au rêve de l'âge d'or au XVIIIe siècle, on renvoie à l'ouvrage d'André Delaporte, *L'idée d'égalité en France au XVIIIe siècle* (Paris, PUF, 1987).

11   *Epître à mon curé*, dans *Essai sur la nature champêtre*, p. 186.

12   Virgile, *Les Bucoliques*, édition Maurice Rat (Paris, Garnier, 1967), pp. 53–54.

13   Ovide, *Métamorphoses*, édition Chamonard (Paris, Garnier, 1966), p. 112.

14   André Delaporte (*L'idée d'égalité en France au XVIIIe siècle*, pp. 29–31) se pose la question et donne l'exemple du poète Gresset qui dans son idylle *Le Siècle pastoral* y voit une illusion: «Ne peins-je point une chimère? / Ce charmant siècle a-t-il été? / D'un auteur témoin oculaire / En sait-on la réalité? / (...) / Ce n'est donc qu'une belle fable, / N'envions rien à nos aïeux; / En tout temps l'homme fut coupable / En tout temps il fut malheureux.

15   Sylvain Maréchal, *De la vertu...* (1807), p. 267, cité par André Delaporte, *L'idée d'égalité en France*, p. 46.

16   Sylvain Maréchal, *Fragments d'un poème moral sur Dieu* (an VI), p. 61, cité par André Delaporte, *L'idée d'égalité en France*, p. 45.

17   *Le Bonheur dans les campagnes*, p. 86.

18   Voir ci-dessus les chapitres III («Les jardins de Moutonne»), VII («Idéologie nobiliaire de la bienfaisance»), et VIII («La religion»).

19   *Epître à mon curé*, p. 186.

20   *Ibid.*, pp. 189–190.

21   Toutes les lettres de Lezay-Marnésia à Duval d'Eprémesnil se trouvent dans les Papiers d'Eprémesnil aux Archives nationales, 158 AP 12.

22   *Epître à mon curé*, p. 185.

23   *Ibid.*, pp. 190–191.

24   *Lettres écrites des rives de l'Ohio*, pp. 14–15.

25   *Ibid.*, p. 23.

26   Joseph-Alexandre-Victor d'Hupay de Fuvéa, *Généralif, maison patriarcale et champêtre* (Aix-en-Provence, 1790), p. v.

27   *Ibid.*, pp. 11–12.

28   *Ibid.*, pp. 25–27.

29   Simon Berington, *The Memoirs of sigr. Gaudentio di Lucca...* (édition J. Grieder, 1973), p. 211, cité par Jean-Michel Racault, *L'Utopie narrative en France et en Angleterre* (Oxford, The Voltaire Foundation, 1991), p. 376. Le livre paraît pour la première fois dans sa version anglaise en 1737; il est traduit en français en 1746 sous le titre *Mémoires de Gaudence de Lucques*, puis à nouveau en 1753.

30   Voir ci-dessus chapitre VIII, «La communauté villageoise».

31   *Encyclopédie*, article «Moraves», volume x (1765), p. 704.

32   On apprend plus sur les communautés taisibles dans l'article «Moraves, ou Frères Unis» de l'*Encyclopédie* (volume x [1765], pp. 704–706) que dans l'alinéa «Communautés tacites» de l'article «Communauté» (volume iii [1763], pp. 723–724).

33   La première communauté américaine date de 1735. Ces centres sont des exploitations agricoles autarciques, qui ont leurs propres ateliers d'artisanat pour subvenir aux besoins de la communauté. La communauté de Bethléem date de 1741. Lors de la guerre d'indépendance y sera installé un hôpital. Voir G. Lindt Gollin, *Moravians in Two Worlds. A Study of Changing Communities* (New York, Columbia University Press, 1967), et J. T. & K. Hamilton, *History of the Moravian Church. The Renewed Unitas Fratrum. 1722–1957* (Bethlehem, Moravian Church, 1967).

34   *Encyclopédie*, article «Moraves», volume x (1765), p. 704.

35   Marquis François-Jean de Chastellux, *Voyages de M. le marquis de Chastellux dans l'Amérique septentrionale, dans les années 1780, 1781 et 1782* ([Paris, Prault, 1786] Paris, Tallandier, 1980), pp. 416–426.

36   Les *choirs*, «chœurs», de couples disparaissent vers 1760, ceux d'hommes célibataires en 1817 et ceux de femmes célibataires en 1841.

37   *Lettres écrites des rives de l'Ohio*, p. 29, note.

38   *Ibid.*, p. 16.

39   *Ibid.*, p. 19.

40   *Ibid.*, pp. 16–17.

41   *Ibid.*, pp. 24, 17.

42   *Ibid.*, pp. 24–25.

43   *Ibid.*, pp. 25–27.

44   On enseignait aussi le grec, l'hébreu, les mathématiques, l'histoire générale et l'histoire religieuse, la géographie, etc.

45   *Lettres écrites des rives de l'Ohio*, p. 27.

46   *Ibid.*, pp. 26–27.

47   *Ibid.*, pp. 17–18.

48   *Encyclopédie*, article «Moraves», volume x (1765), p. 704.

49   Lezay-Marnésia cite Saint Paul (1 Co 11, 20–22) en note: «"Lors donc que vous vous assemblez, comme vous faites, ce n'est plus manger la Cêne du Seigneur; car chacun se hâte de manger son souper en particulier, sans attendre les autres; ainsi les uns n'ont rien à manger, tandis que les autres le font avec excès. Que vous dirai-je? vous louerai-je? Non, certes, je ne vous en loue pas". J'ignore si les Frères moraves ont conservé les Agapes en usage parmi les premiers Chrétiens; mais je sais qu'il n'est aucune de leurs actions qui ne soit animée de l'esprit de charité dont Saint Paul accusait les Corinthiens de s'écarter si fort: en communauté de tout, comment ne le seraient-ils pas de vertus? Convaincu que la seule Eglise Romaine a pu conserver le dépôt de la foi dans toute son intégrité, je ne m'établis pas juge de la doctrine des Frères moraves; mais je crois pouvoir dire, sans témérité, que de tous les Chrétiens ils sont les seuls dont la conduite soit une pratique continuelle de la morale évangélique», *Lettres écrites des rives de l'Ohio*, p. 28, note.

50   On la trouve dans les chapitres VII à X des *Aventures de Télémaque* de Fénelon.

51   Saint-Lambert, Discours de réception à l'Académie française, *Mercure de France*, juillet 1770, p. 146.

52   La capitale de Dumocala est «une ville immense dont les rues étaient propres, larges et bien percées; (...) les maisons des particuliers étaient commodément bâties: aucune n'avait de ces dehors superbes que l'orgueil des richesses affecte parmi nous. La pompe et la magnificence étaient réservées pour les édifices publics qui, dans un goût d'architecture différent du nôtre, et peut-être plus simple et plus noble en même temps, marquaient la grandeur du génie qui les avait entrepris», Stanislas Leczinski, *Entretien d'un Européen avec un insulaire du royaume de Dumocala* (1752), pp. 13–14, cité par Albert Chérel, *Fénelon au XVIIIe siècle en France*, p. 372.

53   On renvoie aux ouvrages de Bernard Faÿ qui restent fondamentaux: sa *Bibliographie critique des ouvrages français relatifs aux Etats-Unis* mentionnée ci-dessus, et son étude *The Revolutionary Spirit in France and America. A Study of Moral and Intellectual Relations between France and the United States at the end of the Eighteenth Century* (London, George Allen and Unwin Ltd., 1928). Voir aussi le *Catalogue de l'Histoire de l'Amérique* (volume iii, pp. 85–87) de la Bibliothèque nationale. Sur l'imagerie française de l'Amérique, on lira Gilbert Chinard, *L'Amérique et le rêve exotique dans la littérature française au XVIIe et au XVIIIe siècles* (Paris, Droz, 1934), désormais un classique, mais aussi des travaux plus récents: Peter Boerner, «The Images of America in 18th-century Europe», *Studies on Voltaire and the Eighteenth Century* 151 (1976), pp. 323–332; Sara Ellen Malueg, «America in the *Ency-*

clopédie», *Studies on Voltaire and the Eighteenth Century* 153 (1976), pp. 1381–1394; Michèle Morris, ed., *Images of America in Revolutionary France* (Washington DC, Georgetown University Press, 1990).

54   Bernard Faÿ, *Bibliographie critique*, p. 77.

55   En 1786, Marnésia retient l'exotisme de la flore et de la faune et suggère de naturaliser les oiseaux pour décorer les jardins (*Essai*, p. 165, note).

56   Chastellux, *Voyages*, p. 301.

57   *Ibid.*, p. 436.

58   *Ibid.*, pp. 436–437.

59   *Ibid.*, p. 384.

60   *Ibid.*, pp. 417–418.

61   Voir la Préface de *New Travels in the USA, 1788*, édition Durand Echeverria (Cambridge, Harvard University Press, 1964), p. 8. On trouve également une critique de Chastellux dans les *Mémoires* de Brissot, édition Lescure (Paris, Firmin-Didot et Cie, 1877), pp. 394–395.

62   *Lettres écrites des rives de l'Ohio*, p. 60.

63   *Ibid.*, pp. 2–3.

64   *Ibid.*, pp. 68–69, note.

65   *Ibid.*, p. 49, note 1.

66   *Ibid.*, p. 52, note. Bien des Français porteront le même jugement sur les Américains. Par exemple, en 1794, Talleyrand écrira dans son rapport à Cazenove sur son voyage dans le Maine: «Indolents et cupides, pauvres mais sans besoin, ils ressemblent trop encore aux naturels du pays qu'ils ont remplacés. (...) Dans ce tissu de fraudes réciproques, des habitudes d'immoralité se forment», cité par Michel Poniatowski, *Talleyrand aux Etats-Unis. 1794–1796* (Paris, Presses de la Cité, 1967), p. 125.

67   *Lettres écrites des rives de l'Ohio*, pp. 44–45.

68   *Ibid.*, pp. 9–10.

69   *Ibid.*, pp. 93–96, note, et p. 99, note.

70   *Ibid.*, p. 98.

71   Howard Rice, *Le cultivateur américain. Etude sur l'œuvre de Saint John de Crèvecœur* (Paris, Champion, 1933) et Thomas Philbrick, *St John de Crèvecœur* (New York, Twayne Publishers, 1970).

72   *Lettres écrites des rives de l'Ohio*, p. 6.

73   Howard Rice, *Le cultivateur américain*, pp. 84, 131, 194.

74   Brissot, *Mémoires*, pp. 397–398.

75   Saint John de Crèvecœur, *Lettres d'un cultivateur américain* (Paris, 1787), i, p. xv. Le texte de cette préface correspond à un compte rendu paru en 1785 dans le *Mercure de France*.

76   *Ibid.*, i, p. xxv.

77   *Ibid.*, i, pp. xv–xvj, xxv–xxvj.

78   Philip Mazzei, *Researches on the United States*, édition C. Sherman (Charlottesville, University Press of Virginia, 1976), pp. 333–334.

79   Lettre du baron Von Hobe à son ami Ribbing (20 novembre 1794), citée par Michel Poniatowski, *Talleyrand aux Etats-Unis*, pp. 268–269.

80   Volney, *Tableau du climat et du sol des Etats-Unis d'Amérique* (Paris, 1803), ii, p. 391.

81   *Lettres écrites des rives de l'Ohio*, pp. 38–39.

82   Brissot, *Correspondance et Papiers*, édition C. Perroud (Paris, 1912), pp. 461–463, 252, 254, 255, 274; *Nouveau voyage dans les Etats-Unis* (Paris, 1791), pp. 212–216. Voir aussi Howard Rice, *Le cultivateur américain*, pp. 208–209.

83   On a trouvé différentes orthographes: Piquet dans la correspondance de Brissot, Piqué dans le journal de Saugrain.

84   Brissot, *Nouveau voyage dans les Etats-Unis*, p. 212.

85   *Lettres écrites des rives de l'Ohio*, p. 141.

86   Orthographié ainsi par Lezay-Marnésia; dans la correspondance de Brissot: Pintreau; dans le journal de Saugrain: Pintreux.

87   Brissot, *Nouveau voyage dans les Etats-Unis*, p. 215.

88   John Francis McDermott, «John B. C. Lucas in Pennsylvania», *Western Pennsylvania Historical Magazine* 21 (septembre 1938), pp. 210–211, n. 5; et Hugh G. Cleland, «John B. C. Lucas, Physiocrat», *Western Pennsylvania Historical Magazine* 36 (mars 1953), p. 3, n. 7, p. 6, n. 16. Nous tenons à remercier la bibliothécaire de la Historical Society of Western Pennsylvania pour ces références. S'il s'agit bien de la famille Lucas, un point reste obscur: le rapport entre les Pintreaux de Saugrain et les Pintreaux de Lezay-Marnésia.

89   *Lettres écrites des rives de l'Ohio*, p. 130.

90   Etienne, *Le Bonheur rural*, i, pp. 81–84.

91   *Lettres écrites des rives de l'Ohio*, pp. 138–139.

92   *Ibid.*, pp. 140–141.

93   J. G. Rosengarten, *French Colonists and Exiles in the United States* (Philadelphia and London, J.B. Lippincott Company, 1907), p. 119.

94   *Le Nouveau Mississipi, ou les dangers d'habiter les bords du Scioto*. Par un Patriote Voyageur (Paris, 1790). Selon une note manuscrite de l'imprimé de la Bibliothèque nationale il s'agit de Roux, sergent-major du District des Prémontrés à Paris.

95   *Chronique de Paris*, 11 janvier 1790, p. 42.

96   *Chronique de Paris*, 1er février 1790, p. 127.

97   *Le Fouet national* xi, 9 février 1790, p. 19.

98   Albert de Lezay-Marnésia, *Mes Souvenirs*, p. 9.

99   La principale source française est Henri Carré, «Les émigrés français en Amérique. 1789–1793», *La Revue de Paris*, 15 mai 1898, pp. 311–340, qui a travaillé sur les Papiers d'Eprémesnil, dont il reste encore beaucoup à tirer. La bibliographie qui suit ne prétend pas à l'exhaustivité. Ce sont les principaux textes que nous ayons consultés, outre les archives, outre

d'autres documents cités ci-dessous en notes. Pour aborder le problème général du développement de la frontière dans l'Ohio, on consultera: John D. Barnhart, *Valley of Democracy. The Frontier versus the Plantation in the Ohio Valley, 1775–1818* ([Bloomington, Indiana University Press, 1953] New York, Krans Reprint Co., 1969) qui offre une très bonne bibliographie des sources, des documents et des relations de voyage; Walter Havighurst, *Land of Promise. The Story of the North-West Territory* (New York, The MacMillan Company, 1946), pp. 167–173; R. E. Banta, *The Ohio* (New York & Toronto, Rinehart and Company, 1949); E. O. Randall, «Ohio in early history and during the revolution», *Ohio Archaeological and Historical Quarterly* X, 4 (April 1902), pp. 395–434; Shaw Livermore, *Early American Land Companies. Their influence on corporate development* (New York, Octagon Books Inc., 1968 [1939]), pp. 134–146; Timothy J. Shannon, «The Ohio Company and the Meaning of Opportunity in the American West, 1786–1795», *The New England Quarterly* LXIV, 3 (1991), pp. 393–413; et Randolph Downes, «Frontier Ohio, 1788–1803», *Ohio Historical Collections* III (1935) [Ph.D. Thesis, Ohio State University]. Sur les spéculateurs américains, la Compagnie française du Scioto et la ville de Gallipolis, les ouvrages les plus complets sont ceux de Belote qui a travaillé à partir des Gallipolis Papers: Theodore Belote, «Selections from the Gallipolis Papers», *Quarterly Publication of the Historical and Philosophical Society of Ohio* II, 2 (1907), pp. 39–92, et *The Scioto Speculation and the French Settlement at Gallipolis* (New York, Burt Franklin Reprint, 1971) [*University of Cincinnati Studies* 2, 3 (1907)]. Dans *Ohio Archaeological and Historical Publications* III (1900), consacré en entier à la question à l'occasion du Centenaire de la fondation de Gallipolis («The Centennial Celebration at Gallipolis»), on lira tout particulièrement l'article de Daniel J. Ryan, «The Scioto Company and its purchase», pp. 109–140, et celui de John L. Vance, «The French Settlement and Settlers of Gallipolis», pp. 45–81. On consultera aussi des mémoires, documents et journaux de l'époque: William and Julia Cutler, *Life, Journal and Correspondance of Manasseh Cutler* (Cincinnati, 1888), volume i; Rowena Buell, *The Memoirs of Rufus Putnam* (Boston, 1903); *The St Clair Papers, with his Correspondence and other Papers*, édition William H. Smith (Cincinnati, Robert Clarke & Co., 1882), volume ii. Egalement des biographies: Robert Francis Jones, «*The King of the alley»: William Duer: Politician, entrepreneur and speculator, 1768–1799* (Philadelphia, American Philosophical Society, 1992), pp. 118–151, 152–155, qui offre une bonne bibliographie des sources manuscrites et des études; James Woodress, *A Yankee's Odyssey. The Life of Joel Barlow* (New York, Greenwood Press, 1968); Robert F. Jones, «William Duer and the Business of Government in the Era of the American Revolution», *The William and Mary Quarterly* XXXII, 3 (1975), pp. 393–416. Pour l'aspect financier de l'affaire, les articles de Archer B. Hulbert: «The Methods and Operations of the Scioto Group of Speculators», *The Mississippi Valley Historical Review* I, 4 (March

1915), pp. 502–515; II, 1 (June 1915), pp. 56–73, qui cite de nombreuses sources manuscrites et archives; «Andrew Craigie and the Scioto Associates», *Proceedings of the American Antiquarian Society* XXIII, 2 (1913), pp. 222–236. En ce qui concerne les colons français du Scioto, signalons aussi un livre basé sur des souvenirs transmis oralement: W. G. Sibley, *The French Five Hundred* (Gallipolis, The Gallia County Historical Society, 1933); un article qui présente une lettre inédite confirmant l'inexpérience des premiers colons: Lee and Margaret Soltow, «The settlement that failed: The French in early Gallipolis, an enlightening letter, and an explanation», *Ohio History* 94 (1985), pp. 46–67; et un article présentant des documents inédits des archives vaticanes de la Congrégation pour la Propagation de la Foi, «A Vanished Bishopric of Ohio», *The Catholic Historical Review* II, 2 (July 1916), pp. 195–204, sur les tentatives des Vingt-Quatre de faire de la capitale du Scioto un centre épiscopal.

100   Archer B. Hulbert, dans son article «The Methods and Operations of the Scioto Group of Speculators», étudie bien leur fonctionnement à partir des correspondances. Il donne la liste de ces «riches citoyens» (pp. 505–509): William Duer (New-York), Andrew Craigie (New York), Royal Flint (Boston et New York), William Constable (New York), Melanchton Smith (New York), Seth Johnson (New York), Richard Platt (New York), Christopher Gore (Boston), et Samuel Osgood (Boston). Ces hommes ont des correspondants à l'étranger: Daniel Parker (Londres), Smith, Wright & Gray (Londres), Van Staphorst (Amsterdam), et les Delassert (Paris). Tous sont impliqués dans la spéculation sur la dette américaine domestique et extérieure.

101   Rapporté par Cutler dans son journal. Cité par Theodore Belote, *The Scioto Speculation and the French Settlement at Gallipolis*, p. 16, et par Daniel J. Ryan, «The Scioto Company and its purchase», p. 119.

102   La relation des faits la plus claire reste encore celle de Theodore Belote, *The Scioto Speculation and the French Settlement at Gallipolis*, pp. 9–21.

103   Le premier paiement de la Compagnie de l'Ohio sera vite effectué puisque Duer s'en charge comme promis. L'occupation des terres commence le 7 avril 1788, menée par le général Rufus Putnam qui fonde la ville de Marietta. La même année le général Saint-Clair est nommé gouverneur du territoire.

104   Voir Archer B. Hulbert, «The Methods and Operations of the Scioto Group of Speculators», pp. 510–511, 513, qui souligne que les liens ne sont pas très clairs, mais que Brissot favorisera les affaires du Scioto de préférence à celles de Robert Morriss.

105   Brissot, *Nouveau Voyage dans les Etats-Unis*, pp. 37–44.

106   Cette description est confirmée par le journal de voyage de Saugrain. Voir H. Fouré Selter, *L'odyssée américaine d'une famille française. Le docteur Antoine Saugrain*. Etude suivie de manuscrits inédits et de la correspondance de Sophie Michau Robinson (Baltimore, The John

Hopkins University Press, 1936). Contient *Journal et Notes de voyage d'Antoine Saugrain. 1788,* d'après l'original dans la collection de M. Morrison Pettus et édité par H. Fouré Selter, pp. 37–70. Voir aussi N. P. Dandridge, «Antoine François Saugrain», *Ohio Archaeological and Historical Quarterly* XV, 2 (April 1906), pp. 192–206.

107   Brissot, *Nouveau Voyage dans les Etats-Unis*, pp. 416–417.

108   Sur Joel Barlow, voir: James Woodress, *A Yankee's Odyssey. The Life of Joel Barlow* (New York, Greenwood Press, 1968), qui offre une excellente bibliographie; et Joseph Dorfman, «Joel Barlow: Trafficker in Trade and Letters», *Political Science Quarterly* LIX (March 1944), pp. 83–110. Arthur Ford, *Joel Barlow* (New York, Twayne Publishers Inc., 1971) est plus général.

109   R. E. Banta, *The Ohio*, pp. 12–13.

110   Des 500 colons qui s'installeront à Gallipolis, 300 combattront pour leurs titres avec plainte au Congrès. Cela aboutira au «French Act» qui leur accorde un lot en ville et 4 acres en campagne.

111   Volney, *Tableau du climat et du sol des Etats-Unis d'Amérique*, ii, pp. 391–392.

112   Tout cela est parfaitement expliqué dans la lettre de Barlow à Walker du 21 décembre 1790. Gallipolis Papers, I, 139.

113   Gallipolis Papers, I, 133.

114   *Lettres écrites des rives de l'Ohio*, p. 12.

115   Manasseh Cutler, *An Explanation of the Map of Federal Lands* (Salem, Mass., 1787).

116   Vente de «terres» que la Compagnie du Scioto ne possède pas bien sûr puisqu'elle n'a pas encore payé Duer et ses associés qui eux-mêmes n'ont toujours rien versé au Congrès! On peut se demander quel était le rôle de Barlow qui vendait des droits de préemption pour des titres. Les opinions varient: certains voient en lui un naïf, d'autres estiment qu'il n'avait aucune connaissance des affaires et ne savait pas la différence entre une préemption et un titre de propriété, ce à quoi certains répondent qu'il avait auparavant vendu pas mal de lots pour la Compagnie de l'Ohio et qu'il allait en quelques mois après le Scioto se construire une fortune.

117   Volney, *Tableau du climat et du sol des Etats-Unis d'Amérique*, ii, pp. 381–383.

118   Ces négociations ont dû exister mais n'ont jamais abouties. En décembre 1790, lorsque la Compagnie du Scioto recevra Benjamin Walker pour auditer sa gestion, il sera question du fameux million d'acres annoncé en novembre 1789. Barlow niera en bloc avoir donné cette information qui se trouve pourtant bien dans sa lettre. Playfair, dans sa lettre du 27 décembre 1790 à Duer (Gallipolis Papers I, 177) affirmera que du million d'acres annoncé seulement un septième aurait été effectivement vendu, ce qui correspond aux cent quarante mille acres. Il semblerait donc que des négociations pour un total de quelque huit cent mille acres aient avorté. Nous n'en avons pas trouvé trace dans les documents de la Compagnie du

Scioto, par contre une lettre de Lezay-Marnésia semble faire référence à ces faits, en comptant pour «vendu» ce qui en était seulement au niveau de la négociation: «De trois millions d'acres qui étaient à vendre, huit cent mille sont déjà vendus et parmi ceux qui les ont achetés beaucoup sont des spéculateurs qui craignent plus de courir des risques qu'ils n'aiment à se livrer à des espérances. Ils sont tous convaincus que sans faire des avances énormes, on peut rapidement arriver à une très grande fortune» (lettre du 28 mars 1790 à la marquise de Lezay-Marnésia).

119   Gallipolis Papers, I, 135.

120   Gouverneur Morriss, *A Diary of the French Revolution*, édition Beatrix Cary Davenport (Westport, Greenwood Press, 1972), i, pp. 337–338, 340, 341.

121   Selon une lettre de recommandation de Joel Barlow au général St Clair, gouverneur du Territoire du Nord-Ouest, *The St Clair Papers*, ii, p. 154.

122   Lettre de Barlow à Boulogne, 1er janvier 1790, Gallipolis Papers I, 155.

123   Gallipolis Papers I, 135.

124   Archer B. Hulbert, «The Methods and Operations of the Scioto Group of Speculators», pp. 68–69.

125   Gallipolis Papers I, 139.

126   Il s'agit du fils de Joseph de Barth, membre des Vingt-Quatre.

127   Gouverneur Morriss, *A Diary of the French Revolution*, ii, pp. 48–50.

128   *Ibid.*, ii, pp. 95, 108.

129   La plupart des études soutiennent l'hypothèse que Playfair, qui a quitté la société en juillet, serait parti avec la caisse, ce qui lui était facile en tant que responsable de la comptabilité. Certains membres de la Compagnie du Scioto ne semblent pas non plus au-dessus de tout soupçon: Maheas a dû s'enfuir à cause d'actes malhonnêtes dans son emploi, de même Troussier-Guibert, qui en partant emporte 50 actions de la Compagnie avec pouvoir de vente... dont plus personne n'entendra parler (voir lettres de Barlow à Walker des 21 décembre 1790 et 3 mai 1791, Gallipolis Papers, I, 139, 141).

130   Gallipolis Papers I, 141.

131   Gouverneur Morriss, *A Diary of the French Revolution*, ii. p. 216.

132   Lettres du 16 février et du 3 mars 1790 à sa femme.

133   *The St Clair Papers*, ii, p. 154.

134   On ne sait pas si Vanderbinden s'est embarqué en janvier, en février ou en mai; toujours est-il qu'il rentre en France à l'automne pour se faire rembourser comme nous l'apprend Playfair dans sa lettre à Duer de décembre 1790.

135   *The St Clair Papers*, ii, p. 195.

136   Albert de Lezay-Marnésia, *Mes Souvenirs*, p. 9.

137   Note (9 août 1790, Alexandrie) de Lezay-Marnésia à Maître Gréa, avocat au Parlement de Franche-Comté, qui a procuration générale pour toutes les affaires des Lezay-Marnésia: à son arrivée, Lezay-Marnésia a rencontré

La Bretèche, qui lui a manifesté son intention de devenir membre des Vingt-Quatre. Il est demandé à Maître Gréa d'acheter et de payer les mille acres requis, à charge pour La Bretèche de rembourser directement la somme au marquis.

138   Il subsiste des doutes sur l'identité du vicomte de Malartic. Le vicomte de Malartic (1737–1796), député de la noblesse de La Rochelle, n'aurait émigré qu'à la fin 1791... et on le retrouverait à Hambourg en 1795 (G. de Maurès de Malartic, *Le Vicomte de Maurès de Malartic* [La Rochelle, 1892], p. 33). Il semble même que son émigration ait été mise en doute. Il ne pourrait donc pas s'agir du même Malartic. Serait-ce le comte Malartic qui était capitaine des gardes françaises de Louis XVI? Le Malartic qui émigre aux Etats-Unis semble avoir l'habitude des armes et s'engagera volontairement dans les forces levées par St Clair pour combattre les Indiens.

139   Il s'agit de la Compagnie française de l'Union. Duer commence à s'intéresser à une spéculation de terres dans le district du Maine vers la fin 1790. Quelques membres des Vingt-Quatre, madame de Leval, de Barth, de La Roche, manifesteront leur intérêt, constatant l'échec de l'opération du Scioto et y voyant, selon la promesse de Duer, l'espoir d'être indemnisés. Duval d'Eprémesnil, contacté par madame de Leval, charge Bancel de Congoulin, son homme d'affaires, de visiter les lieux et de lui faire un rapport. En mai 1791 est formée une nouvelle compagnie, la Company of the Union, par William Duer et Henry Knox, avec comme agents Royal Flint et Henry Jackson (on retrouve dans le montage financier Benjamin Walker, et Barlow est pressenti comme agent en Europe!). Ils obtiennent un accord de l'état de Massachussetts pour l'achat de 2 millions d'acres à 10 cents l'acre. En août 1791, Duer propose 100,000 acres à madame de Leval et à ses associés, avec paiement initial de 50%, le reste étant dû en 4 paiements annuels à compter du 1er mai 1793. Madame de Leval, de la Roche et de Barth fondent alors la Compagnie Française de l'Union, dont le but est de revendre les terres à des émigrés pour créer un centre français. Est prévue une ville, avec boutiques, spectacles, théâtres, banques, etc. Avant même la mise en route de l'affaire, Duer se retrouvera en prison. Bingham reprendra l'affaire du Maine; voir Robert C. Alberts, *The Golden Voyage. The Life and Times of William Bingham, 1752–1804* (Boston, Houghton Mifflin, 1969). Du côté des émigrés, tout semble en ordre: toujours méfiante, madame de Leval visite les terres et s'estime satisfaite; Bancel recommande à d'Eprémesnil d'accepter des terres comme indemnisation. Toutefois, rien ne sortira de tout cela. Madame de Leval ne paiera jamais Bingham et les accords de 1792 puis de 1793 resteront lettre morte. Voir Margaret Brown, «William Bingham, Eighteenth-Century Magnate», *The Pennsylvania Magazine of History and Biography* 61 (1937), p. 416. Pour finir, madame de Leval installera une petite colonie qui ne durera que peu de temps, mais dont les familles feront souche. Pour la présence française dans la région: Samuel Eliot Morison, *The Story of Mount Desert Island* (Boston, Little Brown and Cy, 1960); sur le projet de

madame de Leval: Memoranda and documents, «A French Description of Frenchman's Bay, 1792. With Notes on the Proposed French Colony in Eastern Maine. Journal des Opérations faites par Bancel depuis le 18 octobre 1791», *The New England Quarterly* I, 3 (July 1928), pp. 396–410.

140   Lettre du 22 février 1790 du baron de La Roche à Duval d'Eprémesnil.

141   Lettre du début 1790 au général St Clair, son ami, gouverneur de la région de l'Ohio, pour recommander l'arrivée de Barth et de Tiébault (*The St Clair Papers*, ii, pp. 152–153). Du Portail avait été envoyé par la France comme ingénieur militaire pendant la guerre d'indépendance, avait servi sous les ordres de Washington et obtenu le rang de brigadier-général.

142   En fait ces voyages ne se feront pas car ni Bondy ni Duval d'Eprémesnil ne s'embarqueront. Parmi les moins connus de la liste, on sait également que Vichy et du Portail ne feront pas la traversée.

143   Albert de Lezay-Marnésia, *Souvenirs*, p. 10.

144   Henri Carré, *Les émigrés français en Amérique*, p. 314.

145   Lettre du 3 mars 1790 à la marquise de Lezay-Marnésia.

146   La transaction finale des mille acres a lieu le 25 janvier 1790, celle des dix mille acres le 11 février 1790.

147   «A Vanished Bishopric in Ohio», *The Catholic Historical Review* II, 2 (July 1916), pp. 195–204.

148   La ville ne naîtra et ne recevra son nom que le 17 octobre 1790. Sur les plans de la Compagnie du Scioto, il est simplement mentionné «première ville».

149   Sans doute en février 1790, après le départ du premier navire, puisque la signature de de Barth n'apparaît pas sur le document et madame Thiébaut de la Vignerie signe à la place de son mari.

150   On est loin du «docte et vertueux Bénédictin» dont parlait Lezay-Marnésia dans sa lettre du 12 mars à sa femme! Cf. *The John Carroll Papers*, edition Thomas O'Brien Hanley (London & Notre Dame, Notre Dame University Press, 1976): i, pp. 413, 467, 469, 516; ii, pp. 28, 54–55, 94, 96–97. Dom Didier est décrit comme «a vigorous and active man, but not quite so fervent...», jugement qui rejoint celui de Lezay-Marnésia.

151   Les archives contiennent des brouillons du mémoire qui indiquent 120 personnes au maximum.

152   Par exemple: «(...) un jeune homme de 21 ans environ, de famille distinguée, que les révolutions actuelles empêchent de suivre son état» (de Briezer, 27 mars 1790); «(...) les moyens de chercher chez l'étranger une fortune que je cherche inutilement en France depuis une révolution qui, si elle ne m'a pas enlevé les fruits de 13 années d'étude, les a au moins rendu inutiles pour le présent en m'ôtant la possibilité actuelle de les faire valoir» (Dorval, ex-novice bénédictin, 21 avril 1790).

153   *Le Spectateur national* xxvii, 27 janvier 1790, pp. 105–106; xxviii, 28 janvier 1790, p. 109; xxix, 29 janvier 1790, pp. 113–114; xxx, 30

janvier, 1790, p. 117. Un tiré-à-part de ces articles (16 pages) sera imprimé et un compte-rendu en sera fait dans *La Chronique de Paris* du 1er mars 1790, pp. 237–238.

154   *Le Spectateur national* viii, 8 mars 1790, p. 29.

155   *Le Spectateur national* xiii, 13 avril 1790, pp. 51–52.

156   *Les Actes des Apôtres* 11ème partie, 98, avril 1790, pp. 37–39.

157   *Songe d'un habitant de Scioto* (S.l.n.d.[1790]).

158   Le propectus était la traduction en français de la brochure de Manasseh Cutler publiée à Salem en 1787. Voir ci-dessus.

159   *Le Parlement de Paris établi au Scioto* (Paris, 1790).

160   *La Chronique de Paris* lxxiv, 14 mars 1790, pp. 294–295.

161   *Les Révolutions de France et de Brabant* xvii, 22 mars 1790, pp. 161–163.

162   L'information est donnée par Marius Veyre, *La Maison de Lezay-Marnésia*, p. 31. Denis Guiraud, médecin à St Claude, pourrait avoir un lien de parenté avec François-Marie Guiraud, médecin à Orgelet, qui avait acheté de Lezay-Marnésia une partie de la dîme de Meusnois en 1784.

163   Beaunier, *La Jeunesse de Joseph Joubert*, p. 283.

164   L'idée de profit financier est étrangère à Lezay-Marnésia. S'il y fait allusion dans sa correspondance, c'est pour convaincre sa femme de partir avec lui: «un établissement dont le produit sera de 30 à 40%» (4 février), «dans moins d'un an ce que nous avons acheté 6 francs vaudra plus d'un louis» (26 février), «sur l'avantage du placement il n'y a pas de doute» (22 mars).

165   *Journal de la Cour et de la ville* xxxvii, 7 mai 1790, p. 292.

166   Lettre du vicomte Malartic à Duval d'Eprémesnil, 3 août 1790.

167   Albert de Lezay-Marnésia, *Mes Souvenirs*, pp. 9, 10.

168   Pour l'histoire de Gallipolis on renvoie à la bibliographie de la note 99. Contentons-nous de dire ici que l'établissement fut un échec, non seulement à cause des Indiens et des marécages mais aussi à cause de l'inexpérience des colons. Qui sont ces hommes? Des médecins, avocats, bijoutiers, artistes, maîtres de danse, des artisans (orfèvres, horlogers, un tailleur de pierre, cordonniers), domestiques, perruquiers, un constructeur de carrosses, beaucoup sont sans profession. Il y a à peine une douzaine de paysans! «Il était dur à des gens élevés dans la vie aisée de Paris, d'être obligés de semer, de sarcler, de scier le blé, de faire les gerbes, de les porter au logis, de cultiver le maïs, l'avoine, le tabac, les melons d'eau, par des chaleurs de 24 à 28 degrés (...)» (Volney, *Tableau du climat et du sol des Etats-Unis d'Amérique*, ii, pp. 389–390). Dans sa lettre aux colons français de Gallipolis le général-gouverneur St Clair recommande la patience et la persévérance car dans toute entreprise de colonisation, dit-il, il y a des difficultés. Il se dit ignorant de la nature du contrat passé entre eux et la Compagnie du Scioto, mais promet que justice sera faite (21 novembre 1790, *The St Clair Papers*, ii, pp. 190–191). Le 26

novembre 1790, il écrit au ministre de la guerre à propos des Français de Gallipolis (*The St Clair Papers*, ii, pp. 193–197): environ 400 personnes qui sont «in a very discontented and mutinous disposition a great part of them». Il demande que tout soit fait pour les aider contre «an interested speculation of a few men pursued with too great avidity (...)». Qui étaient ces colons? Ces habitants «were royalists who bitterly lamented the situation of their native country» écrit Henry Marie Brackrenridge (*Recollections of places and persons in the West* [Philadelphia, 1834 et 1868], cité par Fouré Selter, *L'odyssée américaine*, p. 25). Chateaubriand parlera d'eux: «Cette terre commence à se peupler [1791] (...) par quelques-uns de mes malheureux compatriotes, fuyant devant les premiers orages de la révolution» (*Voyage en Amérique*, édition Richard Switzer [Paris, Librairie Marcel Didier, 1964], i, pp. 160–161). Etaient-ils tous royalistes pour autant et attachés aux valeurs traditionnelles? Rien de moins certain. Une lettre de Mgr. Carroll au cardinal Antonelli du 23 avril 1792 (*The John Carroll Papers*, ii, p. 28) raconte qu'à l'arrivée il y eut bien des disputes car ces hommes avaient des opinions différentes sur les changements en France. Il ajoute: «Very many of them came from Paris, and they brought with them the vices of big cities. Worse still, they brought hatred and contempt of the Christian religion, and a tendency to deride our sacred rites; they openly profane Sunday (...)». En 1791, le général Rufus Putnam et John Heckewelder se rendront à Gallipolis et constateront que les colons ont su donner un caractère typiquement français à l'endroit: jardins de fleurs, vergers, jardins à la française autour des cabanes. Il y a même un jardin d'agrément en plein centre ville sur une colline couronnée par pavillon d'été. Ils comptent entre 300 et 400 habitants et 150 habitations. La colonie allait toutefois rencontrer des difficultés: danger des Indiens (voir une lettre du colonel Sargent aux autorités de Gallipolis, 9 mai 1791, *The St Clair Papers*, ii, pp. 206–207), et dans l'hiver 1792, famine et épidémie de malaria, à la suite de quoi beaucoup quitteront la région (voir *Journal* d'Antoine Saugrain; Henry Marie Brackrenridge, *Recollections of places and persons in the West*, qui passe toute une année à Gallipolis dans son enfance). En 1795 on ne compte plus qu'une centaine de familles, selon le journal de voyage du Rev. James Smith («Tours into Kentucky and the Northwest Territory. Three Journals by the Rev. James Smith of Powhatan County, Va., 1783–1795–1797», *Ohio Archaeological and Historical Quarterly* XVI, 3 [July 1907], pp. 348–401). Pour 1796 on a le témoignage de Volney (*Tableau du climat et du sol des Etats-Unis d'Amérique*, ii, pp. 385–386): la ville, «deux rangs de petites maisons blanches»; l'auberge, «une hutte de troncs d'arbres»; les maisons, «des huttes de troncs mastiquées de terre grasse, couvertes de bardeaux, et par conséquent mal abritées et humides»; quelques jardins de légumes; et tout autour, des marécages provoquant des fièvres chaque année de juillet à novembre. En 1801: 160 habitants, selon François-Marie Perrin du Lac (*Travels through Louisiana and among the Savage Nature of the Missouri*, traduit du français [London, 1807], p. 38). En 1805: 300 habitants, mais tous anglais; les Français ne sont plus qu'un souvenir (John Melish, *Travels in the United States of America in the years 1806 & 1807 & 1809 & 1810 & 1811* [Philadelphia, Palmers, 1812], ii, pp. 116–117).

169   De Barth n'est mentionné nulle part dans les rares documents qu'on possède de cette expédition. A l'arrivée du premier navire, en mars, c'est lui qui semble le chef de l'opération; après août c'est plutôt Lezay-Marnésia. Il est possible que de Barth soit resté à Philadelphie, comme madame de Leval, pour se tenir au courant des projets de Duer.

170   Albert de Lezay-Marnésia, *Mes Souvenirs*, p. 15.

171   *Lettres écrites des rives de l'Ohio*, p. 2.

172   Lettre de Prévot à madame de Faydieu, de Marietta, le 7 octobre 1790. La lettre doit être plus tardive car Prévot y mentionne l'arrivée des colons à Gallipolis le 19 octobre.

173   Albert de Lezay-Marnésia, *Mes Souvenirs*, p. 18.

174   Il l'explique dans une note de sa lettre à M. Audrain, p. 221. C'est le nom qu'il emploie aussi dans les *Lettres écrites des rives de l'Ohio*.

175   Lettre à M. Audrain, pp. 206–207.

176   Cité en note dans la lettre à M. Audrain, p. 222.

177   Voir ci-dessus la question Pintreaux-Lucas.

178   Hugh H. Brackenridge, *Modern Chivalry*, iv, pp. 309–310.

179   Lettre à M. Audrain, p. 221.

180   *Ibid.*, p. 206.

181   Voir lettre du 18 août 1792, du Fort-Pitt, de Audrain à Lezay-Marnésia, à Londres. Archives Lezay-Marnésia, Bibliothèque de l'Arsenal.

182   Bourget-Besnier (*Une famille française*, pp. 52–54) cite une lettre d'Albert à sa mère (Philadelphie, 10 janvier 1792) et une lettre du marquis à la même (Philadelphie, 24 avril 1792). Le marquis aurait demandé à ses amis et à ses relations d'affaires de lui écrire soit poste restante à Genève soit chez Necker: selon le post-scriptum d'une lettre du 8 octobre 1792 à la marquise (Bourget-Besnier, *Une famille française*, pp. 68–69).

183   *Lettres écrites des rives de l'Ohio*, p. 113.

184   Certificat de présence du 1er août, décret de levée de séquestre du 15 août 1792 confirmé le 1er messidor an III et certificat de serment du 13 septembre sont aux Archives nationales; le passeport, dans des Archives privées (Bourget-Besnier, *Une famille française*, p. 60).

185   Archives Lezay-Marnésia, Bibliothèque de l'Arsenal.

186   Lettre du 18 août 1792, de Fort-Pitt. Bibliothèque de l'Arsenal.

187   *Lettres écrites des rives de l'Ohio*, p. 77.

188   Dans les articles que nous avons publié sur le sujet, nous lui avons donné le nom de Gallipolis pour mieux l'associer à l'affaire du Scioto. Il est plus exact de parler d'Asilum.

189   *Lettres écrites des rives de l'Ohio*, p. 79.

190   *Ibid.*, p. 46.

191   *Ibid.*, p. 57.

192   *Ibid.*, p. 77.

193   *Ibid.*, p. 42.

194   *Ibid.*, pp. 41–42.

195   *Ibid.*, p. 41.

196   *Ibid.*, p. 42.

197   *Ibid.*, p. 100.

198   *Ibid.*, p. 83.

199   *Ibid.*, pp. 83–84, note.

200   *Ibid.*, p. 88. «L'industrie et le mouvement des arts sont sans doute un spectacle intéressant et agréable; mais le désordre des ouvriers, leurs querelles, les excès où les portent trop souvent l'ivresse, ne le sont pas. Il est vrai, leurs fautes seront rares, parce qu'ils seront surveillés, éclairés et entourés de bons exemples; mais encore vaut-il mieux qu'elles ne soient connues que de ceux qui auront la charge de les réprimer et qu'elles n'affligent jamais les autres» (p. 88, note 1).

201   *Ibid.*, p. 74.

202   *Ibid.*, pp. 103–104.

203   *Ibid.*, p. 67.

204   *Ibid.*, pp. 70–72.

205   *Ibid.*, p. 110.

206   *Ibid.*, pp. 70–71.

207   *Ibid.*, p. 43.

208   De Lille, *Les Jardins ou l'art d'embellir les paysages* (Paris, 1782), p. x.

209   Henri Carré, «Les émigrés francais en Amérique», p. 340.

NOTES DE L'ÉPILOGUE

1   Lettre de Lezay-Marnésia à son épouse, 24 août 1792.

2   Lettre à M. Audrain, dans *Plan de lecture*, pp. 218–219.

3   Albert de Lezay-Marnésia, *Mes Souvenirs*, p. 23.

4   Peu d'informations sont disponibles sur la vie de la marquise de Lezay-Marnésia pendant cette période. Elle avait quitté Saint Julien pour la Savoie et semble se trouver en Suisse dès le début de l'été 1792 d'après les adresses auxquelles lui sont envoyées les lettres. Elle passera en Angleterre fin mai 1794 pour y mourir un mois plus tard. En ce qui concerne Albert et Adrien, leur départ est la conséquence des mauvaises relations qu'ils ont avec leur père, qui fait preuve d'autoritarisme. Pour l'histoire de la vie privée des Lezay-Marnésia de 1792 à la mort du marquis, la meilleure source est l'étude d'Elisabeth Bourget-Besnier (*Une famille française*, pp. 59–91) qui se base sur les correspondances.

5   Lettre à M. Audrain, p. 205.

6   Dans une note de conclusion à sa critique des *Lettres de Julie à Ovide*, dans *Plan de lecture*, p. 102.

7   *Motifs et développement des doléances du Bourg de Saint Julien.*
     Archives départementales du Doubs, BC 7464.

8   Pétition du 19 février 1793. Archives nationales, DIII 120.4.

9   Pétition du 20 janvier 1793. Archives nationales, DIII 120.21. Il s'agit
     donc d'amender le décret du 25 août 1792 qui prévoyait seulement que les
     sommes non encore payées ne pourraient être exigées.

10   Albert de Lezay-Marnésia, *Mes Souvenirs*, p. 23.

11   Voir ci-dessus, chapitre X, p. 388.

12   *Voyage*, dans *Plan de lecture*, p. 119.

13   Voir ci-dessus chapitre VII, p. 197.

14   *Mercure de France*, frimaire an IX, ii, p. 435.

15   *Mémoire pour les créanciers et acquéreurs de partie des biens de Claude-
     François-Adrien Lezay* (S.l., an VIII). Archives nationales. Franz Kafker
     («The Encyclopedists and the French Revolution», p. 147) s'interroge
     aussi sur les raisons de cette arrestation et mentionne à tout hasard
     l'hypothèse de Robert, Bourloton et Cougny (*Dictionnaire des
     Parlementaires français* [Paris, 1891], iv, p. 155) selon laquelle Lezay-
     Marnésia aurait été impliqué — ou accusé d'être impliqué — dans un
     soulèvement futile à Besançon.

16   Voir *Mémoires de famille de l'abbé Lambert sur la révolution et
     l'émigration, 1791–1799*, pp. 88–98, où la figure de Lezay-Marnésia en
     prison est évoquée longuement.

17   *Ibid.*, p. 89.

18   *Ibid.*, p. 92.

19   *Ibid.*, p. 98.

20   Le département du Jura n'avait pas mis ses biens sous séquestre car
     Lezay-Marnésia n'y était pas inscrit sur la liste des émigrés, ce qui n'était
     pas le cas dans le département de la Haute-Saône qui réappose un sequestre
     provisoire sur ses biens dans ce département pour la durée de la détention.
     Des problèmes identiques se reproduiront en 1797 et 1799. Le
     département du Jura considèrera le séjour du marquis aux Etats-Unis
     comme un voyage légal, avec passeport officiel; par contre, le
     département de la Haute-Saône fera constamment référence à la loi du 8
     avril 1792, définissant comme émigré tout Français ayant quitté le
     territoire depuis 1789 et qui n'y serait pas rentré sous les 30 jours, i.e.
     avant le 9 mai 1792, et soulignera qu'il n'y a aucune preuve de la
     présence de Lezay-Marnésia en France avant le 9 mai 1792.

21   *L'Hymne à la sagesse* est publié dans *Les Paysages*.

22   L'histoire du désespoir de Minzel est publiée à la fin des *Pensées
     littéraires, morales et religieuses*, dans *Plan de lecture*, pp. 196–198.

23   *Mémoires de famille de l'abbé Lambert*, p. 244.

24   Voir ci-dessus note 20.

25   *Voyage*, dans *Plan de lecture*, pp. 118–119, 120. Ce texte, *Voyage* ou
     Voyage au Pays de Vaud, fut écrit fin 1799 ou début 1800 en hommage

aux Necker et à tous ceux qui avaient accueilli Lezay-Marnésia en Suisse. Il relate le départ de France au lendemain du 18 fructidor et le passage en Suisse. Lorsque Lezay-Marnésia l'écrit, il est souffrant, à quelques mois de la mort, et confond dans son esprit les deux événements les plus traumatisants de sa vieillesse: son départ pour la prison de Besançon en mars 1794 et sa fuite en Suisse en septembre 1797.

26   Voir A. Roulin, «Voyage au Pays de Vaud de M. de Lezay», *Revue historique vaudoise* (décembre 1947), pp. 187–189.

27   *Plan de lecture*, p. 105, note.

28   *Ibid.*, p. 70.

29   *Ibid.*, p. 92.

30   *Ibid.*, p. 103.

31   *Ibid.*, p. 105.

32   Par l'intermédiaire de Fouché, Adrien obtiendra un passeport qui lui permettra de rentrer en France (décembre 1799).

33   Archives départementales du Jura, Q non-classé.

34   *Sur la réponse du soi-disant directeur Richette*, imprimé de 14 pages, s.l.n.d.; *A la requête des créanciers du citoyen Claude-François-Adrien Lezay père et des propriétaires des biens par lui vendus sur le territoire de Marnésia, canton d'Orgelet, pour lesquels domicile est élu*, imprimé de 16 pages (Marnésia, 20 vendémiaire an IX).

35   *Mémoire pour les créanciers et acquéreurs de partie des biens de Claude-François-Adrien Lezay* (An VIII).

36   Lettre datée du 17 ventôse an VIII.

37   *Mémoires de famille de l'abbé Lambert*, p. 304.

38   Il devait s'agir de l'appartement que Lezay-Marnésia avait toujours gardé à Besançon puisque l'adresse est la même, la rue Saint-Vincent ayant été rebaptisée par la Révolution rue de la Liberté. Elle s'appelle aujourd'hui rue Mégevand. L'acte de décès se trouve dans le *Registre des Actes de décès de la ville de Besançon*, anIX et X, 4e section. B.M. de Besançon.

39   *Pensées littéraires, morales et religieuses*, p. 198, note.

40   *Caroline de Lichtfield*, in *Plan de lecture*, pp. 110–111.

41   *Ibid.*, p. 112.

42   Jean Garagnon, «La sensibilité comme idéologie de substitution de la noblesse dans Aline et Valcour», *Studies on Voltaire and the Eighteenth Century* 216 (1983), p. 176. Sur le modèle de Clarens, on lira Norbert Sclippa, «*La Nouvelle Héloïse* et l'aristocratie», *Studies on Voltaire and the Eighteenth Century* 284 (1991), pp. 3–53, et plus particulièrement les pages 19 à 27 sur «la féodalité».

43   *Pensées littéraires, morales et religieuses*, p. 195.

44   *Les Paysages*, p. ij.

45   *L'Héroïsme de la charité*, in *Plan de lecture*, p. 199.

46   *Ibid.*, pp. 199–200.

47 Albert de Lezay-Marnésia, *Mes Souvenirs*, p. 83.
48 *Ibid.*, pp. 303–304.

BIBLIOGRAPHIE

Pour ne pas étendre démesurément cette bibliographie, cette liste ne cite que des ouvrages, documents et archives qui se rapportent aux aspects essentiels du sujet. D'autres sources, plus générales ou plus spécifiques, sont mentionnées en notes.

I. SOURCES MANUSCRITES

Archives Nationales

D 111 120 21 Moutonne (1793).
D 111 120 4 Saint Julien (An II).
F7–6151 (3403, 7831) Archives familiales
F 7–5190 (2456) Police générale. Emigration. Jura.
H 723, K688, Ba 13–17–21–38–42. Archives sur les Etats de Franche-Comté.
158 AP 1–82, carton 12, Papiers de famille de Duval d'Eprémesnil.
T 1460 Papiers de Duval d'Eprémesnil saisis pendant la Révolution.

Archives de l'Académie française

A 11–13 Concours d'éloquence et de poésie, 1758–1789.

Archives départementales du Jura

E 346–364 Titres de famille Lezay-Marnésia.
E 3931, 257–258E Papiers divers Lezay-Marnésia.
1 J 613 Lettre de Chamfort à madame de Créqui (copie)

Bibliothèque de l'Arsenal

6971 Registre de recettes et de dépenses des Lezay-Marnésia, 1769–1786.
6976–7048 Archives de Lezay-Marnésia. Recueil de pièces par localités. 7007–7012: Moutonne; 7013–7015: Nettancourt; 7031–7039: Saint Julien.
7193–7326 Archives de Lezay-Marnésia. Recueil de pièces classées par ordre chronologique. XIIIe–XVIIIe siècles. 134 cartons. 7292–7326: XVIIIe siècle.
7335–7339 Archives de Lezay-Marnésia. Recueil de pièces non datées.

Bibliothèque Nationale

33240 Généalogie de la maison de Lezay-Marnésia.
FM^2 164–164bis–165 Fonds maçonnique. Loges de Besançon.

Bibliothèque Municipale de Besançon

1442 Lettre autographe de Lezay-Marnésia.
Fonds de l'Académie, ms 2–3 (registres des délibérations), 8–9 (ouvrages)

Bibliothèque du Palais des Arts de Lyon
Archives de l'Académie, ms 266 (registres VIII–XXI, journal des séances de l'académie des sciences, belles-lettres et arts, 1758–1793), 124 (éloges des académiciens de Lyon, 1736–1789).

Bibliothèque Municipale de Nancy
863 Journal de Durival, 13 vol., 1737–1795.
702–703–920–923 Recueil Panigot, notices biographiques et bibliographiques sur les membres de l'académie.

II. ŒUVRES DE LEZAY-MARNÉSIA

1. Œuvres manuscrites

Discours lus à l'Académie de Besançon (fonds de l'Académie, ms 2–3, 8–9)
— Séance du 1er mai 1777. Discours de réception comme associé. Lecture du premier chant du poème sur les jardins.
— Séance du 24 août 1778. Discours de réception comme membre.
— Séance du 29 juin 1779. Discours pour la réception du marquis de Ségur et de l'abbé de Clermont-Tonnerre.
— Séance du 6 octobre 1779. Discours pour la réception du vicomte de Toulongeon.

2. Œuvres imprimées
On trouvera, pour chaque œuvre, un relevé des éditions françaises et étrangères connues, ainsi que les périodiques qui mentionnent la publication.

Article «Maraudeur» — 1759
«Maraudeur», *Journal Encyclopédique*, v, 15 juillet 1759, pp. 50–56.
«Maraudeur», dans l'article «Voleur», *Encyclopédie ou Dictionnaire raisonné des sciences, des arts et des métiers*, Neufchâtel, 1765, xvii, pp. 450–451.

Eloge de Sully — 1763
Cet éloge, imprimé, que mentionnent Bollioud devant l'Académie de Lyon, le 17 janvier 1775, et Droz devant l'Académie de Besançon, le 1er mai 1777, et qui avait été écrit pour le concours d'éloquence de l'Académie française, n'a pas été retrouvé.

L'Heureuse famille, conte moral — 1766
L'Heureuse famille, conte moral, Genève et Nancy, Leclerc, 1766.
L'Heureuse famille, conte moral, par M*** de G..., Copenhague, C. Philibert, 1768.

L'Heureuse famille, conte moral, in *Essais sur la nature champêtre*, édition de 1787.

L'Heureuse famille, conte moral, in *Les Paysages, ou essais sur la nature champêtre*, édition de 1800.

L'Heureuse famille, conte moral, Brureres, Vivot, 1809.

Il existe une traduction anglaise: *The happy family. A reading family book for youth*, Philadelphia, E. Cummiskey, 1840.

Grimm (Frédéric-Melchior) et al., *Correspondance littéraire, philosophique et critique*, édition Tourneux, Paris, 1877–1882, 15 septembre 1766, vii, p. 127.

Discours de Nancy — 1767

Discours de réception à la Société royale des Belles-Lettres de Nancy, le 20 octobre 1767, Paris, Quillau Libraire et Dessain Junior, 1767.

Discours de réception à la Société royale des Belles-Lettres de Nancy, le 20 octobre 1767, in *Plan de lecture pour une jeune dame*, édition de 1800.

Année littéraire, 23 février 1768, ii, pp. 21–27.

Essai sur la minéralogie du bailliage d'Orgelet — 1777–1778

Lecture devant l'Académie de Besançon les 5 et 10 octobre 1777.

Essai sur la minéralogie du bailliage d'Orgelet en Franche-Comté, lu dans la séance publique de l'Académie des Sciences et des Arts de Besançon, le 5 décembre 1778, Besançon et Paris, Charmet et Mérigot Jeune, 1778.

Une deuxième édition est publiée en 1779.

Lettre à Monsieur de Villaine — 1778

Lettre à M. de V(illaine). Ecrite à Bourg le 3 juillet 1778, in *Plan de lecture pour une jeune dame*, édition de 1800.

Epître à mon curé — (1775) 1779

Lue à l'Académie de Lyon le 16 mai 1775, et à l'Académie de Besançon le 29 juin 1779.

«Epître à mon curé» (extraits), *Journal des Savants*, janvier 1780, pp. 54–56.

«Epître à mon curé», *Almanach des Muses*, 1780, pp. 153–158.

Epître à mon curé, in *Essai sur la nature champêtre*, édition de 1787.

Epître à mon curé, in *Les Paysages, ou essais sur la nature champêtre*, édition de 1800.

Epître à mon curé, in *Petite encyclopédie poétique, ou choix de poésies dans tous les genres... Epîtres morales et sérieuses*, Paris, Capelle et Cie., 1804, tome iv, pp. 178–184.

Plan de lecture pour une jeune dame — 1784

Plan de lecture pour une jeune dame, Paris, Prault, 1784.

Plan de lecture pour une jeune dame, 2e édition revue et augmentée d'un
supplément sur les bons ouvrages depuis 1784 et de divers morceaux de
littérature et de morale, Lausanne, A. Fischer et L. Vincent, Paris, Louis,
1800. (Ce volume contient aussi *Voyage au Pays de Vaud, Lettre à M. de V.*,
*Pensées littéraires morales et religieuses, L'Héroïsme de la charité, Lettre à
M. Audroin à Pittsbourg, Dialogue entre Buffon et Bailly, Discours de
réception à la Société royale des Belles-Lettres de Nancy.*)

Le Bonheur dans les campagnes — (1783) 1785
Le Bonheur dans les campagnes, Neufchâtel et Paris, Prault, 1785.
Le Bonheur dans les campagnes, Neufchâtel et Paris, Royez, 1788.
Année littéraire, décembre 1789, viii, pp. 330–340.

Essai sur la nature champêtre — (1767–1787) 1787
Lectures publiques: à l'Académie de Lyon le second chant est lu le 24 janvier
1775; à l'Académie de Besançon, le premier chant est lu le 1er mai 1777, le
second chant le 6 octobre 1779, les derniers chants le 6 octobre 1782.
Essai sur la nature champêtre, en vers avec des notes, Paris, Prault, 1787. (Ce
volume contient aussi *Pièces fugitives, L'Heureuse famille, Epître à mon
curé.*)
En 1792 paraît une traduction allemande: Grohmann (Johann Gottfried), *Schöne
Gartenkunst, Phantasien und Grundsätze über die ländliche Natur, nach
Marnezia*, Leipzig, Reinicke und Hinrichs, s.d. (1792). Une deuxième édition
paraîtra en 1793 et une troisième en 1798.
Les Paysages, ou essais sur la nature champêtre, poëme. Nouvelle édition revue,
corrigée et augmentée. Suivi d'*Apelle et Campapse, ballet héroïque*, de
plusieurs *Pièces fugitives*, de l'*Heureuse Famille, conte moral*; des *Lampes,
allégorie*, de l'*Epître à mon curé*, Paris, Louis libraire, 1800.
Année littéraire, 3 août 1787, vi, pp. 112–120.
Journal encyclopédique v, 1787, pp. 70–80.
Grimm (Frédéric-Melchior) et al., *Correspondance littéraire, philosophique et
critique*, édition Tourneux, Paris, 1877–1882, août 1787, xv, pp. 115–116.
La Harpe (Jean-François), *Correspondance littéraire...*, Paris, Mignaret, 1801–
1807, lettre ccxxxvii, v, pp. 90–94.

Les Lampes, allégorie — 1788
«Les Lampes, allégorie», *Journal de Paris* 118, dimanche 27 avril 1788, p. 512.
Les Lampes, allégorie, in *Les Paysages, ou essai sur la nature champêtre*, édition
de 1800.

Apelle et Campaspe, ballet héroïque — 1788
Apelle et Campaspe, ballet héroïque, in *Les Paysages, ou essai sur la nature
champêtre*, édition de 1800. Musique de Laborde, Piccini, et M. de la Cépède.

Idée d'un député du bailliage d'Aval — 1789
Idée d'un député du bailliage d'Aval sur la permanence de l'Assemblée Nationale,
s.l., s.d. (1789). (British Library FR 74[28])

Prises de positions à l'Assemblée nationale — 1789–1790
Archives parlementaires de 1787 à 1860, sous la direction de J. Mavidal et E.
Laurent, premières séries (1787–1799), Paris, 1868–1913, volumes viii, x,
xi.
— 4 septembre 1789, sur le véto, viii, p. 565;
— 13 novembre 1789, sur les biens ecclésiastiques, x, p. 43;
— 10 décembre 1789, sur l'exportation des grains, x, p. 499;
— 24 décembre 1789, sur les comédiens, x, p. 781;
— 5 février 1790, sur la division du royaume, xi, p. 437.

Lettres écrites des rives de l'Ohio — (1790–1791) 1800
Lettres écrites des rives de l'Ohio, Au Fort-Pitt et se trouvent à Paris, Prault, an
IX. (Ces lettres sont datées: lettre au chevalier de Boufflers, 15 novembre
1790; lettre à Bernardin de Saint-Pierre, 2 novembre 1791; lettre à Adrien de
Lezay-Marnésia, 15 décembre 1791.) Imprimées tout d'abord en 1792, elles
furent interdites par le gouvernement.

Lettre à M. Audroin — 1792
Lettre à M. Audroin, à Pittsbourg, sur le voyage de retour, in *Plan de lecture
pour une jeune dame,* édition de 1800.

Voyage au Pays de Vaud — 1799
Voyage au Pays de Vaud, in *Plan de lecture pour une jeune dame,* édition de
1800.

L'Héroïsme de la charité — 1800
L'Héroïsme de la charité, in *Plan de lecture pour une jeune dame,* édition de
1800.

Pensées littéraires, morales et religieuses — non datées
Pensées littéraires, morales et religieuses, in *Plan de lecture pour une jeune
dame,* édition de 1800.

Pièces fugitives — non datées
Dans l'édition de 1787 de l'*Essai sur la nature* champêtre (ces pièces fugitives
sont également reprises dans l'édition de 1800 des *Paysages, ou essai sur la
nature champêtre*):
— *Vers sur un monument funéraire.*
— *Vers à mon ancienne amie, en lui envoyant des œillets le jour des rois.*

— *Vers à M. Cérutti, en lui envoyant un serre-tête.*
Dans l'édition de 1800 du *Plan de lecture pour une jeune dame*:
— *Dialogue entre Buffon et Bailly.*
Dans l'édition de 1800 des *Paysages, ou essais sur la nature champêtre*:
— *Epître à M. Philipon de la Madelaine.*
— *Hymne à la Sagesse.*
— *La Cour de l'Aigle*, fable.
— *L'Ormeau, l'épine et la vigne*, fable.
— *Vers à M. le président du Patti.*
— *Vers sur la mort du duc de Choiseul.*
— *Vers à Mme de Roussillon.*
— *Vers à M. de Cérutti sur un échange des Œuvres complètes de Voltaire contre celles de Pascal.*
— *Dédicace d'un ouvrage sur la minéralogie. A la Nature.*

3. Traductions, éditions, etc.

Lettsom (John Coakley), *Le Voyageur naturaliste, ou Instructions sur les moyens de ramasser les objets d'histoire naturelle et de les bien conserver*, traduit de l'anglais sur la seconde édition, Amsterdam et Paris, 1775. (Compte rendu dans l'*Année littéraire*, 18 juin 1775, iii, pp. 143–144.)

Lezay-Marnésia (Claude-François-Adrien), Editeur. Sherlock (Martin), *Lettres d'un voyageur anglais*, A compte d'auteur, Londres, Genève, 1779.

— Editeur. Sherlock (Martin), *Nouvelles lettres d'un voyageur anglais*, Paris, 1779.

— Editeur. Sherlock (Martin), *Lettres d'un voyageur anglais*, Londres, 1780.

— Editeur. Sherlock (Martin), *Nouvelles lettres d'un voyageur anglais*, Londres, Paris, Esprit, La Veuve Duchesne, 1780.

— Editeur. Sherlock (Martin), *Lettres d'un voyageur anglais*, Neufchâtel, 1781.

— Editeur. Cérutti (Joseph-Antoine-Joachim), *Recueil de quelques pièces de littérature, en prose et en vers*, Glasgow et Paris, Prault, 1784.

III. AUTEURS & ANONYMES

A la noblesse de Franche-Comté, par un gentilhomme de province, 10 décembre 1788, s.l.n.d., in *Recueil de pièces de 1788 et 1789*. (Bibliothèque municipale de Besançon, 239.901)

Almanach de Besançon et de la Franche-Comté, Besançon, imprimerie Jacques-François Couché, Tissot libraire, années 1783 à 1786.

Batteux (Charles), *Les Beaux-Arts réduits à un même principe*, édition critique par Jean-Rémy Mantion, Paris, Aux Amateurs de livres, 1989.

Boisgelin de Cucé (cardinal Jean de Dieu, Raymond de), *Oraison funèbre de Stanislas Ier*, Paris, Hérissant fils, 1766.

Brochures sur la révolution aristocratique en Franche-Comté, s.l., s.d. (1788). (Bibliothèque Nationale, Rés. LK 14 199)

Cahier des remontrances de l'ordre de la noblesse du bailliage d'Aval en Franche-Comté, 1789.

Cerutti (Joseph-Antoine-Joachim), *Recueil de quelques pièces de littérature en prose et en vers* (publié par de Marnésia), Glasgow et Paris, Prault, 1784.

— *Mémoire du peuple français*, 1788.

— *Epître en vers irréguliers sur les Jardins, l'Agriculture, les Assemblées provinciales, les ministres, les parlements, la Tolérance, etc. Ecrite à M. de Marnésia, Auteur du poème de la nature champêtre, et désigné alors Président du district du Mont Jura*, Paris, Desenne, 1790.

— *Les Jardins de Betz*, Paris, Desenne, 1792.

Chabanon (Michel Paul de), *Epître sur la manie des jardins anglais*, s.l., 1775.

Chastellux (marquis François-Jean de), *Voyages de M. le marquis de Chastellux dans l'Amérique septentrionale, dans les années 1780, 1781 et 1782*, Paris, Prault, 1786.

Chastenay (comtesse Victorine de), *Mémoires de Mme de Chastenay*, publiées par A. Roserot, Paris, Plon, Nourrit & Cie, 1896.

Clerget (abbé Pierre-François), *Coup d'œil philosophique et politique sur la mainmorte*, Londres (Besançon, Simard), 1785.

— *Cri de la raison, ou examen approfondi des lois et des coutumes qui tiennent dans la servitude mainmortable quinze cent mille sujets du roi*, Besançon, Simard, 1789.

Clermont-Tonnerre (comte Stanislas de), *Lettre à M. Duval d'Eprémesnil*, s.l.n.d. (1791).

— *Recueil des opinions de Stanislas de Clermont-Tonnerre*, Paris, Migneret, 1791.

Clicquot de Blervache (Simon), *Mémoire sur les moyens d'améliorer en France la condition des laboureurs*, Paris, Delalain l'Ainé, 1789.

— *Essai sur les moyens d'améliorer en France la condition des laboureurs, des journaliers, des hommes de peine vivant dans les campagnes et celle de leurs femmes et de leurs enfants, par un Savoyard*, Chambéry, 1789.

Colardeau (Charles-Pierre), *Epître à Monsieur Duhamel de Denainvilliers*, in *Œuvres de Colardeau*, Paris, Ballard et Le Jay, 1779, ii, pp. 263–288.

Costa (Joseph-Henri de), *Essai sur l'amélioration de l'agriculture dans les pays montueux et en particulier dans la Savoie*, Chambéry, F. Gorrin, 1774.

Dubos (abbé Jean-Baptiste), *Réflexions critiques sur la poésie et sur la peinture* (1719), Paris, Pissot, 1770.

Duquesnoy (Adrien), *Journal d'Adrien Duquesnoy, Député du Tiers de Bar-le-Duc, sur l'Assemblée Constituante*, publié par Robert de Crévecœur, Paris, Picard, 1894.

Epître à M. de S***, Chevalier de Saint Louis, par M. l'abbé de S***, son frère, Paris, Jorry et les Marchands de Nouveautés, 1779.

Etats Généraux, 1789. Recueil de textes imprimés. (Bibliothèque Municipale de Besançon, 239.824)

Etienne (Pierre), *Le Bonheur rural*, Paris, Buisson, 1788.

Favart (Charles-Simon), *Opéra-Comiques en vers*, Paris, Veuve Dabo, 1822.

— *Les Amours champêtres*, Paris, N. B. Duchesne, 1759.

— *L'Amour au village*, Paris, Duchesne, 1762.

— *La Fête du château*, Paris, Veuve Duchesne, 1766.

Ferrières (marquis Charles-Elie de), *Correspondance inédite. 1789–1791*, publiée par H. Carré, Paris, Armand Colin, 1932.

Fontanes (Louis de), *Le Verger*, poème, Paris, Prault, 1788.

Fresnais de Beaumont, *La Noblesse cultivatrice*, Paris, Morin, 1778.

Genettes (René des), *Souvenirs de la fin du XVIIIe siècle et du commencement du XIXe siècle ou Mémoires de R.D.G.*, Paris, Firmin-Didot, 1835–1836.

Goyon de la Plombanie (Henri de), *La France agricole et marchande*, Avignon, 1762.

— *L'unique moyen de soulager le peuple et d'enrichir la nation française*, Paris, A. Boudet, 1775.

Grappin (Dom Pierre-Philippe), Eloge des académiciens décédés, éloge de Lezay-Marnésia, séance du 5 décembre 1812, *Académie des sciences, belles-lettres et arts de Besançon*, ii, pp. 73–78.

Harcourt (Mgr le duc d'), *Traité de la décoration des dehors des jardins et des parcs* (1774), édition Ernest de Ganay, Paris, Emile-Paul frères, 1919.

Houdar de la Motte (Antoine), *Œuvres*, Paris, Prault l'aîné, 1754.

Hupay de Fuvéa (Joseph Alexandre Victor d'), *Généralif, maison patriarcale et champêtre*, Aix-en-Provence, P.J. Calmen, 1790.

Laborde (Alexandre de), *Discours sur la vie de la campagne et la composition des jardins*, Paris, Lenormant, Delance, 1808.

La Chalotais (Louis-René de Caradeuc de), *Essai d'éducation nationale, ou Plan d'étude pour la jeunesse*, s.l. (Paris), 1763.

Lally-Tollendal (comte Trophime-Gérard de), *Mémoire de M. le comte de Lally-Tollendal, ou seconde lettre à ses commettants*, Paris, Desenne, 1790.

Lambert (abbé), *Mémoires de famille de l'abbé Lambert sur la Révolution et l'émigration, 1791–1799*, publiés par G. de Beauséjour, Paris, Picard, 1894.

La Tour du Pin-Gouvernet (Henriette Lucie Dillon, marquise de), *Mémoires (Journal d'une femme de cinquante ans, 1778–1815)*, collection Le Temps Retrouvé, Paris, Mercure de France, 1989.

Lauzun-Biron (Armand-Louis de Gontant, duc de), *Lettres sur les Etats généraux de 1789, ou Détail des séances de l'Assemblée de la Noblesse et des Trois Ordres, du 4 mai au 15 novembre*, publiées par Maistre de Roger de La Lande, Mémoires relatifs à l'histoire de France xxii, Paris, Firmin-Didot frères, 1862.

Lequinio (Joseph Marie), *Voyage pittoresque et physio-économique dans le Jura* (Paris, 1801), Marseille, Lafitte Reprints, 1979.

Le Tourneur (Pierre), *Voyage à Ermenonville*, réimpression en facsimilé de l'édition de 1788, présentée par Jacques Gury, collection Bibliothèque des Etudes J.-J. Rousseau 4, s.l., A l'Ecart, 1990.

Lezay-Marnésia (Albert-Magdeleine-Claude), *Mes Souvenirs à mes enfants*, Blois, E. Dézairs, 1851.

Lezay-Marnésia (Charlotte-Antoinette de Bressay, marquise de), *Lettres de Julie à Ovide*, Rome et Paris, Gattey, 1789.

Liger (Louis), *La Nouvelle Maison rustique, ou Œconomie générale de tous les biens de la campagne* (1700), Paris, Humblot, 9e édition, 1768.

Ligne (prince Charles-Joseph de), *Coup d'œil sur Belœil*, édition Leuridan Félicien, Ath, Coppin-Goisse, 1908.

Louis XVI, *Réflexions sur mes entretiens avec M. le duc de La Vauguyon*, par Louis-Auguste, dauphin, Paris, J.-P. Aillaud, 1851.

— *Maximes morales et politiques tirées de Télémaque sur la science des rois et le bonheur des peuples* (1766), Paris, Royez, 1814.

Malouet (Pierre-Victor), *Mémoires de Malouet*, publiés par son petit-fils, le baron Malouet, Paris, Plon, 1874.

Marmontel (Jean-François), *Œuvres complètes*, réimpression en facsimilé de l'édition de Paris, 1818–1820, Genève, Slatkine Reprints, 1970.

Mirabeau, *L'Ami des Hommes, ou Traité de la population*, Hambourg, Chrétien Herold, 4e édition, 1768.

Montbarey (prince Alexandre-Marie-Léonor de Saint-Mauris), *Mémoires autographes*, Paris, A. Eymery, 1826–1827.

Montlosier (comte François Dominique de Rainaud de), *Mémoires de M. le comte de Montlosier sur la Révolution française, le Consulat, l'Empire, la Restauration et les principaux événements qui l'ont suivie, 1775–1830*, Paris, Dufey, 1830.

Morel (Jean-Marie), *Théorie des jardins*, Paris, Pissot, 1776.

Morris (Gouverneur), *Journal de Gouverneur Morris, Ministre plénipotentiaire des Etats-Unis en France de 1792 à 1794, pendant les années 1789, 1790, 1791 et 1792*, par E. Pariset, traduit de l'anglais, Paris, Plon, Nourrit & Cie, 1901; ou l'édition anglaise de Beatrix Cary Davenport: *A Diary of the French Revolution by Gouverneur Morris, 1752–1816*, Westport, Greenwood Press, 1972.

Motif et développement des doléances du Bourg de Saint-Julien, s.l.n.d.

Opuscules sur la mainmorte, Lausanne, 1784. Contient: «Voltaire et le serf du Mont-Jura», discours en vers libres par Florian (1782); «Examen critique d'un ouvrage sur la servitude qui a remporté le prix de poésie de l'Académie française en 1782», par un serf du Mont-Jura (1782); «Essai sur la mainmorte par un citoyen désintéressé» (1784). (B.M. de Besançon, 241.029)

Orateurs de la Révolution française, textes établis, présentés et annotés par François Furet et Ran Halévi, volume i, Bibliothèque de La Pléiade, Paris, Gallimard, 1989.

Perreciot (Claude-Joseph), *De l'état civil des personnes et de la condition des terres dans les Gaules dès les temps celtiques jusqu'à la rédaction des coutumes*, en Suisse, aux dépens de la société, 1786.

Philipon de la Madelaine, *Vues patriotiques sur l'éducation du peuple, tant des villes que de la campagne*, Lyon, Bruyset-Ponthus, 1783.

Raup de Baptestin de Moulières (Antoine Joseph), *Mémoire sur un moyen facile et infaillible de faire renaître le Patriotisme en France, dans toutes les classes des citoyens, comme dans les deux sexes, et d'assurer le remboursement des dettes de l'Etat sans nouveaux impôts*, Amsterdam, Paris, Desenne, 1789.

Recueil de pièces de 1788 et 1789 sur la Franche-Comté [Bibliothèque municipale de Besançon, 239–901].

Robinson (Mary) etc., *Monody to the memory of the late Queen of France [Marie-Antoinette. With a portrait of the Queen by the Marchioness Lézay-Marnésia]*, s.l.(Londres), J. Evans, 1793.

Rousseau (Jean-Jacques), *Correspondance complète de Jean-Jacques Rousseau*, édition critique par R. A. Leigh, Oxford, The Voltaire Foundation, 1978.

— *Julie, ou La Nouvelle Héloïse*, édition de René Pomeau, classiques Garnier, Paris, Garnier frères, 1960.

St. John de Crèvecœur (Michel-Guillaume-Jean), *Lettres d'un cultivateur américain*, Paris, Cuchet, 1787.

Saint-Lambert (marquis Jean-François de), *Essai sur le luxe*, s.l., 1764.

— *Les Saisons*, poème, Paris, P. Didot l'aîné, 1769.

Sedaine (Michel Jean), *Thémire*, Paris, Claude Hérissant, 1771.

— *Le Jardinier et son seigneur*, Paris, Claude Hérissant, 1785.

— *Œuvres choisies de Sedaine*, Paris, Hachette, 1876.

Ségur (comte Louis-Philippe de), *Mémoires, ou Souvenirs et anecdoctes par M. le comte de Ségur*, Mémoires relatifs à l'histoire de France xix–xx, Paris, Firmin-Didot frères, 1859.

Stael-Holstein (Germaine Necker, baronne de), *Considérations sur la Révolution française*, Paris, Tallandier, 1983.

Stanislas Ier, roi de Pologne, *Entretien d'un Européen avec un insulaire du royaume de Dumocala* (1752), édition Laurent Versini, Nancy, 1981.

Tocqueville (Alexis de), *L'Ancien Régime et la Révolution*, in *Œuvres complètes*, Paris, Gallimard, 1952, volume ii.

Tschoudi (baron Jean-Baptiste-Louis-Théodore de), *Les Vœux d'un citoyen*, ode au roi, avec un morceau de poésie champêtre, Metz, J. Antoine, 1775. (Contient une pièce de vers intitulée *Mes Souvenirs* et un poème *A la Reine*.)

— *La Nature sauvage et la Nature cultivée*, Metz, J. Antoine, s.d. (1778).

Vaissière (Pierre de), *Lettres d'aristocrates. La Révolution racontée par des correspondances privées, 1789–1794*, Paris, Perrin, 1907.

Villers de Billy (Mme), *Instructions historiques, dogmatiques et morales en faveur des laboureurs et autres habitants des campagnes*, Paris, 1746.

Voltaire, *Mémoire pour l'entière abolition de la servitude en France*, 1775.

Watelet (Claude-Henri), *Essai sur les jardins*, Paris, Prault, 1764.

Young (Arthur), *Travels in France during the years 1787, 1788 & 1789*, Cambridge, Cambridge University Press, 1950.

IV. ETUDES

Baldensperger (Ferdinand), *Le mouvement des idées dans l'émigration française, 1789–1815*, Paris, Plon, 1924.

Beaunier (André), *La jeunesse de Joseph Joubert*, Paris, Perrin, 1918.

Belote (Theodore), *The Scioto Speculation and the French Settlement at Gallipolis* (New York, Burt Franklin Reprint, 1971) [*University of Cincinnati Studies* 2, 3 (1907)].

Biou (Jean), «Le rousseauisme, idéologie de substitution», *Roman et Lumières au XVIIIe siècle*, Paris, Editions Sociales, 1970, pp. 115–128.

Blanchard (J. M.), «Style pastoral, style des lumières», *Studies on Voltaire and the Eighteenth Century* 114 (1973): pp. 331–346.

Bloch (Camille), *L'Assistance et l'Etat en France à la veille de la Révolution, 1764–1790*, Paris, A. Picard & fils, 1908.

Bonnel (Roland), «Le traitement de la nature dans *Le Bonheur dans les campagnes*», in *Facets of the Eighteenth Century. Descriptive, Social and Normative Discourse*, textes réunis par Roland Bonnel, North York, Captus University Publications, 1991, pp. 109–118.

— «Medieval Nostalgia, 1750–1789: the Gothic Imaginary at the End of the Old Regime», *Studies in Medievalism* V (1993): pp. 139–164.

— «*Le soc s'est ennobli sous les mains d'un bon roi*. Lumières, nature et bonheur à la veille de la Révolution ou réaction nobiliaire? Le cas de Lezay-Marnésia», *Lumen* XII (1993): 139–147.

Bourde (André), *Agronomie et agronomes en France au XVIIIe siècle*, Ecole Pratique des Hautes Etudes VIe section, Paris, SEVPEN, 1967.

Bourget-Besnier (Elisabeth), *Une Famille française sous la Révolution et l'Empire. La Famille de Lézay-Marnésia*, Paris, 1985.

Brelot (Claude), *La Noblesse en Franche-Comté de 1789 à 1808*, Annales littéraires de l'Université de Besançon 134, Paris, Les Belles-Lettres, 1972.

Cameron (Margaret), *L'Influence des Saisons de Thomson sur la poésie descriptive en France, 1759–1810* (1927), Genève, Slatkine Reprints, 1975.

Carré (Henri), «Un précurseur inconscient de la Révolution, le conseiller Duval d'Epremesnil, 1787–1788», *La Révolution française* (14 octobre et 14 novembre 1897).

— «Les Emigrés français en Amérique, 1789–1793», *La Revue de Paris* (15 mai 1898): pp. 311–340.

Castellane (marquis Antoine Marie de), *Gentilshommes démocrates*, Paris, Plon, Nourrit & Cie, 1891.

Charlton (Donald Geoffrey), *New Images of the Natural in France*, Cambridge, Cambridge University Press, 1984.

Chaussinand-Nogaret (Guy), *La Noblesse au XVIIIe siècle*, Paris, Hachette, 1976.

Chérel (Albert), *Fénelon au XVIIIe siècle en France, 1715–1820. Son prestige, son influence* (Paris, 1917), Genève, Slatkine Reprints, 1970.

Chisick (Harvey), *The Limits of Reform in the Enlightenment*, Princeton, Princeton University Press, 1981.

Cousin (Jean), *L'Académie des Sciences, Belles-Lettres et Arts de Besançon. 200 ans de vie comtoise (1752–1952)*, Besançon, Ledoux, 1954.

— «L'Académie des Sciences, Belles-Lettres et Arts de Besançon au XVIIIe siècle et son œuvre scientifique», *Revue d'Histoire des Sciences et de leurs applications*, octobre–décembre 1959, pp.327–344.

Crossley (Ceri), «Using and transforming the French countryside: the *colonies agricoles* (1820–1850)», *French Studies* XLV, 1 (1991): 37–54.

Darnton (Robert), *L'Aventure de l'Encyclopédie. Un best-seller au siècle des Lumières*, Paris, Perrin, 1982.

— *La Fin des lumières. Le mesmérisme et la Révolution*, Paris, Perrin, 1984.

Delaporte (André), *L'idée d'égalité en France au XVIIIe siècle*, Paris, PUF, 1987.

Denby (David), *Sentimental Narrative and the Social Order in France, 1760–1820*, New York, Cambridge University Press, 1994.

Deprun (Jean), *La Philosophie de l'inquiétude en France au XVIIIe siècle*, Paris, Vrin, 1979.

Diesbach (Ghislain de), *Histoire de l'émigration 1789–1814*, Paris, Perrin, 1984.

Du Bus (Charles), *Stanislas de Clermont-Tonnerre et l'échec de la révolution monarchique, 1757–1792*, Paris, Félix Alcan, 1931.

Duprat (Catherine), *«Pour l'amour de l'humanité» Le temps des philanthropes. La philanthropie parisienne des Lumières à la monarchie de Juillet*, tome i, Paris, Editions du C.T.H.S., 1993.

Egret (Jean), «La révolution aristocratique en Franche-Comté et son échec», *Revue d'Histoire moderne et contemporaine* (1954): pp. 245–271.

— *La Pré-révolution française, 1787–1789*, Paris, PUF, 1962.

Ehrard (Jean), *L'idée de nature en France dans la première moitié du XVIIIe siècle*, Ecole Pratique des Hautes Etudes VIe section, Paris, SEVPEN, 1963.

Etudes sur le XVIIIe siècle: Idéologies de la noblesse, volume xi, Bruxelles, Editions de l'Université de Bruxelles, 1984.

Forneron (Henri), *Histoire générale des Emigrés pendant la Révolution française*, Paris, Plon, 1884.

Galliani (Renato), *Rousseau, le luxe et l'idéologie nobiliaire*, Studies on Voltaire and the Eighteenth Century 268, Oxford, The Voltaire Foundation, 1989.

Ganay (Ernest de), «Poésie et jardins au XVIIIe siècle», *La Revue de Paris* 10 (15 mai 1931): pp. 414–432.

— *Bibliographie de l'Art des Jardins*, Paris, Bibliothèque des Arts Décoratifs, 1989.

Girardet (Raoul), *Mythes et mythologies politiques*, Paris, Seuil, 1986.

Goncourt (Edmond et Jules de), *L'Art du XVIIIe siècle*, Paris, G. Charpentier, 1882.

Grange (Henri), *Les Idées de Necker*, Paris, Klincksieck, 1974.

Gresset (Maurice), «L'origine des académiciens bisontins (1752–1789)», in *Actes du 100e Congrés des Sociétés Savantes (Paris, 1975)*, Paris, Bibliothèque Nationale, 1976.

— *Gens de justice à Besançon, 1674–1789*, Paris, Bibliothèque Nationale, 1978.

— «L'état d'esprit des avocats comtois à la veille de la Révolution», in *Actes du 102e Congrès des Sociétés Savantes (Limoges, 1977)*, Paris, Bibliothèque Nationale, 1978.

Grieder (Josephine), *Anglomania in France. 1740–1789*, Genève, Paris, Droz, 1985.

Griffiths (Robert), *Le Centre perdu. Malouet et les «monarchiens» dans la Révolution française*, Grenoble, Presses de l'Université de Grenoble, 1988.

Grinevald (Paul-Marie), «Les bibliothèques à Besançon au XVIIIe siècle» in Louis Trénard, ed., *Les bibliothèques au XVIIIe siècle*, Bordeaux, Société des bibliophiles de Guyenne, 1989, pp. 211–237.

Guitton (Edouard), *Jacques Delille (1738–1813) et le poème de la nature en France de 1750 à 1820*, Paris, Klincksieck, 1974.

Historique de la Franc-Maçonnerie à l'Orient de Besançon depuis 1764, Paris, Lebon, 1859.

Jeandot (Daniel), *Le Jura dans la Révolution*, Dijon, Editions de l'Aleï, 1989.

Kafker (Franz), «The Encyclopedists and the French Revolution», Ph.D. dissertation, Columbia University, 1961.

— & Kafker (Serena), *The Encyclopedists as individuals: a biographical dictionary of the authors of the Encyclopédie*, Studies on Voltaire and the Eighteenth Century 257, Oxford, The Voltaire Foundation, 1988.

Kaplan (J.M.), «*La Neuvaine de Cythère*»: une démarmontélisation de Marmontel, Studies on Voltaire and the Eighteenth Century 113, Oxford, The Voltaire Foundation, 1973.

Kisliuk (Ingrid), «Le symbolisme du jardin et l'imagination créatrice chez Rousseau, Bernardin de Saint-Pierre et Chateaubriand», *Studies on Voltaire and the Eighteenth Century* 185 (1980): pp. 297–418.

Lallemand (Léon), *De l'organisation de la bienfaisance publique et privée dans les campagnes au XVIIIe siècle*, Chalon-sur-Marne, Thouille, 1895.

LeForestier (René), *La Franc-Maçonnerie templière et occultiste aux XVIIIe et XIXe siècles*, Paris, Aubier-Montaigne, 1970.

— *La Franc-Maçonnerie occultiste au XVIIIe siècle, et l'Ordre des Elus*, Paris, La Table d'Emeraude, 1987.

Maugras (Gaston), *La Cour de Lunéville au XVIIIe siècle*, Paris, Plon, 1904.

Mauzy (Robert), *L'idée du bonheur dans la littérature et la pensée françaises au XVIIIe siècle*, Paris, Armand Colin, 1960.

Merrick (Jeffrey), «Fathers and kings: patriarchalism and absolutism in eighteenth-century French politics», *Studies on Voltaire and the eighteenth century* 308 (1993): pp. 281–304.

Meynier (Jean), «Les Etats de Franche-Comté en 1788», extrait des *Mémoires de la Société d'Emulation du Doubs*, Besançon, 1889.

Millot (Jean), *Le Régime féodal en Franche-Comté au XVIIIe siècle*, Besançon, Millot frères, 1937.

— *L'Abolition des droits seigneuriaux dans le département du Doubs et la région comtoise*, Besançon, Millot frères, 1941.

Monglond (André), *Le Préromantisme français*, Paris, José Corti, 1965.

Mornet (Daniel), *Les sciences de la nature en France au XVIIIe siècle*, Paris, A. Colin, 1911.

Munsters (Wil), *La poétique du pittoresque en France de 1700 à 1830*, Genève, Droz, 1991.

Perrot (Jean-Claude), «Rapports sociaux et villes au XVIIIe siècle», *Annales ESC* (1968): pp. 241–268.

Le Préromantisme: Hypothèque ou Hypothèse? Actes du Colloque présentés par Paul Viallaneix, Paris, Klincksieck, 1975.

Racault (Jean-Michel), *L'utopie narrative en France et en Angleterre. 1675–1761*, Studies on Voltaire and the Eighteenth Century 280, Oxford, The Voltaire Foundation, 1991.

Raynal (Paul de), *Les correspondants de Joseph Joubert, 1785–1822*, Paris, Calmann-Lévy, 1883.

Reinhard (Marcel), *La légende de Henri IV*, Paris, Hachette, 1936.

Rihs (Charles), *Les philosophes utopistes. Le mythe de la cité communautaire en France au XVIIIe siècle*, Paris, Marcel Rivière & Cie, 1970.

Roche (Daniel), *Le siècle des lumières en province. Académies et académiciens provinciaux. 1690–1789*, Paris, Editions EHESS, 1978.

Roposte (Roger), *La maison de retraite Lezay-Marnésia de Saint-Julien-sur-Suran et son histoire*, Strasbourg, Amarel, 1986.

Ryan (Daniel J), «The Scioto Company and its purchase», *Ohio Archaeological and Historical Publications* III (1900): pp. 109–140.

Saint-Victor (Jacques de), *La chute des aristocrates, 1787–1792. La naissance de la droite*, Paris, Perrin, 1992.

Sclippa (Norbert), «*La Nouvelle Héloïse* et l'aristocratie», *Studies on Voltaire and the Eighteenth Century* 284 (1991): pp. 1–72.

Tivier (Henri), «Eloge du marquis de Lézay-Marnésia», *Mémoires de l'Académie des Sciences, Belles-Lettres et Arts de Besançon*, Besançon, 1879.

Trénard (Louis), «Pour une histoire sociale de l'idée du bonheur au XVIIIe siècle», *Annales historiques de la Révolution française* xxxv (1963): pp. 309–330, 428–452.

Trousson (Raymond), *Voyages aux pays de nulle part. Histoire littéraire de la pensée utopique*, Bruxelles, Editions de l'Université de Bruxelles, 1975.

Tulard (Jean), *La contre-révolution. Origines, histoire, postérité*, Paris, Perrin, 1990.

Vaissière (Pierre de), *Gentilshommes campagnards de l'ancienne France*, Paris, Perrin & Cie, 1903.

Vance (John L.), «The French Settlement and Settlers of Gallipolis», *Ohio Archaeological and Historical Publications* III (1900): pp. 45–81.

«A Vanished Bishopric of Ohio», *The Catholic Historical Review* II, 2 (July 1916): pp. 195–204.

Vernus (Michel), *La vie comtoise au temps de l'ancien régime*, Lons-le-Saunier, Editions Marque-Maillard, 1985.

Veyre (Marius), *La Maison de Lézay-Marnésia, 1240–1884*, Strasbourg, Brant, 1958.

— *Historique du canton de Saint-Julien-sur-Suran en Franche Comté*, Saint-Julien-sur-Suran, 1965.

Viatte (Auguste), *Les sources occultes du romantisme. Illuminisme, Théosophie, 1770–1820*, Paris, Champion, 1928.

Vidler (Anthony), *Claude Nicolas Ledoux. Architecture and Social Reform at the end of the Enlightenment*, Boston, MIT, 1990.

Vincent-Buffault (Anne), *The History of Tears. Sensibility and Sentimentality in France*, New York, St. Martin's Press, 1991.

Vovelle (Michel), *La chute de la monarchie. 1787–1792*, Paris, Seuil, 1972.

Weisgaber (Jean), «Le rococo littéraire: formes de la miniaturisation», *Dix-Huitième siècle européen*, textes réunis par Claude De Grève en hommage à Jacques Lacant, Paris, Aux Amateurs de livres, 1990, pp. 21–25.

Westerholt (Egon, Graf von), *Lezay-Marnésia: Sohn der Aufklärung und Präfekt Napoleons (1769–1814)*, Meisenheim am Glan, 1958.

Weulersse (Georges), *Le mouvement physiocratique en France de 1756 à 1770*, Paris, La Haye, F. Alcan, 1910.

Wick (Daniel), *A Conspiracy of Well-Intentioned Men. The Society of Thirty and the French Revolution*, New York, London, Garland Publishing, 1987.

Wilson (Aileen), *Fontanes (1757–1821). Essai biographique et littéraire*, Paris, de Boccard, 1928.

Woodress (James), *A Yankee's Odyssey. The Life of Joel Barlow*, New York, Greenwood Press, 1968.